西　英昭

近代中華民国
法制の構築

習慣調査・法典編纂と中国法学

九州大学出版会

目　　次

凡　　例

序 …………………………………………………………………………… *3*

第一部　清末・北洋政府期における法典編纂と習慣調査

第一章　法典編纂機関の変遷 ……………………………………………… *11*

　　一　法典編纂会の成立　*11*

　　二　法律編査会の展開　*14*

　　三　修訂法律館の変転　*20*

　　四　修訂法律館の終局　*29*

第二章　習慣調査の展開 …………………………………………………… *51*

　　一　清朝末期の習慣調査　*51*

　　（1）憲政編査館（調査局）における調査　*51*

　　（2）修訂法律館系統及びその他の調査　*56*

　　二　民国期の習慣調査　*60*

　　三　テクスト校勘の試みと商事部分の復元　*75*

第三章　中華民国諸法の欧米語への翻訳 ………………………………… *105*

　　一　大清律例の欧米語への翻訳　*105*

　　二　中華民国法制の欧米語訳——英仏語訳を中心に　*106*

　　三　Jean Escarra の訳業と *Le droit chinois*　*110*

　　四　François Théry と Le droit chinois moderne 叢書　*118*

第四章　民法草案の作成 …………………………………………………… *145*

　　一　史料状況に関する基礎情報の整理　*145*

（1）各種民法草案を巡る史料状況　*145*

（2）判例を巡る史料状況　*153*

二　清末民国民法立法史瞥見──夫婦財産制を素材として　*154*

（1）大清民律草案を巡る変遷　*154*

（2）民国初期の状況　*160*

（3）立法当時の議論　*165*

三　Jean Escarra の慣習認識、その立法との関係　*171*

第二部　近代日本における中華民国法学の展開

第五章　大正期における中華民国法学の展開……………………… *197*

一　台湾旧慣調査「その後」──満鉄調査部　*197*

二　東亜同文書院　*201*

三　公的諸機関による調査　*205*

四　山口高等商業学校　*208*

五　慶應義塾大学と早稲田大学　*210*

第六章　中華民国法制研究会について……………………………… *223*

一　会の設立とその活動状況　*223*

二　史料の利用に関する諸問題　*235*

三　村上貞吉とその周辺　*237*

第七章　岡田朝太郎……………………………………………………… *249*

一　岡田朝太郎の生涯・岡田朝太郎に関連する文献　*249*

二　岡田朝太郎の留学　*251*

（1）ベルリン大学　*252*

（2）ハレ大学　*254*

（3）ローマ　*257*

（4）パリ、そして帰国　*258*

三　刑事法関連の著作　*260*

四　清国法典編纂関連の著作　*266*

五　川柳関連の著作　*270*

　　六　コラム・エッセイ・その他の著作　*273*

第八章　修訂法律館・各地法政学堂・民国期の顧問及び法学者 … *283*

　　一　修訂法律館の法律顧問たち　*283*

　　二　各地法律学堂・法政学堂の顧問たち　*291*

　　三　民国期の法律顧問たち　*307*

第三部　欧米における中華民国法学の展開

第九章　オランダにおける「中国」法学 …………………………… *331*

　　一　van der Valk に至るまでのオランダ「中国」法学　*331*

　　（1）研究状況と諸前提の整理　*331*

　　（2）初期の「中国」法学と Schlegel　*333*

　　（3）大清律例の翻訳と Young　*337*

　　（4）「中国」法学の興隆と Fromberg　*339*

　　（5）オランダにおける慣習法研究と中国、及びその他　*342*

　　二　van der Valk とその「中国」法研究　*344*

　　（1）履歴について　*344*

　　（2）最初期の研究　*346*

　　（3）博士論文から中華人民共和国成立まで　*350*

　　（4）中華人民共和国成立後の研究　*353*

　　（5）後期の諸研究　*356*

　　（6）van der Valk 以外の同時代「中国」法研究　*359*

結びに代えて …………………………………………………………… *377*

　　あとがき ………………………………………………………………… *387*

　　索　　引 ………………………………………………………………… *393*

凡　　例

一、文献の表示に際しては原則として、日本語の文献で 1945 年以前のものは可能な限り原典の表記通り旧漢字・旧仮名遣いを用い、以降のものは通常の表記とした。また中華人民共和国において刊行された文献は中国語簡体字表記、中華民国・台湾において刊行された文献については繁体字表記とした。文献の引用に際しては原典の表記を尊重したため、地の文とは異なる漢字表記や仮名遣いになっている場合がある。

二、引用文献の出典については、複数回引用するものであっても読者の参照の便を考え、原則として「前掲」とはせずに逐一書誌情報を掲げた。文献名などにつき繁雑を避けるために略称を用いる際はその章内限りとする。また書誌情報についての補足は〔　〕に入れて示した。

三、引用文中における補充・註釈は（筆者補）（筆者註）等の形で示し、省略がある場合には「……」とした。また句読点や傍点を筆者において補った場合はそれぞれ（句読点筆者）（傍点筆者）と表示した。またオランダ語等、読者において比較的馴染の薄いと思われる言語の文献の表題については適宜〔　〕にて訳を付した。

四、清朝期は未だ旧暦が使用されていたため、年号表記については旧暦表示とし、適宜西暦での年月日を補充した。中華民国期及び日本の年号についても、それらの後に適宜西暦を補充した。これら以外に旧暦のみ・西暦のみの表示とした箇所も存在する。

五、インターネット上のホームページについては 2017 年 8 月 31 日段階で閲覧可能であることを確認した。

六、本書で扱った史料には、現在では差別用語とされる「支那」などの表記が登場する場合があるが、史料上の用語であるためそのまま用いた。

近代中華民国法制の構築

——習慣調査・法典編纂と中国法学——

序

　本書は、筆者が 2001 年よりこのかた書き溜めてきた清末・中華民国期法制に
まつわる論考を一書にまとめたものであり、中国近代法史研究を行うに際して必
要となる基礎情報を整理・紹介し、以て研究基盤の整備に些かなりとも貢献する
ことを試みるものである。

　滋賀秀三編『中国法制史　基本資料の研究』（東京大学出版会・1993）が中国史の
ほぼ全時代を扱いながら中華民国法制のみ専論を欠いていることにも象徴的に表れ
ている通り、中国近代法史は中国法制史研究における一大空白地帯となっていた。
本書は、既に膨大な研究が積み重ねられている清朝以前及び中華人民共和国以降
の両時期を架橋するこの時代を扱い、先行研究の欠を埋めることを目途とする。

　以上を踏まえて本書が特に力を注ぐのは、中華民国法制を研究する上で必要と
なる基本史料の発掘と、その徹底的な史料批判を行う上で必要となる基礎情報の
整理を細密に行い、確固たる研究基盤を構築することである。本書に収録した旧
稿の初出及び改稿作業については以下の通りである。

第一部
　　第一章　「北洋政府期法典編纂機関の変遷について——法典編纂会・法律編
　　　　　　査会・修訂法律館」（法政研究 83-3・2016）を元に改稿。
　　第二章　「『民商事習慣調査報告録』成立過程の再考察——基礎情報の整理と
　　　　　　紹介」（中国——社会と文化 16・2001）及び同増補中国語訳「清末・
　　　　　　民国時期的习惯調査和《民商事习惯调查报告录》」（中国法律史学会
　　　　　　編『中国文化与法治』（社会科学文献出版社・2007）所収）に「清末各
　　　　　　省調査局について——基礎情報の整理と紹介」（法史学研究会会報
　　　　　　15・2011）を加え大幅改稿。
　　第三章　「中華民国諸法の欧米語への翻訳について——法律顧問・法学者と
　　　　　　その活動」（法政研究 82-1・2015）を元に改稿。
　　第四章　「中華民国民法親属継承編起草作業と慣習調査——Escarra 報告書を

手がかりに」（鈴木秀光・高谷知佳・林真貴子・屋敷二郎編『法の流通』（慈学社出版・2009）所収）及び「中華民国民法に至る立法過程の初歩的検討——夫婦財産制を素材に」（山本英史編『中国近世の規範と秩序』（東洋文庫（市販版は研文出版）・2014）所収）を元に改稿。

第二部

第五章　「大正期日本における中華民国法学の展開について」（法政研究 82-4・2016）を元に改稿。

第六章　「中華民国法制研究会について——基礎情報の整理と紹介」（中国——社会と文化 21・2006）、同中国語訳「「中華民國法制研究會」經緯——資料的整理與介紹」（［台北］法制史研究 11・2007）及び「村上貞吉とその周辺——人物情報紹介」（東洋法制史研究会通信 19・2011）を元に改稿。

第七章　「清末民国時期法制関係日本人顧問に関する基礎情報」（法史学研究会会報 12・2008）、「岡田朝太郎について（附・著作目録）」（法史学研究会会報 15・2011）、「清末民国時期法制関係日本人顧問に関する基礎情報・補遺（附：松岡義正・志田鉀太郎著作目録）」（東洋法制史研究会通信 21・2012）、「岡田朝太郎の欧州留学について」（法政研究 84-1・2017）の関連部分を整理し改稿。

第八章　「清末民国時期法制関係日本人顧問に関する基礎情報」（法史学研究会会報 12・2008）、「清末民国時期法制関係日本人顧問に関する基礎情報・補遺（附：松岡義正・志田鉀太郎著作目録）」（東洋法制史研究会通信 21・2012）、「岡田朝太郎の欧州留学について」（法政研究 84-1・2017）の関連部分を整理し大幅改稿。

第三部

第九章　「オランダにおける「中国」法学の展開過程の一段面——M. H. van der Valk の業績を中心にして」（法政研究 81-4・2015）を元に改稿。

本書各章の内容を概観するならば以下のようになる。

まず第一部では清末・中華民国期の中国側の状況について検討する。

第一章では主として中華民国北洋政府期に実際に近代的な法典編纂を担った機関である法典編纂会・法律編査会・修訂法律館についてその推移を明らかにする。1902 年の中英条約以来、清朝及び中華民国が近代的な法典編纂に努力を傾

注してきた歴史については同時代文献も含めて相応の研究蓄積があるが、こと北洋政府期となると未だ十分ではない。とりわけその法典編纂を担った機関については、名称こそ知られるものの、それそのものを扱った研究は殆ど存在せず、具体的な状況は不明なまま放置されている。

現在知られている史料は決して潤沢ではない。中国第二歴史檔案館には関連する史料が所蔵されているようであるが、事実上非公開の状況が続いている。他方で、その実最低限の史料すら十分に整理されていないのではないか。本章ではそのような観点から『政府公報』や『司法公報』といった公報類、また中華民国期を代表する新聞のひとつである『申報』といった基本史料に現れる情報を拾い集め、北洋政府期の法典編纂機関の経緯を詳細に明らかにすることとする。

第二章は清末・北洋政府期に展開した習慣調査の歴史について扱う。司法行政部編『民商事習慣調査報告録』（司法行政部・1930、以下『民商事習慣調査報告録』と略）が中国法制史研究において注視されている基本史料であることはここに改めて説明するまでもない。同書は北洋政府期に行われた習慣調査の報告書の集成であるが、同書及び同書との関連から注目されてきた清末の習慣調査についても、日本では旧来着々と研究が積み重ねられてきた。これに対し、中華人民共和国においては概ね 2000 年以降、陸続と研究が発表されるに至った。

しかしながらこれら中華人民共和国における研究は、日本側の先行研究を殆ど参照しておらず、関連史料の紹介にも網羅性を欠くなど、問題が多い。さらに『民商事習慣調査報告録』の復刻に当たっても、テクストの簡体字化や点校者自身の判断による勝手な衍字・欠字の訂正、文章の改変が行われているなど、別の問題を発生させてしまっている。本章では以上の日本・中国双方の論考を整理し、『民商事習慣調査報告録』成立に至る習慣調査の過程につき、先行する清末の習慣調査から説き起こして本題の『民商事習慣調査報告録』の成立過程について述べ、『民商事習慣調査報告録』のテクスト利用に関係する諸問題を整理する。

第三章では清末・中華民国期の法律翻訳の前提として大清律例がいつどのように欧米語訳されてきたのかについて整理し、次いで様々な近代中華民国法がどのような形で欧米語に翻訳され、またその過程に欧米出身の法律顧問・法学者たちがどのような形で参与したのかという問題について、それぞれ書誌学的・人物学的な立場から整理し、近代中華民国法研究の大家として名を馳せた Jean Escarra を取り上げてその翻訳作業・法典編纂作業と法学研究との関係を瞥見する。

これまで「西洋（乃至は日本）から中国へ」という法継受の経路については数

多くの研究が重ねられてきが、それが「西洋から中国へ」といわば"還流"する経路についてはこれまであまり研究が行われてこなかった。当時相応の実務的な需要があり、かつ不平等条約改正の検証手段としても重要性を持ち得たであろう中華民国法制に関する情報が、西洋諸国により如何にして認識されたかの過程を整理し、またその翻訳の担い手として活動した中国法・中国語に通じた欧米人（法律顧問等）や、欧米法・欧米語に通じた中国人（欧米留学経験者）の存在に注目し、その人物研究を行う。

　第四章では清末から中華民国民法典に至る立法過程に関する基礎情報を整理し、中でも最も史料状況の良い家族法分野に分析範囲を限定し、特に夫婦財産制をひとつの素材として立法過程に関する基礎情報を整理する。また同分野において当時の立法に関与した人間の思考過程に最も接近出来る史料のひとつとして当時の法律顧問 Jean Escarra の残した諸文献を扱い、そこでの『民商事習慣調査報告録』の「用いられ方」、即ち立法と習慣調査の関係を中心とし、議論に必要な諸要素を抽出することを試みる。

　中華民国期の立法史については同時代文献等からその経緯の概略は知られており、各草案や起草時の立法原則、起草報告等の存在が明らかとなっている。しかし諸史料の発掘は未だ万全とはいい難く、それら史料への初歩的な史料批判手続に必要となる文献学的な基礎情報も十全に整理されているとはいい難い。さらに既知の史料からは当時の立法を巡る議論の論点と結果の概略については窺えるものの、具体的な議論の「過程」を窺う段になると、途端に困難に直面するという状況が続いている。これらの状況を打開するため、基礎史料の発掘と批判、及び当時の議論「過程」を窺える史料の発掘に努める。

　第二部は以上の中華民国での動向に対応する日本側の状況について整理する。

　第五章では、中華民国北洋政府期のほぼ全体に対応する大正期の日本において中華民国法制を素材として展開した法学の一端を書誌学的・人物学的観点から整理する。中華民国法制にとっての揺籃期に当たる北洋政府期は、日本の外国法学の一部門となる中華民国法学が立ち上がろうとする非常に重要な時期でもあるが、本来であれば外国法研究史の一齣として位置づけられるべきこの時期の日本における中華民国法学の展開過程を整理したものは殆ど存在しない。また同時に日本近代法史において中華民国法という素材がどのように扱われたかを学説史的に整理することをも目途とする。

　この時代の研究成果を扱う際の史料批判に必要となる時代背景や著者に関す

る情報が不足していたのでは文献を十全に利用することが出来ないため、当座の文献解題・人物辞典的な文献を志向しつつ、大正期・中華民国の諸法典に関し発表された論考及びその作者たちに注目してその調査結果をまとめておく。

第六章では中華民国法制研究会について、その基本情報を整理して紹介する。この研究会はその当時東京帝国大学法学部に在職した教授・助教授陣を結集し、僅か 20 年足らずの期間に 40 冊を超える著作を刊行するという旺盛な学術活動を展開したにも関わらず、第二次世界大戦後急速にその存在が忘れ去られ、詳細を窺い知るべき史料の存在もこれまで広くは知られてこなかったため、一般にその具体的な活動は謎のまま放置されてきた。

同会の活動状況につき、主に外務省外交史料館所蔵の外務省記録に含まれる関係資料、及び同会刊行物の序文に記述されるところを精確に整理した上で提供し、併せて同会において中心的な役割を果たした村上貞吉の生涯について振り返ることとする。また同会を構成した東京帝国大学の教授・助教授陣については、改めて説明する必要もないほど著名な人物ばかりであるが、法学部以外の読者・或いは海外の読者であまり詳しく知らないという読者も想定されるため、蛇足とは思いながらも最低限の人物情報を付しておいた。

第七章では清末の近代的法典編纂活動に際し法律顧問として招聘された岡田朝太郎に関する人物研究を行う。中国近代法史研究では非常に重要な研究対象としてこれまで先行研究が積み重ねられてきたが、彼の著作を通覧出来るような目録が旧来存在しなかったため、膨大な著作を整理した上で分野ごとに目録化し、その研究の推移を窺うひとつの参考資料とする。またその知的背景の形成に重要な役割を果たしたと推定される彼の欧州留学の具体的な様相についても整理し、情報を提供する。

第八章では清末・中華民国期に活躍した日本人法律顧問につきその基礎情報を整理し紹介する。さしあたり清朝において実際に法典編纂作業に関わった顧問たちから各地の法政学堂において教鞭を執った教師たちをも含めて広く日本人法律顧問と呼んでおくが、彼らに対しては中国近代法史研究の格好の素材としてこれまでにも多くの研究が行われてきた。それら先行研究において扱われてきた日本人法律顧問を拾い上げ、各人物辞典等の記述のうちその紹介として最も標準的なものを引用して紹介し、その後調査において明らかになった部分についてこれを補記する。また日本人顧問のうちで、日本語担当、通訳、医者など、法学との関係が薄いと思われる人物についてはこれを割愛した。

第七、八章において行われる人物研究はそれ自体近代史研究の成果足り得るとともに、史料批判の要素のひとつとして活用し得るものであり、また対象が中華民国法を扱った日本人ということで、中国や台湾からの学術的要請にも応え得るものである。台湾や中国の学者の立場からいえば、過去に自国の法律顧問として活躍した日本人学者の人となりや研究内容、その知的背景及びその形成に重要な役割を果たしたと推定される留学等、様々な関連情報を得たいと思うのは自然なことであるし、この需要に応えること自体、日本側が行うべき国際貢献のひとつであるとすることが出来よう。

　第三部は欧米における「中国」法学の展開過程につきその様相を整理する。部分的には第三章においても Jean Escarra 等フランス人法学者について取り上げておいたが、以下ではこれまであまり言及されることのなかったもうひとつの「中国」法学として、オランダの例を取り上げることとする。

　第九章では 1848 年から現在までにオランダにおいて展開した「中国」法学につき、特に 20 世紀に活躍した、オランダを代表する「中国」法学者である Marius Hendrikus van der Valk を中心としながらその概略を俯瞰する。仁井田陞や福島正夫とほぼ同世代の彼は戦前戦後の日本の中国法・東洋法制史学にも一定の影響を与えていることから、その業績を明らかにすることとしたい。

　またその前提となるオランダにおける華僑・華人を対象とする法学・法制史学の展開過程は、戦後日本の中国法・東洋法制史学においてこれまであまり扱われてこなかったため、その主要なものについて整理してオランダ「中国」法学の流れについての大枠を捕捉することに力を注ぎ、旧来日本の学界で言及されてきた問題について優先的に拾い上げて紹介する。以上については当該欧州各国においても研究が大変に不足している部分であり、本研究を通じて欧米学界へも貢献を行うことを目途とする。

　総じて本書は基本情報を細大漏らさず丹念に整理し、中国近代法史ないし日本近代法史を研究する際に必須となる確固たる基盤を提供することを強く志向するものである。本書の内容については大きく中国・日本・西洋と三部構成にした。必ずしもこの順に通読しなければならないというものではなく、読者において必要な箇所から目を通して頂いて構わない。読者各位の参考となれば幸いである。

第一部

清末・北洋政府期における法典編纂と習慣調査

第一章　法典編纂機関の変遷

一　法典編纂会の成立

　清朝末期に近代的な法典編纂事業を担った修訂法律館については既に著名であり先行研究も豊富であるのでそれらに譲る[1]。ただこの事業の総責任者として活躍した沈家本につき「「現行刑律」が頒布されたので、かれは自己の理想を實現し得なかったことを思い、修訂法律大臣の職にとどまることを得ずとして、翌三年二月辛卯（一九一一・三・二二）、自らこれを辭してしまった。」[2] の如く語られてきたことについては近年異なる解釈が提起されている。近年の研究では、沈家本の辞職は続く皇族内閣（慶親王奕劻内閣）成立（宣統 3 年 4 月 10 日（1911年 5 月 8 日））へ向けての政治力学の結果と推測され、止むを得ない辞意表明であったとされている[3]。

　一方この清朝最末期、宣統 3 年 5 月 27 日（1911 年 6 月 23 日）には憲政編査館[4] を廃して法制院が内閣に設置され、法律・命令の作成・改廃、各部提出の法律・命令案の審査、現行法令の解釈、各法規編纂の整理等の職掌が規定され[5]、院使に李家駒（同署理に劉若曾）、副使に章宗祥[6]（同署理に呉廷燮）が任じられている。署理として実質的に院務を動かした劉若曾は、法典編纂の遅延の際には旧憲政編査館の人員により起草委員会を設置することや、旧来憲政編査館に集積された各種草案についても随時審査し上奏することを考えていたようである[7]が、院の人員確保について相当苦労したことが窺え、人事を巡り憲政編査館へ人材を提供してきた翰林院の思惑、憲政編査館に在籍した人員の思惑等が絡む複雑な様相が報道されている[8]。この法制院の下で現行法規の編纂についてその種類や書式の統一等も提示された[9]が、十分な職務を果たす間もなく辛亥革命を迎えることとなる。

　中華民国成立後、民国元（1912）年 1 月 15 日付で法制院官職令が施行、2 月 6日には法制局官制が発表となり、2 月段階では宋教仁が局長を務めていたようで

ある。3月10日の臨時大総統令[10]では清朝末期の各法令の暫行援用が図られつつも、大清民律草案については参議院において最終的にその援用が否決された。4月4日には参議院の審議を経て法制局官制案が議決されて法制局が正式に設置されるに至り、25日付で清朝末期の法制院副使を務め、また汪榮寶[11]らとともに清朝末期法典編纂に力を尽くした章宗祥が局長に任命されている[12]。4月30日には大清新刑律が若干の手直しを経て暫行新刑律として公布されている[13]。

5月に入り清朝政府の下に展開した修訂法律館の接収が提議される[14]。寶煕・劉若曾はもとよりその意向であったが、于式枚が自己の名義で袁世凱に呈文を提出するのを潔しとせず、寶煕・劉若曾も強制は出来なかったことから手続きが遅れたが、将来的には法制局に帰属するものとなるであろうと報道されている。

これを受けて法典編纂のための特別機関の設置が構想されるようになる[15]。具体的には、法制局の設置後事務が繁雑を極め、局長以下僅かに参事12人と人員も足りず、大部の法典の編纂はとても無理であることから、法制局参事を増員するのではなく法典編纂会を設けて法制局長が会長を兼任し、別途専門の人員を招聘して編纂を行うべきとした章宗祥の見解が報道されている。ただ5月末には宋教仁から編制作業が緩慢であると非難された章宗祥が辞意を表し、これに呼応して6月2日法制局員全員が辞職を表明、袁世凱の慰留により4日にようやく章宗祥が辞意を撤回するに至るという混乱があった[16]。

6月には官制修正草案が示され、その中で法典編纂会の設置が議論されるに至る。設置の理由として、法制局がその性質上行政法規を専ら掌理し各種法制の体裁を整理するにとどまることから、民法・商法・民刑事訴訟法等の大部な法典については専門の機関を別に設置し、法典の体裁や名詞、また他の法律との関係の調整については随時法制局と協議する形にし、法制局長が会長を兼任する形で法制局の下に置くことが論じられている[17]。

その後参議院での議事を経て7月16日、法典編纂会官制[18]が公布施行される。以下の通りである。

第一條　法典編纂會掌編纂民法商法民事訴訟法刑事訴訟法並上列附屬法及其餘各項法典
第二條　法典編纂會會長一人由法制局局長兼任
第三條　法典編纂會設纂修八人掌編纂事宜
第四條　法典編纂會酌設調查員調查中外法例助理編纂事宜

第五條　法典編纂會設事務員二人掌理文書會計及庶務由會長委任
　　第六條　法典編纂會爲繕寫文件及其他庶務得酌用雇員
　　第七條　法典編纂會俟法典完成卽行裁撤
　　第八條　本制自公布日施行

　そこでは会が民法・商法・民事訴訟法・刑事訴訟法及びそれらの附属法・その他各法典の編纂を行うことが規定され、会長は法制局局長が兼任、8 名の纂修が置かれて編纂作業に当たることとされ、中外の法制を調査する調査員も置かれている。さらに事務員 2 名が文書・会計・庶務を担当すること等も規定されている。

　人事については張名振[19]・朱深[20]・姜廷榮[21]・張元節[22]・易宗夔[23]・周啓濂[24]・饒孟任[25]・瞿方書[26]が 7 月 26 日付で纂修に任じられ、さらに 8 月 31 日付で王世澂[27]・呉道南[28]・王蔭泰[29]の 3 名が纂修に追加されている。特徴的なのは清朝末期の修訂法律館に在籍した人物の名が見えないことである。ただ法制局本局の参事には朱獻文[30]や高種[31]の名が見えることから、情報の継承は行われたことが推測される。また纂修は海外留学組が大半であり後に法学者として活躍する人名も見えることから、実力からいってさほど遜色ない成員が集められたものとすることが出来よう。しかしながら章宗祥はこの陣容の整備と同時に大理院院長に転じ、実際に稼働する段階では会を離れていたようである。その後 7 月 30 日付で施愚[32]が法制局長に任じられ、規定により会長の任に就くこととなった。

　その後法典編纂会は諸法典草案の扱いを巡って司法部と対立するに至る。司法部が民法・民刑事訴訟法草案を国務会議に提出したことに対し、会は既に民事訴訟法・刑事訴訟法・破産法・強制執行法の修正を終えており、司法部が草案を提出するのは会の法典編纂権を侵すものだとしてその違法を唱え、趙秉鈞総理が調停に乗り出す騒ぎとなったのである。会としては、まずは刑事訴訟法を提出し、その後民事訴訟法・強制執行法の提出という順序で考えていたようである[33]。

　この対立にも関わらず司法部は民刑事訴訟法案につき国務会議を通過させ参議院での議決を図り、これに対して法典編纂会は民法・民刑事訴訟法は自らに編纂の権利があり司法部の法律案提出は権利侵害で違法であるとし、編纂員総辞職の構えを見せて対抗した。調停に入った趙秉鈞は結局法案の参議院への提出を認めなかったが、今度はこのために司法総長の許世英が辞意を漏らすに至る等混乱が続いたことが報じられている[34]。

　法典編纂会自体は存続し活動を続けたようであるが、翌民国 2 （1913）年 4 月

9 日には纂修であった易宗夔が衆議院議員として行政官吏たる纂修の職を兼任出来る明文規定がないことから辞職を申し出て許可され、7 月 19 日には新たに程樹徳[35]、梁鴻志[36]が纂修に任じられ、体制の強化が図られている[37]。具体的な会の成果としては後の修訂法律館編『法律草案彙編』（修訂法律館司法公報處・1926、成文出版社影印本は 1973、以下『法律草案彙編』と略）下巻所収の票據法第一次草案が知られるが、起草者等の詳しい情報については不明である。

なお民国 2（1913）年 5 月には、後民国 8 年の司法部顧問就任以降は法典編纂へも深く関与することとなる Georges Padoux[38]が審計処顧問として招聘されている。Padoux 本人は当時バンコクにいたため、北京政府は Henri Mazot[39]を代理として派遣、契約を締約したようである。本人は翌民国 3 年 2 月下旬に北京に到着、着任した。その仕事ぶりは高く評価されており民国 5 年 5 月には顧問としての契約が更新されている[40]。

二　法律編査会の展開

民国 3（1914）年 2 月 1 日、新たに法律編査会規則[41]が公布施行された。条文は以下の通りである。

第一條　法律編査會掌調查編纂關於民事刑事等法規

第二條　法律編查會以司法總長爲會長

第三條　法律編查會置副會長一人由會長聘任之

第四條　法律編查會置編查員二十人以内由會長聘任之

第五條　法律編查會置顧問若干人由會長聘任之

第六條　會長總理會務整理議事

　　　　會長有事故不能莅會執行職務時由副會長代理副會長併有事故時由會長囑託編查員或顧問一人代理

第七條　法律編查會關於編纂或調查某種法律應由會長於編查員中指定主任編查員整理編查事務

第八條　法律編查會置事務員六人以内承會長副會長之指揮掌文牘會計庶務圖書並兼承編查員之指揮調查法制

　　　　前項事務員由會長選任有高等文官資格或有委任文官資格者充之

　　　　會長依必要情形得於事務員中選任一人爲事務員長命監督其他事務員

第九條　法律編査會因繕寫文件及其他庶務得酌用雇員

第十條　副會長月支薪五百元但有公職者減支二百五十元

　　　編査員或顧問得支津貼其額由會長定之但最高額不得逾三百元

　　　受津貼之顧問人數不得逾受津貼之編査員總數三分之一

　　　編査員或顧問支津貼之期限由會長依編査各種法律案之情形定之

第十一條　事務員月薪由會長定之但最高額不得逾二百八十元

第十二條　第六條代理及第十條之規定於法律編査會聘任有特別契約外國人爲

　　　編査員或顧問者不適用之

　　　前項外國人之爲編査員或顧問者其薪金依其契約所定

第十三條　法律編査會編査細則及處務細則由會長定之

第十四條　本規則自公布日施行

　同会は民事・刑事等の法規の調査及び編纂を司り、会長は司法総長が兼任、別に副会長1名を置き、作業に従事する編査員20名以内、また顧問若干名を会長が聘任するものとされた。会長は事務を総理して議事を整理し、法律の調査・編纂に関しては法律ごとに主任編査員を指定して作業に当たらせることとされた。また事務員6名以内を置いて文書・会計・庶務・図書・編査員指揮下での調査を担当し、この事務員は高等文官資格或いは委任文官資格を有するものから選ぶこととされた。その他各人員の給与や別途編査細則・庶務細則を定めること等が規定されている。法律編査会は法典編纂会とたびたび対立した司法部の下に設置されているのが特徴的である。法典編纂会会長であった施愚が法律編査会の成立を受けて法典編纂会の撤収を申し出て受理されている[42]ところから見ると、移管されたというよりは別途新たに設けられたものと見る方が良さそうである。

　司法総長として法律編査会会長に就任したのは梁啓超であった。梁啓超が副会長人事を重視し意中の人として伍廷芳を考えていたこと、また顧問や編纂員につき法学に精通した人材を内外から集めることを意図していたことが報じられている[43]。最終的に梁啓超は副会長に汪有齢[44]を迎えて会を発足させている。2月18日に第1回の会合が行われており、各種法案起草へ向けての準備に加え民事・商事の習慣調査が議論されている[45]。しかし梁啓超は大理院-司法部合併問題から辞意を表明し[46]、2月20日付で司法総長を辞任して幣制局総裁へと転じている。その後大理院院長から司法総長へと転任してきたのが先に登場した章宗祥である。章宗祥は民国5（1916）年6月30日まで司法総長の任にあり、法律編査会を

指揮したものと思われる。

梁啓超は退任したが、彼が提出した「司法計畫十端」はその後政治会議におい
て議論され基本的に了承されることとなる[47]。法典編纂との関係では梁啓超が刑
律施行法の速やかな制定を提議したことが議論を呼んだ。簡素な法文のみで運用
の指針がないことから「舊律援用」「新律未詳」といった問題が生じているとい
う指摘に対し、政治会議は大総統から司法部に対し新旧の刑律の名家を法律編査
会会員とするか或いは専員を派遣して編訂を行わせるかの対策を提議した。

しかしながら政治会議ではこの対策の是非を巡って議論が3時間にわたり紛糾
した。というのも政治会議の多数が法律編査会を信任しておらず、法典編纂事業
を同会に任せるのは危険だと考え、上記対策への反対が相次いだからと報道され
ている[48]。併せて審議された初級審検両庁の廃止を含む司法機関改訂案について
は、検察制度の廃止についての反対案も出たものの、基本的に可決されてい
る[49]。民国3（1914）年4月30日には以上を受けた大総統令[50]により会規則が
改正され副会長が増員となり、董康[51]がこれに任じられて5月14日付で着任し
ている。同年4月には同会の姚震により調査習慣法則條例が策定され[52]、6月4
日には習慣調査のための調査辦法が作成されている[53]。

この時期の法律編査会の具体的な活動を窺うのに好個の史料が「法律編査會第
一年成績報告」[54]である。そこでは「起草之件」として11種（刑律修正草案
（全部告竣計420條）・公司法修正草案（第一次稿告竣計308條　第二次稿已成78
條）・商行爲法草案（第一次稿告竣計236條　第1條至第91條附有理由）・強制執
行法草案（第一次稿告竣計475條　附有理由）・公斷程序法草案（第一次稿告竣計
38條　附有理由）・破産法草案（第一次稿告竣計360條　附有理由）・暫行刑律補
充條例（30條）・法院編制法修正草案（第一次稿未竣　已成29條）・契約通例草
案（第一次稿告竣計32條）・時效條例草案（第一次稿告竣計30條）・期間期日計
算條例草案（第一次稿告竣計10條））が挙げられている[55]。

また「法律編査會第一年成績報告」では「調査之件」として17種（新舊刑律
比較（計25頁）・那威民事訴訟改正計畫（計7頁）・日本刑事執行辦法誌略（計
18頁）・英國法院歷史（計84頁）・歐洲民事裁判制度（計30頁）・英國屬地法院
組織制度（計155頁）・台灣司法制度大觀（計15頁）・台灣司法現行律令（計17
頁）・台灣爭訟之特色（計10頁）・台灣犯罪之特色（計4頁）・法國民法條文（第
1條至第1410條）・法國審判機關之組織（計27頁）・票據法論（計180頁）・英
國公司律（第1條至第121條）・英國破産律（計279條）・英國民法（計112

頁）・實用會計監査法（計168條））の調査報告が列挙されている[56]。

さらには「附録意見書各件」として7種（編査員羅文幹君法院編制法意見書1件・編査員江庸君法院編制法意見書1件・編査員鄭浩君刑法意見書4件・編査員鄭浩君徒刑人犯配遣意見書1件・事務員陳培琛君修正刑法意見書1件・編査員胡以魯君論檢察制度不可廢意見書1件・編査員陳宗蕃君編纂民律親屬編意見書1件）が列挙されている。

次年度についても民国5（1916）年1月に活動報告が行われており[57]、そこでは「起草之件」に公司法修正草案第二、三、四次各稿・強制執行法草案第二次稿・破産法草案第二次稿・民律親屬編草案・親屬編家制婚姻兩章修正案・民刑訴訟暫行章程第二次稿が挙げられ、「調査之件」でも各國民刑法規凡15種が挙げられている。

これらの調査報告や意見書については部内限定の資料であったのか、広く一般に刊行されて流布したものではないようであるが、非常に旺盛な活動意欲を見せ実際に結果を出していたことが窺われる。

以上の活動の中でも中心的な課題とされたのは刑法の制定であった。この頃の報道では新刑律の比較的軽い刑罰や更生を前提とした制度設計が不評であり、犯罪者の増加を招いて「有法等於無法」の状況を来していることから各地知県が依然として旧法に従って処分を行っている様が取り上げられ、加重・復古の方向での改訂が議論されている様が紹介されている[58]。西洋近代法への感情的な反発のみならず、ある程度の実地応用の結果を踏まえての議論状況が伝えられているのは貴重である。

これを受けて法律編査会では新刑律の改訂作業を行い、早くも民国3（1914）年7月には対尊親属犯罪への加重処罰等を含む改訂を終えていたようである。続けて各方面から各論についての意見も寄せられたためこれらを元に作業を継続し、翌民国4年1月にひとまず完成したことが報じられている[59]。しかしこの草案の扱いを巡って早くも事態は紛糾する。暫行新刑律の援用のために「名教掃地秩序紛然」という状況を来したことを問題視した廣東巡按使李國筠は法律編査会作成の草案を各省に送って議論させるよう主張したが、これに対しては清朝末期とは異なり立法機関も整備されている以上無用であるとの呈文が上げられ、事なきを得ている。法律編査会は改めて民国4年2月17日、草案を参政院に提出し議決を求める旨、上呈している[60]。これが修正刑法草案[61]である。

修正刑法草案については民国4（1915）年1月京師第一監獄からの刊本があり、

同年4月より修正刑法草案理由書が『司法公報』に連載され[62]、別途印刷に付され他の雑誌にも転載されている[63]。さらに『修正刑法草案簽註彙輯』[64]が刊行され、修正刑法草案（提交參議院代行立法院議案）[65]が『司法公報』に連載されている。民国4年5月には関連する刑事立法の法規集として法律編査會編輯『中華民國罰則彙纂 附懲戒法規』（法律編査會・1915）が刊行されている[66]。

修正刑法草案については上呈後機要局へ回され、局長であった張仲仁の伯父・張廷驤が9本もの簽註を付して政事堂や法制局の参事と対立、新旧の潮流が相容れない様子が見て取れるとの報道があるのが興味深い[67]。張廷驤は先の『修正刑法草案簽註彙輯』に政事堂法律諮議として筆頭に名を連ねている。報道では「舊日刑名」とされていることから『入幕須知五種』の編者として、また沈鈞儒の岳父としても知られる張廷驤と推定され、張仲仁も清朝末期には袁世凱幕下で活躍したことが知られる[68]。

この時期には親屬法草案と見られる草案についての動向も報じられている[69]。そこでは清朝末期に大清民律草案を手がけた松岡義正が親族・相続法については中国の習慣に深く関わることから手をつけなかったこと、それを受けて陳宗蕃[70]が担当した親族法草案が脱稿し、来月にも編纂員の討論を経て法制局の審査を受け、立法院に提出したいとしていることが伝えられているが、この草案は『法律草案彙編』所収の（二）民律第二次草案（4）民律草案親屬編と推定される。起草者の名が伝えられているのは貴重だが、法理人情と齟齬を来す内容とも報じられ、最終的にこの草案が成立することはなかった。

また「民國修訂法律紀要」は民国5（1916）年1月に公司法草案が完成したことを伝える。恐らくは『司法公報』に連載された公司法草案（法律編査會稿）[71]を指すものと思われ、これは『法律草案彙編』にも公司法草案として収録されており、謝振民はこの草案を巌谷孫藏と余棨昌[72]の共同起草に係るものとしている[73]。巌谷の帰国は民国6年7月15日であるから、民国滞在中に起草に携わったものと推定される。ただこの草案も直ちには可決されず推敲が重ねられたことが報じられている[74]。

他に『司法公報』において公開された草案としては破産法及強制執行律草案[75]があり、『法律草案彙編』に破産法草案、強制執行法草案として収録されている。「法律編査會第一年成績報告」ではこれら以外にも複数の草案の存在が明記されているが、『司法公報』や『法律草案彙編』での公開は行われておらず、その詳細は不明である。

第一章　法典編纂機関の変遷

　民国 5（1916）年 6 月 6 日、袁世凱の死後黎元洪が大総統に就任し、その下で段祺瑞が臨時約法の回復等の諸策を講じ、6 月 30 日には各部総長の人事を一新するが、その中で章宗祥は駐日大使に転じ司法総長には張耀曾が就任した。会規則によれば張耀曾が法律編査会会長に就任することになるわけであるが、幾らか混乱があったようで 8 月には「恢復法典編纂會儗林長民會長」とする報道があり[76]、「民國修訂法律紀要」は 9 月に張耀曾を会長としたと伝える。その張耀曾は就任後アヘンの運搬・販売に手を貸したとして張勲やその他地方督軍から攻撃され辞意を表して慰留されており[77]、その執務に相応の支障を来していたことが推定される。この時期には副会長人事についても異動が見られる。民国 5 年 9 月 15 日付で汪有齡は副会長を免職となり、代わって 9 月 22 日付で江庸[78]が副会長の任に就いている[79]。また 11 月 3 日付で董康が大理院院長との兼務が多忙のため難しいとして副会長の座から降りている。

　以上の人事の後、民国 5（1916）年 11 月 4 日に会則が改正され、修正法律編査会規則[80]が公布施行されるに至る。条文は以下の通りである。

　　第一條　法律編査會掌編纂調査關於民事刑事等法規
　　第二條　法律編査會置會長一人副會長二人由司法總長特聘
　　第三條　法律編査會置編查員十人以内由司法總長商同會長聘請
　　第四條　法律編査會得由會長商同司法總長特聘外國編查員及顧問八人以内
　　第五條　會長副會長編查員均不得兼其他公職
　　第六條　法律編査會得延請名譽編查員名譽顧問幷得延請外國名譽編查員名譽
　　　　　　顧問均無定額由司法總長會長商酌行之
　　第七條　會長總理會務分配事務幷自任編查事務
　　　　　　會長有事故不能執行職務時得囑託副會長一人代理
　　第八條　副會長除輔助會長外幷任編查事務
　　第九條　中外編查員專任編查事務外國顧問任特定事務
　　第十條　中外名譽編查員對於編纂草案得發表意見
　　第十一條　外國名譽顧問由會長視爲必要時諮詢其意見
　　第十二條　法律編査會置事務員二人由司法總長委任承會長之命掌文牘會計庶
　　　　　　務等事項繕寫文件得用僱員
　　第十三條　會長月支薪金六百元
　　　　　　副會長月支薪金五百元

編査員月支薪金二百元至五百元由司法總長商同會長定之
　　　外國編査員及顧問月支薪金依契約所定
　　　法律編査會派員出外調査時其旅費及調査費應另行給付
　　　中外名譽編査員及外國名譽顧問不支薪金
　　第十四條　事務員月支薪金由會長定之但最高額不得過一百元
　　第十五條　本規則自公布日施行

　大きな変更点としては会長を司法総長自身が兼任する形ではなく、副会長2名とともに独立のものとして規定されたこと、及び会長・副会長・編査員が他の公職との兼任を禁じられ専任とされたことがある。編査員は10名以内で会長と司法総長の協議によりこれを聘任し、また外国編査員及び顧問を8名以内で招聘することも規定された。中外の編査員が主として編纂作業に当たり、顧問は特定の事務を扱うこととされた。さらには新たに中外の名誉編査員・名誉顧問を置くことも可能となっている。事務員については2名とされ、その他各員の給与についても改訂が行われた。兼任が多く予算が少ないという状況を憂いた張耀曾司法総長が改訂に乗り出し、会長には王寵惠[81]が迎えられることとなり民国6（1917）年1月に着任したものと報じられている[82]。

　先に見た修正刑法草案も混乱の中で最終的に議決公布するには至らなかったようであるが、審議自体は民国6（1917）年に入っても続けられていたことが報道されている[83]。しかしながらここでも成立はせず持ち越しとなっている。会務も引き続き進行したものと思われるが、4月には續行修正法律編査會規則[84]として改めて会規則が改正となり、編査員の人数が削減され逆に事務員が増員されている。また翻訳事務についての規定も追加されている。ただ当時所謂府院の争いの激化から張勲復辟事件（7月1日）へと政局が大混乱を見せた時期であり、会務にも一定の影響があったのではないかと推測される。9月には各宗教の規律・習慣につき調査し法典に反映させることが司法部から諮られている[85]。

三　修訂法律館の変転

　民国7（1918）年7月に入ると司法部は法典編纂関係の重要性から修訂法律館の設置を討議するようになり、9日には条例案を国務会議に提出、審議を通過し人選を進めていることが報道されている[86]。その後13日、正式に修訂法律館条

例[87] が公布施行されている。復旧の意味合いも込めてのことであろうか、ここに清朝末期と同じ名称の法典編纂機関が成立することとなる[88]。条文は以下の通りである。

第一條　修訂法律館掌編纂民刑事各法典及其附屬法規並調查習慣事項
第二條　修訂法律館置總裁二人由大總統特派副總裁二人由大總統簡派
第三條　修訂法律館置總纂二員由大總統簡派置纂修六員以内由總裁咨行司法
　　　總長呈請薦派但總纂得以副總裁兼任
第四條　修訂法律館置調查員其員數由總裁會同司法總長定之
　　　調查員由總裁委任咨報司法總長
　　　每省區得置調查員長一員由總裁咨行司法總長呈請薦派
第五條　修訂法律館置譯員其員數由總裁會同司法總長定之
　　　譯員由總裁委任咨報司法總長
第六條　修訂法律館得由總裁會同司法總長延聘中外顧問及名譽顧問
第七條　修訂法律館得囑託法院人員任編纂或調查事務
第八條　總裁副總裁總纂纂修調查員長調查員不得兼任本館以外有薪俸之公職
第九條　總裁綜理及分配本館事務並自任編纂或調查事務
　　　總裁有事故不能執行職務時得囑託副總裁代理
第十條　副總裁輔助總裁襄理本館事務並自任編纂或調查事務
第十一條　總纂纂修任編纂或調查事務
　　　調查員任調查習慣或關於中外法制特定調查之事務
　　　譯員任繙譯中外法律事務
第十二條　顧問任特定事務
　　　名譽顧問對於本館所編纂或調查之事項得發表意見
第十三條　修訂法律館置事務員四員由總裁委任並得以一員爲事務員長均咨報
　　　司法總長
　　　事務員承總裁之命令掌文牘會稽庶務統計等事項
　　　繕寫文件及襄理雜務得酌用雇員其員數由總裁定之
第十四條　總裁副總裁總纂纂修調查員長調查員譯員事務員長事務員之月俸比
　　　照中央行政官官俸法關於特任簡任薦任委任之規定
　　　副總裁總纂纂修調查員長比照中央行政官官等法關於簡任薦任之規定由總裁
　　　咨行司法總長呈請叙等

調査員譯員事務員長事務員比照中央行政官官等法關於委任之規定由總裁叙等
副總裁總纂纂修調查員長調查員譯員事務員長事務員之進級由總裁行之咨報
司法總長
第十五條　中外顧問月薪依契約所定
中外名譽顧問不支薪
依第七條受囑託之法院人員由總裁依所託事項之性質數量分月或分次約定之
第十六條　修訂法律館處務規則由總裁定之咨報司法總長
第十七條　本條例自公布日施行
第十八條　法律編查會規則廢止之

　同条例では修訂法律館が民刑事の各法典及びその附属法規の編纂並びに習慣調
査を司ることとされ、総裁2名・副総裁2名が置かれた。また総纂（2名）、纂
修（6名以内）が編纂・調査を行う中核人員となり、さらに調査員（省区ごとに
1名設置可）が習慣調査や中外法制の調査を行い、訳員が中外法律の翻訳を行う
こととされた。以上の人員のうち総裁から調査員までは専任（他の有給の公職と
の兼職禁止）とされた。中外の顧問・名誉顧問の招聘も規定された。さらには事
務員（4名）が文書・会計・庶務・統計等を管轄すること、また以上の人員の給
与については中央行政官官俸法に基づき算出されること等が規定されている。修
訂法律館に至る法典編纂会、法律編査会との差異については表1-1を参照された
い。
　同年7月末には庶務規則、8月には編纂規則も公布されるに至っている[89]。そ
れぞれ引用しておく。

　修訂法律館處務規則
第一條　本館處務時間依左列各款所定但遇有特別情形時得延長之
　一　一月至六月九月至十二月上午十時至十二時下午一時至五時
　二　七月至八月上午九時至下午一時
第二條　總裁以下須逐日親注到館及散值時刻於勤務簿
事務員之勤務簿每日由最初到之總裁或副總裁核閱
第三條　館員因故不能到館時應具請假書向總裁請假但因公出差者不在此限
第四條　外來文件均須經總裁副總裁核閱
第五條　外行稿件須由總裁副總裁核定畫押

第六條　外行文件須總裁署名者由兩總裁共同署名

第七條　編纂及調查事項由總裁適宜分配其規則另定之

第八條　譯員繙譯中外法律應以總裁副總裁或總纂所指定者爲限

第九條　譯員提出所任譯件之期限應預行聲明

第十條　關於文牘會計庶務統計等事宜置左列三科分掌之

　　一　文牘科　掌收發文書擬繕稿件保存案卷典守印信管理圖書及編製統計表冊等事務

　　二　會計科　掌經費之收支保管並編製概算預算決算及一切庶務

　　三　調查科　掌保管整理關於調查之一切文件

　　調查科事務得斟酌情形令文牘科兼管

第十一條　前條各科除配置事務員外按照事務情形得以雇員輔助之

　　各科設主任一人由總裁於事務員中派充

第十二條　事務員長承總裁之命指揮監督各科事務但得兼充一科主任

第十三條　事務員長或主任有事故時由總裁指定他事務員代行其職務

第十四條　外來文件除標明總裁親啓或同意義之文字者外應摘由編號登記總收文簿呈請總裁查閱分配

第十五條　外行文件擬稿人及核稿人應於稿內署名

第十六條　發送文件應摘由編號登記總發文簿

第十七條　總裁對於在館人員之訓令或諭告以傳覽簿傳知之

第十八條　關於案卷及圖書之保管應置案卷保管簿及圖書保管簿

第十九條　會計及統計事宜應依關於會計及統計之法令辦理

第二十條　散值後留事務員或雇員一人在館輪流值宿

　　值宿員收到各項文件其重要者應隨時送呈總裁

第二十一條　本規則自公布日施行

修訂法律館編纂規則

第一條　編纂法案依左列次序分別行之

　　一　刑法　二　刑事訴訟法　三　民事訴訟法　四　民商法　五　附屬各法

第二條　法案起草前各編纂員及顧問應就立法主義先行調查提出意見書

第三條　前條意見有不同者由編纂員會議決定之

第四條　法案起草員由總裁於編纂員中指定但總裁亦得自任起草

第五條　起草應以已決定之立法主義爲據所草條文以有特別必要情形爲限應附

表1-1　修訂法律事宜分表

機關名稱	法律館	法典編纂會	法律編查會	修訂法律館
年間	光緒三十三年至宣統三年	民國元年至二年	民國三年至七年	民國七年至今
職掌	一　擬訂奉旨交議各項法律 二　擬訂民商訴訟各項法典草案及其附屬法並奏定刑律草案之附屬法 三　刪訂舊有律例及編纂各項章程	掌編纂民法商法民事訴訟法刑事訴訟法並上列附屬法及其餘各項法典	掌編纂調查關於民事刑事等法規	掌編纂民刑事各法典及其附屬法規並調查習慣事項
組織	第一科 第二科 譯書處 編案處 庶務處			
員額	大臣　二人 提調　二人 第一科總纂一人 　　　纂修四人 　　　協修四人 　　　調查員一人至二人 第二科總纂一人 　　　纂修四人 　　　協修四人 　　　調查員一人至二人 譯書處總纂一人 　　　譯員無定額 編案處總纂一人 　　　纂修二人 　　　協修二人 庶務處總辦一人 　　　委員無定額 諮議官無定額	會長一人 　法制局局長兼任 纂修八人 調查員無定額 事務員二人	會長一人 副會長 　三年規則一人 　五年規則二人 編查員 　三年規則二十人以內 　五年規則十人以內 　六年規則八人以內 外國編查員及顧問 　五年規則八人以內 中外名譽編查員無定額 中外名譽顧問無定額 事務員 　三年規則六人以內 　五年規則二人 　六年規則四人 中外譯員無定額	總裁 　七年條例二人 　九年條例一人 副總裁二人 總纂二人 　副總裁得兼任 纂修六人以內 調查員長 　每省區得置一人 調查員 　由總裁會同司法總長酌定人數 譯員 　由總裁會同司法總長酌定人數 中外顧問無定額 中外名譽顧問無定額 事務員四人
官等	大臣　特簡 提調　請簡 總纂　奏派 纂修　奏派 協修　奏派 調查員　選派 譯員　選派 總辦　奏派 委員　委派 諮議官　延請具奏	會長　簡任 　二等至一等 纂修　薦任 　四等至三等 調查員　由會長聘任 事務員　由會長委任 　比照中央文官委任職銓等	會長 　三年規則以司法總長爲會長 　五年規則由司法總長特聘 副會長 　三年規則由會長任 　五年規則由司法總長特聘 編查員 　三年規則由會長聘任 　五年規則由司法總商同會長聘請 外國編查員及顧問 　五年規則由會長商同司法總長聘請 中外名譽編查員 　五年規則由司法總長會長商酌延請	總裁　特派 副總裁　簡派 總纂　簡派 纂修 　由總裁咨行司法總長呈請薦派 調查員長 　由總裁咨行司法總長呈請薦派 調查員　由總裁委任 譯員　由總裁委任 中外顧問 　由總裁會同司法總長延聘 中外名譽顧問 　由總裁會同司法總長延聘 事務員　由總裁委任

機關名稱	法律館	法典編纂會	法律編查會	修訂法律館
官等			外國名譽顧問 　五年規則由司法總長會長商酌延請 事務員 　五年六年規則由司法總長委任 中外譯員 　六年規則由會長延訂	副總裁總纂纂修調查員長比照中央行政官官等法關於簡任薦任之規定由總裁杏行司法總長呈請叙等調查員譯員事務員比照中央行政官官等法關於委任之規定由總裁叙等
官俸	大臣 提調 總纂 纂修 協修 調查員 譯員 總辦 委員 　以上各職均分別給予公費 諮議官 　爲名譽職不支公費	會長 　支法制局局長俸 纂修 　四等三級至三等一級 調查員 　酌給薪金 事務員 　比照中央文官委任職俸級支俸	會長 　五年規則月薪六百元 副會長 　三年規則月薪五百元但有公職者減支二百五十元 　五年規則月薪五百元 編查員 　三年規則月支津貼不得逾三百元 　五年規則月薪二百至五百元 外國編查員及顧問 　月薪依約所定 中外名譽編纂員 　不支薪金 外國名譽顧問 　不支薪金 事務員 　三年規則月薪不得逾二百八十元 　五年規則月薪不得逾一百元 譯員 　六年規則月薪不得過二百五十元	總裁 副總裁 總纂 纂修 調查員長 調查員 譯員 事務員 　以上各職比照中央行政官官俸法關於特任簡任薦任委任之規定分別支俸 中外顧問 　薪金依契約所定 中外名譽顧問 　不支薪金
隷屬機關				
備考		按法典編纂會官制該會係屬臨時機關俟法典完成即行裁撤 法典編纂會直隷於國務總理		

※以上は中国第二历史档案馆编『北洋政府档案』（中国档案出版社・2010）第 059 巻　國務院　第五册所収の「清光宣迄民國現今中央官制沿革表」のうち「修訂法律時宜分表」を整理したものである。原史料は墨書・横長の一覧表であるが、これを活字に起こし縦長の一覧表にして引用した。

簡明理由

第六條　起草員關於應行調查事項得商請他編纂員或顧問輔助之

第七條　草成之稿應分次呈由總裁交各編纂員及顧問審核簽註

第八條　關於簽註之點由編纂員會議決定之

第九條　草案經以上數條程序後作爲暫時定稿

　暫時定稿之條文如有必要得經編纂員會議修改之

第十條　草案定稿後由總裁分派各編纂員逐條纂擬理由但總裁亦得分任之

第十一條　各員擬纂之草案理由呈由總裁交原起草員整理之

第十二條　第三條第八條及第九條第二項之會議由總裁召集之

第十三條　除第三條第八條第九條第二項之會議外關於其他事宜經總裁認爲必

　要時亦得召集編纂員會議

第十四條　凡應付會議之事項須於相當期間以前通知各編纂員

第十五條　本規則稱編纂員者謂總裁副總裁總纂及纂修

　人事では 7 月 15 日、会を率いる総裁に董康・王寵惠、副総裁に羅文幹[90]が着任、追って 18 日には陸鴻儀[91]が副総裁兼総纂、石志泉[92]が総纂に任じられ（ともに署理）、陣容が整えられている。19 日には早くも董康・王寵惠・羅文幹に姚震を加えた 4 人が時の大総統馮國璋に法典編纂の重要性を訴えに行っている[93]。8 月 21 日には鄭天錫[94]が、12 月 20 日にはさらに陳瑾昆[95]も纂修に任じられている。修訂法律館自体規模・待遇ともに法律編査会を上回るものであり、それ自体は法典編纂にかける覚悟の大きさを示すものなのかも知れないが、構成員の増俸や日本人顧問の招聘による支出の増大は早くも経費問題を発生させることとなり、中には法制局がある以上館の設置は無駄とする意見もあったようである[96]。

　修訂法律館では粛々と作業が続けられたようであり、続けて刑法第二次修正案が発表されるに至る[97]。なお「民國修訂法律紀要」では「（筆者註：民国）七年三月第二次修正刑法草案告竣　總則十四章分則三十五章共三百七十七條……」とされている。この年月日が正しいとすると修訂法律館の成立以前に既に完成していたことになる。確かに法律編査會編『刑法第二次修正案理由書（總則編）』が民国 7（1918）年 2 月に刊行されており、刑法第二次修正案とは別個に第二次修正刑法草案なるものがあったとも解釈出来るが、その可能性は低いのではないかと思われる。恐らくは初稿かと推定される。

　『法律草案彙編』所収の刑法第二次草案　附理由書及刑度表では「民國七年卽一

九一八年修訂法律館稿」とあり、民国 7 (1918) 年に成ったものとされているが、広く一般に配布されたのは民国 8 年に入ってからのようであり、王寵惠が 1 年がかりで編纂し刑法第二次修訂案理由書と題して司法部に報告するとともに朝野の人士に送ったことが同年 3 月の報道に見え[98]、また同時期に刑法第二次修正案理由書 附刑度表が刊行[99]されていることからすると、刑法第二次修正案自体、館の成立時期を跨いで討論が行われ、最終的に成立したとするのが妥当かとも思われる。

　民国 8 (1919) 年には 5 月 13 日に車顯承[100]、10 月 12 日に張乘運[101]・程光銘[102]が纂修に迎えられ、人員の充実が図られている。民国 8 年には外国人顧問も充実する。Georges Padoux が司法部顧問として迎えられ、さらに日本人顧問の板倉松太郎・岩田一郎が同年 5 月 25 日より中華民国へと渡っており、その招聘理由については司法講習所において検察・裁判実務を講習するためと報じられている[103]。民国 9 年には先の刑法第二次修正案にさらに手を加えた『改定刑法第二次修正案』が刊行されている。

　民国 9 (1920) 年 7 月には安直戦争により安徽派が没落、8 月には修訂法律館の人事も大きく動いている。7 月 29 日付で江庸が修訂法律館総裁に任じられ、8 月 11 日には先に大理院院長に任じられていた董康が司法総長に就任、後任の院長に王寵惠が入った。これを受けてか同 19 日には修訂法律館条例第 2 条が改正され、総裁が 1 名に減員されている[104]。開館時に総裁に就任した董康・王寵惠ともに多忙を極めたことが推測され、この段階で江庸が館務を主宰する体制になったものと思われる。同 28 日には改めて陸鴻儀が副総裁、石志泉が総纂に任じられている。人員面では 9 月 7 日に程光銘が依願退職、同 18 日に陳滋鎬[105]（翌年 10 月 8 日に依願退職）、同 30 日に郭雲觀[106]・鄭天錫が纂修に、11 月 5 日に朱學曾[107]が総纂（署理）に任じられている。11 月末には法権討論委員会条例が公布[108]され、治外法権撤廃へ向けての体制も整えられた。

　民国 10 (1921) 年が明けると修訂法律館は立法上の重要問題につき広く学者の意見を募るとして『法學會雜誌』上に論題を掲載し、報奨金つきで論文の公募を行っている。同誌第 1 期（民国 10 年 7 月）には修訂法律館徵求意見簡章、第一次及び第二次徵求意見問題、さらに第一次徵求意見之結果が報告されており、第一次では 20 余名の投稿があり許藻鎔・陶履曾・王鳳瀛が賞金を獲得、随時論文を公表するとされており、これらは新聞でも報道されている[109]。第 2 期（民国 10 年 9 月）では第三次徵求意見問題、第二次徵求意見之結果が報告されており、

18 名の応募の結果王鳳瀛・葉在穆・周寶華が当選、第 3 期（民国 10 年 11 月）に第四次徴文問題が掲載されているところまで確認出来る。また民国 10 年 4 月、羅文幹が Société générale des prisons において刑法草案についての講演・質疑応答を行っており[110)]、対外宣伝も行われていることが確認出来る。

民国 10（1921）年 7 月、修訂法律館は民事訴訟法草案を完成させ、これが 22 日大総統令により公布、9 月 1 日から東省特別区域法院域内で施行することを宣言した。8 月には『司法公報』に民事訴訟法草案附理由書が掲載され[111)]、11 月には民事訴訟條例と改められ、翌民国 11 年 1 月、同年 7 月 1 日から全国に施行されることが決定された[112)]。

著名なフランス人法律顧問 Jean Escarra[113)] が着任したのはこの時点、民国 10（1921）年 11 月であった。滞在期間については、H. Temerson の記述によれば 1921 年 11 月 11 日から 1939 年 8 月 31 日まで中華民国顧問、北京に在住したのは 1921 年から 1928 年までとされており、さらに 1933、1934、1938 年に種々の任務を担当したとある。

民国 10（1921）年の来華については Jean Escarra 本人が主著 Le droit chinois, Pékin : Henri Vetch ; Paris : Recueil Sirey, 1936 において「……その委員會（筆者註：民国 7 年成立の修訂法律館）は、技術的顧問としてシャム政府の舊顧問である全權公使パドゥ氏と二人の日本人即ち板倉松太郎及岩田新[114)] を附加した。此の最後の二人の出發に際して、即ち一九二一年に、當時グルノーブル法科大學の教授であった本書の著者がその委員會の仕事に協力すべく北京に呼ばれた」[115)] と回想している。

民国 10（1921）年 11 月には折からワシントン会議が開催され、王寵惠が治外法権撤廃へ向けて各国から一定の対応を引き出すことに成功したが、この好機にも関わらず経費不足で物事が機能しないことに衝撃を受けた董康が辞意を表明したことが報道されている[116)]。明けて民国 11 年 1 月 18 日、羅文幹が副総裁（兼任）に任じられ、その着任まで石志泉が副総裁（署理）となった。また同日余紹宋[117)] が総纂に任じられたが、同 29 日に早くも依願退職している。3 月 16 日には朱學曾が総纂に任命されている。

3 月 2 日、日本人顧問の岩田一郎が任期満了に伴い帰国している。折からの政局の悪化を受け、もう一方の日本人顧問であった板倉松太郎は奉直戦争の勃発直前に命辛々北京を脱出して任期満了目前の 4 月 26 日帰国した。

5 月、時の財政部次長鍾世銘が奉天派への軍費の便宜を図り司法関連経費を支

出しようとしないことに羅文幹が激怒、司法部・大理院をはじめとした司法機関
が給与未払いを理由に総辞職・罷工の構えを見せて運動を開始し、さらにワシン
トン会議から帰国した王寵恵・大理院長董康をはじめ大理院・修訂法律館・総検
察庁・京師高等審判庁・検庁の重鎮が、抗議の総辞職を表明するに至る[118]。

　6月11日、黎元洪の大総統就任後も事態は好転せず、15日に石志泉を副総裁、
鄭天錫を総纂とし、9月12日には王鳳瀛[119]を纂修に任じる人事が行われてい
る。同19日には王寵恵が国務総理に就任、王寵恵内閣が成立した。混乱した状
況ではあったが、民国11（1922）年には王鳳瀛を主任として票據法第二次草案
（＝修訂法律館第一次草案・共同案）が起草されている[120]。

四　修訂法律館の終局

　王寵恵内閣の任期中であった民国11（1922）年11月、名高い羅文幹事件が発
生する。その経緯や展開の詳細については諸文献に譲る[121]が、簡単にこれを振
り返ると、事の発端は11月18日、王寵恵と対立関係にあった呉景濂[122]が墺国
借款延期・借換問題及びそれに関連しての収賄があったとして羅文幹を告発、黎
元洪に迫って羅文幹の逮捕拘引を行ったことであった。黎元洪は翌日には自らの
誤りを認め撤回しようとするが、事件の取り扱いを巡って諸勢力が対立、結局王
寵恵内閣は29日に退陣してしまう。

　明けて民国12（1923）年1月11日、羅文幹は一旦証拠不十分で釈放となる。
しかし折から張紹曾内閣の下で程克[123]が司法総長、彭允彝が教育総長に就任、
釈放に不満な衆議院とともに羅文幹の再逮捕に踏み切り、これが司法界から強烈
な反対を招くに至る。1月18日には修訂法律館の全体大会において程克に対す
る警告書が決議され、司法予算の早期支出、法律専門家以外の人材の勝手な登用
の禁止、現任司法官への勝手な異動命令の禁止が要求されている[124]。さらには
この事件が程克による司法への干渉であるとして憤激した江庸が民国12年1月
に修訂法律館総裁の辞職を表明[125]、また北京大学校長蔡元培が彭允彝の司法へ
の干渉に異を唱えて抗議の辞職を行っている[126]。

　程克へは司法界から囂囂たる非難の声が上がり、東省特別区域法院は職員の罷
工・解散の構えを見せて激烈な抗議を行い、各地の高等・地方審検庁も各々強烈
な批判を浴びせている[127]。しかし後には攻撃の先鋒であった東省特別区域高等
審判庁長の李家鰲、湖北高等審判庁長の林棨がともに程克によってその職を追わ

れ、東省特別区域法院についてはその職員の殆どが辞職するに至っている[128]。

　4月に至り羅文幹は正式に起訴されるが、その弁護を行ったのが夙には織田萬の『法學通論』の中国語翻訳者として、後には民国25（1936）年の沈鈞儒ら七君子捕縛事件の弁護でも名を馳せた劉崇佑[129]であった。劉崇佑は『羅文幹等被告詐財及偽造文書案調査證據意見書』（[刊行者不明]・[刊行年不明]）[130]を刊行して事件の詳細を伝えるとともに、最終的に羅文幹の無罪獲得に貢献している。

　激動続く民国12（1923）年であるが、その中でも法典編纂作業は進められている。中でも李炘が前年から票據法関連の調査を行っているのが注目される。李炘は後に司法行政部編『民商事習慣調査報告録』（司法行政部・1930）に繋がる習慣調査結果の整理作業を行った人物であるが、それに先行して習慣調査の場を得ていたことになる。法律顧問のJean Escarraも前年末に商事関連の習慣調査を行っており、民国12年中に票據法第三次草案（＝修訂法律館第二次草案・愛氏案）が作成されている。さらに民国12年に作成された草案としては公斷法草案が『法律草案彙編』に収録されている。

　その後10月には修訂法律館発足当時からの人員であった陸鴻儀と石志泉も程克との意見の相違により辞職している。折から民法債権編の起草を担当していた朱學曾について作業完成後の異動とされていたにも関わらず、突如10月13日に潘元玫[131]が着任し離任への圧力がかけられたことがその理由であり、法典編纂作業を蔑ろにするもので到底受け入れられないとしての抗議の辞職であった[132]。最終的に10月23日付で江庸・陸鴻儀・石志泉の辞職が発令されている[133]。

　結果程克は同日修訂法律館総裁の職を自ら兼任し、馬德潤[134]・蔡寅[135]を副総裁に任命する[136]が、その下ではとても仕事が出来ないということで鄭天錫や顧問の余紹宋・黄晦も辞職してしまうことになる[137]。11月4日には潘元玫・鄭天錫が総纂を辞職、同日付で呉炳棫[138]・高種が総纂に着任するが、さらに纂修の王鳳瀛・呉昆吾[139]・梁仁傑[140]・劉鎮中[141]、調査員の盧藉剛・陳應榮・許藻鎔・羅鼎[142]・孫樹森・王榮年、事務長の梁鉅屏・徐維謹等の一挙12名の職員が辞職を表明、辞職していないのは李炘と程光銘の2人だけという有様となり、程克が完全に修訂法律館を把握するに至ったことが報じられている[143]。これに関しては民国12（1923）年11月29日付での王鳳瀛の依願退職、12月18日付での李炘・程光銘の纂修への着任が確認出来る。

　程克は民国13（1924）年1月孫寶琦内閣の成立とともに内務総長に転じ総裁の職を1月10日付で馬德潤に譲り[144]（署理、10月21日付で特派）、同日副総裁

第一章　法典編纂機関の変遷　　*31*

に周克昌[145)]が着任することとなる。次いで同月 16 日には張葆彝[146)]、3 月 2 日には熊國璋[147)]、6 月 22 日には耿澤[148)]が纂修に任じられる[149)]。しかし 8 月には周克昌の辞職請願が国務会議に係り、10 月には閣議案に蔡寅の免職及び周克昌の辞職と、呉炳樅・劉含章[150)]の副総裁への就任が議論されたことが報じられている[151)]。その後 10 月 7 日付で周克昌の依願退職、劉含章の副総裁への就任が行われ、同 11 日には耿澤が総纂へ着任している。

　この激動の民国 12（1923）年に江庸は『申報』50 周年の記念に寄せてかの有名な論考「五十年來中國之法制」（申報館編輯『最近之五十年』（申報館・1923）所収）を発表して自身も深く携わった清朝末期以来の法制改革を回顧するとともに、辞職後には民国期を代表する法律雑誌のひとつ『法律評論』を創刊することとなる[152)]。その胸中は察するに余りあるといえよう。

　その後程克は顔恵慶内閣発足時に下野、第二次奉直戦争の結果曹錕が失脚し段祺瑞臨時執政の下で許世英内閣が成立するに及び民国 13（1924）年 12 月 27 日に総裁馬德潤、副総裁蔡寅・劉含章が辞職、同日修訂法律館は章士釗[153)]を総裁、石志泉を副総裁とする体制となった。また應時[154)]もこの時に副総裁に就任したことが報じられている[155)]。

　ここからの修訂法律館の立て直しは相当困難であったことが推測される。民国 14（1925）年 1 月 14 日の整頓修訂法律館務情形呈並指令[156)]では、旧来の人員につき名目が煩わしく多くて無駄であり、顧問は責任が不明で調査も多く行われていないとして、今後は中国人顧問については名誉顧問とし、調査員も免職とし、修訂作業については基本的に副総裁・総纂・纂修のみで担当することが提議されている。これを受けてか人事も大変動を被る。民国 14 年 1 月 22 日付で李炘・程光銘・張葆彝・熊國璋が纂修を免職となり、代わって戴修駿[157)]・梁仁傑・羅鼎・陳和銑[158)]が纂修に着任した。後さらに 3 月 18 日には楊肇熉[159)]が纂修に着任している。

　8 月に入ると 10 日付で梁敬錞[160)]が署総纂、8 月 11 日付で王寵惠が総裁に任命される。当時まだ欧州にいた王寵惠を帰国させ、総裁職に就かせるとともに不平等条約改正の準備作業、さらには関連して必要となるであろう外国法律顧問の招聘にも当たらせることが考えられていたようで、外国人顧問の招聘に関して相当の学術水準と名声を有する人材の獲得が急務であり、過去顧問として招聘した韋羅貝（Westel W. Willoughby と推定される）がロンドン大学教授から酷評されていた件を引いて人選に注意を促している様子が報道されているのが興味深い[161)]。

ただ王寵惠は国際会議の閉幕を待って帰国したいとしてすぐには帰国の途に就かなかったようである[162]。22 日には蘇希洵[163]が纂修となっている。

9 月に入ると、治外法権撤廃のための国際委員会が 12 月 18 日に開会されることが決定されるに至る。折から進められていた関税会議の終了後そのまま司法制度の調査に入って一気呵成に決着させようとした中華民国政府が各国と調整した結果この日取りになったようである[164]。これに関連して当時駐ベルギー公使であった王景岐が、現行の民律・商律等が草案であり正式に公布されていないことを各国が口実として治外法権撤廃に支障を来す可能性があるので、各草案を正式に公布することを建議していることが報じられている[165]。

同記事において民法草案につき日本人顧問が起草したもので日本法が大部分輸入されており、また顧問は中国の風俗習慣を知らず、ために修訂法律館の研究の結果その多くが適用されずにいること、また相次ぐ政変の影響を受けて編纂作業が道半ばであることが指摘されているのは興味深い。各国委員の到着までに公布出来そうな草案としては民法総則、民法債権、票據法が挙げられている。票據法については外国との経済活動と最も密接に関係するもので、特にその公布が急がれている様子も報じられている。

票據法については民国 14（1925）年に第五次草案（＝修訂法律館第四次草案）が作成されているが、この草案を指すのであろうか、10 月中の公布へ向けて高等・地方の審判・検察庁、律師公会、銀行公会、総商会での簽字作業が進められていることが報じられている[166]。またこれに合わせて民律についても作業が進められ、民律第二次草案（總則、債、物權、親屬（1925 年）、繼承（1926 年））が起草されることとなる。

王寵惠がシベリア鉄道経由で北京へと到着したのは 11 月 10 日であった。彼は早速関係者と協議を開始、特に五・三〇事件の欧米での報道が中華民国にとって不利な状況にあり、交渉に影響するのではと警戒している[167]。それよりも直接に交渉に影響したのは内乱であった。郭松齢反奉の役の混乱により各国代表が北京入り出来なくなってしまったことから、元々予定されていた 12 月 18 日の開会は延期せざるを得なくなり[168]、会議の開始は結局のところ年を跨ぐことを余儀なくされた。

民国 15（1926）年 1 月 12 日、ようやく治外法権に関する委員会は開会式を迎え、調査が開始された。5 月 10 日から 6 月 15 日には実地の視察旅行も行われている。5 月にはこれまでに作成された草案を集めて『法律草案彙編』が刊行され

て関係各所に贈られたようであり、上海律師公会に贈られたことが報道に見える[169]。会議の最終報告書は日英米仏蘭の5か国の委員が7月23日より起草、最終的に9月16日に作成を終了、署名が行われた[170]。しかしながら周知の通り、この段階で治外法権が撤廃されることはなかった。

時に民国16（1927）年、北洋政府はそろそろ終末の時を迎えようとしていた。修訂法律館がどの段階で終焉を迎えたのかは明らかではない。民国16年12月末、司法部が顧問Georges Padouxの解任を計画している旨報道があり[171]、翌民国17年2月27日、余棨昌が修訂法律館総裁に就任している。関連檔案を所蔵すると見られる中国第二歴史檔案館はそのホームページで「該会于1928年6月结束」とのみ伝えている[172]。治外法権撤廃へ向けての努力は次の時代へと引き継がれてゆくことになるのである。

註

1) 島田正郎『清末における近代的法典の編纂』（創文社・1980）、程燎原『清末法政人的世界』（法律出版社・2003）184〜199頁、陈煜『清末新政中的修订法律馆』（中国政法大学出版社・2009）等を参照。
2) 島田正郎『清末における近代的法典の編纂』（創文社・1980）280頁。
3) 胡震「亲历者眼中的修订法律馆」（华中科技大学学报（社会科学版）24-3（总103期）・2010）参照。
4) 劉汝錫『憲政編査館研究』（國立臺灣師範大學歷史研究所碩士論文・1977）、彭剑『清季宪政编查馆研究』（北京大学出版社・2011）参照。
5) 「内閣會奏酌擬内閣屬官官制暨内閣法制院官制摺 併單」（政治官報1310・宣統3年5月28日）13〜16頁参照。
6) 「章宗祥（仲和）Chang Tsung-hsiang（Chung-ho）浙江省呉興縣人。一八七九年生。東京帝國大學法學部卒業。前清政府修訂法律館纂修、民政部則例局提調、記名左右參議兼憲政編査館編制局副局長、京師内城警監、内閣法制院副使等に歷任す。第一革命後北方代表として上海に赴く。民國成立後大總統府秘書兼内閣法制院正使、法制局長、大理院長等に歷任し一九一四年任熊希齡内閣司法總長。徐世昌内閣及段祺瑞内閣に留任す。一九一六年兼任農商總長。同年任駐日公使。屢次の日本よりの借款交渉に當る。一九一九年五四運動起り曹汝霖、陸宗輿と共に親日派として學生の排斥を受け駐日公使を辭し爾來官界を退く。同年日支合辦中華匯業銀行設立せらるるや同行總理たり。一九二七年任安國軍外交討論會員。一九二八年國民政府より北方政客元兇として逮捕令を發せられ一時日本に亡命す。」（外務省情報部『現代中華民國滿洲帝國人名鑑』（東亞同文會・1937）245頁）。他に徐友春主編『民国人物大辞典（増订版）』（河北人民出版社・2007）下1703頁参照。幼年期から日本留学までの回顧として章宗祥「任闕斋主人自述」（全国政协文史资料委员会编『文史资料存稿选编 教育』（中国文史出版社・2002）所収）がある。また大清新刑律についての貴重な証言として章宗祥「新刑律颁布之经过」（全国政协文史资料委员会编『文史资料存稿选编 晚清・北洋 上』（中国文史出

版社・2002）所収）があるが、このテクストの有する問題点について陈新宇「谁在阻扰《大清新刑律》的议决？」（清华法学 5-6・2011、後に陈新宇『寻找法律史上的失踪者』（广西师范大学出版社・2015）に収録）がある。

　なお関係官僚の任免情報につき中華民國政府官職資料庫（http://gpost.ssic.nccu.edu.tw/）において検索可能なものについては煩瑣を避けるため出典を省略する。同資料庫については劉吉軒「「中華民國政府官職資料庫」介紹」（國史研究通訊 3・2012）を参照。

7)「法制院之新設施」（申報 1911 年 7 月 2 日 5 面）参照。

8)「新内閣種種 新翰林之恐慌 舊翰林之清閑」（申報 1911 年 7 月 6 日 4 面）、「内閣體恤裁缺人員」（申報 1911 年 7 月 14 日 5 面）、「新内閣種種」（申報 1911 年 7 月 15 日 5 面）、「新内閣近事紀」（申報 1911 年 7 月 23 日 4 面）等参照。

9)「内閣奏請飭各衙門編纂現行法規並釐訂具奏辦法摺」（内閣官報 2・宣統 3 年 7 月 2 日）参照。

10)「命令」（臨時公報・民国元（1912）年 3 月 11 日）所収。「現在民國法律未經議定頒布、所有從前施行之法律及新刑律、除與民國國體牴觸各條應失効力外、餘均暫行援用、以資遵守此令」とある。当時の臨時大總統は袁世凱である。

11)「汪榮寶（衮甫）Wang Jung-pao（Kun-fu）江蘇省呉縣人。一八七八年生。五色旗の考案者。幼時より文名あり章太炎と並び稱せられ前清時代屢々勅語を起草せり。一九一〇年早稲田大學に學ぶ。前清政府の民政部右参議、資政院議員、協纂憲法大臣、民政部左丞等に歴任し民國成立後參議院議員、衆議院議員たりしが一九一四年任駐白耳義公使。一九一五年任憲法起草委員。其後駐瑞西公使を經て一九二二年任駐日公使。一九二七年張作霖大元帥に就任し潘復内閣成るや外交總長に擬せられたるも辭して受けず。國民政府全國統一後も引續き駐日公使たりしが一九三一年夏歸國辭任し北平に赴き張學良の下に陸海空軍副司令部行營參議、外交委員會委員長たり。故人。」（外務省情報部『現代中華民國滿洲帝國人名鑑』（東亞同文會・1937）52 頁）。他に徐友春主編『民国人物大辞典（増訂版）』（河北人民出版社・2007）上 726～727 頁参照。また赵林凤『汪荣宝评传』（南京大学出版社・2012、同書は後に趙林鳳『汪榮寶 中国近代憲法第一人』（新鋭文創・2014）として台湾でも出版されている）参照。彼が残した貴重な『汪榮寶日記』のテクストについては北京大学图书馆馆藏稿本丛书编委会编辑『北京大學圖書館館藏稿本叢書 汪榮寶日記』（天津古籍出版社・1987）、『汪榮寶日記』（文海出版社・1991）、韓策・崔学森整理／王晓秋审订『汪荣宝日记』（中华书局・2013）、小野和子「『汪栄宝日記』のこと」（小野和子『五四時期家族論の背景』（同朋舎・1992）の投げ込み附録に掲載）も参照。

12) 以上の経緯につき邱远猷・张希坡『中华民国开国法制史』（首都师范大学出版社・1997）383～385 頁参照。

13) この経緯については田邊章秀「『大清刑律』から『暫行新刑律』へ」（東洋史研究 65-2・2006）、黃源盛「民元暫行新刑律的歷史與理論」（刑事法雜誌 41-6・1997、後に黃源盛『民初法律變遷與裁判（1912-1928）』（國立政治大學法學叢書編輯委員會・2000）所収）参照。また岡田朝太郎を編輯兼発行人として 1913 年 6 月 10 日付で『中華民國暫行新刑律』（國民大學・中華大學（發賣所）・1913）が刊行されている。

14)「京華短柬」（申報 1912 年 5 月 9 日 3 面）参照。

15)「法制局將設法典編纂會」（申報 1912 年 5 月 19 日 2 面）参照。

16)「專電」（申報 1912 年 5 月 31 日 2 面）、「專電」（申報 1912 年 6 月 2 日 2 面）、「專電」（申報 1912 年 6 月 4 日 1 面）参照。この混乱は「法制局總辭職」（［東京］朝日新聞 1912 年 6 月 2 日朝刊 2 面）として日本でも報道されている。

17)「中央官制新舊之比較」（申報 1912 年 6 月 4 日 2 面）、「官制修正草案理由之説明」（申報 1912 年 6 月 9 日 2 面）参照。

第一章　法典編纂機関の変遷　　　*35*

18）政府公報 78・1912 年 7 月 17 日参照。

19）「張名振（1875-）字賓吾，四川仁壽人，1875 年（清光緒元年）生。1904 年，甲辰科進士。後赴日本留學，入法政大學，畢業歸國。歷任工部主事，弼德院秘書官，法典編纂會纂修，法制局參事。1912 年後，任國會參議院、衆議院北京政府特派員，政事堂法制局幫辦，財政善後委員會事務處處長。1921 年 12 月，任國務院秘書廳秘書長。1922 年 6 月，任國務院參事。1924 年去職。」（徐友春主編『民国人物大辞典（増訂版）』（河北人民出版社・2007）下 1791 頁）。

20）「朱深（博淵）Chu Shen（Po-yuan）河北省永淸縣人。一八七九年生。北平電燈公司協理、元北京政府國務總理。東京帝國大學法學部卒業。歸國後一時辯護士を開業せるが一九一二年任京師地方檢察廳檢察長代理。一九一三年任京師高等檢察長。次で大理院總檢察廳檢察官となり一九一五年任大理院總檢察廳長。一九一八年段祺瑞內閣に入り司法總長たり。一九一九年錢能訓內閣に留任し次で內務總長を兼ぬ。同年靳雲鵬內閣に入り司法總長たりしが靳辭職後安福派に依り國務總理に任ぜらる。一九二〇年安福派の沒落と共に辭任逮捕令を發せられ徐樹錚と共に日本公使館に潛伏し次で天津に逃る。爾來安福派の復活に奔走す。一九二四年第二奉直戰後段執政府なるや一九二五年京師警察總監督暨京師市政事宜督辦に任ぜられたるも同年辭任。爾來政界を退き實業界に入る。」（外務省情報部『現代中華民國滿洲帝國人名鑑』（東亞同文會・1937）209 頁）。他に徐友春主編『民国人物大辞典（増訂版）』（河北人民出版社・2007）上 326〜327 頁参照。

21）1912 年 2 月 11 日付で法制局編制員に任じられている。また 1923 年 1 月には國務院秘書（同 5 月依願退職）、同 9 月に財政部簡任職等を歷任しているのが見える。

22）「張元節（杏蓀）Chang Yuan-chieh（Hsing-sun）江蘇省無錫縣人。一八八〇年生。國民政府外交部北平檔案保管處科長。京師大學堂卒業。在日公使館二等秘書、在長崎及神戶領事、在佛及在英公使館二等秘書等を經て一九二一年任在日公使館一等秘書。爾來十年近く日本に在り屢々臨時代理公使たりき。」（外務省情報部『現代中華民國滿洲帝國人名鑑』（東亞同文會・1937）327 頁）。他に徐友春主編『民国人物大辞典（増訂版）』（河北人民出版社・2007）下 1766 頁参照。

23）「易宗夔（蔚儒）I Tsung-kuei（Wei-ju）湖南省湘潭縣人。一八七五年生。日本留學出身。資政院議員、法典編纂會纂修、衆議院議員、國務院法制局々長等に歷任。」（外務省情報部『現代中華民國滿洲帝國人名鑑』（東亞同文會・1937）10 頁）。他に徐友春主編『民国人物大辞典（増訂版）』（河北人民出版社・2007）上 860 頁、佐藤三郎編『民國之精華 第壹輯』（北京寫眞通信社・1916）143 頁参照。

24）「周啓濂（玉卿）Chou Chi-lien（Yu-ching）浙江省寧波人。一八七七年生。上海聖約翰大學、英國エヂンバラ大學卒業。更に獨逸に於て政治學を研究。一九一四年任駐日公使館三等參贊。一九一九〜二〇年紐育總領事。一九二二〜二三年オッタワ總領事に歷任。現に既に隱退。」（外務省情報部『現代中華民國滿洲帝國人名鑑』（東亞同文會・1937）217 頁）。他に徐友春主編『民国人物大辞典（増訂版）』（河北人民出版社・2007）上 926 頁参照。

25）「饒孟任（伯俞）Jao Meng-jen（Po-yu）江西省南昌縣人。一八八二年生。前淸進士。英國倫敦大學卒業。駐英公使館三等參贊大總統府秘書、北京法政專門學校々長、政事堂法制局參事、參議院議員、幣制局副總裁に歷任。」（外務省情報部『現代中華民國滿洲帝國人名鑑』（東亞同文會・1937）259 頁）。他に徐友春主編『民国人物大辞典（増訂版）』（河北人民出版社・2007）下 2832 頁参照。

26）「瞿方書（1884-1947）字孫婓、蒸婓，湖南保靖人，1884 年（清光緒十年）生。早年，入桃源漳江書院學習。1900 年，參加自立會，後入華興會。1906 年，赴日本留學，入東京明治大學，幷加入中國同盟會，襄理《民報》事務。1907 年，任公立吉林法政學堂教習。中華民國成立後，任南京臨時政府法制局編纂、參事等職，參與《中華民國臨時約法》的起草工作。

1913 年 "二次革命" 失敗後, 主辦天津《公民報》, 宣傳反對袁世凱。後歷任國立北京大學、國立湖南大學教授。1947 年逝世。終年 63 歳。著有《中國文學史》等。」(徐友春主編『民国人物大辞典（増訂版）』(河北人民出版社・2007) 下 2743 頁)。

27)「王世黴（莪蓀）Wang Shih-cheng (E-sun) 福建省閩侯縣人。一八七三年生。上海南洋大學卒業。前清進士。一九〇四年渡英しリンコルンス・インに學びバリスターの資格を得。一九〇七年以來前清政府郵傳部、海軍部及教育部に出仕し民國成立後袁世凱の秘書となり一九一四年福建省選出約法會議議員たりしが一九一五年袁の帝制に反對して秘書を辭す。爾來新聞記者として北京『公言報』記者及北京『デーリー・ニュース』編輯長たりしが一九一八年衆議院議員となり參政院參政及交通部顧問を兼ぬ。一九二二年北京に『晨報』社を創設し自ら主筆となる。一九二六年任英米煙草會社顧問辯護士。譯書『中國外交關係略史』。」(外務省情報部『現代中華民國滿洲帝國人名鑑』(東亞同文會・1937) 38～39 頁)。他に徐友春主編『民国人物大辞典（増订版）』(河北人民出版社・2007) 上 81 頁でも紹介があるが、生年や履歴に若干の出入りがある。

28) 後 1914 年 2 月に國務院法制局僉事、1923 年 5 月に法制局簡任職存記、1925 年 2 月に陝西簡任職存記、1926 年 2 月に法制局僉事、同 8 月參事に任じられているのが見える。

29)「王蔭泰（孟群）Wang Yin-tai (Meng-chun) 浙江省紹興縣人。一八八六年生。一九〇六年日本第一高等學校卒業後獨逸に赴き一九一二年伯林大學法科を卒業す。一九一三年歸國後北京政府國務院法制局に入り累進して參事となる。其間一九一三年北京大學法科講師、一九一七年高等捕獲檢察所判事、同年日本特派使節、一九一九年敵國財産管理處法律顧問及庫倫特派使節、一九二〇年庫倫宣撫使總務處長を夫々兼務す。一九二一年辭職して奉天に赴き張作霖の顧問となり漸次重用せられて奉天外交の樞機に參與す。一九二六年北京に於て段執政失脚し奉天勢力の中央に進展するに及び杜錫珪內閣の外交次長に任ぜられ關稅會議支那代表、露支交涉委員會長等を兼ね顧維鈞內閣に留任す。一九二七年張作霖大元帥に就任し潘復內閣成るや外交總長に任ぜられ條約研究會副會長及中華匯業銀行總理を兼ぬ。一九二八年司法總長に轉任し關稅自主委員會委員たりしも奉天派北京退去と共に奉天に歸る。其後官界を退き上海に在りて辯護士を開業す。王式通の子なり。」(外務省情報部『現代中華民國滿洲帝國人名鑑』(東亞同文會・1937) 18 頁)。他に徐友春主編『民国人物大辞典（増订版）』(河北人民出版社・2007) 上 159 頁參照。

30)「朱獻文（郁堂）Chu Hsien-wen (Yu-tang) 浙江省義烏縣人。一八七六年生。日本帝國大學法科卒業。修訂法律館協修、國務院法制局參事、大理院推事、江西、京師等高等審判廳長、司法院參事に歷任。」(外務省情報部『現代中華民國滿洲帝國人名鑑』(東亞同文會・1937) 207 頁)。他に徐友春主编『民国人物大辞典（増订版）』(河北人民出版社・2007) 上 367 頁參照。

31)「高种 字子來、年三十五歳、福建閩侯縣人。日本法學士、東京中央大學畢業、北洋法政專門學堂教員兼天津高等審判廳講演員、直隸督院考驗處文案、應學部游學生畢業考驗取列優等法政科舉人、法部主事、憲政編查館科員、資政院秘書官、法制局參事、大理院推事、法典編纂會調查員、福建司法籌備處處長、中央高等文官懲戒委員會委員、山東高等審判廳長、現任湖南高等審判廳廳長。」(北京敷文社編『最近官紳履歷彙錄 第一集』(北京敷文社・1920、『近代中國史料叢刊』第 45 輯 450 (1970 年初版) にも收錄) 105～106 頁、句読点筆者)。なお同時代史料に「高种」とあることから、この「种」は「種」の簡体字ではなく、「种（チュウ）」が正しい名前であることが分かる。

32)「施愚（鶴雛）Shih Yu (Hao-chu) 四川省涪陵縣人。一八七五年生。前清時代進士出身、日本、米國、獨逸等に留學す。」(外務省情報部『現代中華民國滿洲帝國人名鑑』(東亞同文會・1937) 197 頁)。他に徐友春主编『民国人物大辞典（増订版）』(河北人民出版社・2007) 上 1041 頁參照。

第一章　法典編纂機関の変遷　　37

33）以上につき「最近行政機關小衝突」（申報 1912 年 12 月 6 日 2 面）、「法典會與法學會」（申報 1912 年 12 月 7 日 2〜3 面）参照。

34）以上につき「北京電」（申報 1912 年 12 月 15 日 2 面）、「北京電」（申報 1912 年 12 月 16 日 2 面）、「北京電」（申報 1912 年 12 月 17 日 2 面）参照。こうした法典編纂を巡る権限争いは明治初期の日本でも見られる。これについては山口亮介「明治初期における「司法」の展開過程に関する一試論」（法政研究 77-3・2010）特に 523〜526 頁の議論を参照。

35）「程樹德（郁庭）Cheng Shu-te（Yu-ting）福建省閩侯縣人。一八七六年生。日本法政大學卒業。参政院參議、國務院法制局參事、法制局幫辦、國立北平大學法學院講師、國立清華大學政治學科講師、國立北京大學法律科講師等に歴任。著書『九朝律考』。」（外務省情報部『現代中華民國滿洲帝國人名鑑』（東亞同文會・1937）404 頁）。他に徐友春主編『民国人物大辞典（増订版）』（河北人民出版社・2007）下 2000 頁参照。

36）「梁鴻志（衆異）Liang Hung-chih（Chung-i）福建省長樂縣人。一八八二年生。前清京師大學堂卒業。夙に段祺瑞の幕下に在り。北京政府法政局參事兼京師衞戍司令部秘書處長、肅政吏等を經て一九一八年任參議院議員兼秘書長。一九二〇年安福派失脚後安福八禍首の一人として逮捕令を發せられ北京日本公使館に遁る。一九二四年段祺瑞臨時執政たるや出でて執政府秘書長に任ぜらる。一九二五年東方文化事業總委員會委員に舉げらる。一九二六年段の失脚と共に天津に遁る。一九二七年安國軍政治討論會員たりき。」（外務省情報部『現代中華民國滿洲帝國人名鑑』（東亞同文會・1937）587 頁）。他に徐友春主編『民国人物大辞典（増订版）』（河北人民出版社・2007）下 1734〜1735 頁参照。

37）「蒙議員上書辭兼職」（申報 1913 年 4 月 10 日 6 面）参照。なお 1913 年 12 月刊行の印鑄局編纂處編纂『職録 中華民國二年第四期』（印鑄局發行所）では法典編纂会纂修を姜廷榮・周啓濂・饒孟任・瞿方書・呉道南・王蔭泰・程樹德・梁鴻志の 8 名としている。

38）Georges Padoux は 1867 年 2 月 21 日エジプト・アレクサンドリア生まれ、Lycée Henri IV を卒業、法学士（licencié en droit、パリ大学）となり、1890 年よりフランス外務省において補佐官、領事官等を歴任し、1896 年にはチュニス政府官房補佐（秘書長）、1905 年よりタイ王国政府法律顧問に任じ、1914 年より中華民国（北洋政府）審計院顧問、1919 年より司法部顧問、1928 年以降は国民政府司法部顧問となっている。1961 年 12 月 30 日に逝去している。Padoux については Chalanthorn Kidthang, *Georges Padoux : le Code pénal du Royaume de Siam (1908) et la société thaïe*, Mémoire d'études françaises, Diplôme de Maîtrise, Departement de Français, Ecole des Etudes Superieures, Université Silpakorn, 2004 ; Kanaphon Chanhom, *Codification in Thailand during the 19th and 20th Centuries : a study of the causes, process and consequences of drafting the penal code of 1908*, Doctoral Dissertation, University of Washington, 2010, pp. 147–151 参照。履歴については Carroll Lunt, *The China Who's Who 1927 (Foreign)*, Shanghai : printed by Union Printing & service agency, 1927, p. 196 ; *Qui êtes-vous ? : annuaire des contemporains notices biographiques*, Paris : G. Ruffy, 1924, pp. 583–584 参照。ちなみに Padoux は夏目漱石、宮武外骨と同年同月生まれである。タイでの法典編纂活動と Padoux の関わりについては香川孝三『政尾藤吉伝』（信山社・2002）141〜177 頁参照。中国語で発表された彼の著作は王健『西法东渐』（中国政法大学出版社・2001）に集められている。何勤華『中国法学史』（法律出版社・2006）第 3 巻 719〜720 頁に以上の文献をまとめた形での解説がある。

39）「Mazot, Henri 马肃，马佐，亨利　法国银行家。1913 年袁世凯与五国银行团缔结善后借款后，他以银行家的资格被派为中国政府审计处顾问，后为五国银行团法国代表，东方汇理银行经理。」（中国社会科学院近代史研究所翻译室『近代来华外国人名辞典』（中国社会科学出版社・1981）322 頁）。

40）以上、中央研究院近代史研究所檔案館所蔵外交檔、03-20-012-02-003、005、006、008、011、012、03-01-022-02-010、011 参照。特に民国2（1913）年時の檔案は善後大借款関連の檔案の中に保存されており、Henri Mazot からの流れによる、善後借款がらみの人事であった可能性が推定される。

41）政府公報 625・1914 年 2 月 2 日参照。

42）「命令」（申報 1914 年 2 月 6 日 2 面）参照。

43）「編制聲中之新機關 法律編査會」（申報 1914 年 2 月 9 日 6 面）参照。

44）「汪有齡（子健）Wang Yu-ling（Tzu-chien）浙江省杭縣人。一八七九年生。日本法政大學卒業。前清政府商部商業雜誌編輯長、京師大學教習、南京臨時政府法政局參事を経て一九一二年北京政府陸徴祥内閣の司法次長に任ぜらる。一九一四年任參政院參政。一九一八年任參議院議員。一九一九年上海に於ける南北和平會議に北方代表として参加。一九二〇年安福派の機關紙『公言報』の編輯長となる。一九二一年以來北平朝陽大學校長たる傍ら辯護士たりしが一九三一年朝陽大學校長を辭任す。」（外務省情報部『現代中華民國滿洲帝國人名鑑』（東亞同文會・1937）56 頁）。他に徐友春主編『民国人物大辞典（増訂版）』（河北人民出版社・2007）上 717 頁、王平原主編『汪有齡法学文集』（中国法制出版社・2013）、特に同書に収録された熊先覚・徐葵による伝記を参照。

45）「蟬蛻中之新舊機關談 法律編査會之開會」（申報 1914 年 2 月 23 日 3 面）参照。

46）「梁總長臨去之秋波」（申報 1914 年 2 月 24 日 6 面）参照。

47）「梁前司法總長呈大總統司法計畫十端留備采擇文」（司法公報 第 2 年第 8 號・1914）、「政治會議呈大總統議決梁前司法總長條陳司法計畫十端文」（司法公報 第 2 年第 8 號・1914）参照。

48）「紀政治會十三次常會之詳情」（申報 1914 年 4 月 30 日 3 面）参照。

49）「各省都督民政長請裁設各司法機關電」（司法公報 第 2 年第 8 號・1914）、「政治會議呈大總統併案議決各省電請裁設各司法機關暨章司法總長呈擬各省設廳辦法文」（司法公報 第 2 年第 8 號・1914）参照。

50）「命令」（司法公報 第 2 年第 8 號・1914）2 頁参照。

51）「董康（綬金）Tung Kang（Shou-chin）江蘇省武進縣人。一八六七年生。前清進士。前清時代大理院推丞たり。一九一二年日本に留學。一九一三年歸國。一九一四年任北京大理院長。一九一七年兼任拿捕審檢所長。一九一八年任修訂法律館總裁。一九二〇年再び任大理院長。同年夏靳雲鵬内閣に入りて司法總長代理たり。一九二一年任司法總長。同年末梁士詒内閣成るや辭して任大理院長。又司法官高等懲戒委員會長たり。一九二二年任顏惠慶内閣の財政總長代理兼鹽務署督辦、任幣制局長、任全國菸酒事務署長。同年夏官職を辭し歐米の商工業調査に赴く。外遊中任法制審議會副委員長。一九二四年歸國。一九二五年任上海會審公堂回收籌備支那側委員會長。一九二三年任法權委員會副長。一九二六年辭任。以來政界を去り上海法科大學院長となり其後任東吳大學法學院教授、辯護士を開業す。」（外務省情報部『現代中華民國滿洲帝國人名鑑』（東亞同文會・1937）429 頁）。他に徐友春主編『民国人物大辞典（増訂版）』（河北人民出版社・2007）下 1960 頁、華友根『中国近代立法大家 董康的法制活动与思想』（上海书店出版社・2011）、何勤華・魏瓊編『董康法学文集』（中国政法大学出版社・2004）、王君南整理『董康东游日记』（河北教育出版社・2000）等がある。日本とも関わりが深く、日本人から見た董康像として「大學の慈父 董康」（報知新聞政治部編『大陸の顔』（東海出版社・1938）所収）、「董康」（吉岡文六『現代支那人物論』（時潮社・1938）所収）、「親日の湯爾和と董康」（小林知治『新支那の中心人物は誰々か』（今日の問題社・1938）所収）、今関天彭「支那法学の老大家 董康翁の追懐」（［法務研修所］研修 122・1958）等もある。

52）「法律編査會四月分成績報告」（司法公報 第 2 年第 8 號・1914）参照。

第一章　法典編纂機関の変遷　　　　39

53）「民國修訂法律紀要」（司法公報 119・1920）参照。

54）「法律編査會第一年成績報告」（司法公報 28・1915）参照。

55）「法律編査會第一年成績報告」に先行して公表された「法律編査會四月分成績報告」（司法公報 第 2 年第 8 號・1914）では起草或修正各件として法院編制法・刑法・民事訴訟法・刑事訴訟法・強制執行法・破産法・法人通例（姚震・朱深・余棨昌）・公司合夥條例（岩谷）・承繼婚姻條例（姚震・高种・朱獻文）・契約通例（伍朝樞）・買賣條例（岩谷・余棨昌）・調査習慣法則條例（姚震）・時效條例（胡以魯）・強制和解條例（姚震）・強制執行條例（朱深）・商業條例（汪曦芝）・破産條例（余棨昌）・利息條例（胡以魯）・刑律施行法（董康・許受衡）が挙げられている（括弧内は担当者名）。担任者が分かると同時に、計画が変更されているものもあることが見て取れる。また「法律編査會呈彙報三年分編査各項法律繕單請鑒文並批令附清單四年二月十五日」（司法公報 29・1915）では以上の一覧に加えて既に公布された法令 5 件（官吏犯贓治罪條例計 10 條 3 年 6 月 5 日公布・懲治盗匪條例計 10 條 3 年 7 月 2 日公布・徒刑改遣條例計 11 條 3 年 7 月 30 日公布・徒刑改遣條例施行細則計 34 條 3 年 10 月 17 日司法部飭・暫行刑律補充條例計 15 條 3 年 12 月 24 日公布）も同会の成果として列挙されている。

56）「法律編査會四月分成績報告」（司法公報 第 2 年第 8 號・1914）では「調査各件」として南美各國刑法（呉振麟）、日本刑事執行辦法誌略（馬宗豫）・破産法（陳倍琛）・破産法（馬宗豫）・英國法院歷史（沈的）・台灣司法制度（楊宗縉）・台灣司法現行律令（楊宗縉）・台灣爭訟特色（楊宗縉）・那威民事訴訟改正計畫（陳培琛）・歐洲民事裁判制度（楊宗縉）・英國屬地法院組織制度（沈的）・法國民法條文（曾念聖）が列挙されている。担当者名が書かれており貴重である。

57）「民國修訂法律紀要」（司法公報 119・1920）参照。

58）「編改聲中之司法思潮」（申報 1914 年 3 月 16 日 6 面）参照。

59）以上につき「修改新刑律之要點」（申報 1914 年 7 月 2 日 3 面）、「販運烟種罪行新核定」（申報 1914 年 12 月 28 日 6 面）、「加重發堀墳墓罰刑」（申報 1914 年 12 月 30 日 10 面）、「專電」（申報 1915 年 1 月 21 日 2 面）参照。

60）以上の応酬は「粵巡按請由各省核議法典草案」（申報 1915 年 2 月 7 日 6 面）、「呈奉交廣東巡按使關於編纂法典呈摺謹抒管見文並批令 四年二月十五日」（司法公報 29・1915、「雜錄」155 頁）、「法律編査會呈修正刑律草案請提交參政院議決頒布文並批令 四年二月十七日」（司法公報 29・1915、「例規 刑事」71〜75 頁）に見ることが出来る。この内容は「修正刑律草案之注重禮教」（申報 1915 年 2 月 24 日 6 面）においても報道されている。

61）黃源盛「民國四年修正刑法草案撫遺」（刑事法雜誌 42-6・1998、後に黃源盛『民初法律變遷與裁判（1912-1928）』（國立政治大学法學叢書編輯委員會・2000）所收）参照。

62）「修正刑法草案理由書」（司法公報 31〜32、36〜38・1915）参照。

63）京師第一監獄刊行の『修正刑法草案』のうち、筑波大学附属図書館所蔵の版本（請求記号：ム 850-337）には最終頁に「法律編査會」の朱印があり、表紙には「呈閲 穂積先生 岡田叩」との署名がある。岡田朝太郎から穂積陳重へ送られたものかとも思われる。理由書については『修正刑法草案理由書 不分卷』（関西大学図書館所蔵（請求記号：L21**2*193））、「修正刑法草案理由書」（［上海］法政雜誌 5-7〜11・1915）参照。

64）『修正刑法草案簽註彙輯』司法公報第二次臨時増刊（司法公報 40・1915）参照。

65）「修正刑法草案（提交參議院代行立法院議案）」（司法公報 42、44〜45・1915）参照。

66）序論において岡田朝太郎の肩書が法律編査會顧問とされている。

67）「法典編纂會與財政研究會」（申報 1915 年 5 月 11 日 6 面）参照。

68）張廷驤の履歴は明らかではないが、『入幕須知五種』序文の日付が光緒 10（1884）年 2 月、

刊行が光緒壬辰18（1892）年浙江書局、1915 年となると序文の日付から 30 年ほど後になるが、健在で活躍していても不思議ではない。沈鈞儒については沈譜・沈人驊編『沈鈞儒年譜』（中国文史出版社・1992）参照。1894 年の項に「与张廷骧长女张象徵女士在苏州结婚」（7 頁）、1907 年の項の註（19 頁）に「张仲仁当时在袁世凯幕下任文案，頗受器重」とある。

69）「法律編査會中之親族法」（申報 1915 年 7 月 30 日 6 面）参照。

70）「陳宗蕃　字藹東、年四十三歳、福建閩侯縣人、監生庚子辛丑併科舉人、甲辰進士、刑部主事、進士館肄業、日本法政大學畢業、法部典獄司行走、京師地方審判廳行走、郵傳部主事科員、統計處課長、圖書局編纂、四政法規起草處起草員、交通部辦事員、法規編纂處編纂、電政會計委員會主任、審計處審計員主任、審計院審計官、審查決算委員會坐辦」（北京敷文社編『最近官紳履歴彙録 第一集』（北京敷文社・1920）149〜150 頁、句読点筆者）。

71）「公司法草案（法律編査會稿）」（司法公報 57〜58・1916）参照。

72）「余棨昌（戟門）Yu Chi-chang（Chi-men）浙江省紹興縣人。一八八二年生。一九一一年東京帝國大學法科卒業。民國成立後法制局參事、高等捕獲審檢所上席參事、司法官懲戒委員會委員、司法官訓練處長兼法典編纂委員會顧問、大理院庭長等に歴任し、一九二三年任大理院長兼司法懲戒委員長。一九二八年修訂法律館總裁。國都南遷後官界より退きて任國立北平大學法學院教授兼國立北京大學講師。」（外務省情報部『現代中華民國滿洲帝國人名鑑』（東亞同文會・1937）493 頁）。他に徐友春主編『民国人物大辞典（増订版）』（河北人民出版社・2007）上 702 頁参照。

73）謝振民編著／張知本校訂『中華民國立法史』（正中書局・1937（初版）・1948（滬 1 版）、後に『中华民国立法史』（上下）（中国政法大学出版社・2000）として点校の上復刻）981 頁参照。

74）「改正公司法案之討議」（申報 1915 年 8 月 16 日 6 面）参照。

75）『破産法及強制執行律草案』司法公報第五次臨時増刊（司法公報 50・1915）参照。

76）「北京電」（申報 1916 年 8 月 3 日 2 面）参照。

77）郭廷以『中華民國史事日誌』第 1 冊（中央研究院近代史研究所・1979）260〜261 頁参照。1916 年 9 月 2 日、同 9 月 13 日の項に対立の様子が記されている。

78）「江庸（翊雲）Chiang Yung（I-yun）福建省長汀縣人。一八七七年生。江瀚の子。一九〇七年早稻田大學政治經濟科卒業。歸國後前清直隷總督袁世凱の知遇を受け北洋法政學堂教習、學部參事、法律館協修、大理院帮審員等に歴任す。第一革命後の南北平和會議に際し北方代表唐紹儀の隨員たり。一九一二年任北京法政專門學校長。同年任京師高等審判廳長。一九一三年任司法部次長。一九一六年任司法總長代理。同年辭任。一九一七年李經羲内閣に入り司法總長代理となれるも間も無く辭任。同年段祺瑞内閣に入り司法總長となり王士珍内閣に留任し支那教育會長を兼ぬ。一九一八年辭任し留日支那學生監督となり渡日せるも一九一九年辭任歸國す。一九二〇年任修訂法律館總裁。一九二一年兼任法權研究會總長。同年兼任を辭す。一九二三年修訂法律館總裁を辭して以來官界を退き同年北京に週刊雜誌『法律公論』を創刊し自ら編纂長として法律の普遍化に努む。一九二五年任東方文化事業總委員會支那側委員。一九二八年張作霖北京撤退後北京慈善聯合救濟會（後に北京臨時治安維持會と改む）の一員として治安の維持に參劃す。後一時上海に在りて辯護士を開業したるが一九三一年北平に歸り朝陽學院々長となる。」（外務省情報部『現代中華民國滿洲帝國人名鑑』（東亞同文會・1937）163 頁）。他に徐友春主編『民国人物大辞典（増订版）』（河北人民出版社・2007）上 394〜395 頁参照。

79）なお「民國修訂法律紀要」（司法公報 119・1920）は江庸の副会長就任を同年 11 月としており、同月に羅文幹も副会長に就任したとしている。

80）政府公報 303・1916 年 11 月 7 日参照。

81)「王寵惠（亮疇）Wang Chung-hui（Liang-chou）廣東省東莞縣人。一八八二年生。香港皇仁
學院、天津北洋大學卒業後團匪事件當時政治研究の目的を以て日本に留學。次で米國に赴き
エール大學にて法律を專攻す（ドクター・オヴ・シヴイルロー）米國留學中獨逸民法を英譯
し又米國裁判所協會年報記者たり。後英國に渡りインナー・テムプルに入り一九〇七年バリ
スターの資格を得。續て佛、獨各國に學び伯林國際法學會員となる。歸國後國民黨の革命運
動に參加し上海に於ける南北和平會議に南方側委員たり。一九一二年南京臨時政府の外交總
長となり次で北京に於ける民國最初の内閣唐紹儀内閣の司法總長たりしも唐と共に辭職し上
海に赴き中華編譯局を創設し東西文明の紹介に努め一九一四年復旦大學副校長を兼ぬ。一九
一六年廣東に軍務院成立するや同院外交副使に任じ王正廷等と共に情報局を組織し内外に對
する宣傳に從事す。袁の死後再び北京に赴き北京政府に入り一九一七年修訂法律館總裁とな
り一九一九年巴里平和會議に支那代表として渡歐す。歸來大理院長、法官懲戒委員會委員長
たりしも一九二一年國際聯盟支那全權として渡歐。華府會議に際しては支那南北の人氣を負
ひ支那全權として會議に參加す。滯米中梁士詒内閣の司法總長に任ぜられ一九二二年歸國後
就任顏惠慶内閣に留任し唐紹儀内閣の教育總長に轉じ唐紹儀不就任の爲國務總理を代理し後
正式に國務總理に任ぜられ政治討論會長を兼任す。辭職後一九二三年海牙に赴き國際司法裁
判所豫備判事に就任。一九二四年孫寶琦内閣の司法總長に任ぜられたるも就任せず海牙に止
まり一九二五年國際聯盟支那代表たり。同年歸國後關稅特別會議及支那法權調查委員會に支
那代表として參加し一九二六年第二次顏惠慶内閣の教育總長に任ぜられたるも間も無く辭し
道勝（露亞）銀行整理督辦に任ぜら。一九二七年南京國民政府成立するや之に參加し司法
部長となり國民政府委員、國民政府外交委員、國民黨中央監察委員、中央政治會議委員等を
兼ね次で南京政府の代表として海牙國際司法裁判所に派遣せらる。一九二八年濟南事件後國
民政府の海外派遣代表として英米に赴き同年歸國國民政府司法院長、國民政府委員、國民黨
中央監察委員、中央政治會議委員として政府及黨の要職に在りしが一九三一年胡漢民の辭職、
廣東派の南京離反後の時局の紛糾に際し其立場を失ひ辭職し海牙に赴き國際司法裁判所判事
に就任す。一九三五年任第五期中央監察委員。一九三六年國際司法裁判所判事滿期歸國。一
九三七年三月任國民政府外交部長。支那第一の法律家なり。」（外務省情報部『現代中華民國
滿洲帝國人名鑑』（東亞同文會・1937）42〜43 頁）。他に余偉雄『王寵惠與近代中國』（文史
哲出版社・1987）、段彩華『民國第一位法學家 王寵惠傳』（近代中國出版社・1982）、中國國
民黨中央委員會黨史委員會編『王寵惠先生文集』（中國國民黨中央委員會黨史委員會・
1981）、张仁善编『王宠惠法学文集』（法律出版社・2008）、また当時の日本側での紹介とし
て「王寵惠（前國務總理）」（鶴見祐輔『偶像破壞期の支那』（鐵道時報局・1923）所收）、
「王寵惠」（清水安三『支那當代新人物』（大阪屋號書店・1924）所收）等參照。
82)「法典編纂會與交通會議」（申報 1916 年 12 月 1 日 6 面）、「民國修訂法律紀要」（司法公報
119・1920）參照。
83)「刑法草案之審核閱議之結果」（申報 1917 年 2 月 5 日 6 面）參照。
84) 政府公報 449・1916 年 4 月 12 日「公文」參照。
85)「要聞二 各教規儀習慣與法典」（申報 1917 年 9 月 10 日 6 面）參照。
86)「京閒雜記」（申報 1918 年 7 月 7 日 6 面）、「北京政閒紀要」（申報 1918 年 7 月 13 日 6 面）
參照。
87) 政府公報 887・1918 年 7 月 14 日參照。
88) 重要な先行研究として张勤「法律精英、法律移植和本土化」（法学家・2014 年第 4 期）參
照。同研究は北洋政府期の修訂法律館を支えた人員の背景や民事訴訟法草案等の成立過程に
主たる関心を置くため、法典編纂機関そのものの経緯については最低限の整理が行われるの
みにとどまる。

89）それぞれ政府公報 905・1918 年 8 月 1 日、政府公報 921・1918 年 9 月 30 日参照。

90）「羅文幹（鈞任）Lo Wen-kan（Chun-jen）廣東省番禺縣人。一八八八年生。英國オックスフォード大學に學ぶ。民國成立後廣東都督府司法部司長、總檢察廳檢察長等を經て一九一六年任修訂法律館副總裁。北京大學及法官訓練所教授。一九二一年任北京政府司法次長。一九二二年任大理院長。同年王寵惠内閣の財政總長となり鹽務署長、幣制局長を兼任。同年末收賄事件に依り下獄されしも特赦さる。一九二六年杜錫珪の攝政内閣に司法總長たり。一九二七年稅務處督辦を兼任し更に任審計院長。一九二八年潘復内閣外交總長となり關稅特別會議再開に付き奔走し同年任關稅自主委員會委員。同年張作霖の北京退去に際し内務總長沈瑞麟と共に國民革命軍入京迄政務處理に當る。後奉天に赴き張學良東三省保安總司令となるに及び任東北邊防司令長官公署參議。一九三一年任北平政務委員會委員。任國民政府司法行政部長。一九三二年任外交部長兼司法行政部長。汪兆銘行政院長となるに及んで辭任。廣東陳濟棠の下に西南政務委員會委員兼外交交涉員に任ず。一九三六年陳濟棠外遊と共に羅浮山に隱棲す。」（外務省情報部『現代中華民國滿洲帝國人名鑑』（東亞同文會・1937）523 頁）。他に張其勤「述羅鈞任先生生平」（大公報 1941 年 12 月 20 日 3 面）、賈士毅「民國初年的幾任財政總長（五）羅文幹」（傳記文學 6-2・1965）、劉師舜「關于羅文幹的二三事」（傳記文學 14-5・1969）、關國煊「羅文幹（1888–1941）」（傳記文學 33-3・1978）等を參照。なお羅文幹の名前につき正字體である「榦」を用いるべきとする文獻もあるが通常の表記に從った。

91）「陸鴻儀（棣成）Lu Hung-i（Ti-cheng）江蘇省吳縣人。一八八四年生。進士。翰林院編修、國史館協修、法制局參事、大理院推事、修訂法律館副總裁に歷任。其後上海にて辯護士を開業す。」（外務省情報部『現代中華民國滿洲帝國人名鑑』（東亞同文會・1937）558 頁）。

92）「石志泉（友儒）Shih Chih-chuan（Yu-ju）湖北省孝感縣人。一八八七年生。東京帝國大學法學部卒業。北京政府司法部編纂、奉天高等審判廳推事、大理院推事、修訂法律館總纂、同副總裁、治外法權調查委員會專門委員、司法次長、國立北京法政大學教務長、國立北平大學法學院長等に歷任。其後司法行政部次長たりしが現に北平大學教授。」（外務省情報部『現代中華民國滿洲帝國人名鑑』（東亞同文會・1937）269 頁）。他に徐友春主編『民国人物大辞典（增訂版）』（河北人民出版社・2007）上 257 頁參照。

93）「十九日之公府消息」（申報 1918 年 7 月 23 日 6 面）參照。

94）「鄭天錫（茀定）Cheng Tien-hsi（Fu-Ting, Dr. F. T. Chen）廣東省香山縣人。一八八四年生。英國倫敦大學卒業（法學博士）。一九一七年歸國し香港に於て辯護士を開業す。同年末北京に赴き一九一八年任法律編纂委員會編纂主任。一九一九年任大理院判事。一九二〇年司法試驗常任試驗委員。一九二一年任華盛頓會議支那代表團專門委員。其後關稅特別會議支那專門委員、法權調查委員會籌備處長、國際法權委員會代表代理、國務院商標局法律顧問等に歷任し、一九二八年任上海東吳大學法學院教授。一九三一年末國民政府改組さるるや任司法行政部常務次長。一九三二年同政務次長に轉ず。一九三四年司法行政部政務次長を辭し、一九三五年任外交部顧問、一九三六年王寵惠の後を繼ぎて任海牙國際司法裁判所判事。著書『行爲能力に關する國際私法』（英文）其他支那法律書の英譯多し。」（外務省情報部『現代中華民國滿洲帝國人名鑑』（東亞同文會・1937）409～410 頁）。他に徐友春主編『民国人物大辞典（增訂版）』（河北人民出版社・2007）下 2339 頁、楊孔鑫「追念鄭天錫先生」（傳記文學 18-1・1971）、高君湘「悼念鄭天錫大使」（傳記文學 20-1・1972）等參照。

95）「陳瑾昆（克生）Chen Chin-hun（Ko-sheng）湖南省常德縣人。日本東京帝國大學法學士。修訂法律館纂修、司法部參事、大理院推事及庭長、國立北平大學法學院教授、國立北京大學法律科講師等に歷任。」（外務省情報部『現代中華民國滿洲帝國人名鑑』（東亞同文會・1937）372 頁）。他に徐友春主編『民国人物大辞典（增訂版）』（河北人民出版社・2007）上 1482 頁參照。

第一章　法典編纂機関の変遷　　　　43

96）「北京政界要聞」（申報 1918 年 7 月 20 日 6 面）、「司法界兩消息 法律館經費問題」（申報 1918 年 8 月 1 日 7 面）、「黃家驥請裁駢冗機關」（申報 1919 年 1 月 21 日 6 面）参照。

97）黃源盛「民國七年刑法第二次修正案及其改定案述評」（黃源盛『民初法律變遷與裁判（1912-1928）』（國立政治大學法學叢書編輯委員會・2000）所収）参照。

98）「京華短簡」（申報 1919 年 3 月 11 日 6 面）参照。ちなみに「刑法第二次修正案」については日本語訳が刊行されている。『中華民國八年 刑法第二次修正案』（［刊行者不明］・［大正十二年二月印刷とあり］）、筑波大学附属図書館所蔵（請求記号：ム 890-173）。

99）『刑法第二次修正案理由書 附刑度表』司法公報臨時増刊（司法公報 103・1919）参照。

100）「車顯承遺像」（申報 1925 年 4 月 13 日 14 面）に「上海地方檢察廳長車顯承、字湛清、廣東番禺縣人、畢業於英國圜橋大學、在倫敦曾當律師、頗負時譽、歸國後、任京師修訂法律館纂修、對於民國民刑各法、多所釐訂、旋調任東省特區高等審判廳推事、民國十一年五月、任上海地方檢察廳廳長、迄今三年、整頓廳務及看守所、不遺餘力、申理訟獄、人民稱頌、車氏律身清廉、治事幹練、中西法學、均極深遠、實爲不可多得之才、因積勞成疾、入寶隆醫院、剖割治療、竟致不起、現年僅三十六歲、無子、伯道無後、聞者歎歔」とある。

101）1917 年 3 月署直隷地方檢察庁檢察官、同 6 月署奉天高等審判庁推事（同 9 月依願退職）、1918 年 1 月署直隷天津地方審判庁推事。後には 1920 年 9 月に署大理院推事、1922 年 3 月署司法部総検察署検察庁檢察官、1925 年 8 月総検察庁檢察官に任じている。

102）程光銘「留學日本追憶錄」（中國留日同學會季刊 4・1943）によれば 1904 年に日本留学、成城中学、一高、東大法科を経て 1919 年帰国。『領事裁判權撤回之研究』（自版・1919）、『支那之法理學』（買靜如発行・1937）、『滿洲刑法分則講義』（福文洪印局局・1937）の作者である。

103）「外交界彙聞」（申報 1919 年 4 月 28 日 6 面）に「法部爲司法講習所課程計聘日本教員二名 一爲板倉松太郎曾充日本大審院檢事一爲嚴田一郎曾充日本大審院判事聞不久來京分任檢察實務與審判實務」と報じられている。

104）政府公報 1622・1920 年 8 月 20 日参照。

105）1913 年 10 月署甘肅高等審判庁推事、1914 年 6 月署山西高等審判庁推事、同 8 月署山西太原地方審判庁長（1915 年 4 月辞職）、1918 年 4 月司法総長秘書等を歴任。

106）「郭雲觀（閔疇）Kuo Yun-kuan（Min-chou）浙江省玉環縣人。一八八五年生。米國コロムビア大學卒業。巴里講和會議中國代表團秘書、外交部秘書上任事、修訂法律館纂修、華盛頓會議中國代表團秘書、大理院推事、燕京大學政治學科教授、國立清華大學政治學系講師等に歴任。」（外務省情報部『現代中華民國滿洲帝國人名鑑』（東亞同文會・1937）77 頁）。

107）「朱學曾　字文伯、年三十六歲、貴州平越縣人、舉人、日本中央大學畢業、内閣中書、農工商部七品小京官、京師高等審判廳推事民庭庭長、大理院推事」（北京敷文社編『最近官紳履歷彙錄 第一集』（北京敷文社・1920）28 頁、句読点筆者）。

108）「法權討論委員會條例」（司法公報 127・1920）10〜11 頁参照。

109）「修訂法律館徵求意見簡章」（申報 1921 年 1 月 4 日 8 面）、「修訂法律館來函」（申報 1921 年 4 月 10 日 7 面）、「修訂法律館來函」（申報 1921 年 4 月 13 日 7 面）、「修訂法律館來函第三次徵文」（申報 1921 年 7 月 25 日 15 面）参照。

110）Séance du 27 Avril 1921, in : *Revue pénitentiaire et de droit pénal : Bulletin de la société générale des prisons*, 45 année, 1921, pp. 177-228.

111）「民事訴訟法草案 附理由書」（司法公報 147・1921）参照。

112）謝振民『中華民國立法史』（正中書局・1937）1221 頁参照。

113）Jean Escarra の生平については既に先行研究に詳しいので基本的にはそれらに譲りたい。履歴として H. Temerson, Escarra（Jean）, in : J. Balteau et Michel Prévost, *Dictionnaire de biographie Française*, Paris : Letouzey et Ané, 1968, pp. 1418-1419 ; Béatrice et Michel Wattel, *Qui était qui XXe siècle : dictionnaire biographique des Français disparu ayant marqué le XXe siècle*, 2ᵉ édition, Levallois-Perret : J. Lafitte, 2005, p. 734 を参照。先行研究に李鍾澂「一代漢學家與中國法巨擘：約翰・艾斯卡拉」（［台北］法制史研究 1・2000）、蔣隽「民国法制側影──《中国法》及其作者让・埃斯卡拉」（法史学刊 1・2007）、何勤華『中国法学史』（法律出版社・2006）第 3 巻 726〜728 頁がある。Jean Escarra は世代的には穂積重遠の 2 歳下、末弘厳太郎の 3 歳上になる。その来華の経緯について李鍾澂は Georges Padoux の推薦によるものではないかと推測しているが、何勤華著では李鍾澂の論文を引きながら、Padoux の推薦によるものと断言している。新たな史料を得てその事実を断言したのかどうか、何勤華著の記述では不明である。また Jean Escarra の死後まとめられた追悼文集として *Jean Escarra 1885-1955*, Paris : Imprimerie Lahure, 1956 がある。彼の手による中国法関連の文献解題が Jean Escarra, *Le droit chinois*, Pékin : Henri Vetch, Paris : Recueil Sirey, 1936 の末尾に付されており、これはジャン・エスカルラ（風早八十二譯）「支那法に關する文獻總目錄」（法律時報 11-4〜6・1939）として訳出され、さらに谷口知平譯『エスカラ支那法』（有斐閣・1943）末尾に一部訳者の手を加えた上で重ねて訳出されている。谷口訳では冒頭に Jean Escarra の著作一覧もある。ちなみに兄 Édouard Escarra（1880-1973）は同様に法学者で 1905 年にはリール（Lille）大学法学部において講師を務めるが、1908 年にはその職を辞してクレディ・リヨネ（Crédit lyonnais）銀行に入行、爾来要職を重ねて総裁にまで登り詰めている。

114) 仏文原書でも「岩田新 Iwata Shin」（109 頁）とされているが、岩田一郎の誤りである。ちなみに民法学者の岩田新（いわた あらた）は中華民国とは特に関係がない。岩田博士追悼録出版事業委員会『岩田新先生を偲びて』（岩田会・1966）参照。

115) 谷口知平譯『エスカラ支那法』（有斐閣・1943）126 頁参照。

116) 「國内要聞二 北京一片闇窮聲」（申報 1921 年 12 月 1 日 10 面）参照。

117) 「余紹宋（樾園）Yu Shao-sung（Yueh-yuan）浙江省龍游縣人。一八八五年生。日本法政大學卒業。一九一一年歸國。北京政府司法部上席秘書、浙江官立法政學校教務長、衆議院一等秘書、大總統府秘書、法律編纂處長、司法官試驗委員等を經て一九二〇年任司法次長代理。一九二一年任司法官試驗委員長。一九二二年法典編纂司長に任命されたるも就任せず、官界を退き後國立北京美術學校長たり、著書『龍游縣志』、『畫法要錄』其他。」（外務省情報部『現代中華民國滿洲帝國人名鑑』（東亞同文會・1937）494 頁）。他に徐友春主編『民国人物大辞典（增订版）』（河北人民出版社・2007）上 701 頁参照。

118) 以上につき「京司法界全體辭職 部院四廳同時罷工」（申報 1922 年 5 月 15 日 6 面）、「京司法界總辭職呈」（申報 1922 年 5 月 17 日 7 面）参照。

119) 後 1924 年 8 月署大理院推事、1925 年 9 月病気により辞職している。

120) 『法律草案彙編』では修訂法律館の手になる票據法草案として第二次草案（1922）、第三次草案（1923）、第四次草案（1924）、第五次草案（1925）を収録する。法典編纂会のものを第一次としたためであるが、学界ではこれと異なる番号を付して『法律草案彙編』のいう第二次草案を修訂法律館第一次草案として取り扱って来ており、しかも修訂法律館の手になる草案を 4 つではなく 5 つとしている。謝振民『中華民國立法史』（正中書局・1937）992〜998 頁以下参照。李胜渝「中国近代票据立法探析」（现代法学 21-6・1999）、李胜渝「北洋政府票据立法论略」（法商研究・2000 年第 6 期）、张群・张松「北洋政府对票据习惯的调查研究及其与立法的关系」（清华法学 6・2005 年第 1 期）もこれに倣っている。

121) 同時代の記録として「羅文幹事件の擴大」（支那時事 2-16・1922）、関係者の述懐として胡宝麟「罗文干签订奥款展期合同案」（中国人民政治协商会议全国委员会文史资料委员会编『文史资料存稿选编 晚清・北洋（下）』（中国文史出版社・2002）所収）、先行研究に经先静「内

第一章　法典編纂機関の変遷　　*45*

　　閣、国会与实力派军阀」（史学月刊・2004 年第 4 期）がある。
122)「呉景濂（蓮伯）Wu Ching-lien（Lien-po）奉天省興城縣人。一八七七年生。京師大學堂師
　　範科卒業後日本に留學す。名門の出にして前清末年奉天諮議局議長兼奉天師範學堂監督たり。
　　上海に各省連衡會組織せらるるや奉天諮議局議長として之に加はり次で南京參議院成るや同
　　院議員となる。一九一二年同院北京移轉後改めて奉天省選出同院議員となり議長に選任せら
　　る。一九一三年正式國會に奉天省選出衆議院議員となり同議長に選ばる。第三革命に際し北
　　京を脱出して上海に赴き反袁世凱運動に從事す。爾來益友社及民權同志會の領袖として活躍
　　し一九一六年國會招集せらるるや再び衆議院議長たりしが一九一七年國會解散せらるるや民
　　黨系議員を率ゐて廣東に奔り廣東非常國會議長となり北京政府より孫文等と共に逮捕令を發
　　せらる。一九二二年第一奉直戰後の國會に多數黨を擁して入京し衆議院議長として直隷派と
　　結び北京政界を壟斷す。一九二三年初張紹曾内閣を成立せしめて之を支持し曹錕を大總統に
　　選擧するに際し所謂賄選を斷行す。同年高凌霨内閣打倒を計り直隷派保定系と衝突し天津に
　　奔る。一九二四年孫寶琦内閣を成立せしめ直隷派天津系と結んで一大勢力を築く。一九二五
　　年第二奉直戰後段祺瑞臨時執政たるや逮捕令を發せられ北京を脱出して漢口に赴き呉佩孚に
　　投じたるも其後再び天津に歸り閑居す。」（外務省情報部『現代中華民國滿洲帝國人名鑑』（東
　　亞同文會・1937）145〜146 頁）。また管美蓉『呉景濂與民初國會』（國史館・1995）參照。
　　他に吳景濂「组织南京临时政府的亲身经历」（中国人民政治协商会议全国委员会文史资料研究
　　委员会编『辛亥革命回忆录 第 8 集』（文史资料出版社・1982）所收）、李田林「話説辛亥革
　　命東北起義人物」（傳記文學 23–1/2・1973）、關國煊「呉景濂（1874–1944）」（傳記文學
　　43–2・1983）、また當時の日本側からの人物評として「田中神主然たる 呉景濂」（浜野末太
　　郎『現代支那人物批判』（世界出版社・1927）所收）、「舊國會議長呉景濂氏の談」（水野梅曉
　　『支那の變局』（東方通信社調査部・1921）所收）がある。
123)「程克（仲漁）Cheng Ko（Chung-yu）河南省開封縣人。一八七八年生。河南大學堂に學び
　　後日本東京帝國大學法科卒業。日本留學中中國同盟會に入り歸國後天津に革命結社を組織し
　　清朝顚覆を企て逮捕されたるも國務總理趙秉鈞の盡力に依り釋放せらる。一九一二年任内務
　　部參事會議事務局長、總統府諮議局長。一九一三年西藏より參議院議員に選出さる。一九一
　　四年陝西省漢中道尹に任ぜられ阿片栽培に反對す。一九一五年任副都統阿爾泰辦事官。一
　　九一九年末辭職。一九二二年河南督軍馮玉祥と結び軍務を整理す。一九二三年馮の推薦によ
　　り任張紹曾内閣司法總長。次で高凌霨の攝政内閣に留任し修訂法律館總裁を兼ぬ。一九二四
　　年任孫寶琦内閣内務部總長。同年顏惠慶内閣成立するや辭職。其後天津に隱棲せるが後天津
　　市長となりしも一九三五年辭任。一九三六年四月死去す。」（外務省情報部『現代中華民國滿
　　洲帝國人名鑑』（東亞同文會・1937）403 頁）。東京帝國大學法科卒業とあるが、『申報』では
　　「程克非法律學校出身、（聞程克係在日本東京學造紙六個月、並未畢業）」と報道されている
　　（「法律館人員總辭職」（申報 1923 年 10 月 29 日 4 面））。他に「程克（1878–1936）」（傳記文
　　學 47–1・1985）、温楚珩「程克事略」（中国人民政治协商会议河南省委员会文史资料研究委员
　　会编『河南文史资料 第 7 辑』（中国人民政治协商会议河南省委员会文史资料研究委员会・
　　1985）所收）等を參照。當時の日本側からの人物評として「天津市長程克」（室伏高信『支
　　那游記』（日本評論社・1935）所收）がある。また来新夏輯註「程克日記摘抄」（近代史資
　　料・1958 年第 3 期）があるが、羅文幹事件の時期は含まれていない。
124)「京司法界警告程克三事」（申報 1923 年 1 月 18 日 4 面）參照。
125)「北京電」（申報 1923 年 1 月 21 日 4 面）、「江庸因羅案辭職」（申報 1923 年 1 月 22 日 4 面）
　　參照。
126)「國内要聞 北京通信 北大校長辭職問題」（申報 1923 年 1 月 22 日 4 面）參照。
127)「司法界對羅案之怒潮」（申報 1923 年 2 月 4 日 6 面）參照。

128) 顛末は「東省法院反對羅案再議」（申報 1923 年 2 月 21 日 11 面）、「公電」（申報 1923 年 3 月 13 日 4 面）、「東省特別法院全體辭職」（申報 1923 年 3 月 15 日 7 面）、「司法部更調三省法官無效力」（申報 1923 年 3 月 16 日 7 面）、「東省特別法院全體續電辭職」（申報 1923 年 3 月 19 日 7 面）、「東省特區法院來函」（申報 1923 年 3 月 25 日 11 面）、「程克正已接特區法院説」（申報 1923 年 4 月 6 日 7 面）、「東省特區法院第二批更動 舊推事僅存三人 朱樹聲已經赴京」（申報 1923 年 4 月 27 日 7 面）と刻々報じられている。なお東省特別區域法院については設立法令として「東省特別區域法院編制條例」（司法公報 127・1920）3～4 頁、簡単な紹介に「記東省特別法院」（申報 1921 年 2 月 27 日 7 面）、「東省特別法院之現狀」（申報 1921 年 12 月 30 日 7 面）がある。李家鏊、林棨についてはそれぞれ以下の通り。

　　「李家鏊（1863-1926）字蘭舟，上海人，1863 年（清同治二年）生。1896 年，在天津俄文館任職，旋任浦鹽商務交渉員。1911 年任東三省交渉員。嗣任哈爾濱鐵路交渉局總辦。1913 年 1 月，任吉林省西北路觀察使。1914 年 5 月，改任濱江道尹。1917 年 9 月，署理駐海參崴總領事。1919 年 9 月，任西伯利亞高等外交委員，後復任北京政府外交部參事。1921 年 8 月，轉任東三省特別區高等審判廳廳長。1923 年 10 月，任駐蘇聯外交代表，執行公使職務；11 月，加公使銜。1925 年 8 月，調任芬蘭公使。1926 年 9 月，病逝於莫斯科。終年 63 歲。」（徐友春主編『民国人物大辞典（増訂版）』（河北人民出版社・2007）上 515 頁）。

　　「林棨（1884-）字少旭，福建閩侯人，1884 年（清光緒十年）生。畢業於日本早稻田大學。回國後，歷任進士館、仕學館教習，學部參事，公立京師法政專門學校教務長，公立京師大學堂法科監督，憲政編査館統計局科員。1912 年 5 月，任北京政府教育部專門教育司司長。1913 年 9 月，任大理院推事，京師高等審判廳廳長。1918 年 1 月，調署江蘇高等審判廳廳長兼地方捕獲審檢廳廳長。1921 年 5 月，任湖北高等審判廳廳長。1923 年 2 月去職。1932 年，任偽滿"最高法院"院長。」（徐友春主編『民国人物大辞典（増訂版）』（河北人民出版社・2007）上 801 頁）。

129) 劉廣定『愛國正義一律師 劉崇佑先生』（秀威資訊科技・2012）参照。

130) 管見の限り日本国内では東洋文庫所蔵本（請求記号：5369）と山口大学図書館所蔵本（請求記号：989-83）の 2 点を確認出来るが、後者では冒頭の「律師劉崇佑啓事」及び末尾の「附録羅案地檢廳起訴原文」が増補されている。

131)「潘元玫（1876-）字安素，廣東南海人，1876 年（清光緒二年）生。清廩貢生。後赴日本留學，入法政速成科。畢業後回國，歷任法部員外郎、參議廳參事、承政廳參事、修訂法律館諮議官、編査處總核、憲政籌備處總核及提調，校訂法律處分樣及總辦編纂法規事宜，北京政府司法部僉事。1920 年 9 月，任司法部刑事司司長。1922 年 6 月，任財政部公債司司長。1934 年 12 月，任國民政府司法行政部秘書，司法行政部總務司第一科科長。」（徐友春主編『民国人物大辞典（増訂版）』（河北人民出版社・2007）下 2544 頁）。

132)「北京電」及び「法律館總副裁聯合辭職」（ともに申報 1923 年 10 月 24 日 6 面）参照。

133) 1923 年 9 月刊行の印鑄局官書課編纂『職員錄 中華民國十二年第四期』（印鑄局發行所）では暫兼總裁司法總長：程克、副總裁：馬德潤・蔡寅、總纂：鄭天錫・（署）潘元玫、纂修：車顯承・梁仁傑、（署）王鳳瀛、調查員：唐宗愈・盧藉剛・劉蕃・程光銘・張克勤・陳應榮・許藻鎔・何基鴻・李炘となっている。正式な人事發令を待たずに実情を反映した陣容を紹介したものかとも思われる。

134)「馬德潤（海饒）Ma Te-jun（Hai-jao）湖北省棗陽縣人。一八八二年生。獨逸伯林大學（法學博士）に學ぶ。法律館專任協修、外務部主事、憲政編査館課員、法制院主任科員、司法部參事。京師地方審判廳々長、平政院評事、修訂法律館總裁、國立北平大學法學院講師等に歷任。」（外務省情報部『現代中華民國滿洲帝國人名鑑』（東亞同文會・1937）445 頁）。

135)「蔡寅 Tsai Yin 江蘇省呉江縣人。修訂法律館副總裁、國民政府司法部參事に歷任。」（外務

第一章　法典編纂機関の変遷　　*47*

省情報部『現代中華民國滿洲帝國人名鑑』（東亞同文會・1937）190 頁）。

136）「公電　北京通電」（申報 1923 年 10 月 25 日 6 面）参照。

137）「法律館人員總辭職」（申報 1923 年 10 月 29 日 4 面）参照。同記事では「馬蔡與程皆有相當交誼」として馬德潤・蔡寅の修訂法律館副総裁への就任が縁故による人事であったことを窺わせている。

138）「呉炳樅 Wu Ping-tsung 日本東京法政大學法科卒業。吏部主事、郵傳部主事、湖北司法參事、漢口地方審判廳長、京師高等審判廳推事、河南高等審判廳長等に歴任。」（外務省情報部『現代中華民國滿洲帝國人名鑑』（東亞同文會・1937）157 頁）。

139）「呉昆吾 Wu Kun-wu 四川省銅梁縣人。一八八八年生。瑞西ジュネーヴ大學卒業（法學博士）。一九一二年任北京政府法政局秘書。一九一四年任北京政府司法部僉事。一九一九年任在瑞西公使館秘書。一九二〇年任華府會議支那代表部專門委員。一九二一年任北京政府法制局參事。一九二五年特命全權公使を以て待遇せらる。一九二六年任北京政府外交部政務司長兼北京市政公所河川工程局長。一九二七年任北京政府法權討論委員會副委員長。北京政府倒壞後國民政府に入り外交部條約委員會專任委員たり。一九三〇年任國民政府司法院參事。著書『條約論』、『不平等條約概論』。」（外務省情報部『現代中華民國滿洲帝國人名鑑』（東亞同文會・1937）148 頁）。他に王伟『中国近代留洋法学博士考（1905–1950）』（上海人民出版社・2011）339 頁も参照。

140）「梁仁傑（雲山）Liang Jen-chieh（Yun-shan）江蘇省臨川縣人。佛國巴里大學卒業（法學博士）國立北京大學教授、北京大理院判事、上海共同租界臨時法院刑事部長、國民政府最高法院判事、國立中央大學法學院副教授、江西高等法院首席檢察官等を經て任江西高等法院長。」（外務省情報部『現代中華民國滿洲帝國人名鑑』（東亞同文會・1937）589 頁）。他に徐友春主編『民国人物大辞典（増订版）』（河北人民出版社・2007）下 1719 頁参照。

141）「劉鎮中（谷龕）Liu Chen-chung（Ku-an）福建省閩侯縣人。一八八五年生。佛國巴里大學法學博士。國立中央大學法學院法律學系副教授を經て任國民政府司法行政部參事。」（外務省情報部『現代中華民國滿洲帝國人名鑑』（東亞同文會・1937）577 頁）。他に王伟『中国近代留洋法学博士考（1905–1950）』（上海人民出版社・2011）282 頁も参照。

142）「羅鼎（重民）Lo Ting（Chung-min）湖南省攸縣人。一八八七年生。東京帝國大學法科卒業。修訂法律館纂修、京師高等審判廳推事、國民政府司法部科長等に歴任し、一九二八年任國民政府立法院立法委員及法制、商法起草各委員會委員。其後南京中央大學助教授を兼任す。」（外務省情報部『現代中華民國滿洲帝國人名鑑』（東亞同文會・1937）522 頁）。他に徐友春主編『民国人物大辞典（増订版）』（河北人民出版社・2007）下 2766〜2767 頁参照。

143）「修訂法律館員全部更動　完全程系」（申報 1923 年 11 月 10 日 7 面）参照。

144）「公電　北京通電二」（申報 1924 年 1 月 12 日 7 面）参照。

145）「周克昌（1876–）字峻青，山西平定人，1876 年（清光緒二年）生。畢業於省立山西大學堂。後任陝西補用知縣。1913 年，被選為衆議院議員。國會解散後，回里寓居。1916 年，第一次恢復國會時，仍任衆議院議員。1917 年，任護法國會衆議院議員。1922 年，第二次恢復國會時，再任衆議院議員，并任修訂法律館副總裁。」（徐友春主編『民国人物大辞典（増订版）』（河北人民出版社・2007）上 906 頁）。

146）1914 年 5 月平政院第二庭辦事員，同 7 月平政院書記官（委任）、1916 年 6 月試署平政院書記官、1917 年 10 月平政院書記官を歴任している。

147）熊道金「熊国璋生平事迹简介」（http://blog.sina.com.cn/s/blog_95effc460100zq6h.html）参照。

148）外務省情報部編『現代支那人名鑑』改訂版（外務省情報部・1928）468 頁に「民國十三年十月十一日修訂法律館總裁ニ任ゼラル」とある。王立中「论近代中国政法留学教育及其影响」（史学月刊・1993 年第 3 期）が「……法政大学法学博士耿泽，都在法律界做出了令人称道的

成績」（64 頁）と言及し「李喜所：《近代中国的留学生》第 110 頁」と註を付しているが、李喜所『近代中国留学生』（人民出版社・1987）の同頁に関連する記述は見当たらず、詳細は不明である。

149）1924 年 6 月刊行の印鑄局官書課編纂『職員錄 中華民國十三年第二期』（印鑄局發行所）では（署）總裁：馬德潤、副總裁：蔡寅・周克昌、（署）總纂：高种・吳炳樅、纂修：李炘・程光銘・張葆彝・熊國璋、調査員：唐宗愈・張克勤・劉宏益・唐有烈・陸熙績・張德滋・李浦となっている。

150）「揭秘：1920 年著名律師劉崇佑為周恩來辯護」（人民网・文史 http://history.people.com.cn/BIG5/n/2013/0826/c198307-22691541.html）参照。

151）「國務會議中之兩要案」（申報 1924 年 8 月 1 日 9 面）、「北京電」（申報 1924 年 10 月 1 日 3 面）参照。

152）なお『法律評論』の創刊号には「本社緊要啓事」として「本社原名法律週刊、現因此名經人採用、特更今名以免混淆、擬定購本週刊者、幸乞注意」とある。1 週間遅れで創刊された雑誌『法律週刊』冒頭には馬德潤が創刊の辞を寄せており、何かしら因縁めいたものが感じられる。

153）「章士釗（行嚴）Chang Shih-chao（Hsing-yen）湖南省長沙人。一八八一年生。東京正則英語學校及英國エヂンバラ大學卒業。第一革命中歸國して上海民立報主筆。後浙江教育司長となり次で北京大學校長たりしが幾何も無くして辭任、雜誌獨立週報を經營す。第二革命起るや南京討袁軍に參加し岑春煊の下に秘書たり。第二革命失敗後日本に亡命し雜誌甲寅を發行して反袁熱を鼓吹す。一九一六年廣東肇慶に軍務院組織せらるるや同院秘書長に任ぜらる。後北京大學教授となり兼ねて衆議院議員として政學會に屬し南北統一に奔走し一九一九年上海に平和會議開かるるや南方代表の一人として之に參加す。同會議失敗に終るに及び教育狀態視察の爲歐米に特派さる。一九二二年歸國し農業救國を主張し任北京國立農業專門學校長。一九二三年曹錕の大總統たるに反對し北京を去りて上海に赴き著述に從事す。一九二四年馮玉祥のクーデター後再び北京に入り同年臨時執政段祺瑞の下に任司法總長。一九二五年教育總長に轉じ修訂法律館總裁を兼ぬ。一九二六年鹿鍾麟のクーデターに依り天津に遁る。一九二七年安國軍政治討論會員たり。一九二八年國民革命軍北京占領後北方政客の元兇として國民政府より逮捕令を發せらる。一九三〇年奉天東北大學教授。九・一八後上海にて辯護士を開業。一九三六年任冀察政務委員會委員兼秘書長。國內第一流の學者にして章太炎も氏を重んじたり。著書『甲寅雜誌存稿』、『長沙章氏叢稿』其他。」（外務省情報部『現代中華民國滿洲帝國人名鑑』（東亞同文會・1937）244 頁）。

154）「應時（溥泉）Ying Shih（Pu-chuan）浙江省興縣人。一八八六年生。巴里大學法學博士。修訂法律館副總裁。外交部條約研究委員會顧問、法權討論委員會顧問、司法儲才館教授、上海租界臨時法判事、上海特區地方法院民事庭長、東吳大學及中國公學教授等に歷任。」（外務省情報部『現代中華民國滿洲帝國人名鑑』（東亞同文會・1937）58 頁）。

155）「北京通電二」（申報 1924 年 12 月 29 日 3 面）参照。

156）政府公報 3163・1925 年 1 月 19 日参照。

157）「戴修駿（毅夫）Tai Hsiu-chun（I-fu）湖南省常德縣人。一八九四年生。佛國巴里大學卒業（法學博士）。國立北京大學教授、中央法制委員會委員、國立中央大學法學院長等に歷任し一九三〇年任國民政府立法院立法委員。」（外務省情報部『現代中華民國滿洲帝國人名鑑』（東亞同文會・1937）303 頁）。他に徐友春主編『民國人物大辭典（增訂版）』（河北人民出版社・2007）下 2676 頁参照。

158）「陳和銑（孟釗）Chen Ho-hsien（Meng-chao）江西省九江縣人。一八九三年生。佛國巴里大學政治科卒業（法學博士）。在佛中國民黨に入黨す。歸國後任北京法政大學教授、任北京政治

第一章　法典編纂機関の変遷　　　*49*

分會顧問。一九二五年任北伐軍總司令部參事。一九二七年南京政府成立後任江西省政府上海
駐在代表。次で江蘇省政府政務委員兼司法廳長となり武漢合體後任江蘇省政府委員。一九二
八年任國民政府法官懲戒委員。一九二九年任江蘇省政府委員兼教育廳長。一九三一年末同政
府の改組さるるに及び辭職す。」（外務省情報部『現代中華民國滿洲帝國人名鑑』（東亞同文
會・1937）399頁）。

159)「楊肇熉（1893–）字仲瑚，四川潼南人，1893年（清光緒十九年）生。畢業於國立北京大
學，後赴法國留學，入巴黎大學，獲法律博士學位。回國後，曾任法典編纂委員、北京法律專
門學校教授。後任江蘇省吳縣地方法院院長、上海地方法院院長、上海特區地方法院院長。其
後辭職。1947年2月，任國民政府立法院立法委員。1948年11月，任司法院參事。1949年5
月，任司法院秘書處秘書長。」（徐友春主編『民国人物大辞典（増订版)』（河北人民出版社・
2007）下2167頁）。

160)「梁敬錞（和鈞）Liang Ching-tui（Ho-chun）福建省閩侯縣人。一八九○年生。英國留學。
國立北京大學法科講師、財政善後委員會委員、治外法權調查委員會秘書、法律修訂館總纂、
國民政府最高法院推事、郵政儲金匯業總局總務處長等に歷任。著書『在華領事裁判權論』。」
（外務省情報部『現代中華民國滿洲帝國人名鑑』（東亞同文會・1937）587頁）。他に徐友春主
編『民国人物大辞典（増订版)』（河北人民出版社・2007）下1729頁参照。

161)「電召王寵惠回國　擔任法律館總裁」（申報1925年8月10日6面）参照。

162)「王寵惠返國消息」（申報1925年8月17日14面）参照。

163)「蘇希洵（子美）Su Hsi-hsun（Tzu-mei）廣西省武鳴縣人。佛國に留學す。一九二一年任梧
州海關監督兼北京政府外交部特派廣西交涉員。一九二八年任國民政府司法行政部民事司科長。
一九二九年任司法院秘書。同年任國民政府司法行政部總務司長。現に去職。」（外務省情報部
『現代中華民國滿洲帝國人名鑑』（東亞同文會・1937）278頁）。他に徐友春主編『民国人物大
辞典（増订版)』（河北人民出版社・2007）下2756頁参照。

164)「召集調查司法委員會之籌備」（申報1925年9月19日10面）参照。

165)「國內要聞　政府籌備招待國際司法團」（申報1925年9月23日6面）参照。

166)「京聞撮要」（申報1925年9月27日6面）参照。

167)「王寵惠到京後之談片」（申報1925年11月17日9面）参照。

168)「延期開幕中之法權調查會」（申報1925年12月24日5面）参照。

169)「修訂法律館函贈法律草案」（申報1926年7月30日13面）参照。

170) 以上の経緯については外務省『支那國治外法權ニ關スル委員會ノ報告書』（外務省・1927）
1〜2頁参照。

171)「北京雜電」（申報1927年12月25日5面）参照。

172) 喻春生「民国时期中央国家机构介绍（十一）法典编纂会、法律编查会、修订法律馆」（中国
第二歴史檔案館ホームページ：http://www.shac.net.cn/mgdacs/mgsqjgsz/201411/t20141112_
2373.html）参照。

第二章　習慣調査の展開

一　清朝末期の習慣調査

（1）憲政編査館（調査局）における調査

　清末の習慣調査に関する先行研究、特に中国側のそれ[1]は旧来相当に情報が錯綜した状況を呈してきた。その理由と考えられる問題のひとつには、先行業績が多く依拠する史料である当時の上奏文の網羅的な収集自体が困難であることが挙げられる。史料集によっては往々部分的な省略があり、こうした省略部分に隠れている重要な事実が参照されないために混乱が将来されることがある[2]。また調査の建議と実行の間に時間差が生じる場合があり、建議だけに終わる可能性もある。調査の実行は上奏文以外の史料との突き合わせにより確認されなければならない[3]。

　清朝が各省に調査局なる部局を設けて習慣調査を行う発端となったのは、光緒33年9月16日（1907年10月22日）の憲政編査館奏擬請飭令各省設立調査局並辦事章程摺と思われる[4]。同摺には詳細な辦事章程が付されている。以下に引用する。

　　第一條　各章應設調查局一所專任臣館一切調查事件歸本省督撫管理主持
　　第二條　調查局應設法制統計兩科分掌各事
　　第三條　法制局分設三股如左（ママ）
　　　第一股　掌調查本省一切民情風俗並所屬地方紳士辦事與民事商事及訴訟事
　　　　之各習慣
　　　第二股　掌調查本省督撫權限內之各項單行法及行政規章
　　　第三股　掌調查本省行政上之沿習及其利弊
　　第四條　統計科分設三股如左

第一股　掌屬於外交民政財政之統計

第二股　掌屬於教育軍政司法之統計

第三股　掌屬於實業交通之統計

第五條　調查局設總辦一人綜理局務由本省督撫選派出具切實考語咨送臣館臣館得酌量加札派充爲臣館諮議員

第六條　法制科統計科各設科長一人承總辦之命綜司科務各股設管股委員一人或二三人受科長之指揮分司各股事務其餘應設書記等員視事務繁簡由科長商承總辦酌定

第七條　除上列兩科外設庶務處一所由總辦選派委員二人分司一切雜務

第八條　科長及管股委員由總辦開單呈請督撫札派書記委員等由總辦委用

第九條　凡調查局任用各員自總辦以至管股委員均須曾習法政通達治理者方爲合格

第十條　凡調查局調查所得之件應按類編訂呈由本省督撫咨送臣館其統計事項並應分咨主管各部院

第十一條　凡臣館所需調查之件得隨時札飭調查局遵照查明申覆臣館其由臣館照章派員分赴該省考察時該局應有協同調查之責任

第十二條　所有編制事項應由本省督撫飭府廳州縣就近派員調查其統計事項按照臣館所定表式並札飭司道及府廳州縣各衙門添設統計處選派專員就該管事項分別列表統將以上各事彙送調查局

第十三條　調查局辦事細則由總辦挈同科長詳細妥擬呈報本省督撫核定施行

　既に中村哲夫が清末の習慣調査における憲政編査館と修訂法律館の 2 系統の存在を調査報告書類（章末の資料 2-1 参照）の分析から推測していたが[5]、本摺は以上の規定を含むことからその前者の発端となったものと考えられる（なおこの規定は史料集によっては省略されている）。この規定に見る第一股の調査内容は中村が憲政編査館の系統に属すと推定した報告書の編目と一致する。調査報告書類の存在自体が調査の存在を裏づけることに加え、同論文において言及されなかったこの規定が同調査の実質的な開端を示すものであると考えられる。同摺はまた調査目的につきドイツの法制局を引き合いに出し、

　　査德國法制局、中央既設本部、各邦復立支部一司、釐定一任審査、故所定法規施行無阻。中國疆域廣袤、風俗不齊、雖國家之政令、初無不同、而社會

之情形或多岐異。現在辦法必各省分任調査之責、庶幾民宜土俗洞悉靡遺。將來考核各種法案、臣館得有所據依、始免兩相牴。（句読点筆者）

と述べて法典編纂のみならずそれを全国に行う際の行政上の問題をも考慮に入れた調査の必要を示唆している。調査項目に民情風俗、地方紳士辦事等の分類が立っているのはその表れとも理解し得る[6]。

この摺を発端とし、早いところでは光緒33年12月から[7]、それ以外も概ね光緒34年にかけて、順次設立されていったことが関連上奏文や各省調査局の公牘から判明する。

こうした調査局が習慣調査を行うに当たっての具体的な調査項目については各調査局の起草に任され、憲政編査館に送られ審査を経た後に、憲政編査館から必要な指示が与えられていたようである[8]。調査問題の起草過程について具体的な動向を伝える史料に『江西調査局公牘輯要』がある。そこでは、

調査民事習慣略例
　　日本法學博士岡松參太郎有言、支那止有刑法行政法、民事則一任其習慣、官府不以法相干渉、此其言殆中於情實者矣。……方今朝廷方集日本諸法家訂民法、顧吾俗恆謂財債細故不關重要、又有清官難問家事之諺、日本民法以財産親族爲兩大端、則皆財債細故及家事之類也、日本民法本因事立規條、分彌悉然、就中有爲彼間殊俗創制厥事、爲諸夏之所無、又術語方言、多爲吾俗所弗喩、不當盡行引據、茲本岡松氏舊説、用財産身分分部標舉大綱、分別如左（法制一股類42丁、句読点筆者）

とされており、『臺灣私法』でも名高い岡松参太郎の名前を直接に引用する史料として注目出来よう。調査の現場では、調査自体の指針・経験がないという状態の中で、如何にして実り多い結果を挙げるか、という切実な問題があったものと思われる。そこでひとつの方法として日本法の枠組みが用いられたとしても不思議ではなかろう。その他、広東調査局は自身の調査問題の来源につき「依據現行之法律並仿照直隷兩江山東之辦法擬定綱目」と述べ[9]、また広東調査局が依拠した山東調査局は統計處の部分について湖北調査局の例に倣ったことを記している[10]。また奉天調査局も統計表につき湖北調査局に倣ったこと、また法制科の調査につき山東調査局に倣ったことが指摘されている。奉天調査局については遼寧

省檔案館所蔵の各種史料に基き、その調査の実態が明らかにされている[11]。

調査を行う人材の育成に関してもかなり早い段階からの措置を見ることが出来る。局を取りまとめる総辦について日本留学経験者をも含めた、近代法制に長けた人材を充てることがしばしば行われており、また実際の調査に携わる人員について、同時期に展開していた法政学堂の卒業生や地方自治局付設の調査員養成会に注目する上奏[12]もあり、自前での養成を建言するものもある[13]。問題の作成については各省相互間、また中央の憲政編査館との間で人材交流が行われていたことも窺うことが出来、例えば安徽巡撫が知府を憲政編査館に派遣し憲政についての知識を学ばせようとしている様も報告されている[14]。

各調査局からの史料では、その運営に関する様々な具体的問題の存在を窺うことが出来る。中でも相当悩みの種であったのが設立・運営経費の捻出であったようである。また地方によっては依拠すべき文献が少ない[15]、乃至はその貴重な文献が兵火に係り焼失している[16]等の様相が伝わってくる場合もある。

様々な条件が次々と出来する中でともかくも調査は行われ、報告書が北京へと送られたことで、現在の我々もそれを目にする事が出来るわけである。中でも広東調査局については、中央での調査局章程よりもはるかに詳細な辦事章程・衙名表を持ち[17]、その報告書の編纂過程について、回答のあった地域名を具体的に挙げる史料[18]等、今後我々が報告書を利用するに当たって参考となる情報が多く残されている。

また以上の調査のうち、直隷調査局の調査報告が雑誌『北洋法政學報』[19]に断続的に掲載されている。同誌55期（光緒34年2月上旬（1908年3月））に呉興譲「各省調査局章程釋疑」が掲載された後、さらに同誌113期（宣統元年8月中旬（1909年9月））に呉興譲「調査局法制科調査書序」が掲載されたのを皮切りに、同号から140期（宣統2年5月中旬（1910年6月））にかけて「調査局法政科調査書序」「民情風俗調査書」「民事習慣調査書」「商事習慣調査書」「訴訟事習慣調査書」が連載されている。

同序からはこの直隷の調査局法制科調査書が呉興譲[20]の手になる（訴訟事習慣については呉侶伊による）ものであることが分かる。またこれを局より刊行したところ、自治・法律を学ぶ者が殺到し部数が足りないため、法政学報に連載するとの言明がある。それを裏付けるように、『直隷調査局法制科第一股調査書』と『北洋法政學報』上の連載は、校合すると（数箇所の誤植は存在するものの）ほぼ同文になっていることも判明する。

第二章　習慣調査の展開　　55

　直隷調査局の調査書の編集に当たって中心的な役割を果たしたと思われる呉興
讓は、日本の法政大学に設置された法政速成科の初期の卒業生である[21]。そして
彼に法と慣習の問題を講義していたのは、かの梅謙次郎であった。梅は法学通論
の講義[22]の中で成文法と慣習法の問題について触れ、また期末試験でも成文法と
慣習法の関係について問う等[23]、この問題に対し相当な注意を払って講義してい
たことが分かる。呉興讓は法学通論以外にも多くの法学関連の講義を聴講したも
のと思われるが、こうした講義が彼の法学理解の基礎のひとつとなったであろう
ことは指摘されて良い。

　呉興讓が調査問題の編集過程で行った作業は、現在残存する史料からその若干
を垣間見ることが出来る。彼の序には「……三閲月而脱稿、又蒙總辦汪向叔觀
察、細加察核、去其與我國習慣不甚關係者若干條、去其專屬江蘇習慣者若干條、
又閲月而商訂始定……」（句読点筆者）とあり、先行して何らかの版本が存在しそ
こから「去……若干條」という作業が行われていることが明らかである。この先
行する版本に該当する可能性があるのが『直隷調査局調査民事習慣目録』（上海
図書館所蔵・抄本）である[24]。この両者を校合すると、例えば不動産売買におい
て交わされる正契（本契約時に交わされる契約書）の性質につき、当初「物権的
性質を有する」としていたものを「物権に近い性質」と改め、また「売買ではな
く所有権の憑拠である」としていた箇所を弱めて「売買が成立したことの憑拠で
ある」とする等、正契の性質について慎重な取り扱いをしている様子を窺うこと
が出来る[25]。

　清末の調査局による調査報告には調査問題のみを列記したものも多く、これで
は当事者が何を調べようとしたのかは判明しても、それに対する調査の回答はそ
こからは読み取れない。また時にはあまりにも端的に「習慣」が述べられるた
め、それをそのまま利用して当時の中国の「習慣」はこうであったと述べるわけ
にもいかない。また残存する報告書はその対象地域もばらばらで、例えばどこか
１箇所について県から省までの各段階のものが全て揃っているというような例も
見出せず、利用は相当に困難である。直隷のものは例外的に重層的に史料が残存
しているため上記のような分析が可能となる大変珍しく貴重なものである[26]。

　以上、清末において他機関とも並行しながら習慣調査を行った調査局である
が、大変興味深いことに、これが清末の最末期には撤収されていたことが分か
る。宣統3年3月15日（1911年4月13日）の諭旨には「擬將調査局内所有法制
事宜併歸各該督撫會議廳參事科辦理」とあり[27]、これが実質上の調査局の終焉と

思われる。その後これに応じて撤収したことを告げる史料が幾つかの省について
残されている。

　恐らくはこの撤収に伴い、調査報告書はひとまず北京へ集められたものと思わ
れる。また撤収後に完成した報告書が北京へ送られることもあったのかも知れな
い。このあたりの詳細は不明だが、『各省區民商事習慣調査報告文件清册』（司法
公報232・1927）に収録される膨大な「前清時代」の民商事習慣調査報告には憲
政調査局関連のものも多く見られ、これらが民国時代の司法部によってともかく
も保存されていたことが知られるのみである。現在この大部分の史料の行方は残
念ながら杳として知れない。

　以上、各省調査局の設立時期、設立人員、関連史料等については章末の資料
2-2、関連する上奏等の一次史料については章末の資料2-3を参照されたい。

（2）修訂法律館系統及びその他の調査

　次に実施が確認出来る調査は光緒33年11月14日（1907年12月18日）、修訂
法律大臣奏開館日期並擬辦事章程摺　附章程[28]によるものであり、同摺に付され
た修訂法律館辦事章程第12條には、

> 第十二條　館中修訂各律、凡各省習慣有應實地調査者、得隨時派員前往詳
> 查。其關於各國之成例、得隨時咨商出使大臣代爲調査、並得派員前往詳查。
> （句読点筆者）

とある。中村哲夫によれば同年12月に修訂法律館が地方志の提出を求めた形跡
を示す史料が存するとのことであるから[29]、同章程に基づく調査は実施されたも
のと推測出来る。

　さて、この段階での史料かどうか確定は出来ないものの、大変興味深い史料が
知られている。法律顧問であった松岡義正の関係文書に含まれる「慣習調査ノ必
要ヲ論ス」と題する一文である。これは実際に清朝側に提示されたか否か不明で
はあるものの、穂積陳重の著作を引いて習慣調査の必要性を述べんとした形跡が
窺える史料である[30]。以下、引用しておく。

> 凡ソ一國ノ法律ハ固有法及ヒ繼受法ノ二者ヨリ成ル。固有ハ古來ノ慣例ニ
> 基ク法律ニシテ、又繼受法ハ外國ノ法令ニ依ル法律ナリ。國家ハ古來ノ旧慣

第二章　習慣調査の展開　　　　　　　　　　　　　　　　　57

ヲ精査シ、又外國ノ法令ヲ審究シ、長ヲ採リ短ヲ棄テ、完美ノ法典ヲ編纂
ス。是一國ノ法律ニ固有法及ヒ繼受法ノ二者存スル所以ナリ。而シテ國民ノ
慣習ハ固有法ヲ成ス重要ノ材料ナリ。

　夫レ國民カ永年間繼續反復シタル事實ニ因リテ發生シタル準則ナルヲ以
テ、古來之ヲ尊崇シ之ヲ破壊スルコトヲ忌憚ス。又慣習ハ永年間國民ニ利害
得失ノ程度ヲ實驗セシメタルヲ以テ、國民ハ慣習ヲ墨守シ、之ニ依リテ將來
ヲ律セント欲ス。故ニ猥リニ國民ノ慣習ヲ無視スルニ至ルヘキ法典ヲ設クル
ハ治國ノ良策ニ非ス。是法典編纂ニ際シ古來慣習ヲ蒐集シ之ヲ精査スルコト
ヲ必要トスル第一ノ理由ナリ。又慣習ハ元來特別ノ事情ニ基キテ發生シタル
準則ナルヲ以テ、特定ノ地方又ハ特定ノ人民間ニ□リテ行ハルルヲ通例トス
ト雖、其慣習中ニハ法典ノ一條項ト爲シ全國ニ行ハシムルヲ適當トスルモノ
アリ、又外國ノ法則ニ優ルモノナキヲ□セス。故ニ善良ノ慣習及ヒ優等ノ慣
習ハ、何レモ之ヲ法典中ニ掲ケ全國ニ行フハ、獨リ國民ノ利益國家ノ名譽ナ
ルノミナラス、實ニ世界ノ幸福ナリ。是法典編纂ニ際シ全國ノ慣習ヲ網羅シ
之ヲ精査スルコトヲ必要トスル第二ノ理由ナリ。日本ノ碩學穂積陳重先生曰
ク「・・・」、是古今各國ノ法典編纂ニ通スル原理ニシテ、各國法典編纂委
員ノ依リタル軌道ニシテ、又現ニ清國ノ法典編纂ノ任ニ在ル者ノ虧クヘカラ
サルノ規則ナリ。之ヲ要スルニ慣習ハ法典ノ材料ナルヲ以テ、先ツ之ヲ網羅
蒐集シ其可否ヲ調査セサルヘカラス。(句読点筆者、□は判読不能箇所)

　原史料は「法律館」の名入りの原稿用紙の、通常であれば振り仮名を記入する
欄に墨書されており、諸処に推敲の痕跡が見られる。日付は「四一年二月十六
日」とあり、明治41（1908）年であるとすればこの日付は光緒34年1月15日
に該当する。また穂積陳重の引用を予定した箇所は空欄であるが恐らく『法典
論』（哲学書院・1890）[31]等から引用の予定であったかと思われる。残念ながらこ
の史料は作者名を欠くため、松岡義正による文章か、他人の文章乃至はその翻訳
か、その性格は全く不明である。

　また明治41年4月には初期の東洋法制史学者として知られる廣池千九郎[32]が
北京を訪問し、修訂法律館に招かれて講演を行い、その中で習慣調査の重要性に
ついて強調したことが知られている。内田智雄はこのことにつき「晩清以来継承
されきたった民商事の慣習調査事業が、この修訂法律館における広池博士の陳大
臣への提言に直接よるものだとまではいわないが、何ほどかの寄与をしたであろ

うことは信じて疑わない」[33]と述べてその意義を強調している。

両史料とも、何故に習慣を調査するに至ったのかという発想の来源の問題に関連して興味深い。しかも穂積陳重の著書への言及、また穂積から多大な影響を受けて中国法制史研究を行った廣池千九郎の登場等、両方の史料に穂積の名が関係しているのは大変に重要である。穂積の影響という問題を考えるとすれば、彼が思想的に多く影響を受けた Henry Sumner Maine を視野に入れる必要が出てくる。また清末・北洋政府期を代表する中国人法学者である王寵惠も Maine を読んでおり、間接的な影響関係を考慮に入れておくことは無意味ではないであろう。

調査を行った理由として当事者たちが挙げるものは「法典編纂のため」というものであり、旧来そのように理解されてきた。しかし一方で調査を行わず有識者を集めて草案を作成することも可能であり、また調査を行ったからといって必ずしもそれが十全に反映されるとは限らない。では何故これほどまでに大々的な調査を敢行したのか、疑問は残る。調査という発想の来源については、上奏の影に隠れる「知恵袋」の存在の可能性や、沈家本や伍廷芳といった清末の「法律家」たちの知識獲得の経路（特に中国人以外の「法律家」から直接「調査」という構想を得る可能性[34]）等の複雑な問題があり、これも簡単なものではない。

さて、光緒 34 年 5 月 25 日（1908 年 6 月 23 日）、修訂法律大臣沈等奏擬譺議調査章程摺 並單[35]は島田正郎『清末における近代的法典の編纂』（創文社・1980）以来多く言及される史料である。同摺は各地に譺議官を設置し調査に協力させる由言明するが、実際の調査においてそれが如何なる機能を果たしたのか、また同摺に基づき独立別個の調査が新たに立ち上げられたのかについては判然としない[36]。

次の宣統元（1909）年の朱汝珍[37]による商事習慣調査については、蘇州商会との往復書簡や商習慣条例等の史料が知られており、その実施が確認出来る[38]。この調査の難航ぶりは朱汝珍自身が督促の書簡で「……現商法已着手起草、各商會答復者僅一二起、或有以本館問題名詞未易了解爲言者、不知法律名詞[39]、必謀其畫一、萬難遷就各省之俗。」（句読点筆者）と述べている程で、彼は続けて「事前不尽報告之義務者、事後斷無駁議之權利」として早期の報告提出を求めている。調査の難渋ぶりは『申報』にも報道されており[40]、調査員の増員も取り沙汰されたようであるが、調査自体は何とか前進したようである。後に取り上げる宣統 2 年 1 月（1910 年 3 月）の摺には「……該編修（筆者註：朱汝珍を指す）遍歴直隷江蘇安徽浙江湖北廣東等省、博訪周諮、究其利病。考察所得多至數十萬言……」

第二章　習慣調査の展開　　　59

（句読点筆者）とあり、一定の成果はあったものと思われる。しかしその「數十萬言」の所在は不明である。

　また島田正郎は宣統元年1月丙午（1909年2月15日）の沈家本上奏の存在を指摘するが[41]、同上奏とこの商事調査の関係も不明である。

　以上に見るように、この段階までに既に多くの習慣調査が動いていたわけであるが、駄目を押すかのように、民商法の編纂における習慣調査の重要性が李家駒によって上奏される[42]。以下、関係箇所を引用しよう。

　　一民律商律宜調查習慣也、……日本編纂民商法之初、或直譯法國法典、或一人外人執筆、皆以不適於用而罷厥、後知調查習慣之不害已也。於民法則特設調查委員、於商法則廣徵全國商業會議所之意見、博採各地方之習慣、幸而克濟。今編纂民商律之初、宜鑒於日本之覆轍、不宜徒襲外國法典以侈廣博、亦不宜一切假手外人致鮮實效。應選明達之士、分往各省切實調查民事商事習慣、萃其所報告者、以爲編纂之資、庶斟酌協宜而無更訂之累、措施便利而無扞格之虞。日本取我臺灣後、亦擬爲臺民別定法典、設調查舊慣會、纂輯報告書不下千百萬言、誠握要之圖也。（句読点筆者）

　曰く、国際私法の観点からは本国法が適用される例も多く、自発的に自らの"法"を棄てる必要はないと説いた上で日本の例を引き合いに出し、直訳的な西洋法の導入が機能しなかったために民事・商事の習慣調査が行われたとし、これを反面教師とすべきと説いている。最後には台湾における旧慣調査にも意識を向けており、大変に興味深い。

　さて、宣統2年1月21日（1910年3月2日）、修訂法律大臣奏編訂民商各律照章派員分省調查摺[43]は島田正郎以来殆どの先行研究が言及するものである。島田はこの上奏の際に「調査民事習慣章程」が施行されたとする[44]が、細かくいえば、同章程及び続いて示される『調査民事習慣問題』は年月日に関する情報を欠いている。ただ同『調査民事習慣問題』を収録する商務印書館編譯所編纂『大清宣統新法令』（商務印書館・1910（第3版））は概ね年月日順の掲載を原則とするようである[45]ため、この宣統2年1月の上奏により同『問題』が作成されたものと考えて良い。同調査を行った人物としては許同莘[46]の名が記されている。

　中村哲夫は同『調査民事習慣問題』に基づく調査を修訂法律館の系統によるものとするが、彼が注意深く指摘する如く、実際の調査は先の調査局との共同作業

乃至委託によるものが存在する[47]。こうした具体的な調査の遂行には各省それぞれの対応があったのであろう。またこの時期に民間でも習慣に興味を持ち、一書を成した人物がいたことを記しておく。京都大学法学部図書室に所蔵される『杭州民間婚事習慣』（光緒34（1908）年）がそれであり、盟鷗閣主人なる人物の作である。同人の経歴については詳細を明らかにし得ないが、ひとつの動向として注目に値する。

先に触れた調査局のものと合わせ膨大な数の報告書が北京へと送られたわけであるが、これらを民商法の立法に役立てるには大きな制約があったことが指摘されている。張生は、宣統2（1910）年に至り清朝は立憲派や革命派の圧力を受けて預備立憲の期限を9年から5年へと縮減せざるを得ず、それに伴い民律の立法期限が徐々に縮減されて結局宣統2年末に起草を終えざるを得ない状況に追い込まれたことから、調査の完成を待てず、また調査記録の全面的な選別と利用も不可能であったと指摘している[48]。

二　民国期の習慣調査

清朝末期の習慣調査に引き続き、中華民国においても習慣調査についての議論は続けられたようである。民国2（1913）年には大理院が法律と習慣の関係に関して矢継ぎ早に判決例を下し、基本法則の確立に努めている。大理院民国2年上字第3号判決例（1913年2月1日）では習慣法の成立要件について「（一）要有内部要素、即人人有法之確信心（二）要有外部要素、即於一定期間内、就同一事項反覆爲同一之行爲（三）要係法令所未規定之事項（四）要無悖於公共秩序利益」とされている。

大理院民国2年上字第64号判決例（1913年7月5日）は「判斷民事案件、應先依法律所規定、法律無明文者、依習慣法、無習慣法者、依條理」という著名な判断を下し、法律・習慣法・条理の効力関係について規定した。滋賀秀三はこの判断について「近代法学にとって一種のおおまかな常識であり……極めて自然な発想であったと言うべきである」[49]とする。この発想がどこからもたらされたものかについては旧来多くの議論があった。

法律顧問であった岡田朝太郎の清朝での講義をまとめた『法學通論』（冨山房・1908）においては「慣習トハ、同一ノ事宜ニ關シ、永續シテ同一轍ノ行爲ヲ實施シ來リタルヲ謂フ……慣習ガ慣習法ト爲ルノ要件、各國同ジカラズ、日本ニ於テ

ハ法例（明三一年法律第一〇號）第二條ニ之ニ關スル根本的規定アリ」（20 頁）
として法例第 2 条即ち「公ノ秩序又ハ善良ノ風俗ニ反セサル慣習ハ法令ノ規定ニ
依リテ認メタルモノ及ヒ法令ニ規定ナキ事項ニ關スルモノニ限リ法律ト同一ノ效
力ヲ有ス」の概要が説明されている。

　また穂積陳重はその著『法律進化論』第 1 冊（岩波書店・1924）において清律
不応為律と同内容の新律綱領雑犯律不応為条が裁判事務心得[50]（明治 8 年太政官
布告第 103 号）第 3 条即ち「民事ノ裁判ニ成文ノ法律ナキモノハ習慣ニ依リ習慣
ナキモノハ條理ヲ推考シテ裁判スヘシ」の下地を成すものであると述べ、第 3 条
は「實に近世立法の傑作とも稱すべきもの」で「「スヰス」民法第一條に先鞭
を著けたものと云ふことが出來る。」（228～229 頁）と述べている。第 64 号判例
の背景として日本からの影響があるのか否かという問題の確定は今の所これらの
史料・言説から間接的に推測するより他はない[51]。

　さらに大理院民国 2 年上字第 202 号判決例（1913 年 12 月 24 日）は習慣法則
の成立の基準を「（一）律無明文（二）確有習慣事實（物的要素）（三）爲該地所
普行、當事人均能共信爲有拘束其行爲之效力（心的要素）（四）不違背善良風化
公安秩序」とし、特に（二）に関し「按諸訴訟法則、實與審理係爭事實問題同其
程序」としている。以上から裁判実務において習慣法をどう扱うべきかの基本的
な準則が概ね確定すると同時に、そのことによって、場合によっては否応なく習
慣と向き合わざるを得ない状況、即ち裁判実務上の問題として「習慣」とは何か
を知る必要が出てくることとなったわけである。

　これらを受けてか民国 3（1914）年 2 月の法律編査会の成立を経て同月 18 日に
行われた第 1 回会合では民事・商事の習慣調査が議論されている[52]。さらに同年
4 月には同会の姚震により調査習慣法則條例が策定され[53]、6 月 4 日には習慣調
査のための調査辦法が作成されている[54]。以下に引用しておこう。

　　　現編各項法律、須本己國民情習慣、方利通行、應派員從事調査、擬由會派
　　出富有經驗學識者十人、劃定區域、周流調査、先腹省而後邊彊、首省垣而次
　　商埠、各道轄屬又次之、專以民間特別習慣爲主、周諮博覽、類輯成書、彙齊
　　比較於以鈎玄提要通俗達情、呈准、另籌經費辦理。（句読点筆者）

　また同 6 月には董康・章宗祥・汪有齡の連名により調査経費を求める文も提出
されている[55]。また民間でも徐霖『奉天民事類存』が同年刊行され、当時日本奉

天総領事であった落合謙太郎から和訳が外務省に送られている[56]。

司法行政部編『民商事習慣調査報告録』（司法行政部・1930、以下『民商事習慣調査報告録』と略）に繋がる調査の直接の発端となったのは民国6（1917）年10月30日の沈家彜[57]呈請創設民商事習慣調査會呈文である。重要な文章であるため全文を掲げる。

　　呈爲擬設民商事習慣調査會謹將組織暨支費辦法報請鑒核示遵事。竊查奉省司法衙門受理訴訟案件、以民事爲最多、而民商法規尚未完備、裁判此項案件、於法規無依據者、多以地方習慣爲準拠。職司審判者、苟於本地各種之習慣不能盡知、則斷案卽難期允愜。習慣又各地不同、非平日詳加調査、不足以期明確。廳長有鑒於此、爰立奉省民商事習慣調査會、以高等審判廳長推事及各地方審判廳長推事並推檢資格相合之承審員爲會員。各廳檢察長檢察官如有願入會者、亦爲會員。各就所在之地及所遇事件、隨時調査報告、以便比較研究。並另舉編纂員、分類彙集、俟蒐集成册、卽付刊印、分送各會員並報告法律編査會、俾資採用。會所暫設高等廳會内一切事務、由本廳指派書記官一人暫行兼理、毎月酌給津貼若干。另置雇員二人、分任收發繕寫各事。奉省民商習慣甚爲複雜、其無案件可資發見者、並擬體察情形派員分途調査、或函請各處商會士紳襄助、以期詳悉周知。所有會内應需費用、查有本廳歷年積存之律師登録費新舊合計五百三十二元、此歖尚未指定用途、各省聞均係以之彌補司法經費、本廳擬請卽以此歖移作調査會常年經費。除督率進行外、理合備文呈請鑒核示遵謹呈。（句読点筆者）

　沈家彜が呈文において強調したのは裁判実務からの要請であった。山積する民事案件の処理を行おうにも民商法が未制定であり、勢い習慣に依拠せざるを得ない中で、習慣が分からないでは如何ともし難いという現場の切実な要求が反映されているのが見て取れる。

　この呈文は翌11月9日、司法部指令第10004號により司法部の容れる所となり、さらに翌民国7（1918）年2月1日には仿辦民商事習慣調査會通令（司法部訓令第68號）により奉天省の例に倣う形で民商事習慣調査会が全国各省に設置され、続く修訂法律館の立ち上げ（民国7年7月13日修訂法律館条例）、書式等の統一（劃一全國各廳處民商事習慣調査會報告書式用紙及編成辦法（司法部訓令第32號））が行われている。『民商事習慣調査録』（司法公報242・1927）には各省

の会章、調査・編纂規則の前に説明が置かれ、その省の調査会に関する情報がまとめられており、各地域の実情を垣間見るのに好個の史料となる。

　各省の調査会を組織する際の叩き台となったのは奉天省民商事習慣調査會簡章である。即ち、

　　奉天民商事習慣調査會簡章
　　第一條　本會以調査奉天全省民商事習慣爲宗旨
　　第二條　本會長以奉天高等審判廳長兼充
　　第三條　本會會員以奉天高等地方各審判廳廳長推事各縣承審員充之高等地方
　　　　　各檢察廳檢察長檢察官各縣知事各廳具有推檢資格書記官願入會者得爲會員
　　第四條　本會設民事習慣商事習慣編纂主任文牘庶務主任各一人
　　第五條　民商事習慣編纂主任由會員公推文牘庶務主任由會長指定高等廳人員
　　　　　兼充
　　第六條　各會員調查所得除隨時報告外至少每三個月應報告一次
　　第七條　本會會員調查報告每四個月編纂一次分送各會員並交由高等審判廳分
　　　　　送司法部法律編查會大理院
　　第八條　本會於調查民商事習慣外凡奉天省發布單行規則章程關於民商事得分
　　　　　類編輯按期報告
　　第九條　本會經費由高等審判廳呈請司法部撥給
　　第十條　本會收支各費每四個月由會長會員五人共同檢查一次
　　　　　每年年終結成總數並用欨單據送由高等審判廳報部審核
　　第十一條　本會調查各地方習慣有必要時得函請各地方官署農工商會自治會幫
　　　　　同調查
　　第十二條　本會附設於高等審判廳內
　　第十三條　本簡章如有未盡事宜得隨時修改增訂

である。概ねこれに準ずる各省調査会会章が作成され、司法部に送付の上必要な指示を受ける格好となっている[58]。

　各調査会の設置時期は概ね民国 7（1918）年 2 月から 5 月に集中している[59]が、湖南省の如く政情不安のため調査会の正式な成立が翌民国 8 年 8 月に遅延したものもある[60]。設置・運営費用は奉天省に倣い律師登録費から賄われたが、各省全てに余剰が蓄積されている筈もなく、甘粛省のように調査旅費を訴訟費から

賄いたい由司法部に陳情するものもあった[61]。

　各調査会は会章の通り各省高等審判庁庁長を会長とし、推事即ち裁判官を中心的な構成員[62]としたが、調査を理由に彼らの任務である裁判を停止することは勿論不可能であり、調査活動と裁判業務の両立が問題となった。最も顕著な例は京兆民商事習慣調査会である。京師高等裁判所を中心として北京に設置された同会は、首都という土地柄山積する訴訟に加えての習慣調査の遂行は困難であるとの理由から民国8（1919）年1月に修訂法律館へ吸収される形で撤収されている[63]。

　また江西省・湖南省・陝西省・甘粛省のように常任の調査員を置いた省も存在する。特に陝西省では省を三道に分けて常任調査専員を置き調査を行っている。しかし江西省では一旦設置したものの効果が現れず結局撤収している[64]。

　次に調査項目の作成、調査の具体的な実行状況の問題について、優秀な準則として各地に油印本で配付された安徽省の「注意事項」を見ておこう[65]。

　　安徽民商事習慣調査應行注意事項
　　第一應注意各種習慣發見之機會
　　　一　由裁判上發見者如訴訟進行中或訴訟終了後於該案事實發見民商事各種
　　　　習慣
　　　二　由裁判外發見者於訴訟程序外依咨詢或報告或地方誌乘或公共團體處理
　　　　過去事實先例及其他方法發見民商事各種習慣
　　第二應注意各種習慣發生之原因
　　　一　原因於地域者如皖南北各種習慣不同
　　　二　原因於社會者如農工商各種社會習慣不同
　　　三　原因於歷史者如因天災兵亂或歷史事實相沿致生各種習慣之不同
　　第三應注意各種習慣成立之證明
　　　一　各官署文卷確有成案可證明其爲一種習慣者調查報告時應摘叙大略
　　　二　各農工商會自治團體會議筆錄或往來文件可證明各習慣者調查報告時應
　　　　略爲説明
　　　三　各地方社會締結文契及關於繼承並親族婚姻各種書類可證明各習慣者調
　　　　查報告時不妨抄附原書類形式
　　　四　無書類可供證明之習慣調查報告應略舉具體事實之一二先例
　　第四應注意各種習慣情形之複雜
　　　一　各習慣確有關於民商事件權利義務者無論其爲善良習慣非善良習慣統宜

採集報告

二　中國人事複雜往往於一地域一社會確有兩種内容相反之習慣並行應詳述
　　其能並行不悖情形摘舉事例一律報告

　以上から調査の概括的な指針を窺う事が出来る。具体的な調査項目について司
法部から統一を図った様子はなく、各省に任されたようである。習慣の収集方法
も裁判案件からの収集、現地調査、書簡による調査と様々であった。江蘇省は特
にその来源を丁寧に記している。

　報告に盛り込むべき情報については各省の調査規則に規定があるが、それは全
国的に統一されたものではない。習慣の来源に関する情報や参考資料の有無等に
関する情報の不揃いはここに由来する。ただ滋賀秀三が指摘した浙江省の諸報告
は、調査規則が比較的厳密に守られた結果を示している[66]。

　習慣の善悪の評価については、全体方針では善悪の別なく全てを網羅的に収集
することになっていたが、独り奉天省のみ劣悪な習慣を拾わない由規定してい
た。しかしこれには『民商事習慣調査報告録』の編纂者自身も疑問を呈してお
り、実際には全てを収録したものと思われる[67]。

　なお「習慣」の語については滋賀秀三が「法的な意味での custom にはっきり
該当するような言葉は中国の伝統的な語彙のなかには存在しなかったと言わなけ
ればならない。それゆえ、近代法学の摂取に伴って「習慣 xiguan」（日本語の慣
習と同義）という言葉が造語されなければならなかった」[68]と指摘しているが、
custom と等価な語としての「習慣」が厳密に何時から如何なる経緯で使われは
じめたのかという問題は難問として残っている[69]。この問題について、実地の人
員がどのように受け止めたか、という角度から考えるとする場合、上記の習慣に
対する各地の向き合い方は一定の示唆を与え得るであろう。

　以上の調査は概ね民国 10（1921）年頃まで継続しており、その調査地点は新
疆・西蔵・四川省・雲南省・広東省・広西省を除きほぼ中国全土に及ぶ。（図 2-1
参照）。民国 11 年には法律顧問 Jean Escarra が司法部の委託を受け、天津・上
海・香港・広東等で商事関係の習慣調査旅行を行っている[70]。

　調査の進行とともに、その調査結果の公開も並行して行われるようになる。早
くも民国 8（1919）年には董兪編『民事商事習慣彙編』（上海法政學社・1919）が
公表されており、その自序において「……爰擬搜集民商事習慣調査會之報告、彙
編成帙、以貢諸於世焉。」と明記され、収録される報告と『民商事習慣調査報告

図 2-1 『民商事習慣調査報告録』に収録される調査報告地点

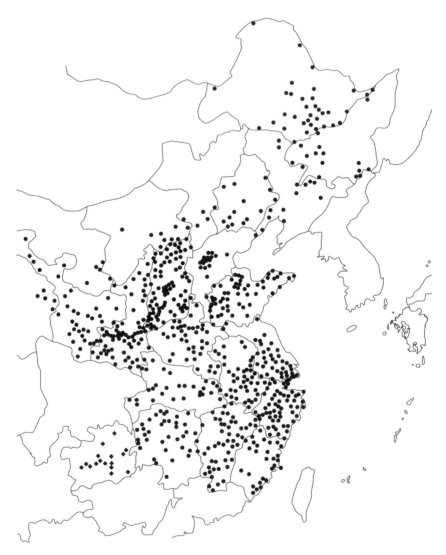

※「●」は調査報告が寄せられた地点を示す。貴州省は『民商事習慣調査報告録』に収録されていないが、『法律評論』誌上掲載のものについてその地点を「◆」で示した。

表2-1 『司法公報』掲載分の習慣調査記録

掲載巻号	年 月 日	題 名	掲載頁	件数	商事	未収
130	1921・01・15	直隷第一期	93～124	134	15	2
132	1921・02・15	吉林第一期	91～97	21	4	0
133	1921・02・28	河南第一期	67～82	40	4	0
133	1921・02・28	山西第一期	83～98	64	15	0
136	1921・03・31	察哈爾第一期	83～97	41	9	1
137	1921・04・15	浙江第一期	51～91	34	0	1
138	1921・04・30	安徽第一期	83～99	41	8	0
139	1921・05・15	黒龍江第一期	63～122	242	48	9
140	1921・05・31	江西第一期	73～97	48	8	0
140	1921・05・31	甘粛第一期	99～105	56	28	0
141	1921・06・15	江蘇第一期	47～90	60	19	0
145	1921・07・31	山東第一期	69～78	52	52	0
148	1921・08・31	福建第一期	83～108	77	15	0
151	1921・10・15	湖北第一期	43～81	105	18	0
154	1921・11・15	熱河第一期	105～108	15	0	2
156	1921・12・15	陝西第一・二期	27～90	170	29	20
158	1922・01・31	熱河第二期	85～94	24	5	0
169	1922・09・30	湖北第二期	71～117	108	22	0
170	1922・10・31	河南第二期	87～104	54	5	0
171	1922・11・30	吉林第二期	71～77	19	4	0
172	1922・12・31	安徽第二期	51～66	50	13	0
176	1923・04・30	甘粛第二期	53～66	41	4	0
179	1923・07・31	山東第二期	73～99	103	23	3
180	1923・08・31	江西第二期	61～81	31	1	0
183	1923・09・30	浙江第二期	77～96	43	10	3
185	1923・11・30	黒龍江第二期	55～73	97	0	0
186	1923・12・31	江蘇第二期	81～102	30	2	0
190	1924・04・30	山西第二・三期	87～99	41	10	0
合　　計				1,841	371	41

※「商事」は商事関連の報告数、「未収」は『民商事習慣調査報告録』に未収録の民事関連の報告数を示す。

録』所収のものとが一致することからも、同根の調査に由来するものであることが分かる。董兪[71]は法院書記官を長く務め、江蘇省の民商事習慣調査会にも庶務主任として参加した人物であり、報告書に接し得る地位にあったといえる。特に実務側からの要請によって習慣に関する文献が編纂された早期の例として重要なものとすることが出来る。

調査が概ね"一段落"[72]したと目される民国10（1921）年頃から調査結果は雑

誌上でも公開されることとなる。調査報告はまず『司法公報』上へ断続的に掲載され（表2-1を参照）、一部は『法學會雜誌』（修訂法律館）へも掲載された。

民国12（1923）年には『中國商業習慣大全』（世界書局・1923）[73] が出版されている。同書については、その編纂の経緯につき広告において「本局黙察商業習慣法、應用之宏、需要之般、出版界職任所在、不得不有良好之貢獻、特於上年登報徵求、從事編纂、當蒙各地君子、不我退棄、咸將當地之商事習慣、代查惠教、總計大小事項、已不下有數千百件、方在整理排印、不久卽可出版」[74] とされている。「特於上年登報徵求」という箇所が何を示すのか不明だが、「上年」と見られる民国11年に全国商会連合会による商法草案策定の提議が行われていることと関連する可能性がある。同会では「編查方法、在本會總事務所、設立商律編查處、專彙集各省商事習慣、調查報告編訂商律草案理由書　在各省事務所設立商事調查處、專繳集各商會之商事習慣調查報告、彙報總事務所、爲編訂商律草案之參考資料、調查編訂時期、各爲一年、限以兩年成功、（自民國十二年春起至十三年冬止）其調查編訂方法、另組委員會公决之」とその具体的方法を述べている[75]。

『中國商業習慣大全』の奥付には施沛生・鮑蔭軒・呉桂辰・晏直青・顧鑑平の5名が編纂者として、また校訂者として周東白[76] の名前が掲げられている。施沛生[77] については法院書記官を長く務めた経歴があり、また法律実務に関する書籍を多く編纂していることが知られており、習慣調査を取りまとめたこの書についても実務的な観点から編集に携わったことが推定される。また呉桂辰も律師業を生業としていたようであり、同様に実務的な志向から関わった可能性がある[78]。

『中國商業習慣大全』の情報の来源については同書凡例において「本書資料大半取自各省法院民商事習慣調查會報告錄此種習慣均由現任司法官於辦理案件中所採得或由官聽詢之就地商會」と明記されており、収録される報告と『司法公報』掲載の商事習慣には共通するものが見られるため、『民商事習慣調查報告錄』に繋がる調査と同根のものと断定できる[79]。また『中國商業習慣大全』には附録として各省商事單行法規、商人通例も収録されている。

次いで民国13（1924）年には『中國民事習慣大全』（廣益書局・1924）[80] が刊行されている。同書の奥付では編者は和縣施沛生・和縣鮑蔭軒・常熟呉桂辰・儀徵晏直青・南通顧鑑平の5名とされ、『中國商業習慣大全』と同じ人員が編者として挙げられている。同書凡例にも「本書資料多取自各省法院民商習慣調查會報告錄此種習慣均由現在司法官就案調查所得」と明記されており、収録される報告と『民商事習慣調查報告錄』掲載の報告には共通するものが見られるため、これま

第二章　習慣調査の展開　　69

た『民商事習慣調査報告録』に繋がる調査と同根のものとすることができる。さらに巻頭には許世英・黎元洪・江庸・陳福民らが揮毫を寄せており、ある程度公式な出版であったのではないかとも思われる。

　注目すべきはこの『中國民事習慣大全』に馬德潤が序文を寄せていることである。この序文は修訂法律館の罫紙に書かれた3頁程度のものであるが、初版（民国13（1924）年1月出版・2月発行）には収録されておらず、再版（民国13年4月）の際に追加されたものと見られる。『中國民事習慣大全』の初版が出版された民国13年1月は、羅文幹事件の混乱を経て程克が修訂法律館総裁の任に就いた後、その職を馬德潤に譲った時点に当たる。馬德潤が清末の習慣調査について率直な感想を述べている箇所を引用しておこう。

　　　……當清季變法之初、一方派員分赴各邦、考察現行憲政、以爲改良政治之權輿、一方通令地方長官、調査各省習慣、以爲修訂法律之參考。惜當時考察歸來、大都迻譯成規、自矜心得、而調査所報、尤多嚮壁虛造、視若具文、故此則畫蘆依樣。欲將各國特殊之習慣移植中華、彼則閉門造車、復將吾國固有之習慣棄置腦後、是以變法以來未收改弦更張之效、轉貽削足適履之譏。……
　　　（句読点筆者）

　清末に行われた習慣調査に対し、「調査所報、尤多嚮壁虛造、視若具文、故此則畫蘆依樣」、即ち調査結果は多くが捏造であって、形だけ整った内容のない文章と看做されており、故に型どおりにやっただけのものでしかないとしているのは大変興味深い。書籍の序文である以上、ある程度は当該書籍の内容を称揚せざるを得ず、相対的に他への評価が厳しくなるということはあるにせよ、清末の習慣調査への関係者による率直な評価を窺える貴重な史料である。

　その後民国13（1924）年『司法公報』での調査報告の掲載が途絶した後は、舞台を『法律評論』誌上に移して掲載が継続されている（表2-2を参照）。各雑誌に掲載された報告には特別な解題はないが、掲載報告は殆どが『民商事習慣調査報告録』と共通するため、同一の調査によるものと看做して良い。しかも『法律評論』には貴州省からの報告書と見られるものも掲載されている[81]。

　『民商事習慣調査報告録』が四川省・雲南省・貴州省・広東省・広西省からの報告を欠く問題については概ね同各省が広東政府の区域内に属しており北京政府の支配が及んでいなかったことから説明されてきたが、司法部は民国7（1918）

表 2-2 『法律評論』掲載分の習慣調査記録

掲載巻号	年 月 日	題 名	掲載頁	件数	商事	未収
64	1924・09・14	安徽省之債権習慣	21〜23	10	0	0
65	1924・09・21	安徽省之債権習慣	22〜24	9	0	0
66	1924・09・28	安徽省之債権習慣	17〜20	16	0	0
67	1924・10・05	安徽省之債権習慣	15〜17	9	0	0
68	1924・10・12	安徽省之債権習慣	19〜20	8	0	0
70	1924・10・26	安徽省之債権習慣	13〜16	15	0	0
71	1924・11・02	安徽省之債権習慣	19〜21	10	0	0
72	1924・11・09	安徽省之債権習慣	19〜22	21	0	0
73	1924・11・16	安徽省之債権習慣	15〜18	22	0	0
75	1924・11・30	安徽省之債権習慣	23〜25	18	0	0
77	1924・12・14	安徽省之債権習慣	19〜21	10	0	0
93	1925・04・12	安徽省之物権習慣	21〜24	8	0	0
94	1925・04・19	安徽省之物権習慣	21〜22	7	0	0
98	1925・05・17	安徽省之物権習慣	24〜27	11	0	0
100	1925・05・31	安徽省之物権習慣	16〜19	13	0	0
101	1925・06・07	安徽省之人事習慣	17〜19	12	0	0
102	1925・06・14	直隷省之債権習慣	17〜20	7	0	0
103	1925・06・21	直隷省之債権習慣	11〜15	40	0	0
107	1925・07・19	直隷省之債権習慣	20〜24	36	36	0
110	1925・08・09	直隷省之物権習慣	20〜23	8	0	0
113	1925・08・30	直隷省之人事習慣	16〜19	29	0	0
116	1925・09・20	貴州省之人事習慣	17〜19	19	0	19
117	1925・09・27	貴州省之物権及債権之習慣	18〜20	20	0	20
137/8	1926・02・14	浙省婚姻習慣	29〜34	7	0	0
175	1926・11・07	湖北之債権習慣	14〜20	28	0	0
178	1926・11・28	湖北之物権習慣	12〜15	16	0	0
180	1926・12・12	湖北之人事習慣	13〜15	6	0	0
181	1926・12・19	湖北之人事習慣	15〜17	13	0	0
182	1926・12・26	湖北之人事習慣	14〜19	24	0	0
187	1927・01・31	湖北省之商事習慣	21〜26	18	18	0
195	1927・03・27	湖北省之債権習慣	17〜20	14	0	0
196	1927・04・03	湖北省之債権習慣	18〜22	5	0	0
201	1927・05・08	湖北省之物権習慣	16〜20	16	0	0
203	1927・05・22	湖北省之債権習慣	23〜31	28	0	0
222	1927・10・02	湖北省之商事習慣	24〜28	32	32	0
228	1927・11・13	湖北省之人事習慣	13〜16	17	0	0
229	1927・11・20	湖北省之人事習慣	21〜24	20	0	0
合　　計				602	86	39

※「商事」は商事関連の報告数、「未収」は『民商事習慣調査報告録』に未収の報告数を示す。

年段階では四川省・貴州省と連絡を取り合っていたことが史料に見える。四川省・貴州省の状況については『民商事習慣調査録』（司法公報242・1927）においてそれぞれ「嗣後並無調査報告書送部或因川事糾紛未能實行亦未可知」、「惟自該會組織成立以來從無報告書送部或受政局影響未能實行調査亦未可知」と記述されている[82]。

　『法律評論』に掲載された各省の報告は基本的に『民商事習慣調査報告録』に収録されているものと共通するため、貴州省分のみ偽作とする結論は早計と思われ、また『法律評論』に収録された貴州省分の報告はそれぞれ貴州省内に実在する県名を有していることから、『民商事習慣調査録』（司法公報242・1927）の記述に反して報告書が北京乃至は江庸の手元に送られていたものではないかと推測されるが、逆にそれを証明する積極的な証拠も存在しない。また民国13（1924）年には習慣調査のうち一部を整理した「婚姻底習慣」なる記事が修訂法律館稿として『益世報』に連載されており[83]、調査の初歩的な整理が行われていたことが窺える。

　そして民国16（1927）年には調査報告全体の整理と刊行が行われる。この経緯についてはJean Escarraがその著 *La codification du droit de la famille et du droit des successions*, Shanghai : Imprimerie de l'orphelinat de T'ou-sè-wè, Zi-ka-wei, 1931において、1925年に李景邨が政府から編集を委嘱されたが彼は1926年に作業半ばで死亡してしまい、その後それを補完して4年後に司法行政部の名で印行したのが『民商事習慣調査報告録』であると紹介している[84]。

　この編集作業は後に全13期にわたる『司法公報』臨時増刊として刊行されることになる。そのうち2冊が実際に刊行されており、それぞれ『各省區民商事習慣調査報告文件清冊』（司法公報232・1927）、『民商事習慣調査録』（司法公報242・1927）と題されており、李炘[85]、湯鐵樵[86]らの手によるものであることが記されている。この李炘は前述の李景邨と同一人物と思われる。

　『各省區民商事習慣調査報告文件清冊』は清末・民国期に行われた習慣調査において地方から送られた報告書のうち当時司法部が把握していたものの題名一覧であり、胡旭晟「二十世紀前期中国之民商事习慣調査及其意义」（湘潭大学学報哲社版1999-2）の集計によれば清末887件・民国期72件の報告書の題名が列記されている。中には中村哲夫が扱った報告書と同名のものも散見される。『民商事習慣調査録』は先に見た沈家彝呈文及び司法部指令・訓令、各地の民商事習慣調査会の会章や編纂・調査規則、そして民律總則に関する習慣を集録する。

　予定では続いて民国時代調査記録の物權・債權・人事・商事、前清時代調査記

録の民律總則・物權・債權・親屬・繼承・商事そして民情風俗の刊行が計画され
たようであるが、政情の混乱によるためか刊行は途絶し、民国 19（1930）年の
『民商事習慣調査報告録』の出版に至るのである。

　ただ『民商事習慣調査報告録』自体、何故民国 19（1930）年 5 月時点で刊行さ
れる必要があったのかという問題についてはよく分からない。民法起草の参考資料
とするのであれば調査報告書が閲覧可能な状態であれば事足りるわけであり、刊
行の必要はない。加えて民国 19 年 5 月には既に民法總則・物權・債について起草
は終えられているのである。東京大学社会科学研究所図書室には『中国民商事風
俗習慣大全』（風俗調査股・1931）と題される上下 2 冊の版本が所蔵されているが、
内容は全く『民商事習慣調査報告録』と同一であり、その復刻版か、それ自体が
内部発行であったとすればその外部向け版本と推定される。版本の流布状況を考
える上でひとつの参考となるが、依然全体については不明とするより他はない[87]。

　『民商事習慣調査報告録』刊行後、胡旭晟「二十世紀前期中国之民商事习慣調
査及其意义」（湘潭大学学报哲社版 1999-2）も指摘する通り、民国 19（1930）年 6
月には民法の親屬・繼承部分起草のために重ねて調査が行われている[88]。胡旭晟
はその詳細は不明とするが、実は東北地方について満洲国国務院がその調査結果
を収集し『吉黒兩省ノ民事習慣調査ニ就テ』『奉天省民事習慣調査ニ就テ』（とも
に満洲國國務院統計處・1934、東京大学東洋文化研究所図書室所蔵）として刊行して
いる。同書によれば調査表を配布する形式の調査であったようで、結果も各質問
に対し「是」或いは「否」と回答するものとなっている。前者には調査完了後黒
龍江省よりこれら調査結果を送った際の民国 20 年 9 月 28 日付の呈文が収録され
ている。この日付が正しいとすれば、民法成立後に調査結果が到着したことにな
る。両書は各県・警察局・教育局に送られ実施された調査票の控えが現地に保存
されていたものを旧満洲国で収集・整理したもののようである。他省の詳細は不
明である。この調査が結局起草に間に合ったのかはよく分からない。

　習慣調査の報告書はその後関係各機関でも参考にされている。『中国科學院圖
書館現存旅大圖書資料目録』（中国科學院圖書館・1958）によれば、満鉄調査部の
蔵書が 1957 年 5 月鉄道部鉄道科学研究所から中国科学院に移管されたようであ
るが、同目録では以下の清末・民国期の習慣調査報告書 19 種を確認出来る（表
2-3 参照）。その後社会科学院分立の際に蔵書が分配されたのか、社会科学院法学
研究所図書館にこの目録所収のものと思われるものが複数所蔵されている。また
筆者自身、満鉄蔵書印のある古書を北京市内の古書店で見かけた経験もあり、散

第二章　習慣調査の展開　　73

表 2-3　『中国科學院圖書館現存旅大圖書資料目錄』（中国科學院圖書館・1958）
　　　　所収の報告書

請求記号	書　　　　　　　　名
P104-79	吉林調査局法律報告　第 2、3、4 編　1910　380 頁
P104-103	山東省調査地方紳士辦事報告　1911　160 頁
P13-29	親屬繼承慣習調査錄　160 頁
P14-25	山東省民事習慣答案（5〜7）3 冊
P14-29	調査東三省民事習慣報告冊　1 冊
P14-30	直隷調査局第一次民情風俗報告書　1 冊
P14-32	直隷山東民商事習慣調査　1 冊
P503-8	黑龍江民商事習慣調査會報告（自第一期〜第六期）1918　320 頁
P503-9	熱河民商事習慣調査報告（熱河民事習慣答案）106 頁
P503-12	黑龍江民事人事商事各習慣調査報告書　清水八百一編 1931　斉斉哈尓　149 頁
P503-13	奉天調査局法制科調査商事習慣報告冊　620 頁
P503-14	吉林省民事習慣調査表　1911　350 頁
P503-15	黑龍江省調査民事習慣答案彙纂冊　1911　212 頁
P503-16	民商事習慣調査會調査報告（奉天・吉林之部）1922　190 頁
P504-18	直隷山東省民事習慣調査報告冊　1910　160 頁
P504-20	直隷調査局第一次民事訴訟事習慣報告　1910　300 頁
P504-71	順天府調査民事習慣問題答案 1〜2　2 冊
P504-72	山東省民事習慣答案 1〜4、8〜12　9 冊
P504-73	直隷省民事習慣答案 1〜13　13 冊

逸の状態を完全に把握することは至難である[89]。

　また戦前の満鉄の蔵書目録である滿鐵上海事務所調査室編『資料分類目錄（昭
和 14 年 12 月 31 日現在）』（南滿洲鐵道上海事務所・1940）には 27 種の習慣調査報
告書が所蔵されていたことが確認出来る（表 2-4 参照）。その殆どが筆写とはいえ
これだけの量を満鉄上海事務所が所蔵していたことは驚きである。現在これらの
書籍の所在は全く不明であるが、満鉄が調査資料として習慣調査結果を収集し利
用していたことが窺え、さらに満鉄以外の関係各機関でも利用されていたことを
示す史料が複数残されている[90]。

　さらに終戦直前には中華法令編印館編譯『中華民國習慣調査錄』（中華法令編印
館・1943）[91] や清水金次郎・張源祥共譯『支那民事慣習調査報告（上）』（大雅堂・
1943）、同『支那滿洲民事習慣調査報告（中）』（大雅堂・1944）等、『民商事習慣
調査報告録』全体の和訳が試みられている。特に後者は未完のまま終戦を迎えた
が、『民商事習慣調査報告録』はその後の中国法制史研究において貴重な基本史
料のひとつとして現在も重要な意義を有し続けている。

第一部　清末・北洋政府期における法典編纂と習慣調査

表2-4　滿鐵上海事務所調査室『資料分類目錄』所収の報告書原本

請求記号	書　　　　名
華小 P51. 3-1	吉林民商事習慣調査會報告　第1、2期　假筆寫　20頁
華小 P5. 3-2	吉林省民事習慣調査表　假筆寫　102頁
華小 P10. 3-1	吉林省法制報告　第1〜4編　假筆寫　3冊
華小 P51. 3-1	奉天民商事習慣調査會調査報告　第1、2期　假筆寫　1冊
華小 P51. 3-6	奉天省關於民商事各種單行規則章程　假筆寫　1冊 　附　現行律關於民事有效部分
華小 P51. 3-4	黑龍江民商事習慣調査會報告　第1〜5期　假筆寫　1冊
華小 P51. 3-5	黑龍江省調査民事習慣答案彙纂　假筆寫　96頁
華小 P51. 3-3	調査東三省民事習慣報告　假筆寫　68頁
和小 P51. 4-1	福建全省調査局法制科第一股調査民事慣習條目（財産關係） 　滿鐵北支經濟調査所（山本斌）編　1939.7　假謄寫　40頁
華小 P51. 4-2	山東省民事習慣答案　假筆寫　107冊
華小 P51. 4-18	山東省民事習慣調査報告　假筆寫　82頁
華小 P51. 4-7	山東省調査地方紳士辦事報告　假筆寫　48頁
華小 P51. 4-2	山東調査局編輯民情風俗報告書　假筆寫　82頁
華 P51. 4-2	民商事習慣調査錄　第2期　民商習慣編纂室編 （司法公報第38期臨時增刊）116頁
華小 P51. 4-4	直隷民商事習慣調査報告　第1期　假筆寫　40頁
華小 P51. 4-1	直隷省民事習慣答案　假筆寫　108冊
華小 P51. 4-11	直隷省邯鄲縣民事習慣報告書　假筆寫　60頁
華小 P51. 4-9	直隷調査局第一次民事習慣報告書　甲2冊　假筆寫　2冊
華小 P51. 4-4	直隷調査局第一次民情風俗報告書　甲乙丙冊　假筆寫　3冊
華小 P51. 4-6	順天府調査民事習慣答案　假筆寫　13冊
華小 P51. 4-3	熱河民事習慣答案　假筆寫　60頁
華小 P51. 3-7	吉林民商事習慣調査報告
華小 P52. 4-2	山東民商事習慣調査會報告書　第1〜5期　假筆寫　42頁
華小 P52. 4-3	奉天調査局法制科調査商事習慣報告書1〜5　假筆寫　5冊
華小 P52. 4-1	直隷省邯鄲縣商事習慣報告書　假筆寫　80頁
華小 P52. 4-4	熱河商民事習慣調査報告　第1〜3期　假筆寫　36頁
華小 P60. 4-4	直隷省邯鄲縣訴訟事習慣報告書　假筆寫　46頁
華小 P96. 4-3	直隷調局第一次訴訟事習慣報告書　假筆寫　62頁

※『民商事習慣調査報告錄』に直接繋がる調査結果か否かは俄かに判断出来ないが、以下の資
料も目録に収録されている。
華小 P52. 4-5　票據習慣參考資料報告書・北京商界及銀行票據習慣調査報告書　假筆寫　40頁

三 テクスト校勘の試みと商事部分の復元

　以下ではテクストとしての『民商事習慣調査報告録』に関する問題を扱うことにしたい。

　『民商事習慣調査報告録』に繋がる調査の原報告書と見られるものは現在浙江省のものが知られる。冊子の寸法・書式ともに司法部令の指定寸法にほぼ適合し、第1期から第7期を集めると、『民商事習慣調査報告録』の同省部分と（商事部分を除いて）ほぼ重なるため、原報告書と看做して良いと思われる[92]。さらに同報告書第1期・第2期はそれぞれ『司法公報』所載の「浙江民商事習慣調査會第一期報告」（司法公報137・1921）及び「浙江民商事習慣調査會第二期報告」（司法公報183・1923）とその内容・配列・件数ともに一致する。他の『司法公報』掲載分の報告についてその来源を厳密には確定することが出来ないが、『司法公報』所載の上掲2期分以外の報告も原報告書の転載と推定して良いと思われる。

　『司法公報』と『法律評論』があたかも連携するかのように『民商事習慣調査報告録』の調査報告を連載する理由については同誌上に解説はないが、双方に関係する江庸の存在を指摘することが出来る。彼は調査開始当時の司法総長であり、民国7（1918）年留日支那学生監督として来日し、翌年帰国するまでの期間空白があるものの、民国9年には修訂法律館総裁に就任している。彼は民国12年官を辞して下野し、『法律評論』を主幹するに至るが、この間の彼の経歴と調査報告の掲載は概ね一致するようにも見え、何らかの関係を示唆するように思われる。

　さて、『司法公報』と『法律評論』から得られるのべ2,000則を超える諸報告を（それが原報告書そのものではなく派生テクストであると認識した上で）『民商事習慣調査報告録』のそれと突き合わせると、『民商事習慣調査報告録』の県別・地方別配列に対し、原報告書が異なる配列を取ることに気づく。即ち両者の間には報告の並べ替えという作業が介在しているのである。浙江省の原報告書第2期分の目次には2件の報告の下に朱字で「應入債權類」と記されており、こうした再分類作業の介在を窺わせる。

　また『司法公報』の黒龍江省の報告である「黒龍江民商事習慣調査會第一期報告」（司法公報139・1921）及び「黒龍江民商事習慣調査會第二期報告」（司法公報185・1923）も『民商事習慣調査報告録』と異なる配列をとる。そこではまず全体を要約する按語の後、「附録」という形で各県からの報告が一同に列挙されて

いる。並べ替えにより当初の黒龍江省報告書の体裁は失われている。並べ替えに起因する問題としては他に指示語の対象がずれている箇所[93]、結果的に『民商事習慣調査報告録』に収録されていない報告の存在[94]、各省単行法規の欠落等を指摘することが出来る。

次に錯簡及び欠落について。突き合わせにより我々は滋賀秀三が指摘した錯簡[95]の訂正が正しいことを裏付ける史料上の手がかりを得ることが出来る。即ち対応する「浙江民商事習慣調査會第一期報告」（司法公報137・1921）所収の報告は滋賀の指摘通りになっているのである。また『民商事習慣調査報告録』734頁所収の「關於家屋之賃貸借」（天津縣）では、一から五の習慣のうち、五が別の習慣の途中からの文章であることが新たに判明する[96]。これらは『民商事習慣調査報告録』の利用に当たり直接的な問題を提起するだけに重要である。

また、語尾同一による欠落、所謂同一字句への飛び越しによる欠落[97]、欠字が大量に存在する（資料2-4参照）。その大半は読解に深刻な影響を与えるものではないが、その補正に当たっては読み手の解釈のみならず、突き合わせ可能なテクストが存在する場合には突き合わせを行い史料上の証拠を求めるという当然の努力を怠らないことが必要となるであろう。『民商事習慣調査報告録』は欠落や誤植も含めて『民商事習慣調査報告録』であり、欠落は欠落として扱うより他ないからである。

最後に商事部分の問題について触れる。まず『民商事習慣調査報告録』がその題名にも関わらず商事部分を欠くという問題について、刊行予定の存在にも関わらず最終的に刊行されなかったことは既に示したが、『司法公報』や『法律評論』掲載の記事には商事関係の報告が含まれており[98]、また『中國商業習慣大全』の如く『民商事習慣調査報告録』に繋がる調査に素材を得た書籍も存在する。我々はこれらから商事習慣に関する希少な報告を得ることが出来る。一方で『民商事習慣調査報告録』の刊行後続けて商事部分を刊行することも出来た筈であり、それが何故行われなかったのかという問題は残る。

同調査の背景として重要なものは商会の存在である。先に見た朱汝珍の調査にも登場したが、商会の当時の調査・立法への影響という問題は今後商会研究の成果との十分な交渉の上に解明されることが望まれる[99]。これは清末立法において特に商事が重要視されていることとも関連する。

当時民間において行われた調査も看過することが出来ない。特に『上海商事慣例』（新聲通迅社・1936（増訂再版））は注目されて良い。初版以降大幅な改定が認められ、改訂が行われているということ自体、習慣に対するひとつの姿勢を示していよう。

第二章　習慣調査の展開　　　77

資料 2-1　現存する清末・民国期習慣調査報告書・所蔵機関別一覧

◆大陸・台湾

○上海図書館　　※（　）内は請求記号を示す。

　『第三部民事習慣調査書』（長 459457）直隷調査局調査民事習慣目録

　『浙江憲政調査局民事習慣報告書　上巻』（長 479830）

　『廣東民情風俗第一次報告書　八旗風俗』（長 082745）

　『山東調査局公牘録要初編』（541127-28）

　『湖北調査局公牘初輯』（長 454081）

　『浙江全省調査局章程』（456832）

　『浙江法制報告　単行法令行政規章』（480163）

　『湖北調査局法制科第一次調査各目』（長 459423 ＝第一～五部、480227 ＝第一・二
　部、480228・長 483785 ＝第三部、480229・長 483651 ＝第三股）

　『四川調査局法制科第一股調査問題冊』（506922）

　『山東民商事習慣調査會報告書』2～5 期（長 454923-26）

○中国科学院図書館

　『浙江全省調査總局法制科第一二三股調査類目』

○社会科学院経済研究所図書館　　※（　）内は請求記号を示す。

　『調査川省民事習慣』（史 790/7186）

　『調査川省商事習慣報告書』（史 739/6204）

○社会科学院法学研究所図書館

　※（中科院 P……）と示したものは表 2-3 に掲げた旧満鉄調査部蔵書のうち社会科学院分立の
　　際に分配されたものと思われる書籍である。

　『吉林調査局法律報告』第 2、3、4 編（中科院 P104-79）1910 380 頁

　『調査東三省民事習慣報告冊』（中科院 P14-29）

　『黒龍江民商事習慣調査會報告』（自第一期～第五期）（中科院 P503-8）1918 320 頁

　『熱河民商事習慣調査報告（熱河民事習慣答案）』（中科院 P503-9）106 頁

　『吉林省民事習慣調査表』（中科院 P503-14）1911 350 頁

　『黒龍江省調査民事習慣答案彙纂冊』（中科院 P503-15）1911 212 頁

　『山東省民事習慣答案』2～12（中科院 P504-72）12 冊

　『山東商事習慣第一次調査報告書』

　『山東民事習慣第一次調査報告書』

　『山東調査局商事民事民刑事訴訟習慣報告書』3 冊

　『四川調査局法制科第一股調査問題冊　民事習慣　下』

　『直隷民商事習慣調査會報告（第一期・第二期)』

　『山西民商事習慣調査會報告（第四期・第七期)』

　『調査川省訴訟習慣報告書』

『調査川省警察行政沿習利弊報告書 上下』

『附録團防沿習利弊報告書』

『廣東省調査訴訟事習慣第一次報告書』

『湖北調査局法制科第一次調査各目』（胡旭晟論文に法学所所蔵とあるも筆者未確認）

『山東調査局商事習慣報告書目録』（胡旭晟論文に法学所所蔵とあるも筆者未確認）

◇習慣調査関連の書籍

『黒龍江民事人事商事各習慣調査報告書』（中科院 P503-12）清水八百一編 1931 149 頁

『日華對譯中華民國習慣調査録』（中華法令編印館・1943.5）

『奉天民事類存』（中科院 P503-11）

○北京大学図書館

『法制科民情風俗地方紳士民事商事訴訟習慣報告調査書稿本』

○福建省図書館

『閩省商業研究所調査商習慣總册』

○中山大学図書館

『惠来縣民情風俗民事暨紳商訴訟事册』（筆者未見）

○中央研究院近代史研究所傅斯年図書館

『雲南民商事習慣調査報告』（京都大学人文科学研究所図書室所蔵の版本と同文）

○刊行物掲載のもの

『甘粛全省調査民事習慣問題報告册』（『中国西北文献丛书』第 4 辑「西北民族文献」第 4 巻（兰州古籍书店・1990）所収）

『（徽州府）六縣民情風俗紳士辦事習慣報告册』（『陶甓公牘』（原書は 1911 年、『官箴书集成』第 10 巻（黄山书社・1997）所収）

◆日本

○東京大学東洋文化研究所図書室

『龍游縣法制調査報告初編民情風俗一巻地方紳士辦事習慣一巻』

『直隷調査局法制科第一股調査書』

『山東調査局公牘録要初編』

○東京大学法学部研究室図書室

『直隷東安縣調査民事習慣答案』

『調査民事習慣答案』抄本 1 册

『雲南昆明縣習慣調査』抄本 1 册

『民商事習慣調査報告』抄本 2 册

『江西調査局調査民事習慣問題』抄本 2 册

『常山縣民事習慣』抄本 2 册

『安徽憲政調査局民事習慣答案』抄本 2 册

『龍游縣民事習慣調査稿』抄本 2 册

第二章　習慣調査の展開　　79

『民事習慣調査報告書　西安縣』抄本 2 冊
『大理府雲龍州知州調査民事習慣答案』抄本 2 冊
※以上の抄本（調査報告書の写し）は全て請求記号：甲 2-3140 にまとめられている。
○一橋大学経済研究所図書館
　『浙江民商事習慣調査報告書』（1〜6 期）
○明治大学図書館
　『調査民事習慣問題』
　『湖北調査局法制科第一次調査各目』
○筑波大学附属図書館
　『浙江民商事習慣調査報告書』（1〜3、5 期）
○国立国会図書館
　『調査民事習慣問題』
　『調査民情風俗問題　附地方紳士辨事習慣調査書目録』
　『江西調査局調査民事習慣問題』
　『吉林調査局文報初編』
○東洋文庫
　『調査川省商事習慣第一次第二次報告書』
　『調査川省民事習慣第一次報告書』
　『調査川省民事習慣第二次報告書』
　『補査川省民事習慣報告書』
　『調査四川省民事習慣第二次報告書』
　『広西調査民事習慣　財産部報告書』
　『浙江民商事習慣調査報告書』（1〜5 期）
○京都大学人文科学研究所図書室
　『雲南民商事習慣調査報告』
　『江山縣民事習慣報告書　上下』
　『大理府雲龍州知州調査民事習慣調査書』
　『雲南省普洱府寧洱県民事習慣答案』
　『江西調査民事習慣問題　上下』
　『安徽憲政調査局民事習慣報告書　上下』
　『西安県民事習慣報告書　上下』
　『雲南昆明民事習慣調査』
　『常山県民事習慣調査報告　上下』
　『龍游県民事習慣調査報告　上中下』
　『法制科第一股調査訴訟事習慣條目　第四冊』
　『直隷調査局法制科第一股調査書』（第四次）
　『調査川省民事習慣第一次報告書』

『浙江民商事習慣調査報告書』（4〜7期）
『奉天調査局公牘摘要』
『江西調査局公牘輯要』
○京都大学法学部図書室
　『浙江民商事習慣調査報告書』（1、7期）
○京都大学経済学部図書室
　『浙江民商事習慣』
　『河南民商事習慣調査會第一期報告』
○京都大学文学研究科図書館
　『江西調査局公牘輯要』
○国際日本文化研究センター
　『吉林調査局法制科調査問題』（吉林省檔案館作成のマイクロフィッシュ）

◆アメリカ
○ Stanford University, Meyer Library
　『常山縣呈　法律館民事習慣調査報告』（宣統2年4月分）
　『福建調査局法制科調査民事習慣条目』
○ Hoover Institute and Library on War, Revolution and Peace
　『法律館民事習慣調査報告』
　（*Preliminary Union List of Materials on Chinese Law*, Harvard Law School Studies in
　Chinese Law No. 6, 1967 による。所蔵確認を問い合わせるも無回答）

資料2-2　清末における各省調査局一覧

○直隷調査局
　開　　局：光緒33年12月〜宣統3年4月末日
　人　　員：總辦・汪士元[100]（直隷補用道）
　関連上奏：官報359＝憲編16-3、憲編16-24、憲編16-6、官報1295

○山西調査局
　開　　局：光緒34年4月16日〜宣統3年（？）
　人　　員：總辦・王爲幹[101]（山西候補道）
　　　　　　法制科科長・趙儼威[102]（分省同知・日本法政大學學生）
　　　　　　法制科股官・劉蕃[103]（日本法政大學專科生）
　　　　　　　　　　周之驤[104]（山西候補直隷州知州）
　　　　　　　　　　龔慶雲[105]（和順縣知縣・進士館法政畢業生）
　　　　　　統計科科長・呉人達[106]（揀選知縣・日本明治大學法科生）

統計科股官・姚樹（日本法政大學畢業生）
呉人彦（圻州同銜・江蘇南菁高等學堂畢業生）
潘灝（山東候補知縣）
設置場所：巡撫署中西院
関連上奏：官報 220、憲編 16-20、官報 1318

○熱河調査局
開　　　局：光緒 34 年 4 月 1 日
人　　　員：總辦・謝希銓（熱河道）、後に徐士佳（熱河道）
関連上奏：官報 208 ＝会政 165-947、会政 156-1090、憲編 16-30、官報 884 ＝憲編
16-11 官報 1337

○奉天調査局
開　　　局：光緒 34 年 8 月 22 日[107]
人　　　員：總辦・張瑞蔭（開缺山西道監察御史）、後に李家鼇（軍機處存記候選道）
法制科科長・蔡肇元（内閣中書）・賀泖（卽選知縣）
正股員・武錫珏（廩膳生）・劉毓麒（留奉補用知縣）
副股員・謝廷輝（籤分雲南直隷州州判）・陳展麒（揀選知縣）
劉祖培（留奉補用直隷州州判）
関連上奏：官報 333 ＝軍檔 166175 ＝宮檔 26-207、軍檔 175900、軍檔 182925

○吉林調査局
開　　　局：光緒 33 年 10 月～宣統 3 年 5 月末日
人　　　員：總辦・馬瀋年（學部郎中）、後に何壽朋（鹽運使銜候選道）
関連上奏：宮檔 26-161、官報 339 ＝軍檔 166253、憲編 16-19、軍檔 176837、内閣 59

○黑龍江調査局
開　　　局：（光緒 34 年 6 月 7 日より前と推定される）～宣統 3 年 4 月末日
人　　　員：總辦・張國淦[108]（内閣中書）
関連上奏：憲編 16-8、官報 558 ＝軍檔 177450、官報 1002 ＝軍檔 189215、官報 1227
官報 1280

○江蘇調査局
開　　　局：光緒 34 年 2 月～宣統 3 年閏 6 月末日（？）
人　　　員：總辦・王仁東（江蘇候補道）
江衡[109]（分省補用道）王仁東と会同
朱之榛（准補准揚海道）財政統計関連につき王仁東と会同
設置場所：省城所設自治局側
関連上奏：会政 184-1062、官報 225、憲編 16-22、官報 354 ＝軍檔 166675、憲編 16-5、

憲編 16-31、内閣 43

○浙江調査局
　開　　局：光緒 34 年 8 月 1 日〜宣統 3 年 4 月末日
　人　　員：總辦・章樾（來浙候選道）、他科長 2 人、委員 6 人
　関連上奏：官報 411 ＝軍檔 167961、内閣 23

○安徽調査局
　開　　局：光緒 34 年 3 月 8 日
　人　　員：總辦・顧賜書（分發試用道）
　関連上奏：官報 185 ＝会政 182-1116、憲編 16-4、憲編 16-7、憲編 16-17

○福建調査局
　開　　局：(宣統元年 5 月 26 日より前）〜宣統 3 年 5 月末日
　人　　員：總辦・尚其彥（藩司）、姚文倬（學司）、廉学良（臬司）
　　　　　　鄭錫光（翰林院編修）、潘炳年（前四川夔州府知府）も会同
　関連上奏：官報 616 ＝軍檔 178806、官報 1359

○江西調査局
　開　　局：光緒 34 年 3 月 27 日
　人　　員：總辦・張檢（在任候補道卸署南昌府事正任饒州府知府）
　　　　　　後に江峯青（試用道）
　関連上奏：官報 240、軍檔 177033、軍檔 181442

○山東調査局
　開　　局：光緒 34 年 3 月 1 日
　人　　員：總辦・周学淵（廣東候補道）
　関連上奏：官報 87、官報 177 ＝会政 162-869、会政 164-933、憲編 16-9、憲編 16-18

○河南調査局
　開　　局：宣統元年 3 月 27 日〜宣統 3 年 4 月末日
　人　　員：總辦・蔣楙熙[110]（特用道）
　関連上奏：官報 573 ＝軍檔 177864 ＝会政 405-3707 ＝憲編 16-10、憲編 16-2、官報
　　　　　　1300

○湖北調査局
　開　　局：(光緒 34 年 2 月 22 日と推定される）
　人　　員：總辦・陳敬第[111]（翰林院編修）、後に胡嗣瑗[112]（翰林院編修）へ交代
　　　　　　法制科科長・金保康[113]（内閣中書）
　設置場所：省城裁缺糧道衙門

関連上奏：官報 146、軍檔 165642、憲編 16-15、軍檔 182496、軍檔 188471

○湖南調査局
　開　　　局：光緒 34 年 7 月 8 日
　人　　　員：總辦・張啓後（留學日本法政大學畢業・翰林院編修）
　関連上奏：官報 600 ＝軍檔 178416

○廣東調査局
　開　　　局：光緒 34 年 6 月 25 日〜宣統 3 年 5 月末日
　人　　　員：督辦・胡湘林（廣東布政使）、沈曾桐（廣東提學使）、蔣式芬（廣東按察使）
　　　　　　　　　　丁乃揚[114]（廣東鹽運使）、王秉必（廣東巡警道）、陳望曾（廣東勸業道）
　　　　　　　總辦・江雱（鹽運使銜廣東補用道）
　　　　　　　法制科科長・吳蔭培[115]（前先補用道前潮州府知府）
　　　　　　　統計科科長・李葆麐[116]（運同銜廣東赤溪同知）
　　　　　　　　他総勢 34 名
　関連上奏：官報 316 ＝軍檔 165768 ＝会政 263-1771、憲編 16-14、憲編 16-29 官報
　　　　　　　1356

○広西調査局
　開　　　局：光緒 33 年 11 月 11 日
　人　　　員：顔楷[117]（翰林院編修・留學日本畢業）
　関連上奏：軍檔 166599、官報 548 ＝軍檔 177127

○四川調査局
　開　　　局：光緒 34 年 8 月
　人　　　員：總辦・陳漢第[118]（法政畢業學生同知銜調川補用知縣）
　　　　　　　法制科科長・饒鳳璪（法政畢業學生調川補用知府）
　　　　　　　統計科科長・彭承念（法政畢業學生調川補用知縣）
　関連上奏：官報 447 ＝軍檔 169278、憲編 16-13

○貴州調査局
　開　　　局：光緒 34 年 2 月 9 日
　人　　　員：總辦・賀國昌[119]（留學日本法政卒業・補用知府）
　設置場所：巡撫署西隣旧鼇金局跡地
　関連上奏：官報 172 ＝宮檔 25-366 ＝会政 139-795、内閣 52

○雲南調査局
　開　　　局：光緒 34 年 3 月 1 日
　人　　　員：總辦・葉爾愷（雲南提學使）

関連上奏：官報 197

○陝西調査局

　開　　局：光緒 34 年 3 月 24 日
　人　　員：總辦・張藻
　関連上奏：宮檔 24-674、宮檔 24-686、官報 207、憲編 16-12、憲編 16-25、憲編 16-26、
　　　　　　官報 1057

○甘肅調査局

　開　　局：光緒 34 年 6 月 13 日
　人　　員：總辦・豐伸泰（布政使）、後に陳燦（布政使）
　関連上奏：憲編 16-16、官報 401 ＝軍檔 167761

○新疆調査局

　開　　局：光緒 34 年 2 月 9 日
　人　　員：總辦・王樹枏[120]（新疆布政使）、後に杜彤（新疆布政使）
　関連上奏：憲編 16-21、憲編 16-23、官報 726 ＝軍檔 181297、憲編 16-27、官報 1139

※史料出典の略号については以下の通り（資料 2-3 と共通）。
　官報＝政治官報（数字は号数）
　内閣＝内閣官報（数字は号数）
　籌備＝故宮博物院明清檔案部編『清末籌備立憲檔案史料』（中華書局・1979）（数字は頁数）
　会政＝中国第一歴史檔案館所蔵會議政務處檔案（数字は請求番号）
　憲編＝中国第一歴史檔案館所蔵憲政編査館檔案 16「江蘇巡撫等為遵設調査局及調査局章程局
　　　　員銜名等有關文件」に含まれる史料（16 の後の数字は整理のため筆者が便宜的に付し
　　　　た番号）
　軍檔＝台灣故宮博物院所蔵軍機處檔案（数字は請求番号）
　宮檔＝國立故宮博物院編輯『宮中檔光緒朝奏摺』（國立故宮博物院・1973～1975）（数字は巻号と
　　　　頁数）

第二章　習慣調査の展開

資料 2-3　各省調査局関連史料一覧

年　月　日	件　　　　　名	出　　典
光緒 33・07・15	恩壽奏爲委員設定憲政調査局片	宮檔 2-674
光緒 33・07・15	恩壽奏爲籌撥憲政調査局經費片	宮檔 24-686
光緒 33・09・16	憲政編査館奏擬請飭令各省設立調査局並辦事章程摺	官報 3、4 籌備 p. 51
光緒 33・09・16	令各省設立調査局各部院設立統計處諭	籌備 p. 52
光緒 33・12・15	署山東巡撫呉廷斌奏東省設立調査局調丁憂道員周學淵差委片	官報 87
光緒 34・02・22	湖廣總督趙爾巽奏設立調査局片	官報 146
光緒 34・03・19	貴州巡撫龐鴻書奏設立調査局刊刻關防片	官報 172 宮檔 25-366 会政 139-795
光緒 34・03・23	署山東巡撫呉廷斌奏設立調査局片	官報 177 会政 162-869
光緒 34・04・01	安徽巡撫馮煦奏派員顧賜書開辦憲政調査局摺	官報 185 会政 182-1116
光緒 34・04・10	山東巡撫抄咨設立調査局摺奉硃批由	会政 164-933
光緒 34・04・14	雲貴總督錫良奏遵設雲南憲政調査局摺	官報 197
光緒 34・04・21	江蘇巡撫抄咨設立調査局由	会政 184-1062
光緒 34・04・24	陝西巡撫恩壽奏設立憲政調査局片	官報 207
光緒 34・04・25	熱河都統廷杰奏設調査局摺	官報 208 会政 165-947
光緒 34・05・04	熱河都統咨送遵設調査局奉硃批由	会政 156-1090
光緒 34・05・07	山西巡撫寶棻奏設調査局摺	官報 220
光緒 34・05・12	兩江總督端方江蘇巡撫陳啓泰奏設立調査局片	官報 225
光緒 34・05・13	陝西巡撫附奏設立調査局暨經費開銷等項片已抄稿在案錄硃批由	憲編 16-12
光緒 34・05・16	山西巡撫爲具奏晉省遵設調査局開辦情形派委各員一摺恭錄硃批由	憲編 16-20
光緒 34・05・26	護理江西巡撫沈瑜慶奏設立調査局片	官報 240
光緒 34・05・30	江蘇巡撫爲咨請加札添派道員朱之榛充調査局總辦由	憲編 16-22
光緒 34・06・07	熱河調査局爲申報奉到派充諮議員委札日期由	憲編 16-30
光緒 34・06・10	山東全省調査局申爲申報事	憲編 16-9
光緒 34・07・18	黑龍江省調査局總辦申爲申報奉箚日期由	憲編 16-8
光緒 34・07・26	甘肅布政使爲申報充新疆調査局總辦奉箚日期由	憲編 16-21
光緒 34・08・10	陳夒龍奏報翰林院編修調來鄂委充調査局總辦之陳敬第辭差並擬請胡嗣瑗接充（摺片）	軍檔 165642
光緒 34・08・11	甘肅新疆巡撫咨呈派李鍾奇充新疆調査局庶務委員由	憲編 16-23
光緒 34・08・14	兩廣總督張人駿奏設立調査局開辦情形片	官報 316 軍檔 165768 会政 263-1771
光緒 34・08・19	徐世昌等奏設立調査員養成所由片	宮檔 26-161
光緒 34・09・02	東三省總督徐世昌奏設立調査局編纂法制統計事宜摺	官報 333 軍檔 166175 宮檔 26-207

年　月　日	件　　　　　　名	出　　典
光緒 34・09・04	東三省總督徐世昌吉林巡撫朱家寶奏遵設調查局委郎中馬濬年爲總辦片	官報 339 軍檔 166253
光緒 34・09・18	張鳴岐奏報廣西省籌設憲政調查局事（摺片）	軍檔 166599
光緒 34・09・19	兩廣總督咨呈廣東調查局員衘名表並章程共二本由 　附件：廣東調查局辦事詳細章程清冊 　附件：廣東調查局辦事員司衘名表	憲編 16-14
光緒 34・09・22	兩江總督端方奏設立調查局片	官報 354 軍檔 166675
光緒 34・09・22	甘肅調查局申報奉箚日期由	憲編 16-16
光緒 34・09・22	陝西調查局爲申報奉札日期由	憲編 16-25
光緒 34・09	陝西巡撫文一件爲申報充調查局總辦奉札日期由	憲編 16-26
光緒 34・09・23	湖廣總督咨爲湖北調查局諮議員呈報奉札日期由	憲編 16-15
光緒 34・09・28	直隷總督楊士驤奏設立調查局及常年經費請作正開銷片	官報 359 憲編 16-3
光緒 34・10・03	直隷總督附奏設立調查局辦法片由	憲編 16-24
光緒 34・10・05	吉林調查局申報奉札日期由	憲編 16-19
光緒 34・10・14	奉天調查局申爲申報奉札日期由	憲編 16-6
光緒 34・11・09	陝甘總督升允奏遵設調查局籌辦情形摺	官報 401 軍檔 167761
光緒 34・11・19	浙江巡撫增韞奏遵設調查局摺	官報 411 軍檔 167961
光緒 34・12・26	四川總督趙爾巽奏設立調查局委補用令陳漢第等充總辦各員片	官報 447 軍檔 169278
宣統 01・02・27	四川總督具奏川省設立調查局片稿咨呈在案恭錄藍批由	憲編 16-13
宣統 01・02・30	徐世昌奏報奉天籌辦設立調查局事宜（摺片）	軍檔 175900
宣統 01・03・02	奕劻等奏爲議覆徐世昌奏調何壽朋充吉林調查局差使由（摺片）	軍檔 176837
宣統 01・03・10	馮汝騤奏爲候補道黃仁濟堪以派充江西調查局事務由（摺片）	軍檔 177033
宣統 01・03・15	廣西巡撫張鳴岐奏遵設調查局編纂法制統計事宜摺	官報 548 軍檔 177127
宣統 01・03・26	東三省總督徐世昌署黑龍江巡撫周樹模奏調查局設科辦事情形片	官報 558 軍檔 177450
宣統 01・04・14	河南巡撫吳重憙奏豫省遵設調查局辦理情形摺	官報 573 軍檔 177864 会政 405-3707 憲編 16-10
宣統 01・05・11	湖南巡撫岑春蓂奏湘省調查局辦理情形摺	官報 600 軍檔 178416
宣統 01・05・26	閩浙總督松壽奏設立調查局並委員辦理片	官報 616 軍檔 178806
宣統 01・07・26	兩廣總督咨呈事	憲編 16-29
宣統 01・09・18	甘肅新疆巡撫聯魁奏建設調查局辦理情形摺	官報 726 軍檔 181297
宣統 01・09・24	馮汝騤奏報以江峯青派充江西調查局總辦（摺片）	軍檔 181442
宣統	吳士鑑奏請飭令各省法政學堂監督及調查局總辦以京曹翰林人員選充事（摺片）	軍檔 182399

第二章　習慣調査の展開

年　月　日	件　　　　　　名	出　　典
宣統 01・10・30	陳夔龍奏報翰林院編修湖北調査局諮議官胡嗣瑗回京供職事（摺片）	軍檔 182496
宣統 01・09・16	堂稿	憲編 16-1
宣統 01・11・16	錫良等奏請將掌山西道監察御史調充奉天調査局總辦張瑞蔭請准回京供職（摺片）	軍檔 182925
宣統 01・12・08	黑龍江巡撫周樹模奏呼倫貝爾設立調査局片	官報 805 軍檔 183581
宣統	奕劻等奏請法政學堂監督及調査局總辦之人選擬以曾習法政深明治體之各該省之人士充任爲宜（摺片）	軍檔 184187
宣統 02・02・30	熱河都督誠勳奏委熱河道士佳總辦調査局事宜片	官報 884 憲編 16-11
宣統 02・06・02	瑞澂奏請將中書金保康發往湖北仍充調査局法制科科長並免扣資俸由	軍檔 188471
宣統 02・07・05	黑龍江巡撫周樹模奏添撥調査局經費等片	官報 1002 軍檔 189215
宣統 02・08・29	陝西巡撫恩壽奏裁併憲政調査局等片	官報 1057
宣統 02・10・25	新疆巡撫以新省署布政使杜彤兼充調査局總辦請鑒照由	憲編 16-27
宣統 02・11・24	開缺新疆巡撫聯魁奏建修憲政調査局各項工程用款摺併單	官報 1139
宣統 03・02・28	黑龍江巡撫周樹模奏委留江補用道盧弼充調査局總辦片	官報 1227
宣統 03・03・15	憲政編査館奏變通各省調査辦法摺	官報 1241 会政 1027-9610
宣統 03・04・24	黑龍江巡撫周樹模奏調査局歸併會議廳辦理片	官報 1280
宣統 03・04・24	黑龍江巡撫周樹模奏飭參事科將調査局應辦各事接收片	官報 1280
宣統 03・05・09	直隸總督陳夔龍奏設立統計處片	官報 1295
宣統 03・05・15	河南巡撫寶棻奏遵設統計處情形片	官報 1300
宣統 03・06・03	開缺山西巡撫丁寶銓奏裁撤調査局改設統計處片	官報 1318
宣統 03・06・22	熱河都統溥頲奏設統計處片	官報 1337
宣統 03・閏6・12	兩廣總督張鳴岐奏遵設統計處核定經費並裁撤調査局片	官報 1356
宣統 03・閏6・15	閩浙總督松壽奏裁併調査局專設統計處片	官報 1359
宣統 03・閏6・28	東三省總督趙爾巽奏設立統計處片	內閣 23
宣統 03・閏6・29	浙江巡撫增韞奏裁撤調査局變通辦法片	內閣 23
宣統 03・08・11	兩江總督張人駿奏裁撤調査局設統計處等片	內閣 43
宣統 03・08・19	貴州巡撫沈瑜慶奏裁撤調査局設統計處片	內閣 52
宣統 03・08・19	東三省總督趙爾巽吉林巡撫陳昭常奏設統計處裁撤調査局片	內閣 59
不明分	04・30　河南巡撫電 06・23　河南巡撫電	憲編 16-2
不明分	07・19　安徽巡撫文一件擬派知府王詠霓前赴貴館調査憲政由	憲編 16-4
不明分	03・25　南京署電報局電	憲編 16-5
不明分	12・17　奏馮煦交憲政館	憲編 16-7
不明分	（日付なし）　安徽調査局総辦顧賜書申一件申報奉札日期由	憲編 16-17
不明分	（日付なし）　山東巡撫文一件	憲編 16-18
不明分	江甯調査局呈文	憲編 16-31

※史料出典の略号については資料 2-2 に同じ。

資料 2-4　主要な欠落・欠字（頁数は『民商事習慣調査報告録』のもの）

◆テクストの欠落　※【　】部分が欠落

・11 頁 4 行目　「舒蘭縣習慣」の題名の後（削除されたものかとも思われる）

　【規則有捆一般郷人之力】

・327 頁 11 行目

　欲杜其弊非【屬行登記制度】普給印單不可

・478 頁 13 行目

　魯班尺計算【毎弓合魯班尺五尺六寸按弓乗算畝数惟山場高下平峻隨地折算並無用及裁
　尺等情並経該分庭暨本廳先後各派員前往丈量均用魯班尺計算】雙方当事人⋯⋯

・731 頁 3 行目

　原價放贖【二十年以上如二倍放贖十年以上如一倍放贖】

・732 頁 5 行目

　種戸得七八九成不等【地戸得二三四成不等】然大約⋯⋯

・734 頁所収「關於家屋之賃貸借」（天津縣）

　五は実は別の報告であり、以下の文章が欠落している。

　【租戸受水火災例不賠償損失

　此間習慣租用地基及典當房屋居住者最占多數如遇火燬或被火延燒或遇天災雨水冲倒或
　被水冲塌兩方爭執互相齟齬在民國六年時此項訟訴極多當訂有辦法如左

　　　附錄

　　　直隷省長訓令

　案據公民賈茂林日本留學畢業生前烏丹城分州岳世熙前阿爾泰援軍支應處處長王賓銘呈
　稱竊本年洪水爲災極遍全省房屋冲塌者何止億萬之數業經各縣呈報在案然其中有莫大之
　糾纏不得不爲我省詳細隨之查人民習慣以典當房屋居住者尚占多數經此次被水冲塌業
　主以房倒無價爲詞不准起蓋而典主以雨水冲倒係屬天災按照舊例業典各半合起兩方爭執
　互相齟齬又有租用地基租主自行起蓋房間者經此坍塌而地主退租不容再蓋而租地主仍按
　舊址建築照常給租勢迫情急兩不相下醖釀日久尋釁興訟致釀重大事件就該鎮而論日在擾
　攘一鎮如此而被災區域將來水消亦何莫不然民人毫無以上關係原爲公共治安消弭無形起
　見是以懇請宣布律例出示迴知俾人民有所遵循而息爭端等情據此查該公民所慮不爲無見
　除批呈悉查本年洪水爲災氾濫區域極廣倒塌人民房屋及其他建築物奚止億萬計將來私權
　上之競爭必多該公民所慮不爲無見查民國尚無頒布完全民律足資援引惟查前清乾隆十二
　年例凡租屋失火例不賠償凡典產延燒其年限未滿者業主典各出一半合起房屋加典三年
　年限滿足業主將原價取贖如年限未滿業主無力合起者典主自爲起造加典三年年限滿足業
　主照依原價加四起贖如年限未滿而典主無力合起者業主照依原價減四取贖如年限已滿者
　聽業主照依原價減半取贖如年限已滿而業主不能取贖典主自爲起造加典三年年限滿足業
　主仍依原價加四取贖活賣房屋與典產原無區別如遇火燬一例辦理其或被火延燒原業兩主
　均無力起造所有地基公同售價原主將地價債還業主三股之一起造典屋其高寬丈尺工料裝
　修俱照原屋以免爭執至】

第二章　習慣調査の展開　89

- ・1129 頁 5 行目
  未獲之秋冬糧及肥料【由東作價賠償廣濟縣未獲之秋冬糧及肥料】得……
- ・1378 頁 7 行目　第一　有義子無義孫の本文の後に以下の報告者名・按語が欠落
  【右據開封地方審判廳楊會員資洲報告
  　　按此項習慣專就形式上觀察於血統主義不免誤會】
- ・1486 頁 6 行目
  ……三房【不免向隅三房】亦將……
- ・1768 頁 8 行目　第四　親族保管遺產の本文の後に以下の按語が欠落
  【按親族對於立嗣未定之財產祇有代爲保管之責不能私擅處分此習慣甘肅一般人認爲有
  受其拘束之效力】

◆参考資料の欠落
- ・864 頁の「債權債務同有利益（松江縣）」附錄會票
- ・875 頁の「房屋賃貸借閏月減租之慣例（呉江縣）」契約文書（一部）

◆主な欠字箇所
- ・322 頁 10 行目　　一墩理□一□普通大井一口→一墩裏框一應普通又井一口
- ・480 頁 8 行目　　德清有□□□慣→德清有前項習慣
- ・514 頁 1 行目　　而山□□□□□甲姓→而山又爲乙姓所有甲姓
- ・561 頁 11 行目　　非買主所得阻□→非買主所得阻止
- ・566 頁 11 行目　　□□□□田地→鄆縣典當田地
- ・566 頁 12 行目　　□□□□爲質權→轉當則均爲質權
- ・747 頁 3 行目　　發生□種費用→發生一種費用
- ・904 頁 10 行目　　與一□□□□□→與一般習慣無異
- ・904 頁 11 行目　　因屋基□□□□□□□種習慣→因屋基涉訟一案發見此種習慣
- ・910 頁 4 行目　　三□□馬場租→三日牧馬場租
- ・945 頁 3 行目　　並不分別簽□→並不分別簽押
- ・1146 頁 1 行目　　與秋種小□→與秋種小費
- ・1204 頁 9 行目　　不等）□□□□□□退租時→不等）由房主收存於退租時
- ・1211 頁 7 行目　　担保□介紹→担保人介紹
- ・1350 頁 8 行目　　應□□□□承受→應歸主辦人承受
- ・1398 頁 1 行目　　照看□□□□□→照看謂之看孩子
- ・1480 頁 5 行目　　□及媒證之→家及媒證之
- ・1571 頁 6 行目　　儀物若干□□→儀物若干等語
- ・1571 頁 12 行目　　□浦無子之家→漳浦無子之家
- ・1611 頁 12 行目　　現行律例不□→現行律例不合
- ・1649 頁 7 行目　　招夫□老者→招夫養老者

・1667 頁 1 行目　　約二百里□□→約二百里内外
・1773 頁 8 行目　　則爲常有□□□→則爲常有之事實

註

1）日本における先行研究としては滋賀秀三「民商事習慣調査報告録」（滋賀秀三編『中国法制史 基本資料の研究』（東京大学出版会・1993）所収）、島田正郎『清末における近代的法典の編纂』第一章Ⅱ2（創文社・1980）や中村哲夫「郷紳の手になる郷紳調査について」（社会経済史学 43-6・1978）、中村哲夫「清末の地方習慣調査の報告書について」（布目潮渢博士古希記念論集『東アジアの法と社会』（汲古書院・1990）所収）等がある。中国では 1999 年に胡旭晟「二十世紀前期中国之民商事習慣調査及其意义」（湘潭大学学报哲社版 1999-2、後に复印报刊资料民商法学・1999 年第 8 期及び复印报刊资料中国近代史・1999 年第 8 期に転載）が発表され、清末の調査について解説が置かれるとともに『民商事習慣調査報告録』については『各省區民商事習慣調査報告文件清册』（司法公報 232・1927）、『民商事習慣調査録』（司法公報 242・1927）による形で関連情報が紹介された。清末については李贵连『沈家本传』（法律出版社・2000）第 9 章 2（3）調査民商事習慣（270〜276 頁）でも史料が紹介された。『民商事習慣調査報告録』そのものについてはその点校本『民事习惯调查报告录』（中国政法大学出版社・2000）が出版され、上記胡旭晟論文を若干簡略化したものが序として収録された他、胡旭晟自身も点校作業に携わっている。その後俞江「清末《安徽省民事習慣調査録》讀後」（［台北］法制史研究 3・2002）、俞江「清末民事习惯调查说略」（民商法论丛 30・2004）、春杨「论清末、民初民商事习惯调查之历史背景」（民间法 4・2005）が発表された。2005 年には张勤・毛雷「清末各省调查局和修订法律馆的习惯调查」（厦门大学学报（哲学社会科学版）172・2005）が地方檔案も用いた詳細な見取り図を提供し、また博士論文を元にした眭鸿明『清末民初民商事习惯调查之研究』（法律出版社・2005）が発表された。その後春杨「民事习惯及其法律意义」（南京大学法律评论 2006 年第 1 期、後に法律文化研究 2009 年巻へ転載）、张生「清末民事习惯调查与《大清民律草案》的编纂」（法学研究・2007 年第 1 期）や江兆涛「始并行而终合流：清末的两次民事习惯调查」（近代法评论 2・2009）、江兆涛「清末诉讼事习惯调查与清末诉讼法典的编纂」（法律文化研究 2009 年巻）がこれに続き、さらに詳細な全体像が明らかにされた。昨今でも江兆涛「西法东渐视角下的清末习惯调查」（西部法学评论・2015 年第 3 期）、邱志红「清末法制习惯调查再探讨」（广东社会科学 2015 年第 5 期）が発表される等、研究が続けられている。

2）史料集の異同による混乱回避のために本章は第一には『論摺彙存』の流れを汲む『政治官報』によることにし、掲載のないものは別史料による。なお見るべき史料という問題に取り組む論文として瀧川政次郎「清末民初の法律資料解題」（資料公報 4-7〜8・1943）がある。

3）その意味で胡旭晟「二十世紀前期中国之民商事習慣調査及其意义」（湘潭大学学报哲社版 1999-2）が調査の嚆矢とする光緒 33 年 5 月 1 日（1907 年 6 月 11 日）の「大理院正卿張仁黼奏修訂法律請派大臣會訂摺」（故宮博物院明清檔案部編『清末籌備立憲檔案史料』（中華書局・1979、下册 833 頁以下所収）は、調査の必要性には言及するが、それが張仁黼自身の発案か否か、それにより調査が実際に展開したか否かは不分明であり、以て調査の開始とするのは早計かと思われる。

4）「憲政編査館奏擬請飭令各省設立調査局並辦事章程摺」（政治官報 3〜4・光緒 33 年 9 月 22〜23 日号所収）参照。なお、國立故宮博物院編輯『宮中檔光緒朝奏摺』（國立故宮博物

院・1973〜1975）にこれに先行する日付を持つ「恩壽奏爲委員設定憲政調査局片」（同書24巻674頁）、「恩壽奏爲籌撥憲政調査局經費片」（同書24巻686頁）（ともに光緒33年7月15日）という史料がある。光緒33年9月16日の摺に先駆けて試験的なものが実施されていたのか、日付の誤りか、詳らかでない。この史料は「陝西巡撫恩壽奏設立憲政調査局片」（政治官報207・光緒34年4月27日号所収）と同文である。

5）中村哲夫「清末の地方習慣調査の報告書について」（布目潮渢博士古希記念論集『東アジアの法と社会』（汲古書院・1990）所収）参照。Jérome Bourgon, Rights, Freedoms, and Customs in the Making of Chinese Civil Law, 1900-1936, in : William C. Kirby ed., *Realms of Freedom in Modern China*, Stanford : Stanford University Press, 2004 は清末の習慣調査につきそれが憲政調査館と修訂法律館の2系統で行われていたことを踏まえていない。中国では張勤・毛雷「清末各省調査局和修訂法律館的習慣調査」（厦門大学学報（哲学社会科学版）172・2005）が既に2系統論を提示していたが、若干の混乱があった。しかしながら江兆涛「始并行而終合流：清末的両次民事習慣調査」（近代法評論2・2009）によりほぼ定説化したと見て良い。江兆涛は俞江「清末民事習慣調査説略」（民商法论丛30・2004）やそれによった眭鴻明『清末民初民商事习惯调查之研究』（法律出版社・2005）が2系統論を踏まえていないことを遺憾としている（68頁註17参照）。

6）この問題に関連するのが法制科第三股の調査である。奉天省ではさらに具体的に鹽務・教育實業・警察・司法・外交・交通・軍務・財務・税捐・墾務・蒙務に関する調査を第三股の調査項目として掲げている。これら第三股の報告書の存在は知られていないが、調査局の調査の性格を考える際には、こうした円滑な行政実務の遂行という目的との関係を念頭に置く必要があるものと思われる。

7）やはりお膝元ということからか、直隷の準備が非常に早い。また非常に詳細な法制科辦事細則、統計科辦事細則、續訂庶務處辦事細則、續訂法制統計科辦事通則が知られる。それぞれ「法規章程類」（政治官報141〜145・光緒34年2月19〜23日号所収）の欄に掲げられている。

8）『奉天調査局公牘摘要』法制科第一股4丁以下、『江西調査局公牘輯要』法制一股類42丁以下、『山東調査局公牘錄要初編』法制類第一40丁以下にその様相を収録する。

9）「兩廣總督咨呈事」（中国第一歴史檔案館所蔵憲政編査館檔案16「江蘇巡撫等爲遵設調査局及調査局章程局員銜名等有關文件」所収）参照。

10）「署山東巡撫呉廷斌奏設立調査局片」（政治官報177・光緒34年3月26日号所収）参照。

11）張勤・毛雷「清末各省調査局和修訂法律館的習慣調査」（厦門大学学報（哲学社会科学版）172・2005）参照。同研究は遼寧省檔案館所蔵の奉天省長公署檔案や昌図県檔案、海城県檔案等の分析から詳細に現地の状況を整理しているので参照されたい。また遼寧省檔案館には奉天調査局檔案（請求記号：JB20）も所蔵されるが、その大部分は調査科でなく統計科の史料と思われるもので、それも統計結果の送付書等が大半を占め、統計結果は殆ど含まれていない。なお送付された統計書のひとつと見られる『奉天司法統計第二次報告書（宣統元年分）』が中国社会科学院法学研究所図書館に所蔵される。清末における統計の歴史も大変興味深いが、差し当たり王健・清川雪彦「戦前中国の統計機構と政府統計」（一橋大学 Discusion Paper Series No. 30・2004、http://hdl.handle.net/10086/14032）を挙げておく。

12）「湖廣總督趙爾巽奏設立調査局片」（政治官報146・光緒34年2月24日号所収）参照。

13）「署山東巡撫呉廷斌奏設立調査局片」（政治官報177・光緒34年3月26日号所収）参照。また「陝西巡撫恩壽奏設立憲政調査局片」（政治官報207・光緒34年4月27日号所収）では憲政研究所の設置とそこでの人材育成が建言される。

14）「安徽巡撫文一件擬派知府王詠霓前赴貴館調査憲政由」（中国第一歴史檔案館所蔵憲政編査

館檔案 16「江蘇巡撫等爲邉設調查局及調查局章程局員銜名等有關文件」所収）参照。

15)「東三省總督徐世昌等奏邉設調查局委郎中馬濬年爲總辦片」（政治官報 339・光緒 34 年 9 月 11 日号所収）参照。また同奏でも先に見た調査員養成所設立が建議されている。

16)「陝甘總督升允奏邉設調查局籌辦情形摺」（政治官報 401・光緒 34 年 11 月 13 日号所収）参照。

17)「兩廣總督岵呈廣東調查局員銜名表並章程共二本由」（中国第一歴史檔案館所蔵憲政編查館檔案 16「江蘇巡撫等爲邉設調查局及調查局章程局員銜名等有關文件」所収）参照。

18)「兩廣總督岵呈事」（中国第一歴史檔案館所蔵憲政編查館檔案 16「江蘇巡撫等爲邉設調查局及調查局章程局員銜名等有關文件」所収）参照。新會、增城、清遠、新安、花縣、広寗、開建、磘石、海康、徐聞、澄邁、綏猺、赤渓、嘉應の地名が挙げられている。

19) 上海图书馆編『中国近代期刊篇目汇录』第二巻（中）（上海人民出版社・1981）は『北洋法政學報』につき「1906 年 9 月（光緒三十二年八月）創刊，在天津出版。旬刊。为袁世凱任直隶总督时的"北洋官报总局"所主办，系合併该局原来出版的《学报》及在日本东京出版的《法政杂志》两刊物而组成、由吳兴让主编。至 1910 年 11 月（宣統二年十月）、该局改出《北洋政学旬报》，此刊即告停止。共出一百五十六册。」と説明する。

20) 吳興讓については北京敷文社編『最近官紳履歴彙録 第一集』（北京敷文社・1920）32 頁に「字竹林、江蘇吳縣人、年四十七歳、日本法政大學畢業生、光緒丁酉科舉人、分省試用知縣保升直隸州知州、歴充直隸籌辦地方自治局法制課課長、直隸清理財政局編輯科科長、直隸民政長公署科長、國務院僉事、政事堂主計局僉事、統計局僉事」（句読点筆者、以下本章で『最近官紳履歴彙録 第一集』より引用する際には適宜句読点を付す）とある。また雑誌『北洋法政學報』の主編として同誌に「憲法研究書」（富岡康郎）、「市町村制講義」（松浦鑑次郎）、「政治學大綱」（小野塚喜平次）、「国法學」（筧克彦）、「日本刑事訴訟法法理」（石光三郎）、「日本国籍法講義」（中村進午）の翻訳をはじめ他にも多くの法政関連の論考を発表しており、『申報』にも複数の論考を発表している。中華民国になってからも民国 2（1913）年 3 月 22 日に財政司科長、民国 3 年 1 月 10 日に僉事、同年 6 月 29 日主計局僉事に任じている。

21) 法政大学大学史資料委員会編『法政大学史資料集第 11 集（法政大学清国留学生法政速成科関係資料）』（法政大学・1988）では、明治 38（1905）年「法政速成科試験成績表」（138 頁以下）、及び明治 39（1906）年「法政速成科第二班卒業生姓名」（145 頁）に江蘇吳興讓の名が見える。

22) 梅謙次郎講述（黎淵筆譯）「法學通論及民法」の法學通論部分（法政速成科講義録 1、3、6、27～28、46～48・1905～1907）参照。なお同講義録は法政大学学術機関リポジトリ（http://repo.lib.hosei.ac.jp/）で見ることが出来、また李貴連・孫家紅編『法政速成科講義録』（全 11 冊）（廣西師範大學出版社・2015）として影印出版もされている。特に第 1 巻冒頭の孫家紅「導言 西方・日本・中國法」は詳細である。なお両者ともに第 4 号が欠号となっているが、第 4 号は法政大学図書館に所蔵されている。またこれとは別に梅の講義の手控えである梅謙次郎『清國留學生法學通論及民法講義備忘録』（［刊行年不明］、法政大学図書館所蔵（請求記号：A5a/23（貴重書庫）））も残されている。講義録については陳健（相澤瑠璃子訳）「法政大学（日本）蔵『速成科講義録』の学術的価値について」（王敏編『百年後の考察 周恩来たちの日本留学』（三和書籍・2015）所収）、陳健（相澤瑠璃子訳）「梅謙次郎と法政大学速成科の設置」（王敏編『百年後の考察 周恩来たちの日本留学』（三和書籍・2015）所収）も参照。

23) 法政大学大学史資料委員会編『法政大学史資料集第 11 集（法政大学清国留学生法政速成科関係資料）』（法政大学・1988）では明治 38（1905）年「法政速成科試験問題」（105 頁以下）に第一学期試験問題として「法學通論（梅博士出題）一 成文法ト慣習法ノ關係ヲ論セ

第二章　習慣調査の展開　　93

ヨ」とある。梅はこの設問を重視したのか単に気に入ったのか、同年の「第一學年特別試験及ヒ再試験問題」にも同じ問題が出題されており（111 頁）、明治 40（1907）年の試験でも「成文法、慣習法及慣習ノ關係ヲ論セヨ」とある（118 頁）。

24）この版本を『北洋法政學報』連載分と校合すると、「呉下」とした表現が「南省」といった表現に書き換えられている箇所や、江蘇に関する質問が削られている箇所（「民事習慣調査書」部分の「分家産」において「江蘇有均分若干份將家産之高下優劣配合寫成一圖拈於宗祠以免爭執者直隷有此風否」との部分が削除されている）が現れることから、その可能性が相対的に高いものと推定される。

25）例えば『直隷調査局調査民事習慣目録』が「凡土地房屋之賣買、草契勿債權性質、而正契則屬於物權性質矣」としている箇所の下線部（筆者）が『北洋法政學報』連載の「民事習慣調査書」民事行為の按語では「而正契則已在成交之時作爲買定之憑據、似近於物權性質矣」となっており、また動産賣買十六「付款交貨清訖之時是否無用契券抑仍須訂立契券」との問題に付された註では『直隷調査局調査民事習慣目録』が「我國不動産賣買至付款交物之時而成正契、則此契作爲所有權之憑據、而非賣買憑據矣、與日本以成交爲契約解除者性質相異、日本之契約正我國之草契性質也」とする一方、学報連載は「我國不動産賣買至付款交物之時而成正契、則此契作爲賣買已成之憑據、與日本以成交爲契約解除者性質相異、日本之契約正我國之草契性質也、不動産於成交時立正契、動産成交之時亦或有兩訖之憑據也」としている。

26）直隷についてはさらに『法制科民情風俗地方紳士民事商事訴訟習慣報告調査書稿本』（北京大学図書館善本室所蔵）がある。これは調査問題に引き続き、直隷武進県における調査結果をまとめたものである。

27）「憲政編査館奏變通各省調査辦法摺」（政治官報 1241・宣統 3 年 3 月 18 日号所収）参照。

28）「修訂法律大臣奏開館日期並擬辦事章程摺 附章程」（政治官報 61・光緒 33 年 11 月 21 日号所収）参照。

29）中村哲夫「清末の地方習慣調査の報告書について」（布目潮渢博士古希記念論集『東アジアの法と社会』（汲古書院・1990）所収）532 頁参照。

30）東京大学法学政治学研究科附属近代日本法政史料センター原資料部所蔵の近代立法過程研究会収集文書 41・松岡義正関係文書に含まれる。

31）ちなみに『法典論』は張一鵬の訳により 1906 年 3 月より『［東京］法政雑誌』、ついで『北洋法政學報』に連載されている。

32）廣池千九郎（1866〜1938）については橋本富太郎『廣池千九郎』（ミネルヴァ書房・2016）、モラロジー研究所編『伝記 廣池千九郎』（モラロジー研究所・2001）等を参照。関連史料は『廣池博士清国調査旅行資料集』（モラロジー研究所・1974）、『東洋法制史講案』（モラロジー研究所・1977）、『大清商律評釈』（モラロジー研究所・1978）、また廣池の関連する論考は『日本中国法制史彙編』（モラロジー研究所・1977）、『東洋法制史論雑稿』（モラロジー研究所・1985）、『東洋法制史論雑篇』（モラロジー研究所・1988）といった史料集としてまとめられている。

33）内田智雄「解題」（『大清商律評釈』（モラロジー研究所・1978）所収）7 頁参照。島田正郎『清末における近代的法典の編纂』（創文社・1980）もこの解題を引用して廣池千九郎と習慣調査の関連に注意を促している（28 頁註 5）。なお廣池の北京滞在については『清国調査旅行資料集』（モラロジー研究所・1978、なおこれに先行して『廣池博士清国調査旅行資料集』（モラロジー研究所研究部・1974）が刊行されているが、1978 年版の方が詳細である）に詳しい。

34）特に英米法の発想と習慣調査の関連の有無という問題は、穂積陳重と Henry Sumner Maine の問題とも関連し興味深い。伍廷芳は米国留学を経験しており、また任期は不明であるが当

時アメリカ人弁護士林文徳（E. Allen、中西学院や『万国公報』で知られる林樂知（Y. Allen）の子）も清朝の顧問であった（「前清修訂法律紀要」（司法公報 119・1920）に「二十九年十二月初七日奉定修訂法律大概辦法」として「聘美國律師林文徳備顧問」とある）。また日本における明治初期の調査について利光三津夫は「民事慣例類集の編輯とその編者達（一）」（慶應義塾大学法学研究 41-7・1968）71 頁註 5 において、同調査とお雇い外国人ヒールとの関係を指摘し「ヒールのいう「習慣法」なるものは、英法のいわゆる「王国一般の慣習」、乃至「普通法」の意である。司法省側はこれを「地方慣習」の意と考えている」と述べ、調査の発端に存した当事者たちの誤解を示唆する。こうした日本での習慣調査の経験と清末のそれとの関係は今のところ明らかにし得ない。

35)「修訂法律大臣沈等奏擬諮議調査章程摺 並單」（政治官報 238・光緒 34 年 5 月 28 日号所収）参照。

36) 李貴連『沈家本伝』（法律出版社・2000）は光緒 34 年 1 月 26 日（1908 年 2 月 27 日）、「沈家本疏請調査東南民俗商情」として沈家本が東南地方の習慣調査を提唱したことを紹介する。出典には「《修訂法律大臣沈家本等片》档案、存台湾」とのみあり、李貴連はこれを商事調査の開始とする。当該史料は台湾故宮博物院所蔵軍機處檔案 175225 である。

37)「朱汝珍　字玉堂、年五十一歳、廣東清遠縣人、光緒甲辰科進士、日本法政大學畢業、翰林院編修、國史館協修、實錄館纂修。」（北京敷文社編『最近官紳履歴彙録 第一集』（北京敷文社・1920）30 頁。また邱永君「末科榜眼朱汝珍傳略」（國學新視野 總第 15 期・2014）参照。憲政編査館や修訂法律館に在籍した人員については熊達雲『近代中国官民の日本視察』（成文堂・1998）に両館の解説があり（それぞれ 333、356 頁以下）、人員の一覧表が掲載されている。

38) 华中师范大学历史研究所・苏州市档案馆合编『苏州商会档案丛编』第一辑（华中师范大学出版社・1991）248 頁以下に収録されている。但し商習慣条例自体は日付を欠いている。同条例は「章程 法律館調査各省商習慣條例」（東方雑誌 6-8・1909）として掲載され、また『苏州商会档案丛编』第一辑では宣統元年 3 月 19 日（1909 年 5 月 8 日）の朱汝珍書簡の附属として取り上げられている。李貴連『沈家本伝』（法律出版社・2000）が言及する孟森「憲政篇」（東方雑誌 6-4・1911）にも調査の難渋の様子が伝えられており、商習慣条例は朱汝珍の調査のものと考えて良いと思われる。

39) 島田正郎『清末における近代的法典の編纂』（創文社・1980）が後述の『調査民事習慣問題』に対し「すでに慣習調査がこのころまでに相当積み重ねられ、その経験から事実を事実としてありのままに捉えようとする域に達していたことが窺われ」るとする（24 頁）が、その背景にはこのような試行錯誤があったのであろう。『江西調査局公牘輯要』にも用語に関する言及がある。

40)「京師近事」（申報 1909 年 4 月 14 日 10 面）、「京師近事」（申報 1909 年 4 月 23 日 5 面）、「法律館員赴常蘇州」（申報 1909 年 5 月 17 日 12 面）参照。

41) 島田正郎『清末における近代的法典の編纂』（創文社・1980）23 頁参照。指摘される沈家本上奏は『大清宣統政紀』巻 7、16 丁に収録されている（『大清宣統政紀實錄』（新文豊出版股份有限公司・1978）第 1 巻 126 頁参照）。なお日付に付き島田は丙午（25 日）とするが、実際には丁未（26 日）である。

42)「出使日本國考察憲政大臣李家駒奏考察日本司法制度摺」（政治官報 684・宣統元年 8 月 9 日号所収）参照。

43)「修訂法律大臣奏編訂民商各律照章派員分省調査摺」（政治官報 845・宣統 2 年 1 月 28 日号所収）参照。

44) 島田正郎『清末における近代的法典の編纂』（創文社・1980）23 頁参照。

第二章　習慣調査の展開　　　95

45) 同書冒頭には「本編體例暫不分類略按奏准或頒行月日之前後爲序」とされている。
46)「許同莘　字遯伊、年四十歳、江蘇無錫人、附生、庚子辛丑併科舉人、日本法政大學速成
　科畢業、揀選知縣、歷充湖廣總督文案委員、法律館協修、官升纂修官、憲政編査館科員、外
　務部股員、主稿七品小京官、外交部主事、薦任僉事科長。」(北京敷文社編『最近官紳履歷彙
　錄 第一集』(北京敷文社・1920) 124 頁)。
47)『奉天調査局公牘摘要』法制科第一股 87 丁以下にはその際のやりとりや遅延する調査を催
　促する文書が収められる。また四川調査局の報告書である『補査川省民事習慣報告書』では、
　『調査民事習慣問題』に対応した解答が収録される。
48) 张生「清末民事习慣调查与《大清民律草案》的编纂」(法学研究 2007 年第 1 期) 参照。
49) 滋賀秀三『清代中国の法と裁判』(創文社・1983) 328 頁。
50) この由来については大河純夫「明治八年太政官布告第一〇三号「裁判事務心得」の成立と
　井上毅」(立命館法学 205/206、227、234・1989～1994) が、野田良之が示唆したボアソナー
　ドの影響について井上毅関係の史料からの実証を試みている。同論文が参照する先行研究も
　参照されたい。
51) 後に中華民国民法 (1929 年) 第 1 条に「民事法律所未規定者依習慣。無習慣者依法理。」
　と同様の規定が置かれるに至る。これにつき中華民國法制研究會『中華民國民法總則』(中央
　大學・1931) が中華民国民法第 1 条について、同種立法例としてスイス民法典第 1 条第 2
　項、及び裁判事務心得第 3 条を挙げ、法例第 2 条との異同につき説明を加えている。
52)「蟬蛻中之新舊機關談 法律編查會之開會」(申報 1914 年 2 月 23 日 3 面) 参照。
53)「法律編查會四月分成績報告」(司法公報 第 2 年第 8 號・1914) に記載があるが、條例そ
　のものは掲載されていない。
54)「民國修訂法律紀要」(司法公報 119・1920) 参照。馬場鍬太郎『支那經濟地理志 制度全
　編』(禹域學會・1928) 164 頁が「習慣調査辦法の擬定 (民國三年六月)」として「當時編査
　中に係れる法律事項に就き國内の風俗習慣を採用するの利あるべきものを調査せしむるこ
　と、せり」と記しているのはこの辦法を指すものと思われる。
55) 政府公報・1914 年 6 月 17 日号所収 (但し批令自体の日付は 6 月 13 日)。
56)「奉天省ニ於ケル土地ニ関スル慣習資料」(JACAR (アジア歴史資料センター)：Ref.
　B12083441100、支那ニ於ケル土地ニ関スル雑件 (B-3-12-1-179) (外務省外交史料館) 所
　収) において、奉天総領事落合謙太郎から外務大臣加藤高明宛に、送付状とともに一部分の
　和訳が附されている。
57)「沈家彝 (季讓) Shen Chia-i (Chi-jang) 江蘇省江寧縣人。一八八二年生。東京帝國大學法
　學部卒業。北京政府蒙藏事務處副科長、大理院推事、京師高等審判廳長、奉天及京師高等審
　判廳長等を經て一九二八年任北平特別市政府秘書長。一九二九年任上海中國公學教授。一九
　三一年任國民政府司法行政部參事。同年末民變に際し辭任。一九三六年三月任河北高等法院
　檢事兼院長。」(外務省情報部『現代中華民國滿洲帝國人名鑑』(東亞同文會・1937) 358 頁)。
　他に徐友春主編『民国人物大辞典 (增訂版)』(河北人民出版社・2007) 上 748 頁。また毛德
　传「法界硕彦沈家彝」(江苏地方志 2005 年第 2 期)、毛德传「法界硕彦沈家彝」(钟山风雨
　2005 年第 2 期) 参照。ちなみに沈家本を「大沈」と称したのに対し「小沈」と呼ばれていた
　ようである。
58) 紹介した奉天省の簡章は「仿辦民商事習慣調査會通令」(司法公報 87・1918) 32 頁以下に
　掲載 (「奉天民商事習慣調査會章程及其附屬規則」(司法公報 242・1927) に修正後のものを
　収録)。各省の会章を巡る司法部指令は司法公報 89・1918 以下に断続的に掲載されている。
59) 滋賀秀三「民商事習慣調査報告錄」(滋賀秀三編『中国法制史 基本資料の研究』(東京大
　学出版会・1993) 所収) は民国 6 (1917) 年 10 月 27 日の日付を有する江蘇省海門県の報告

の存在を指摘している（832頁註47）。単なる日付の誤りか、沈家本の呈文に先立つ調査がなされたものかは不明である。加えて『民商事習慣調査報告録』に繋がる調査が民国5年に開始されたとする説が当時から存在したという複雑な事情も存在する。これは奉天高等審判庁宛の司法部指令で沈家本の呈文の日付を民国5年10月30日としている（「核示民商事習慣調査會規程各節令 其一（訓令奉天高審廳第四一八號）」（司法公報93・1918）に「該廳於五年十月三十日將奉天民商事習慣調査會簡章呈請到部……」とある）ものがあることに起因すると考えられる。「奉天民商事習慣調査會章程及其附屬規則」（司法公報242・1927）19頁「説明」はこの点につき「按此年月日記載核與原巻不符。恐係擬稿員錯誤合併説明」とする。

60)「湖南民商事習慣調査會章程及附屬法規」（司法公報242・1927）69〜76頁参照。

61)「甘肅民商事習慣調査會章程」（司法公報242・1927）83〜88頁参照。

62) 構成員については先述の『職員録』により主要な人名を拾うことが可能。全ての刊号ではないが東洋文庫にマイクロフィルムが所蔵されている（請求記号：microQ91）。

63)「京兆民商事習慣調査會章程及附屬法規」（司法公報242・1927）6〜13頁参照。

64) 以上につき「江西民商事習慣調査會章程及附屬法規」（司法公報242・1927）51〜59頁、「湖南民商事習慣調査會章程及附屬法規」（司法公報242・1927）69〜76頁、「陝西民商事習慣調査會章程及附屬法規」（司法公報242・1927）77〜83頁、「甘肅民商事習慣調査會章程」（司法公報242・1927）83〜88頁参照。

65)「改訂民商事習慣調査會簡章令（指令安徽高審廳）」（司法公報90・1918）28〜30頁、「安徽民商事習慣調査會章程及附屬規則」（司法公報242・1927）48〜51頁参照。なお江西省の會章規則も優秀な規則であるとして油印本で各省に配布されている。これについては「江西民商事習慣調査會章程及附屬法規」（司法公報242・1927）51〜59頁参照。

66) 滋賀秀三「民商事習慣調査報告録」（滋賀秀三編『中国法制史 基本資料の研究』（東京大学出版会・1993）所収）810頁参照。浙江省の調査規則の関連条文は以下の通り。

　　第三條　毎一習慣之調査報告其格式如左
　　一　標題　標題一行應註明某某縣某種習慣低二格填寫
　　二　説明　除應將該習慣之實例沿革通行地域及其效力詳細説明外又某一法條與該習慣顯有牴觸或係法律上漏未規定之事項亦須分別標明均頂格填寫
　　三　附録　凡足資證明習慣之契據合同摺簿碑議等類照式抄録比説明低一格填寫
　　　　前項各欵填寫完結後應於附録後由調査之會員簽名盖章
　　　　（以上「浙江民商事習慣調査會章程及附屬規則」（司法公報242・1927）62頁参照）

67)「奉天民商事習慣調査會章程及其附屬規則」（司法公報242・1927）20頁「説明」には「惟調査凡例内開應行報告之習慣以不背於公序良俗爲限則與本部民國七年八月二日對於京師高審廳指令第七二七七號微有不合」とある。7277号號指令とは、京兆民商事習慣調査会の調査規則に対し不良の習慣、公益に違反する習慣をも報告するよう指示したものである。

68) 滋賀秀三『清代中国の法と裁判』（創文社・1983）357頁。

69) 本章では考慮すべき積極的な史料上の理由がなかったため「習慣」と「慣習」はほぼ同意として用い、調査自体も『民商事習慣調査報告録』の題名自体から徴して「習慣調査」或いは単に「調査」とした。ただ、滋賀秀三は「慣行」の語について「非争訟的慣習」概念の活用を提唱し、日本語の「慣行」と相当よく重なることを指摘した上で「戦時中、法社会学的関心から行われた華北農村の調査が慣習調査でなく「慣行調査」と名づけられたことのうちに、先人の知慧が巧まずして働いていたと見ることができるかも知れない。」（滋賀秀三『清代中国の法と裁判』（創文社・1983）363頁）とする。この言明を生かすとすれば少なくとも「慣行」の語に関しては慎重であるべきであろう。

70) これについては中国第二歴史檔案館所蔵司法部檔案のうち修訂法律館顧問旅費辦法（請求

第二章　習慣調査の展開　　　　　　　　　　　　　　　　97

記号：02386）、法律館本館顧問愛斯加拉旅行調査費用清單（請求記号：02387）、愛斯加拉赴南方調査旅費（請求記号：02388）等参照。但し調査結果は含まれていない。

71）「董兪 Tung Yu 江蘇省常州人。一八九二年生。上海法律學校卒業。一九一七年辯護士試験に合格、一九一八年任江蘇高等審判廳書記、一九二二年任山東省濟南高等法院主席書記、山東第一獄舍長を兼任。一九二五年上海に來り法律事務所を開設す。著書『民事、商事件案』。」（外務省情報部『現代中華民國滿洲帝國人名鑑』（東亞同文會・1937）431 頁）。また「蘇州」（申報 1918 年 12 月 31 日 7 面）に「司法界消息　司法官官等官俸條例蘇省定明年一月實行又民商事習慣第一期調査報告書業經編印成帙分送各省茲將該委員會會長係林棨（高審廳長）文牘主任史久傳庶務主任董兪（均係高審廳書記官）辦事員王孝同（候補知事）僱員顧駿英馮景賢陳洪孫貽榖」（傍点筆者）と報道されている。なお申報 1922 年 11 月 18 日 18 面には「董江之婚禮」なる記事があり、「董康之姪董兪君、於十六日與江幼芷女士行結婚禮於大沽路江宅、來賓到者如吳天倪等四十餘人、由何君證婚、介紹者爲劉峰・翁之華兩君云」と報道されている。いうまでもなく「姪」とは所謂「甥」のことであるが、ここでいう董康がかの法律家の董康であり董兪が『民商事習慣彙編』の作者の董兪だとすると、両者は血縁関係にあったことになり、大変興味深い。

72）「一段落」というよりも經費不足から規模縮小乃至は中止に追い込まれたのではないかと推測させる史料もあり、例えば「杭州快信」（申報 1921 年 6 月 3 日 8 面）では「高審廳陳廳長、爲節省經費起見、原有推事書記官等四十三員、現裁減十員、毎年可省四千元左右、（按該廳經常費毎年六萬四千元）、昨已規劃妥當、報部核示、並將本廳民商事習慣調査會歸併文牘科辦理」と報道されている。

73）東亞研究所第六調査委員會編『支那慣行調査彙報』（東亞研究所・1942）に内田直作による書評があり、和訳に周東白・森岡達夫譯註『実地調査 中國商業習慣大全』（東京大同印書館・1941）がある。森岡達夫については同書の序において瀧川政次郎が「京都帝大文學部出身の逸材であって、支那の典籍に明るいことにかけては當代屈指の人」と紹介している（序 4 頁）。この和訳の復刊本（大空社・1998）には同書評と、仁井田陞がその著『中国の社会とギルド』（岩波書店・1951）の中で『中國商業習慣大全』を用いた箇所が引用されている。なおこの和訳の作成母体は瀧川政次郎が会長として主催し 1940 年に成立した中國法制調査會であり、同書末尾には同会の趣意書及び会則、役員一覧が収録されている。中國法制調査會をも含む瀧川の中国法制史研究については荊木美行「瀧川政次郎博士と中国法制史」（皇學館大学紀要 52・2014）参照。瀧川の生涯については島善高「瀧川政次郎小伝 ── 東京裁判の頃まで」（瀧川政次郎『東京裁判をさばく』（慧文社・2006）所収）参照。中国近代法史との関連でいえば瀧川政次郎「法制」（支那問題辞典編集部編『支那問題辞典』（中央公論社・1942）所収）は 14 頁の小論ながら簡にして要を得た紹介となっている。

74）申報 1923 年 5 月 16 日 22 面掲載の世界書局の広告を参照。

75）「商人編訂商律草案之提案」（申報 1922 年 11 月 25 日 15 面）参照。この計画はある程度実行に移されたようであり、「設立商律編查處之先聲」（申報 1923 年 3 月 24 日 14 面）、「滇總商會贊成調査商事習慣」（申報 1923 年 5 月 9 日 15 面）、「華僑商會贊助編訂商律」（申報 1923 年 8 月 7 日 13 面）等の続報を見ることが出来る。

76）周東白については履歴を明らかにし得なかったが、彼が手がけた書籍の広告（例えば申報 1923 年 12 月 29 日 2 面の『全國律師名案匯覧』の広告）には「法学士」の肩書が見える。

77）施沛生こと施澤臣については「臨時法院刑民兩科主任之更調」（申報 1929 年 1 月 14 日 15 面）が「臨時法院刑事科主任施澤臣、現已因病辭職、按施爲皖之和縣人、歷任京蘇浙滬高地法院主任書記官及書記官長等職、不下二十年、精通法學、曾編輯法界用書及訴訟書籍多種、顧爲法界所贊許、會審公廨收回後、經徐前院長調院辦事、茲以公務冗繁、時患腦痛、故特辭

去職務、赴杭養痾、一俟病愈、仍爲黨國服務、遺缺經何院長委該院科長周定真枚兼理……」
とその履歴を伝えている。申報1929年4月3日20面にある施沛生の著書『現行上海臨時法
院訴訟程序全書』の広告が「本書編者施君、經驗豐富、編輯法界用書、向受社會歡迎、已見
本年一月十四日申報各日報……」とこの記事に言及していること、また申報1928年1月1
日1面掲載の新年の賀詞の中に「恭賀新禧　施澤臣　不另寄片　沛生安徽」とあることから
も、施沛生＝施澤臣（恐らく沛生は施澤臣の字であろう）として良いものと思われる。施沛
生の作品としては『最近各級法院判牘彙刊』（宜新書局・1918）、『（最近）各省各級法院判牘
彙刊』（中華圖書館・1919）、『最新訴訟用紙程式全書』（廣益書局・1924）、『（法界必需）書
狀判牘精華錄』（廣益書局・1925）、『司法官要覽』（大東書局・1925）、『（白話解釋）違警罰
法』（大東書局・1926）、『（上海名律師）新訴訟彙編（民事）』（中央書店・1929）、『法律顧問
（訴訟問答）』（中央書店・1929）、『現行上海臨時法院訴訟程序全書』（民主書局・1929）、『國
民政府訴訟程序狀式大全』（上海法學編譯社・1932）、『新訴狀彙編』（中央書店・1935（再
版））、『法律常識（新國民須知）』（中央書店・1935）、『（現行實用）違警罰法問答』（中央書
局・1936（再版））等がある。

78) 申報1930年12月15日8面には常熟の律師が法院設置へ向けての運動を行っている様が
報道されており、その代表者3名の中に呉桂辰の名前が見える。履歴については同記事では
触れられていない。

79) 邱志红「清末民初的习慣調査与現代民商法学的建立」（黄興涛・夏明方主編『清末民国社
会調査与現代社会科学兴起』（福建教育出版社・2008）所収）は『中國商業習慣大全』につ
き筆者が「『民商事習慣調査報告録』と関連する調査であるとしたのは誤りであり、恐らく本
人は現物を見ていないと推測する」旨記す（362頁）が、『中國商業習慣大全』と『民商事習
慣調査報告録』に繫がる調査の関連性及び『中國商業習慣大全』が1923（民国12）年の出
版であることは明白であり、筆者は京都大学法学部図書室において現物を確認しているばか
りか、一部の複写を中国法律史学会に持参し参考に供したことすらある。筆者に何らの確認
を行うことなく、筆者が史料の扱いにおいて手抜きを行ったかの如き言及を行う邱志红の粗
雑極まりない態度に強い抗議の意を表明しておく。

80) 同書に関しては呉相湘主編『中國民事習慣大全』（文星書店・1962）、施沛生編『中國民事
習慣大全』（上海書店出版社・2002）の2点の影印版が刊行されているが、何故か両者とも
奥付を欠き、後者に至っては巻頭にある許世英ら5名の揮毫も省略されている。参照した原
本に問題があったのかも知れないが、理由は不明である。

81)「貴州省之人事習慣」（法律評論116・1925）、「貴州省之物權及債權慣習」（法律評論117・
1925）参照。

82)「核示民商事習慣調査會規程各節令 其十二（指令貴州高審廳）」（司法公報91・1918）42
頁、「核示民商事習慣調査會規程各節令 其七（指令貴州高審廳第七二七九號）」（司法公報
93・1918）31頁、「核示民商事習慣調査會規程各節令 其十（指令四川高審廳第七二九八號）」
（司法公報93・1918）32頁参照。また「四川民商事習慣調査會章程及其附屬規則」（司法公
報242・1927）88～93頁、「貴州民商事習慣調査會章程及其附屬規則」（司法公報242・
1927）94～99頁を参照。

83)「婚姻底習慣」（益世報1924年1月17日～21日各々全て16面）参照。

84) なお滋賀秀三「民商事習慣調査報告録」（滋賀秀三編『中国法制史 基本資料の研究』（東
京大学出版会・1993）所収）833頁註52において「Kroker, "Concept", p. 124に、一九二五
年、李景邨なる人物が政府からこの編集を委嘱され、彼は一九二六年、作業半ばに死亡した
が、それを補完して四年後に司法行政部の名で印行したのが本書であるという記述がある。
しかしこの情報の出所として脚注に指示された F. Théry, Les coutumes chinoises relatives au

mariage（*Bulletin de l'Université de l'Aurore*, Nr. 36）を見ることができない。同 Bulletin 同号
に Théry の論文は無い。上智大学図書館に蔵する限りの同誌のバックナンバー全部を繰って
見てもこの論文は出てこない。狐につままれた思いである。」とあるが、実は F. Théry の論
文は同 Bulletin と同名の雑誌の異なるシリーズ、即ち ser. 3, Nr. 36 に掲載されており、しか
も上智大学図書館ではその号のみ欠本なのである。そこで同 F. Théry 論文を別途確認する
と、それもまた J. Escarra, *La codification du droit de la famille et du droit des successions*,
Shanghai : Imprimerie de l'orphelinat de T'ou-sè-wè, Zi-ka-wei, 1931 からの引用であることが判
明する。

85）Jean Escarra, *La codification du droit de la famille et du droit des successions*, Shanghai :
Imprimerie de l'orphelinat de T'ou-sè-wè, Zi-ka-wei, 1931 では『民商事習慣調査報告録』の作
者を「Li King-Ts'ouen 李景邨」と記しており、また胡長清「婚姻習慣之研究」（法律評論
329/330・1930）序説は『各省區民商事習慣調査報告文件清冊』の作者を「司法部主事李君景
邨」としているが、その叙は「李君炘於民商習慣素有研究對於編纂職務欣然樂從積之累月遂
成茲冊」としており、また『職員錄』民國十四年第四期（印鑄局發行所・1925）には司法部
民事司第二科主事として「李炘　景春　湖北宜城縣人」との記事がある等、人名表記にゆれ
が生じている。この問題につき頼伟「李炘与社会法学在中国的发展」（乐山师范学院学报
30-3・2015）が「《朝阳学院概览》又记载：“李炘，字景村，湖北人……”」と紹介しており
（96 頁）、『朝陽學院概覽』（朝陽學院・1933）では確かに「前任教員姓名略歷」の欄にその記
述を確認することが出来る。厳密にいえば「景村」であり「景邨」ではないが、同義同音の
字でもあり李景邨と書かれることも或いはあったのかも知れない。「李景春」は「景邨」の誤
記であろうか。また李炘が 1919 年に明治大学法科大学を卒業したことが阿部祐樹「明治大
学におけるアジア留学生数の動向」（［明治大学］大学史紀要 18・2014）で紹介されている。
彼が行った票據法関連の慣習調査については張群・張松「北洋政府対票据习惯的调查研究及
其与立法的关系」（清华法学 6・2005 年第 1 期）参照。実際に調査が行われている様子は
「修訂法律館員來滬調査票據」（申報 1923 年 6 月 14 日 14 面）等の形で報道されている。李
炘が実際に習慣調査の整理を行った文献として「我國票據固有習慣之調査」（法學會雜誌
10・1923）がある。また李炘の論文には「今後法形（RECHTSFORMEN）之變遷」（學林
1-4/5・1922）、「現代法律之正觀」（學林 1-6・1922）、「商法之沿革及其系統」（法學會雜誌
4～5、8・1922）、「法理學之名稱」（法學會雜誌 5・1922）、「票據法統一案譯文　一九零八年海
牙會議提出」（法學會雜誌 6・1922）、「商法上之商事問題」（法學會雜誌 7・1922）、「商法專
攻箚記」（法學會雜誌 7～8・1922）、「三大票據法系之搆成及其特質」（法學會雜誌 9・1922）、
「商事審判獨立之希望」（法律評論 24・1923）、「對於票據法草案之意見」（法律評論 125・
1925）、「司法制度之二大變遷」（法律評論 153・1926）、「商事公斷情形報告書」（法律評論
169、172～174・1926）等があり、著書には『法形論』（公愼書局・1922）、『思達木蘗法律學
説大綱』（朝陽大學出版部・1923）、『社會法學派』（朝陽大學出版部・1925）等があり、穂積
陳重・重遠の行論を紹介する箇所も見受けられ、興味深い。なお当時大理院推事として李景
圻なる人物が存在するが『民商事習慣調査報告録』とは直接の関係はないと思われる。また
樊蔭南『當代中國名人録』（良友圖書印刷公司・1935）に収録される李炘は履歴から推して
同姓同名の別人と思われる。

86）「湯鐵樵（芸台）Tang Tieh-chiao（Yun-tai）湖南省醴陵縣人。一八七八年生。早稲田大學
法科卒業。司法部科長、司長、參事兼次長等に歴任。」（外務省情報部『現代中華民國滿洲帝
國人名鑑』（東亞同文會・1937）426 頁）。他に徐友春主編『民国人物大辞典（増订版）』（河
北人民出版社・2007）下 2070 頁。高木理久夫・森美由紀「早稲田の清国留学生――『早稲
田大学中国留学生同窓録』の記録から」（早稲田大学図書館紀要 62・2015）によれば明治 39

（1906）年に清国留学生部予科卒業、明治43（1910）年に専門部法律科卒業とのことである（56頁）。また『鴻跡帖』（早稲田大学図書館所蔵（古典籍・請求記号：チ03 01080））に湯鐵樵の寄せ書きが残されている。

87）これに関して東京大学東洋文化研究所図書室所蔵の呉芝園『浙江各県婚嫁習俗』（請求記号：CK892:015）なる書籍もある。同書籍は新聞乃至雑誌の切り抜きを別の書籍に順に貼付したものである。その切り抜きの来源を示す情報を欠くため即座に利用出来ないが、そのようなものを作成した人間がいたということは興味深い。

88）『吉黒兩省ノ民事習慣調査ニ就テ』（満州國國務院統計處・1934）1頁に「民事習慣調査ニ關スル訓令」として同調査の発端となる民国19（1930）年6月2日付訓字656号が紹介されている。

89）満鉄及び満洲国の図書館については差し当たり岡村敬二『遺された蔵書 満鉄図書館・海外日本図書館の歴史』（阿吽社・1994）、岡村敬二『「満洲国」資料集積機関概観』（不二出版・2004）を参照。

90）例えば物権編を訳出した本多義雄翻訳『舊奉天省吉林省ニ於ケル物権習慣』（地政總局・1940、京都大学法学部図書室所蔵（請求記号：314.2//Ti））や、綏遠、山西、察哈爾関係のものを中国語のまま摘録した『民商事習慣調査報告録』（蒙古聯合自治政府地政總署土地制度調査室・1940、京都大学人文科学研究所図書室所蔵（請求記号：231//b3//1764））等がある。後者では満鉄大連図書館の蔵書を借りて編集を行った旨が凡例に示されており、関係機関間の情報共有の様相の一例を窺うことが出来る。

91）同書では翻訳者名が明記されていないが、凡例において「本書ヲ刊行スルニ當リ、特ニ中華民國法律ノ泰斗朱頤年先生ノ厚意ヲ受ク。記シテ謝意ヲ表ス」とされている。朱頤年については陈玉堂编著『中国近现代人物名号大辞典』（浙江古籍出版社・1993）160頁に「朱頤年（1889-?）京兆（今河北）昌平人。字隰苓、一作隰令。毕业于北京法政大学、后留学日本明治大学研究科、毕业后回国。1913年曾为《法政学报》发行人。1923年至1928年、任直隶高等审判厅厅长。1938年任"临时政府"司法委员会委员。」とある。

92）民国8（1919）年の辦法では指定寸法は営造尺で縦8寸横5寸2分、本文記載欄は縦5寸9分横4寸で、1頁当たりの行数は10乃至11行である。浙江省の7頁分の報告書は第1期分のみ書式を異にするが、それ以降は概ね指定の寸法を踏襲する（第1期分は書式の統一が図られる前に提出された可能性がある）。各省の編纂規程には報告書をどの段階で活字化し印刷するかについての規程は見られない。なお浙江省には『浙江民商事習慣』（［刊行者不明］・［刊行年不明］、京都大学経済学部図書室所蔵）なる小冊子も存在する。報告書の5期分までをまとめた小さな書であるが、刊行理由は不明。なお原報告書は北洋政府期を通じて継承・保存されてきた様子が『各省民商事習慣調査報告文件清册』（司法公報232・1927）の凡例より明らかであるが、現在の所在は分からない。

93）例えば1398頁の「看孩子」では「按以上四種習慣弊害顕著亟應矯正」との按語が付いているが、「以上四種」の指し示す習慣が『民商事習慣調査報告録』では訂婚不用銭財、管家婆、有義子無義孫、看孩子となるのに対し、原報告書では訂婚不用銭債、早婚、管家婆、看孩子となる。つまり「弊害顕著」と評価している習慣が異なることになる。

94）特に劣悪な習慣を削除したわけでもなく、またある地域を集中的に削除したわけでもない。単純な取りこぼしと見られるものもあるが、当初債権や物権に分類されていたものがその内容から分類し直された結果商事部分に移行され、商事部分が最終的に刊行されなかったことで収録漏れになったと考えられるものもある。例えば「直隷民商事習慣調査會第一期報告」（司法公報130・1921）では「賣地不以原典中人爲限」（清苑縣）として「田宅有先典後賣之習慣縦使前後中人更易亦不許賣主事後翻悔」との報告が掲載されており（113頁）、『民

第二章　習慣調査の展開　　　*101*

　商事習慣調査報告録』に収録がないが、これ等は単純な取りこぼしであろう。また「察哈爾民商事習慣調査會第一期報告」（司法公報 136・1921）では「利息不得滾入母金計算」（興和縣）なる習慣がある（90 頁）が、これ等は商事に回された可能性がある。『司法公報』掲載分のうち『民商事習慣調査報告録』に収録されていない報告について筆者は 41 件の存在を確認した。

95）滋賀秀三「民商事習慣調査報告録」（滋賀秀三編『中国法制史　基本資料の研究』（東京大学出版会・1993）所収）が「四七三頁一行「而於該借票／者故同一区域之田地」と四七四頁八行「某某為業／上並未註明以房屋作佃」の二箇所、それぞれ斜線のところで文意の不連続が認められる。この間をとばして「而於該借票上並未註明以房屋作佃」と読めばよく連続する。よってこの一頁半ばかりの文字を金華県の方に移して四六二頁一〇行「未経客民開墾（以下不自然に空白）」の後に続けるならば、これまたきれいに前後とも連続する。原稿用紙で恐らく二枚が綴り違えられたまま印刷されたのだと認めざるを得ない。そして四七四頁末行の（四）と四七五頁の（五）（六）は原稿にはそれぞれ（二）（三）（四）とあったものを、ゲラを手にした校正者が数字の不揃いを不審として軽率に書換えてしまったものであるに相違ない。」（814〜815 頁）と述べているのが正しい。『民事习惯调查报告录』（中国政法大学出版社・2000）は 473 頁 1 行「而於該借票者」の後に「此处疑有脱漏文字」とし、同頁 4 行目の後に「实例（二）原排于下文“(丙) 大买契式” 一段 “……等语” 之后，依上下文及内容认定显系原版误排，故移于实例（一）之后」として 474 頁 9 行目から 13 行目の記述を移しているが、これは史料上の根拠がなく、誤りである。

96）欠落していると見られる文章は「直隷民商事習慣調査會第一期報告」（司法公報 130・1921）98 頁以下に見られる。

97）これらテクスト批判の問題に関しては、L. D. Reynolds and N. G. Wilson, *Scribes and Scholars : A Guide to the Transmission of Greek and Latin Literature,* 3rd ed., Oxford : Oxford University Press, 1991（和訳：L. D. レイノルズ、N. G. ウィルソン『古典の継承者たち』（国文社・1996））第 6 章 8「テクストの毀れ」以下が参考となる。

98）『司法公報』各期所収の商事習慣を集めると 371 件に達する（筆者確認分）。『法律評論』は 107 号に直隷、187、222 号に湖北のものを収録する。

99）この問題に関しては马敏『商人精神的嬗变──近代中国商人观念研究』（华中师范大学出版社・2001）、张家镇等编著『中国商事习惯与商事立法理由书』（中国政法大学出版社・2003）参照。

100）「汪士元（向叔）Wang Shih-yuan（Hsiang-hsu）安徽省盱眙縣人。一八七一年生。前清進士。一九〇七年以來直隷總督楊士驤の總文案たりしが一九一一年任調查局總辦及長蘆鹽運使。一九一二年任淸理財政局坐辦。一九一四年任直財政廳長。一九二〇年任靳雲鵬內閣財政次長。一九二一年任菸酒事務署督辦。一九二六年任稅務處會辦。一九二七年任潘復內閣國務院參議。」（外務省情報部『現代中華民國滿洲常國人名鑑』（東亞同文會・1937）53 頁）。他に北京敷文社編『最近官紳履歷彙錄　第一集』（北京敷文社・1920）54 頁參照。

101）「王爲幹　浙江杭縣人、山西督練公所兵備處、調查局總辦、憲政編查館諮議員、歸化城商埠局長。」（北京敷文社編『最近官紳履歷彙錄　第一集』（北京敷文社・1920）17 頁）。

102）「趙儼葳　年四十九歲、湖北安陸人、光緖壬寅擧人、日本法政大學卒業、籌辦山西各級審判廳、黑龍江高等檢察廳檢察長審判廳丞、湖北司法籌備處長、湖南巡按使署顧問。」（北京敷文社編『最近官紳履歷彙錄　第一集』（北京敷文社・1920）208 頁）とある人物かと思われる。

103）「劉蕃　字季衍、年四十二歲、湖北安陸人、前淸附貢生、日本法政大學法律科卒業、法政科擧人、民政部七品小京官、京師高等檢察廳檢察長、署理總檢察廳檢察長、交通部航政司長。」（北京敷文社編『最近官紳履歷彙錄　第一集』（北京敷文社・1920）221 頁）。

104)「周之驥　字驥儕、浙江諸曁縣人、前淸舉人、曾任山西解州知州、汾城縣知事。」（北京敷文
　　社編『最近官紳履歴彙錄　第一集』（北京敷文社・1920）78 頁）。

105)「龔慶雲　安徽合肥人、前淸進士、山西和順縣知事、安徽歙縣知事。」（北京敷文社編『最近
　　官紳履歴彙錄　第一集』（北京敷文社・1920）257 頁）。

106)「呉人達　山東人、山西陝西等省巡撫署文案、憲政調査局科長、法政學堂教務長、山西都督
　　行政公署秘書。」（北京敷文社編『最近官紳履歴彙錄　第一集』（北京敷文社・1920）36 頁）。

107) 张勤・毛雷「清末各省调查局和修订法律馆的习惯调查」（厦门大学学报（哲学社会科学版）
　　172・2005）は光緒 34 年 12 月開局としているが、軍統 175900（徐世昌奏奉天籌辦設立調査
　　局事宜（摺片）に現れる日付によった。

108)「張國淦（乾若）Chang Kuo-kan（Chien-jo）湖北省蒲圻縣人。一八七三年生。前淸憲政編
　　査館員たり。民國成立後北京政府に入り統計局副局長、國務院銓叙局長、國務院秘書長を經
　　て一九一四年徐世昌内閣に入り任内務次長、參議院參政。一九一六年段祺瑞内閣に入り任教
　　育總長。次で同年農商總長兼司法總長に轉ず。同年任黑龍江省長。一九一七年再び段内閣に
　　入り任農商總長兼全國水利局長、一九二〇年任漢口港務局長。一九二一年任平政院長。一九
　　二二年顔惠慶内閣に入り任農商總長兼内務總長。一九二四年孫寶琦内閣に入り任教育總長。
　　一九二六年顔惠慶内閣に入り任内務總長。同年辭任後官界を引退す。」（外務省情報部『現代
　　中華民國滿洲帝國人名鑑』（東亞同文會・1937）329 頁）。他に北京敷文社編『最近官紳履歴
　　彙錄　第一集』（北京敷文社・1920）137 頁參照。

109)「江衡　字霄緯、年六十八歳、江蘇蘇州人、翰林院編修、師範學堂監督、育嬰善堂董事。」
　　（北京敷文社編『最近官紳履歴彙錄　第一集』（北京敷文社・1920）25 頁）とある人物かと思
　　われる。

110)「蔣棨熙　字煥庭、年四十五歳、江蘇呉縣人、光緒辛卯科舉人、大挑教職、歴充出使日本國
　　隨員、河南藩署文案、兼官銀號總辦、兼交代局委員、歴捐奬叙候選道、署禹州知州、旋充撫
　　署營務處及文案處總辦、兼交涉局調査局總辦、憲政籌備處總理、陸軍參議、憲政調査館諮議
　　官、試署河南巡警道、保以鹽運使鹽道記名、署江蘇巡警道、光復後辦理江蘇財政司事、充都
　　督府顧問、辦理行政公署秘書、署理江蘇國税廳籌備處處長、兼財政司長、署理江蘇財政廳廳
　　長。」（北京敷文社編『最近官紳履歴彙錄　第一集』（北京敷文社・1920）228 頁）とある人物
　　かと思われる。

111)「陳敬第　浙江杭縣人、癸卯科翰林、資政院議員、衆議院議員、政事堂禮制官、編纂民國公
　　報主筆、上海中華書局編輯員。」（北京敷文社編『最近官紳履歴彙錄　第一集』（北京敷文社・
　　1920）157 頁）とある人物かと思われる。

112)「胡嗣瑗　字晴初、年五十歳、貴州貴陽縣人、翰林院編修、候補道、歴充天津北洋法政學堂
　　總辦、金陵道尹、將軍府諮議廳長。」（北京敷文社編『最近官紳履歴彙錄　第一集』（北京敷文
　　社・1920）88 頁）とある人物かと思われる。

113)「金保康（九如）Chin Pao-kang（Chiu-ju）浙江省杭縣人。一八八二年生。日本早稻田大學
　　卒業。湖北憲政調査局法制科々長、奉天交涉司疆界科々長、浙江都督府秘書、國務院法制局
　　參事、國民政府外交部科長、上海市政府秘書に歴任。一九三七年二月任實業部秘書。著書
　　『租借地』。」（外務省情報部『現代中華民國滿洲帝國人名鑑』（東亞同文會・1937）112 頁）。
　　他に北京敷文社編『最近官紳履歴彙錄　第一集』（北京敷文社・1920）72 頁參照。

114)「丁乃揚（少蘭）Ting Nai-yang（Shao-lan）浙江省呉興縣人。一八六八年生。江西鹽法道、
　　廣東鹽運使、順天府尹、大總統府顧問、長蘆鹽運使、兩淮鹽運使等に歴任。」（外務省情報部
　　『現代中華民國滿洲帝國人名鑑』（東亞同文會・1937）401 頁）。他に北京敷文社編『最近官紳
　　履歴彙錄　第一集』（北京敷文社・1920）2 頁參照。

115)「呉蔭培（映芝）Wu Yin-pei（Ying-chih）江蘇省呉縣人。一八六七年生。翰林院侍讀學士、

第二章　習慣調査の展開　　　*103*

廣東知府に歴任。」（外務省情報部『現代中華民國滿洲帝國人名鑑』（東亞同文會・1937）142
頁）。他に北京敷文社編『最近官紳履歴彙錄 第一集』（北京敷文社・1920）35 頁參照。
116)「李保廉　山東齊東縣人、廩生、廣東同知、第三期知事、試驗保免、充廣東後瀝釐局總辦。」
（北京敷文社編『最近官紳履歴彙錄 第一集』（北京敷文社・1920）44 頁）とある人物かと思
われる。
117)「顔楷　年四十五歳、四川華陽人、前清進士、翰林院編修、日本留學生、四川法政學堂堂
長。」（北京敷文社編『最近官紳履歴彙錄 第一集』（北京敷文社・1920）244 頁）とある人物
かと思われる。
118)「陳漢第（叔通）Chen Han-ti（Shu-tung）浙江省杭縣人。一八七五年生。舉人出身。日本法
政大學卒業。杭州求是書院監院、浙江高等學堂監督、湖廣總督及四川總督文案、浙江巡撫民
政科參事、東三省行政公署交涉科參事、浙江都督府秘書、大總督府秘書、國務院秘書長、參
政院參政、臨時參政院參政等に歴任。」（外務省情報部『現代中華民國滿洲帝國人名鑑』（東亞
同文會・1937）369 頁）。他に北京敷文社編『最近官紳履歴彙錄 第一集』（北京敷文社・
1920）152 頁參照。後者では字は仲恕とされている。
119)「賀國昌　字莽生、年四十七歳、江西萍郷人、江西内務司長、臨時參議院議員。」（北京敷文
社編『最近官紳履歴彙錄 第一集』（北京敷文社・1920）171 頁）とある人物かと思われる。
120)「王樹枏（晋卿）Wang Shu-nan（Chin-ching）河北省新城縣人。一八五八年生。前清進士。
前清時代四川、甘肅兩省各縣の知縣道尹を經て一九〇六年張之洞の幕下に入り新疆布政使代
理となり伊犂武備學堂を創設す。民國成立後衆議院議員、約法會議議員、參政院參政、國史
館協修等に歴任し一九二〇年任國史編纂處總纂。一九二五年任善後會議新疆代表。同年任東
方文化事業總委員會委員。同年奉天に於て張學良援助の下に漢學專攻の萃升書院を創設せる
も一九三一年健康を害し右書院を閉鎖して北平に歸り爾來北平に閑居す一九三六年二月死去。
著書『尚書商誼』、『天文草』、『費民古易訂文』、『離騷注』、『孔氏大戴禮記補注』、『陶廬箋
牘』、『爾雅郭注佚存補訂』、『趙閒詩集年譜』、『廣雅補疏』、『陶廬文集』、『學記箋證』、『陶廬
外篇』、『墨子三家校注補正』、『陶廬駢文』、『文莫室詩集』、『歐洲戰爭本末』、『歐洲族頻源流
略』、『陶廬詩續集』、『彼得興俄記』、『希臘學案』、『武漢戰記』、『新疆山脈志』、『希臘春秋』、
『新疆仿古錄』、『周□釋貞』、『新疆國界志』、『説文建首守義』其他。」（□は欠字）（外務省情
報部『現代中華民國滿洲帝國人名鑑』（東亞同文會・1937）33～34 頁）。他に北京敷文社編
『最近官紳履歴彙錄 第一集』（北京敷文社・1920）11～12 頁參照。

第三章　中華民国諸法の欧米語への翻訳

一　大清律例の欧米語への翻訳

　大清律例の翻訳については George Thomas Staunton による英語訳、*Ta Tsing Leu Lee ; being the fundamental laws, and a selection from the supplementary statutes, of the penal code of China*, London : Printed for T. Cadell and W. Davies, 1810 が良く知られている[1]。大清律例の英語訳登場まで全くそれが西洋において知られなかったわけではなく、近年の研究では宣教師たちが律例に言及しつつ自らの主張を展開することもあったことが明らかにされている[2]が、その段階では律例の個々の条文を翻訳し詳細に解釈するといった営みは行われなかったようである。

　Staunton の翻訳では嘉慶 4 (1799) 年の版を利用したと述べられている[3]が、同時に the later edition として『大清律例重訂輯註通纂』[4]（嘉慶十年新鐫）の表紙の複写が巻頭に掲載されており、Staunton は両方の版を手にしていたものと思われる。ちなみに英語訳が出版された 1810 年は嘉慶 15 年に当たる。

　その後 Staunton の英語訳はフランスで重訳されることとなる。それが Félix Renouard de Sainte-Croix[5]による *Ta Tsing Leu Lee, ou, les lois fondamentales du code pénal de la Chine, avec le choix des statuts supplémentaires*, Paris : Chez Lenormant, 1812 である。さらには Staunton の英語訳はイタリア語へも重訳される。*Ta-Tsing-Leu-Lee : o sia Leggi fondamentali del Codice penale della China*, Milano : Stamperia di Giovanni Silvestri, 1812 がそれである。

　さて、その後アヘン戦争、アロー戦争を経て列強の中国進出が展開する一方で、大清律例の翻訳も増加してくることになる。1862 年にはスペイン語訳として Francisco de la Escosura y Escosura, *Ta-Tsing-Leu-Lee : ó las leyes fundamentales del código penal de la China*, Habana : [s. n.], (Impr. del Gobierno y Capitania General) が刊行、さらに 1884 年には Juan de Dios Vico y Bravo, *Ta-Tsing-Leu-Lee, ó las leyes fundamentales del código penal de la China con lo más escogido de los estatutos suplementarios*, Madrid : Impr. de la Revisra de Legislación á cargo de M. Ramos が刊行されている[6]。

その後 George Jamieson[7] の英語訳が 1879 年から *The China Review* 誌上に登場する[8]。大清律例の全体の翻訳ではなく、実務的に重要となる部分を集中的に翻訳し長大な解説を付しているのが特徴的である。翻訳された部分は貿易や家族・相続法、土地法に対応すると目された部分であり[9]、また Staunton の翻訳が律のみであり例に及んでいないことに不満が示される等、喫緊の問題への即応を志向していることが見て取れ、また同治 9（1870）年に条例の改訂が行われたことにも言及する等、最新情報への関心も見て取れる。この時点で既に Staunton の翻訳から 70 年近くが経過していた時期でもあり、時代に即した改訳をすべしという要請がはたらいていたことも考えられよう。*The China Review* 誌は香港において大きな影響力を有した China Mail から刊行されており、オランダでも参照されている。

また大清律例そのものの翻訳ではないが、そこから強い影響を受けて成立したベトナムの阮朝における皇越律例（嘉隆法典・1812 年）の翻訳として Paul-Louis-Félix Philastre[10], *Le code annamite*, Paris : Ernest Leroux, 1876 (2e éd, 1909)[11] がある。皇越律例については既に G. Aubaret, *Code annamite : lois et règlements du royaume d'Annam*, Paris : Imprimerie impériale, 1865 があったが、Philastre は改めてこれを翻訳し直し、最初の翻訳として発表している。皇越律例の成立の経緯から、ベトナム法制を見る際には勿論のこと、大清律例を見る際の参考資料としても扱われることがあったようである。

なお大清律例については民国期にさらに Guy Boulais, *Manuel du code chinois*, Changhai : Imprimerie de la mission catholique, 1923–1924 が発表されることになる。後に Jean Escarra は「この名著は大清律例（特に光緒第十六年卽ち一八九〇年發行の版に依る）および清朝の其の他の多くの官版法律書の註釋附きの完譯である。」[12] と高く評価している。

二　中華民国法制の欧米語訳──英仏語訳を中心に

以下、中華民国北洋政府期の翻訳状況を見てゆくこととしたい。こうした近代中国法の欧米語訳についてはこれまであまり関心が払われてこなかったが、昨今ようやく初歩的な整理が行われるに至っている[13]。また顧問であった Georges

第三章　中華民国諸法の欧米語への翻訳　　　*107*

Padoux が（その仕事の必要上からか個人的興味からかは分からないが）後に近代中国法の欧米語訳の一覧[14] を作成しており、管見の限りでは最も完備された一覧ということが出来る。以下ではこれらの一覧を手がかりに、北洋政府期の翻訳作業について概観することとしたい。現存する北洋政府期法令の欧米語訳書籍は章末の資料 3-1 にまとめたので参照頂きたい。勿論雑誌上でも多くの翻訳が発表されていたわけであるが、それらを含めるとあまりに膨大となるため、ひとまず書籍に限って検討を行うこととしたい[15]。

　さて、民国期に入ってからも法典編纂に関する機関は継続して設置されており、民国元（1912）年 7 月には法典編纂会、民国 3 年 2 月には法律編査会が設けられていたが、この法律編査会時代から既に各法典の欧米語訳が数点散見される。公式の出版ではないのかも知れないが、例えば T. T. Yuen（未詳）と陸守経[16] の手による暫行新刑律の英語訳は早期のものの中でも特筆されよう。陸守経本人は民国 4 年 1 月に司法部入りしており、半ば公的な立場からの翻訳成果の公表であったのかも知れない。

　本格的な欧米語への翻訳作業は民国 6（1917）年から動き出すようである。同年 9 月 26 日には繙譯法律会会則が公布[17] され、法院編制法、民律総則・物権・債権、民事訴訟律、刑事訴訟律、商人通例、公司条例、商事公断処章程、破産律、強制執行律、その他についての英仏語への翻訳が試みられた。会長を司法総長、副会長を法律編査会会長が兼任し、訳員は法律編査会訳員及び本部（司法部）職員から選ばれ、訳文の点検を行う審定員には大理院推事、法律編査会副会長及び編査員、司法部参事司長が当たる体制が整備されている。成立時点での会長即ち司法総長は林長民であったが、それ以前から江庸が司法次長乃至総長として長く在籍しており、この計画にも関与していたのではと推測される。

　会則に翻訳対象となる法規が明記される形が採られているが、そこに列挙された法典は、当時既に完成していたか、もしくは起草中の基本法典、さらには西洋列強の関心の中心でもあった裁判制度に関わる法典を網羅するものであった。これらはいずれも基本法典及び裁判制度の充実への努力を "宣伝" するに必要不可欠なものが選択されているものと見ることが出来よう。

　興味深いのは当初期限を切った翻訳計画とされていたことであり、同会則では翻訳の民国 7（1918）年 2 月までの脱稿、同 5 月までの点検終了を規定していた。ただこの約 8 か月という期間では流石に厳しかったのか、5 月 20 日には会則が改正[18] され、翻訳の期限が撤廃されつつも、点検については 3 か月以内に終える

ことが規定されている。

　人員については、司法部自身各国の司法行政制度及び司法法規の編訳を目的に民国3（1914）年10月に司法部編訳処を設置[19]しており、法律編査会自体も設立当初から欧米日の法制に関する調査を行っていることから[20]、欧米各国語に通じた人材は少ないながらも確保出来ていたものと思われる。

　翻訳は間延びせずに進められたようで、程なく『司法公報』に翻訳書籍の広告が掲載されるようになり[21]、そこには現行刑律（英）、高等以下各級審判庁試辦章程（英・仏）、法院編制法（英・仏）、公司条例（英）の書名が掲げられている。後の広告ではさらに商人通例（英）、商事公断処章程（英）が追加されている[22]ことから、順調に成果が公表されていたことも確認出来る。

　資料3-1のうち、特にⅡにおいて、上記計画に対応した書籍を見つけることが出来る。販売については司法公報発行所・司法部訴訟印紙発售処・瑠璃廠公慎書局となっているが、外国でも出版・販売されたようであり、先に述べたGeorges Padouxはその一覧において外国での書誌情報を掲載している。

　その後この翻訳作業の流れの中に強力な人材が加入することになる。鄭天錫その人であり、その字「茀定」にちなみF. T. Chengと表記される。彼は約10年にも及ぶイギリス留学の結果ロンドン大学で博士号を取得し、帰国して香港で弁護士を開業していたところをその語学・法学の才能を見込まれて北京に召集された人物である。

　北京での生活について鄭天錫はその自伝で招聘条件が冷遇ともいえるものであったが特には気にしなかったこと、当時の司法界が日本留学経験者ばかりで直接西欧で法学教育を受けた人材が火急に必要とされていたことを振り返り、様々な中華民国の法典の翻訳を通じ、それが自身中国法を学ぶ機会にもなったと述懐している[23]。

　当時大量に出現した日本留学経験者、乃至は各地の法政学堂等で日本人教習から法学を速成で学習した人材が清朝や中華民国の近代化に大きな役割を果たしたことは確かであるが、他方でそれらが“派閥化”し、鄭天錫のような西洋留学組の活躍を阻む形になっていたといういわば“負”の側面は、これまであまり言及されなかったが、今後中国近代法史を考える上で大変興味深い要素ということが出来る。

　鄭天錫の翻訳であることが明記されているものについて資料3-1のⅢに掲げておいたが、彼は自伝においてはそれよりも多くの種類の翻訳を手がけたとして

第三章　中華民国諸法の欧米語への翻訳　　　*109*

いる。訳者名を掲げずに出版されたものもあったであろうし、未だ所在を確認出
来ていないものもあるが、ともかくも翻訳者としては勿体ない程の優秀な人材を
得て、翻訳活動はさらに進んでゆくこととなったのである。

　1920 年代に入ると、羅文幹事件や程克の総裁就任等の政治の荒波に揉まれ、
修訂法律館は大混乱を来していたが、資料 3-1 の IV に示した通り、激動のこの
時期においても、法権討論委員会の名義で多くの法典・判例の翻訳が刊行されて
いる[24]。民国 12（1923）年 4 月段階において法権討論委員会は、法典の翻訳その
他の準備が整っていないことから各国の調査団の受け入れ延期を余儀なくされて
いたが[25]、そのためにも集中的に翻訳を進める必要があり、また実際に行われて
いたわけである。

　その翻訳の中には法律顧問 Jean Escarra の関与が認められるものが確認出来
る。Escarra の著作目録としては雑誌 *T'oung Pao* 掲載の彼の追悼記事に付された
もの[26] が知られているが、遺漏も多く、また書誌情報の表記が不完全で原典にた
どり着けないものも多いため、筆者において補訂したものを資料 3-2 として章末
に掲げておく。

　追悼記事の目録には Escarra の手による中華民国法の翻訳として数点が挙げら
れている。書誌情報が不完全であり俄かに確定出来ないが、例えば票據法艸案の
翻訳（資料 3-2 の◆翻訳にある文献［10］参照）は、その前文が後に Escarra が発表
した票據法本体の仏語訳の前文と同一の文章を含んでおり、艸案の翻訳に手を加
えて発表したものと推定されることから Escarra の訳業である可能性がかなり高
い。資料 3-2 に挙げられたその他の訳業について、該当すると思われる書籍には
いずれも Escarra の訳業であることは明記されていないが、概ね同様に彼の手に
なる可能性は一定程度存在するものとして良いだろう。

　他方『大理院判例要旨滙覽』の仏語訳のように Escarra が直接名前を挙げてい
るものもある。同書の翻訳を手伝った劉鎭中・呉昆吾・梁仁傑・胡文炳[27]・陳和
銑のうち前 3 者は先に述べた修訂法律館での 12 名の大量退職時に辞職しており、
それは丁度この訳業時に当たっていたものと推定される。5 人はいずれもパリ大学
乃至ジュネーブ大学で博士号を取得しており、フランス語・フランス法の双方に
長けた人材として、また Escarra の仕事相手として適任とされていたのであろう。

　訳業の結果はいずれも治外法権撤廃運動の絡みで刊行されたものであることが
窺われる。特に民国 14（1925）年以降、治外法権撤廃を巡る列強の議論が動き出
す中で、翻訳は重要な局面を迎えることになる。司法部はさらに民国 14 年 10 月

に編訳法律会規則を公布し[28]、翻訳業務に関わる新たな会を設けて事に当たらせ、またこれまで法権討論委員会において翻訳した主要法規の英仏語訳についてこれをようやく来華した各国調査団に送り参考とした[29]。民国15年にはさらに梁燿立が、鄭天錫が訳さなかった部分についての大理院判例要旨の英語訳を手がけたことが報じられ[30]、また鄭希陶がかの Norwood F. Allman[31] とともに『中国商業法令』(商務印書館・1926) を関係法令の英語訳として出版したことも報じられている。最終的に調査団の報告書がまとめられる段階では、司法部や法権討論委員会の手による法令の英仏語訳が根拠とされたようであることについても報道がなされるに至っていた[32]。

1920年代には欧米の実務家による著書に法典の翻訳が含まれる場合もあった。例えば A. M. Kotenev[33], *Shanghai : its mixed court and council*, Shanghai : North-China Daily News & Herald, 1925 や A. M. Kotenev, *Shanghai : its municipality and the Chinese*, Shanghai : North-China Daily News & Herald, 1927 において北洋政府期の数多くの関連法規への言及があり、また Norwood F. Allman, *Handbook on the protection of trade-marks, patents, copyrights, and trade-names in China*, Shanghai : Kelly & Walsh, 1924 でも知財関連を中心に法令の紹介がある。

三 Jean Escarra の訳業と *Le droit chinois*

南京政府期に入ると、清朝末期以来の近代的法典編纂活動を総括するかのように、基本法典が次々と成立することになる。1928年刑法についてはJean Escarra本人も膨大な註釈を付した翻訳を作成しており、社会学者として著名な余天休[34]による英語訳、後にパリ大学で法学博士を取得することになる陳雄飛[35] による仏語訳も刊行されている。同刑法は程なく改正され1935年刑法が公布されるが、これについても続々と欧米語訳が発表されている。

民法についても1929年に總則・物權・債編が、1930年に親屬・繼承編がそれぞれ公布されて完成するに至るが、これについても夏晋麟[36]・周福慶[37] による英語訳、何崇善[38] による仏語訳が発表されている。さらには将来の聖職者のために法的知識が必要であり「法の不知は害する (ignorantia iuris nocet)」ということでもあるので、とラテン語訳まで作成されている (以上については資料3-1 附を参照されたい)。差し当たり代表的な法典のみにとどめるが、これ以外にも雑誌論文として発表されたものも含め、膨大な数の翻訳が作成され、整備された中華民国の

第三章　中華民国諸法の欧米語への翻訳　　　*111*

六法（憲法を除く）の情報が広く伝えられるに至っている。

　さて、Escarra は 1930 年代の滞在につき、主著 *Le droit chinois*, Pékin : Henri Vetch, Paris : Recueil Sirey, 1936 の序文において以下のようにその経緯に触れている[39]。

　　一九三三年六月二十五日より十月二十五日に到る支那滞在中、私は國民政府顧問の職務に並行して二つの果すべき使命を有してゐた。

　　その一つは、フランス文部省より引受けたものであるが、支那の立法並に司法制度の職能研究を目的とした（一九三三年五月十八日省の命令）。

　　他の一つは、國際聯盟智的協力國際研究所[40] が私に委託したもので、支那に於ける法律教育及法律科學の現狀に關するものであった（一九三三年四月二十一日附該研究所長の書状）。

　　上記二者と合意の上にて、私は私の研究の結果を單一の報告に書きとめた。

　　支那政府は、その費用を以て同對象に關する研究を進めることを私に乞うたので、此の報告は同政府に提出された。私は、確定的に修正するために一九三四年九月四日より十一月十三日まで新たに支那に滞在する利益を有した。

　　私が今日公にするのは、此の研究である。

　加えて中国社会科学院近代史研究所翻译室『近代来华外国人名辞典』（中国社会科学出版社・1981）にはさらに「1921 年来华，历任北洋政府和国民党政府司法部顾问，一直到 1934 年。……1941-1942 年再度来华，在重庆做联络工作。」（128 頁）とある。Escarra 自身 1940 年パリ陥落後、Charles de Gaulle によりロンドンで組織された自由フランス（France Libre）に参加しており、中華民国重慶政府との交渉に携わった際の来華と推測される。

　Escarra 自身は法律顧問として引き続き立法作業に携わっていた。彼の着任早々の 1922 年 2 月段階で既に、民商法統一論につき幾度もの議論を経つつも最終的には別々に編纂することになり、フランス人顧問の某氏（Escarra のことと推定される）も北京に到着したので近く編纂に着手されるであろう、と報じられている[41]。

　Escarra にとって民商法統一論は非常に身近、かつ彼自身高い関心を有した主題であった。Escarra の商法学者としての名声を高めることとなった翻訳の原著者 Cesare Vivante はこの問題についての代表的な論客であり、1920 年代に入っ

て Vivante が民商法統一論から転向する過程も含めて Escarra が論考を書いている。日本においても Vivante の民商法統一論は早期から紹介され、また Escarra の論考についても翻訳・紹介が行われていた[42]。

ただ田中耕太郎は中華民国における民商法統一論について自己の論考において3頁にわたる長大な註釈を付して立法状況を紹介し「エスカラは此の統一を批評して、其れが形式的性質の部分的併合に過ぎず、商法の實質的自主性……には觸るる所なきもの」であり「瑞西、シアム及びチュニスの立法の例に倣ったもの」としていることを指摘しつつ「此（筆者註：戴傳賢と王寵惠による民商法劃一提案審査報告書を指す）の論據は近時に於ける商事法發達の趨勢に無關心であり、殊に瑞西債務法の主義に對する論難及び伊太利商法改正の經過、本意見起草の三年前（一九二五年、大正一四年）に發表せられたヴィヴァンテの改説を顧慮せざるものである」と切り捨てている[43]。

中華民国における民商法統一論については、「現代立法之新趨勢」に従ったものであることが象徴的に語られてきた[44]ため、後発の利を生かしてのことか、乃至は社会進化論的な恐れからか、立法者がただ最新のものに飛びついたかのような印象が流布しているかも知れない。Escarra 自身この問題への意見を求められた可能性があるが、上の批評から見ても、同議論について精通していた Escarra が、ただ新しいからという理由でこれを推進したとは考えづらい。

以上に限らず、Escarra はただやみくもに西欧法の最新性・先進性を振りかざしてそれを中国に押しつけるようなことはしていない。それどころかその逆とすらいえる態度を取っている。彼が中華民国民法起草の際に求められた報告書において強調したのは伝統や慣習に依拠しない法というものが全く価値を有さないということであり、他方でフランス民法の素晴らしさは、それがローマ法や慣習法を認めてそれらを明確かつ抽象的なものへと翻訳し、その有する可塑性・柔軟性によって新たな秩序と対立するものを暴力によってではなくして国家の必要と調和させたことにあったとされている[45]。皮相な理由で、ましてや「中華思想」的な理由でフランス法を良しとしているわけではないのである。

また現状と何ら切り結ばない法についても Escarra はその価値を否定する。従って彼は法典と伝統の関係、法典と現状の関係、さらには伝統と現状がどのような関係に立つのかについて、自然（或いは当然）その興味関心を向けることとなり、その態度は多くの翻訳作業にも反映している。彼はただ中国語のものを英語・仏語に移し替えるだけの仕事をしていたわけではないのである。

第三章　中華民国諸法の欧米語への翻訳　　　*113*

　例えば『大理院判例要旨滙覧』の翻訳を見るならば、読者はまず判例要旨に付された膨大な註釈に驚嘆させられることであろう。1920 年代初頭において既に大理院判例が「一種試用單行法」となっている状況とその問題が報道されている[46)]が、判例に注目しそれを翻訳するという作業自体が法と現実の関係という興味関心に結びつけられるものであるといえる。かつその膨大な註釈においては伝統法、古代法の内容にまで言及されることがしばしばである。Escarra が中国の古代からの慣習に言及する際にはほぼ例外なく Marcel Granet[47)] が参照されており、実定法に関する論考にまで引用される場合もあった程である。

　習慣を重視する姿勢については、Escarra 自身かなり早い段階で De la valeur juridique de l'usage en droit commercial, in : *Annales de droit commercial et industriel français, étranger et international*, vol. 24, 1910 なる論考を書いているのが注目される。しかも着任間もない 1922 年には自身も商習慣調査を行っている。中華民国民法の起草報告書では司法行政部編『民商事習慣調査報告録』（司法行政部・1930）に繋がる習慣調査の結果も多く利用されており、法の適用対象たる中国社会に常に関心を寄せていることが分かる。

　さらにこうした習慣と現状への興味関心の表れはその師弟関係にまででも見ることが出来る。Escarra 自身が主査を務めている中国人留学生の学位論文を見てゆくと、実は自らが興味関心を有する事項を留学生に研究させていたのではないかと思いたくなる程に（勿論そんなことはないのであろうが、逆に興味を引く主題であったが故に主査を務めたのかも知れない）、それに寄り添ったかのような論文を見ることが出来る。

　例えば Georges Sun（Si-fong）（孫璽鳳[48)]）, *Du rôle des décisions d'interprétation (kiai che li) comme source du droit chinois*, Paris : Jouve et Cie, editeurs, 1932 は、北洋政府期における解釈例の作用について論じたものであるが、Escarra 自身、解釈例が果たしてきた法と現実を架橋する作用についてこれを高く評価してきたものである。また Hu Yan-mung（胡養蒙[49)]）, *Étude philosophique et juridique de la conception de "Ming" et "Fen" dans le droit chinois*, Paris : Editions Domat-Montchrestien, 1932 は所謂「名分論」の哲学的・法的側面についての分析であり、伝統に繋がるものとして大いに興味を引いたのか、Escarra は特に序文を寄せている程である。中国人留学生とその指導教員との関係について興味深い論点を提示するものといえよう。

　以上の態度は、主著 *Le droit chinois* の構成にも表れている。Escarra は中華民

国の立法や司法について紹介する前に「基本的概念（Les notions fondamentales）」の章を置いて、法家思想をはじめ様々な伝統・文化的背景について述べることから叙述を開始しているのである。

その後 Escarra は主著第2部第2章を以下のように書き起こす。

　　現代の法典編纂が支那に於て始まって以來三十年以上になる。それは先づ外國法典をほとんど文字通りに飜譯すると云ふ傾向によって特徴づけられた暗中模索の時代を許した。此の時代に於ては法典編纂委員は日本やヨーロッパやアメリカで法律學を學んで最近に歸って來た若い人々である。經驗なく屢々彼等の國の立法發達の歷史を知らずして彼等は人民の意識にほとんど全く未知の法典を起草した。[50]

さらにこの箇所には註釈が付され、「此の日に公にされた民法典草案をフランス語に飜譯することが問題となった一九二五年に尚、日本語から文字的に飜案された支那の用語が時として非常に不明瞭であり、飜譯者は、日本法典の模範となったドイツの原文を參照することを便宜としたほどである。私はこのことを自身の經驗によって話すのである。」[51]と回想される。欧米由来の法制を欧米人が目にする、いうなれば本来は欧米からもたらされた法制が再び欧米へと"帰って"ゆく場面において、その他ならぬ欧米人から「非常に不明瞭」とされたのも皮肉ではあるが、Escarra は「屢々彼等の國の立法發達の歷史を知らずして」、即ち民国の法典が中国の伝統・慣習と切り離されてしまっている現状に注意を促したかったものと思われる。さらには直輸入的に制定された民国法制それ自体は、純粋な法制としてはある意味完成されたものであり否定しようがないものの、それが社会と切り結ぶに当たっては、適用出来なくなってしまい無意味なものとなることに注意をしているのである。

Escarra は「外國法典をほとんど文字通りに飜譯すると云ふ傾向」という箇所に註釈を付して「日本も同様な誤を犯したのであった、即ち先づボアソナードの影響の下に、フランスに、次でドイツに於けるその近代立法を借用した。」[52]としている。いうなれば日本も同様の失敗例として引き合いに出されているのである。翻訳の際に彼が膨大な註釈を付し、法典や判決と中国の伝統・慣習や現状との関係に重点を置いた解説を行ったのは、以上の観点からに他ならないといえるであろう。

第三章　中華民国諸法の欧米語への翻訳　　　*115*

　現状と切り結ばない、現状に即応しない法は役に立たないというのが Escarra の立場であった。従って欧州法がそのまま中国の現状に即応するとは思っていない。近代的な法典を起草し、或いは公布された法典を翻訳する中で、勿論それらが中華民国の現行法であり、また自身法律顧問としてそれらを一定程度 "弁護" する立場にも置かれたであろう Escarra は、それはそれとして紹介する一方で、ただそれだけではどうにもならないということについても十分な意識を向けている。しかもそれは、中国に来てはじめて気づいたというよりは、習慣に関する論考を早期から執筆する等、Escarra 自身が年来抱いていた構想に基づくものであったように思われる。

　Escarra は好んで Granet を引用し実定法に関する論文でも引き合いに出す等、中国社会について相当の関心を有していることは容易に観察出来る。他方でしかし、中国法が欧州法を超えるとか、対等なものになるとか、欧州法に革新をもたらすような示唆を与える存在として中国法を捉えている節は見出せない。彼にとっての西洋近代法は、あくまで中国固有法を革新させる「触媒」、即ち反応を促進させるけれどもそれ自身は変わらないもの、であったとすることが出来るように思われる。

　さてこうした中華民国の諸立法が結局のところ治外法権撤廃にどの程度効果的であるかについて、Escarra は La codification chinoise et l'exterritorialité, in : *Affaires etrangères : revue mensuelle de documentation internationale et diplomatique*, 1931 を執筆し、清末以来の様々な立法努力を紹介した後、民国ではほぼ完全な優れた立法を有するに至っただけではなく、法的価値に関する様々な古い概念が残存するにも関わらず、諸立法が大理院判例の適用の対象となると同時に「法的な問題（chose juridique）」が知識人の間に高い関心をかき立ててもおり、そのこと自体、多少なりと治外法権撤廃に対する欧米人の不安を和らげるものであると述べている。

　同論文において Escarra は治外法権撤廃が時間の問題でありいつかは実現されるものであるから相応の準備が必要と説きながらも、実定法の紹介にあわせてやはり伝統・慣習についての紹介を行っている。近代的な法典編纂に携わりつつも、出来上がった法制のみではなくその法制と社会の関係について最後まで注意を払い続けたのが彼の流儀であったとすることが出来よう。

　さて Escarra の主著 *Le droit chinois* は後に日本語訳も作成される。この翻訳として良く知られた谷口知平訳『エスカラ支那法』（有斐閣・1943）があるが、これ

に対し滋賀秀三は「日本訳として、必ずしもよい訳とは言えないけれども」となかなか手厳しい評価を加えている[53]。同翻訳の経緯について谷口本人は以下のように回想している[54]。

　　……昭和十六年頃に平野義太郎先生が興亜院か、満鉄の調査部の理事かなんかされてたんです、……その時にエスカラの「支那法」というのがでました。これは一九三六年頃丁度私がフランスに居た頃に出ておったんですがその時は、あまり関心をもたずにこっちに帰ってしまいましたが、その書かれたエスカラという先生には是非会えと、私の家庭教師フランス語の会話の先生でフィエという方がエスカラ先生に電話をかけて頼んでくれるもんですから、行きまして一寸挨拶をした。ずいぶん中国の人が出入りしておるようであったのです。ほんの一寸あいさつしてお目にかかった程度でありましたがその人の「支那法」という本を飜訳してくれというわけで、平野先生は非常にうまいことすすめられるんです。はようやってくれ、はようやってくれとしじゅう手紙を書いて来たりされましてついにぼちぼちやる。
　　しかしはじめの方はわりと面白い。難しいかわりに面白いんです。支那法の根本問題というところがありまして、ここでは儒教思想やとかそれから韓非子の思想がかなり詳細に紹介されております。……
　　わりと始めのところは面白いがあとの方のところは非常に退屈です。いろんな中華民国の実体法を紹介しておりますので一々それを、丁度大阪商科大学で法令集を買うてもろうてありましたのでそれを参考にして、一々それにあてはめて法典彙纂の第何条というようなものでもみな一々入れていきました。その時に中国の思想というものをだいぶ勉強して、論語や四書五経というようなものをレッグと申しましたか英文の飜訳があるので、もちろん論語や孟子は中学校で習うたことはあるのですけれど忘れておりましたので英訳書によってやるというような事をやっておりました。
　　それについて非常に助かったのは丁度中学校以来の親友で阪大に木村英一君という支那哲学の先生がおられ熱心に韓非子のところなどは見てくれました。何しろエスカラ先生はそんなものはみな助手の人に訳させていたらしいです、中国に二年程中華民国の顧問で行っておられたから、そういう人に訳させたらしいのでだいぶ間違うてるというわけで、それで原文について訳し直しをしてすっかり五十頁ほど組直しをしたことがあります。それ程丹念に

韓非子の部分は飜訳をしたのです。この時ちょっと面白いと思ったのは私の原稿をずっと平野先生が目を通されたんですがその時に満洲国は日本から言うと満洲国なんだけれどもこれをエスカラは「日本による中国の北辺満州の侵奪」アングレッションと書いている。その通り訳しといたら「満洲国の独立以来」という風に訳しかえてある。やっぱり先生も一通り目を通してここら工合悪いからこう直しとけということになったんかしらんと思います。そういうようなところもある。ここで非常に飜訳のむつかしいということを感じました。

　平野義太郎に翻訳を再三急かされたことが述べられているが、だからといって匆々の訳業であったということではない。彼自身、民法学者としての立場から中華民国民法についても関心を示す[55]と同時に、この大著の部分的な要約を先行して発表しており[56]、法家思想関連の部分は木村英一[57]の手を借りる等、相応の準備の上で取り組んでいたことが分かる。

　同時期に Escarra の翻訳を手がけた人物に社会派弁護士として知られる河合篤[58]がいる。彼は 1933 年 9 月の逮捕後に左翼からの転向を表明したものの[59]、治安維持法違反で有罪判決を受けている。その後、当時どうも左翼運動からの転向者のうち優秀な人材と見込まれたものが中国へと派遣される例があったようであり[60]、彼は中国に渡り中華民国国立新民学院[61]副教授となったが、訳業は丁度この時期に当たっている。河合はその編譯『支那法の根本問題』（教育圖書・1942）において Escarra の論文や主著 Le droit chinois の第 1 部全章と第 5 部第 1 章を翻訳しており、部分訳ではあるが谷口とほぼ時を同じくして翻訳が行われていたことが分かる。

　気になるのは双方とも平野義太郎に繋がる人物だということである。谷口は上掲の通り平野から直接翻訳を急かされたと述懐しており、河合が所属した法律事務所の長、布施辰治は、社会主義運動を通じて平野と繋がる人物である[62]。平野がこの訳業の結節点に登場していることは大変興味深い。

　しかしながら翻訳を急かした平野本人がかの中國農村慣行調査刊行會編『中國農村慣行調査』（岩波書店・1952～1958）において「中國における法律を研究する學徒も……生きた法律は何んであるかを探求せずに、ただ條文を解釋するにとどまった。エスカラ「中國法」（一九三六年。谷口知平譯（昭和十一年））もその例外ではなかった……」（第 1 巻 6 頁）と切り捨てるに及び、また第二次世界大戦の

終結とともに、Escarra の業績が日本において参照されることは少なくなって
いったようである。それは彼の業績の全てを検討した上での「廃棄」であったの
か、今一度問われなければならないであろう。

四 François Théry と Le droit chinois moderne 叢書

中華民国法制についてはもうひとつ是非とも言及しておかなければならない資
料がある。1930 年代に入り中華民国の諸法典が続々と整備されるに及び、これ
ら新法典の翻訳も整備されてゆくが、そうした各版本の中でもその継続性と網羅
性で目を引くのが Le droit chinois moderne 叢書である。同叢書は以下に述べる
François Théry を中心として天津工商大学、震旦大学を中心としながら刊行され
続けた、1930 年代以降の南京政府期の諸法を紹介する基本叢書となったもので
ある。

François Théry は 1891 年生まれ、1926 年より天津工商大学 (Hautes-Études de
Tientsin)[63] の商学科 (Faculté de Commerce) の教員となり、初代の図書館主任も
務めた。論文 *Les sociétés de commerce en Chine*, 1929 によりルーヴァン大学
(L'université de Louvain) より博士号を取得。Le droit chionis moderne 叢書の刊行に
関わり、自身も多く近代中華民国法の欧米語への翻訳を手がけた。中国語名は田
執中、1939 年段階での肩書は Doyen de la Faculté de Commerce des Hautes-Études
de Tientsin とある。

Le droit chionis moderne 叢書につき、Edward Malatesta による資料紹介では "A
special collection of legal materials "Le Droit chinois modern", had reached 28
volumes, but some of these were reprints of works previously published elsewhere." [64]
とされている。管見の限りではこれよりも多く、38 種を確認出来、1 冊目の刊行
は 1928 年、38 冊目の刊行は 1949 年である（no. 32 巻末の一覧に筆者が補訂を加え
たものを章末の資料 3-3 に掲げたので参照されたい）。初期のものでは Encyclopédie
des questions chinoises や Collection de la « Politique de Pékin » 等異なる叢書名を
持つものがある。逆にそれらの叢書名を持ちながら Le droit chinois moderne 叢書
に入っていないものもある。再刊行の際に入れられたものかも知れない。

初期のものには法制とあまり関係のなさそうな書籍も含まれてはいるが、一見
して気づくのは特に 1930 年以降、かなり多数の基本法典が Théry 本人の手に
よって仏語訳されていることである。それにしても驚異的な速さであるが、訳業

の傍ら中華民国法制に関する論文や関連書の書評も数点執筆しており、旺盛な意欲が窺える。この叢書は日本国内でもかなりの数を確認出来ることから、相当数流通していたことが窺え、当時の中華民国法研究にも大きな貢献をなしたことが想像出来る。

ただこの訳業も日中戦争とそれに続く国共内戦の混乱の中で翻弄されてゆく。1940 年代に入ると叢書の刊行自体が途絶し、Théry 本人についても特に 1949 年以降の消息について不明な点が多くなる。Guy Brossollet によれば新中国成立後 1952 年 3 月に逮捕され、1953 年 1 月に香港に追放されたとされる[65]。その後台湾で活動していたとする情報もあるが詳細は不明とするより他ない[66]。

関連の消息を窺う縁となるのが *L'année judiciaire chinoise 1965-1969* と題される資料である。輔仁大學法學院の出版で、『司法院公報』から Théry が仏語訳（抄訳）したものとされる。管見の限りでは國立台灣大學圖書館やライデン大学図書館に所蔵が確認され、それらには Le droit chinois moderne, n.s.との叢書名が付されている。同書についてはオランダの中国法学者 M. H. van der Valk が書評[67]を寄せており、その中では "It was Father Théry's intention to restart translations as from the year 1959 when the *Ssu fa yüan kung pao* 司法院公報 was published again on Formosa"（767 頁）と書かれていることから、戦後 Théry が訳業を継続していたものと推定される。ただ渡台後の中華民国法制ということもあり、他方において中華人民共和国法制が展開する状況にあって、それ以前に欧米においてこれらの訳業が有した役割自体が失われた結果、中国研究の一環としてもあまり顧みられるには至らなかったようである。

かの Jean Escarra も第二次世界大戦後はフランス本国での活動を中心としたようである。極東軍事裁判の裁判官を固辞した[68]彼はフランスに戻り、勿論年齢的な問題もあったであろうが、新中国法制に関しては本格的な著作を残すことはなかった。その後 Escarra や同世代のフランス人中国法学者の後継者が登場するまでには相応の時間を要することになるのである。

120　　　第一部　清末・北洋政府期における法典編纂と習慣調査

資料 3-1　北洋政府期法令欧米語訳一覧

※以下、原典に表示のある漢字表記について〔　〕内に示し、判明している人名については
（　）内に補記する。

I：比較的早期の翻訳

The Provisional Criminal Code of the Republic of China 〔暫行新刑律〕
translated by T. T. Yuen & Tachuen S. K. Loh（陸守經）
Printed by the Peking Gazette,〔19--〕
※ Preface の日付は 1915 年 9 月 17 日。

China's Corporation Regulations 〔公司條例〕
Shanghai : Far Eastern Review, 1915

The Police Offence Law of the Republic of China 〔違警罰法〕
translated by Jermyn Chi-Hung Lynn（林誌宏）
Peking : Peking Gazette Press, 1915

II：司法部刊行分

Provisional Regulations of the High Courts and their Subordinate Courts of the Chinese Republic 〔高等以下各級審判廳試辦章程〕
translated by the Law Codification Commission, published by the Ministry of Justice
Peking : Printed by the "Peking leader" Press,〔1919〕
※表紙に「法律編查會譯文司法部繙譯法律會印行」とあり。

Règlement provisoire pour les tribunaux supérieurs et ceux qui leur sont subordonnés de la République Chinoise 〔高等以下各級審判廳試辦章程〕
traduit par la Commission de Codification des Lois, publié par le Ministère de la Justice
Paris et Pékin, 1919

The Law of the Organization of the Judiciary of the Chinese Republic 〔法院編制法〕
translated by the Law Codification Commission, published by the Ministry of Justice
Printed by the "Peking Leader" Press,〔19--〕
※表紙に「法律編查會譯文司法部繙譯法律會印行」とあり。京都大学法学部図書室所蔵の版本には後扉に「繙譯法律會」印あり。

Loi sur l'organisation judiciaire de la République Chinoise 〔法院編制法〕
traduit par la Commission de la Codification des Lois, publié par le Ministère de la Justice
Paris : Imprimerie de H.-L. Motti, 1919

第三章　中華民国諸法の欧米語への翻訳　　*121*

The Provisional Criminal Code of the Republic of China〔英譯暫行新刑律〕
translated by the Law Codification Commission, published by the Ministry of Justice, 1919

The Regulations of the Arbitration Court of the Chinese Republic〔商事公斷處章程〕
translated and published by the Ministry of Justice
the Ministry of Justice, 〔19--〕
※表紙に「司法部繙譯法律會譯印」とあり。京都大学法学部図書室所蔵の版本には後扉に「繙譯
　法律會」印あり。

Rules for the Government and Administration of Prisons
the Ministry of Justice
Printed by the Printing Dept. of Russian Orthodox Mission, 〔19--〕

Commercial Associations Ordinance of the Chinese Republic〔公司條例〕
translated and published by the Ministry of Justice
the Ministry of Justice, 〔1---〕
※表紙に「司法部繙譯法律會譯印」とあり。京都大学法学部図書室所蔵の版本には後扉に「繙譯
　法律會」印あり。

The Ordinance for the General Regulation of Traders of the Chinese Republic〔商人通例〕
translated by the Law Codification Commission and published by the Ministry of Justice
the Ministry of Justice, 〔19--〕
※表紙に「司法部繙譯法律會譯印」とあり。京都大学法学部図書室所蔵の版本には後扉に「繙譯
　法律會」印あり。

Code penal de la République de Chine (second projet révisé)
publié par la Commission de Codification, février 1920, imprimerie du pei-t'ang
※ introduction あり。

Rules for the Application of Laws〔法律適用條例〕
Peking : the Ministry of Justice, 1921

The Revised Draft of the Law on Offences Relating to Morphine〔修正嗎啡治罪法草案〕
translated by T. T. Yuen, in English, French, Russian and Chinese
Peking : the Ministry of Justice, 1921

Projet révisé de la loi sur la repression de la fabrication et du commerce de la morphine
traduit par Liang Jen Kié
Pékin : Ministère de la Justice, 1921

III：鄭天錫関与分

The Draft Code of Criminal Procedure of China (1910) 〔刑事訴訟律〕
translated by F. T. Cheng
the Ministry of Justice, 1919

Judgments of the High Prize Court of the Republic of China : with an appendix containing Prize Court rules, detailed rules of the High Prize Court, regulations governing capture at sea, and regulations governing the sake-keeping of captured property in the naval warehouse
translated by F. T. Cheng
High Prize Court, 1919

The Supreme Court Regulations of China 〔大理院辦事章程〕
translated by F. T. Cheng
For the Supreme Court, 1919

The Chinese Supreme Court Decisions : first instalment translation relating to General Principles of Civil law and Commercial law
with prefaces by Yao Tseng ; translated by F. T. Cheng
the Supreme Court, 1920

IV：法権討論委員会刊行分

The Chinese Supreme Court Decisions : relating to general principles of civil law, obligations, and commercial law
translated by F. T. Cheng（鄭天錫）
Commission on Extraterritoriality, 1923

Laws, Ordinances, Regulations and Rules Relating to the Judicial Administration of the Republic of China
translated and published by the Commission on Extraterritoriality
Commission on Extraterritoriality, 1923

The Provisional Criminal Code of the Republic of China 〔暫行新刑律〕*: embodying Presidential Mandates, the Provisional Code Amendment Act, the Revised Draft of the Law on Offences Relating to Morphine, Revised Regulations Governing Military Criminal Cases, Regulations Governing Naval Criminal Cases*
Commission on Extraterritoriality, 1923

Regulations Relating to Criminal Procedure of the Republic of China (promulgated on Nov. 14, 1921) : embodying presidential mandates, regulations relating to the enforcement of the

第三章　中華民国諸法の欧米語への翻訳　　　*123*

regulations relating to criminal procedure and provisional regulations relating to sentence by order
Commission on Extraterritoriality, 1923

Règlement de procédure pénale de la République de Chine du 14 novembre 1921 : suivi du règlement d'exécution, du règlement sur le décret pénal et du règlement sur la procédure pénale sommaire
Commission de l'exterritorialité, juin 1923, imprimerie du pei-t'ang
※仏文版は introduction あり。

The Regulations Relating to Civil Procedure of the Republic of China
Commission on Extraterritoriality, 1923

Règlement de procédure civile de la République de Chine promulgué le 22 juillet 1921 : suivi du règlement d'exécution du même jour, et du règlement sur les voies d'exécution en matière civile du 3 août 1920
publié par la Commission de l'exterritorialité, mars 1924, imprimerie du pei-t'ang
※仏文版は introduction あり。

Trade Mark Law and Detailed Regulations
Commission on Extraterritoriality, 1923

Code pénal provisoire de la République de Chine du 30 mars 1912 : suivi de l'acte modificatif du 24 décembre 1914, du code des contraventions, et des règlements sur la répression du trafic de la morphine et de la corruption des fonctionnaires publics
Commission de l'exterritorialité, septembre 1923, imprimerie du pei-t'ang

Regulations Relating to Commerce
Commission on Extraterritoriality, 1923

Constitution and Supplementary Laws and Documents of the Republic of China
translated and published by the Commission on Extraterritoriality
Commission on Extraterritoriality, 1924

Législation commerciale de la République de Chine
Commission de l'exterritorialité, février 1924, imprimerie na-che-pao

Recueil des sommaires de la jurisprudence de la Cour Suprême de la République de Chine〔大理院判例要旨匯覧〕
1er fascicule（1912–1918）, 2e fascicule（1912–1918）, Supplément（1919–1923）

publié par la Commission de l'exterritorialité, 1924, 1925, 1926, imprimerie de la mission catholique

Mining Enterprise Regulations ; Afforestation Law ; Law of Copyright
translated and published by the Commission on Extraterritoriality
Commission on Extraterritoriality, 1925

Revised Law of Nationality, Detailed Rules for the Application of Revised Law of Nationality, Rules for the Application of Laws 〔國籍法及國籍法施行細則、法律適用條例〕
translated and published by the Commission on Extraterritoriality
Commission on Extraterritoriality, 1925. 10

Projet de code civil [livre premier] dispositions générales 〔民法艸案總則編〕
publié par la Commission de l'exterritorialité, janvier 1926, imprimerie du pei-t'ang

Projet de loi sur les effets de commerce 〔票據法艸案〕
publié par la Commission de l'exterritorialité, février 1926, imprimerie du pei-t'ang

Projet de code civil [livre deuxième] des obligations 〔民法艸案債編〕
publié par la Commission de l'exterritorialité, 1926, imprimerie du pei-t'ang

Draft Chinese Civil Code / presented by the Ministry of Justice to the chief executive of the Republic of China for promulgation on the 23rd day of the 11th month of the 14th year of the Republic (Nov. 23rd, 1925)
translated and published by the Commission on Extraterritoriality, 1926

Provisional Regulations for the Detention Houses : promulgated on the 28th of January, the 2nd year of the Republic 〔看守所暫行規則〕
Ya Tung Press, 〔19--〕

附：中華民国刑法・民法の欧米語訳
i：1928 年刑法
The Criminal Code of the Republic of China (promulgated on 10th March, 1928, by the Nationalist Government) 〔中華民國刑法〕
translated into English by S. L. Burdett, in collaboration with Lone Liang （梁龍）
上海臨時法院, 〔1928?〕

The Chinese Criminal Code : promulgated by the Chinese nationalist government
translated by Yu Tinn-hugh （余天休）
Shanghai : the International Publishing co., 1928

第三章　中華民国諸法の欧米語への翻訳　　　*125*

Code pénal de la République de Chine
traduit par Hiong-fei Cheng（陳雄飛）
Zi-ka-wei près Chang-hai : Imprimerie de l'orphelinat de T'ou-sè-wè, Université l'Aurore,
1929

Code pénal de la République de Chine ; promulgué le 10 mars 1928, entré en vigueur le 1er
septembre 1928
traduit par Jean Escarra ;〔préface de P. Garraud〕
M. Giard, 1930

ii：1935 年刑法

The Criminal Code of the Republic of China : embodying the law governing the application of
the criminal code and the penal code of Army, Navy and Air Forces of the Republic of China
translated into English by Chao-Yuen C. Chang ; foreword by Sun Fo（孫科）
Kelly & Walsh, 1935

Code pénal de la République de Chine : promulgué le 1er janvier 1935, entré en vigueur le 1er
juillet 1935
Ho Tchong-Chan（何崇善）; préf. de Wang Yung-Pin（王用賓）; av.-pr. de Sun Fo（孫科）
Librairie du Recueil Sirey, 1935

The Chinese Criminal Code and Special Criminal and Administrative Laws〔英漢對照中華民
國刑法〕
translated by the Legal Department of the Shanghai Municipal Council（上海公共租界工部局
法律部）
Commercial Press（商務印書館）, 1935. 12

The Criminal Code of the Republic of China
translated into English by Ching-Lin Hsia（夏晋麟）and Boyer P. H. Chu ; preface by Sun Fo
（孫科）
Kelly & Walsh, Ltd., 1936

iii：中華民國民法

The Civil Code of the Republic of China
Books I, II and III, Books IV and V
translated into English by Ching-lin Hsia（夏晋麟）, James L. E. Chow（周福慶）, Yukon
Chang ; preface by Hu Han-Min（胡漢民）; introduction by Foo Ping-Sheung（傅秉常）
Kelly & Walsh, 1930–1931

126　第一部　清末・北洋政府期における法典編纂と習慣調査

Code civil de la République de Chine
Livre I, II et III, Livre IV et V
traduits du chinois par Ho Tchong-chan（何崇善）; introduction de Foo Ping-sheung（傅秉
常）; préface de Hu Han-min（胡漢民）
Imprimerie de l'orphelinat de T'ou-sè-wè, 1930–1931

Code civil de la République de Chine
text chinois et traduction française par François Théry
Procure de la Mission de Sienhsien, 1931

Codex juris civilis Reipublicae Sinicae
codex translatus in linguam latinam a Msgr. Cyrillo Rudolfo Jarre
Tsinanfu, 1934

資料 3-2　Jean Escarra 中国関連著作一覧
※[ ] は T'oung Pao 所収目録における通し番号を示す。

◆中国法関連
Les problèmes généraux de la codification du droit privé chinois [1]
　Peking, "Politique de Pekin", 1922, 30 p.
　中国語訳：約翰愛師嘉拉「中國私法之修訂」（法學會雜誌 8・1922）

Western method of research into Chinese law [2]
　in : *Chinese Social and Political Science Review*, vol. 8, 1924, pp. 227–248.
　日本語訳：河合篤編譯『支那法の根本問題』（教育圖書・1942）「第一篇　西洋的方法
　による支那法の研究」

La législation commerciale chinoise [4]
　in : *Annales de droit commercial et industriel français, étranger et international*, vol. 33,
　　1924, pp. 25–33.
　中国語訳：「關于修訂中國商法法典之報告」（法學季刊 2-3・1925）

Droit chinois et droit comparé [5]
　in : *Actorum academiae universalis iurisprudentiae comparativae (Mémoires de
　　l'Académie internationale de droit comparé)*, vol. 1, 1928, pp. 272–292.
　冊子版もあり＝ Berlin : H. Sack ; Paris : M. Rivière ; London : Maxwell, 1928.
　日本語訳：河合篤編譯『支那法の根本問題』（教育圖書・1942）「第二篇　支那法と比
　較法學」

第三章　中華民国諸法の欧米語への翻訳　　　*127*

Recueil des sommaires de la jurisprudence de la Cour Suprême de la République de Chine en matière civile et commerciale, 1912–1918（大理院判例要旨滙覽），publié par la Commision de l'exterritorialité［6］

※翻訳、序文、註釈を担当、劉鎮中（Liou Tcheng-Tchong）、呉昆吾（Houx Koung-Ou）、梁仁傑（Liang J'en-Kié）、胡文柄（Hou Wen-Ping）と共著。

1er et 2e Fascicule, Changhai : Imprimerie de la Mission Catholique, 1924–1925.

Supplément（1919–1923），Pékin : Imprimerie de la Mission Catholique, 1926.

※ Supplément では上記 4 名の中国人に加え、陳和銑（Tch'en Ho-Hsien）が加入。

Chinese Law and Comparative Jurisprudence［7］
Tientsin : Librarie française, 1926, 35 p.

Leang K'i-tch'ao（梁啓超），*La conception de la loi et les théories des légistes a la veille des Ts'in : extrait de l'histoire des théories politiques à la veille des Ts'in*［8］
※翻訳、序文、註釈を担当（Robert Germain と共同）。
China Booksellers, 1926.

Les transformations du droit chinois dans la législation et la jurisprudence［11］
in : *Annales franco-chinoises*, no. 4, 1927, pp. 4–14.

La loi organique de la Chine a un caractère provisoire : la loi organique du gouvernement chinois［13］
in : *L'europe nouvelle*, no. 560（3 Nov. 1928），pp. 1513–1515, and no. 573（2 Feb. 1929），pp. 154–158.

Le droit pénal chinois et les codes de 1928［14］
in : *Revue pénitentiaire et de droit pénal : Bulletin de la société générale des prisons*, 53e année, 1929, pp. 191–244.

Sources du droit positif actuel de la Chine［15］
in : Opera Academiae Universalis Jurisprudentiae Comparativae, Series I, *Fontes iuris vigentis*, Fasciculus I, *Pars orientalis (Aegyptus – Palaestina – Sina – Japonia)*, Berlin : Sack & Montanus, 1929.
冊子版もあり = Berlin : H. Sack, 1929, 72 p.

（**Préface**）**Friedrich Wu Chi, Friedrich C. Wu Wu K'i,** *La nouvelle Chine et le gouvernement national, étude sur la loi organique du 10 octobre 1928 et ses organisations des pouvoirs publics dans le gouvernement national,* Paris : M. Rivière, 1929, vi, 216 p.

（**Préface**）**Léon Yang,** *Les territoires à bail en Chine,* Paris : Pr. universit., 1929, viii, 215 p.

128　　　第一部　清末・北洋政府期における法典編纂と習慣調査

Code pénal de la République de Chine ; promulgué le 10 mars 1928, entré en vigueur le 1ᵉʳ septembre 1928 [16]

Paris : M. Giard, 1930.

Loi chinoise sur les assurances promulguée le 30 Décembre 1929 [17]

in : *Revue générale des assurances terrestres*, vol. 1, 1930, pp. 713-724.

冊子版もあり = Paris : Liblairie générale de droit et de jurisprudence, 1930, 18 p.

Séance du 23 Mai 1930, Communication de M. Escarra, sur la codification contempolaine du droit privé chinois [18]

in : *Bulletin de la société de législation comparée*, vol. 59, no. 7-8-9, 1930, pp. 407-443.

冊子版もあり = Agen : Imprimerie moderne, 1930, 43 p.

Droit international privé de la Chine

in : *Répertoire de droit international*, vol. VI, Paris, 1930, pp. 203-207.

Codification civile et coutumes matrimoniales en Chine

in : *Bulletin de l'institut français de sociologie*, 1ʳᵉ Année, Tome I, 1930-1931, pp. 3-24.

冊子版もあり = Paris : F. Alcon, 1932, 72 p.

Nationalité en Chine [19]

in : *Répertoire de droit international*, vol. IX, Paris, 1931, pp. 586-589.

Législation intérieure : Chine I. Loi sur le droit d'auteur, du 14 mai 1928, II. Règlement de détail sur l'application de la loi sur le droit d'auteur, du 14 mai 1928, III. Note interprétative relative aux affaires d'enregistrement du droit d'auteur.
（La législation Chinoise sur le droit d'auteur） [20]

in : *Le droit d'auteur* : organe officiel du bureau de l'union internationale pour la protection des oeuvres littéraires et artistiques. 15 Oct. 1931, pp. 110-113.

La législation maritime chinoise [21]

in : *Revue de droit maritime comparé*, vol. 23, 1931, pp. 1-28.

冊子版もあり = Paris : Librairie générale de droit, [1931], 46 p.

Loi et coutume en Chine [22]

in : *Conférences 1931, Etude de sociologie et d'ethnologie juridique 4*, Paris, Faculté de droit ; Salle de travail d'ethnologie juridique, Domat-Montchrestien, 1931, pp. 27-54.

La codification du droit de la famille et du droit des successions : livres IV et V du code civil de la République Chinoise (Rapport présenté au Conseil Législatif du Gouvernement National) [23]

第三章　中華民国諸法の欧米語への翻訳　　　*129*

Shanghai : Imprimerie de l'orphelinat de T'ou-sè-wè Zi-ka-wei, 1931, II + 87 p.

Law - Chinese [25]
　in : Edwin R. A. Seligman ed., *Encyclopaedia of the Social Sciences*, vol. 9, New York :
　the Macmillan Company, 1933, pp. 249-254.

(**Préface**) **Hu Yan-mung,** *Étude philosophique et juridique de la conception de « ming » et de
« fen » dans le droit chinois,* Paris : Les édition Domat- Montchrestien, 1932 [26]

(**Review**) **T'ang Ki-siang,** *Tchong kouo kouo tsi sseu fa louen* (唐紀翔『中國國際私法論』
(商務印書館・1930))[26]
　in : *Revue de droit international privé*, vol. 27, 1932, p. 404.

Das chinesische Familienrecht in der alten Gesetzgebung und in der neuen Kodifikation
　in : *Sinica* 8, 1933, pp. 97-109.
　(原一覧では[28] Le droit Chinois de la famille, (Sinica, Juin 1933) ; article publié à
　nouveau dans Law Quarterly Review de New York とあるが、Sinica 該当号には掲出のド
　イツ語論文のみが収録されており、フランス語のものは収録されていない。また Law
　Quarterly Review de New York についても未詳。*New York University law quarterly
　review* や *The law quarterly review* (Stevens & Sons)、*Law quarterly review* (Fred B.
　Rothman)の 1930 年代の号には見当たらない。)

Aperçu du droit chinois [27]
　in : *Revue critique législation et de jurisprudence*, Nouvelle série, Tome 72, 1932, pp.
　469-487.

Loi sur les effets de commerce du 30 octobre 1929, Texte chinois et traduction française
Annales de Droit commercial français, étranger et international, 1930, no. 1
冊子版もあり= Paris : Rousseau, 1930, in-8°, 29 p.
後に Le droit chinois moderne no. 7 bis., Tientsin : Hautes études, 1934, 34 p.

La conception chinoise du droit [29]
　in : *Archives de philosophie du droit et de sociologie juridique*, 1/2, 1935, pp. 7-73.
　冊子版もあり= Paris : 1935, 73 p.

L'enseignement et la science du droit en Chine [30]
　Paris : Institut international de coopération intellectuelle, 1936, 103 p.

Le droit chinois [31]
　Pékin : Henri Vetch, 1936, xii, 559 p.

130   第一部　清末・北洋政府期における法典編纂と習慣調査

全日本語訳：谷口知平譯『エスカラ支那法』（有斐閣・1943）
部分日本語訳：河合篤編譯『支那法の根本問題』（教育圖書・1942）
　　　　　　「第三篇　法に關する支那的觀念」（第一部全章と第五部第一章）
　　　　　　風早八十二「支那法に關する文獻目錄」（法律時報 11-4～6・1939）
　　　　　　平野義太郎「支那法・法史に關する一般的參考文獻、支那學・古典の
　　　　　　　重要文獻（歐文）目錄」（『東亞學第一輯』（日光書院・1939））
内容要約紹介：ジアン・エスカルラ（高木嗣夫訳）「支那法の精神とその史的動向」
　　　　　　（法律新聞 4536～4537・1940）
　　　　　　谷口知平譯「支那法の根本觀念」（民商法雜誌 12-3・1940）
　　　　　　谷口知平譯「支那法の特色」（民商法雜誌 12-6・1940）
　　　　　　谷口知平譯「エスカラの見たる支那に於ける法律教育」
　　　　　　（民商法雜誌 14-2・1941）

Les institutions jurisprudentielles de la Chine [32]
　in : *Penent : recueil général de jurisprudence, de doctrine et de législation coloniales et maritimes*, vol. 46, 1937, pp. 11–18.

Remarques sur la sinologie juridique [33]
　Hanoi : Imprimerie d'Extrême Orient, 1937, 18 p. ; in–8.

La Chine et l'esprit juridique
　in : *Scientia* 63, 1938, pp. 93–100.

（Review）Pan Wei-tung, *The Chinese Constitution : A Study of 40 Years of Constitution Making in China*
　in : *Pacific Affairs*, vol. 19, no. 3, 1946, p. 308.

Le droit chinois moderne et son application par les tribunaux [35]
　in : *Sinologica* 1, 1948, pp. 97–107.

（Review）M. H. van der Valk, *Interpretations of the Supreme Court at Peking, Years 1915 and 1916* [36]
　in : *Sinologica* 3, 1953, pp. 65–66.

（Review）M. J. Meijer, *The Introduction of Modern Criminal Law in China* [37]
　in : *Sinologica* 3, 1953, pp. 66–68.

（Review）Basil Davidson, *Daybreak in China*
　in : *Pacific Affairs*, vol. 27, no. 1, 1954, pp. 71–72.

第三章　中華民国諸法の欧米語への翻訳　　131

◆中国における外国人の問題

Le problème de l'exterritorialité en Chine [38]

in : *Revue de droit international privé*, vol. 18, 1922-1923, pp. 693-720, vol. 19, 1924, pp. 31-47.

冊子版もあり＝Paris : Recueil Sirey, 1923, 44 p.

The extraterritoriality problem [38]

in : *Peking Leader*, 20-23th Jun 1923.

in : *China Law Review,* vol. 2, no. 1, pp. 5-19, 1924, vol. 2, no. 2, pp. 65-76, 1924.

冊子版もあり＝Peking : La librairie française, 1923, 30 p.

Sur le régime juridique d'une société anonyme qui établit son siège social dans une concession étrangère en Chine [39]

in : *Annales de droit commercial et industriel français, étranger et international*, vol. 33, 1924, pp. 114-120.

冊子版もあり＝Paris : A. Rousseau, 1924, 9 p.

Droits et intérêts étrangers en Chine [40]

in : *Revue d'économie politique* 41, 1927, pp. 1017-1053, 1304-1325, 1471-1492.

冊子版もあり＝Paris : Librairie du Recueil Sirey, 1928, xxviii, 88, [2]p.

Chine（Concessions en）, Chine（Exterritorialité en） [41]

in : A. De Lapradelle et J. P. Niboyet pub., *Répertoire de droit international*, Paris : Recueil Sirey, Tome III, 1929, pp. 420-439.

Le régime des concessions étrangères en Chine [42]

in : *Recueil des cours* (Académie de droit international), Tome 27 (1929 II), 1930, pp. 5-140.

冊子版もあり＝Paris : Librairie Hachette, 1929, 140 p.

日本語訳：植田捷雄譯『支那租界制度論』（日光書院・1941）

Le nouveau régime des cours mixtes de Chang-hai [43]

in : *Séance et travaux de l'académie diplomatique internationale*, vol. 3, 1930, pp. 128-132.

Exterritorialité et juridictions mixtes en Chine [44]

in : *Revue pénitentiaire et de droit pénal : Bulletin de la société générale des prisons*, 54ᵉ année, 1930, pp. 345-370.

La codification chinoise et l'exterritorialité [45]

in : *Affaires Etrangères : Revue mensuelle de documentation internationale et diplomatique*, 1931, pp. 76-84.

La Chine et le droit international [46]
Publications de la Revue générale de droit international public, no. 4
Paris : A. Pedone, 1931, xx, 419 p.

◆日中関係
Le problème de la Mandchourie [47]
in : *L'europe nouvelle*, no. 695, 6 juin 1931, pp. 783-785.

（**Article**）**Chine**（en collaboration avec le Dr. Wang Ch'ung-hui）[48]
in : A.-F. Franguis（direction）, *Dictionnaire diplomatique*, Paris : Académie Diplomatique
Internationale, [1933], pp. 442-449.

La position et les droits du Japon en Mandchourie [49]
in : *Revue de droit international*, vol. 9, 1932, pp. 55-97.

Le conflit sino-japonais et la Société des Nations [50]
Conférences faites à la Fondation Carnegie, 1933.
Paris : Publications de la Conciliation internationale, 1933, 278 p.
※ Jean Ray, La Position, l'oeuvre et la politique du Japon en Mandchourie も収録。

La politique et le droit dans les relations sino-japonaises [51]
in : *L'Europe nouvelle*, no. 770, 12 nov. 1932, pp. 1332-1334.

La reconnaissance de jure de la régence du Mandchoukouo et le traité des neuf puissances
[52]
Nanking : China, Intelligence and Publicity Dept., Ministry of Foreign Affairs, 1933, 16 p.

Réflexion sur la politique du Japon à l'égard de la Chine et sur quelque aspects juridique du
conflit actuel [53]
Perpignan : Imprimerie de l'Indépendant, [s. d.], 1937, 27 p.

La Chine après un an de guerre [54]
Politique, 12e année, no. 8, août 1938, pp. 673-707.
冊子版もあり＝Paris : Kremlin-Bicêtre : Imprimerie de M. Boivent, 1938, 38 p.

L'honorable paix Japonaise [55]
Paris : Editions Bernard Grasset, 1938, 238 p.

第三章　中華民国諸法の欧米語への翻訳　　　*133*

◆中国総論

La Chine, passé et présent [56]

Paris : A. Colin, 1937, 213 p.

日本語訳：J. エスカラ（蛯原徳夫譯）『支那・過去と現在』（生活社・1941）

英語訳：C. C. Langhorne and W. Sheldon Ridge trans., *China Then and Now*, Peking :
Henri Vetch, 1940, viii, 289, [1]p.

(**Préface**) Lin Yutang（林語堂）, S. Bourgeois en P. Bourgeois trad., *La Chine et les Chinois*,
Paris : Payot, 1937, 396 p.

La Résistance chinoise vue de Han-K'eou（31 Mai 1938）
in : *Politique étrangère*, no. 4, 1938, 3e année, pp. 360–369.

Les institutions de la Chine : essai historique（collaboration avec Henri Maspero）[57]
Paris : Presses universitaires de Frances, 1952, 174 p.

La Chine
Paris : Les cours de droit, 1952, autograp. : hié. ; 2 vol. in–8° et addendum.

◆翻訳

Traduction（du texte anglais）des Lois et Règlements chinois en Matière de Procédure civile et
de Droit commercial [3]

Peking, 1924

=*Réglement de procédure civile de la République de Chine promulgué le 22 juillet 1921*,
publié par la Commission de l'exterritorialité, Pékin : Imprimerie du Pei-t'ang, xxi, 259 p.,
1924 か？

= *Législation commerciale de la République de Chine*, publié par la Commission de
l'exterritorialité, Pékin : Imprimerie du Na-che-pao, x, 213 p., 1924 か？

Traduction（du texte chinois）des Livres I et II du Projet de Code civil de 1925（en
collaboration）, Peking 1926 [9]

= *Projet de code civil : livre 1–2* 〔民律艸案總則編〕, publié par la Commission de
l'exterritorialité, Pékin : Imprimerie du Pei-t'ang, 1926 か？

Traduction du Projet de Loi sur les Effets de Commerce de 1926, Peking 1926 [10]

=*Projet de loi sur les effets de commerce* 〔票據法艸案〕, publié par la Commission de
codification, Pékin : Imprimerie du Pei-t'ang, 1926.

134　　第一部　清末・北洋政府期における法典編纂と習慣調査

◆不明分（原一覧に掲げられてはいるものの、対応する論考が見当たらないもの）
Note du D. P. 1927, 2. 2（Mariage religieux d'Etrangers en Mongolie）[10]
　＝不明。

Note au D. P. 1928, 2. 93, sur Les Arrêts de la Cour Suprême de Chine, des 5 Mai 1924 et 14 Avril 1926, en matière de compte courant en monnaie étranger dépréciée [12]
　＝不明。

Chinese law and its evolution [24]
　in : Tulane Review
　＝不明。*Tulane Law Review* の該当時期の号には収録されていない。

The Chinese Civil Code [26]
　in : Journal of the American Bar Association
　＝不明。*American Bar Association Journal* の該当時期の号には収録されていない。

Party Government in China [34]
　in : Royal Asiatic Society Review
　＝不明。*Journal of the North-China Branch of the Royal Asiatic Society* の該当時期の号には収録されてない。

資料 3-3　Collection « Le droit chinois moderne »

1　**J. R. Baylin, Pratique commerciale en Chine**, d'après Berliner. 2e édition revue et corrigée – A. Nachbaur, édit. Peiping, 1928.

2　**J. R. Baylin, Emprunts intérieurs chinois** – Caractéristiques et tables d'amortissement. A. Nachbaur, édit. Peiping, mars 1929.

2-bis　**J. R. Baylin et E. Kann**, Édition anglaise du même ouvrage, publiée sous les auspices du « Bureau of Industrial and Commercial Information » – Juillet 1929.

3　**J. R. Baylin, L'Est-Chinois** – Historique – Contrats divers – et docmentation économique succincte sur la Mandchourie. A. Nachbaur, édit. Peiping, 1929.

4　**François Théry, S. J., Les sociétés de commerce en Chine,** in-8, 438 pages, Tientsin, 1929.

5　**Organisation du Gouvernement Nationaliste**, d'après les textes législatifs – Texte chinois

第三章 中華民国諸法の欧米語への翻訳 135

et traduction de **Robert Jobez**
in-8, 175 pages, imprimerie de la mission de Sienhsien, s. d. (1930)

6 **Robert Jobez**, Chef de la Sûreté de la Concession Française de Tientsin – **L'expertise en écriture des documents chinois**,
in-8 carré, 42 pages, 55 photographies et diagrammes, Tientsin, mai 1930.

7 **Loi chinoise sur les effets de commerce** – traduction française par **J. R. Baylin**
in-8, – Collection de « La Politique de Pékin », 1930.

7-bis **Loi sur les effets de commerce** 〔票據法〕 – Texte chinois et traduction française, introduction et notes par **Jean Escarra**
in-8 carré, VIII pages et 34 pages doubles, Tientsin, 1934.

8 **L'Étalon or en Chine** – Projet de loi remis au Ministère des Finances par la mission Kemmerer le 11 novembre 1929, et exposé des motifs justifiant son adoption. (Traduction française par J. R. B.)
in-4, 39 et 5 pages, A. Nachbaur, édit. Pékin

8-bis Même ouvrage, avec le texte chinois,
in-8 carré, 68 pages doubles, Tientsin, 1934.

9 **Loi du 26 décembre 1929 sur les sociétés commerciales** – traduction française par **François Théry, S. J.**
in-8, 47 pages, – Collection de « La politique de Pékin », 1930.

10 **Code civil de la République de Chine – Livre IV : de la famille – Livre V : de la succession** – et lois d'application de ces deux livres. – Texte chinois et traduction française par **François Théry, S. J.**
in-8, carré, VII pages et 43 pages doubles, Tientsin, 1931.

11 **Code foncier de la République de Chine** – Texte chinois et traduction française par **François Théry, S. J.**
in-8 carré, 80 pages doubles, Tientsin, 1931.

12 **Loi sur les navires** (4 décembre 1930) **et Loi sur l'enregistrement des navires** (5 décembre 1930) – Texte chinois et traduction française par **François Théry, S. J.**
in-8 carré, 25 pages doubles, Tientsin, 1931.

13 **J. Médard, Vocabulaire Français-Chinois des sciences morales et politiques**
Gr. in-8, 1380 pages et 16 pages de supplément, Tientsin s. d. (1927)

136　　　第一部　清末・北洋政府期における法典編纂と習慣調査

14　J. R. Baylin, **Contrat d'emprunt du Ssepingkai – Taonanfou** – Traduction précédée d'une notice sur les chemins de fer de Mandchourie.

A. Nachbaur, édit., Peiping

15　**Code de procédure civile** (26 décembre 1930 et 3 février 1931) **et Loi sur la conciliation en matière civile** (20 janvier 1930) – Texte chinois et traduction française par **François Théry, S. J.** in–8 carré, II pages et 111 pages doubles, 21 pages de tables. Tientsin, 1932.

16　**L'Année Judiciaire Chinoise** – Jurisprudence de la Cour Suprême de Nanking – 1e année (1928) – Texte chinois et traduction française –
Affaires civiles : traduction par **François Théry, S. J.**
Affaires pénales : traduction par **Robert Jobez.**
in–8 carré, II et 295 pages. Tientsin

17　**Loi d'organisation des tribunaux** (28 octobre 1932) – **Loi d'organisation de la Cour Administrative** (17 novembre 1932) – **Loi sur les procès administratifs** (17 novembre 1932) – **Loi sur les recours en matière administrative** (24 mars 1930) – Texte chinois et traduction française par **François Théry, S. J.**
in–8 carré, 38 pages doubles, Tientsin, 1933.

18　**L'Année Judiciaire Chinoise** – 2e, 3e et 4e années (1929–1931) – Affaires civiles : traduction par **François Théry, S. J.**
in–8 carré, 107 pages, Tientsin 1934.

19　**L'Année Judiciaire Chinoise** – 5e année (1932) – Affaires civiles : traduction par **François Théry, S. J.**
in–8 carré, 236 pages, Tientsin 1934.

20　**Loi sur l'état-civil** – (promulguée le 12 décembre 1931 – entrée en vigueur le 1 juillet 1934) 〔戸籍法〕 – Texte chinois et traduction française par **François Théry, S. J. et Hoang Jou-Hsiang.**
in–8 carré, II pages et 33 pages doubles, Tientsin, 1934.

20–a　**Règlement de détail pour l'application de la loi sur l'état-civil** – Texte chinois et traduction française par **C. M. Ricard et M^e Ph. Kou Cheou-Hi.**
in–8 carré, Tientsin 1934.

21　**Code pénal de la République Chinoise** 〔中華民國刑法〕 – texte chinois accompagné d'une traduction française par **C. M. Ricard et M^e Ph. Kou Cheou-Hi et P. C. Leblanc et Wang Tse-Sin.**

第三章　中華民国諸法の欧米語への翻訳　　　*137*

in-8 carré, 98 pages doubles et 13 pages de tables, Tientsin, 1935.

22　**L'Année Judiciaire Chinoise** – Jurisprudence de la Cour Suprême de Nanking – 6ᵉ année（1933）Affaires civiles : Texte chinois et traduction française par **François Théry, S. J.**
in-8 carré, 316 pages, Tientsin, 1935.

23　**Code de procédure pénale de la République Chinoise** 〔中華民國刑事訴訟法〕 – Texte chinois accompagné d'une traduction française sous la direction de **P. C. Leblanc**, sous-directeur à la Police Française de Shanghai.
in-8 carré, 114 pages doubles et 12 pages de tables, Tientsin, 1935.

24　**Loi sur la faillite**（promulguée le 17 juillet 1935 – entre en vigueur le 1 octobre 1935）〔破産法〕 – Texte chinois et traduction française par **François Théry, S. J.**
in-8 carré, III pages et 31 pages doubles, Tientsin, 1935.

25　**Code de procédure civile (révisé)** **de la République Chinoise**（1 juillet 1935）〔中華民國民事訴訟法〕 – Texte chinois et traduction française revue et mise à jour par **C. M. Ricard.**
in-8 carré, 125 pages doubles, 23 pages de tables, Tientsin, 1936.

26　**Interprétations du Yuan Judiciaire en matière civile** – Volume I（Février 1929 à Janvier 1935）– 1ᵉ Partie : Code civil – Texte chinois et traduction française par **François Théry, S. J.**
in-8 carré, 298 pages, Tientsin, 1936.

27　**Règlement provisoire relatif au notariat**（30 juillet 1935）**Règlement d'application et Tarif**（14 février 1936）**Formules** – Texte chinois et traduction française par **Ho Tchong-Chan**, Conseiller du Ministère de la Justice.
in-8 carré, 45 pages doubles, Tientsin, 1936.

28　**L'Année Judiciaire Chinoise** – Jurisprudence de la Cour Suprême de Nanking – 7ᵉ année（1934）Affaires civiles : Texte chinois et traduction française par **François Théry, S. J.**
in-8 carré, 362 pages, Tientsin, 1937.

29　**L'Année Judiciaire Chinoise** – Jurisprudence de la Cour Suprême de Nanking – 8ᵉ année（1935）Affaires civiles : Texte chinois et traduction française par **François Théry, S. J.**
in-8 carré, 298 pages, Tientsin, 1938.

30　**L'Année Judiciaire Chinoise** – 9ᵉ année（1936）Affaires civiles : Texte chinois et traduction française par **François Théry, S. J.**
in-8 carré, 286 pages, Tientsin, 1938.

31　**Interprétations du Yuan Judiciaire en matière civile** – Volume I（Février 1929 à Janvier

138　　第一部　清末・北洋政府期における法典編纂と習慣調査

1935) – 2ᵉ Partie : Procédure civile – 3ᵉ Partie : Lois et règlements divers. – Texte chinois et traduction française par **François Théry, S. J.**
　　in–8 carré, 340 pages, Tientsin, 1939.

32　**L'Année Judiciaire Chinoise** – 10ᵉ année (1937) Affaires civiles : Texte chinois et traduction française par **François Théry, S. J.**
　　in–8 carré, 153 pages, Tientsin, 1939.

33　**Élements de droit civil chinois** : livres I à III du Code civil
　　4 volumes (Livre 1. Principes généraux ; Livre 2. Des obligations ; Livre 3. De droits réels. 2v., Tientsin, 1939.

34　**Les titres de location perpétuelle sur les concessions de Shanghai** – par **Tchang Teng-ti** 〔張登棣〕
　　in–8 carré, 178 pages, Tientsin, 1940.

35　**Interprétations du Yuan Judiciaire en matière civile** – Volume II (Janvier 1935 à septembre 1937) – Texte chinois et traduction française par **François Théry, S. J.**
　　in–8 carré, Tientsin, 194–.

36　**Tables générales de L'année judiciaire chinoise** (1ᵉ à 10ᵉ année – 1928–1937) **et des Interprétations du Yuan judiciaire en matière civile** (Volumes I & II – 1929–1937).
　　iii, 192 pages, 1944.

37　**Les coutumes chinoises relatives au mariage** – par **François Théry**
　　119 pages, 1949.
　　原載：*Bulletin de l'université de l'aurore*, ser. 3, 10, nr. 36, pp. 367–400, 1948, nr. 37, pp. 21–62, 1949, nr. 38, pp. 255–297, 1949.

38　**L'ancien régime légal du mariage : et son évolution par voie de jurisprudence pentant les 20 années qui ont précédé le code civil** – par **François Théry**
　　原載：*Bulletin de l'université de l'aurore*, ser. 3, 10, nr. 39, pp. 367–416, 1949, nr. 40, pp. 779–816, 1949.

Mélanges juridique de l'Université l'Aurore
　　398 pages, Tientsin, 1946.

第三章　中華民国諸法の欧米語への翻訳　　　*139*

註

1）George Thomas Staunton（1781-1859）は少年期にかの Macartney 使節団に随行して中国へ
渡り、途上中国人通訳から中国語を学び、自在に操るまでに体得していたことが知られる。
その様子については松浦章「清朝官吏の見た George Thomas Staunton」（或問 13・2007）に
詳しい。また Staunton 自身による大清律の翻訳の回顧として George Thomas Staunton,
Memoirs of the Chief Incidents of the Public Life of Sir George Thomas Staunton, Bart., Hon.
D.C.L. of Oxford, London : L. Booth, 1856, pp. 44-51 を参照。翻訳の経緯については Glenn
Timmermans, Sir George Thomas Stauton and the translation of the Qing legal code, in : The
Macau Ricci Institute ed., *Culture, Law and Order : Chinese and Western Tradition*, Macao :
Macao Ricci Institute, 2007 を参照されたい。他に S. P. Ong, Jurisdictional politics in Canton and
the first English translation of the Qing penal code（1810）Winner of the 2nd Sir George Stauton
Award, in : *Journal of the Royal Asiatic Society of Great Britain & Ireland*, vol. 20, no. 2, 2010、さ
らには James G. St. André, 'But do they have a notion of Justice ?' : Staunton's 1810 translation
of the Great Qing Code, in : *The Translator*, vol. 10, no. 1, 2004 等の先行研究がある。

2）Jocelyn M. N. Marinescu, *Defending Christianity in China : the Jesuit defense of Christianity in*
the lettres edifiantes et Curieuses & Ruijianlu in relation to the Yongzheng proscription of 1724, Ph.
D. Dissertation, Kansas State University, 2008（http://krex.k-state.edu/dspace/handle/2097/606）、
特に第 2 章の議論を参照。

3）George Thomas Staunton, *Ta Tsing Leu Lee ; being the fundamental laws, and a selection from*
the supplementary statutes, of the penal code of China, London : Printed for T. Cadell and W.
Davies, 1810, p. lxiii.

4）この版本については闵冬芳『《大清律辑注》研究』（社会科学文献出版社・2013）206～223
頁参照。同書では『大清律例重訂輯註通纂』が沈之奇『大清律輯註』から註釈の多くを継承
する版本であることが紹介されている。中国政法大学所蔵の嘉慶 13（1808）年新鐫の版本に
よる紹介が行われているが、Staunton はそれよりも早い版を手にしていたことになる。

5）Félix Renouard de Sainte-Croix（1767-1840）がナポレオンに宛てた建白書がかの Henri
Cordier（1849-1925）により Mémoire sur la Chine adressé à Napoléon 1er par F. Renouard de Ste
Croix, in : *T'oung Pao*, vol. 2, Issue 1-5, 1901 として公表されている。そこでは作者につき独
語にも翻訳された旅行記録 *Voyage commercial et politique aux Indes Orientales, aux iles*
Philippines, a la Chine, avec des notions sur la Cochinchine et le Tonquin, pendant les années 1803,
1804, 1805, 1806 et 1807, Paris : Chez Clament, 1810 や大清律例の仏語訳でもよく知られてい
る人物、として紹介されている。

6）なお Jean Escarra は「スペイン譯は、Ch. Sumner Lobingier の文献目録第一一四頁に擧げ
られてゐるが、ペリオ氏は此の書の存在に疑を有ってゐる（通報 T'oung-pao, 1925-26,
Bibliographie, p. 283, note 1）」（谷口知平譯『エスカラ支那法』（有斐閣・1943）文献目録 26
頁）としている。文中の Lobingier の文献目録とは A bibliographical introduction to the study
of Chinese law, in : *Journal of the North China Branch of the Royal Asiatic Society*, vol. 45, 1914
のことであるが、Escarra は「全く皮相な論文」と酷評している（文献目録 3 頁）。確かに
Lobingier は "A copy of this now in the government law library in Manila" とのみ紹介し具体的
な書名を挙げていなかったため、イタリア語版と混同したものではないかという Pelliot の疑
義を招いたものと思われるが、スペイン語版は現在各地の図書館に所蔵されている。

7）George Jamieson（1843-1920）の履歴については http://www.takaoclub.com/britishconsuls/
george_jamieson.htm 参照。

8) G. Jamieson, Translations from the lü-li, or general code of laws, in : *The China Review, (or, Notes & queries on the Far East)*, vol. 8, 1879, pp. 1–18, 193–205, 259–276, 357–363, vol. 9, 1880, pp. 129–136, 343–350, vol. 10, 1881, pp. 77–99 参照。ちなみに 1879 年は光緒 5 年に当たる。

9) 翻訳されたのは兵律關津（私出外境及違禁下海条）、戸律戸役（立嫡子違法、別籍異財、卑幼私擅用財、脱漏戸口、人戸以籍爲定、私剏庵院及私度僧道、賦役不均、禁軍主保里長、逃避差役、收養孤老の各条）、戸律田宅（欺隱田粮、檢踏災傷田粮、盜賣田宅、典買田宅の各条）、戸律婚姻（男女婚姻、典雇妻女、妻妾失序、居喪嫁娶、父母囚禁嫁娶、同姓爲婚、尊卑爲婚、娶親屬妻妾、強占良家妻女、娶樂人爲妻妾、僧道娶妻、良賤爲婚姻、出妻、嫁娶違律主婚媒人罪の各条）である。

10) Paul-Louis-Félix Philastre（1837–1902）はトゥドゥック（嗣徳）帝治下のキリスト教弾圧政策に端を発した仏越関係の悪化の下、植民地化の端緒となる 1858 年からの仏越戦争の結果締結された 1862 年サイゴン条約締結の前後からベトナムに関わり、1874 年のサイゴン条約（第 2 次）締結にも携わっている。

11) この翻訳について東亞研究所（二木靖譯）『佛領印度支那ノ司法組織並ニ東京・安南民法ノ概要』（東亞研究所・1940、原著は André Dureteste, *Cours de droit de l'Indochine*, Paris : Larose, 1938）は「フィラストルは本文の形體を尊重した、そして字句に拘泥した爲に意味の明瞭を犠牲にした様である。しかし意味の明瞭な自由譯はフィラストルがその仕事にか〻つた時日（自一八七一年六月、至一八七五年三月）内には到底成し遂げられるものではなかつたであらうといふ事を認めねばならぬ」（41 頁）と評している。

12) 谷口知平譯『エスカラ支那法』（有斐閣・1943）文献目録 40 頁。

13) 蒋隽「中国社会科学院法学研究所图书馆馆藏特色西文旧书概览」（法律文献信息与研究 2005 年第 3 期、後に修正の上、蒋隽「论西文法律文献在我国的传播」として渠涛主编『中外法律文献研究（第一卷）』（北京大学出版社・2005）に収録）を参照。

14) Georges Padoux, List of English and French translations of modern Chinese laws and regulations, in : *The Chinese Social and Political Science Review*, vol. 19, no. 2, 1936.

15) 例えば清朝末期から定期的に法令の英語訳が掲載された媒体として *The China Year Book* がある。*North-China Daily News* の前編集者 H. T. Montague Bell、さらに *Peking and Tientsin Times* 編集者として H. G. W. Woodhead が編者名に掲げられている。同書は中国全般についての最新知識の提供を目的に掲げるものであり、その一端として英語訳の法令情報が提供されているわけである。同書における英語訳は原語（中国語）での法令名や条文本体を掲載しておらず、どの法令に該当するのか知りたい場合には別途調査が必要になるが、少なくとも年鑑という形で幾許かの法令の英語訳が定期的に提供されていたことになる。London : George Routledge & Sons, Limited 及び New York : E. P. Dutton & Co.からの刊行であり、少なくとも両都市では入手可能であったであろうし、日本国内においても複数の所藏先を確認出来る。

16)「陸守經（達權）Lu Shou-ching（Ta-chuan）江蘇省青浦人。一八八五年生。米國ウィスコンシン大學卒業。上海商務印書館編輯、申報館編輯、司法部主事、廈門鼓浪嶼會審公堂委員、上海地方審判廳々長、松滬護軍使署秘書長、交通部駐滬電料處長、交通部秘書、參事上行走、軍政部僉事等に歴任。現在は北平に辯護士を開業す。」（外務省情報部『現代中華民國滿洲帝國人名鑑』（東亞同文會・1937）559 頁）。他に履歴を伝える資料として *Who's Who in China*（中國名人錄）, 3rd Edition, Shanghai : The China Weekly Review, 1925, pp. 577–578 を参照。

17)「繙譯法律會會則」（司法公報 83・1917）45～46 頁参照。ちなみに蒋隽「论西文法律文献在我国的传播」（渠涛主编『中外法律文献研究（第一卷）』（北京大学出版社・2005）所収）が「鲜为人知的是，北洋政府在颁布新法律的同时，司法部审议法律会也对其做了部分译印」

第三章　中華民国諸法の欧米語への翻訳　　　*141*

と紹介しているが、この「審议法律会」は「繙譯法律會」のことなのか、関係は不明である。

18)「修正繙譯法律會會則」（司法公報 91・1918）110〜111 頁参照。なおこれに先んじて 1917
　　年 10 月 18 日にも些少な改正が行われている（「修正繙譯法律會會則」（司法公報 84・1917）
　　95 頁参照）。

19)「司法部編譯處規程（附筋文）」（司法公報　第 3 年第 1 號・1914）法令 2〜4 頁参照。筋文
　　自体の日付は 10 月 2 日となっている。

20)「法律編查會第一年成績報告」（司法公報 28・1915）参照。

21) 司法公報 94・1918 から断続的に広告が掲載されている。

22) 司法公報 102・1919 掲載の広告参照。

23) F. T. Cheng, *East and West : episodes in a sixty years' journey*, London : Hutchinson, 1951. 特
　　に 136〜137 頁参照。袁溎豊「與海外耆宿 鄭天錫博士話生平」（東方雑誌（復刊）3-4〜5・
　　1969）にもほぼ同内容の紹介がある。

24) 欧米語訳という性格からか欧米の図書館等の諸機関に所蔵が多いが、日本国内では京都大
　　学法学部図書室に法権討論委員会からの直接の寄贈分、また織田萬の寄贈分を合わせてほぼ
　　全ての版本を確認出来る他、東京大学法学部研究室図書室の小野塚文庫にもまとまって所蔵
　　されている。

25)「各國考察司法員來華有期」（申報 1923 年 4 月 2 日 7 面）に「……嗣因我國譯印各種法律、
　　尚未準備完竣、故去歲曾由外部向各國交涉、請將調查司法委員來華之期、展緩一年、今限期
　　將屆、本會關於各項法令之譯刊、業將就緒、而收回法權、關係重大、不容再緩……」と報じ
　　られている。

26)（Necrology）Jean Escarra（1885-1955），in : *T'oung Pao*, Second Series, vol. 44, livr. 1/3, 1956,
　　pp. 304-310 を参照。

27)「胡文炳 Hu Wen-ping 江蘇省上海人。一八九六年生。佛國巴里大學法學博士。國民政府外
　　交部科員及科長、國立中央大學法學院法律學系副教授に歴任。」（外務省情報部『現代中華民
　　國滿洲帝國人名鑑』（東亞同文會・1937）133 頁）。他に王伟『中国近代留洋法学博士考
　　（1905-1950)』（上海人民出版社・2011）200 頁も参照。

28)「司法部編譯法律會會規則」（司法公報 210・1925）61〜62 頁参照。なお「召集調查司法委員
　　會之籌備」（申報 1925 年 9 月 19 日 10 面）において、司法総長楊庶堪から設置が図られたこ
　　とが報道されている。

29)「延期開幕中之法權調查會」（申報 1925 年 12 月 24 日 5 面）、また「国内専電二」（申報
　　1926 年 1 月 13 日 4 面）参照。

30)「英譯大理院判例要旨將出版」（申報 1926 年 3 月 11 日申報本埠増刊 2 面）参照。ただ出版
　　される予定と報じられている本が具体的にどの書籍かは不明。

31) 履歴については Carroll Lunt, *The China Who's Who 1927 (Foreign)*, Shanghai : printed by
　　Union Printing & service agency, 1927, pp. 4-5 参照。また加藤雄三「租界社会と取引――不動
　　産の取引から」（加藤雄三・大西秀之・佐々木史郎編『東アジア内海世界の交流史』（人文書
　　院・2008）所収）を是非参照されたい。当時活躍した米国人実務法律家については朱志辉
　　『清末民初来华美国法律职业群体研究（1895-1928)』（广东人民出版社・2011）を参照。

32)「法權會議告一段落」（申報 1926 年 9 月 19 日 9 面）参照。

33) 履歴については《上海档案志》編纂委員会編『上海档案志』（上海社会科学院出版社・
　　1999）412 頁参照。

34)「余天休 Yu Tien-hsiu 廣東省廣州人。一八八七年生。米國留學。北京大學、北京法政學院
　　講師、中國社學學協會長、北京政府僑務局顧問、西安大學長に歴任。著書『中國之進步及社
　　會管理』、『教育之社會的目標』。」（外務省情報部『現代中華民國滿洲帝國人名鑑』（東亞同文

會・1937）494 頁）。他に王伟『中国近代留洋法学博士考（1905-1950)』（上海人民出版社・2011）56〜57 頁も参照。

35）王伟『中国近代留洋法学博士考（1905-1950)』（上海人民出版社・2011）270 頁参照。

36）「夏晋麟（天長）Hsia Chin-lin（Tien-chang）浙江省寧波人　一八九六年生。上海麥倫兩級中學（メッドハースト・カレッヂ）校長、東呉大學及持志學院教授。英國グラスゴー大學、エヂンバラ大學（ドクター・オヴ・フィロソフィー）卒業。一九二二年歸國後任督辦收回威海衞事宜公署秘書。一九二三年上海南方大學文科主任教授となり傍ら上海商科大學其他の教授を兼ね國際法、外交史及英文學を講ず。一九二七年國民政府外交部秘書となり間も無く辭して任前記職。一九二九年京都に於ける第三回太平洋問題調査會に支那代表として出席す。一九三五年任立法院立法委員。著書 "Studies in Chinese Diplomatic History" "The Status of Shanghai" etc. "Chinese Civil Code" の譯者の一人。」（外務省情報部『現代中華民國滿洲帝國人名鑑』（東亞同文會・1937）72 頁）。

37）『上海律師公會會員録』（[上海律師公會]・[1933]、東京大学東洋文化研究所図書室所蔵）に「籍貫：廣東中山、入会年月：十八年三月、事務所：康腦脱路一三一號夏律師事務所轉」とある（22 頁）が、その人であろうか。詳細は不明である。

38）履歴を明らかに出来なかったが、Jean Escarra, *La codification du droit de la famille et du droit des successions*, Shanghai : Imprimerie de l'orphelinat de T'ou-sé-wé, 1931 に "M. Ho Tch'ong-chan 何崇善, Sectéraire de la Commission de codification civile" との肩書で登場する。

39）谷口知平譯『エスカラ支那法』（有斐閣・1943）「原著者の序文」1 頁。

40）成立の経緯について廣部泉「国際連盟知的協力国際委員会の創設と新渡戸稲造」（北大文学研究科紀要 121・2007）、設立と中華民国との関係につき齋川貴嗣「国際連盟知的協力国際委員会と中国」（早稲田政治公法研究 85・2007）参照。

41）「京聞拾零」（申報 1922 年 2 月 21 日 7 面）参照。

42）青山衆司「ヴィヴァンテ教授ト其民法商法統一論」（法學新報 19-11、20-5〜6・1909〜1910）、松本烝治「民商二法統一論」（法學志林 12-1、4・1910、後に松本烝治『私法論文集』（巖松堂書店・1916）に収録）、Vivante の転向につき佐藤義雄譯「商法の自主性と改革の諸計畫（ヴィヴァンテ）」（同志社論叢 39・1932）、Jean Escarra, L'outonomie du droit commercial, in : *Studi di diritto commercial in onore di Cesare Vivante*, Volume Primo, Roma : Societa Editrice del « Foro Italiano », 1931 の翻訳として大竹緑「エスカラ「商法の自主性」—— 商法の國際化と強行化の強調」（[横浜高等商業學校] 商學 14・1934）がある。

43）田中耕太郎「「民法の商化」と商法の自主性」（『法學協會五十周年記念論文集』第二部（法學協會・1933）所收）、27〜29 頁註 1 参照。また同論文では民商法統一論によって編纂されたスイス債務法につき「民商二法統一の成功の事例と云ふよりも寧ろ失敗の事例と認むべく」としている（25 頁）。

44）例えば謝振民『中華民國立法史』（正中書局・1937）916〜920 頁参照。

45）Jean Escarra, *La codification du droit de la famille et du droit des successions*, Shanghai : Imprimerie de l'orphelinat de T'ou-sé-wé, 1931, p. 50 参照。

46）「雖有修訂法律館之特立機關、於改進法律成績亦極其所資爲法庭根據者、不過大理院之判牘成爲一種試用單行法、不能公布、且並無公布機關、以故司法前途尚保守其舊」（「國内要聞二 北京一片鬧窮聲」（申報 1921 年 12 月 1 日 10 面））。

47）Marcel Granet（1884-1940）については戦前から日本でも紹介されている。石田幹之助「グラネ氏の「支那文明論」に就いて」（民俗學 3-10・1931）、中西定雄「［書評］マーセル・グラネー著 内田智雄譯 支那古代の祭禮と歌謠」（民族學研究 4-3・1938）、宇原敏治「最近に於ける若干の成果より見たる支那古代史研究の動向（三）—— グラネー氏の研究態度とその

第三章　中華民国諸法の欧米語への翻訳　　*143*

業績」（歴史學法學研究 8-11・1938）、ヂヤブロンスキー（大淵忍爾譯）「支那古代社會史研究の爲めに――グラネーと其の業績」（歴史學法學研究 11-2・1941）、津田逸夫「グラネ氏と支那言語學」（民族學研究 7-3・1941）、津田逸夫「故マルセル・グラネ先生」（理想 121・1941）。戦後においても高田淳「グラネの中国研究――外国研究の一つの態度として」（［東京女子大学］日本文学 23・1964）、高山方尚「モーリス・フリードマン著『グラネーの研究生活』」（駒沢史学 25・1978）、芦益平「グラネーと松本雅明の『詩経』研究について」（九州国際大学教養研究 16-1・2009）、坂出祥伸「デュルケミアンの分析した古代中国像」（東方 211・1998）等を見ることが出来る。履歴等については桐本東太「グラネ」（高田時雄編著『東洋学の系譜［欧米篇］』（大修館書店・1996）所収）、桐本東太「グラネ（マルセル）一八八四～一九四〇」（尾形勇・樺山紘一・小畑洋一編『20 世紀の歴史家たち（4）世界編下』（刀水書房・2001）所収）参照。

48）履歴については徐友春主編『民国人物大辞典（増訂版）』（河北人民出版社・2007）上 1554 頁に「孫璽鳳（1892-1961）字鳴崗，山東高青人，1892 年（清光緒十八年）生。1919 年，畢業於山東省立第一師範，入北京高等法文專修館，幷參加留法勤工儉學會，赴法國留學，曾獲法學碩士和博士學位。1933 年，回國，歷任山東省政府參議，第三路軍指揮部軍法處副處長等職。1936 年 4 月，任威海衛管理公署專員。1938 年 1 月後，自動棄職離威海衛，在高青縣組織抗日武裝。1940 年起，歷任清河地區參議會議長、山東省參議會駐會委員、山東省法律編委會主任等職。1946 年 1 月，加入中國共產黨。中華人民共和國成立後，歷任中央人民政府政務院司法部辦公廳主任、國務院法制委員會辦公廳主任等職。1961 年 1 月，病逝於北京。終年 69 歲。」とある。また王伟『中国近代留洋法学博士考（1905-1950）』（上海人民出版社・2011）230 頁も参照。

49）「胡養蒙（赤山）Hu Yang-meng（Chih-shan）安徽省貴池縣人。一九〇〇年生。佛國巴里大學卒業法學博士。各種學術團體に參加す。上海法學院教授、司法行政部編纂兼司法行政部法權研究委員會秘書に歷任。著書『票據法』。」（外務省情報部『現代中華民國滿洲帝國人名鑑』（東亞同文會・1937）134 頁）。他に王伟『中国近代留洋法学博士考（1905-1950）』（上海人民出版社・2011）227 頁。

50）谷口知平譯『エスカラ支那法』（有斐閣・1943）122 頁。

51）谷口知平譯『エスカラ支那法』（有斐閣・1943）123 頁註 2。

52）谷口知平譯『エスカラ支那法』（有斐閣・1943）123 頁註 1。

53）滋賀秀三「清朝の法制」（坂野正高・田中正俊・衛藤瀋吉編『近代中国研究入門』（東京大学出版会・1974）所収）272 頁参照。

54）谷口知平「私の民法研究四十年の歩み」（大阪市立大学法学雑誌 16-2/3/4・1970）369～371 頁。

55）谷口知平「國民政府中華民國民法概觀」（法學志林 33-11～12・1931）を参照。

56）谷口知平譯「支那法の根本觀念」（民商法雑誌 12-3・1940）、谷口知平譯「支那法の特色」（民商法雑誌 12-6・1940）、谷口知平譯「エスカラの見たる支那に於ける法律教育」（民商法雑誌 14-2・1941）が先行して発表されている。またこの時期に Escarra の翻訳紹介を手がけたものとしてジアン・エスカルラ（高木嗣夫譯）「支那法の精神とその史的動向」（法律新聞 4536～4537・1940）がある。

57）履歴については今井宇三郎「本学教授木村英一博士訃報」（追手門学院大学文学部紀要 15・1982）、木村英一博士頌寿記念事業會編『中國哲學史の展望と模索』（創文社・1976）付録「木村英一博士年譜・業績目録」を参照。弟子による回顧には宮内徳雄「恩師 木村英一先生」（懐徳 51・1982）がある。

58）「岡山県御津郡福浜村福田（現岡山市）に生まれた。第六高等学校をへて東京帝国大学法

科に入学。在学中新人会に参加、学友会解散反対闘争で1年間停学処分を受けた。その間、高等試験司法科に合格、1930年1月弁護士となり、小林恭平、大森詮夫とともに布施辰治法律事務所に入った。同年大学を卒業。解放運動犠牲者救援弁護士団（のちの日本労農弁護士団）の設立に参加し、3.15-4.16事件の東京・中央統一公判の法廷闘争に取組み、山梨県その他の農民運動の事件で奔走した。岩田義道が警視庁で殺されたとき弁護士として死体解剖に立会った。'33年9月の弁護士団一斉検挙で逮捕され、'35年12月治安維持法違反で懲役2年、執行猶予3年の判決を受けた。'39年ころ思想検事に見送られて中国に渡り、北京の中華民国国立新民学院副教授となった。'45年敗戦直前、病気になって帰国し、まもなく岡山県都窪郡早島町で死去した。」（塩田庄兵衛編『日本社会運動人名辞典』（青木書店・1979）182〜183頁）。

59）「河合弁護士轉向を誓ふ」（［東京］朝日新聞1933年10月29日朝刊11面）参照。

60）「大陸の建設陣営に献身する轉向者」（［東京］朝日新聞1940年6月10日朝刊7面）にはこうした人々の一員として河合の名前が挙がっている。

61）国立新民学院については島善高「国立新民学院初探」（早稲田人文自然科学研究52・1997）参照。

62）平野自身、布施の没後7周年の記念の会において講演を行っている。その記録は平野義太郎「人権を守った人々〔布施辰治を中心に〕」（法学セミナー44・1959、後一部は自由法曹団編『自由法曹団物語・戦前編』（日本評論社・1976）へ収録）を参照。

63）天津工商大学については閻玉田『踞析津之阳 天津工商大学』（人民出版社・2010）、L'institut français des hautes études industrielles et commerciales de Tiensin, in : *L'asie Française* 1927 ; Richard Madsen, Hierarchical Modernization : Tianjin's Gong Shang College as a Model for Catholic Community in North China, in : Wen-hsin Yeh ed., *Becoming Chinese : Passages to modernity and beyond*, Berkeley : University of California Press, 2000 を参照。また関連資料につき Edward Malatesta, Resources at the Jesuit archives in France pertaining to L'institut des haute etudes industrielles et commerciales de Tianjin, in : Jessie Gregory Lutz ed., *China and the Christian colleges 1850-1950*, Ithaca : Cornell University Press, 1971 がある。

64）Edward Malatesta, Resources at the Jesuit archives in France pertaining to L'institut des haute etudes industrielles et commerciales de Tianjin, in : Jessie Gregory Lutz ed., *China and the Christian colleges 1850-1950*, Ithaca : Cornell University Press, 1971, p. 443.

65）Guy Brossollet, *Les Français de Shanghai,1849-1949*, Paris : Belin, 1999, p. 297（中国語訳：牟振宇译『上海的法国人（1849-1949）』（上海辞书出版社・2014）344頁）参照。

66）台湾公益組織教育基金會ホームページ（http://www.ftope.org.tw）にある「百年奉献，愛在臺灣」では「田執中（Théry, François）」の欄において（根拠史料は明示されていないが）「在臺服務期間：1953-1982」としている。

67）(Review) L'année judiciaire chinoise 1965 : Textes traduits du Ssu-fa-yüan kung-pao, vol. VII, in : *Monumenta Serica*, vol. 29, 1970, pp. 767-768.

68）大岡優一郎『東京裁判 フランス人判事の無罪論』（文春新書・2012）123〜124頁参照。

第四章　民法草案の作成

一　史料状況に関する基礎情報の整理

（1）各種民法草案を巡る史料状況

　旧来中華民国民法に至る民法草案の立法史については、謝振民『中華民國立法史』（正中書局・1937）の整理が基準となってきたように思われる。彼は清末に成立した大清民律草案を「民律第一次草案」と呼び、民国 4（1915）年の民律親屬編草案を挟み、1925～1926 年に成立したものを「民律第二次草案」（中華人民共和国では一般に民国民律草案と呼ばれる）とし、1928 年の親屬法・繼承法草案を経て 1929～1930 年に成立するものを「中華民国民法」とする整理を行っている。清末から民国期に至る民法起草作業の中で作成されたこれら各草案を参照するに当たっては、現在でも入手が容易であることも手伝って修訂法律館編『法律草案彙編』（修訂法律館司法公報處・1926、以下『法律草案彙編』と略）が参照されることが多いように思われる。同書に収録される各草案の呼称は謝振民の整理と異なるが、本章では謝振民の整理による[1]。

　これら各種草案のテクストについては多くの問題が存在する。例えば、些細な問題のように見えるかも知れないが、大清民律草案に関して一部の先行研究[2]では 5 編全てに通し番号で条文数を付した形での紹介・言及が行われている一方、『法律草案彙編』においては通し番号での条文は前 3 編のみで後 2 編はそれぞれ独立の条文番号がある。この点からも分かる通り、各種草案の版本の確定すら完全には行われていないのである。研究基盤を整えるためにも、まずは大清民律草案の起草過程から確認をしておくことにしたい。

①大清民律草案

　大清民律草案の起草過程については張生が 3 段階に整理している[3]。即ち第 1

段階（光緒33年4月～10月）において民法草案の大綱[4]が擬訂され、第2段階（光緒33年11月～宣統2年末）において修訂法律館により民律草案の初稿が策定され、第3段階（宣統3年1月～9月）において最終的に大清民律草案が完成されるという時期区分である。

　具体的な起草動向として重要なのは第2段階である。張生は『政治官報』の記事から宣統2年2月に民律親屬法總則及び第2章・承繼法總則、12月に親屬法草案第3章から第7章、承繼法草案第2章から第6章が擬訂されたことを紹介し、さらに「奏為民律草案告成謹繕具条文進呈御覧摺」（中国第一歴史檔案館所蔵修訂法律館全宗檔案第九檔所収）の分析から、12月までには彼が「條文稿」と呼ぶ初稿（5編37章、全1596条）が完成していたことを提示する[5]。また黄琴唐が東京大学東洋文化研究所図書室に所蔵される『大清國親屬法繼承法草案理由書不分巻』（以下『理由書』と略）油印本[6]を取り上げ、これが張生のいう宣統2年末段階の稿本であると推定している[7]。宣統2年末までに何らかの形で初稿が上がっていたことは認めて良いであろう。

　実はこの『理由書』と同じものが東京大学法学政治学研究科附属近代日本法政史料センター原資料部所蔵の松岡義正関係文書の中にも存在する。松岡は当時法律顧問として清朝における近代的法典編纂を手伝っていたが、他方で大清民律草案の親屬・繼承部分については、中国の風俗習慣・礼教に関する問題が多いため、親屬編を章宗元[8]・朱献文、繼承編を高種・陳籙[9]が起草したとされてきた。松岡が単に参考資料として『理由書』を受け取ったものが文書に残されたのか、松岡が『理由書』の起草にある程度参加したのか、詳細は不明であるが、松岡義正関係文書にも存在していることは特筆されて良いだろう。

　宣統2年末には民律起草について法律館に加えて礼学館[10]がこれに参与することになり、草案完成の暁には礼学館へも送ること、また礼教に関する部分については両館協議の後、憲政編査館の覆核を経てさらに礼部、礼学館、法部、修訂法律館会同での上奏によること等が取り決められたようである[11]。相応の衝撃を伴う措置であったのか、当時の法制官僚の日記『汪榮寶日記』にはこの状況により民律の完成が大幅に遅延するであろうことを心配する記述が存在する[12]。同日記には民律起草についてこの記事以前には殆ど記載がないが、これ以降、起草過程に触れる記事が出現するようになり[13]、よく知られているように宣統3年9月5日（1911年10月26日）、正式に前3編が大清民律草案として上奏されるに至るのである[14]。

以上から、大清民律草案については、先行して初稿（張生のいう「條文稿」、即ち宣統2年末段階の草稿）が存在し（『理由書』はその一部か）、その後恐らくは法律館と礼学館の間で改訂が続けられ、前3編（この3編には通しで条文番号が振られている）が正式に上奏される一方で親屬・繼承部分については統合されずに残ったものが（それぞれ第1条からの条文番号で）『法律草案彙編』に収録されたものと推定されるのである。

②中華民国民法への過程

中華民国民法に至る起草過程については多くの先行研究がこれを扱っており、ここではそれらによりながらその経緯[15]及び関連する人物について簡単に確認する。まず清朝の瓦解後大清民律草案はどのように扱われたのか、民国初年の状態を先行研究[16]の説くところから簡単に整理しておきたい。

民国元（1912）年3月10日の臨時大総統令によって大清新刑律をはじめとした清末の各法令の暫行援用が図られたことは著名である。俞江はこれを以て大清民律草案は草案のまま廃棄されたとするが、邱遠猷・張希坡はさらに詳細に同年1月6日段階で孫文が伍廷芳を評価し早期の法典編纂を重視していた様子を紹介し、その伍廷芳が大清民律草案の援用を提議した[17]のを受けて3月21日に大総統が参議院の議決を咨り、4月3日に参議院が最終的にはその援用を退ける判断を下した[18]経緯を紹介している。

その後も議論は続いたようであり、中華民國法制研究會『中華民國民法總則』（有斐閣・1931）に収録される「民法制定の沿革」（1〜15頁）では、「本部（司法部即ち清朝時代の法部）の草案に係はる民律及び民刑訴訟律草案は至急國務院に提出して其決議を經て頒布實施すべきの稟請（民國元年十二月五日）」及び附件として「司法部に對し暫行法律草案を即時頒布施行すべきを説きたる廣東代表羅文幹の意見書」を掲げて同年12月の中央司法会議の経緯を紹介している。俞江は先述の中華民國法制研究會『中華民國民法總則』（有斐閣・1931）に言及しないが、そこで引用された史料と同じものを論文中に引用している。

以上に整理したように、結局のところ大清民律草案についてはこれを直接暫行援用するに至らなかった。しかしながら、この経緯を巡っては当時から混乱があったようである。当時「民律草案ハ現在支那ノ各級審判廳ガ裁判上ニ採用スル條理ノ根據トスル所ハ概ネ同草案ニ在ルヲ以テ最モ重要ナル參考書類デアル。曾テ上海ノ商務印書館ノ發行シタ六法全書中ニ同草案ヲ以テ民刑事訴訟律ト共ニ民

國司法部ガ其暫行援用ヲ布告シタ様ニ誤テ紹介シタノデ一時甚ダシク世人ノ誤解ヲ招イタガ、大理院ハ其判例又ハ法令解釋例ニ於テ屢々其未實施草案ニシテ法律上ノ效力ナキコトヲ聲明シタ。」[19]とする描写がある。確かに商務印書館編譯處編『中華六法』（商務印書館・1913）ではその旨が説かれており[20]、これが「誤解」の元となったものと思われる。

恐らくは大清民律草案の活用の是非を巡って議論が進む中で、一定程度これに手を加える作業が行われたのであろう、大清民律草案の前3編と親屬編・繼承編を通し番号で繋ぎ、「謹按」等の語を削除したり、空欄のままであった条文数を挿入したりといった形で手が加えられたものが民国初期の法令集に多く現れるに至る。俞江が『中華民国暫行民律草案』として紹介したものがこれである[21]。

さて、ではこの後の動向はどのようなものであったか。これについては先の「民法制定の沿革」が詳細を伝えている。即ち「然るに廣東に軍政府が組織せられ北京政府と南北對立するに到って右廣東政府は民國十年三月二日の政府令を以て廣東軍政府修正民律なるものを公布するに至ったが、これは右前清時代の法部修訂法律館の編纂せる民律草案其ものといふて差支なく、單に軍政府の新立法主義に牴觸せる點二三を削除したるだけである。即ち總則編では妻の能力に關する制限を撤廢し、親族及び相續の二編では婚姻の要式を不要とし又嫡子と庶子との區別を廢したるが如き僅少部分の改修に止まり、其他は全然右法部修訂法律館の草案を襲套したるものである。」[22]とのことである。

この時期の広東軍政府は民国9（1920）年11月に成立する第二次広東軍政府ということになる。翌民国10年5月5日、孫文が非常大総統に就任し広東護法政府が誕生するが、民国11年6月、陳炯明のクーデターにより孫文は広東を追われることになる。民国10年3月2日[23]は丁度この時期であり、民国9年11月の第一次政務会議によって、司法部長に徐謙[24]が任じられた後という時期になる[25]。この広東軍政府による草案のテクストに該当するものは、王尹孚編『六法全書』（會文堂新記書局・1928）に収録される「前軍政府修正 民律」なるテクストと推定される。軍政府修正民律についてはその修改を徐謙が行ったものか、また孫文につき従っていた伍廷芳が行ったものか、筆者は現時点では確認出来る史料を得ていない。

その後、対応した北京政府側の動向についても「民法制定の沿革」がこれを伝えている。曰く「之と同時に北京政府に於ても亦速に民律を公布實施すべきを覺ったが、唯廣東政府とは其體度を異にし右草案中單に總則及び債權の二編に對

して一大改修を行ひ之を北京司法部公布の民律總則及び民律債編と稱し其他の物權、親族及び相續の三編に付ては一時再び大清律の古制法を流用すべきものとし之を民國繼續適用現行律民事部分と命名して公布し、大清律に於ける服制、名例律、戸役、田宅、婚姻及び錢債の各節を其儘襲用すべきものとした。」[26] とのことである。張生はこれにつき民国 10（1921）年 3 月 2 日、北京軍政府が「前清民律草案、民刑事訴訟草案暫行適用令」、また同年 7 月 14 日に「民律暫緩施行令」を発布したとするが、史料の出典が明記されていないようである[27]。

「民法制定の沿革」が伝える事実関係は今少し詰めておく必要がある。「北京司法部公布の民律總則及び民律債編と稱し」たものに対応するものとしては民国 15（1926）年 11 月 18 日付大総統指令第 473 号がある[28]。ただこれと同時に「民國繼續適用現行律民事部分」が改めて公布されたかどうかは不明である。

所謂「現行律民事有效部分」は民国 3 年大理院上字第 304 号判例によってその効力が認められたものとするのが通説であろうが、大清現行刑律のうち一体どれが有効な条文なのかを巡って当時から混乱があったようである[29]。実際のところ現存する諸版本を突き合わせてみても、有効な条文とされるものには出入りがある（表 4-1 参照）。これを取り扱う際には注意が必要となる[30]。

さて、以上を経て 1925〜1926 年には民律第二次草案が成立することになる。同草案では總則を余棨昌、債編を應時・梁敬錞、物權編を黄右昌[31]、親屬・繼承の両編を高種が起草している。これらは大清民律草案を下敷にしながら改訂が加えられたものとされている[32]。しかし実はこの民律第二次草案についても別の版本が存在する。民国期の幾つかの著作で民律第二次草案としながらも『法律草案彙編』とは異なるテクストを収録するものがある（屠景山著、馮堪・彭學海著等[33]）。一旦民律第二次草案として発表された後にさらに手が加えられたものの如くであるが、誰の手による改訂なのか詳細は不明である。

さらに民国 16（1927）年 6 月、国民政府法制局の設置に伴い親屬・繼承両編については再度の起草が行われ、前者を燕樹棠[34]、後者を羅鼎が起草し、これが 1928 年 10 月に親屬法・繼承法草案として完成する[35]。続く中華民国民法の起草には傳秉常[36]・焦易堂[37]・史尚寬[38]・林彬[39]・鄭毓秀[40]が当たり、顧問として王寵惠・戴傳賢[41]・Georges Padoux の 3 人が加わった。第 1 編總則（1929 年 5 月 23 日公布、同年 10 月 10 日施行）、第 2 編債（1929 年 11 月 22 日公布、1930 年 5 月 5 日施行）、第 3 編物權（1929 年 11 月 30 日公布、1930 年 5 月 5 日施行）が作成されている[42]。

表 4-1　現行律民事有効部分一覧

律名	編名	律・條例名	公報	鄭著	謝著	六法	
諸圖	服制圖	喪服總圖		○	○	○	
		本宗九族五服巫服之圖		○	○	○	
		妻爲夫族服圖		○	○	○	
		妾爲家長族服圖		○	○	○	
		出嫁女爲本宗降服之圖		○	○	○	
		外親服圖		○	○	○	
		妻親服圖		○	○	○	
		三父八母服圖		○	○	○	
服制	服制	斬衰三年條		○	○	○	
		齊衰杖期條		○	○	○	
		齊衰不杖期條		○	○	○	
		齊衰五月條		○	○	○	
		齊衰三月條		○	○	○	
		大功九月條		○	○	○	
		小功五月條		○	○	○	
		緦麻三月條		○	○	○	
名例律	名例	十惡		○			不孝
		給沒贓物條*		○	○	○	
		稱期親祖父母條		○			
		稱日者以百刻條		○			
		稱道士女冠條		○	○		
戶律	戶役	立嫡子違法條*	○	○	○	○	
		條例第一	○	○	○	○	
		條例第二	○	○	○	○	
		條例第三	○	○	○	○	
		條例第四	○	○	○	○	
		條例第五	○	○	○	○	旧條例第六
		條例第六	○	○	○	○	旧條例第五
		收留迷失子女條		○	○	○	
		別籍異財條*	○	○	○	○	
		條例第一	○	○	○	○	
		卑幼私擅用財條*	○	○	○	○	
		條例第一	○	○	○	○	
		條例第二	○	○	○	○	
	田宅	欺隱田糧條			○	○	
		條例第三	○	○	○	○	旧條例第二
		條例			○		
		檢踏災傷田糧條例第八*	○	○		○	旧條例第十五
		盜賣田宅條	○	○	○		
		條例第一			○?		旧條例第三・謝著は条例五則
		條例第二	○	○	○?	○	旧條例第六
		條例第三	○	○	○?		旧條例第一
		條例第四	○	○	○?		旧條例第四
		條例第五	○	○	○?	○	旧條例第五
		條例第六		○	○?		旧條例第八
		條例第七			○?		旧條例第十
		典買田宅條*	○	○	○	○	
		條例第一	○	○	○?	○	旧條例第一・謝著は條例三則
		條例第二	○	○	○?		旧條例第三
		條例第三	○	○	○?		旧條例第七
		條例第四			○?		旧條例第八
		盜耕種官民田條	○	○			
		棄毀器物稼穡等條		○	○		
	婚姻	男女婚姻條*	○	○	○	○	
		條例第一	○	○	○?	○	旧條例第二・謝著は條例三則

律名	編名	律・條例名	公報	鄭著	謝著	六法	
戸律	婚姻	條例第二		○	○?		旧條例第四
		條例第三	○	○	○?	○	旧條例第一
		條例第四	○	○	○?	○	旧條例第三
		典雇妻女條	○	○	○	○	
		條例第一		○			
		妻妾失序條*	○	○	○	○	
		逐壻嫁女條	○	○	○	○	
		居喪嫁娶條*	○	○	○	○	
		條例	○	○	○	○	
		父母囚禁嫁娶條		○			
		同姓異婚條	○				
		尊卑爲婚條*	○	○	○	○	
		條例第一			○?		旧條例第二・謝著は條例一則
		條例第二		○	○?	○	旧條例第一
		娶親屬妻妾條*	○	○	○		
		娶部民婦女爲妻妾條		○	○		
		娶逃走婦女條		○	○	○	
		強占良家妻女條		○	○	○	
		僧道娶妻條		○	○		
		出妻條*	○	○	○		
		條例第一	○	○	○		
		條例第二	○	○	○		
		嫁娶違律主婚媒人罪條*	○	−	○		
		條例第一	○	−	○?		旧條例第一・謝著は條例二則
		條例第二		−	○?		旧條例第三
		條例第三			○?		旧條例第四
	倉庫	隱瞞入官家産條例	○				旧條例第四
	錢債	違禁取利條*	○		○	○	
		條例	○		○	○	
		費用受寄財産條			○	○	
		條例	○		○	○	
		條例			○	○	
		得遺失物條	○		○	○	
	市廛	把持行市條		○			
禮律	儀制	僧道拜父母條		○			
		喪送條		○			
		郷飲酒禮條		○			
		條例		○			
		條例		○			
兵律	厩牧	宰殺馬牛條	○				
		畜産躂蹋人條		○			
刑律	鬪毆	妻妾毆夫條	○		○		
		毆祖父母父母條			○		
		條例			○		
	訴訟	子孫違犯教令條		○			
	犯姦	犯姦條*			○	○	
		親屬相姦律註條			○	○	
		縱容妻妾犯姦條*	○		○	○	
		買良爲娼條	○		○	○	
		條例			○	○	
	雜犯	放火故燒人房屋條		○			
		失火條		○			
工律	河防	侵占街道條	○	○			

※「公報」は司法公報90・1918 掲載、「鄭著」は鄭爰諏『現行律民事有効部份集解』(世界書局・1928)、「謝著」は謝振民『中華民國立法史』(正中書局・1937)、「六法」は王尹孚『六法全書』(會文堂新記書局・1928) を示す。「*」はその条項についての解釈例があるもの。

第4編親屬・第5編繼承の起草については若干詳細に見ておきたい。基礎作業は1930年初頭から動き出していたようであり、同年2月、傅秉常から法律顧問Jean Escarraへ起草に関する報告書の執筆が依頼されている。4月末には「民法親屬繼承兩編應先決之各點」が『法律評論』誌上において公開され、5月には司法行政部編『民商事習慣調査報告録』（司法行政部・1930、以下『民商事習慣調査報告録』と略）の出版、6月には立法院訓令による再度の習慣調査が行われた。7月にはEscarraの報告書、Jean Escarra, *La codification du droit de la famille et du droit des successions, rapport présenté au Conseil Législatif du Gouvernement National*, Shanghai : Imprimerie de l'orphelinat de T'ou-sè-wè, Zi-ka-wei, 1931（以下『報告書』と略）が立法院へ提出されている。その後立法院院長胡漢民及び副院長林森により中央政治会議に対し立法原則の策定が求められ、先の「民法親屬繼承兩編應先決之各點」が提示されている。同会議はこれを受けて第220次会議よりその審査を法律組に付し、結果第236次会議において「審査意見書」が策定され（7月23日）、立法院第102次会議（7月26日）に提出された[43]。

　起草委員会についてJean Escarraは「民法典第四、第五編の準備の際に、立法委員會は次のやうに變更されてゐた。卽ち、王用賓氏が、鄭毓秀孃の代りに、F. J. Schuhlが、既に存在する三人の委員に加った。」[44]としており、鄭毓秀と交代した新たな成員として王用賓[45]、さらにF. J. Schuhl[46]が加わった体制の下に草案の起草が行われ、30数回に及ぶ議論の末、草案は立法院第120次会議（12月2日）に提出され可決成立となった[47]。両編は1930年12月26日公布・1931年5月5日施行である。参考資料として傅秉常はスイス民法（1907年）、ドイツ民法（1896年）、日本民法（1896年）、フランス民法、ブラジル民法（1916年）、スウェーデン婚姻法、及び法律顧問であったJean Escarraの『報告書』を列挙している[48]。

　以上の中華民国民法に至る民国期の起草作業過程に関しては、現在のところ管見の限りでは日本における『民法整理会議事速記録』のように起草者の発言の一字一句を直接窺えるような史料は知られていない。草案本体や立法原則は残存するが、その議論過程を詳細に窺うことの出来る史料は十分ではないのである[49]。

③小結

以上から草案群の系統を整理すると以下のようになろう。

　[0]『理由書』（東京大学東洋文化研究所図書室所蔵。松岡義正関係文書中にもあり）

[1] 1911 年 大清民律草案（民律第一次草案とも）

　[1α] 中華民國暫行民律草案（大清民律草案の微修正）

　[1β] 1921 年 広東軍政府修正民律（王尹孚編『六法全書』に収録）

[2] 1915 年 親屬法草案（『法律草案彙編』にいう民律第二次草案（親屬編））

[3] 1925～1926 年 民律第二次草案（『法律草案彙編』にいう民律第二次草案＋第三次草案（親屬編））

　[3α] 各著作（屠景山著、馮堪・彭學海著等）収録の民律第二次草案

[4] 1928 年 親屬・繼承法草案（『法律評論』263～266 号所収）

[5] 1929～1930 年 中華民國民法

である。参考までに各草案の条文数を提示すると以下のようになる。

表 4-2　各草案の条文数

	總則	債權	物權	親屬	繼承	計
（日本民法）	174	326	224	239	183	1,146
『理由書』・松岡文書				148	132	
大清民律草案	323	654	339	143	110	1,569
親屬法草案				141		
民律第二次草案	223	521	310	243	225	1,522
屠著、馮・彭著				235		
親屬・繼承法草案				82	64	
中華民國民法	152	604	210	171	88	1,225

(2) 判例を巡る史料状況

　中華民国初期の判決例の公開状況を見るならば以下のようになる。まずは『司法公報』において断続的な全文公開が民国 3（1914）年末まで行われ、これと並行して『大理院判決録』が民国 3 年 7 月分まで各月の民事・刑事判決例を全文収録する形で刊行されている。ところが、全文公開はここまでで途絶する。その後民国 4 年 10 月、12 月に『司法公報』別冊の『大理院判例要旨目録』として判例の要旨のみが公開されるようになり、こうした要旨集はその後『大理院判例要旨匯覧』正編（大理院・1919）、續編（大理院・1924）に受け継がれ、最終的にはよく知られている郭衛[50]『大理院判決例全書』（會文堂新記書局・1931）へと続いて

ゆくことになる。

　以上の状況から、大理院の判決例の全文を通覧しようとしても、北洋政府刊行の史料ではそれが叶わないことになる。民間の刊行物として天虚我生『大理院民事判決例』甲～庚編（中華圖書館・1916～1918）、同『大理院刑事判決例』甲～戊編（中華圖書館・1916～1918）や『法律評論』誌上での判例紹介（1923年以降）がその缺を補う役割を当時から果たしていたようである。近年では黄源盛の手によって大理院判決例が徐々に整理刊行され、史料状況は飛躍的に改善しつつある[51]。

二　清末民国民法立法史瞥見——夫婦財産制を素材として

（1）大清民律草案を巡る変遷

　以下では、清末から中華民国民法典に至る立法過程を、夫婦財産制を具体的な素材としながら追跡することにする。清末以降の各草案の具体的なテクストを見るならば（表4-3参照）、夫婦財産制を規定したのは僅かに2か条、大清民律草案から1915年親屬法草案までが同一の条文を有する草案群であることが分かる。大清民律草案に先行すると思われる『理由書』においても2か条が設置されており、文面は微妙に異なっているが、ほぼ同系統のものと看做すことが出来る。以下順に検討することとしたい。

　『理由書』においてはまず夫婦の財産が基本的に「共有」の状態に置かれるという前提が採られ、その管理・収益・処置の権利が夫に属することが規定されている。その上で、嫁資や嫁いだ後に「承受」した財産についてはこれを妻の特有財産とするものの、その管理・収益の権は夫に属するという形になっている。またこれらとは別に契約により夫婦財産を規定することも可能となっており、その際には「官員注冊」を行っておくことにより、夫が妻に無断で行った財産の処置について妻が関係第三者に対して提訴することが出来るとしている。

　このような制度設計がどこから来たものかについて考える上で特徴的であるのは、『理由書』において通常は各条文につき参考条文という形で外国法の条文が直接引用されるにも関わらず、この2か条については特に具体的な条文が示されず、具体的な参考乃至継受の関係が語られないことである。

　この条文に付された説明では、これらが中国の「現状」に即したものであることが力説されている。即ち西洋と中国の最大の差異として、西洋は「習慣上夫婦

第四章　民法草案の作成　　155

の財産は分析（筆者註：分割されている、の意）」であるが、中国は「夫婦はさき
に財産を分析しないのが習い」であることを挙げ、西洋のような習慣のないとこ
ろで制度だけを設けても空文化し徒に紛争を招くだけだとしているのである。ま
た「共有」についても、「普通法の称する共有財産とは異なる」とし、「名は共有
でも管理・収益・処置の権が専ら夫に属すること」、「嫁資や結婚後に「承受」し
た財産は共有に含まれないこと」が異なるとしている。

　立法者が「実態」をどのように認識していたかを顧みる史料として当時の習慣
調査が挙げられ得る。清末については残存する報告書が大変に少ないが、中から
調査項目と回答がかみ合うものを拾い上げるならば、以下のような問答を復元す
ることが出来る。

　ひとつは修訂法律館の系統において行われた習慣調査中の例である[52]。

　（十三）夫婦財産是否皆爲共有？妻之嫁資及妻以自己之名所得之財産是否歸
　　　　妻私有？妻私有之財産夫得管理之否？
　　　答：夫婦財産慣例上皆爲共有、故妻之嫁貲及妻以自己之名取得之財産、雖
　　　　爲妻一人私有之物、而管理之權仍屬之夫。然夫係浪費者或精神病時、妻亦
　　　　得管理之。
　（十六）關於夫婦財産之事、有無於定婚時訂明契約者？
　　　答：妻對於夫恆處於無能力之地位、不問何等財産、皆爲夫所掌管、其定婚
　　　　時、習慣上無豫定財産契約之事。（以上句読点筆者）

　もうひとつは同じく清末に行われた調査局の系統での習慣調査中の例である[53]。

　一　夫所有之財産是否認爲夫婦共有之財産
　　　夫之産即婦之産
　二　婦人有父母家之奩贈品是否認爲夫婦共有之財産
　　　認爲夫婦共有
　三　婦人有土地房屋之奩贈、婦人能否作爲自己所有、不與夫共之
　　　婦人自己所有之物莫不與夫共之
　四　夫婦間能否將家産分而有之各養其自己
　　　士紳之家無夫婦分産者郷愚間或有之（以上句読点筆者）

表 4-3 条文対照表（『理由書』～民国 4 年草案）

『理由書』（＝松岡文書）	大清民律草案（『法律草案彙編』所収）
第 54 條 凡關乎夫婦財産之事、如定婚時男女別訂有契約則依契約。 前項契約須□□書一併呈由該管官員注册、或□人二名簽名保證始生效力。 説明 五十二條規定夫婦之法定財産、本條乃規定夫婦之契約財産也。法定財産係我國之習慣而定、然他日女學□□□□日進分析財産之制。夫婦或亦各以爲便。如果定婚時男女各出於自願、別訂關乎夫婦財産之契約、則法律以順人情爲重、固不必□之使適法定財産也。故本條云別訂有契約、則依契約。惟此項契約須呈官注册或証人簽名方有效而耳。	第 41 條 夫婦於成婚前關於財産有特別契約者從其契約前項契約須於呈報婚姻時登記之 説明 謹按本條係規定夫婦之財産契約。論吾國習慣、於成婚時立夫婦契約者甚少。然近來智識交通日新月異、將來必有摸傲外國之習俗而行之者、既經特別訂定、自然依其契約辦理。惟其契約應在呈報婚姻時登記。否則恐兩有爭執、無從證明、雖有特約而其效力無從維持也。
第 52 條 凡夫婦之共有財産、其管理收益及處置之權均屬於夫。但嫁資及妻於嫁後承受之財産爲妻之特有財産。其管理收益之權仍屬於夫。誰非經允諾夫、不得處置之。其未經呈由該管官員注册者、妻對關係人無呈訴權。 説明 各國於夫婦財産制規定慕嚴（德國民法特設夫婦財産制一事、復分爲法定財産・契約財産兩部、規定甚纖細、我國民法亦定夫婦財産制十五條）其所以不能不詳訂者、以習慣上夫婦之財産分析故也。我國之習慣則反是。若以夫婦向不分析財産之習。産設爲分析財産之制、空文則於事無關實行、則轉滋紛擾。故本条祇聲明夫婦之財産爲共有財産、且夫婦同居之事務、既由夫主持、則共有財産之管理收益及處置權、自屬於夫無疑。收益者收取益之謂、處置者包變賣典押存放入股置産等事而言。其餘關乎財産之行爲皆在管理之名内、但所謂夫婦之共有財産者、与普通法所稱共有財産不同。夫婦之財産、雖名爲共有、其管理收益處置之權、專屬於夫、此不同者一。夫婦之共有財産、指夫之財産及成婚後夫婦以能力所獲之財産而言、若妻之嫁資及妻於嫁後承受之財産、即不在内、此其不同者二。 本條又爲保護妻之權利計、故聲明妻之嫁資及妻於嫁後承受之財産爲妻之特有財産、非經妻允諾、夫不得處置之。但此項財産必須呈由該管官員注册聲明、則遇夫有不以妻之允諾而處置財産之事、妻方得對於第三人有呈訴之權。 嫁資包嫁時携來之一切妝奩而言。妻於嫁後承受之財産指妻於嫁後經他人（夫亦在時）傳與或贈與之財産而言。如妻父母無子分給遺産及舊始與夫或他人給與衣服珍飾等類皆是。	第 42 條 妻於成婚時所有之財産及成婚後所得之財産爲其特有財産但就其財産夫有管理使用及收益之權 夫管妻之財産顯有足生損害之虞者審判廳因妻之請求得命其自行管理 説明 謹按本條係規定夫得管理妻之財産。關於夫婦財産辦法、各國規定慕詳（德國民法特設夫婦財産制一章、復分爲法定財産・契約財産兩節、甚爲細密。日本民法亦規定財産）。其所以如是者、以外國習慣、凡夫婦結婚時、就於財産多以契約預行訂定。故有夫婦財産契約。無特別契約者、則適用法定財産制度。習俗所趨、法律因而生也。中國男帥女、女從男、於夫婦財度、向無契約之説。若法律亦摸傲一外國制度、漫行規定空言、則於事無補實行、則轉滋紛岐。故本條第聲明妻特有之財産。其成婚時所有者、即指妻出嫁時携來之一切奩資而言。其成婚後所得者、即指妻於嫁後因贈與或勞動而得之財産而言。此種財産、其管理使用及收益之權、本法定歸之於其夫者、以吾國禮俗本應如是。惟既認妻得特有財産、法律即應與以保護之道。本條第一項言得請求自行管理者、亦保護所有權之不得不然者也。

第四章　民法草案の作成　　　　　157

大清民律草案（『中華六法全書』所収）	民国4年法律編査会草案
第1357條 夫婦於成婚前關於財産有特別契約者從其契約 前項契約須於呈報婚姻時登記之 說明 本條係規定夫婦之財産契約而設。現在吾國習 慣、於成婚時訂立夫婦財産契約者甚少。然近 來外國交通日益繁多、將來必有摸倣外國之習 慣而訂立夫婦財産契約者、若果訂定契約、則 應依其契約辦理。惟此契約應在呈報婚姻時登 記者、蓋非由於此時登記、後若兩者有所爭執、 無從證明、雖有特約而其效力無從維持也。	第42條 夫婦於成婚前關於財産有特別契約者從其契約 前項契約須於呈報婚姻時登記之
第1358條 妻於成婚時所有之財産及成婚後所得之財産爲 其特有財産但就其財産夫有管理使用及收益之 權 夫管妻之財産顯有足生損害之虞者審判廳因妻 之請求得命其自行管理 說明 各國於夫婦財産制規定綦嚴（德國民法特設夫 婦財産制一事、復分爲法定財産・契約財産兩 節、甚爲細密。日本民法亦規定財産）。其所以 不能不詳細規定者、以外國習慣、凡夫婦結婚 時、就其財産多以契約預行訂定、故有夫婦財 産契約之問題。無特別財産契約者、則使適用 法定財産制度之規定。以習慣上、均有夫婦財 産之觀念、故法律上應有夫婦財産詳細之規定。 中國之習慣則反是、夫婦財産問題多數國民均 無此觀念、若法律亦模倣一外國制度、漫行規 定空言、則於事無補實行、則轉滋紛擾。故本 條轉爲聲明特有財産之範圍而設。成婚時所有 之財産、即指妻出嫁時携來之一切妝奩及財産 而言。至成婚後所得之財産者、如妻於嫁後因 贈與或勞動而得之財産是也。至此種財産、其 管理使用及收益之權、應歸何人、本條定歸於 夫者、以吾國習慣本屬如是、惟既認妻得有特 有財産、法律即應與以保護之道。本條後段言 得請求自行管理者、亦保護所有權應有之規定 也。	第43條 妻於成婚時所有之財産及成婚後所得之財産爲 其特有財産但就其財産夫有管理使用及收益之 權 夫管妻之財産顯有足生損害之虞者審判廳因妻 之請求得命其自行管理

※「□」は判読不能箇所、下線は先行テクストからの変更・書き加えを示す。

他にも関連の史料は存在する[54]が、いずれについても指摘し得るのは、『理由書』の条文が提示する論点に共通する設問によって調査が行われていることである。特に修訂法律館の系統の調査では、回答側も質問側と同様に共通して所謂「西洋法的」な前提に立ち、非常に整えられた回答を行っているようにも見受けられる。『理由書』に基づいて調査項目が策定された可能性も皆無ではなかろう。逆にこの調査が立法過程の史料において直接引用されている箇所は管見の限り見当たらない。中国の現状については調査を俟つまでもなく当然のこととして取り扱われた可能性もあろう。

さておき、ここで頻出する幾つかの概念については注意が必要である。中でも興味深いのが『理由書』の条文に登場する「共有」の語である。習慣調査においてもこの語は登場するが、これと特に同居共財と「共有」の違い（即ち滋賀秀三が「同居共財という言葉のうちに家産の共同所有ということは概念内容として含まれていないということ、つまり共財と共有とは別な概念である」[55]とし中田薫がこの区別を十分に行わなかったことからくる問題について力説したことがこれに大きく関連する）について、これを立法当事者が問題として認識していたかという点は、清末の法典編纂活動の性格を考える上で、またその後の立法を考える上で鍵となるように思われる。

夫婦財産における「共有」を論じるに当たって、『理由書』が西洋における夫婦の「財産分析」と中国における「不分析」の対抗軸に反応しているのは見て取れるが、進んで個人の財産権の確立という問題がその前提とされているかどうかについては流石に『理由書』の説明のみからは十分に読み取ることは出来ない。また特に同居共財的なあり方については、刑事民事訴訟法草案を巡って戦わされた礼法争議において、張之洞が「乃閲本法所纂、父子必異財、兄弟必析産、夫婦必分資、……襲西俗財産之制、壊中國名教之防、啓男女平等之風、悖聖賢修斉之教」[56]として夫婦が財産を分けることを否定的に論じたことも想起されよう。

ここで「共有」という語が如何なるものを内包しているのか、相当に多様な可能性を指摘することが出来る。しかもその多様性の中に我々は様々な議論の可能性を見て取ることが出来る。即ち「共有」の語が登場はするものの、その指し示す内容がどこまで西洋の財産制を前提としているか、単に同居共財を指し示す用語として用いられているのではないかという点、逆にいえば、この問題を論じる際に個人の財産権の確立という問題が重要な鍵となることについて当事者がどれほど意識的であるか、またさらにこうした渾然とした状況の中から、夫婦の財産

第四章　民法草案の作成　　159

の問題を論じるのであれば個人の財産権というものが避けて通れない鍵となると
いうことに気づきはじめるという流れが出てくるのかどうか、等の諸問題である。

　西洋の概念との邂逅においてそれをどう理解したのか、またその概念との相互
作用の中で伝統中国に存在した習慣をどのように整理、分析し把握してゆくの
か、ということに関連し、特にここに登場する「承受」という語を巡る滋賀秀三
の指摘[57]も重要である。滋賀は大清民律草案が「清律条例がたまたま用いた「承
受」なる語をとり来って、これに、祭祀の関係を離れて財産のみが取得せられる
諸場合の汎称、すなわち継承の対立概念たる、テクニカルな意味を賦与した」こ
との意義を「極めて貴重な概念整理の仕事を後世に残した」と高く評価してい
る。他方で滋賀は中華民国民法に至って宗祧継承を前提としない遺産継承が前提
とされるに至って「継承」の語が用いられるようになり、「承受」の語が消えて
ゆくことについて、「かような変革が行われた最大の理由は、いうまでもなく、
古来の承継の観念を維持しては男女同権を実現することができない点に存する。」
としている。

　祭祀・財産が一体となって継承されてゆくあり方の中から、その一側面である
財産継承を析出し別個認識可能なものとして取りまとめてゆく作業がここにある
わけであり、逆にそれが立ち上げられることによって財産権の問題がようやく議
論可能となる、その瞬間がここであるとすることが出来る。「共有」の語につい
ても、立法当事者が自覚的に「概念整理の仕事」をしたという水準まで立証する
のは困難であるかも知れないが、その可能性は存在する、少なくともその仕事を
開始する契機は存在し得たということについて異論はないであろう。

　さて、続く大清民律草案では条文に微妙な変更が施されている。まず夫婦の共
有財産についての夫の管理・収益・処置の権が（あまりに当然ということからで
あろうか）削除され、妻の婚前財産と結婚後に得られた財産についてこれを特有
財産としつつ、その管理・使用・収益の権利が夫に属することから条文が書き起
こされている。さらに、夫の管理によって損害が発生するであろうことが明らか
な場合、審判庁に請求して自己管理を行うことが出来るとしており、妻の権利保
護について一定程度配慮されていることが窺われる。些少な点に見えるが、「共
有」の語が条文からも説明からも姿を消しているのはやや印象的である。

　以上これがそのまま1915年親属法草案まで引き継がれるため、民国初期の制
度設計としては、妻の持参財産、及び結婚後に得た財産についてはこれを妻の特
有財産とし、管理・使用・収益について夫が権利を有するということでひとまず

は決着したものとすることが出来る。勿論これとは別に契約によって夫婦財産を決することも可能とされていた。そこでは特別の契約があればそれに従うとのみ規定されており、条文のみからは、その契約内容に関して特に制約は設けられていないように見える。

　しかも大清民律草案第41条の説明では、「論吾國習慣、於成婚時訂立夫婦契約者甚少。然……將來必有摸倣外國之習俗而行之者、既經特別訂定」とされている。将来の僅かな可能性に備えるとした立法理由は、逆に現状ではその利用の可能性が殆どないであろうことを自ら証明しているように思われる。

（2）民国初期の状況

　様々な関連書籍を通覧すると、夫婦財産制を語る際には必ず民国2年上字第33号判決例に言及がなされており、「妻得有私財」として女性に財産権を認めた初の判例として象徴的な位置づけが与えられているのが分かる。

　同判決例は上告人及びその亡夫が、ある共同耕作に係る土地を複数承典し、うち何回かは找価も払って（中には一部分找絶に至る土地もあったようである）いたものにつき、その典価及び找価の総額及びその支払いの事実を巡って紛争となったものであり、上告人は找価の存在を主張するに対して被上告人はこれを否定、また找絶の認定についても両者食い違い、また絶に当たり譲渡されるべき土地の範囲についても一致を見ないという紛争が大理院に持ち込まれたものである。

　この事件について大理院は上告人・被上告人の双方の主張を紹介した上で、突如「本院査現行法例、爲人妻者、亦得有私産。其行使私産之權利、夫在時、不無限制、夫亡後、有完全行使之權、故妻實爲此項權利之主體」と述べている。この「現行法例」が具体的に何を指すのかについて大理院は黙して語らないため、何か事件の解決の過程からこの法理を帰納したというよりは、突如として法理が宣言されたという感覚にとらわれる。その後判例要旨が編纂されるに当たり、この中から端的に「妻得有私財」の部分だけが（元来の文脈とは一旦切り離されて）収録されることになるわけである。

　女性の権利に配慮するという立場の判決例としては、さらに民国2年上字第208号判決例がある。離婚を巡って争われた案件であるが、ここでも半ば唐突に「按現行法上」という形で法理が展開されるのが見られ、しかも現行法が何であるかは具体的に言及されない。しかもここにおいても元の判決文である「嫁女妝奩、應歸女有。其有因故離異、無論何種原因離去者、自應准其取去。夫家不得阻

留」からただ「妝奩應歸女有」とのみ収録されるのである。

大理院判決例を多く検討した黃源盛によれば、大理院が「條理」を運用する際に用いる用語は統一されておらず、「民事法理、民法通理、現行法例、民事法例、民事法條理、現行規例、現行法則、至當之條理、民事法則、民商事條理、民事法之大原則、一般法例、民商事法例」による、と表示されるとのことである[58]。大理院が「條理」の名の下に民律草案や大理院の判例、法律の類推適用、学説の見解、外国の立法例、義理や倫理道徳規範等を導入し事実上の「立法」(「法官造法」)を行ってきたとする黃源盛の見解を元に、ここでの「現行法例」「現行法」が具体的な法律ではなく「條理」であるとするならば、先に見た「共有」の語を巡る状況と照らし合わせて、大変興味深い仮説を得ることが出来る。即ち、「共有」の前提としての個人の財産権、とりわけ女性の財産権についてこれを大理院の主導で端的に導入する形になるからである。これを意識的に行ったものか、それとも結果的にそうなったものか、この判決例のみからは判定出来ないが、清末からの流れを進める方向性を持つ要素として注目することが出来る。

他方、「現行法」を明示する判決もある。民国4年上字第886号判決例は所謂「現行律民事有効部分」のうちで立嫡子違法條例第二[59]を踏襲し、夫の死後改嫁する女性が妝奩を持ち去ることについては、夫側の許可がない限り不可能としており、また民国7年上字第147号判決例もこの條例第二を引き、夫の死後、財産を使い果たした上で即座に改嫁する行為を禁じている[60]。

しかしながら、條例第二が「現行法」として振る舞うことによって、そこに込められたいわば「伝統的」な要素が引き続き残存してゆくという役割を果たしていることには注意しておく必要がある。他方で大清律例由来の条文であれば全て女子の財産権を否定する方向にはたらくというわけでもない。例えば大清律例では戸役卑幼私擅用財條例第二「戸絶財産果無同宗應繼之人所有親女承受」について、戸絶の場合という前提はあるものの、女子が承受するという点を生かし得る可能性を有する条文も存在した。そしてそれはしばしば、女子の財産権を例外的に認めるものとしての文脈から後世言及されることもあったのである。

ただその可能性については、大清民律草案の段階で、先に滋賀秀三が「承受」の語に関連して言及した条文の按語の最後の部分[61]で、「親女列於最後者、以吾國習慣女子無繼承財産之例、若非父母特別給與遺産、爲女子者不得主張有此權、大清現行刑律卑幼私擅用財條、其例文有戸絶財産果無同宗應繼之人所有親女承受等語、曰戸絶曰無同宗應繼之人、明非絶戸、或尚有應繼者、女子猶不得承受財産

表 4-4　条文対照表（民律第二次草案以降）

民律第二次草案親屬編 （1925 年修訂法律館稿）	民律第二次草案 （屠景山著・馮堪・彭學海著）
第 2 款　夫婦財産制	第 4 節　夫婦財産制
第 1 項　總則	第 1 款　通則
第 76 條（→ 1130 條） 夫婦於成婚時、關於財産無特別契約者、其財産關係依次項之規定。	第 1134 條 夫婦於成婚時、關於財産無特別契約者、其財産關係依<u>第二款</u>之規定。
第 77 條（→ 1131 條） 夫婦不依法定財産制有特別契約者、非於成婚時登記、不得與夫婦之繼承人及第三人對抗。	第 1135 條 夫婦不依法定財産制有特別契約者、非於成婚時登記、不得與夫婦之繼承人及第三人對抗。
第 78 條（→ 1132 條） 夫婦財産關係、於成婚後不得變更。但廢止原定契約、改依法定財産制、或依法定原因管理人有變更者、不在此限。 夫婦之一方、管理他之一方財産、如因管理失當或受破産宣示、顯有足生損害之虞者、他之一方、得向法院請求准其自行管理。 夫婦共有財産、於爲前項請求時、並得請求分析。	第 1136 條 夫婦財産關係、於成婚後不得變更。但廢止原定契約、改依法定財産制、或依法定原因管理人有變更者、不在此限。 夫婦之一方、管理他之一方財産、如因管理失當或受破産宣示、顯有足生損害之虞者、他之一方、得向法院請求准其自行管理。 夫婦共有財産、於爲前項請求時、並得請求分析。
第 79 條（→ 1133 條） 依前條規定或契約條款、管理人有所變更、或分析共有財産時、非經登記、不得與夫婦之繼承人及第三人對抗。	第 1137 條 依前條規定或契約條款、管理人有所變更、或分析共有財産時、非經登記、不得與夫婦之繼承人及第三人對抗。
第二項　法定財産制	第二款　法定財産制
第 80 條（→ 1134 條） 由婚姻而生之一切費用、歸夫擔負。但夫無力擔負者、妻擔負之。	第 1138 條 由婚姻而生之一切費用、<u>雙方負擔</u>。但妻無力負擔者、<u>夫負擔之</u>。
第 81 條（→ 1135 條） 妻於成婚時所有之財産及成婚後所得之財産、爲其特有財産。<u>但就其財産、夫有使用・收益之權。</u>	第 1139 條 妻於成婚時所有之財産及成婚後所得之財産、爲其特有財産。 <u>前項特有財産、妻得自行管理。但夫因妻之委任、得管理之。</u> <u>夫管理妻之財産、準用第六百四十一條至第六百五十三條之規定。</u>
第 82 條（→ 1136 條） 專供妻用之衣服・首飾及手用器具等物、推定爲妻之特有財産。 其他動産所屬不分明時、推定爲夫之財産。	第 1140 條 專供妻用之衣服・首飾及手用器具等物、推定爲妻之特有財産。 其他動産所屬不分明時、推定爲夫之財産。
第 83 條（→ 1137 條） 妻之特有財産、由夫管理。但前條第一項之財産、得由妻自行管理。 夫不能管理時、妻得自行管理。	（削除）
第 84 條（→ 1138 條） 夫於管理開始時、須即開具特有財産清册、交付於妻、並因妻之請求、有定期開具清册及隨時報告管理情形之義務。	（削除）

第四章　民法草案の作成　　163

民律第二次草案親屬編 （1925 年修訂法律館稿）	民律第二次草案 （屠景山著、馮堪・彭學海著）
第 85 條（→ 1139 條） 夫管理特有財產、負與自己事務同一注意之責任。	（削除）
第 86 條（→ 1140 條） 夫在管理使用及收益期內、有擔負左列各款費用之義務。 　一　因管理使用及收益而生之必要費用。 　二　因保存財產標的物之費用。 　三　屬於特有財產債務之利息及其他法律上或契約上應支出之擔負。 改良財產費用、由特有財產孳息內支付。如有不足、於管理終止時、妻得依其選擇、償還所費實額、或所增之現存價額。	第 1141 條 夫在管理期內、於左列各款費用、<u>就管理之特有財產內支付之。</u> 　一　因管理而生之必要費用。 　二　因保存財產標的物之費用。 　三　屬於特有財產債務之利息及有他法律上或契約上應支出之負擔。 改良財產費用、由特有財產孳息內支付。如有不足、於管理終止時、妻得依其選擇、償還所費實額、或所增之現存價額。
第 87 條（→ 1141 條） 夫以妻之名義借債、或讓與特有財產、或以其特有財產供擔保或增加重大擔負者、須得妻之同意。但在管理目的範圍內、處分特有財產孳息者、不在此限。 夫不得妻同意而爲前項前段之行爲時、妻得不經夫參與在裁判上對第三人主張權利。	第 1142 條 夫以妻之名義借債、或讓與特有財產、或以其特有財產供擔保或增加重大負擔者、須得妻之同意。但在管理目的範圍內、處分特有財產孳息者、不在此限。 夫不得妻同意而爲前項前段之行爲時、妻得不經夫參與在裁判上對第三人主張權利。
第 88 條（→ 1142 條） 歸夫管理之特有財產、有對第三人發生訴訟時、夫爲妻之代理人。	第 1143 條 <u>妻之特有財產、</u>對第三人發生訴訟時、夫爲妻之代理人。
第 89 條（→ 1143 條） 在夫管理期內、如有必要情形、妻得向夫請求提供相當之擔保。	第 1144 條 在夫管理期內、如有必要情形、妻得向夫請求提供相當之擔保。 <u>前項情形、妻於夫之不動產上得主張抵押權。</u>
第 90 條（→ 1144 條） 在夫管理期內、妻欲處分其特有財產、夫無正當理由不與允許、而妻能證明其處分爲有利益者、無須經夫允許。	第 1145 條 在夫管理期內、妻欲處分其特有財產、夫無正當理由不與允許、而妻能證明其處分爲有利益者、無須經夫允許。
第 91 條（→ 1145 條） 管理終止時、夫或其繼承人、須即清算交代、將所管財產交還。	第 1146 條 管理終止時、夫或其繼承人、須即清算交代、將所管財產交還。
第 92 條（→ 1146 條） 第［五百六十一］條［第三項］・第［六百二十九］條及第［六百三十］條之規定、於管理終止時準用之。	（削除）
註 本條係準用使用貸借中、借主回復原狀取去附屬物、及委任中委任人未能處理事務、受任人應爲必要處分及通知委任終了事由之規定。	（削除）

※「潘著」は潘維和『中國歷次民律草案校釋』（漢林出版社・1982）、「屠景山著」は屠景山『親屬法原論』（世界書局・1930）、「馮堪・彭學海著」は馮堪・彭學海『夫婦財產制』（現代書局・1931）を示す。→は潘著での条文番号、［　］は潘著での補充、下線（実線）は修訂法律館稿からの変更箇所、下線（点線）は削除箇所を示す。

也、本條以親女殿後蓋卽此義」(句読点筆者) としており、このことは逆にいえ
ば、清末において積極的に女子の継承権が認められていたわけではないことを示
すものとなる。

　その他夫婦財産に関して言及する判例を通覧するならば[62]、確かに民国2年上
字第33号判例は他の判例と異なり、突出して象徴的な地位を占めるように見え
る。反対にそれ以外は総体として概ね清朝期における夫婦財産のあり方から大き
くはみ出すようなものはあまり見られないようである。

　即ち、大清民律草案以来の、夫婦財産制における「共有」を認める上でのひと
つの前提となるべき個人、特に妻の財産権について民国2年上字第33号判例が
それを象徴的に宣言はしたものの、現行律民事有効部分が現行法として機能する
ことの結果としてもたらされる旧来の財産保有のあり方 (それはまた当時の中国
における現状とも合致したのかも知れない) が残存し、そのせめぎ合いがこの段
階のひとつの特徴をなしているとひとまずくくることが出来よう。

　こうした幾つかの判例から「要旨」が抽出されつつも、それらは版本によって
収録されるもの、されないもの、収録されたにも関わらず途中から消えてゆくも
の等、関連する大理院判例要旨の収録状況[63]は様々であった。

　さて、その後の民律第二次草案 (表4-4参照) では夫婦財産制に関する専用の
節が設けられ、規定も相当に充実しているのが一見して明らかであり、かつ第一
の系統とは明らかに異なる系統であることが分かる。さらに興味深いのは『法律
草案彙編』収録のものと当時の出版物において言及されている民律第二次草案の
間でテクストに相当な違いがあることである。

　夫婦財産について特に契約がある場合はそれに従い、その際の契約内容につい
ては特に制限を加えないという基本は保たれた上で、規定がさらに詳細になって
いることが見て取れるが、注目すべきは法定財産制の部分である。民国初期の基
本であったところの、妻の結婚時に所有していた財産、及び結婚後に得た財産に
ついてこれを特有財産とし、その使用・収益について夫が権利を有するとしてい
たものが、民間の書籍に収録される版では妻が自ら管理することが可能となって
おり、逆に妻からの委任があれば夫も管理可能でありその際は委任の条文を準用
するとされているのである。いうならば相当女性の権利を拡充する立場へと転換
していることが明らかなのである。

　この民律第二次草案の変更が何時行われたものなのか、誰の手によるものなの
か、現在のところ不明とするより他ないが、非常に注目すべき動向である。法定

財産制としてはひとまず共有管理制が採用されたようであるが、日本民法に影響を受けたものかどうかについては明文での立法理由がなく判然としない。

その後1928年親屬法草案においては条文数自体が非常に減らされており、夫婦財産については民律第二次草案よりも簡素な作りになっている印象を受ける[64]。続いて民国19（1930）年4月に「民法親屬繼承兩編應先決之各點」が公表され、夫婦財産制についてもその規定の必要性が説かれるに至る[65]。後6月には再度の習慣調査が行われ、そこには夫婦財産に関する調査も含まれたものの[66]、その結果を待たずに立法は行われることになる。7月には法律顧問Jean Escarraの手になる起草報告書が提出され、夫婦財産制に関する意見も述べられたが、これもまた立法には生かされなかったようである。その後、「民法親屬繼承兩編應先決之各點」に対応した「中央執行委員會政治會議法律組 親屬法先決各點審査意見書」が8月に発表、夫婦財産に関する意見もその中に提示され[67]、最終的には1930年12月に中華民国民法が完成するという運びになるわけである。

（3）立法当時の議論

立法当時においては、夫婦財産制の諸形態[68]のうちいずれが中華民国に相応しいかについて当然議論が行われたものと思われるが、その中心的な論争が展開した場所を探すならば、民国期に夫婦財産制を扱った専著[69]のひとつである馮堪・彭學海『夫婦財産制』（現代書局・1931）において、全く引用元が示されないままに、民国期における夫婦財産の制度設計を巡る論争が取り上げられているのが目につく。王寵惠対呉學義[70]の論争がそれである。以下、民国でも相当に著名な2人によって展開された論争の内容を、原典に遡って整理することにしたい。

王寵惠は論文「婚姻財産制」[71]において、統一財産制は夫権に偏重しすぎであるとしてこれを退け、共同財産制については共同財産部分につき双方が所有権を失い、夫婦相互間、第三者間の責任問題が複雑になり、また財産の管理・用益・処分権が夫にあるため夫権が大きくなることから採用すべきでないとする。奩産制に対しては奩産が処分不可能であるため、社会的に財産としての作用を失うこと、第三者がこの特殊な性質の影響を受けることを問題視し、分別財産制については分かりやすいが情に悖るものであり、中国の一般心理とかけ離れている以上採用不可能であると評している。

王寵惠は最終的に聯合財産制を可とするが、その理由は「一方面維持經濟上之合作。而又一方面維持經濟上之獨立。並有種種規定。豫防夫管理之不當。就此諸

點觀之。實爲各制中較爲適當之制度。……吾國向無所謂夫婦財産制度。若必採用一制度以爲法定制。從維持夫妻間經濟合作及保障妻之經濟獨立起見。似無有逾於此制者矣。」[72] というものであった。

これに対し呉學義は論文「再論夫婦財産制」[73]において、分別財産制への移行は歴史的展開であり、現今の立法趨勢とも合致するものとして、トルコ民法（1926年）[74]がスイス民法[75]の直訳と揶揄されながらも分別財産を実施していること、またブルガリア民法草案（1928年）[76]、日本民法親族法改正要綱（1928年）[77]、スウェーデン改正婚姻法（1921年）[78]が全て分別財産制を採用していることを紹介し、グラッドストン改革による1870年婚姻財産法への高い評価を行っている。論考では最新の立法例が数多く掲げられ、これらに追いつこうとする呉學義の姿勢と、分別財産制がもたらす完全な男女平等への高い評価を窺うことが出来る。

そして呉學義は「再一瞥新親屬法採共同管理制爲法定制之條文……最令人難忘者、爲幾經努力奮鬥而得之女子財産繼承權、恐將如鷺鷥之喙魚、徒爲漁翁作嫁。而有湮没繼承權特點之虞……竊以爲徵諸制度之精神與法文之規定、『保護雙方』、『經濟合作…獨立』、均屬表面文章、不能充飢之畫餅而已」[79]と締めくくっている。

両者の議論を分析するならば、王寵惠にせよ呉學義にせよ、いずれも膨大な外国法を比較対象として挙げていることが特徴的である。王寵惠が挙げる対象国としては、スイス・ノルウェー・フィンランド・オランダ・ポルトガル・フランス・ベルギー・ルクセンブルグ・ポーランド・ソ連・スペイン・アメリカ・ドイツ・日本・オーストリア・チェコ・ハンガリー・ルーマニア・イタリア・ギリシア・トルコ・イギリス・ブラジル・スウェーデン・デンマークの25か国[80]にわたり、そのうちで直接具体的な条文の参照指示があるのはスイス・ノルウェー・フランス・ドイツ・オーストリア・スウェーデンの6か国に上る。

王寵惠の論文には全く註釈が付されていないため、これらについて逐一原典に当たって確認していたのか、どこからこうした情報を得たものかは全く不明である。清朝末期には外国法の翻訳も一定程度行われたが、上記の国数はこれを凌駕する[81]。勿論これに先んじて各主要国の夫婦財産制を紹介する論文は現れており、楊鵬、一鳴、蘇希洵等の論考が既に早くから発表されている[82]。特に楊鵬[83]はベルリン大学へ留学しており、蘇希洵についてはパリ大学へ留学、王寵惠の秘書を務めたとする言説もある。

他方呉學義は京都帝国大学留学という背景もあり、その論考には日本の学説が

多く引用される。日本における夫婦財産制の議論の歴史を見るならば、それなり
に早くから、例えば明治39（1906）年には梅謙次郎が講演録を発表[84]し、膨大
な比較対象国をその分析において扱っている。また呉學義が手に取れた可能性の
ある他の書籍として近藤英吉『夫婦財産法の研究』（嚴松堂書店・1928）があり、
同著においても外国の立法例が多く紹介されている。また近藤著の情報源のひと
つである Neubecker[85] 等は刊行年が早いため、呉學義も手に取れた可能性があ
る。これらの研究における参照先の国家[86] は、王寵惠のそれと重なりつつも異
なっており、その情報源が他にも存在することを示している。

　呉學義においてもうひとつ特徴的なのは、同時期に進んでいた日本民法親族法
改正要綱への反応の速さ（中島玉吉・穂積重遠への言及[87]）である。呉學義は当
時の中国人の論考としては珍しく新聞へも目配りし、和田于一の記事[88]を引用し
ている。特に和田はこの記事において、半ば進化論的とも取れる立場から夫婦財
産制の解説を行っており、呉學義がここから相応の影響を受けたのではないかと
推定される。

　さらに注目されるのは女子継承権問題との関係である。当時盛んに議論された
同問題について、関連文献の伝える推移は以下の通りである[89]。民国13（1924）
年1月28日、中国国民党第一次全国代表大会において宣言された対内政策第12
条に「於法律上經濟上教育上社會上確認男女平等之原則助進女權之發展」と規定
されたことが直接の発端となったようであり、民国15年1月16日の中国国民党
第二次全国代表大会では婦女運動に関する決議案第9項に「制定男女平等的法律
規定女子有財産承繼權」また第11項に「女子應有財産權與承繼權」と規定され、
これがさらに10月に司法行政委員会により広東、広西、湖南の各高等審判庁、
検察庁に送付され、同原則に従った裁判の実行が通例された。北伐後民国17年
に全国各省が国民政府の下に属するようになり、全国へと広められた[90]。

　順調に見えた女子継承権問題は、民国17（1928）年2月28日最高法院解字第
34号解釈が女子承継財産権を未出嫁女子に限定したことから物議を醸すことに
なる。民国18年4月27日、朝野の批判に応えて最高法院院長及各庭庭長会議が
開催され、已嫁、未嫁を問わず財産継承権を認可するよう決議がなされた。これ
を受けて中央政治会議がその取り扱いを議論し、最終的には民国18年8月19日
の「已嫁女子追溯繼承財産施行細則」公布を以て女子継承権が確立する。

　呉學義の論文が発表された時点では女子継承権問題は種々の議論を経てようや
く決着した後ということになる。「爲幾經努力奮鬥而得之女子財産繼承權」とい

う語の中に、これまでの経緯に対する彼の強い思いと、そこからの後退を断固と
して拒否する姿勢を読み取ることが出来る。

　しかしながら呉學義の論文が発表された頃には既に中華民国民法[91]が公布（民
国 19（1930）年 12 月 26 日）されるに至っており、呉學義の主張が民法に影響を
与えることはなかった。中華民国民法が最終的に採った結論は、ほぼ王寵惠の議
論に沿った形で法定財産制を聯合財産制とし、約定財産制としては自由な約定を
認めるのではなく、共同財産制か統一財産制のうちのいずれかを約定する形のも
のであった。民法の立法理由として、王寵惠の制度設計がその基調をなしたこと
が確認出来る。

　王寵惠と呉學義の双方の論文では、両者とも多く諸外国、とりわけ欧州の立法
への高い注目がその特徴として挙げられよう。そのこととは逆に、両者とも中国
の現況への言及はあまり見られない。両者とも中国人としてあまりに当然すぎる
前提であったということなのかも知れないが、王寵惠はやや現状との整合性を図
るかに見えるものの、その具体的な様相への言及はなされていない。

　実際のところ、当時の中華民国民法における夫婦財産制については、日本から
もあまり評価する声が聴かれない。民法学者として著名な中川善之助は、

　　……草案に殆んど歓けた夫婦財産制に關しては、新法はスウィス民法を殆
　んどそのままに微細な規定を設けて居る。破産法などあるのかどうか知らな
　いがスウィス民法に倣って「夫妻の一方破産宣告を受けたる時は、その夫婦
　財産制は當然分別財産制たるものと成す」などと大掛りな規定をおいて居
　る。夫婦財産契約の結婚後に於ける締結變更廢止を認めるなど日本法よりは
　進歩したものがある。草案が日本民法を一層簡単にして「夫婦成婚前に於て
　財産に關する特別の契約あらば其契約に從ふ。前項の契約は須らく婚姻を呈
　報するの時之を登記すべし」とのみ云ひ（一三五七條）別に妻の財産は夫こ
　れを管理使用収益すべきことを定めたに止まる（一三五八條）に比すれば正
　に両極的相異といってよからう。新法は四十五條の法文を列べて事細かに規
　定し、法定財産制を聯合財産制（スウィスの güterverbindung）とし、共同財
　産制、統一財産制、分別財産制の三契約財産制を認め、「夫婦は結婚前或は
　結婚後に於て契約を以て本法所定の約定財産制中に就き其一を選擇し其夫婦
　財産制と爲すを得」として居る。日本民法が十五條より有たないに比し一層
　詳細である。しかし夫婦財産契約の觀念薄き日本に於てはこの十五ヶ條の規

定さへ餘り役に立たず、殊に夫婦財産契約の登記に至っては毎年十件を前後するに過ぎない有様であるから、民國がスウィス民法を摸してかくも複難な財産契約規定をおいても恐らく大なる効果は（少なくも當分の間）期待されないであらう。それにスウィス民法ほどに大規模なる夫婦財産制規定をおくのならば矢張りスウィス民法の如く七十條以上の法文を要する筈である（ドイツ民法は實に二百條の規定ををいて居る）。それを四十ヶ條に減らして居るのであるから法規に間隙が多く、實際この新法を運用する段になれば必らずや幾多の解き得べからざる難問に逢着せざるを得ないことと思はれる。外觀のみ高荘な博覧會式バラック建築の憾みがある。[92]

と酷評している。

　こうした中で、しっかりと中国の現状に目を向けようとしていたひとりが、中国人ではなくフランス人法律顧問 Jean Escarra であったことは何重にも指摘されなければならない。彼はその主著 *Le droit chinois*, Pékin : Henri Vetch ; Paris : Recueil Sirey, 1936 において、

　　配偶者の財産に對する婚姻の効果に關し問題は支那の立法者にとっては新しくあった。實際、傳統的制度の支配下に於ては妻は原則として夫の家に入り自身の家族に對し凡ての財産權を失ひ決して其の兩親を相續しなかった。彼女の調度婚姻の贈物時としては若干の金額の贈物を除いて彼女は實際上婚姻結合に對して何物をももたらさなかった。そして其の結果何等の固有財産をも持たなかった。彼女は全く其の夫の家族によって引受けられたとも云ふことが出來る。民法は彼女に相續權を認めたので彼女は固有財産を取得する事が出來そして人は彼女の利益を保護する夫婦財産制度を組織する事に從はねばならなかった。支那の立法者は契約なき夫婦の法定財産制として聯合財産制のスイス制度に決めた。彼等が契約をなさんと欲するならば彼等には共同財産制統一財産制、及分別財産制の間に選擇が許されてゐる（一〇〇四條、一〇〇五條）。法定制度に於ては最初の二つの契約上の制度に於けると同様妻は彼女自身の管理に服する所の分離財産として彼女自身の使用の爲の目的物其の勞働又は職業の收益及特有財産として明示的に彼女になされた贈與財産を保有する（一〇一三條）。

　　これ等の規定の全體殊に夫婦財産制に關する規定は支那に於ては全く新し

いものである。これ等の規定については國際的交渉に開かれた大都市の若干の家族を別として國の現代の社會状勢に適應しないといってもそれは非難をするのではない。農民の大多數はこれ等のかゝる規定を知らず長く知らぬまゝに居るであらう。特にこれ等の規定の中に將來の建設の爲の「待齒石」を見なければならぬ。[93]

と述べ、さらに中華民国民法起草時に提出された報告書の中では、

　法典編纂に関して研究すべき他の重要な問題は夫婦財産制に関するものである。これは旧来の法には殆どなかったものであり、女性は常に当然の権利として夫の家族に入り、従ってその時からその新たな家族、新たな宗の共有財産の利益配分に与るのであり、同時に彼女は元の家族における世襲財産に関する権利を全て失っていたのである。では、父の側において、結婚の日に受け取るべきある一定量の財産を、組合的な手法によって、確約することで娘に報いるというやり方は広く行われていたのであろうか？　私はこの問題に確信を持って答えることは出来ないだろう。しかしながら私には、農民の婚姻における大多数においては、女性はわずかな身の回りの品々を持参するのみであり、従って宗の生活の経済的状況下では、夫婦財産制の問題は生じないように思われる。恐らくそれは、常に、裕福な家族を利するものであろう。それは、今日では、その中で女性が独立して働いているような労働者の所帯、または大商人や海外で暮らす高官等の所帯について、より多く現実性を有するものである。しかしながら私は、ここにおいて中国の大多数の農民人口には、さらに他の懸念があると思う。
　法律家としては、私は草案の規定にはただ賛成する他ない。何となれば財産の完全な分割は理想的なものに思えるからである。しかしこれらは皆所帯の経済的な独立を前提としており、国の経済的状況が現実の組織、即ちそれぞれの所帯が家族に統合され、それぞれの家族が宗に統合されるというこの構成を維持する限り、適用出来ないものである。女性が固有財産を持つことが出来るという以前に、夫が彼自身それを有しなければならないが、それは稀なことであり、中国の農村ではさらに稀なことである。北京郊外に行くたびに、私はある畑や園地を有する人物に尋ねたが、「それは誰それの畑乃至園地である」という回答を私にしたものは決して無く、「それは何々という

名の「家」の畑である」と回答されるのであった。私は、農業地域の大部分、即ち中国のより広大な部分においてそうである筈だ、と考える。そのような状況の下で、家族の強力な共同財産保有のしくみと、それぞれの所帯の内部での財産の分立とを一体どうやって両立させるというのであろうか？私はそれに殆ど可能性を見出し難い。それでも、新たな立法が女性の相続の権利に与えようとしている結果は、保持しておくことが必要である。もし――そのように見えるが――、これらの条項がますます頻繁に適用されれば、その際に夫婦財産制の問題が十分に差し迫ったかたちで提起されることが必要となるだろう。[94]

と述べている。

　ここで注目すべきことは、Escarra が中国における都市と農村の対立関係に意識を向け、民法の規定自体が農村には無関係なものになっていることを指摘するとともに、宗による同居共財の下で展開する土地保有のあり方に反応を示していることである。それを前提とする以上夫婦財産制の導入は不可能であるとし、伝統的な宗族における「同居共財」関係と夫婦財産制の問題を総合的に考えるというのは鋭い着眼点であり、何より外国人である彼が中国農村の現状に即した理解を基調としながらそれを踏まえた対策への提言を行っていることは、旧来あまり光が当てられてこなかった彼の一面として強調されるべきである。またこれとの対比において、新しい秩序を目指そうとした立法者たる王寵惠の姿勢、さらには中華民国民法の有する方向性がより鮮明なものとなるとすることが出来よう。

三　Jean Escarra の慣習認識、その立法との関係

　以上に見てきた Jean Escarra の思考を深く検討し、さらに起草者の議論過程に肉薄するために注目したいのが、中華民国民法起草時に提出された先述の Escarra の『報告書』である。この『報告書』は I：序論、II：設問、III：家族及び相続に関する中国実定法の特徴、IV：起草された草案、V：全体的考察・設問への解答・結論の 5 部構成である。序論冒頭の解説によれば 1930 年 2 月頃より数度にわたり傅秉常から執筆依頼や資料提供があり、関連参考資料の取りまとめと意見表明が求められたことにより書かれたものとのことである。

　I での導入の後、II では先に紹介した「民法親屬繼承兩編應先決之各點」及び

傅秉常「親屬繼承法上的幾個重要問題」（法律評論 342・1930）の内容を踏まえた
設問、即ち、親屬編につき親属の分類（宗親か血統親か）、血統親を採る場合の
夫婦・子女の姓の問題、親属の範囲、成婚年齢、禁婚範囲、夫婦財産制、離婚理
由、妾、家制（家属主義か個人主義か）、家属主義を採る場合のその基礎（家長
権か共同生活か）、婚姻の基礎（性慾か、公共生活か傳宗接代か）、また繼承編に
つき宗祧継承、財産継承と宗祧継承の関係、継承人の範囲・順序・配分、配偶者
の継承権、継承可能な場合の順序・配分、継承に先立って贈与があった場合の配
分の計算方法、継承権を持つ人間の間で継承対象財産の増大への貢献がある者と
ない者の配分における扱い、特留財産、それが認められる場合の範囲、が列挙さ
れている。

　続く III では、家族・相続に関する中国の状況が詳細に分析されている。Escarra
の『報告書』の親属に関する記述は主著 *Le droit chinois*, Pékin : Henri Vetch ;
Paris : Recueil Sirey, 1936 のそれよりもはるかに詳細である。中でも § III 部分[95] で
彼は『民商事習慣調査報告録』に繋がる調査結果に具体的に言及しながら諸習慣
を整理している。そこで扱われるのは A：婚約、B：童養媳、C：親属内の婚姻、
D：贅婦招夫、E：未亡人の再婚、F：兼祧、G：典妻、H：未成年婚、（I は記号
として用いられていない）、J：婚礼、K：離婚といった題目である。それに先行し
て置かれている総説部分の執筆に際して、典拠として挙げられないまでも『民商
事習慣調査報告録』は参照されたのかも知れないが、明示的な引用はない。以下
IV では 1928 年の親属・繼承法草案の紹介・分析が行われ、V において集約的に
彼の見解が述べられるという構成になっている。

　この『報告書』を扱うに当たって、まず Escarra と『民商事習慣調査報告録』
の関係について考察しておきたい。第一に彼は『民商事習慣調査報告録』を見る
ことが出来たのか。『民商事習慣調査報告録』の刊行が 1930 年 5 月であり『報
告書』が同年 7 月に立法院へ提出されていることから、時系列的には参照は可能
であり、彼自身も『報告書』においてその存在に言及しているが、恐らくは
François Théry が指摘する如く[96]、『民商事習慣調査報告録』の元となった調査報
告書群を何らかの伝手によって実見していた（そして追加的に『民商事習慣調査
報告録』を手に取った）と見るのが妥当であろう。Escarra が『報告書』中で挙
げる習慣を分析すると（表4-5 参照）、それらが『民商事習慣調査報告録』に収録
されているものであることが分かる。それらは、先行して出版されていた『中國
民事習慣大全』や『司法公報』・『法律評論』誌上の掲載分にとどまらないことか

第四章　民法草案の作成　　　173

ら、Théry の指摘を確認することが出来る。

　第二に Escarra の『民商事習慣調査報告録』に対する評価の問題であるが、彼は『報告書』提出後のとある講演[97]において『民商事習慣調査報告録』に触れ、それが調査と簡単な回答にとどまり、解説もなく、時折慣習の善悪と立法への採否について述べるにとどまっていることを指摘し、調査での見聞内容についての説明を欠くことからこの結果を利用することは不可能であるとしている。彼自身、慣習に関する明確な結論を得るためにはさらに完全な調査が不可欠であるとしており、その言明からは『民商事習慣調査報告録』をあまり評価していない様にも見える。しかしそれは彼が習慣調査そのものについて否定的であったことを意味しない。彼は 1922 年の司法部への報告[98]の中で、中国の如く複雑な種族が居住する所ではまずは慣習を予め調査すべきであり、その調査には相応の年月を要するとしている。自身も商事習慣についての調査を行っており、『報告書』本体でも法典化の方向性に影響を与えるべき素材として、また現状認識を明確にするものとして『民商事習慣調査報告録』への言及が行われている。現に行論において『民商事習慣調査報告録』が用いられていることからも、それが全否定されているわけではないことが確認されよう。

　以上を元に、『報告書』における Escarra の議論を整理することにする。序論に先行する緒言において彼は、中国の家族制度に関わる問題の解決策として国民政府が選択したのはその根本的な修正（modification radicale）であったとし、それらに対する反対意見を保存しておくことも無益なことではないという立場を表明し（『報告書』緒言 1 頁）、また序論末尾では、常に自身を中国の伝統からの視点・中国の伝統的文明の精神に置こうと努めてきたと言明する（『報告書』5 頁）。彼がフランス人顧問であるということだけで近代フランス法を中国に無理に持ち込もうとしたものと早合点してはならない。むしろここでは彼は慣習擁護とも取れる立場を明らかにしており、しかも国民政府の法律顧問でありながら、その主張が十全には容れられなかったということが示されているのである。

　『報告書』Ⅴ の部分に集約される Escarra の主張を追うならば以下の如くになろうか。彼はまず伝統や慣習に対立しそれに全く何も負わない法が実効性を有し得ないことを述べ、他方で今日説かれる伝統や慣習につき、中国の二重性（例えば noble – paysanne、urbaine – rurale）という要素に注意を促す。さらにこうした伝統以外に、実際の経済的状況と法典との関係をも説く。現実と乖離した法もまた無価値であるという前提の下、悪しき慣習を生む背景として存在する経済的状況

（例えば貧困）への着目と、それ自身が時に「法」に違う「慣習」を生み、また「法」自身もそうした「慣習」を放置するという状況、さらにこれに関し封建・都市の「法」である律例が農民・農村とは離れた位置にあったということに注意が喚起される（以上『報告書』49〜52頁）。農村・農民の中国という要素に強調が置かれることは注目されて良いだろう。

こうした現状の下で、新たな法秩序に耐えうる経済的状況の成熟を俟って立法を行うべきとする説に対しては、それは法典編纂のあらゆる試みを全て延期することに他ならないとし、また多様な現状をそのまま維持すべきとする説に対しては、それが現状の固定化に繋がり、望ましい変革を遮ることともなり、また多様性に応じた多様な立法を行うということは国民政府の求める方向性とは異なるとしている（以上『報告書』52〜54頁）。

そこで Escarra が注目するのが大理院である。即ち 1912 年以来同院が果たしてきた緩やかな変革の機能、特に解釈例[99]の果たした機能が高く評価されるのである。同院は古い「法」・新たな「法」ともにこれを解釈という手法により「現実」へと接合してきたのであり、これにより「法」と「現実」との間の対立は和らげられ、近代的な法についてもその新しい要素が直接にではなく徐々に浸透してゆくことになり、「法」の現実への適合性がある程度保持されることになるというのが彼の観点である（以上『報告書』54〜56頁）。

以上の見通しを語るに先立って Escarra は、これら親属・継承に関する制度につきその概略を述べ、さらに先に挙げた A から K の項目についての具体例を『民商事習慣調査報告録』を用いて提示している。（『報告書』III の§III、22〜34頁、扱われる習慣と『民商事習慣調査報告録』の関係については表 4-5 参照。）中でも注目されるべきは、童養媳や典妻等、「法」に反する・好ましくない習慣もそこに含まれていることである。またここでの『民商事習慣調査報告録』の利用のされ方は、複数の調査結果から何らかの法理を帰納しようとするものではない。むしろそこでは、各制度の実際についてこれを『民商事習慣調査報告録』の各調査報告により確認するという方向性が採られているのである。

この点に関し Théry による仮説、即ち『民商事習慣調査報告録』の編集段階において各省で（例外的ではあるにせよ）習慣の一定の「集約」が行われた可能性があるとするものが関連要素として議論され得る。彼が示すように『民商事習慣調査報告録』において各省の冒頭に省全体に共通する習慣がまとめられたり、また幾つかの県に共通する習慣の記述が置かれたりすること、またさらに、黒龍江

省で共通の設問についての解答が行われていること、浙江省で共通の設問と調査手法が用いられていることは、これらの省において（それが例外的であるにせよ）立法を意識した調査が行われ、それに向けた「集約」作業の一段階が存在したとする可能性を導き得るものといえ、そうであるとすれば習慣調査と立法の間のひとつの関係がそこに示されていることになる[100]。しかし Escarra が『報告書』において行っていることはこれとは異なるもののようである。

　Escarra の『民商事習慣調査報告録』の読み方が窺える言明を『報告書』に求めるならば、以下の箇所に突き当たる。まず『民商事習慣調査報告録』によりながら婚姻に関する慣習の確認を行ったことについて彼は、人々がその時々の状況・必要に応じて、即ち時には「礼」を尊重し時にはこれを無視し、また時には「法」に従いまた時にこれに反することを意識しながらも、混成的な法的慣習の制度を構築してきたというそのことに光を当てるから、であるとしている。好ましくない慣習を生み出す理由とされる「貧困」についても、『民商事習慣調査報告録』に関する調査報告の多くが「貧困」という要素に言及するということ、その要素によって報告が裏打ちされているということ、に注意を促している（以上『報告書』51〜52 頁）。

　では、Escarra は『民商事習慣調査報告録』に示されるような習慣の実際と立法の間の関係をどのように捉えるのであろうか。『報告書』では起草者が往々にして事実と法制度の乖離に直面することから、可能な限り柔軟で一般的なものとすることが良いとされる（『報告書』65 頁）。彼は同時期の講演[101]において議論をさらに敷衍しており、具体例としてそこでは定婚につき様々な方式が存在する中国において、それらのうちの幾つかの要素が分離されることで却って多種多様な仕組みが存置されるということが提示されている（同講演 442〜443 頁）。即ち定婚に関し婚書の作成と礼物の交換のみが「法」の求める条件であり、これ以外の多種多様な慣習については沈黙を守るということで、各地の多様なあり方は逆に保持されるというものである。『報告書』では後者についてそれが売買婚を想起させることから徐々に制限されてきたことも述べられる（『報告書』60 頁）。

　さらに同講演では「法」のあり方につき、それが「礼」に従うものであり、この「礼」が旧来のものから新たなものへと転化するに従う形で、「法」もまた新たなものへと転化する、とされている（同講演 431 頁）。中国においてこの「礼」を供給してきた孔子学派に成り代わる形で、国民党乃至孫文の思想がいわば新たな「礼」（un nouveau Confucius (!)）として機能し、これに「法」が従うという形

表4-5 Escarra『報告書』において言及される習慣調査報告

	省	県	習　　慣	出　典	民商事	大全
A	山東	平原	訂婚不用錢財	公報179	1397	—
	甘肅	岷縣	婚姻以媒爲證以論財爲恥	—	1788	—
	山西		(婚約の形式)			
	陝西		(婚約の形式)			
	黑龍江	龍江・龍鎮・布西・蘭西・林甸・海倫	婚姻預約成立後未結婚前男女一造遇有死亡時對於原交財禮應否返還	—	1322・1343・1319・1314・1327・1337	4.6.20
B	福建・甘肅・浙江・江西・湖北・湖南・陝西		(童養媳)			
	浙江	諸暨	童養媳	浙江7期	1568	—
	福建・江西・安徽・湖北		抱媳(下記4省か)			
	福建	漳浦・龍渓	苗媳	公報148	1571	
	江西	贛南	花等媳	公報180	1501	4.8.5
	安徽	太湖	無子抱媳	公報138	1480	
	安徽	秋浦	等郎媳	評論101	1495	
	湖北		等郎媳	?	?	?
C	江西	贛	轉婚	公報180	1510	4.12.3
	陝西	鎮巴・郇陽・漢陰	轉房	—	1715	4.12.1
	湖北	恩施・襄陽・穀城	敬神(合意倫婚及脅迫並行?)	公報151・評論181	1615?	—
	安徽	貴池	再醮婦前夫之女得與後夫之子聯婚	評論101	1487	—
D	江西	九江	招夫	公報140	1509	4.16.30
	奉天	綏中	搭夥	—	1308	6.3.30
	湖南	潮南(?)・沅陵	孀婦招夫	—	1686	4.16.39
	甘肅	武都	招夫生子	—	1798	
	陝西	沔・城固・紫陽	招夫養夫	公報156	1702	—
	湖北	漢陽・竹谿・麻城・鄖・五峯・興山	招夫養老或撫子	公報169	1623	4.16.37
E	陝西	鄠	(白紙による婚書作成)	?	?	?
		長安・岐山	寡婦出醮必於深夜	公報156	1701	—
		扶風	孀婦再醮財禮恆較聘金爲重	—	1736	4.16.7
		臨潼・枸邑・雒南・郇陽・醴泉・鄠・扶風	再醮規費種種		1714	4.16.6
	山西	(河津?)	(同上類似の習慣)(寡婦再醮之財禮?)	—?	1428?	4.16.10
	安徽	(廬江)	順禮	公報172	1484	—
		(旌德)	茶擔禮	—	1495	—
		(來安)	改嫁受財(遮羞看望錢)	—	1490	4.16.18
	甘肅	循化	試娶寡婦	—	1791	
	湖南	常德・桃源・漢壽	孀婦投奔	—	1683	
F	安徽	英山	兼祧子得娶二妻	公報138	1481	
		南陵	兼祧子得娶二妻	評論101	1494	
	湖北	利川	兼祧重娶	公報151・評論182	1671	
		黃安	兼祧數房每房各娶一婦	公報151・評論182	1661	
	山西	虞鄉	兼祧得娶兩妻	—	1437	4.9.5
		清源	兩妻	—	1449	
	陝西	略陽・襄城・藍田	兼祧子得娶二妻	公報156	1705	
	甘肅	涇源	兼祧並妻	—	1776	
	山東	新泰	頂支妻	公報179	1399	
	熱河		(兼祧)			
	綏遠		(兼祧)			
	山西	岢嵐	幫夫	—	1436	6.3.22

第四章　民法草案の作成

	省	県	習　　慣	出　典	民商事	大全
F	福建	福安	穡妻契約	—	1602	4.15.5
		古田	掛帳及幫腿	公報148	1585	
		屏南	幫腿	—	1606	
G	浙江	龍游・餘姚・奉化・宣平・縉雲・麗水・青田・松陽・遂昌・龍泉・昌化・東陽・義烏・永康・鄞縣・鎮海・象山・天台・永嘉	典妻	浙江3期	1529	4.15.4
		景寧	典妻賣妻退妻	浙江4期	1560	4.15.1
	江蘇		(同上類似の習慣)	無し？	無し？	
	安徽		(同上類似の習慣)(下記三県か？)			
	湖南		(同上類似の習慣)	無し？	無し？	
	安徽	霍邱	往來錢	公報172	1474	6.3.21
		宣城	浼託字	評論101	1485	
		蕪湖	捆妓年度	公報138	1483	
	江蘇	(江北各縣)	出捆人口	公報186	1460	
H	陝西	華陰	早婚	—	1753	4.4.4
	山東	歷城・觀城	早婚	公報179	1390	
		壽光・甯陽・青城・鉅野・濮縣	男子早婚及女大於男	—	1393	4.4.9
		德平	管家婆	公報179	1398	
		臨淄	看孩子	公報179	1398	
		鄒平	織布養夫	—	1404	4.4.10
	山西		(同上類似の習慣)	無し？	無し？	
	湖南		(同上類似の習慣)	無し？	無し？	
	甘肅		(同上類似の習慣)	無し？	無し？	
	遼寧		(同上類似の習慣)	無し？	無し？	
	吉林		(同上類似の習慣)	無し？	無し？	
	黑龍江		(同上類似の習慣)	無し？	無し？	
J	甘肅	岷縣	番民自由結婚	—	1787	
		平番	比力結婚	—	1793	
	山西	河曲	碰門豬羊	公報190	1422	
		陽高	茶禮錢	公報190	1426	
		應縣	下茶錢	—	1432	4.6.8
K	陝西	鄠縣	協議離婚	—	1760	4.18.5
		柞水	任意離婚及以賣爲離	—	1762	4.18.6
	福建	順昌	定婚離婚	—	1580	4.1.22
		崇安	(贖身退身？)	—？	1605？	4.18.2
	江西	德安	孀婦招夫亦可退婚	—	1518	4.16.32
		九江	合議離婚	—	1510	
	山東	臨沂	翁父爲子女協議離婚	—	1404	4.18.4
		卽墨	翁姑爲子媳離婚	—	1406	
	安徽	天長	贖身	—	1497	4.18.3
	山西	汾陽	遮羞錢	—	1439	4.18.7
	甘肅	平番	(自由意思による離婚)	？	？	
	山東	聊城	離婚必蓋指印	公報179	1395	
	甘肅	岷縣	揚土離婚	—	1777	
	蒙古	巴音・察汗	(離婚)	？	？	
	甘肅	(青海一帶之番民慣習)	番民於離後又求復合者之限制	—	1778	

※出典欄における「公報」は『司法公報』、「評論」は『法律評論』を示し、掲載巻号を付してある。浙江何期とあるのは原報告書の期数を示す。「民商事」の欄は掲載頁数、「大全」の欄は何編何類何番目の掲載かを示している。「—」は収録のないことを示す。

が想定されているようである（同講演 441 頁）。そしてそこでもまた、大理院の有する漸進的で緩やかな改革の有用性が指摘されている。同院によって大清律例を含む中国の伝統的な「法」が中国の一部地域における慣習の進展の結果生じた各種状況へと接続されてゆくという現象の興味深さも彼によって再度指摘されている（同講演 424 頁）。

　以上の Escarra の制度設計は、習慣調査の結果を集約して何らかの法理を抽出し法典化するというものではなく、慣習が展開する「現実」の世界と、制定される「法」の間に大理院及びそれを継承する最高法院の解釈例を挟み込むことによって、緩衝材としての役割を発揮させ、漸進的かつ緩慢な変革によって中国の現状をあり得べき状況へと導くというものであったとすることが出来よう。『民商事習慣調査報告録』はそこで、時には「法」に反しつつも現実の「需用」に応じて展開する現状の具体例を提供するものとして、またそうした具体例を生み出す諸条件を探る「縁」として用いられているように思われる[102]。

　ちなみに『報告書』に示される彼の最終的な制度設計は以下のようなものである。彼は、親屬・繼承を巡る諸問題の淵源するところとして「宗」の存在があり、またそうであるがゆえにそれが諸悪の根源であるかのように批判される[103]が、実は様々な（他国では国家をはじめとする諸機関によって代替されているところの）社会的機能[104]を果たしていること、またそれらを廃止することが現実的には不可能であることを述べ（『報告書』57～59 頁）、これを「宗教的」（religieux）な効果のみを持つものへと誘導・縮小して存置し、その活用を図るのが望ましいとしている（『報告書』73、82 頁）。続いてこれと密接に関わる相続の問題に触れ、宗祧相続についてそれが両性の平等に反し、人間の感性・本性に反し、また婚姻への介入をもたらすとする批判に触れた上で（『報告書』67～68 頁）、これと財産の相続を分離し、後者において近代法的な原則の実現を見るのが望ましいとしている（『報告書』71～72 頁）[105]。

　フランス人顧問 Escarra は決して中国に無理に近代法を押しつけるような態度は取らず、むしろ慣習擁護とも取れる立場を取り、その論は法律顧問でありながらも政府によって十全には採用されることはなく、むしろその反対意見を自ら書き残し後世に伝えていた。中国の慣習を最重要視していたのが中国人ではなくフランス人顧問であった、ということは大変興味深いことといえよう。

第四章　民法草案の作成　　*179*

註

1)『法律草案彙編』は「民律第一次草案」として「大清民律草案」(各編全てに理由書あり)
を収録、「清宣統三年即一九一一年前清法律館稿」と註記し、次いで「民律第二次草案」とし
て「民律草案」を収録、そのうち總則・債・物權編については「民國十四年即一九二五年修
訂法律館稿」、親屬編については「民國四年即一九一五年法律編查會稿」、繼承については
「民國十五年即一九二六年修訂法律館稿」と註記し、さらに「民律第三次草案」として「民律
草案」(親屬編)を収録、「民國十四年即一九二五年修訂法律館稿」と註記している。同書は
修訂法律館による出版物ではあるものの、1915年の民律親屬編草案を「民律第二次草案」と
し、1925年に成立する草案を「民律第三次草案」と呼ぶのは、謝振民の整理やそれに倣って
きた学界の慣行とも合わない。『法律草案彙編』が「民律第二次草案」と呼ぶものは、差し当
たり切り離して1915年民律親屬編草案と呼び、かつ「民律第三次草案」と呼ぶものは、
1925～1926年に成立する「民律第二次草案」とまとめて扱われる方が良いと思われる。
2) 潘維和『中國歷次民律草案校釋』(漢林出版社・1982)、潘維和『中國近代民法史』(漢林
出版社・1982) 參照。また杨立新『大清民律草案 民国民律草案』(吉林人民出版社・2002)
も同様である。
3) 張生「新見史料及其所掲示的《大清民律草案》編訂問題」([台北] 法制史研究4・2003)。
これはその後張生『中国近代民法法典化研究』(中国政法大学出版社・2004) に収録され、
さらにこのテクストを継承し増補改訂する形で張生「新見史料及其所掲示的《大清民律草案》
編纂過程」(張生主編『中国法律近代化論集』総第二巻 (中国政法大学出版社・2009) 所収)
が発表され、続いてこのテクストに別の角度からの論評を加え改訂した張生「《大清民律草
案》的編纂：資料的缺失与存疑的問題」(徐世虹主編『中国古代法律文献研究』第五輯 (社会
科学文献出版社・2012) 所収) が発表されている。主要部分のテクストは共通のものである
(改訂版である旨の註があって然るべきと思われるが、明記されてはいない) ため、基本的に
は最も早く情報が伝えられた2003年版に依拠し、適宜後年の改訂版を参照する。また立法
過程については俞江「《大清民律 (草案)》考析」(南京大学法律评论1998年春季号、後に俞
江『近代中国的法律与学术』(北京大学出版社・2008) へ収録) もあるが、張生論文の方が
詳細な情報を含むため、そちらによる。
4) 張生は「編纂民法之理由 (草稿)」(中国第一歷史檔案館所蔵 修訂法律館全宗檔案第七檔
所収) をその大綱に比定し全文を紹介している。
5) 張生は「目前、筆者在清末檔案中尚未發現宣統二年的民律草案「條文稿」、以上奏折 (草
稿) 是瞭解宣統二年民律草案「條文稿」的唯一資料」(張生「新見史料及其所掲示的《大清民
律草案》編訂問題」([台北] 法制史研究4・2003) 313頁) とも述べている。この記述だけ
では実際に「條文稿」の原本がこの摺の附件として存在しているのかどうか良く分からない。
実際に条文のみで立法理由の付されていない原件を見て「條文稿」と命名したのか、宣統3
年9月の修訂法律大臣奏編輯民律前三編草案告成繕册呈覧摺 (内閣官報71・宣統3年9月
12日号所収) に「草案初稿於上年年終蔵事……非疏釋難期明晰者、復飭館員詳加校閲、並逐
條添附案語、歴時八月、初稱完備、呈由臣等覆核」とある編纂過程の説明に基づくものか不
明である。
6) 國立台灣大學圖書館法社分館所蔵の『大清國親屬法草案理由書』及び『大清國繼承法草案
理由書』はいずれもこの複写である。
7) 黄琴唐『民國初年親權法制的開展――以大理院的司法實踐為中心』(國立政治大學法律學研
究所碩士論文・2008)、64～68頁。なお京都大学法学部所蔵の松岡義正関係文書中に両草案
理由書が含まれる旨筆者から告げられたと記載があるが、正しくは東京大学法学政治学研究

科附属近代日本法政史料センター原資料部所蔵である。

8)「章宗元（伯初）Chang Tsung-yuan（Po-chu）浙江省呉興縣人。一八七八年生。上海南洋大學に學び後一九〇七年米國カリフォルニア大學卒業。前清法制科進士。前清政府憲政調査館纂修、財政學堂監督、清理財政處總辦、資政院議員、大清銀行監理官等に歴任し民國成立後任財政次長。次で駐外財政員として倫敦に赴く。一九一三年任審計處總辦。一九一四年任幣制局副總裁。同年廢官。一九一七年任財政討論會委員、幣制委員會委員長。一九一八年任唐山工業專門學校長。一九二〇年辭任。一九二一年地方行政會議議長たり。其後上海に於て實業に從事し上海總商會書記長を經て任上海四銀行儲蓄會總秘書。章宗祥の兄。」（外務省情報部『現代中華民國滿洲帝國人名鑑』（東亞同文會・1937）245 頁）。他に徐友春主編『民国人物大辞典（増訂版）』（河北人民出版社・2007）下 1703 頁參照。

9)「陳籙（任先）Chen Lu（Jen-hsien）福建省閩侯縣人。一八七八年生。前清進士。佛國巴里大學卒業。歸國後前清翰林院編修、外務部主事、第二次海牙平和會議參贊、憲政編査館編修、外交部政務司長等に歴任し一九一四年任駐墨西哥公使。同年露支蒙會議全權としてキャクタに特派さる。同年護使として駐庫倫辦事大臣に任ぜられ一九一六年辭任。一九二八年陸徵祥の下に外交次長となり一時督辦邊防事務處外事處長を兼任す。陸赴歐後一ヶ年部務代理たり。一九二〇年任駐佛公使。一九二三年任國際聯盟會議支部代表。一九二八年任國際勞働會議第一代表。北京政府倒壞後辭任歸國す。一九三六年任外交部條約委員會副会長。」（外務省情報部『現代中華民國滿洲帝國人名鑑』（東亞同文會・1937）399 頁）。他に徐友春主編『民国人物大辞典（増訂版）』（河北人民出版社・2007）上 1378 頁參照。

10)「禮部奏」『光緒朝東華錄』光緒 33 年 6 月辛酉条（1907 年 7 月 11 日）（『十二朝東華錄』光緒朝（十）（文海出版社・1963）5672 頁所収）により設立された機関。「修明禮教」のために特別の機関を設けて礼を整備するという企画自体はこの奏が前提とした「雲貴總督岑春煊奏請修明禮教摺」（光緒 32 年 9 月 22 日奏、11 月 5 日奉硃批）（故宮博物院明清檔案部編『清末籌備立憲檔案史料』下册（中華書局・1979）974〜978 頁）、またこれを受けた「學部奏」『光緒朝東華錄』光緒 33 年正月丙辰条（1907 年 3 月 8 日）（『十二朝東華錄』光緒朝（十）（文海出版社・1963）5618〜5619 頁所収）にも見えるが、章程の上奏は 6 月辛酉条にある。ただ開館にはさらに時間を要したようであり、「禮部奏禮學開館酌擬凡例進呈等摺」（政治官報 505・宣統元年閏 2 月 6 日号所収）においては「現擇於本年閏二月十七日（筆者註：1909 年 4 月 7 日に当たる）開館」とある。

11)「禮部奏遵擬禮學館與法律館會同集議章程摺併單」（宣統 2 年 12 月 25 日奉旨）（政治官報 1178・宣統 3 年 1 月 14 日号所収）に「……況民律則日用民生、在出與禮教相爲表裏、臣館若不預聞、非特法律館所編民律恐有與禮教出入之處、即臣館所編民律亦恐與民律有違異之端、將來實行之時、必多窒礙。宣統三年即屆核訂民律之期、亟應擬定章程、兩館互相聯絡、公同商辦、以免合則雙美、離則兩傷之慮。……」（句讀点筆者）とある。この附件「禮學館法律館會同集議章程」では、「一　法律館編出草案底稿、應一律分送禮學館也。……應令法律館于民律草案初校擬出蜡印、分送照送禮學館數分、以備法學研究集議。一　……所有民律草案内有關禮教諸條、應由禮學館、法律館會同集議後、咨商憲政調査館覆核、再由禮部、禮學館、法部、法律館會同具奏請旨、以昭慎重」といった取り扱いが提議されている。なお、旧来例えば島田正郎『清末における近代的法典の編纂』（創文社・1980）において「大清民律草案の起草は、さきに掲げた内閣侍讀學士廿大璋の上奏（筆者註：『大清宣統政紀』巻8、13 丁・宣統元年 2 月壬戌（1909 年 3 月 2 日）條（『大清宣統政紀實錄』（新文豐出版股份有限公司・1978）第 1 巻 143 頁參照）の上奏を指す）に要約される守舊派の主張に應えて、初めから、中國古来の禮教と深いかかわりをもつ家族關係のことがらは、これを禮學館が擔當して、修訂法律館第一科における作業とは別に進められた」（57 頁）のように家族法部分が日本人法

第四章　民法草案の作成　　　181

律顧問松岡義正の作業とは別建てで起草されたことが強調されてきた。「禮部奏禮學開館酌擬凡例進呈等摺」（政治官報 505・宣統元年閏 2 月 6 日号所収）にはこの甘大璋の上奏に言及がある。よって流れとしては、礼学館の設置の意見が光緒 32 年 9 月から提唱されつつ、具体化しはじめるのが光緒 33 年内、本格的な開館が（甘大璋の上奏後になる）宣統元年閏 2 月、そして法律館との合同での作業のための章程が具体化するのが宣統 2 年 12 月の摺、という形になるといえる。となると礼学館がいつ頃から本格的に起草過程に参与したのかについて別途検討が必要になるが、「禮部奏遵擬禮學館與法律館會同集議章程摺併單」では「惟是上年二月奉旨之後、當時未經擬定集議章呈、以致法律館修正新刑律、未與臣館集議、即於十二月間會同法部具奏其中有關禮教諸條、臣館未能稍參末議、不無遺憾……」とあり、これから推すに民律の起草にも宣統 2 年末段階まではあまり関与していなかったのではないかと思われる。であれば、所謂「條文稿」は礼学館の関与する前に成立していることになる。では関与後は全く法律館と独立・無交渉で作業を進めたのか、一定の交渉はあったのか、草案の性格を考える上で大変重要な検討課題となる。

12) 北京大学图书馆馆藏稿本丛书编委会编辑『北京大學圖書館館藏稾本叢書 汪榮寶日記』（天津古籍出版社・1987）宣統 2 年 12 月 27 日（1911 年 1 月 27 日）条には、「……未刻到憲政館、禮部具奏以爲法律與禮教相爲表裏、修訂法律大臣宜與禮學館相接洽、嗣後民律草成須與禮部會奏、本館又擬奏飭勞王初（筆者註：勞乃宣のこと）赴任、請竢明年核覆民律時、飭該員來京參預、不禁爲法典前途懼……」との記述が存在する。

13) 以下の記述がある。
　・宣統 3 年 1 月 27 日（1911 年 2 月 25 日）条
　　「……到修訂法律館會議民律草案迄百餘條……」
　・宣統 3 年 2 月 4 日（1911 年 3 月 4 日）条
　　「……到修訂法律館會議民律案……」
　・宣統 3 年 4 月 5 日（1911 年 5 月 3 日）条
　　「……到修訂法律館會議民律案若干條……」
　・宣統 3 年 5 月 11 日（1911 年 6 月 7 日）条
　　「……到修訂法律館子健告予親屬及承繼法中問題甚多、仲魯畏首畏尾、意主遷就現擬、將以兩編提開、暫不具奏、委諸將來編纂云、甚矣、編訂法典之難也……」
　　（子健は汪有齡、仲魯は劉若曾を指すものと思われる。）
　・宣統 3 年 6 月 2 日（1911 年 6 月 27 日）条
　　「……到法律館會議親屬法草案至暮而散……」

14)「修訂法律大臣奏編輯民律前三編草案告成繕册呈覽摺」（内閣官報 71・宣統 3 年 9 月 12 日号所収）参照。

15) 中華民国民法に至る起草過程については謝振民『中華民國立法史』（正中書局・1937）が最も詳細であろう。また Foo Ping-sheung（傅秉常）, Introduction, in : *The civil code of the Republic of China, books I, II, and III, and book IV, V*, Shanghai : Kelly and Walsh, Ltd., 1930-1931（英語版）、Foo Ping-sheung, *Code civil de la République de Chine, Livre I, II, III en IV, V*, Shanghai : Imprimerie de l'orphelinat de T'ou-sè-wè, 1930-1931（仏語版）も起草者による解説として参照価値が高く、谷口知平訳『エスカラ支那法』（有斐閣・1943）191～212 頁も当事者による証言として貴重である。本章は主にこの 3 つの文献による。清末・中華民国期諸法令の検索には國立台灣大學法學院中國近代法制研究會編『中國近代法制研究資料索引』（國立台灣大學法學院中國近代法制研究會・1974）、欧米語訳テクストの検索については Georges Padoux, List of English and French translations of modern Chinese laws and regulations, in : *The Chinese Social and Political Science Review* 19-4, 1936 が便利である。中華民国期の研究として

は他に概説として楊幼炯『近代中國立法史』（商務印書館・1936）、楊幼炯『中國近代法制史』（中華文化出版事業社・1958）、楊鴻烈『中國法律發達史』（商務印書館・1930）、展恒舉『中國近代法制史』（臺灣商務印書館・1973）、羅志淵編著『近代中國法制演變研究』（正中書局・1976）、张国福『中华民国法制简史』（北京大学出版社・1986）、國史館・中華民國史法律志編纂委員會『中華民國史法律志（初稿）』（國史館・1994）等があり、また民法に関する研究として潘維和『中國近代民法史』（漢林出版社・1982）、潘維和『中國民事法史』（漢林出版社・1982）、张生『民國初期民法近代化』（中国政法大学出版社・2002）、张生『中国近代民法法典化研究』（中国政法大学出版社・2004）、孟祥沛『中日民法近代化比較研究——以近代民法典编纂为视野』（法律出版社・2006）、李显冬『从《大清律例》到《民国民法典》的转型』（中国人民公安大学出版社・2003）、何勤华・李秀清『外国法与中国法——20世纪中国移植外国法反思』（中国政法大学出版社・2003）、张希坡『中国婚姻立法史』（人民出版社・2004）、李卫东『民初民法中的民事习惯与习惯法』（中国社会科学出版社・2005）、肖爱树『20世纪中国婚姻制度研究』（知识产权出版社・2005）、朱勇主编『中国民法近代化研究』（中国政法大学出版社・2006）、王新宇『民国时期婚姻法近代化研究』（中国法制出版社・2006）、许莉《中华民国民法・亲属》研究』（法律出版社・2009）、金眉『中国亲属法的近现代转型』（法律出版社・2010）、郑全红『民国时期女子财产继承权变迁研究』（法律出版社・2013）、王坤・徐静莉『大理院婚姻、继承司法档案的整理与研究』（知识产权出版社・2014）、郝洪斌『民国时期继承制度的演进』（中国政法大学出版社・2014）等が発表されている。

16）邱远猷・张希坡『中华民国开国法制史——辛亥革命法律制度研究』（首都师范大学出版社・1997）、俞江「《中华民国暂行民律草案》简析」（民商法论丛17・2000、後に俞江『近代中国的法律与学术』（北京大学出版社・2008）へ収録）参照。

17）伍廷芳「呈請適用民刑法律草案及民刑訴訟法文」（臨時政府公報47・1912年3月24日、丁賢俊・喻作鳳編『伍廷芳集』（中华书局・1993）下巻510～511頁所収）。そこでは「……本部現擬就前清制定之民律草案、……余皆由民國政府聲明繼續有效、以爲臨時適用法律、俾司法者有所根據。……」と説かれている。

18）「新法律未頒行以前暫適用舊有法律案 元年四月三日」（张国福选编『参议院议事录 参议院议决案汇编』（北京大学出版社・1989）参议院议决案汇编（甲部）法制案119頁所収）。そこでは「惟民律草案、前清時并未宣布、無從援用、嗣後凡關民事案件、應仍照前清現行律中規定各條辦理。」とされている。

19）川村宗嗣『支那現行民事法法則』（魯庵記念財團・1925）凡例14頁。

20）商務印書館編譯處編『中華六法』（商務印書館・1913（初版））では冒頭に「又民律草案（一二三三編宣統三年九月入奏）民事訴訟律刑事訴訟律（宣統二年十二月頒布）以上三種民國司法部已准暫行援用此外草案均未經成爲法律……」とある。

21）この流れに位置する版本で日本国内に所蔵されるものとして、例えば『民律草案』（法政學社・1912、明治大学図書館所蔵）は「中華民國暫行民律草案」との題簽を有し、通し番号で全編に条文数が振られている。總則・債權・物權編の終わりには「民國暫行民律草案終」と書かれているが、親屬・繼承編については正式なものと扱われなかったのであろうか。また同2編では「謹按」の文字が（前3編ではそのままにされているが）削除されている。他にも『增訂 中華六法全書』（法政學社・1912）、『民律草案』（中華法政學社・1915、東京大学東洋文化研究所図書室所蔵）、『民律草案』（法學書局・[刊行年不明]、明治大学図書館所蔵）も同様の条文を収録している。なお、以上の版本を和訳したと思われるものに臺灣總督府官房調査課『中華民國民律草案理由譯文（第四編親屬 第五編繼承）』南支那及南洋調査第54輯（臺灣總督府官房調査課・1922）がある。

22）中華民國法制研究會『中華民國民法總則』（有斐閣・1931）12～13頁参照。

第四章　民法草案の作成　　　183

23) 1921 年 3 月 2 日という日付については、旧来広東軍政府が民事訴訟律を公布した日として言及されることが多かった。先行研究は多く謝振民『中華民國立法史』（正中書局・1937）1221 頁の記述によるものが多いが、原典では端的にその事実が述べられるのみで、脚註等での史料の引用はない。史料上の確認がなされないまま先行研究が全て謝振民著を踏襲するのは危ういように思われる。しかしながら広東軍政府、しかも第二次の軍政府に関する研究は史料上の問題からか非常に少ない。欧陽湘「一九二一年广州中华民国政府未设司法部」（历史档案 2007 年第 1 期）が 1921 年 5 月以降の護法政府について検討を行っている。

24) 「徐謙（季龍）Hsu Chien（Chi-lung, Mr. George Hsu）安徽省歙縣人。一八七一年生。前淸進士。前淸光緒年間北京に於て外國の法律を學び前淸政府法部參事に任ぜらる。一九〇六年司法機關の獨立を政府に献言し其結果大理院及地方審判廳設置せらるるに及び京師審判廳長に任ぜらる。一九〇七年任京師高等檢察廳檢察長一九一〇年許世英と共に歐米司法制度視察其他の官命を受けて歐米に赴き歸來法部次長を兼任す。民國成立後大理院副院長及唐紹儀内閣の司法次長たりしが幾何も無くして辭任南下し國民黨に投ず。一九一六年任司法次長。同年大總統黎元洪に反對して辭任南下す。一九一七年廣東軍の政府成立するや孫文の秘書長となる。一九一八年兼任司法部長。一九一九年巴里平和會議に際し廣東政府の命に依り渡佛。歸國後天津益世報の編輯長となり一九二〇年辭任。同年孫文廣東に還るや再び軍政府司法部長に任ず。一九二二年北京政府王寵惠内閣及顔惠慶内閣の司法總長及一九二三年廣東大本營司法部長に任命せられたるも何れも就任せず。同年廣東嶺南大學教授となり次で廣東政府大理院長たり。一九二四年國民黨第一次中央執行委員會委員に舉げられ孫文の北上と前後して北京に赴き爾來北京に在り漸次馮玉祥と接近し其法律顧問となり李大釗等と共に馮玉祥、國民黨及露國三者の間に斡旋し中俄大學校長及カラハンの顧問を兼ぬ。一九二六年國民黨第二次中央委員會委員に舉げられ馮玉祥と前後して入露し間も無く廣東に歸り任國民政府司法部長。同年國民政府漢口移轉と共に漢口に赴き一九二七年任中央政治委員會主席團員委員、國民政府委員、軍事委員會主席團委員。其後共産黨と提携して蔣介石一派に對抗し、武漢、南京分裂後も武漢に在りて政府部内の共産系を率ゐて活躍せるも同年武漢政府部内より共産黨員放逐さるるに及び失脚して上海に去り後露國に赴く。一九二八年歸國して馮の下に河南に在りしが後上海に赴く。一九三一―四年の福建革命に參加せり。」（外務省情報部『現代中華民國滿洲帝國人名鑑』（東亞同文會・1937）230～231 頁）。他に徐友春主编『民国人物大辞典（増订版）』（河北人民出版社・2007）上 1201 頁参照。

25) 池田誠『孫文と中国革命』（法律文化社・1983）199～210 頁参照。

26) 中華民國法制研究會『中華民國民法總則』（有斐閣・1931）13 頁参照。

27) 张生『中国近代民法法典化研究』（中国政法大学出版社・2004）148～149 頁。なお後年発表された张生「王寵惠與中國法律近代化―― 一個知識社會學的分析」（[台北] 法制史研究 10・2006）169 頁でも同史料が言及されるが、そこでも史料の出典は示されていない。

28) 「民律案總則編債編准暫行參酌採用令」として司法行政部『中華民國民法制定史料彙編』（司法行政部・1976）下巻 316～317 頁に収録されている。しかし同史料には出典情報が付されていない。

29) これにつき島田正郎『清末における近代的法典の編纂』（創文社・1980）は「民國四年四月三日、參議院は咨をもって、「民國繼續適用現行律民事部分」として、これを公布施行した」（201 頁）とする。島田は同咨文の典拠として司法行政部『中華民國民法制定史料彙編』を挙げるが、これはさらに羅志淵編著『近代中國法制演變研究』（正中書局・1976）252 頁からの孫引きである。羅志淵編著では出典が明らかにされないが、民國 4 年とは明記されておらず、文脈から民国元年と読めること、かつこの咨文自体民国元年 4 月 3 日のものと同文であるため、民国 4 年というのは島田の誤解によるものかと思われる。

30) なお陈颐点校『"《現行律》民事有效部分"集解四种』（法律出版社・2016）が本章で取り上げた鄭爰諏『現行律民事有效部分集解』（世界書局・1928）の他に沈爾喬・熊飛編『現行律民事有效部分（附戸部則例）』（武林印書館・1918）等4種の版本を比較検討しているので参照されたい。

31)「黄右昌（黼馨）Huang Yu-chang（Fu-hsing）湖南省臨澧縣人。一八八四年生。日本法政大學卒業。國立北京大學法律科教授、國立清華大學政治學科教授、國立北平大學法學院講師等に歴任。現に立法院立法委員。」（外務省情報部『現代中華民國滿洲帝國人名鑑』（東亞同文會・1937）185頁）。

32) 謝振民『中華民國立法史』（正中書局・1937）ではここで江庸の説く修正の理由が掲げられつつもその出典が書かれないが、これは江庸「五十年來中國之法制」（申報館編輯『最近之五十年』（申報館・1923）所收）7頁下段所収のものと同文であり、恐らくはそこからの引用と推察される。なお民律第二次草案が成立した1925～1926年段階では民国期の日本人法律顧問であった板倉松太郎・岩田一郎ともに帰国していたが、その後も相応の繋がりがあったようである。島田正郎『清末における近代的法典の編纂』（創文社・1980）序において島田は「私は幼い頃、亡父鐵吉の縁故により、修訂法律館顧問として直接草案の起草に當られた岡田朝太郎・志田鉀太郎兩先生の恩顧を賜った。……當時亡父もまた中華民國刑法草案の起草にかかわりを持たれた板倉松太郎先生とともに、中華民國民法の編纂、いわゆる第二次民律草案の起草にかかわりを持っていたから、そのための來客も少なからずあったようであるが、……後年國立南京大學法學院長となられた阮毅成教授が、この事業の連絡に當っておられたこともあって……」（序1～2頁）と回顧している。島田鐵吉については勝田一編『帝國大學出身名鑑』（校友調査會・1932）が「君は石川縣士族矢木元資の三男にして明治四年二月を以て生れ先代新吉郎の養子となり同二十六年家督を相續す同二十九年帝國大學法科大學英法科を卒業し同三十一年判事に任じ東京區同地方各裁判所判事東京地方裁判所部長東京控訴院判事行政裁判所評定官大審院判事等に歴補し大正十三年大審院部長に補せらる現時前記の職にあり昭和五年ジュネーブに開催の手形統一會議に帝國代表委員として出席せり」（シ35頁）と伝えている。

33) 屠景山『親屬法原論』（世界書局・1930、1931（再版））、馮堪・彭學海『夫婦財産制』（現代書局・1931）を指す。

34)「燕樹棠（召亭）Yen Shu-tang（Chao-ting）河北省定縣人。一八九一年生。米國エール大學に學ぶ（法學博士）。國立北京大學法律系教授、國民政府法政制局編譯を經て任武漢大學法學院教授。」（外務省情報部『現代中華民國滿洲帝國人名鑑』（東亞同文會・1937）16頁）。他に徐友春主編『民国人物大辞典（増訂版）』（河北人民出版社・2007）下2592頁参照。先行研究として陈新宇「法治的恪守者——燕树棠先生的生平与思想」（陈新宇『寻找法律史上的失踪者』（广西师范大学出版社・2015）所収）、文集として燕树棠『公道、自由与法』（清华大学出版社・2006）参照。

35) 1928年の親屬法・繼承法草案については、國民政府法制局擬「親屬法草案」（法律評論263・1928）、國民政府法制局「親屬法草案之説明」（法律評論264・1928）、國民政府法制局擬「繼承法草案」（法律評論265・1928）、國民政府法制局「繼承法草案之説明」（法律評論266・1928）参照。

36)「傅秉常 Fu Ping-chang 廣東省南海縣人。一八九五年生。香港大學卒業。一九一九年任巴里平和會議支那代表參贊。一九二二年任廣東省政府交涉員兼廣東海關監督。一九二七年任廣東國民政府外交部秘書及外交次長。同年伍朝樞に從ひて米國に赴く。一九二八年歸國し國民政府外交委員會委員並に立法院立法委員に擧げらる。一九二九年駐白耳義公使に任ぜられたるも赴任せず。一九三一年末南京、廣東兩政府妥協に際し陳友仁の下に外交部常務次長たりし

第四章　民法草案の作成　　　　　　　　　　　　　　185

も間も無く辭任す。其後立法委員となり、次で任外交委員會委員長。一九三五年任國民黨第
五期中央執行委員。」（外務省情報部『現代中華民國滿洲帝國人名鑑』（東亞同文會・1937）
469 頁）。他に徐友春主編『民国人物大辞典（増訂版）』（河北人民出版社・2007）下
2011〜2012 頁參照。先行研究としては羅香林『傅秉常與近代中國』（中國學社・1973）、郭廷
以校訂『傅秉常先生訪問紀錄』（中央研究院近代史研究所・1993、同じものが『马超俊 傅秉
常口述自传』（中国大百科全书出版社・2009）として中国大陸で出版）がある。

37）「焦易堂（希孟）Chiao I-tang（Hsi-meng）陝西省武功縣人。一八八〇年生。陝西法政專門
學校卒業。夙に中國同盟會に加入し陝西に在りて革命運動に從事す。一九一三年參議院議員に
擧げらる。一九一七年任廣東大元帥府參事。其後陝西、河南、天津等に在りて國民黨員として
活動を續く。一九二八年任南京國民政府立法院立法委員兼法政委員會委員長。一九二九年任
國民黨第三次中央候補執行委員會委員。一九三〇年兼任國民政府考試院考選委員會委員。禁
煙委員會委員。一九三一年任國民黨第四次中央候補執行委員會委員。國民政府改組に際し國
民政府より退く。その後立法院法制委員會委員長を經て一九三五年任最高法院長、第五期中
央執行委員。」（外務省情報部『現代中華民國滿洲帝國人名鑑』（東亞同文會・1937）246 頁）。
他に徐友春主編『民国人物大辞典（増訂版）』（河北人民出版社・2007）下 2021 頁參照。

38）「史尚寬（旦生）Shih Shang-kuan（Tan-sheng）安徽省桐城縣人。一八九八年生。一九二二
年東京帝國大學法科卒業後獨佛に留學す。一九二七年任廣州中山大學教授。一九二八年任
國民政府立法院立法委員。」（外務省情報部『現代中華民國滿洲帝國人名鑑』（東亞同文
會・1937）195〜196 頁）。他に徐友春主編『民国人物大辞典（増訂版）』（河北人民出版社・
2007）上 278 頁參照。

39）「林彬（佛性）Lin Pin（Fo-hsing）浙江省樂清縣人。一八九一年生。國立北京大學卒業。國
立北京醫科大學秘書、國民政府行政院參事、立法院立法委員等に歷任。」（外務省情報部『現
代中華民國滿洲帝國人名鑑』（東亞同文會・1937）600 頁）。他に徐友春主編『民国人物大辞
典（増订版）』（河北人民出版社・2007）上 798〜799 頁參照。

40）「鄭毓秀女士 Cheng Yu-hsiu（Dr. Soumay Tchen）廣東省寶安縣人。一八九四年生。十四歲
の時廣東總督の子息との婚約を破り天津に赴き中國同盟會に入る。一九一一年淸朝の首領暗
殺の爲北京に爆彈を運ぶ。一九二〇年より一九二一年に亘り支那政府の援助を得て女學生を
佛國に留學せしめ其監督たる傍ら巴里大學に學ぶ。一九二六年法學博士を授けらる。一九二
七年南京國民政府成立後任上海市黨部員、任江蘇政治委員會委員、任江蘇地方檢察廳長。同
年更に上海共同租界臨時法院長に任ぜられたるも領事團の承認する所とならずして辭す。同
年末再び渡歐し偶々濟南事件起るや國民政府の命に依り其の宣傳に努む。一九二八年歸國し
任立法院立法委員。後任國民政府建設委員會委員、上海法政學院長。著書 "The Model
Chinese Family." "Souvenirs d'Enfance et de Révolution."」（外務省情報部『現代中華民國滿
洲帝國人名鑑』（東亞同文會・1937）406 頁）。他に徐友春主編『民国人物大辞典（増订
版）』（河北人民出版社・2007）下 2358 頁參照。自伝として Madame Wei Tao-Ming, *My
Revolutionary Years*, New York : Charles Scribner's, 1943 があるが、民法典起草作業について
はそれぞれ數頁の記述にとどまっており詳細を窺うには足りない。

41）「戴傳賢（季陶）Tai Chuan-hsien（Chi-tao）號天仇。浙江省呉興縣人。一八八二年生。若
くして日本に留學し國學院大學に學ぶ。前淸末年歸國し上海に於て天鐸報及民立報の記者と
なり革命思想の鼓吹に努む。第一革命後民權報主筆となり次で國民黨上海交通部評議員を兼
ぬ。一九一三年孫文の秘書兼通譯として日本に赴く。同年第二革命に際し黃興南京を去るや
何海鳴等と獨立を宣言し北軍と戰ひ敗れて海外に亡命す。一九一五年歸國し上海に在りて袁
世凱の帝制に反對す。一九一九年山東問題起るや大いに排日を宣傳し後孫文に從ひて廣東に
赴き任廣東省長秘書。一九二三年任黃埔陸軍軍官學校教官。一九二四年國民黨第一次中央執

行委員に擧げられ孫文の北上に從ふ。一九二五年孫文の死後國民黨左右兩派に分裂するや右派の驍將として北京に於て同志を糾合し西山派に加はり一時馮玉祥一派の爲に監禁せらる。其後廣東に歸りたるも左派に壓迫され更に浙江に入る。一九二六年國民黨第二次中央執行委員に擧げられ廣東大學を中山大學に改組して爾來長く同校長たり。同年蔣介石より派遣され渡日したるも程なく歸國し任廣東政治分會委員、南京中央黨部工人部長。同年武漢、南京合體後國民政府委員、中央特別委員會委員等に任ぜられ一九二八年國民黨中央黨部宣傳部長を兼ぬ。次で同年任國民政府委員兼考試院長。一九二九年第三次中央執行委員に、一九三一年第四次中央執行委員に擧げらる。一九三二年航空路視察の爲と稱し陝西、甘肅方面に旅行す。最近政治方面に對し頗る消極的となる。一九三五年任第五期中央執行委員。著書『日本論』、『青年之道』其他三民主義に關する著書少からず。」（外務省情報部『現代中華民國滿洲帝國人名鑑』（東亞同文會・1937）304 頁）。他に徐友春主编『民国人物大辞典（增订版）』（河北人民出版社・2007）下 2676 頁参照。

42）こうした動向は刻々と日本へも伝えられ、紹介・分析が行われている。当時の主要な文献の検索には高田源清『滿・支私法文獻（邦文）解題』（巖松堂書店・1939）が便利である。

43）それぞれ「民法親屬繼承兩編應先決之各點」（法律評論 341～342・1930）、「民法親屬繼承兩編先決各點審查意見書」（中華法學雜誌 1-1・1930）、中央執行委員會政治會議法律組「親屬法先決各點審查意見書」（法令週刊 6・1930）参照。重要な史料として謝振民『中華民國立法史』（正中書局・1937）にも収録されている（継承法部分を含む）。謝振民著はこれらに加えて起草報告書も収録するが全て出典が明記されない。先行研究においてこの謝振民著からの史料の転引を行うものがあるが、手続上問題を含むとせざるを得ない。また同時代の代表的な家族法研究のひとつである Marc van der Valk, *An Outline of Modern Chinese Family Law*, Peking : Henri Vetch, 1939 に英訳が収録されている。これらの正規のテクストとしていずれを用いるかは議論のあるところである。『法律評論』は、「無朝不成院」と称えられ東呉大学と並び称せられる民国期屈指の名門校であった朝陽大学の刊行物であり政府とも深い関わりを有する。両大学については張其昀等『中華民國大學誌』（一）（二）（中華文化出版事業委員會・1954）を参照。

44）谷口知平譯『エスカラ支那法』（有斐閣・1943）201 頁註 59 参照。

45）「王用賓（太蕤）Wang Yung-pin（Tai-sui）山西省猗氏縣人。一八八一年生。山西大學、日本法政大學卒業。歸國後『晋陽日報』主筆。一九一三年山西省選出參議院議員となり國民黨に屬したるも一時政友會に入り再び國民黨に復歸す。一九二〇年孫文の命を承けて北上、段祺瑞、張作霖との聯絡を謀る。一九二八年任北平政治分會秘書長。その後考試院考選委員會副委員長、立法委員に歴任。羅文幹の後を承けて行政院司法行政部長。一九三五年任第五期候補中央執行委員。」（外務省情報部『現代中華民國滿洲帝國人名鑑』（東亞同文會・1937）50 頁）。他に徐友春主编『民国人物大辞典（增订版）』（河北人民出版社・2007）上 84 頁参照。

46）Ferno James Schuhl については Carroll Lunt, *The China Who's Who 1927 (Foreign)*, Shanghai : printed by Union Printing & service agency, 1927, pp. 228–229 に "Schuhl, Ferno James, (Shanghai), Lawyer, Firm of Schuhl & Schoenfeld, former United States Commissioner ; Judge, United States Consulate Court : *b.* March 3rd 1889 at San Francisco ; arr. C. September, 1919 : Decorated by President of China by Mandate August 7th, 1922 with Chia Ho, Fifth Class : Decorated by the King of Italy August 4th 1924, and made Knight of the Cross of Italy : *war s.* United States Navy : *clubs*, American, Columbia Country, Cercle Sportif, Shanghai Club, Shanghai Race Club, Shanghai Clay Pigeon *o. add.* 112 Szechuen Road : *r. add.* 85 Rue Massenet : *n.* American." とある。

47）立法院第 102 次及び 120 次会議の議事録はそれぞれ中国第二历史档案馆编『国民政府立法

院会议录』（广西师范大学出版社・2004）第 4 冊 159〜161、408〜449 頁にあるが、前者は先決問題の提出について、後者は可決成立の由と簡単な起草報告及び条文が掲載されるのみであり、起草委員会における議論の詳細を窺うことは出来ない。

48）参考資料については Foo Ping-sheung, Introduction, in : *The civil code of the Republic of China, book IV, V*, Shanghai : Kelly and Walsh, Ltd., 1931, p. vi 参照。總則・債・物權の前 3 編とは参考資料が異なっている点については注意が必要である。前 3 編については Foo Ping-sheung, Introduction, in : *The civil code of the Republic of China, books I, II, and III*, Shanghai : Kelly and Walsh, Ltd., 1930 の他、谷口知平譯『エスカラ支那法』（有斐閣・1943）199 頁参照。Escarra は前 3 編に関しフランス民法への言及がないことについて特に註釈を付して解説している（同 202 頁註 66）。

49）むしろ『民法整理会議事速記録』を有する日本の状況の方が異様なのかも知れないが、フランス民法研究における projet やドイツ民法研究における protokoll の如きテクストも存在が知られない。中華民国期の諸草案は条文のみで各条への説明は付されていない。これに対し大清民律草案は各条に詳細な説明が付されている他、それに関する先述の『理由書』が知られている。

50）郭衛については侯欣一「郭卫与民国司法理论」（深圳特区报 2016 年 7 月 5 日 B11 面）参照。

51）黄源盛『景印大理院民事判例百選』（五南圖書出版股份有限公司・2009）、黄源盛『大理院民事判例輯存』（總則編・債權編（4 冊）・物權編（2 冊）・親屬編（2 冊）・承繼編（2 冊））（元照出版有限公司（總則編）及び犁齋社（債權編以下）・2012）、黄源盛『大理院刑事判例輯存』（8 冊）（犁齋社・2013）が刊行されている。

52）修訂法律館『調査民事習慣問題』（国立国会図書館・明治大学図書館所蔵）、回答は四川省からの『補査民事習慣報告書』（東洋文庫所蔵）。

53）「民事習慣調査書」（北洋法政學報 127〜128・1910、『直隷調査局調査民事習慣目録』（上海図書館所蔵）も同文）、回答は『法制科民情風俗地方紳士民事商事訴訟習慣調査書』（北京大学図書館所蔵）。

54）例えば『湖北調査局法制科第一次調査各目』（上海図書館所蔵）は調査項目として「（一）夫婦財産是否皆爲共有抑有無獨有者、（二）有無夫婦析産者、（三）婦不經夫之許諾得自以私財營業否、（四）離婚及婦再醮得攜其財産以去否、（五）招夫贅婚婦死無父母子嗣、其財産得爲招夫贅婚所有否、（六）完婚後婦死應將其財産歸還婦家否」を挙げている。また徐霖『奉天民事類存』（[刊行者不明]・[民国 3（1914）年冬序]）は嫁奩制度として「奉俗嫁娶粧奩顔侈、妻之嫁貲及妻於母家所得之財物、習慣上均視爲夫婦之共有財産、無異於他省也。有妻於母家所受之重大財産、如田地房産類、暫不送交婿家、而仍由妻之父母兄弟代爲管理者、自又成爲妻之私有財産性質矣」と説明している。

55）滋賀秀三『中国家族法の原理』（創文社・1967）76 頁参照。以下 80 頁までの記述は、この問題を考える際に避けて通れない。

56）「張之洞奏」『光緒朝東華錄』光緒 33 年 8 月甲子条（『十二朝東華錄』光緒朝（十）（文海出版社・1963）5714〜5716 頁所収）。なお礼法争議に関しては小野和子『五四時期家族論の背景』（同朋舎・1992）、黄源盛『法律繼受與近代中國法』（元照出版有限公司・2007）を参照。

57）滋賀秀三『中国家族法の原理』（創文社・1967）126〜127 頁、及び 144 頁註 58 を参照。

58）黄源盛『民初大理院與裁判』（元照出版有限公司・2011）157 頁参照。

59）「婦人夫亡無子守志者、合承夫分、須憑族長擇昭穆相當之人繼嗣。其改嫁者、夫家財産及原有妝奩、並聽前夫之家爲主」。この条文は先に分析した「現行律民事有效部分」を収録する全ての版本で言及されている。

60）條例第二を援用する判例としてはさらに民国 3 年上字第 319 判決例があるが、これは

『司法公報』において最初に編纂された要旨集には入っているもののその後姿を消すに至っている。理由については全く判然としない。

61）大清民律草案繼承法第9条（1468条）説明（「大清民律草案第五編繼承附理由書」（『法律草案彙編』所収）参照。

62）本文中に引用したもの以外にも以下のようなものがある。
　　・民国5年上字第444号判例：夫婦析産、在現行法上並無認許之文。而按之條理人情亦難照准。故除當事人自行協議外、不得藉口家庭不和、率行主張分析。
　　・民国7年上字第665号判例：妻以自己之名所得之財産、爲其特有財産。妾亦當然得從此例。
　　・民国7年上字第665号判例：某財産屬夫或屬妻不明者、應推定爲夫之財産。此例於妾當然得準用之。
　　・民国9年上字第11号判例：夫或家長給予妻或妾之衣飾、本所以供日常生活之用、自應認爲妻妾所有。
　　・民国9年上字第628号判例：婦人夫亡改嫁、其夫家財産及原有妝奩、依律。雖應聽夫家爲主、但夫家於孀婦改嫁時、亦應酌量負擔嫁資。

63）各資料の中核的な関係部分における収録状況を整理すると以下のようになる。

	大通	趙鳳喈	鄭爰諏	郭衛	呉經熊
民国2年上字第33号		○		○	○
民国2年上字第35号		○			○
民国2年上字第208号	○			○	○
民国4年上字第147号				○	
民国4年上字第567号		○			
民国4年上字第614号		○			
民国4年上字第886号	○		○	○	
民国4年上字第1407号		○			
民国4年上字第2052号					○
民国5年上字第444号				○	○
民国7年上字第147号	○		○	○	
民国7年上字第665号		○			○
民国7年上字第903号					○
民国8年上字第850号					○
民国9年上字第11号				○	○
民国9年上字第628号				○	

　　なお略称はそれぞれ大通書局編輯所『大理院民事判決例分類輯要』（大通書局・1923）、趙鳳喈『中國婦女在法律上之地位』（商務印書館・1928）、鄭爰諏『現行律民事有效部份集解』（世界書局・1928）、郭衛『大理院判例全書』（會文堂新記書局・1931）「婚姻之效力」部分、呉經熊『中華民國六法理由判解彙編（增訂本）』（會文堂新記書局・1937）を指す。

64）國民政府法制局擬「親屬法草案」（法律評論263・1928）参照。夫婦財産制については、
　　　第三十四條　夫或妻於結婚前及結婚後所得之財産、爲其特有財産。

第四章　民法草案の作成　　　　189

　　第三十五條　夫妻一方對他方之特有財産所爲無權之處分無效、但不能對抗善意第三人。
　　第三十六條　夫婦因單方行爲、或雙方契約、或三人贈與、設置共有財産。
　　第三十七條　夫妻共有財産、由雙方共同管理、有爭議時、由親屬會議決定之。
　　第三十八條　夫妻共有財産、因第三人贈與而設置者、於婚姻關係存續中、不得分析、但
　　　　　　　　別有協議者、不在此限。
との条文が置かれている。

65）「民法親屬繼承兩編應先決之各點」（法律評論341～342・1930）参照。関連箇所は以下の
　　通り。
　　　四、夫婦財産制應如何規定
　　　　謹按夫婦財産制、各國立法例不同、就其大要言之、可分三種。（一）共有財産制。夫
　　妻各以其財産之一部或全部、組成共有財産、以管理權屬之於夫、而其處分須得妻之同
　　意。（二）共通管理制。夫妻併合財産、以管理權屬之於夫、而各保留其所有權。（三）分
　　別財産制。夫婦財産之所有權及管理權各別獨立、家庭費用、由夫妻共同負擔之。米又查
　　各國法律、有指定上述制度之一種爲法定財産制度、當事人如另無約定、即視爲採用該制
　　度者。有於法定制定之外、另設數種制度、爲訂立關於財産契約之標準、當事人得就中選
　　擇其一者。亦有不設上述標準、許當事人自由另以契約訂定其財産之關係者。我國親屬法
　　應如何規定、此請先決者六。
66）この調査結果は『奉天省民事習慣調査ニ就テ』（滿洲國國務院統計處・1934）及び『吉黒
　　兩省ノ民事習慣調査ニ就テ』（滿洲國國務院統計處・1934）に収録されており、夫婦財産制
　　に関するものを挙げると以下のようになる。
　　（1）夫婦財産ニ關シ婚約ノ時ニ契約ヲ締結スルモノアリヤ
　　　　奉　天　有無　無三八　記入ナキモノ一五
　　　　吉　林　有一　無二八　記入ナキモノ一一
　　　　黑龍江　有一　無三三　記入ナキモノ一八
　　（2）夫婦ノ財産ハ悉ク共有ナリヤ
　　　　奉　天　是否　是四四　否九
　　　　吉　林　是否　是三一　否九
　　　　黑龍江　是否　是四一　否一一
　　（3）妻ヘノ結納及妻ガ自己ノ名義ニテ得タル財産ハ妻ノ私有トナスヤ
　　　　奉　天　是否　是四五　否八
　　　　吉　林　是否　是二九　否一一
　　　　黑龍江　是否　是四三　否八　記入ナキモノ一
67）中央執行委員會政治會議法律組「親屬法先決各點審查意見書」（法令週刊6・1930）参照。
　　関連箇所は以下の通り。
　　　第六點　夫婦財産制
　　一、夫婦財産制應定爲法定制及約定制度兩種。
　　二、法定制定爲聯合財産制。
　　三、約定制除爲左列三種外、得規定他種制度。
　　　　一、共同財産制　　二、統一財産制　　三、分別財産制
　　四、夫婦得以契約於約定制中選擇其一爲其夫婦財産制。
　　五、夫婦未以契約訂立夫婦財産制者、當然適用聯合財産制。
　　六、適用約定制（除分別財産制外）或法定制後、遇有特定情形、當然或依法院之宣告改
　　　　用分別財産。
　　七、適用約定制後、在婚姻存續期内、夫婦得以契約改用他種約定制。但須加以適當之條件。

68) 夫婦財産制の諸形態として当時論じられたものには以下のようなものがある。まず統一財産制（Gütereinheit；régime de l'unité des biens、財産統一制）は妻の財産所有権が基本的に全て夫へ移転し、妻の権利はいわば皆無になる形態であり、共同財産制（Gütergemeinschaft；régime de communauté、共産制）はこれから多少進み、夫婦の保留分以外は共有財産となり、その共有財産についての管理・用益権は夫に帰属するという形態である。この共有部分については一般共同制（Allgemeine Gütergemeinschaft；régime de la communauté universelle）、動産及所得共同制（Fahrnisgemeinschaft；régime de la communauté des meubles et des acquêts）、所得共同制（Errungenschaftsgemeinschaft；régime de la communauté d'acquêts）が存在し、それぞれ共有部分が基本的に全てとなるか、もしくは動産及び婚姻後の所得に限られるか、婚姻後の所得のみに限られるか、という特色が存在する。聯合財産制（Güterverbindung；l'union des biens、管理共同制）では共有財産は設定されず、各自それぞれの財産所有権が保持された状況で夫が管理・用益・（一部）処分について権限を持つ形態を採る。妻は所有権を失わないため、先に挙げた形態よりは進んでいるように見えるが、管理・用益・処分について夫が権限を行使することをどう評価するかが問題とされ、中華民国期において議論の中心を占めるに至る制度となるものである。奩産制（Dotalsystem；régime dotal、嫁資制）では移転・差し押さえが不可能な財産としての奩産と非奩産の別が設けられ、奩産につき夫が管理・用益権を持つという形態である。また分別財産制（Gütertrennung；régime de separation des biens、別産制）は所謂別産制であり、双方が完全に独立した財産権を有する形態を採るものである。

69) 馮堪・彭學海『夫婦財産制』（現代書局・1931）、沈鍔『夫婦財産制之研究』（上海新學會社・1932）、陸仲良『夫婦財産制』（世界書局・1944）を参照。

70) 呉學義（1902～1966）は江西省南城県人。京都帝国大学に留学。帰国後南京中央大学、武漢大学法学院教授等を歴任、第二次世界大戦後の極東軍事裁判では検察官顧問を務めた。

71) 王寵惠「婚姻財産制」（中華法學雜誌 1-1・1930）。

72) 王寵惠「婚姻財産制」（中華法學雜誌 1-1・1930）32 頁。

73) 呉學義「再論夫婦財産制」（法律評論 380～381・1931）。これに先立ち呉學義「夫婦財産制之立法問題」（法律評論 354～356・1930）が発表されている。

74) トルコ民法につき差し当たり大木雅夫「トルコにおける外国法の継受」（立教法学 11・1969）参照。

75) スイス民法については松倉耕作『スイス家族法・相続法』（信山社・1996）参照。特に夫婦財産制に関する状況につき松倉耕作「スイスの新法定夫婦財産法について」（判例タイムズ 465・1982）も参照。スイス家族法はかなり初期から注目されていたようで、木村誠次郎「瑞西將來の民法に於ける婦人の地位を論ず」（法學志林 8・1900）、山内四郎「瑞西民法草案の相續法に就て」（法學協會雜誌 21-4・1903）、ルイ・ブリデル（安倍四郎譯）「瑞西民法」（法學協會雜誌 26-12・1908）、ラバンド（穂積重遠譯）「瑞西の新民法」（法學協會雜誌 26-10・1908）、岡村司「瑞西民法に就きて」（京都法學會雜誌 7-9・1912）、岡村司「瑞西民法に於ける妻の地位」（京都法學會雜誌 8-7・1913）等を見ることが出来る。

76) ブルガリア民法は当時日本においても相当に注目されている。カール・フォン・ヘルン（論文梗概）「匈牙利民法典の編纂」（早稲田學報 57・1901）、齋藤常三郎「匈牙利の民法改正草案と我が民法」（國民經濟雜誌 46-3～4・1929）、齋藤常三郎「新しき主義の民法――匈牙利の民法改正草案と我が民法」（法曹公論 33-6～8、34-2、4～5・1929～1930）参照。

77)「民法親族編中改正ノ要綱（大正十四年臨時法制審議會決議）」（穂積重遠「民法改正要項解説」（法學協會雜誌 46-2、5、8～11・1928）に収録）参照。該当箇所は以下の通り。

　　第十四　妻ノ能力及ビ夫婦財産制

第四章　民法草案の作成　　　*191*

　　　　一　妻ノ無能力及ビ夫婦財産制ニ關スル規定ヲ削除シ之ニ代ルベキ相當ノ規定ヲ
　　　　　　「婚姻ノ效力」ノ下ニ設クルコト
　　　　二　妻ノ能力ハ適當ニ之ヲ擴張スルコト
　　　　三　夫婦ノ一方ガ婚姻前ヨリ有セル財産及ビ婚姻中自己ノ名ニ於テ得タル財産ハ其
　　　　　　特有財産トスルヲ原則トシ夫又ハ女戸主ガ其配偶者ノ財産ニ對シテ使用及ビ收
　　　　　　益ヲ爲ス權利及ビ夫ノ妻ノ財産ニ対スル管理權ヲ廢止スルコト

78）スウェーデン民法につき差し当たり菱木昭八朗「スウェーデン民法紹介――スウェーデン
　　法小史その1」（専修法学論集3・1967）参照。

79）呉學義「再論夫婦財産制」（法律評論380～381・1931）9～10頁。なお文中の「鷺鷥」に
　　ついて、同じ発音の「鸕鷥」であれば鵜飼の鵜のことで、鵜が折角頑張って魚を捕まえても
　　結局漁師のものになってしまうということで文意に沿うものになる可能性があるという旨を
　　岸本美緒氏からご教示頂いた。誤字の可能性もあるが、ここでは原典の表記に従って「鷺鷥」
　　にしておく。

80）これら諸国家の民法編纂史を概観するだけでも相当な労力を強いられよう。既に紹介し
　　た文献以外に関係各国の民法史を紹介する邦語文献として伊藤知義「ハンガリー民法史覚
　　書――二重帝国時代を中心として」（札幌学院法学12-2・1996）、オラフ・モールマン・ファ
　　ン・カッペン（矢澤久純訳）「オランダにおけるフランス民法典の影響について」（比較法雑
　　誌33-2～3・1999）、柚木馨「ルーマニア新民法草案」（国民経済雑誌54-4・1933）、堝陽子
　　「ポルトガルの家族法」（摂南法学22・1999）等がある。

81）田涛・李祝环「清末翻译外国法学书籍评述」（中外法学12-3・2000）参照。

82）それぞれ蘇希洵「法國之夫婦財産制」（法學季刊2-2・1924）、一鳴「英國法律上夫婦之財
　　産關係」（法律評論99・1925）、楊鵬「改善妻在財産法上之地位」（法律評論129・1925）。他
　　に胡長清「夫婦財産制之一考察」（法律評論416・1931）、鄭保華「英美民法與吾國民法關於
　　夫婦財産關係之比較」（法令週刊133～135・1933）等がある。

83）「楊鵬（叔翔）Yang Peng（Shu-hsiang）貴州省鎮遠縣人。一八九五年生。伯林大學法科卒
　　業。瀋陽東北大學法學院法律學系教授。司法行政部參事に歷任。」（外務省情報部『現代中華
　　民國滿洲帝國人名鑑』（東亞同文會・1937）512頁）。

84）梅謙次郎「夫婦財産制ニ就テ」（法學志林8-7・1906）。

85）Fr. K. Neubecker, *Der Ehe- und Erbvertrag im internationalen Verkehr*, Leipzig：A.
　　Deichertsche Verlagsbuchhdlg. Werner Scholl, 1914.

86）参照先の国家を一覧にすると以下のようになる。

	梅謙次郎	王寵惠	Neubecker
ドイツ（1896年公布、1900年施行）	○	○	○
オーストリア（1811年）	○	○	○
ハンガリー		○	○
スイス（1907年公布、1912年施行）	○	○	○
オランダ（1838年施行）		○	○
デンマーク	○	○	
ノルウェー	○	○	○
スウェーデン（1915年、1920年改正）	○	○	○
イギリス	○	○	○

	梅謙次郎	王寵惠	Neubecker
フランス（1894 年）	○	○	○
イタリア（1865 年施行）		○	○
スペイン（1889 年公布）	○	○	○
ポルトガル（1867 年施行）	○	○	○
ルーマニア			○
ロシア	○	○	○
セルビア			○
ブルガリア			○
フィンランド	○	○	
ポーランド	○	○	
チェコ		○	
スコットランド		○	
ギリシア（1834 年）		○	
アメリカ	○	○	
モナコ	○		
ボルネオ（？）	○		
ブラジル（1916 年）	○	○	
トルコ（1926 年）		○	

87) 穂積重遠「民法改正要項解説」（法學協會雜誌 46-2、5、8～11・1928）、中島玉吉「親族相續法改正要綱を評す」（法學論叢 19-6、20-2～4、21-2・1929）に言及されている。なお続編である中島玉吉「支那の親屬法繼承法を讀む」（法學論叢 21-4・1929）も檢討の端緒として貴重な文献である。

88) 和田于一「夫婦間の財産的闘争」（［大阪］朝日新聞 1930 年 11 月 25～26、28～30 日、12 月 1～2 日、全て朝刊 1 面）。和田の業績は後に和田于一『夫婦財産法の批判』（大同書院・1935）としてまとめられる。

89) 鄭爰諏『現行女子繼承權法令釋義』（世界書局・1929）、戴渭清『女子繼承權法令彙解』（上海民治書店・1929）、『最新編輯女子繼承權詳解』（上海中央書店・1929）、張虛白編『女子財産繼承權詳解』（上海法政學社・1930）、汪澄之『女子繼承權詮釋』（上海民治書店・1929）を参照。また女子継承権問題に関する最近の研究として王新宇「近代女子财产继承权的解读与反思」（政法论坛 29-6・2011）を参照。

90) 民律第二次草案が相当に女子の権利拡張に傾いていたことを先に指摘しておいたが、その段階でこれら国民党の決議が影響したかどうかは不明である。民律第二次草案成立時点で国民党は中国全土（特に北京）を支配下に置いていたわけではないため、直接の影響を論じるのは難しい。ただ、その後の民間書籍に現れる民律第二次草案から派生したと思われるものについては、国民党の影響下で民律第二次草案への手入れが行われた可能性も指摘し得るが、詳細は不明とするより他ない。なお、こうした国民党による女権拡張運動と社会の動向につき西山榮久「支那家族制度の破壊」（支那 19-1・1928）、西山榮久「支那現代婦人の地位の變化、特に其の遺産相續權問題」（東亞經濟研究 14-2・1930）を参照。

第四章　民法草案の作成　　　*193*

91）概説として古野常美「中華民国婚姻法要説」（法と政治 23-2、24-1〜4、25-1・1972〜1974）がある。

92）中川善之助『支那の婚姻法』（社會教育協會・1932）34〜35 頁。また中華民国民法における夫婦財産制の紹介として台北比較法學會編『比較婚姻法　第二部』（岩波書店・1942）31〜47 頁がある。

93）谷口知平譯『エスカラ支那法』（有斐閣・1943）209〜210 頁。

94）Jean Escarra, *La codification du droit de la famille et du droit des successions*, Shanghai : Imprimerie de l'orphelinat de T'ou-sè-wè, Zi-ka-wei, 1931, pp. 62–63.

95）この部分は Jean Escarra, Codification civile et coutumes matrimoniales en Chine, in : *Bulletin de l'institut français de sociologie*, Tome 1, 1re Année (1930-1931), Librairie Félix Alcun にも掲載されている。付記として Séance du 19 Décembre 1930 とある。

96）François Théry, Les coutumes chinoises relatives au mariage, in : *Bulletin de l' Université l'Aurore*, ser. 3, Nr. 36-38, 1948-1949 のうちの Nr. 36, p. 369 注 a 参照。同論文は Escarra の『報告書』に触発されながら、『民商事習慣調査報告録』を縦横無尽に駆使して中国の婚姻を巡る慣習について整理を行っている。

97）Jean Escarra, Loi et coutume en Chine, in : *Conférences 1931, Etude de sociologie et d'ethnologie juridique 4*, Faculté de droit, Salle de travail d'ethnologie juridique, Paris : Domat-Montchrestien, 1931 参照。本文で言及した内容は pp. 33-34 に見られる。付記として Conférence donnée le 25 février 1931 とある。なお以下 Escarra が coutume の語を用いているものについては慣習と訳しておく。

98）Jean Escarra, *Les problèmes généraux de la codification du droit privé chinois, rapport présenté à la Commission de Codification*, collection de la "politique de Pékin", Pékin : "politique de Pékin", 1922（中国語訳：約翰愛師嘉拉「中國私法之修訂」（法學會雜誌 8・1922））参照。

99）大理院が法院編制法第 35 条（統一解釈法令権）に基づき行うものである。全容は郭衛編『大理院解釋例全文』（會文堂新記書局・1930、成文出版社影印版・1972）で確認出来る。

100）François Théry, Les coutumes chinoises relatives au mariage, in : *Bulletin de l' Université l'Aurore*, ser. 3, Nr. 36-38, 1948-1949 のうち Nr. 36, pp. 369-371 参照。この部分は『民商事習慣調査報告録』を扱う際のこの上ない手引きのひとつである。黒龍江省は省からの報告書では設問に対し各県の回答を列挙し最後に按語を付するという形式であったが、『民商事習慣調査報告録』では何故かこれらを県別に解体した上で配列し直されている。また浙江省は各習慣につき実例及其沿革・通行地域及其効力・與現行法律之関係といった共通の回答形式を踏ませている。Théry の指摘は、（彼は明確に指摘しないけれども）各県の調査者個々人においても一定程度の集約という同様の問題がなかったかということ、『民商事習慣調査報告録』のうちの少なくとも幾つかは、ある偏向がかかった調査結果である可能性があるということを我々に提示する。史料批判にとって決定的な要素を含み興味深い。また『民商事習慣調査報告録』は民律総則・物権・債権・親属継承の 4 範疇に分けた後に地域別に配列するのに対し、同根の調査ながらこれに先行して編集された『中國民事習慣大全』（廣益書局・1924）が債権・物権・親属・婚姻・継承・雑録の 6 編に分けた後さらに各類として習慣ごとの整理を図っていることも注目される。

101）Jean Escarra, Codification contemporaine du droit privé chinois, 1930, in : *Bulletin de la société de législation comparée*, vol. 59, no. 7-8-9, 1930 参照。原文には題名が付されていない（Séance du 23 mai, 1930 とのみ表示）が、諸目録が徴する所を表示しておいた。

102）Escarra のこうした制度設計がどこに霊感を得て策定されたものか、という問題は非常に興味深い問題である。こうした構想が彼の学問的生活全体の中でどのように位置づけられるの

か（Escarra がフランス本国における商法の大家であることも想起）、また当時の立法政策を
巡る諸理論の中で如何なる位置を占めるものであるかが別途検討されなければならない。ま
た Escarra はさらに論考 Das chinesische Familienrecht in der alten Gesetzgebung und in der
neuen Kodifikation, in : *Sinica* 8, 1933 において親属・継承法についての議論を行っている。
そこでも彼の基本的な構想は保持されており、末尾において解釈例の有用性が再び強調され
ている。

103）1928 年親屬法草案における大原則として掲げられたのが「承認男女平等」「増進種族健康」
「奨励親屬互助而去其依頼性」であった。（國民政府法制局擬「親屬法草案之説明」（法律評論
264・1928）参照）。「宗」組織の存在によって個人の自立が妨げられ、また無為無職のもの
が寄生する構造が生み出されるとする批判は多く説かれたようで、Jean Escarra, Codification
civile et coutumes matrimoniales en Chine, in : *Bulletin de l'institut français de sociologie*, Tome
1, 1re Année (1930-1931), Librairie Félix Alcun における Escarra の報告の後に行われた議論で
は、Georges Padoux もこの問題に言及している。

104）Escarra はまた海外に在住する中国人の間でも宗が維持されていることや、同姓村等の存在
にも言及する。人類学で多く扱われるこれらの主題が既に登場していることも大変興味深い。
こうした諸問題への手引きとして瀬川昌久『中国社会の人類学』（世界思想社・2004）を挙
げておく。

105）「承継」と「承受」を巡る滋賀秀三『中国家族法の原理』（創文社・1966）125〜127 頁の議
論がこの問題に関連する。

第二部

近代日本における中華民国法学の展開

第五章　大正期における中華民国法学の展開

一　台湾旧慣調査「その後」——満鉄調査部

　『臺灣私法』『淸國行政法』を生んだ台湾旧慣調査を主宰した岡松參太郎がその後満鉄調査部に移籍し、その経験自体が『滿洲舊慣調査報告書』に結実する調査へと引き継がれてゆく経緯についてはこれまでも重ねて指摘されてきた通りである[1]。その大きな特徴のひとつは、台湾旧慣調査に携わった人員が岡松とともにそのまま満鉄調査部に渡り、台湾での経験の蓄積を生かしながら調査を行ったということにある。その後そこへ東亜同文書院卒業の人員が加わり、さらなる展開を見せることとなる。しかしながら台湾からの一定程度の連続性を有しながらも、その人員は長く満鉄調査部にとどまり影響を与え続けることはなかった。

　岡松の下で調査活動に従事した宮内季子[2]は満鉄調査部において『滿洲舊慣調査報告書』のうち『典ノ慣習』（南滿洲鐵道株式會社調査課・1913）、『押ノ慣習』（南滿洲鐵道株式會社調査課・1913）を執筆し、前者の冒頭にある凡例において「同會（筆者註：臨時臺灣舊慣調査會）各報告書ノ補遺ト稱スルモ亦可ナリ」と宣言するなどその連続性を強烈に意識していたことが知られるが、その後彼は満鉄を辞して台湾の源成農場[3]の主任となり、調査関係から離れてゆくこととなった。

　また宮内の後任として満鉄に赴任した眇田熊右衛門[4]も『滿洲舊慣調査報告書』のうち『租權』（南滿洲鐵道株式會社調査課・1914）を執筆し、『關東州土地舊慣一斑』（南滿洲鐵道株式會社總部事務局調査課・1915）を東亜同文書院の卒業である亀淵龍長[5]・天海謙三郎[6]の両名と書き上げている。眇田はまた「支那民國の法制」（臺法月報 7-12、8-2・1913～1914）、「支那法系の運命」（［東洋協會台灣支部］台灣時報 50・1913）など清朝・中華民国期の法制にも関心を広げている。現在の学術水準から見ればかなり荒っぽい記述も含まれるが、初期の法制に関する論考としては興味深い。

　しかし眇田はその後山東鉄道の総務部長に転出し、亀淵も東洋拓殖株式会社に

引き抜かれ、ひとり取り残された天海が関東都督府にいた杉本吉五郎[7]を満鉄に推薦したことで人事の問題が一段落する。以上の経緯は天海の述懐から明らかである。その天海も大正7（1918）年に三菱へ転職、彼によれば「杉本（吉五郎）さんが一人で孤塁を守っていたのです。杉本さんは典について宮内さん以後発明された問題を取り上げて報告書を出しましたけれども、先生一流の非常に細密な調査でしたね。これは満鉄で刊行した筈です。」[8]となったようである。言及されているのは杉本吉五郎『關東州土地制度論 關東州土地制度改正に際し慣習法の尊重を望むの論』（南満洲鐵道株式會社社長室調査課・1922）であり、典の性格を巡って『滿洲日日新聞』上で川村宗嗣との間に展開された論争の様子が収録されている[9]。

旧慣調査に繋がる人的系譜はひとまず杉本までたどることが出来るが、これ以降は途絶する。満鉄調査部に在籍した伊藤武雄は以下のように述べている。

　　われわれが入社した頃（筆者註：1920年当時）には旧慣調査グループでは、杉本吉五郎さんというご老人だけが残っておられた。すでに天海さんも亀淵龍長さんも会社を離れていまして、杉本さんお一人がそういう旧慣調査のころの伝統を守っておりました。その杉本さんの調査のやり方を見ていますと、杉本さんは大連の調査課の事務室にはほとんど顔を出さないで、しょっちゅう旅順の法院で資料を探索して勉強していた。杉本さんはせっせと旅順通いをし、調査課にはたまにしか顔を出さないという姿勢でした。ですからわれわれは旧慣調査なんていうのは実にルーズなもんだと思い、その時分は杉本さんや旧慣調査をあまり尊敬していなかったというのが事実です。[10]

即ち「あの頃われわれのほうは旧慣調査にある旧慣は、たんに旧慣であるということであの種の調査を軽蔑していました。つまりそこでいったん調査は断絶しているのです。」[11]という状況であったのである。原覺天の表現を借りれば丁度「文献主義的な調査の進め方と実態調査主義的な調査の行き方との切り換え調整の時期」[12]に当たり、調査活動の性格がここで大きく転換することになる。

この転換をもたらしたのは、石川鉄雄が調査課長に着任（1922年）して以降のことだという。彼は総合的な調査報告『満蒙全書』を企画し、「それまでのエキスパート主義に代えてスタッフ全員をあげて調査をするというやり方をとった」[13]調査が行われるに至ったのである。伊藤武雄によれば「当時はわれわれの

ような帝大出と同文書院出の古い調査マンとの間では調子が合わなくて、絶えず論争や闘争がありました。そこでなんとか一つまとまったものを皆が協力してやったらそういうこともなくなるのではないかと、石川さんは考えられたのではないか」[14] とのことである。台湾旧慣調査の人員、さらにはそれを受け継いで調査活動を継続した東亜同文書院卒業の人員とはひとまず断絶した、性質の異なる調査活動が展開するに至るひとつの分岐点として位置づけることが出来よう。

　杉本は孤立無援の状態にありながらこの企画へも参与し、中華民国法制について調査を行い、南満洲鐵道株式會社庶務部調査課編『満蒙全書』第6巻（満蒙文化協會・1923）の「法制」[15] を執筆している。内容は「総論」・「憲法」・「民法」・「商法」・「刑法」の5編、850頁に及ぶ長大な報告書である。憲法・商法・刑法が簡単な解説と主要法典の和訳に終始しているのに対し、民法部分は川村との論争の影響か相当に詳細な解説が置かれている。これについては杉本を軽蔑していたという調査部の人員も一目置いていたようであり、先の伊藤は「『満蒙全書』ができ上がって見ますと、杉本さんのものが一番よくまとまっているのですね。けれどもそういう杉本さんの着実なところは当時われわれには分からなくて、まったく無視したのです。」[16] と回顧する。

　なお、百科全書の観を呈する『満蒙全書』においては、法制のみならず様々な主題につき報告がなされているが、そのうち「行政」について伊藤は「『清国行政法』がほとんど唯一の資料源でした」と述べ、合わせて橘樸の『支那研究資料』についてはその存在を知らず、「もし知っていれば杉本老が当然使っていたはず」としている[17]。『清國行政法』の「その後」[18] に関する貴重な証言といえよう。

　その『支那研究資料』については既に山本秀夫「中国雑誌解題『支那研究資料』」（アジア経済資料月報13-4・1971）に詳しい。山本は田原天南（禎次郎）・橘樸により刊行された同誌の刊行時期と後藤新平の内務大臣（寺内内閣）在任時期とが重なることから後藤との関連を推定し、さらには『支那研究資料』の「主要部分を占める〈民国行政紀要〉が、ある意味で『清国行政法』の継続である」が、調査目的の差異、特に同誌が「中国に関する精確な知識の提供を目的とし」さらには「橘の個人的な特殊な関心のあったことに留意すべき」としている（42〜43頁）。

　『支那研究資料』所収の「民國行政紀要」では第3巻として「司法」（支那研究資料1-2・1917）が置かれているが、計63頁の簡単なものとなっている。これよりもさらに重要なのは土地制度について200頁を超える詳細な記述を行った論

文、一處員「田賦」（支那研究資料 1-2、4・1917）であり、山本は橘樸自身の作と推定している。これ以外にも台湾旧慣調査との関連でいえば『支那研究資料』には、織田萬・岡松参太郎の助手として京都帝国大学に勤務した経験を持つ高橋聿郎[19] の「法律上の滿濛」（支那研究資料 1-4・1917）、台湾旧慣調査の発案者としても言及される大内丑之助[20] の「獨逸經營時代に於ける膠州灣施政の研究」（支那研究資料 1-7、2-1〜2・1917〜1918）が収録されており、満鉄調査部とはまた別に台湾旧慣調査の「その後」の展開を見ることが出来る。

　台湾旧慣調査は法制史方面においても影響を残している。調査人員として参加した淺井虎夫[21] や東川德治[22] はそれぞれ淺井虎夫『支那法制史』（博文館・1904）、淺井虎夫『支那ニ於ケル法典編纂ノ沿革』（有斐閣・1911）や東川德治『支那法制史論』（臨時臺灣舊慣調查會・1915）、東川德治『支那法制史研究』（有斐閣・1924）、東川德治『典海』（法政大學出版部・1930）、東川德治『增訂支那法制大辭典』（松雲堂・1933、後『中國法制大辭典』（燎原・1979）として翻刻出版）といった著作を出版している。

　これらの著作はいずれも明治初期の東洋法制史学の古典として一定の評価をなすべきものと思われるが、仁井田陞は淺井『支那法制史』につき「その記述は甚だ平面的であり……法学的意味内容を明らかにしようとする傾向に乏しい」と評し、東川『支那法制史研究』に至っては「骸骨的制度の羅列であること、古典をかれこれの区別なく法として引用していること、これらの古典に就いてのテキストクリティークが乏しいこと、記述がドグマ的教説的であること……」と酷評している[23]。これらは仁井田自身の方法論を顧みるにおいて興味深い言説であるが、逆にこれらの言説によって淺井や東川の業績が充分に回顧されることがなくなってしまったのかも知れない[24]。

　満鉄調査部では『滿蒙全書』の後も法制に関する研究が散見される。南滿洲鐵道株式會社庶務部調査課『支那に於ける外人の商標權』（古館尚也[25] 担当）（南滿洲鐵道株式會社庶務部調査課・1926）、南滿洲鐵道株式會社庶務部調査課『奉天省に於ける司法制度』（水谷國一[26] 担当）（南滿洲鐵道株式會社庶務部調査課・1927）等である。特に水谷はその後も満鉄において外交・経済方面で数多くの調査報告を手がけたことが知られる。

　なお、こうした初期の満洲での蓄積が現地においてやはり必要な知見として継承されていたことも判明する。旅順に本拠を置いて活動した満蒙研究会が刊行した雑誌『滿蒙研究彙報』には法制に関する記事が多く掲載されている。「公表せ

第五章　大正期における中華民国法学の展開　　　*201*

られたる土地舊慣調査報告其他各方面の材料を仔細に吟味し其中實用に適切なる
部分を摘録し讀者の通讀に適する程度に編纂」したとその諸言に明記される「滿
蒙土地舊慣一斑」(滿蒙研究彙報 16〜17・1917)、それを受けた「滿蒙に於ける土
地制度舊慣一斑」(滿蒙研究彙報 19〜20・1917)、「奉天省に於ける典の慣習」(滿蒙
研究彙報 21、23、25・1917〜1918) はいずれも旧慣調査の成果を広く流布するに
貢献したものと思われる。また「慣習を参酌する關東都督府高等法院判決例」
(滿蒙研究彙報 19〜21、25・1917〜1918) では現地の慣習が裁判において反映され
た例につき紹介が行われている。いずれも実務へも直結する内容を含むものとす
ることが出来る。

　また同誌では中華民国法制に関連した記事も見受けられる。「支那民律と我帝
國民法の對照（一）〜（一六）」(滿蒙研究彙報 19〜23、25、27、29〜35、37〜38・
1917〜1919) では大清民律草案[27]の總則編全編と債權編の一部（第 1 条〜524 条
まで）につき、和訳と日本民法との対照が行われている。時に註釈も付されてい
る詳細なものであり、初期の条文研究の例として貴重である。ただ、先に挙げた
旧慣調査関連の論考とともにこれらは全て著者名を欠いた記事となっており、著
者が確定出来ないのが残念である。

二　東亜同文書院

　さて以下、先に述べた亀淵龍長、天海謙三郎、川村宗嗣といった錚々たる調査
人員を輩出した東亜同文書院における法学研究について述べることとしたい。東
亜同文書院は 1901 年に根津一を院長として上海に設置され、清朝・中華民国に
関する実学的な教育を行い幾多の人材を輩出したことで知られ、第二次世界大戦
後は現在の愛知大学へとその流れが継承されていったものであるが、ここに改め
て紹介する必要のない程有名な機関であるといえよう[28]。東亜同文書院では当初
政治科・商務科の 2 科が置かれ、直接「法学科」が置かれたわけではないが、清
朝・中華民国の「制度律令」については実務上も重要な知識として講ぜられてい
た。書院の設立母体である東亜同文会が 1904 年に既に大清律の和訳を刊行して
いる（東亞同文會纂譯『大清律』(東亞同文會・1904)）ことからも、制度や律例へ
の関心の高さが窺えよう。そうした東亜同文書院の中でも法制関係の研究者とし
て特に名を挙げなければならないのは馬場鍬太郎、さらには先に登場した川村宗
嗣の 2 人である。

まずは馬場鍬太郎[29]であるが、彼自身東亜同文書院の卒業生であり、その後同書院の教授となって教育に身を捧げた人物である。彼は初期に『支那經濟地理誌 交通全編』（禹域學會・1922）をまとめ上げ、その改訂を加えつつ、法制関連では雑誌『支那研究』上に「支那司法制度の研究」（支那研究 11・1926）や「支那地方行政制度の研究」（支那研究 15・1927）といった形で陸続とその成果を公表し、それらをまとめ、さらに他分野の情報も新たに加えて『支那經濟地理誌 制度全編』（禹域學會・1928）として出版するに至る。同書は 1,500 頁に迫ろうかという大著である。

馬場をして中華民国法制研究に向かわしめた理由は前任者大村欣一[30]の存在であった。大村は先に『支那政治地理誌』上下巻（丸善・1913〜1915）を世に送り、法制関連については上巻において「歴代の中央地方關係」・「中央官制」・「地方官制」・「清の中央官制」・「地方官制」・「裁判制度」・「會審制度」・「自治」と 8 章にわたってこれを展開していた。この内容をも踏まえつつ東亜同文書院において「支那制度律令」を講じていた大村が 1925 年に病没したのを受けて馬場がその後任となるに及び、それ以前から手をつけていた原稿を整理したのが成書の経緯となったことが論考「支那地方行政制度の研究」の冒頭に記されている。

馬場自身、『清國行政法』及び『支那政治地理誌』に多くを負ったことを明記しているが、両書ともその記述を清末で終えており、中華民国法制についてはこれを新たに補充する必要があった。彼は以下のようにその苦労を綴っている。

　　　然れども民國以後に於ける現行支那行政制度の全般に亘りては僅かに東亞同文會發行支那年鑑、上海商務印書館刊行中國年鑑及中華年鑑……、其他滿蒙年鑑あるのみにして、現行行政制度を記述するも、固より支那全般に亘りて詳述せるに非ず、説く所其梗概を盡せるのみなりとし、之が研究は常に政府發行の公報に注意し補正を爲すの外途なし、……加ふるに制度の研究に必要なる法令は朝に之を發して夕に之を改廢する等眞に朝三暮四にして、……譬へ又善美の法制ありとするも、多くは空文に終りて實行之に伴はず、研究者をして誠に其捕捉する所に苦しましむ、盖し一部の研究者をして支那に制度なしと嘆息せしむる所以なりとす……[31]

以上の記述からは、公報が研究の貴重な資料源となっていたことも窺える。当時の研究環境を考える上で興味深い要素である。

第五章　大正期における中華民国法学の展開　　　203

　次に川村宗嗣[32]である。杉本吉五郎との間で「典」の性格を巡る激しい論争を
行ったことについては先述の通りであるが、川村の活躍はこれにとどまらない。
川村宗嗣『支那現行民事法法則』（魯庵記念財團・1925）は、当時未だ中華民国民
法が制定される前にあって、その民事法の全容を窺う包括的な著作を企図した野
心的な作品である。「予從來研究ノ必要ヨリ大理院（支那ノ最高法院ニシテ我大
審院ニ當ル）ノ判決例及ビ法令解釋例ヲ涉獵スルニ、一般民事ノ各般ニ亘ッテ大
體ノ事項ハ判決又ハ解釋ノ例ガ具備シテ居ル。之ヲ取捨採錄シ補フニ現行ノ諸法
令ヲ以テセバ略ボ民法ノ體ヲ爲スニ足ルヲ知ッタ」（同書自序4〜5頁）と淡々とそ
の執筆時の状況を述べているが、大変な難事業であった筈である。判例聚集の難
航具合については彼自身2頁にわたりこれを述べている。以下に掲げておこう。

　　之等ノ大理院判決例及ビ解釋例ノ聚集ニハカナリ苦心ヲヰシタ。要旨摘錄的
　ノモノデナク、ナルベク全文ノモノヲ手ニ入レテ研究シ度イト心懸ケタガ、
　判例ニ就キテハ天虛我生氏編輯ノ大理院民事判決例甲編以下十二册……解釋
　例ニ付キテハ同氏編輯ノ法令解釋彙編甲編以下五册……ヲ手ニ入レ得タ丈ケ
　デアル。同氏ノ此ノ編輯ハ吾々ニトッテ貴重ナ材料デアルガ、其後續編ノ出
　版ヲ見ヌノデ此以後ノ全文ノ判例ハ私ノ手ニ這入ラナイ。ソレデ大理院デ出
　版シテ居ル大理院判例要旨滙覽ト法令解釋要旨滙覽ヲ手ニ入レヨウトシタガ
　之モ中々手ニ這入ラナイ。依テ止ムナク俗間ニ行ハレテ居ルモノヲ涉獵シ
　タ。例ヘバ黃榮昌氏編輯ノ大理院法令判解分類彙要……、周諸暨氏編輯大理
　院判例解釋新六法大全……、唐愼坊氏編輯大理院判例解釋菁華錄……等ガ是
　デアル。之等ハ編纂ノ方法比較的雜駁ナ爲メニ其取捨採擇ニ可成ノ面倒ナ手
　數ヲ要シタ。ソシテ本稿ガ略完成シタ後ニ至ッテ前述ノ大理院編纂ノ判例要
　旨滙覽……、法令解釋要旨滙覽……ガ辛ジテ手ニ這入ッタ。之ハ判例及ビ解
　釋例ノ取捨採擇ニ相當意ヲ用ヒラレテアリ、稍統一整理サレテ居ルノデ、之
　ガ初メカラ手ニ這入ッタラ幾分手數ガ減ジテ居タラウト思フ。[33]

　以上の記述は当時の法情報流通の状況を今に伝えるとともに、そこでは中華民
国法制に関する情報収集の困難さという、現在の研究者も共有する悩みが打ち明
けられている。さらに興味深いのはこの箇所に続けて描かれる当時の中国人法学
者たちの状況、即ち以下の部分である。

民法成文法ノ無イ支那デ大理院ノ判例ガ充分普及サレテ居ラヌト云フコト
ハ甚ダ不便ナコトデアル。殊ニ専門ノ法律家ノ間ニスラ判例ノ批判ナリ研究
ナリガアマリ行ハレテ居ラヌラシイノハ誠ニ支那ノ法曹界ノ爲メニ遺憾ニ思
フ。本稿ノ草稿ヲ奉天省長王永江氏ニ示シタ所同氏カラ更ニ奉天高等審判廳
ニ廻シタト見エテ五六ノ附籤ガ付イテ歸ッテ來タ。ソレハ孰レモ予ノ引用シ
タ判例ノ數個ガ判例要旨滙覽ニ載錄サレテナイカラ採用ニ便ナラズト云フノ
デアル。此事實ハ率直ニ云ヘバ高等審判廳ノ廳長乃至判官連デスラ大理院判
例ノ全文ハ勿論、判例要旨滙覽スラ充分研究シテ居ラヌラシイト疑ハレテモ
致シ方ナイト云フコトヲ暴露スルモノト考ヘラレル。他省ニ卒先シテ外國法
權ノ撤廢ヲモ主張シ樣ト云フ奉天省ノ司法界ニ特ニ發奮ヲ望マザルヲ得ナイ
ト同時ニ、判例ノ普及ト其嚴正ナル批判研究ノ盛行セラレンコトヲ支那ノ法
律界ニ切望セザルヲ得ナイ。[34]

　この箇所は『大理院判例要旨滙覽』の性格を考える上で大変興味深いものである。川村は研究不足と糾弾しているが、『大理院判例要旨滙覽』に採録されることが一定の地位を判例に与えていた、乃至は現場がそのように認識していたのかも知れないという可能性を示すからである。
　川村著には民法の総則・物権・債権編に関する判例・解釈例の詳細な整理に加え、さらには法律適用條例や民事訴訟條例・民事訴訟執行規則などの和訳が収録されている。大正期に刊行された中華民国法制関連の書籍のうちで最も詳細なもののひとつといって良いであろう。同書は他にも大清民律草案の効力問題についても貴重な言明を残すなど、北洋政府期の実態を窺う上で好個の資料を提供するものである。
　川村は同書の出版後も鋭意判例研究を継続しており、「支那司法狀態研究資料大理院判決例」(滿蒙75～77、79・1926)として発表している。また中華民国民法典が成立するに及んではいち早くその和訳及び日本法との対照を行い、川村宗嗣『中華民國民商法　日本民商法令對照』(東亞同文會調査編纂部・1930)として発表している。同書では中華民国民法の総則・債・物権の3編、公司法、保険法、手形法、海商法、土地法などの和訳が収録されており、総説では中華民国の立法史概況がまとめられている。
　なお中華民国民法の和訳としては、後に中華民国法制研究会の中核人員として活躍する村上貞吉が丁度同時期にやはり総則・債・物権の3編についてこれを発

表している[35]。村上自身東亜同文書院の教授を務めていたわけであるが、この翻訳に関しては川村との間に交流はなかったようであり、それぞれ別個の訳文・解説を行っている。村上の和訳では巻頭言に「東亞攻究會ニ於テ」と記されており、自らも設立に関わった同会での成果であることが窺える。

東亜攻究会は「某篤志家」からの寄託を受けた村上貞吉がその使用法につき須賀虎松、原田瓊生、柏田忠一、伊吹山徳司[36]と相談の上、その資金を元に1919年、上海在住の実務家をその構成員とし、財団法人として設立されたものとされている[37]。村上と伊吹山は友人であり、また法律顧問として清朝に招かれた志田鉀太郎と伊吹山は一高・東大をともに過ごした親友であった[38]。これらの交友関係の中で或いは中華民国法制を話題にすることもあったのかも知れない。さらに東亜攻究会会員には馬場鍬太郎の名前も見える。

また東亜攻究会の理事を務めた柏田忠一[39]も中華民国法制の研究に多くの業績を残している。彼は早期から「支那ニ於ケル外國人ノ鑛業權ニ就テ」(國家學會雑誌31-10・1917)を発表しているが、大変興味深いのは東亜攻究会に寄せた「上海に於ける土地賣買問題」(東亞攻究會々報2・1920)で、そこで彼は郷と保の紹介から説き起こし、所有権と永租権の問題をはじめとした諸問題を論じているが、諸資料の中に「墳墓遷移の契約書」としてさりげなく伊吹山徳司宛の絶賣に関連した墳墓移転の契約文書が掲げられている。まさに実地ならではの研究成果であるが、同論考に先んじて彼は「支那租界外ノ土地所有權」(東亞經濟研究3-2、3・1919)、その後「上海に於ける物權の準據法」(東亞攻究會々報3・1920)を発表するなど、いずれも上海における土地問題を扱った先駆的業績として大変注目される。他に法制関連の作品として「支那人ノ出生及ビ死亡」(東亞經濟研究3-1・1919)等もある。

三 公的諸機関による調査

清朝末期から中華民国期にかけて、先に登場した志田鉀太郎の如く法典編纂活動を助けた日本人顧問たちによって法制関連の情報が日本へと伝えられることがあった。それ以外にも中央官庁が継続的に情報収集を行う中で、例えば池田寅二郎[40]・小山松吉[41]『支那司法制度ニ關スル調査復命書』(司法省・[1918序])が発表されている。同復命書は司法省の命を受けて両人が1917年10月から1918年3月まで中華民国で行った調査結果を報告したものであり、「支那ノ司法制度」・

「我領事館ニ於ケル司法事務」・「支那ニ於ケル外國ノ司法機關」・「上海公共會審公廨（通稱會審衙門）」・「意見」の5章よりなる。後にはここから我領事館ニ於ケル司法事務、意見の2章を落とし、逆に司法官官等條例及び司法官官俸條例に關する補論を加えて内容を整えたものが小山松吉・池田寅二郎「支那ニ於ケル司法制度」（法曹記事28-10～11、29-1～3・1918～1919）として公表されている。

　大正期の報告書では特に岩田一郎『支那司法制度視察報告書』（［支那司法制度調査委員會］・［1922]）が詳細である。同報告書は「司法行政一斑」・「司法官ノ任用」・「司法官ノ待遇」・「審判廳及檢察廳ノ構成」・「審檢廳及其職員ノ配置」・「縣知事兼理司法事務」・「司法警察」・「監獄」・「律師」・「承發吏」・「東省特別區域法院」・「華洋訴訟」・「法典ノ編纂及現行法令」・「領事裁判權撤去問題」・「結論」の15章構成となっている。彼は外務省へ提出したこの報告書について北田正元參事官宛に書簡を發し、印刷の後には北京の小幡酉吉公使、西田畊一書記官、さらには中華民国各地の総領事、領事、副領事につき、様々資料の提供を受けて大いに便宜を得た関係もあるので報告書を1部ずつ送りたいと申し入れている[42]。名宛人となっている北田參事官もその後司法省の三宅正太郎參事官とともに司法制度視察を行ったことが報じられている[43]。なお外務省はこれ以前から継続して中華民国憲法についても情報を収集している[44]。

　1920年代の調査を考える上で外せないのは、1921年のワシントン会議において中華民国の治外法権撤廃について議論が行われたことである。この会議を受けて西洋列強による検証のための委員会が組織されるが、中華民国側の事情もあり延期されるなど紆余曲折をたどることになる。その複雑な過程はとても本章で扱い切れず、また結局のところ清朝末期以来の司法制度改革や近代的な法典編纂が治外法権撤廃へ向けての議論の中でどれほど重きを置かれたのかという重要な論点を含むため、その考証は別稿を期したいが、ひとまずワシントン会議の影響が1920年代の調査の背景として存在することについて疑いの余地はない。

　しかしながらこれらの調査に異を唱えるものもあった。そのひとりが台湾旧慣調査において活躍した小林里平である。彼はこれらの調査につき「御機嫌取りの爲めに、多少の政略的意義を加味し居りたるもの」として、これを受けて決定された調査の方針について「斯かる内訓的束縛の下に調査するものに果してよく事實其のまゝの詐らざる報告を期待することを得べきや、吾人は甚だ之を恐るゝものなり」と切り捨て、他方で「然るに新領土臺灣に於ては、一般施政の參考上必要として先年來始終南支の現勢調査をなさしめ居り已に大正九年には膽寫に代へ

て印刷にさへ附し居れり。之れこそ斯かる計畫の必要もなき時代に於て出來たる
ものなれば潔白純眞にして決して彼の忌むべき政策などを加味せる恐れなしと信
ずる。」と述べる[45]。言及された調査は誰あろう小林自身が手がけた『變通自在
ナル中華民國司法制度』（臺灣總督官房調査課・1920）である。

　台湾総督府自身も台湾統治において対岸の中華民国、特に台湾とも関係の深い
中国南部の様相には常に注意を払い南支那及南洋調査叢書[46]という形で研究を蓄
積していた。小林の報告書もその一部である。また小林自身台湾旧慣調査以来法
制の諸問題を継続して扱ってきたという自負もあったのであろう。さらに小林は
先の報告書に合わせて『中華民國民律草案譯文』（臺灣總督官房調査課・1920）と
して大清民律草案の物権、親属、継承の3編を和訳している[47]。

　朝鮮においてはこの時期、当時朝鮮総督府司法部長官であった國分三亥[48]が司
法事務取調のため中華民国へ出張（1918年10月7日〜11月21日）し、その結
果に基づき朝鮮高等法院において講演した内容が「支那司法制度及帝國領事裁判
の狀況」（朝鮮彙報49・1919）として公表されている。東北部から山東省、北京を
巡回しての報告は30頁を超えるものとなっている。実際に領域を接する朝鮮総
督府にとって、中華民国の状況はやはり看過出来ない重要性を持ったものと思わ
れる。

　また当時朝鮮では朝鮮銀行調査局編『滿洲ノ不動産權ニ關スル調査』（朝鮮銀行
調査局・[1917年4月巻頭言]）も発表されている。当時朝鮮銀行ではかの美濃部
達吉の兄、美濃部俊吉が総裁を務めており、その命により廣津正二[49]、松崎茂松
の両名が満洲地域に出張、調査復命したものである。「不動産權（土地及建物）
ノ種類及性質」・「滿洲ニ於ケル不動産權ノ内擔保ニ徴スルコトヲ得ヘキモノ及其
取得方法竝效力」・「滿洲ニ於ケル不動産擔保權ヲ行使スル場合ノ方法及手續」・
「建物ニ對スル火災保險ノ實況」・「滿洲ニ於テ工場ヲ擔保トシテ貸付ヲナス方
法」・「耕地整理産業組合ノ如キ公益法人及市町村水利組合ノ如キ公益團隊ノ有無
及其ノ現狀」・「貸付契約締結ニ關スル公正方法」といった形で銀行実務の需要に
即した章立てとなっており、租や典、押といった伝統的な土地保有体系について
も言及がある。

　こうした朝鮮からの中華民国法制への関心は昭和に入っても継続しており、例
えば花村美樹[50]「中華民國國民政府の司法制度並に刑事法規」（司法協會雜誌
9-6〜8・1930）では、治外法権撤廃交渉において間島における朝鮮人民の取り扱
いがどうなるか、その問題への関心から中華民国法制への関心を寄せている様が

見て取れる。

　さて、他に半ば公的な機関による調査として、当時の中華民国商標法に関するものを挙げることが出来る。例えば天津日本人商業會議所『中華民國商標法同施行細則 附録沿革、主要事項説明』（天津日本人商業會議所・1924）等は、商業実務に携わる人々の需要に応えるべく提供されたものと考えられ、また中根齊[51]により「支那商標登録法の研究」（支那時報2-3・1925）が発表されている。

　また西川喜一『支那經濟綜攬 第一 支那發達史と居留地論』（上海經濟日報社出版部・1922、日本堂書店・1925（第3版））が「支那法制」の編を設けて各国の居留地や租借地を巡る問題、さらには領事裁判、外国人の土地所有権の問題に至るまで、300頁を超える記述を残している。彼はこれに先んじて「支那治外法權撤廢反駁論」（東亞經濟研究5-4・1921）、「在支我領事制度刷新論」（東亞經濟研究6-1・1922）を発表し、治外法権問題について論陣を張っていた。西川は法学士、漢口の商業会議所の顧問として諸問題の調査に当たっており[52]、『支那經濟綜攬』は実に全5冊に及ぶ壮大なものとなっている。

四　山口高等商業学校

　台湾旧慣調査からのまた別の影響経路として、山口高等商業学校[53]の存在を挙げなければならない。特筆すべきはその支那貿易講習科の開設（1916年）である。その際に新たに専任講師として招聘されたのが台湾旧慣調査に従事していた木村增太郎[54]である。彼は主任として運営に尽力するとともに学内に東亜経済研究会を発足させ、機関紙『東亞經濟研究』を創刊、研究成果の発信を開始する。木村自身は早くも1918年には南洋協会新嘉坡商品陳列館館長として転出してしまうため僅か2年余の在任ではあったが、自身も「支那ノ錢莊」（東亞經濟研究2-3、3-1・1918〜1919）、「支那ノ買辦制度ニ就テ」（東亞經濟研究3-3・1919）を寄稿して同校の研究活動を支えるなど、同校の中華民国研究に確固たる礎を築いたものとすることが出来よう。木村はこれより以前台湾総督府に勤務していた頃から中華民国法制関連の論文をたびたび執筆しており、「上海租界の行政一斑」（臺法月報6-9・1912）、「支那の國際法」（臺法月報8-4・1914）、「支那の會社法に就きて」（臺法月報9-1・1915）、「民國現行官制概要」（臺法月報9-2・1915）、「支那の官紀振肅令」（臺法月報9-8・1915）等がある。

　さて、支那貿易講習科は1918年には支那貿易科と改称されるが、ここには中

華民国法制の研究に携わった多くの人材を見ることが出来る。清朝末期に招聘されて湖北法政学堂に教鞭を執った作田荘一が既に明治45（1912）年から教授として在籍しており、また木村と同時に講師に招聘された稲葉岩吉[55]は「支那の法制」（教育學術研究會編『支那研究』（同文館雑誌部・1916）所収）を書いており、これは副題に「廻避制度と自治制の關係」とあるように、中国の「内治問題」に関心を置いて官吏の本省廻避の問題を中心に論じた法制史的な作品となっている。支那最近社会事情と支那近世史を担任していた稲葉には他にも家族制度を扱った論考、「支那民律ト族制」（東亞經濟研究 3-2・1919）等がある。

　山口高等商業学校卒業後改めて支那貿易講習科の第1期生として入学・卒業した田中忠夫[56]は1920年に同校講師となり、『支那手形論』（日本堂書店・1924）や『支那物權慣習論』（日本堂書店・1925）を次々と上梓し、主として私法分野の研究を進めている。ただ彼は同校では支那経済事情・植民政策・東洋経済事情を担当しており、法学を講じたわけではなかったようである。

　大変興味深いのは、『支那物權慣習論』冒頭の例言に「慣習は支那高等法院の調査資料に依り、これに著者の調査を加へたり」と書かれているように、後に司法行政部編『民商事習慣調査報告録』（司法行政部・1930 以下、『民商事習慣調査報告録』と略）に収録されることになる中華民国期の習慣調査報告を踏まえた記述が登場していることである。論文発表の段階では『民商事習慣調査報告録』は刊行されていないため、先行してそれら調査結果が一部掲載された『司法公報』や『法律評論』掲載のものを参照したのかとも思われるが、それらにも掲載のないものが登場することから、各地からの報告書を見ていたか、もしくはそれらに接し得た人物から情報を得ていたものと思われる。中華民国期の習慣調査の使われ方のひとつの例として大変興味深い。

　田中は『支那物權慣習論』の刊行とほぼ同時にその「第一篇 物權總論」の部分を単行論文「支那物權總論」（東亞經濟研究 9-1・1925）としても公表し、これまたほぼ同時に「支那の先買權に就て」（支那 16-1・1925）、さらには「支那社會生活觀」（支那 16-2・1925）、「支那に於ける借家慣習」（東洋 28-2、3・1925）を公表し『民商事習慣調査報告録』に収録される習慣調査結果を用いた研究を次々と発信している。他にも「支那ノ債權抵銷ニ就テ」（東亞經濟研究 9-2・1925）や「支那の廢繼に就て」（東洋 28-12・1925）、「支那ノ利息制限法ニ就テ」（東亞經濟研究 10-2・1926）では多く大理院判例を駆使して論考を仕上げている。また短い論考ながら「中國押匯論」（銀行研究 7-2・1924）や「支那の彩票に就て」（銀行研

究 7-3・1924）といった商事法関連の研究も発表している。

1918 年より山口高等商業学校講師（1924 年より教授）となった西山榮久[57]は『東洋歴史大辭典』（同文館・1905）の編纂から経済学、地理学、歴史学と幅広い分野に著作を残したが、法制については特に婚姻・家族法の分野において「支那に於ける家産分配に関する法規と慣習とに就て」（東亞經濟研究 12-3～4・1928）や「支那家族制度の破壊」（支那 19-1・1928）、「支那最近の女子遺産相續權問題」（法律春秋 5-5・1930）、「支那現代婦人の地位の變化、特にその遺産相續權問題」（東亞經濟研究 14-2・1930）などを発表し、後には『支那の婚姻』（東亞研究會・1934）、『支那の姓氏と家族制度』（六興出版部・1944）を出版するに至っている。また彼はモンゴル法研究で知られる Riasanovsky（Рязановский）の業績を紹介したこともある（東亞經濟研究 18-4、19-3・1934～1935）。

余談ながら西山と田中は同じ山口高等商業学校に関与しながらもあまり良好な関係ではなかったことが窺われる。昭和に入ってからのことであるが、西山榮久「支那政局の將來」（東洋貿易研究 8-6・1929）の所説に対し田中忠夫『誤れる支那論を排す』（上海週報社・1929）、また西山榮久「支那人は帝國主義者である」（法律春秋 4-4・1929）及びそれに先行した西山榮久「支那は法治國となり得るや」（法律春秋 3-12・1928）に対し田中忠夫「支那は帝國主義であるか？」（法律春秋 5-3・1930）という形で応酬が行われ、時に挑発的なまでに中華民国に批判的な立場をとる西山に対し、田中が半ば中華民国を擁護する立場から論戦を挑んでいる。双方の主張は一長一短、その是非を決することは難しい。

なお 1922 年には山口高等商業学校の調査研究機関として調査部が設置され、1926 年には調査課、最終的には 1933 年に東亜経済研究所へと発展・改組され、法制のみならず中華民国研究の一大拠点として活動することとなる。後身である山口大学の図書館には現在も同研究所時代からの豊富な関連書籍が所蔵され[58]、中国研究者が一度は訪れるべき著名な図書館としてその名を馳せている。

五　慶應義塾大学と早稲田大学

当時所謂「支那通」と呼ばれた人々の中から後に法制研究に名を残すこととなった人物も多い。中でもまず言及しなければならないのは後に慶應義塾大学法学部の中国研究を大きく発展させた及川恒忠[59]である。当時の新聞記事[60]によれば、及川が中国学を志したのは田中萃一郎[61]の影響であるという。田中は慶應

第五章　大正期における中華民国法学の展開　　　*211*

義塾大学史学科の創設や三田史学会の設立にも携わった慶應中国学の祖ともいうべき研究者であり、及川自身慶應義塾大学に学ぶ中で得るところが大きかったのであろう。

及川は大正2（1913）年に慶應義塾大学を卒業すると助手に採用され、大正5年には中華民国へと派遣される。先の新聞記事が「旅行癖の語學家」の副題を有する通り、まさに「支那通」として中国語を自在に操り上海に居住し、各地に旅行して生の中華民国についての見聞を広めるなど、直接に中華民国社会を体験したという経歴が特筆される[62]。帰国後は大正9年より慶應義塾大学法学部において「支那法制論」、経済学部において「支那経済事情」を講じ、後には「東洋外交史」をも担当するに至っている。

及川は現在も刊行され続けている慶應義塾大学の『法學研究』[63]の創刊にも関わっている。彼は創刊時から「支那國務總理論」（法學研究1-1・1922）、「支那大總統論」（法學研究1-2・1922）、「再び支那大總統に就て」（法學研究1-4・1922）と論文を立て続けに寄稿し、また「支那今日の法制」（法學研究2-3/4、3-1、4-1・1923～1925）と題してかの江庸「五十年來中國之法制」（申報館編輯『最近之五十年』（申報館・1923）所収）の和訳を発表している。

それら研究成果を取りまとめた及川恒忠『支那政治組織の研究』（啓成社・1933）においては中華民国の地理、政治史、憲法史、国会史、政党史、政治組織、司法制度、陸軍、海軍、財政史が扱われ、末尾の地名字典を加えると1,100頁を超える大著となっている。部分的には『法學研究』や『三田學會雑誌』等に論文として発表したものをも取り入れてまとめられた同書は、当時の中華民国研究の中でも指折りの名著として知られるものである。

さらに「錢莊ノ發達ニ就テ」（東亞經濟研究6-4・1922）や「曹錕憲法ノ批評一班」（東亞經濟研究10-1（特別号「支那研究」として公刊）・1926）のように、先に述べた山口高等商業学校の機関紙『東亞經濟研究』への寄稿も見られ、相互の交流が行われていたことが確認出来る。英修道が自身の師である及川の『支那經濟事情』を評して「當時中國經濟研究を特色としていた山口高等商業學校や上海同文書院の諸教授や、對華經濟進出を目指していた實業界の人士よりも、これまた揚聲を以て迎えられたものである」[64]として特に両研究機関に言及するのも故なきことではない。

また及川の業績のひとつとして是非とも言及しなければならないのは望月文庫の整備である。現在も慶應義塾大学図書館に所蔵される同文庫は望月軍四郎の寄

附にかかる文庫であり、その収書に尽力し日本でも有数の中国法制関連文献の蔵書を形成したのが及川であった。経緯は以下のように紹介されている。

　望月軍四郎はこれ迄も慶應に数々の寄附をしているので、日吉校舎建設のための寄附を求めるつもりで、昵懇の小林澄兄教授が勧誘に出かけたが、望月はそれにはのらないで支那研究講座の設置をすすめた。望月はその前年中国を旅行し、中日親善の必要を感じ、米国にはハーバート大学其他にも支那講座があって業蹟を残しているのに、隣国である日本にそれがないのを残念に思い、早大には東亜経済講座創設のため五万円を、慶應には十万円を寄附しようというのである。そこで直ちに「望月支那研究基金規程」が定められ、科外講座、中国語講習、中国視察費補助、中国研究奨学金、中国文献の収集が企てられた。中国に関する文献購入は及川恒忠教授が主任となり選択し、「望月文庫」と名付けて図書館に収蔵した。国民政府の各種公報類や中国の時局物に重点が置かれたが、広東・広西・湖南…といった通志類や袁世凱時代の北京政府財政部編の「財政説明書」など、特種なものも可成り購入した。これらは本郷にあった文求堂書店の協力なくしては収集が出来なかった。時には予定額を超え、借金を重ねたが、文求堂は黙って次々と届けてくれた。文求堂との関係が深くなり、同時に橋本増吉・前川三郎・加藤繁など中国関係の教授の援助もあって「望月文庫」以外にも中国書が多くなったのはこの時期である。「大清会典」四百九十五冊、通典・通志などの所謂「九通」一千冊、「御選四朝詩」百五十六冊などその一部である。[65]

以上の記述に続けて「東京で東洋文庫に継ぐ中国文献を持つところは何処かと問われると、それは慶應の図書館だと答えるそうである」（136頁）と描かれるほど、充実した蔵書を得るに至ったのは実に及川の采配による所が大きい。

　及川は戦後も中国共産党の研究をはじめ多くの論考を発表し、1959年に没する。師であった田中萃一郎が遊泳中の事故で亡くなったことと関係があるのであろうか、慶應義塾大学体育会水泳部長をも務めていた及川は体育会水泳部葬を以て見送られたと報じられている[66]。及川の後は英修道及び石川忠雄がその衣鉢を継ぎ、慶應義塾大学法学部の中国学を支えてゆくこととなった。及川が手掛けた様々な分野のうち同学部では概ね中国政治の研究が主流となり、中国法制の研究が途絶えているのは聊か寂しい。

さて、望月軍四郎の寄附により大正 15（1926）年に設立された望月支那研究基金は、望月文庫の整備を行うのみならず、支那研究課外講座として慶應義塾大学内外の研究者を招いて関連の講座を開いており、当時の中華民国研究の中心のひとつとして機能していたことが分かる[67]。講演者には及川は勿論のこと、中国史の松井等、矢野仁一、服部宇之吉、経済史研究で知られる根岸佶、木村増太郎、果ては Henri Maspero や董康までも名を連ねるなど、錚々たる陣容を窺うことが出来る。

それら講演担当者の中には早稲田大学の中国研究を語る上で欠かせない青柳篤恒[68] の名も見えるため以下紹介しておく。青柳自身の回顧及び履歴[69] によれば15 歳の時に又従兄弟である宮島大八[70] の勧めによって中国に携わることを志し、後 24 歳にして東京専門学校（早稲田大学の前身）英語政治科に入学、27 歳で卒業後早稲田大学の教員となり、大隈重信の秘書として中国関連の事務を担当していたようである。1912 年には早稲田大学で新設された支那革命史講座を担当するに至ったことが報じられている[71]。1913 年、袁世凱より法制顧問の推薦依頼を受けた高田早苗・大隈重信は有賀長雄[72] を説得して承諾の返事を引き出すに至るが、その際の顧問襄助員として青柳も半年間北京へと渡っている[73]。大正期に発表された青柳の論考としては「支那革命の當時統治權が清帝國から中華民國へ移轉せる法理の考察」（早稻田政治經濟學雑誌 1・1925）がある。

早稲田大学といえば、後に明代史研究の大家として名を馳せる清水泰次[74] が大正期から既に陸続と論考を発表しており、中には家族法・相続法に関連するものも見出すことが出来る。また早稲田大学の法制史学では、廣池千九郎が既に1905 年に講師として東洋法制史を講じていたことが特筆されよう。その講義案は現在でも『東洋法制史講案』（モラロジー研究所・1977）として手にすることが出来る。この講義を元に廣池は『東洋法制史序論』（早稻田大學出版部・1905）、『東洋法制史本論』（早稻田大學出版部・1915）を出版している。前者についてはかの Josef Kohler が書評を書いており、大宝令の翻訳を廣池に依頼していた。また梅謙次郎は廣池を韓国の習慣調査に招聘したが辞退されている。さらには清末の習慣調査に関して廣池が北京で沈家本らに対して行った講演との関係が指摘されているなど、東洋法制史に関する貢献は大きいものがある[75]。

またいち早く廣池の著書に書評を寄せた田能村梅士[76] は明治大学にあって早くから東洋法制史研究を行った人物であり、秋皐「支那法制の研究」（明治法學 64・1903）において法制史研究のみならず同時代現行法の研究の重要性についても啓

蒙活動を行っていたことが記憶されるべきであろう。

その他、所謂「支那通」として著名であり、昭和2（1927）年頃から拓殖大学において教鞭を執った長野朗[77]の著作で法制とも関連するものに『支那の社会組織』（行地社出版部・1926）、『支那土地制度研究』（刀江書院・1930、學藝社・1942（再刊））がある。長野は中華民国の様々な問題について膨大な著作を残しており、問題全体の中で社会組織や土地問題をも扱ったという印象である。しかしその法学関連の著述は膨大な資料収集や彼自身の実地調査に基づいており、門外漢とは思えない水準に達している。同じく「支那通」として知られる後藤朝太郎も「支那古代に於ける法制經濟關係文字の解剖」[78]などの法制関連の論考を発表している。

註

1) 福島正夫「岡松参太郎博士の台湾旧慣調査と華北農村慣行調査における末弘厳太郎博士」（東洋文化25・1958）、「中国旧慣の調査について」（東洋文化25・1958）等参照。

2) 宮内季子（1871～1919）の履歴については宮内季子君記念誌發行會『宮内季子君記念誌』（非売品・1921）参照、また彼に関する文書が宮内季子文書として早稲田大学に寄贈されており、早稲田大学東アジア法研究所ホームページ（http://waseda-eals.com/database-miyauchi.html）に履歴も含めた詳細な紹介がある。

3) 源成農場は愛久澤直哉（1866～1940）の設立に係る三五公司の下にあり、宮内の妻と愛久澤の妻が姉妹（ともに岡松参太郎の姪）であったことが関係したのか、愛久澤のたっての望みで宮内は源成農場へ移籍したという。愛久澤も台湾旧慣調査において『臨時臺灣舊慣調査會第二部調査 經濟資料報告』（臨時臺灣舊慣調査會・1905）をまとめた人物であるが、その後調査活動からは離れ三五公司の経営に尽力することとなる。愛久澤は慶應2（1866）年愛媛県新居郡に生まれ、妻は宮内季子の妻の姉（岡松参太郎の姪）。明治13（1880）年電信見習技手、同18年12月依願免職、同24年7月第一高等中学校卒業、同27年7月東京帝国大学法科大学（政治学科）卒業、三菱合資会社庶務部に入社、同28年1月社船芙蓉丸外二船陸軍省貸上に監督として乗船、同29年10月より御料佐渡鉱山買受事務に携わった。同32年11月依願解備、同12月台湾総督府商工旧慣取調嘱託、参事官室勤務、同34年4月旧慣調査嘱託、同12月臨時台湾旧慣調査会第二部長、明治43年11月部長解職。三五公司を興し、台湾総督府の対岸経営、南洋進出に関与した（以上につき「淡水税関長宮尾舜治以下四名臨時台湾旧慣調査会委員被仰付ノ件」（任免裁可書・明治三十四年・任免巻二十九）参照）。他に紅塔生「南洋の護謨王 愛久澤直哉君」（海外發展4（7月号）・1926）、記者「南洋の護謨王愛久澤直哉氏」（實業の日本18-7・1915）を参照。

4) 眇田熊右衛門（1875～？）は岩手県盛岡市出身、明治31（1898）年7月第二高等学校大学予科を卒業、同35年7月東京帝国大学法科大学（英法科）卒業、司法官試補（東京地方裁判所詰）、同9月大学院入学（民法専攻）、同37年司法官試補を依願により被免、臨時台湾旧慣調査会事務嘱託、同37年同第一部・第三部委員、大正2（1913）年5月委員を解職、満鉄調査部に渡る。本文紹介の報告書の他『支那防穀令』（南満洲鐵道総務部交渉局・1914）などを執筆。第一次世界大戦時の青島攻略後、山東鉄道総務部長に転出。（以上につき「中国旧慣の

調査について」（東洋文化 25・1958）、「眇田熊右衛門臨時台湾旧慣調査会委員被仰付ノ件」（任免裁可書・明治三十八年・任免巻一）参照）。1918 年 4 月 10 日付で『山東鐵道延長線竝支線建設意見書』を外務省宛て提出（JACAR（アジア歴史資料センター）：Ref. B10074647300、山東鉄道関係一件 第二巻（F-1-9-2-10_002）（外務省外交史料館）参照）、その前半部第 3 章までを「山東鐵道延長線及支線問題ニ就テ」（東亞經濟研究 2-3〜4・1918）として公開し、その後は実業界に転じたのか 1919 年 9 月 6 日付で「東京ハム製造株式會社創立委員長」の肩書で当時習志野俘虜収容所に送られていたドイツ人技師ブッチングハウス、ケテルの両名から食肉加工技術伝習を受けるべく請願が出されている（JACAR：C03025079200、大正 08 年「歐受大日記 09 月」（防衛省防衛研究所）参照）。さらにその後は帝国議会議員への出馬も取り沙汰されたことが報じられる（［東京］朝日新聞 1924 年 3 月 16 日朝刊 2 面、ちなみにこの記事の振り仮名では名前の読みは「すがめた くまゑもん」、他方で「中国旧慣の調査について」（東洋文化 25・1958）では眇の字に「スガ」とだけ振り仮名がある）等、いずれにせよ学術方面からは遠のいていたようである。

5) 亀淵龍長については井村哲郎編『満鉄調査部 —— 関係者の証言』（アジア経済研究所・1996）745 頁参照。

6) 天海謙三郎（1884〜1962）については天海謙三郎『中国土地文書の研究』（勁草書房・1967）所収の著者略年譜及び著作目録を参照。また井村哲郎編『満鉄調査部 —— 関係者の証言』（アジア経済研究所・1996）717 頁を参照。

7) 杉本吉五郎（1876〜？）については人事興信所編『人事興信録』（人事興信所・1943（第 14 版））ス 38 頁に「東京府新三郎の三男にして明治九年三月出生分家す。東京外國語支那語科を卒業し、陸軍通譯、關東都督府屬兼同府飜譯生、同職員講習所講師、土地審査委員會書記、滿鐵總務部調査課勤務、滿洲國民政部土地局顧問となり、現時同國務院土地制度調査會委員たり」（句読点筆者）とある。

8) 「中国旧慣の調査について」（東洋文化 25・1958）83 頁。

9) 同論争の詳細については拙著『『臺灣私法』の成立過程』（九州大学出版会・2009）第 4 章第 4 節第 2 款参照。

10) 伊藤武雄「満鉄の初期調査活動 —— 石川鉄雄と野中時雄」（アジア経済 29-3・1988）65 頁。これは後に続編の伊藤武雄「調査課時代 —— 大正期」（アジア経済 29-6・1988）とともに整理の上で井村哲郎編『満鉄調査部 —— 関係者の証言』（アジア経済研究所・1996）に「第一編 初期調査活動」として収録されている。

11) 伊藤武雄「調査課時代 —— 大正期」（アジア経済 29-6・1988）83 頁。

12) 伊藤武雄「調査課時代 —— 大正期」（アジア経済 29-6・1988）86 頁。

13) 伊藤武雄「満鉄の初期調査活動 —— 石川鉄雄と野中時雄」（アジア経済 29-3・1988）79 頁。

14) 伊藤武雄「満鉄の初期調査活動 —— 石川鉄雄と野中時雄」（アジア経済 29-3・1988）67 頁。

15) なお『法制』の書名で CiNii に登録されている名古屋大学法学図書室所蔵、一橋大学附属図書館所蔵のものはこの抜刷である。

16) 伊藤武雄「調査課時代 —— 大正期」（アジア経済 29-6・1988）74 頁。

17) ここでの伊藤の証言はそれぞれ伊藤武雄「満鉄の初期調査活動 —— 石川鉄雄と野中時雄」（アジア経済 29-3・1988）67、80 頁。

18) 当時例えば西島良爾『最近支那事情』（寶文館・1911）が清朝の法制について 4 頁あまりのごく簡単な解説を置いているが、それ自体清朝法制のみを研究対象とする書籍ではなく、情報の質・量とも『清國行政法』を凌駕するものではなかった。多少時代を下っても例えば東亞實進社編『支那研究叢書第九巻 支那制度及社會概要』（東亞實進社・1918）に「支那の法律」なる章が設けられ、4 頁程度の簡単な情報整理を行っているのが見られるが、これま

た全般的な知識の提供を目途とした書籍であるので、頁数の少なさを責めるわけにはいかない。西島良爾（1870〜1923）については柴田清継「西島良爾神戸在住期の対中国活動——『日華新報』の初歩的考察を兼ねて」（孫文研究32・2002）も参照。

19) 高橋聿郎（1880〜1922）の履歴については黒龍会『東亜先覚志士記伝』（原書房・1966）下巻287〜288頁に「……京都大學法科に入るに及び……更に同大學教授織田萬、岡松參太郎の研究助手となり、三十七年優秀の成績を以て大學法科を卒業した。卒業後一時司法官試補となりしも日露大戰に際し報國の義務を盡すはこの秋にありとて海軍に入り、中主計として軍艦三笠に乗組み、日本海々戰に参加して大に膽氣を示し豪傑の面目を發揮した。三十八年九月三笠沈没の際艦中にあって死に瀕せしも辛ふじて命を全くし、爾後郷里に歸って静養に努め、次いで海軍を退きて大阪朝日新聞に入り論説欄に據って健筆を揮ひ、後ち同紙の北京特派員となった。是れ彼が支那事情に通ずるに至りし端緒である。居ること二年許りにして歸朝し、幾くもなくして同社を退き大阪に辯護士を開業したが、北區の大火に際して一家全燒の厄に遭ひ、郷里德島に歸って法律事務所を開いた。其後上京して東京に人權擁護社なるものヽ設立を企て、又は政治雑誌の發刊を企てしも事意の如くならず、大正三年七月去って滿洲に赴き滿洲日々新聞政治部長となり、縦横の健筆を揮ひて大いに名聲を馳せ、累進してその主筆となったが、大正八年退社して法律事務所を開き、傍ら日華興業株式會社、東洋商事株式會社を設立し何れもその社長として大連財界に雄飛するに至った。次いで大正九年立川雲平等と共に大連に大連新聞を創刊し、その主筆として滿蒙の時事を論じ、啻に滿洲に於ける論壇の重鎮たりしのみならず、對支諸問題に對する指導的立場にあって大いに盡瘁する所があった。……」とある。彼には他にも「南滿洲ニ於ケル土地商租ノ法律的意義」（東亞經濟研究2-1・1918）等の作品がある。

20) 伊藤武雄『満鉄に生きて』（勁草書房・1964）20頁参照。

21) 淺井虎夫（1877〜1928）については嵐義人「淺井虎夫小傳」（浅井虎夫『支那ニ於ケル法典編纂ノ沿革』（汲古書院影印版・1977）所収）、加藤繁「故淺井虎夫君の業績」（史學雑誌40-4・1929）を参照。

22) 東川德治（1870〜1938）については江戸惠子「揚舟 東川德治年譜考」（東川德治『支那法制史研究』（大空社（復刻版）・1999）巻末に参考資料として収録。初出の江戸惠子「揚舟 東川德治年譜考」（法学志林92-4・1995）では東川の雅号は「楊舟」とされていたが、補訂後は「揚舟」と改められている）、吉原達也「東川德治氏検討一斑——江戸惠子氏「楊舟 東川德治年譜考」補遺（改訂稿）」（http://home.hiroshima-u.ac.jp/tatyoshi/higashikawa.pdf、2014）を参照。また山根幸夫「東川德治と『典海』編纂の経緯」（汲古27・1995）も参照。

23) それぞれ仁井田陞「東洋法史学の諸問題——その反省と課題」（人文4-1・1950）5、6頁参照。

24) 淺井虎夫の名誉のためにというわけではないが、滋賀秀三はその著『中国法制史論集 法典と刑罰』（創文社・2003）において『支那ニ於ケル法典編纂ノ沿革』につき「明治末年に出て当時名著と称せられた——そして今でも座右に置きたい——この著書と本章は同じ線上に立つものであって、もしも浅井氏のこの書が無味乾燥という評価を受けるならば、本章も同じ評価に甘んじる。浅井著が出てから九十年を経過した今日、個別的研究の進展によって、そのどの一部分を取っても原文のままでは通用し難くなっているにもかかわらず、この書に代わり得るような通史は未だに書かれていない。これは後に続く者が怠慢であったという外なく、本章は微力ながらもその負い目を果たそうとするものである。」（16頁）と述べ、その執筆の動機が浅井著を乗り越えることにあったことを述べている。

25) 古舘尚也（1898〜？）の履歴については帝國秘密探偵社『大衆人事録 外地滿・支海外篇』（帝國秘密探偵社・1943（第14版））滿洲256頁に「地政總局副局長……佐賀縣安吉長男明

治三十一年四月一日生る大正十二年東大法科卒業滿鐵に入り鐵嶺事務所地方係長奉天地方事務所庶務係長開原地方事務所長公主嶺地方事務所長參事歷職四平鞍山牡丹江各市長北安省次長歷任康德九年現職……」とある。

26）水谷國一（1904〜？）の履歷については帝國秘密探偵社『大衆人事錄 外地滿・支海外篇』（帝國秘密探偵社・1943（第14版））關東州43頁に「滿鐵（株）參事 東亞經濟調查局總務課長兼第一調查課長……愛媛縣義麿長男明治三十七年一月二日生る大正十四年東亞同文書院卒業現社に入り社長室文書課庶務部調查課總務部調查課各勤務經濟調查會調查員資料課調查係主任兼資料係主任情報係主任兼調查係主任總裁室弘報課情報第二係主任東京調查役を經て現職……」とある。また井村哲郎編『滿鉄調査部——関係者の証言』（アジア経済研究所・1996）762頁參照。

27）正確には大清民律草案に民国初期に多少手が加えられたものの和訳と見られる。

28）詳細については滬友会『東亜同文書院大学史』（滬友会・1955）を参照。東亜同文書院については近年膨大な研究が発表されるに至っており、枚挙に暇がない。東亜同文会については翟新『東亜同文会と中国』（慶應義塾大学出版会・2001）、大森史子「東亜同文会と東亜同文書院」（アジア経済19-6・1978）等を参照。

29）馬場鍬太郎（1885〜1961）については「哀悼 故学部長・馬場鍬太郎教授」（東海大学論叢 商経研究8・1961）に「先生は、明治二十八年二月彦根市に出生。明治三十八年滋賀県選派留学生として在上海東亜同文書院商務科に入学、卒業後、教育界に入り、大正五年東亜同文書院教授となり、爾後、同書院研究部主任・教頭・院長代理等を経、東亜同文書院大学の新設と共に同大学教授・大学予科長・学長代理等を歴任、昭和十六年依願退職と同時に同大学名誉教授・東亜同文会支部省別全誌刊行会編輯長に任じ、戦後東亜同文会の解散・同文書院大学の廃校により一切の職を辞退。昭和二十七年四月、東海大学短期大学部の開設に当り、同大学教授兼学部長に任じ、現職のまま御逝去」とある。ただし生年は明治18年の誤り。「35. 予科長任命ノ件、馬場鍬太郎 昭和十五年二月」（JACAR：B05015348900、東亜同文書院関係雑件／人事関係 第二巻（H-4-3-0-2-1_1_002）（外務省外交史料館））所収の履歴書参照。名前の読みは「くわたろう」。朝日新聞の逝去記事（1961年1月27日夕刊7面）では享年75歳、読売新聞の逝去記事（1961年1月27日夕刊7面）では享年76歳と報じられている。

30）大村欣一（1882〜1925）については黒龍会『東亜先覚志士記伝』（原書房・1966）下巻144頁に「石川縣金澤市の出身、東京帝國大學文科を卒へて明治四十年上海東亞同文書院教授となり、久しくその職に在つたが、後ち一旦辞して東京に歸り東亞同文會の編纂事務に從ひ、支那省別全誌の完成に努力し、大正九年再び上海同文書院の教授となり、高潔なる人格を以て熱心に生徒を教へ、傍ら支那事情の研究に益々精進し、造詣甚だ深きものあつたが、大正十四年九月三日病んで上海に歿した。年四十三。生前『支那政治地誌』の著あり、支那研究資料として好著と稱せられる」とある。また「故大村欣一位記追贈ノ件」（JACAR：A11113550000、叙位裁可書・大正十四年・叙位巻二十六（国立公文書館））所収の履歴書を参照。

31）馬場鍬太郎「支那地方行政制度の研究」（支那研究15・1927）82頁。

32）川村宗嗣（1890〜1974）については川村宗嗣（高橋進監修）『中国古鏡図説』（東北出版企画・1978）奥付「著者略歴」に「明治二十三年、山形県鶴岡市に生まれる。三十年、鶴岡中学校に入学するが、父の仕事の関係で秋田に転居し、三十五年、秋田中学校卒業。東亜同文書院（上海）に進み、同院卒業後、南満州鉄道株式会社に入社。その後、南満州製糖株式会社専務、遼東日報奉天支局長を歴任。また、北支新民会、蒙古畜産公司等にも入会。この間、中国古鏡に憑かれ、その集収と研究に没頭す。昭和十五年、帰国し、東京都中野に住居を求め、大東文化学院講師となる。二十年、戦渦をのがれ、秋田県平鹿郡に疎開し、二十六年、秋田敬愛学園高校講師となる。三十八年、秋田美術館、四十二年、鶴岡の致道博物館で、集

収した中国古鏡の一部を公開。これをきっかけに出羽三山神社歴史博物館にその全コレクションを寄贈する」とある。同書での名前の読みは「そうじ」である。

33）川村宗嗣『支那現行民事法法則』（魯庵記念財團・1925）凡例2～3頁。

34）川村宗嗣『支那現行民事法法則』（魯庵記念財團・1925）凡例3～4頁。

35）村上貞吉譯註『中華民國民法』總則編、債權編、物權編（［刊行者不明］・［1930年巻頭言］）。これらは同年に改めて外務省条約局第二課より支那國治外法權撤廢問題調査資料の一冊として刊行されている。

36）伊吹山徳司（1867～1919）については伊吹山四郎『伊吹山徳司の生涯』（自版・1979）参照。

37）伊吹山四郎『伊吹山徳司の生涯』（自版・1979）では「父の在来の仕事のやり方から見ると、この匿名者は、父か、父個人でなければ、その中の幾部分かを分担したに違いないと思われる」（116頁）と述べられている。東亜攻究会については日比谷図書文化館ブログ「『戦前の上海在住日本人が開いた図書館兼勉強会 東亜攻究会』レポート」（https://hibiyal.jp/blog/?p＝4919）も参照。

38）伊吹山四郎『伊吹山徳司の生涯』（自版・1979）115、38～39頁参照。同書によれば志田と伊吹山はともに端艇部であったようであり（47～48頁）、さらに志田の四男四郎と伊吹山の三女豊子は後に結婚し、姻戚関係を結ぶに至っている（38～39頁）。

39）柏田忠一（1886～1958）については人事興信所編『人事興信録』（人事興信所・1943（第14版））カ75頁に「滿洲國哈爾濱市公署顧問、辯護士、辨理士、岩手在籍、岩手縣忠篤の長男にして明治十九年十一月出生昭和九年家督を相續す大正三年東大獨法科を卒業し牛津大學に學び上海日日主筆となり開業す曩に衆議拓大教授東北桐材アマゾン興業重役たり」とある。

40）池田寅二郎（1879～1939）の履歴については帝國法曹大觀編纂會『改訂増補 帝國法曹大觀』（帝國法曹大觀編纂會・1922）24頁参照。

41）小山松吉（1869～1948）の履歴については帝國法曹大觀編纂會『改訂増補 帝國法曹大觀』（帝國法曹大觀編纂會・1922）50頁参照。なお小山はジャズピアニストである山下洋輔の母方の祖父に当たり、自叙伝である山下洋輔『ドファララ門』（晶文社・2014）にもたびたび登場する。

42）北田参事官宛岩田一郎書簡（1922年5月8日消印）参照。外務省記録「在支治外法権撤廃問題一件」（4-1-2-0-48）のうち「帝国ノ準備」（4-1-2-0-48-3-1）の末尾に収録。

43）「北田三宅兩參事官支那司法制度視察の目的と各國の視聽」（大阪時事新報1922年12月22日）参照。なおこの出張の成果は三宅が東京帝国大学法学部法理研究会において「支那に於ける民刑訴訟の實際」と題して報告、その要旨が「雜報 法理研究會記事」（法學協會雜誌41-8・1923）に収録されている。

44）外務省政務局『中華民國臨時約法及關係法規』（外務省政務局・1916）、外務省情報部『中華民國憲法』（外務省情報部・1923）、外務省情報部『中華民國憲法ニ就テ』（外務省情報部・1924）等がある。また日本銀行調査局も『中華民國憲法』（日本銀行調査局・1923）として憲法の和訳をまとめている。なお当時の憲法制定状況を扱った同時代研究として橋川浚『中華民國憲法 附制憲略史』（燕塵社・1923）がある。最終的な中華民国憲法の公布・施行は1947年を待たなければならないが、それまでの各段階の草案策定の動向は憲法学者からも一定の注目を集めていた。清水澄は「支那憲法如何」（國家及國家學1-9・1913）において袁世凱政権下での憲法のあるべき姿について分析、清水澄「中華民國憲法制定ニ就テ」（法學新報23-7、9～10・1913）では対照のための参考としてフランス憲法、ブラジル憲法の和訳を載せている。1920年代に入ると市村光恵が［大阪］朝日新聞に「中華民國の新憲法」（［大阪］朝日新聞1924年1月4日朝刊6面、6日朝刊2面、9日朝刊2面）を掲載し概要を紹介している。［大阪］朝日新聞には矢野仁一や内藤湖南といった大家も憲法に関する論評を掲載して

第五章　大正期における中華民国法学の展開　　　　　219

いる。それぞれ矢野仁一「果して慶ぶべきか 所謂支那の正式憲法」（［大阪］朝日新聞 1923
年 10 月 19 日朝刊 1 面、20 日朝刊 1 面）、内藤湖南「支那の憲法」（［大阪］朝日新聞 1923
年 11 月 10 日朝刊 1 面）参照。

45) 小林里平「支那司法制度調査と國民外交」（日本及日本人 105・1926）7～8 頁参照。小林
　　は明治 34 年 7 月より大正 4（1915）年 3 月まで臨時台湾旧慣調査会補助委員（明治 35 年 11
　　月より無給となる法院書記、とある）。1920 年 6 月病気のため依願免職。著書には本文で紹
　　介したものの他に『民法評釋』（東京堂・1898）、『支那時文契字訓解』（日本物産會社・
　　1905）、『臺灣年月誌』（法院月報発行所・1910）、『臺灣歳時記』（政教社・1910）等がある。
　　以上につき「台湾総督府法院書記兼台湾総督府属小林里平任免」（任免裁可書・大正九年・任
　　免巻二十二）参照。

46) 詳細は横井香織「日本統治期の台湾におけるアジア調査――台湾総督官房調査課『南支那
　　及南洋調査』の分析を中心に」（東アジア現代史 11・2008）を参照されたい。

47) これも正確には大清民律草案に民国初期若干手が入れられたものの和訳である。

48) 國分三亥（1863～1962）については野村正男『法窓風雲録』上巻（朝日新聞社・1966）
　　18～30 頁参照。

49) 廣津政二（1886～1933）についてはその訃報（［東京］朝日新聞 1933 年 6 月 14 日朝刊 11
　　面）が「共同證券事務内外投資會社社長廣津政二氏は……山口縣出身大正五年東大佛法科卒
　　業鮮銀、東拓を経て現職に任じ證券界の重鎮であった。」と伝えている。

50) 花村美樹（1894～？）については勝田一編『帝國大學出身名鑑』（校友調査會・1932）ハ
　　36 頁に「君は長野縣人花村啓城の長男にして明治二十七年二月を以て生れ昭和二年家督を相
　　續する大正七年東京帝國大學法科大學獨法科を卒業し朝鮮總督府司法官試補となり同九年同府
　　判事に任じ爾来京城地方法院京城覆審法院各判事朝鮮總督府事務官法務局民事課兼刑事課勤
　　務等に歴任し同十四年同府京城法學専門學校教授に轉じ同十五年京城帝國大學教授に任ぜら
　　れ現に法文學部勤務たり同十四年歐米各國に留學す……」とある。

51) 中根齊（1869～？）については樽本照雄「劉鉄雲と中根斎」（中国文芸研究会会報 34・
　　1982）、樽本照雄「劉鉄雲と日本人」（清末小説 10・1987）参照。

52) 西川喜一については『學士會會員氏名録』大正 13 年版（學士會）958 頁に原籍広島、大正
　　3（1914）年卒で勤務先は武林洋行、宿所は支那漢口武林洋行とあり、漢口を拠点に活躍し
　　ていたことが窺える。

53) 詳細は山口高等商業學校編『山口高等商業學校沿革史』（山口高等商業學校・1940）を参
　　照。主として同書によりながら経緯を簡明にまとめた木部和昭「山口高等商業學校の東アジ
　　ア教育・研究と東亜経済研究所」（東亜経済研究 67-2・2009）も参照。

54) 木村增太郎（1884～1948）については勝田一編『帝國大學出身名鑑』（校友調査會・1932）
　　キ 16 頁に「君は石川縣木村又兵衛の二男明治十七年八月廿二日同縣に生れ後分家す同四十
　　一年京都帝大法科經濟科を卒業臺灣總督府勤務山口高商教授農商務省新嘉坡商品陳列館長に
　　歴任し大正十年歸朝法政大學教授となり現時經濟部長たり曩に經濟學博士の學位を受く東洋
　　協會評議員たり」とある。

55) 稲葉岩吉（1876～1940）については日外アソシエーツ編『20 世紀日本人名辞典』（日外ア
　　ソシエーツ・2004）280 頁に「（学）高商附属外語學校（現・東京外国語大学）支那語部（明
　　治 33 年）卒　文学博士（京都帝大）（昭和 7 年）（歴）上京遊学の間、内藤湖南に師事、中
　　国近代史、朝鮮史を研究。明治 33 年北京に留学、北清事変を体験した。35～37 年大阪商船
　　漢口支店勤務。日露戦争には陸軍通訳として従軍。40 年満鉄歴史調査部の「満州歴史地理」
　　編集に参加、45 年安東栄男らと朱舜水記念会を組織、「朱舜水全集」を刊行。大正 4 年から
　　参謀本部、陸軍大学校、山口高等商業學校などで東洋史、中国政治史、社会経済史などを講

義した。11 年朝鮮総督府朝鮮史編纂委員会委員に転じ、14 年朝鮮史編修会の修史官となり、長く修史事業を主宰した。昭和 12 年満州建国大学教授となる。その間、7 年「光海君時代の満鮮関係」の研究で文学博士、13 年「朝鮮史」（全 35 巻）を完成させた。他の著書に「清朝全史」「支那社会史研究」「近代支那史」「朝鮮文化史研究」「増訂満州発達史」「満州国史通論」「支那近世十講」などがある」とある。

56）田中忠夫（1894～1964）については日外アソシエーツ編『20 世紀日本人名辞典』（日外アソシエーツ・2004）1563 頁に「（学）山口高商（現・山口大学）卒（歴）山口高商講師、満鉄社員を経て、著述業に転じ、大正 11 年中国に渡り経済事情の調査に従事。15 年武漢で第 1 次国内革命戦争に遭遇、国民革命軍総政治部の副主任であった郭沫若と知り、総政治部国際編訳局の仕事に協力、劉少奇ら中国共産党の指導者とも会う。昭和 4 年帰国。東亜経済調査局嘱託となったが、再度中国に渡り、上海で国民党臨時革命行動委員会の宣伝活動に協力。8 年福建人民政府の名目上の顧問となる。12 年日中戦争勃発後約 2 年半東京で拘置され、釈放後南京の大使館で中国文献の翻訳に従事。敗戦後帰国し、語源研究に没頭した。「支那経済研究」（大正 8 年）から「現代支那の基本的認識」（昭和 11 年）、「支那現下の政治動向」（12 年）に至る当時の中国の現状分析を中心とした著作多数」とある。なお松山高等商業学校校長、愛光学園初代校長を務めた田中忠夫（1897～1978）とは同姓同名の別人と思われる。

57）西山榮久（1878～？）については實業之世界社編纂局編『大日本實業家名鑑』（實業之世界社・1919）下巻、臺灣・朝鮮・支那之部 5 頁に「【出生】明治十一年一月を以て長野縣に生る【學歷】明治三十四年東京帝國大學文科大學選科を卒業す【經歷】現時前記株式會社常盤商會上海營業所主任にして山口高等商業學校講師を兼ぬ」とある。山口高等商業學校編『山口高等商業學校沿革史』（山口高等商業學校・1940）では「東京帝大文科大學哲學科選科出身、安徽省優納師範學堂教習其他を經て株式會社常盤商會相談役」とある（764 頁）。『東亞經濟研究』各号の裏表紙での一覧ではその名を「Yeikyu Nishiyama」としており、名前の読みは「えいきゅう」であったことが窺える。

58）山口大学経済学部編『山口大学経済学部東亜経済研究所東亜関係蔵書目録』（和漢書分類の部・書名索引の部・著者名索引の部・洋書の部・中国語発音順索引の部）（山口大学・1988～2002）参照。

59）及川恒忠（1890～1959）の履歴については坂本慎一「及川恒忠」（Bibliographical Database of Keio Economists（http://bdke.econ.keio.ac.jp/psninfo.php?sPsnID=30））、また「及川恒忠先生略歴」（法学研究 33-2・1960）、「及川恒忠先生主要著作目録」（法学研究 33-2・1960）、英修道「及川教授の學風を偲ぶ」（法学研究 33-2・1960）を参照されたい。

60）「支那通の慶大教授 及川恒忠君 旅行癖の語學家」（讀賣新聞 1920 年 6 月 4 日朝刊 3 面）。

61）田中萃一郎（1873～1923）については三田史學會編『田中萃一郎史學論文集』（三田史學會・1932）を参照。

62）及川は在外研究中その様子を逐次日本へ知らせており、「塾報 義塾留學生及川氏の消息」（三田評論 239・1917）や「塾報 義塾留學生及川恒忠氏の消息」（三田評論 245・1917）に当時の状況が生き生きと描かれている。

63）余談ながら『法学研究』の題字は及川が中国の拓本から集字したものである。「『法学研究』の創刊と発展」（池井優『慶應義塾大学法学部 政治学科百年小史 —— 師友人物記』（慶應義塾大学出版会・1998）所収）参照。

64）英修道「及川教授の學風を偲ぶ」（法学研究 33-2・1960）602 頁参照。

65）慶應義塾大学三田情報センター編『慶應義塾大学図書館史』（慶應義塾大学三田情報センター・1972）135～136 頁。

66）「訃報 及川恒忠氏」（読売新聞 1959 年 1 月 11 日朝刊 11 面）参照。

第五章　大正期における中華民国法学の展開　　　*221*

67) 慶應義塾編『慶應義塾望月支那研究基金第一次十年誌』（慶應義塾・1937）に「支那研究
課外講座綱要」として各回の内容が紹介されている。同書巻末には1937年当時の「望月文
庫和漢洋書目録」も収録されている。

68) 青柳篤恒（1877〜1951）については人事興信所編『人事興信録』（人事興信所・1943（第
14版））ア51頁に「早稲田大學教授兼同高等學院教授、政治經濟學部勤務、校外教育部長、
早稲田大學出版部(株)編輯長、東京在籍　千葉縣篤政の長男にして明治十年八月出生同十七
年家督を相續す同二十六年北京に留學し湖北省舉人張繪に就き支那文學を學び同三十八年早
大政經科を卒業し東京高商附屬外語講師陸大教授早大講師を經て同四十一年現職に就く曩に
大隈侯爵秘書東京高師講師となり七囘支那を巡遊す」とある。なお青柳については曽田三郎
『立憲国家中国への始動』（思文閣出版・2009）においても言及がある。

69) 青柳篤恒「思ひ出づる支那語研究の懐古」（中國文學83・1942）、青柳篤恒「中国語法学研
究のおもいで」（中国研究所所報6・1947）、『青柳篤恒略歴』（早稲田大学図書館所蔵（請求
記号：ヌ06-06734））を参照。

70) 宮島大八（1867〜1943）については米沢市上杉博物館編『宮島家三代——宮島詠士の書を
中心に』（米沢市上杉博物館・2005）を参照。

71) 「早大の新講座設置」（讀賣新聞1912年10月19日朝刊2面）参照。

72) 有賀長雄については豊富な研究があるのでそれらに譲る。中でも曽田三郎『立憲国家中国
への始動』（思文閣出版・2009）、曽田三郎『中華民国の誕生と大正初期の日本人』（思文閣
出版・2013）は必読である。

73) 「有賀氏顧問應聘」（讀賣新聞1913年2月17日朝刊2面）参照。当時の詳しい様子は青柳
篤恒「北京大總統府在任中の回顧」（外交時報66-6・1933）を参照。

74) 清水泰次（1890〜1960）については清水博士追悼記念明代史論叢編纂委員會『清水博士追
悼記念 明代史論叢』（大安・1962）所収の栗原朋信「清水泰次先生小傳」、及び「清水泰次
博士研究著作目録」を参照。

75) 以上につき佐藤巖・廣池千英『（道徳科學の論文の附錄）廣池博士の學問上に於ける經歷』
（廣池千英・1928）、欠端實「法制史家の中国観——広池千九郎の場合」（史滴2・1981）、今
堀誠二「書評「広池千九郎博士清国調査旅行資料集」「大清商律評釈」をめぐって」（モラロ
ジー研究8・1979）、久禮旦雄「廣池千九郎『東洋法制史序論』の特色と学説史上の意義」
（モラロジー研究78・2016）等参照。

76) 田能村梅士については中島三知子「田能村梅士考——明治の一ジャーナリストの中国法制
史論」（法学政治学論究61・2004）、中島三知子「田能村梅士と岡田朝太郎——唱道者と実践
者」（尚美学園大学総合政策研究紀要22/23・2013）を参照。

77) 長野朗（1888〜1975）については「長野朗著作目録（東洋協会・拓殖大学関係雑誌におけ
る）」（拓殖大学創立百年史編纂室編『拓殖大学創立一〇〇年紀念出版 学統に関わる書誌Ⅰ』
（拓殖大学・2004）所収）、また長野と後述の後藤朝太郎（1881〜1945）につき劉家鑫「後藤
朝太郎・長野朗子孫訪問記および著作目録」（環日本海論叢14・1998）参照。他に西谷紀子
「長野朗の中国革命観と社会認識」（大東法政研究論集9・2001）、西谷紀子「長野朗の農本自
治論」（大東法政研究論集10・2002）、西谷紀子「長野朗の一九二〇年代における中国認識」
（大東法政研究論集11・2003）等がある。

78) 國家學會雜誌27-6〜7、9、11〜12、28-2、4〜5、7、9、29-2、7・1913〜1915、未完）。
合わせて拙稿（植田信廣と共著）「日本关于法律相关文字之字形、字义研究的学术概况」（河
北法学28-1・2010）参照。

第六章　中華民国法制研究会について

一　会の設立とその活動状況

　昭和初期、東京帝国大学の教授・助教授陣を中心に、中華民国の諸法典に対して旺盛な研究活動を展開した中華民国法制研究会については旧来あまり詳細な研究が行われてこなかった[1]が、同会の設立経緯を語るに際しまずその名を挙げなければならないのは村上貞吉である。彼は長らく上海において弁護士業を営んでいたが[2]、中華民国における治外法権撤廃運動の機運と南京政府成立後の相次ぐ新規立法を目の当たりにして、将来それら諸立法が日中関係において重要な位置を占めるであろうとの予測に基づき、陸続と制定される中華民国諸法[3]の大規模な研究を行うべくその設置を提唱したのが中華民国法制研究会である。設立の経緯については村上自身が詳細に語っているので引用しておこう[4]。

　　中國國民政府ハ孫文ノ遺囑ニ從ヒ所謂最短期間内ニ領事裁判權ノ撤廢ヲ期
　セントシ最近數ヶ年間民刑諸般ノ法律ノ制定ニ努力シ目下概要其整備ヲ見ル
　ニ到リタルト同時ニ裁判機關ニ付テモ亦漸次改修ヲ加ヘ今ヤ重要ナル開港都
　市ニ於ケル裁判所ハ其構成上略一般文明國ニ於ケルト同樣ノ形體ヲ備フルニ
　至リ其審理判決モ亦右最近ノ制定ニ係ハル法令ニ依據シツツアリテ此方面ニ
　於ケル其努力ノ結果ハ之ヲ否認スヘカラサルモノアルナリ、サレハ領事裁判
　制度ノ撤廢カ果シテ何レノ時ニ到リテ其實現ヲ見ルヘキヤハ斷言シ難シトス
　ルモ大勢上華府會議以來ノ經過ニ鑑ミ早晩必須ノ勢ニ迫レルモノトイハサル
　ヘカラサルナリ、然リ而シテ右國民政府ノ制定ニ係ハル新法律ハ前清時代ニ
　於テ專ラ範ヲ我國ニ取リタルニ反シ主トシテ民國建設ノ大本タル三民主義ヲ
　以テ其立法上ノ根幹トシ同時ニ歐米各國ニ於ケル最新ノ立法主義ヲモ斟酌セ
　ル點甚タ多シ、サレハ從來邦人カ動モスレハ支那ノ新法律ヲ以テ我法律ノ譯
　文ニ過キサルモノト想定シタルカ如キハ甚タ當タラサルモノトイハサルヘカ

ラサルナリ。

　事業主任者村上ハ在支三十年終始上海ニ在リテ辯護士トシテ内外人對支那人間ニ於ケル法律事務ニ從事シ來タルヲ以テ其間支那法制ノ沿革、法律條規ノ解釋並ニ裁判上ノ實務ニ付キ多少ノ經驗ト研究ヲ重ネ來リタルカ前記ノ如ク支那ニ於ケル領事裁判制度撤廢ノ機運ニ鑑ミ昭和四年九月以降其ノ業務ヲ廢シ專ラ國民政府ノ制定實施ニ係ハル新法律中特ニ我對支關係上等閑視スヘカラサルモノノ邦譯及註釋ニ從事シ[5]主トシテ日華實業協會方面ノ援助ヲ受ケ其ノ諒解ノ下ニ努力シ來リタルモノトス。

　過去二年間ノ成績トシテハ民法總則、債權及物權ノ三編、會社法及手形法ノ譯註ヲ了シタルニ過キスシテ今後引續キ土地法、海商法、保險法、銀行法、鑛業法、工業法其他ノ一般產業法規並ニ刑事法、民刑事訴訟法等邦人ノ權益ニ關係アル重要ナルモノノミヲ譯註セントスルモ尚數年ノ時日ヲ要スルハ寔ニ止ムヲ得サルトコロナリトス、而モ其間立法主義上若シクハ解釋上往々ニシテ至難ノ問題ヲ生シ其解釋如何ハ直ニ我投資者企業家其他ノ一般商工業者ニ取リテ容易ナラサル利害ノ關係ヲ生スルモノ少ナカラサル故ニ村上ノ獨力ヲ以テ之ニ當ルノ甚タ不滿足ナルモノアルヲ感得シタリ、茲ニ於テ一昨年來共ニ謀リ東京帝國大學法學部研究室ニ交渉シ民法商法刑法等各部門ノ專門教授及助教授ヲ煩シテ最モ眞摯ナル態度ニ於テ是等新法律ノ學術的研究ニ着手スルコトトシ中華民國法制研究會ナルモノヲ組織シテ之ニ當ルコトトシタル所以ナリトス。

　斯クテ右中華民國法制研究會ハ松本烝治ヲ代表者兼監督トシ東京帝國大學教授法學博士田中耕太郎氏ヲ以テ商事法主任トシ同教授我妻榮氏ヲ以テ民事法主任トシ同教授小野清一郎氏ヲ以テ刑事法主任トシ各部ニ配スルニ一二ノ助教授ヲ以テシ、而シテ村上ハ從來ノ如ク是等各般ノ支那法律ノ邦譯、立法沿革ノ説明及支那ニ於ケル慣習、判例其他必要ナル參考資料ノ蒐集解説等ニ當リ以テ各自其得意トスル能力ヲ傾注シテ是等支那ノ新法律ニ對スル最モ權威アル研究ヲ遂ケ之ニ依リテ聊カ我邦ノ對支經營上ニ於ケル權益ノ法律的擁護ニ資スルトコロアランコトヲ期ス。

　今本會直接ニ目的トスルトコロヲ摘示セハ左ノ如シ
　　一、民事法、商事法、刑事法、訴訟法、其他一般ノ商工業ニ關スル支那ノ法律ヲ邦譯及註釋スルコト
　　　（此項ニ屬スル既遂事業ノ成績前記ノ如シ）

二、重要ナル法律ニ付テハ本會ノ名義ヲ以テ著書ヲ刊行スルコト
　　（民法總則編ハ刊行濟ナリ）
三、我邦ノ對支經營上重大ナル法律關係ヲ生シタルトキハ本會ノ名ニ於
　　テ其解釋ニ關スル諮問ニ應スヘキコト

　支那ニ於ケル國際的關係事件ニシテ法律上又ハ條約上研究スヘキモノハ近
來日ニ增々多キヲ加ヘ最近上海共同租界ニ於テハ英國判事「フキーザム」[6]氏
ヲ迎ヘテ法律上ノ見地ヨリ同租界ノ將來ニ關スル事項ニ付キ研究シタルカ如
キハ其ノ趨勢ヲ示セルモノトイフヲ得ヘク此種ノ研究ハ問題發生ノ突差ノ間
ニ於テ之ヲ遂ケントスルモ寧ロ不能ナリトイフヲ得ヘク豫メ專門學者ヲシテ
平素不斷ノ間ニ素地的研究ヲナサシメ置キ必要ノ場合ニ於テ隨時之ニ諮問シ
テ其鑑定ヲ求ムルニ非ラサレハ決シテ機宜ノ處置ニ應スルコト能ハサルコト
ト信スルカ故ニ本會ニ於テハ常ニ支那ニ於ケル法律上ノ實際問題ニ付テモ其
注意ヲ怠タラサランコトヲ期スルモノナリ。……

　こうして中華民国法制研究会なる組織が当時の東京帝国大学法学部の若手研究
者を中心に形成されるに至った。設立当初の構成は上記の通り小さなものであっ
たが、徐々に各部が増設されるに至っている。
　会の具体的な活動状況を見るに当たり、まずは会の目的等を端的に記した同会
の章程を掲げる。この章程自体は設立後暫くしてから作成されたものであるが、
会の組織、事業内容、その目的等は概ねこの章程によって知ることが出来る。

中華民國法制研究會章程（昭和 10（1935）年 4 月修正）[7]
　一、本會ハ中華民國法制研究會ト稱ス
　二、本會ハ中華民國各般ノ重要ナル法令ヲ邦譯シ註釋批判シ又其沿革ヲ
　　　調査研究シテ著作ヲ刊行シ以テ同國立法當局者ノ參考ニ供シ且日華
　　　學界双方ノ學術上ノ聯絡ヲ圖ルト同時ニ同國ノ治外法權ノ撤廢ヲ前
　　　途ニ目睹シツヽアル我對支關係者一般ニ對シテ重要ナル同國國法ノ
　　　内容ノ如何ナルモノナルヤヲ紹介スルヲ以テ其主眼ノ目的トス
　三、本會ノ組織及ヒ各部設置ノ經過左ノ如シ（筆者註：後述）
　四、本會ノ經費ハ外務省文化事業部ヨリ支給セラル、助成金ヲ以テ主要
　　　ノ收入トシ其他民間有力ノ團体ヨリ寄贈セラル、モノヲ以テ支辨ス
　　　ルモ將其出版物ノ賣上金額カ相當額ニ達スルニ到ラハ漸次會計ノ獨

表 6-1　中華民国法制研究会の組織及び事業[8]

部（設置年度）	構　成　員
会長兼会計監督	松本烝治（1887〜1954）[9]
民事法部 （昭和 5（1930）年度）	主　任　我妻　榮（1897〜1973）[10] 補助員　川島武宜（1909〜1992）[11] 　　　　廣瀬武文（1903〜1970）[12] 　　　　四宮和夫（1914〜1988）[13]
商事法部 （昭和 6（1931）年度）	主　任　田中耕太郎（1890〜1974）[14] 補助員　鈴木竹雄（1905〜1995）[15] 　　　　石井照久（1906〜1973）[16]
刑事法部 （昭和 7（1932）年度）	主　任　小野清一郎（1891〜1988）
翻訳部 （昭和 4（1929）年度）	主　任　村上貞吉（1874〜1940）
国法部（憲法及び行政法） （昭和 8（1933）年度）	主　任　宮澤俊義（1899〜1976）[17] 補助員　田中二郎（1906〜1982）[18]
民事訴訟法部 （昭和 8（1933）年度）	主　任　菊井維大（1899〜1991）[19] 補助員　兼子　一（1906〜1973）[20]
刑事訴訟法部	主　任　小野清一郎（1891〜1988）[21] 補助員　團藤重光（1913〜2012）[22]
国際法部 （昭和 10（1935）年度）	主　任　江川英文（1898〜1966）[23] 補助員　各部員共同担任 　　　　横田喜三郎（1896〜1993）[24]
法制史部 （不明（昭和 13（1938）年か？））	和田　清（1890〜1963）[25]
行政法部 （不明（昭和 13（1938）年か？））	廣瀬武文（1903〜1970） 武田隆夫（1916〜1986）[26]
政治学部 （不明）	丸山眞男（1914〜1996）[27]
印刷校正部 （不明）	東井金平（1902〜？）[28]

第六章　中華民国法制研究会について　　　*227*

表 6-2　中華民國法制研究會予算規模[29]

年　度	収入（うち外務省補助）	支　出
1932	12,000　（6,667）	14,325
1933	17,915　（9,000）	18,851
1934	19,682　（9,000）	19,872
1935	16,456　（9,000）	15,907
1936	30,039　（12,000）	24,920
1937	23,966　（12,000）	20,740
1938	19,445　（12,000）	15,285

※単位・円（1円以下切り捨て）。

　　立ヲ期スルモノトス
　五、本會ノ事業報告收支計算及ヒ會計報告書ハ外務大臣ノ指令書ニ定ム
　　ルトコロニ依テ理事之ヲ行フ
　六、本會ノ事務所ハ當分東京市麹町區丸ノ内工業倶楽部ニ置ク
　　以上
　　昭和十年四月三十日
　　　　　　　　　中華民國法制研究會　理事　村上貞吉（印）

　会の組織や設置の経過については、上記章程修正後の変遷も含めて整理したも
のを表 6-1 に示す。
　会の運営に必要な財源に関しては、会の結成後、村上が旧来得ていた日華事業
協会からの援助が期待出来なくなり、また事業の拡大に伴い経費の増加が見込ま
れたこと等から、外務省対支文化事業部に助成金を申請し、これを主な財源とし
ながら、三井物産・住友合資会社・近藤海事財団・満鉄等の各企業・財団からの
援助を得て、会の運営が行われることとなった。予算規模は概ね表 6-2 の通りで
ある。
　具体的な作業工程としては、村上が各法令の日本語訳を担当し、終わり次第そ
の和訳が各部担当者の手元に届けられ、研究が開始されるという形式を採ったも
ののようである。ある程度の基本的な整理が村上によって行われていたとはい
え、例えば『中華民國民法總則』については対象法令そのものの公布が 1929 年

5 月、本の印刷が 1931 年 10 月、僅か 2 年半足らずの間に翻訳、研究、著述、校正、印刷、製本といった一連の作業が終了しており、その速度は驚嘆に値する。会による刊行物で現在確認されているものについて以下に示す。

中華民国法制研究会の刊行書籍

村上貞吉『中華民國民法總則編譯註』（[1930 初夏序]）

村上貞吉『中華民國民法債權編譯註』（[1930 初夏序]）

村上貞吉『中華民國民法物權編譯註』（[1930 晩秋序]）

村上貞吉『中華民國會社法譯註』（[1931. 4 序]）

村上貞吉『中華民國手形法譯註』（[1931. 10 序]）

中華民國法制研究會『中華民國民法總則』（1931. 11）

村上貞吉『支那歷代ノ刑制沿革ト現行刑法』（[1932. 6 序]）

村上貞吉『中華民國現行法令』（[年号記載なし。1932 か？]）

村上貞吉『支那ニ於ケル排日貨運動ノ法的考察』（1932）

我妻榮『中華民國民法債權總則』（1933. 3）

小野清一郎『中華民國刑法總則』（1933. 4）

田中耕太郎・鈴木竹雄『中華民國會社法』（1933. 4）

村上貞吉・大谷政勝[30]『中華民國法令年鑑（民國 23 年度分)』（[1934. 2 印刷]）

村上貞吉『支那ニ於ケル立憲工作ト憲法草案初稿』（[1934. 4 序]）

田中耕太郎・鈴木竹雄『中華民國手形法』（1934. 8）

小野清一郎『中華民國刑法分則上卷』（1934. 9）

我妻榮・川島武宜『中華民國民法債權各則上卷』（1934. 10）

菊井維大・兼子一『中華民國民事訴訟法第一編』（1934. 12）

宮澤俊義・田中二郎『中華民國憲法草案』（1935. 6）

小野清一郎『中華民國刑法分則下卷』（1935. 6）

村上貞吉・大谷政勝『中華民國法令年鑑（民國 24 年度分)』（1935. 11）

宮澤俊義・田中二郎『中華民國確定憲法草案』（1936. 10）

鈴木竹雄・石井照久『中華民國海商法上卷』（1936. 12）

我妻榮・川島武宜『中華民國民法債權各則中卷』（1936. 12）

菊井維大・兼子一『中華民國民事訴訟法第二編』（1936. 12）

村上貞吉・大谷政勝『中華民國法令年鑑（民國 26 年度分)』（1937. 4）

宮澤俊義・田中二郎『立憲主義と三民主義・五權憲法の原理』（1937. 12）

江川英文『中華民國ニ於ケル外國人ノ地位（一）』（1938. 2）

村上貞吉『中華民國ニ於ケル保險關係法規』（1938. 2）

菊井維大・兼子一『中華民國民事訴訟法第三編乃至第九編』（1938. 3）

鈴木竹雄・石井照久『中華民國海商法下卷』（1938. 10）

第六章　中華民国法制研究会について　　　*229*

我妻榮・川島武宜『中華民國民法債權各則下卷』（1938. 10）
小野清一郎・團藤重光『中華民國刑事訴訟法上卷』（1938. 10）
宮澤俊義『聯邦制度概説』（1939. 8）
和田清『支那地方自治發達史』（1939. 12）[31]
小野清一郎・團藤重光『中華民國刑事訴訟法下卷』（1940. 7）
中華民國法制研究會編『中華民國法令資料　第一輯』（1941. 2）[32]
我妻榮・川島武宜『中華民國民法物權上卷』（1941. 4）
中華民國法制研究會編『中華民國法令資料　第二輯』（1941. 5）
我妻榮・廣瀬武文『中華民國商標法』（1941. 12）
和田清『支那官制發達史』（1942. 6）[33]
小野清一郎・團藤重光『中華民國法院組織法』（1945. 4）

　各報告書がどのように執筆されたか大変興味深いところであるが、当事者による回顧はそう多くはない。以下に鈴木竹雄の回顧を引用しておこう[34]。

　　……そして村上（筆者補：貞吉）さん自身が中国の法文を日本文に翻訳をして、若干のコメントをつけたものを本にして、それをもとに注釈書を作ることになったのです。そして、田中（筆者補：耕太郎）先生からそれを手伝うようにといわれて、まず会社法に取り組んだのですが、先生は何の指図もなさらなければ催促もなさらない。こっちが気にしまして、とにかくしようがない、まだひよっこでしたが、原稿を書いて、あるところまでできたとき報告しようと思ったら、「まあいいよ、そのうちに」、なんとおっしゃるから、こっち側だけで仕事をして、最後の分までできあがったので、持っていって先生ごらんになってくださいといったら、「いいよ、これを印刷屋に渡したまえ」といわれたものだから、さあ困っちゃった。その原稿では相当勇敢なことをいろいろ書いていたのだけれども、先生と二人の共著になる以上、先生に累が及んだら困ると思ったので、あやしげなところは全部消して、そして出したのがあの会社法の本なんです。
　　そこで、先生もあのときはぼくに全部やらせたので、多少悪かったとお思いになったのでしょう、手形法はぼくがやるからというお話だった。春の休暇になると、目白の家にこいといわれて、私は毎日先生のお宅に通うのですが、私が立法例だとか、その条文について問題になるようなポイントとかを調べていって、それを先生に報告するわけです。そうすると、先生は一気かせいに原稿を書かれるんですね。その早さといったらないですよ。そして書

きながら、ときどきご下問があるのです。……

　ですから、共著といえばそうですが、前の中華民国会社法は大部分私がやったのに対して、二番目の中華民国手形法は大部分田中先生がなさったということになります。そして、三番目の中華民国海商法は、これはちょうど会社法における田中先生にあたるのがぼくで、石井（筆者補：照久）君がほとんど全部やってくれたんです。……

　（筆者補：「田中先生は、鈴木先生に尋ねながら書いてゆかれるのですか。」との質問を受けて）そうです。それも一種独特なやり方で、さっきいった村上さんの本を、使えるところは使うわけです。それではだめだというところになると、棒を引いて別の原稿用紙に書いて、それをそこに張りつける。だから清書は絶対にされないんですね。先生は、一般には仕事がおそいタイプのように思われているのではないかと思いますが、まのあたりああいうお仕事ぶりをみると実に早いですね。……

　さて、さらに研究会では法令の翻訳・研究活動のみならず、中華民国の法学者の招聘も行われており、昭和8（1933）年には清朝期に刑部に勤務した経験も持つ董康が来日し、各地で講演会が開催されている[35]。

　昭和9（1934）年頃に至って、順調に推移してきた会の活動は思わぬ理由から遅延するようになる。会の活動が有名になるにつれてそれが多くの反響を呼び起こし、会員がこれに一定の対応を迫られたためである。会の刊行物は国内外関係各所に寄贈され[36]、また市販もされていたが、会の「昭和九年度事業報告書」[37]には、それらに対する中華民国における反応の幾つかが紹介されている。

　報告書によれば、当時南京で立法院長を務めていた孫科から謝礼の書簡が会に送られ、同秘書長からは「前記各書ニ對スル立法院當局ノ禮讚ハ甚ダ大ナルモノアリテ憲法草案註譯書ノ如キハ本年度同院ニ於テ之ヲ華譯シ各委員ニ配布熟讀セシタル由」と口頭で伝えられたという。また行政院長兼外交部長であった汪兆銘も外交部顧問を通して口頭で謝意を伝えている。また会の著作が『法令周刊』や『法律評論』に中国語訳の上連載された事や、著作そのものの中国語訳の計画がある事等が述べられている[38]。

　中でも我々にとって看過出来ないものは、会の刊行物が1935年刑法の改正の際に参照されたという言明である。法継受の瞬間として大変興味深いものであるので該当箇所を引用しておく。

更ニ本會トシテハ欣快ニ堪エサルモノ有之候、最近南京政府立法院ニ於テ
ハ民國十七年ノ制定ニ係ル刑法ヲ改正シ本年七月ヨリ其改正刑法ヲ施行スル
コトヽナリタルカ其改正ニ當リテハ先年來本會ニ於テ刊行シタル同法ノ註譯
書中ニ批判ヲ加ヘタル至要ナル部分八點ニ付キ何レモ右註譯書記載ノ趣旨ヲ
採用シテ改正シタルコトニ候、即チ國民政府立法院當局ハ本會刊行ノ註譯書
ニ於テ試ミタル批判ニ鑑ミ之ニ從テ同法ヲ改修シタルモノニシテ本會著作ノ
威力ノ如何ニ大ナルヤノ一斑ヲ知ルニ足ルヘク別册上海東呉大學教授蔡肇璜
ノ論文[39)] 御高覧被下候ハ、其間ノ消息一目瞭然タルモノ有之候

　また報告書では憲法草案の註釈書も立法院において参考資料として翻訳・配布
されたとも述べられている。実際立法やその改正においてどれほどの影響を与え
たものかは即座に判断出来ないが、注目すべき要素として良いものと思われる。
　報告書では他にもドイツの中華民国法制研究者として著名な Karl Bünger が会
の刊行物を所有していたことも述べられている。また会の活動を知った駐日大使
許世英が既に稀覯本に属していた薛允升『讀例存疑』を会に寄贈したことも伝え
られている[40)]。
　こうした内外の反響から「著者トシテハ愈々増々其著作ニ懸命ノ努力ヲ傾注セ
ザルヲ得ザルノ勢ニ迫マラレ自然研究熱ノ旺盛ナルヲ致シ」たことが研究計画遅
延の理由として述べられている。こうした周囲からの圧力がその記述にどれほど
の影響を与えたのかを確認することは困難であるが、留意すべき要素といえよう。
　日中戦争突入以降、昭和 13（1938）年度には事業計画の拡大が図られている。
「昭和十三年度新規事業計画」[41)] によれば、「上海萬國共同租界制度ヲ中心トスル
一般租界制度ノ沿革及ヒ現行實情」（担任者：植田捷雄・村上貞吉）、「支那ニ於
ケル保甲制度ノ沿革及ヒ現狀」（担任者：加藤繁（又ハ）和田清・村上貞吉）、
「支那ノ沿岸及内河ノ航行ニ於ケル水先案内制度」（担任者：江川英文・村上貞
吉）の 3 つの新規計画が提示されている。
　租界制度の研究について起用が検討された植田は、東方文化学院における研究
との兼ね合いからこれを固辞したため、改めて岡本乙一に依頼し村上との共同研
究という形にしたようであるが、最終的に租界制度に関する研究報告書は研究会
から刊行されるに至らなかった[42)]。保甲制度の研究については当初中国経済史の
大家として知られ、『清國行政法』の編集にも参加した加藤繁の起用が予定され
たようであるが、結局これは和田清の担当となり、『支那地方自治發達史』及び

『支那官制發達史』として結実することになる。江川英文を起用しての内河航行権に関する研究は、後に見る通り草稿が完成した段階で終戦を迎え、刊行には至らなかった。

　昭和 14（1939）年に至り中華民国研究会は、外務省対支文化事業部の改組及び興亜院の設置に伴い、同院の下へと移管されることになる。また興亜院は昭和17年11月に大東亜省へ吸収されたため、研究会もこれに対応して同省の管轄下へと移された。これに伴い、外務省記録から昭和14年以降の研究会に関する記録は姿を消すが、一方で移管先である興亜院に関する史料は現在のところ「茗荷谷研修所旧蔵記録」等僅かな部分しかその存在が確認されておらず、同記録の中には終戦に至る 5 年間の研究会の活動に関する史料が含まれていないことから、会の詳細を追跡することが出来ない。しかしながら興亜院、大東亜省からもほぼ同様の支援が毎年度行われたようであり、この期間においても（相対的には少ないものの）幾つかの報告書が刊行されている[43]。また会の中心人物であった村上はこの時期、昭和 15 年に亡くなっており[44]、彼の逝去後は実質上我妻榮が中心的な運営を行っていたようである。

　さて、この後の研究会の動向に関しては終戦間際の史料が外務省記録の中に残されており、幸いにして最末期の会の状況をそこから窺うことが可能である。

　「昭和十九年度事業報告書」[45]は昭和 20（1945）年 3 月段階において完成していた刊行物原稿が複数存在していたこと、それらが戦災を避けるためにそれぞれ担当者の下に保管されていたことを伝えている。多少長いが以下引用する。

　　第一　民事法部
　　（1）「中華民國物權法　下巻」
　　　　前年度ノ經過報告書ニテ報告申上候日東印刷所ト印刷方交渉中ノ處印刷狀態急速度ニ惡シク相成リ原稿ヲ印刷所ニ預ケ置クモ戰災ノ危險有之最近擔當者ノ手許ニ持戻保管致居候
　　（2）「中華民國土地法」ノ研究
　　　　本研究ハ十八年度ニテ研究期間ヲ終リ擔當者兩名協力シテ研究報告ヲ作成致居候
　　（3）「中華民國民法親屬編」ノ研究
　　　　本研究ハ總括的研究ヲ終リ目下逐條的研究ヲ致居候
　　（4）「中華民國ニ於ケル民事裁判ノ實狀」

第六章　中華民国法制研究会について　　*233*

　　本研究ハ十九年度前半期ニ於テ華北ノ實状ニ關シ一般的調査ヲ遂ゲ其後
引續キ後半期ニ於テ主要都市ニ付キ箇別的ニ調査ヲ進メ居候
第二　　商事法部
　（1）「中華民國保險法」ノ研究
　　　印刷所ニテ紙型ヲ作成致候モ用紙ノ配給ナク戰災ヲ恐レ本會ニテ紙型保
管致居候
　（2）「中華民國合作社法」ノ研究
　　　唯今擔當者ハ研究報告作成中ニ御座候
第三　　刑事法部
　（1）「中華民國法院組織法」ノ研究
　　　本研究ノ報告書ハ印刷成リ神田鎌倉河岸川上製本所ニテ製本中ノ處二月
二十五日戰火災ニテ燒失致其ノ後再印刷目下製本中ニテ旬日ニシテ公刊相
成可ク候
　（2）「中華民國ニ於ケル監獄制度」ノ研究
　　　前年度ノ報告書ニテ申上候如ク昨年六月報告書完成致候目下原稿ハ擔當
者ノ手許ニ保管致居候
　（3）「刑法總論」ノ研究
　　　本研究ハ擔當者兩名協力シテ報告書作成中ニ候
　（4）「刑法各論」ノ研究
　　　本研究ハ前半ノ研究ヲ遂ゲ引續キ研究仕居候
第四　　民事訴訟法部
　（1）「中華民國強制執行法」ノ研究
　　　本研究ハ前半ヲ擔當致居候兼子一ガ國立北京大學法學院ニ就任致シ建設
途上ニアリシ同法學院諸事多忙ニテ報告書作成後レ居候處漸ク作成ニ取掛
リ候擔當者ヲ督勵シ速カニ完成致サスベク候
第五　　法制史部
　（1）「支那官制發達史　下巻」ノ研究
　　　本研究ノ報告原稿ハ既ニ完了致居候モ印刷所ノ狀態ニ依リ戰災ヲ恐レ本
會ニ持戻シ保管致居候
　（2）「支那兵制發達史」ノ研究
　　　本研究ハ報告完成致シ戰災ヲ恐レ目下原稿ヲ研究主任和田清ニ保管致サ
セ置候

（3）「支那ニ於ケル監察制度」ノ研究

　　本研究ノ報告原稿ハ昨年一月完成研究主任和田清ノ手許ニ保管致居候

第六　國際法部

（1）「中華民國ニ於ケル内河航行權竝ニ沿岸貿易權」ノ研究

　　本研究ノ報告原稿ハ昨年一月完成研究主任和田清ノ手許ニ保管致居候

（2）「治外法權撤廢ニ伴フ法律關係」ノ研究

　　本研究ノ報告原稿ハ昨年七月完成致シ擔當者横田喜三郎ノ手許ニ保管致
居候

第七　行政法部

（1）「華北ニ於ケル經濟統制法」ノ研究

　　本研究ハ昭和十九年度前期ニ於テ臨時政府時代ノ法令ノ調査ヲ了シ其ノ
後引續キ華北政務委員會時代ノ法令ノ調査ニ着手致居候

第八　政治學部

（1）「中國國民党」ノ研究

　　本研究ハ國民党ノ沿革ノ調査ヲ遂ゲ候處擔當者丸山眞男三月上旬名譽ノ
應召ニテ一時中止仕候

第九　翻譯兼業務部

　　本會ノ研究ニ付キ資料ノ蒐集及整理・刊行ニ關スル一切ノ仕事及本會會
ノ庶務ニ從事仕候

第十　研究擔當者ノ保管致居ル報告書公刊方法ニツキ善處致スベク研究致居候

　以上では 2002 年に東京大学東洋文化研究所図書室で発見された我妻榮『中華
民國民法物權編（下）』の草稿[46]と見られるものや、会の実質的に最後の刊行物
となった『中華民國法院組織法』の刊行の顚末が述べられており大変興味深い。

　完成草稿として挙げられているものは『中華民國保險法』『中華民國ニ於ケル
監獄制度』『支那官制發達史（下）』『支那兵制發達史』『支那ニ於ケル監察制度』
『中華民國ニ於ケル内河航行權竝ニ沿岸貿易權』『治外法權撤廢ニ伴フ法律關係』
とかなりの点数に上る。今後も「未刊の草稿」が発見される可能性は皆無ではな
いといえる。

　また報告書作成までには至らなかった未完の研究計画が複数存在していたこと
も伝えられている。それらには『中華民國土地法』『中華民國民法親屬編』『中華
民國ニ於ケル民事裁判ノ實状』『中華民國合作社法』『刑法總論』『刑法各論』『中

華民國強制執行法』『華北ニ於ケル經濟統制法』『中國國民党ノ研究』等が挙げられている。中でも注目されるのは最後の中国国民党に関する研究に丸山眞男の起用を計画していたことであり、研究自体は彼の出征により実現しなかったようであるが、このことは丸山研究においても興味深い要素といえよう。

第二次世界大戦末期の厳しい環境の中でも会の活動は続けられたようである。最末期の史料である「昭和二十年度ノ事業ニ付助成金下附申請書（昭和20年4月1日付）」[47]に付せられた「昭和二十年度事業計劃書」では、上記の未完の研究計画のうち『華北ニ於ケル經濟統制法』（廣瀬武文・武田隆夫担当）、『中華民國民法親屬編』（我妻榮・四宮和夫担当）、『中華民國ニ於ケル民事裁判ノ實狀』（兼子一担当）、『刑法各論』（小野清一郎・團藤重光担当）の4点が挙げられている。外務省記録における研究会に関する史料は、昭和21（1946）年3月14日付の昭和20年度下半期分補助金の請求書並びに請書で終わっている[48]。既に終戦を迎えていたわけであるが、昭和20年度の予算ということで年度末に執行が行われたのであろう。研究会自体の終焉に関する資料は管見の限り見いだせなかったが、自然消滅したものと思われる。

とはいえ、斎藤秀夫が後に「我妻栄先生は、兼子先生の奥さんから「早く主人を北京から帰してください。いつまで主人を抑留しているんですか」といわれたそうです。我妻先生が中国の慣行調査に派遣しているという形でしたからね」[49]と証言しているように、終戦時北京に取り残され、引き揚げの問題に直面した成員も存在した。

二　史料の利用に関する諸問題

以上の経緯を持つ中華民国法制研究会が残した刊行物を史料として用いる場合には如何なる点が問題となるのか、以下では我妻榮の未刊の草稿を取り上げ、その幾つかについて記すこととする。

東京大学東洋文化研究所図書室において未刊の原稿として発見された我妻榮『中華民國民法物權編（下）』はA5判の用紙で2,000枚程度の分量であり、上巻を受けて抵当権、質権、典権、留置権、占有権に関する部分を扱っている。記述に関しては上巻同様川島武宜との共著の可能性があるが、草稿のみからは判然としない。

研究会が設立された1930年当時我妻は33歳、かの『近代法における債権の優

越的地位』の連載を 1927 年から 29 年、現代法学全集に収められた『民法總則』を 1928 年、『民法物權』を 1929 年から 30 年、『民法債權』を 1930 年から 31 年にかけて刊行していた頃に会の成立時期を迎えている。その後 15 年間、33 歳から 48 歳にかけての時期をこの会との関わりの中で過ごすことになる[50]。

しかしながら我妻の中国との関わり方は一様ではない。我妻はこの他にも旧満洲国民法典の編纂[51]や中國農村慣行調査刊行會編『中國農村慣行調査』（岩波書店・1952～1958）に結実する慣行調査等にも参加しており、その中国との多様かつ複雑な関わり方は、我妻研究においても無視出来ない要素とすることが出来よう。

研究対象となった各法典の性格も各報告書を読むに当たり重要な問題を提起する。我妻が一貫して研究対象とした中華民国民法は、確かに中国において作られた民法であるが、その内容は日本、ドイツは勿論、その後制定されたスイス民法をも参考としたものであった。民法典のこうした性格に対しては、一方で当時の日本人学者がその先進性に対する言明を行っていることが知られる[52]が、他方この民法と当時の中国社会の状況との間には相当数の媒介項が存在することにも十分な注意が必要である[53]。

我妻はこれに対しそれら各民法典や自らの著作をも縦横無尽に引用して忌憚のない意見を各所に表明しており、そこに現れるところの中華民国民法をひとつの「素材」としながら法学的思考を重ねる彼の姿は、単なる中国研究という枠を超えて近代法学史にその再定位を求めるものとすることが出来よう。

我妻以外の参加者についても、その中国との関係という要素をどのように評価するかという問題が存在する。当時の世界各国の法典を対象とする比較法的作業の成果を参照して起草された中華民国各法典を素材としながら、それに対して能う限りの比較法的考察を行ったその結果としての各報告書を、それぞれ各法学者の個人史の中でどのように評価するか、また逆に各報告書を読むに当たりその作者個人の研究との間に如何なる緊張関係を設定すれば良いのか、という問題は、各人ごとにこれを考察してゆく必要がある[54]。

その他にもこの研究会が存在した時代に固有の各要素と会の研究活動との緊張関係[55]、またこの時期の立法から現行台湾法に至る歴史とこの会との関連[56]等、考慮すべき問題は非常に多い。これらに対しても厳密な認識を持ちながら、今後の研究を進めてゆくことが求められている。

三　村上貞吉とその周辺

　中華民国法制研究会において中核的な役割を果たした村上貞吉については、岡田朋治編『御大典記念　鳥取縣人物誌』（因伯社・1932（第 1 版）121 頁、因伯文化協會・1938（第 2 版）108 頁）[57]が詳細にこれを伝える。以下引用する。

　村上貞吉（1874. 8. 18〜1940. 3. 18（生没年筆者補））

　　日本の朝に野に法曹家は決して少くない併し氏の如く海外に辯護士業務を開拓し邦人の海外發展に偉大なる貢獻をした人は他に之を見ることを得ない。

　　氏は明治七年八月十八日西伯郡春日村に村上喜平氏二男として生れ長じて鳥取中學第四高等學校を經て東京帝國大學英法科に入り卅三年卒業同年高等文官試驗に及第して農商務省に入り礦山監督官に進みたるも當時東亞の局面は團匪事件の後を受け露國の滿洲朝鮮壓迫と爲り、風雲暗澹たるものあり大學在學中より東亞同文會に入りて常に此方面に心を傾け居たる氏は遂に卅六年四月上海東亞同文書院教授に就任して法學を講じた。同時に自身も將來發展の基礎たるべき支那語の學習に没頭してこゝに支那に對する深き友愛と同情に惠まれた「支那は尨然たる大陸古今曾つて統一なく支那に平和を求め統一を求むるは世界に平和と統一を求むるに異ならずして此間に支那と支那人あるもの此所を解せずして徒らに日本流の國家觀念國民觀念のカテゴリーを以て支那に臨まんとするが故に對支施設一として宜しきを制せざるのである」之氏の道破せる對支觀である。在支卅星霜支那國情を表裏味了せる氏には近代日本の對支政策及訪支客の異口同音口にせる日支親善は憐れ一個のユーモアに過ぎない。

　　宜なる哉中央大學は三年三月以來講師として曾つて一年有半歐米より調査したる陪審制度と共に此重大なる支那問題を講せしめ又四年一月外務省は一ヶ年支那司法制度の調査を委囑した。

　　東洋の癌世界の謎たる支那の實體を明確にする事は今や世界の一要務たり特に日本に於て然る時薀蓄深き徹底支那研究家たる氏の存在は國家の幸福である。

その他では『大衆人事錄　東京編』（帝國秘密探偵社・1940）が「鳥取縣喜平二

男。明治七年八月十八日生る。同三十年東大法科卒業。農商務省鑛山局勤務。同三十六年東亞同文書院教授。同三十八年開業す。曩に中華民國法制研究會主事たり」と伝える。『東京大学卒業生人名録』（東京大学・1950）では法律学科（英法科）の明治 33 年卒と記載されており、明治 33 年の同期卒業生には松本烝治（独法科）、中島玉吉（英法科）、五来欣造（仏法科）、中田薫（政治学科）、柳田國男（同）等がいる。中華民国法制研究会を立ち上げるに当っては松本烝治も非常に大きな役割を果たしたが、大学の同期という縁がその背後にあるのは興味深い。ちなみに『臺灣私法』で知られる岡松参太郎は明治 27 年の卒業である。

　村上貞吉の名前の読みについては、鳥取県立図書館ホームページ[58]にある「郷土人物文献データベース」が「むらかみさだよし」と読んでいるが、その根拠については記載がなく分からない。

　東京帝国大学卒業後の経歴は上記『御大典記念 鳥取県人物誌』が伝える通りである。中華民国法制研究会についての言及がないのは人物誌の発行時期によるものであろう。同会の出版物の発行所が多く中央大学となっているのは、村上が講師を務めた縁によるものかも知れない。なお中央大学へは村上本人も多くの蔵書を寄贈している[59]。村上の著作一覧については以下にこれを掲げる。

村上貞吉著作一覧

「上海會審衙門に付き」（日本辯護士協會録事 174・1913）

『英國ニ於ケル陪審制度』（1925〜1927）

「英国に於ける陪審制度」（正義 2-4〜9、11、3-2〜5、4-2〜4・1926〜1928）
　　（法律新聞 2497〜2499、2783〜2784・1926、1928 にも掲載）

「西班牙に於て陪審裁判制度の施行を停止したる事情」（正義 4-8・1928）

「英国陪審裁判制度と日本の陪審法」（法學新報 38-7、12、39-2・1928〜1929）

「上海共同租界臨時法院の司法機能」（正義 5-4・1929）

「中華民國民法制定の沿革」（正義 6-2・1930）

『中華民國民法總則編譯註』（［1930 初夏序］）

『中華民國民法總則編譯註』（支那國治外法權撤廢問題調査資料第 10 輯）（外務省條約局第二課・1930）

『中華民國民法債權編譯註』（［1930 初夏序］）

『中華民國民法債權編通則譯註』（支那國治外法權撤廢問題調査資料第 14 輯）（外務省條約局第二課・1930）

『中華民國民法物權編譯註』（［1930 晩秋序］）

『中華民國會社法譯註』（［1931.4 序］）

第六章　中華民国法制研究会について　　　*239*

『中華民國手形法譯註』（[1931. 10 序]）
『支那歷代ノ刑制沿革ト現行刑法』（[1932. 6 序]）
『中華民國現行法令』（[記載年号なし。1932 年か？]）
『支那ニ於ケル排日貨運動ノ法的考察』（1932）
『最近の支那事情と國民黨の領導（彙報別冊第 52 號）』（全國經濟調查機關聯合會・1932）
「中華民國の新立法事業」（正義 9-2・1933）
『中華民國法令年鑑（民國 23 年度分）』（大谷政勝と共著、中華民國法制研究會・1934. 2
　印刷）
『支那ニ於ケル立憲工作ト憲法草案初稿』（[1934. 4 序]）
「孔子は甦る」（同仁 9-6・1935）
『中華民國法令年鑑（民國 24 年度分）』（大谷政勝と共著、中華民國法制研究會・1935. 11）
『中華民國法令年鑑（民國 26 年度分）』（大谷政勝と共著、中華民國法制研究會・
　1937. 4）
『中華民國ニ於ケル保險關係法規』（1938. 2）

　その後村上は満洲国の法律顧問である「審核」を務める等しているが[60]、中華
民国法制研究会での作業、また本職であるところの上海での弁護士業も継続して
行っている。先の人物誌では肩書きが上海日本人弁護士会会長、帝国弁護士会理
事となっていることから、上海では日本人弁護士代表としての役割も果たしてい
たのであろう。没年は小野清一郎・團藤重光『中華民國刑事訴訟法 下』（中華民
國法制研究會・1940）「自序」において「去る三月十八日溘然として逝去せられた」
と伝えられることから判明する。生涯を実務の立場から中国法研究に捧げた彼の
志は、彼が上海に構えた法律事務所の成員を通じて引き継がれることとなる。
　村上貞吉が上海においてどのような活動を行っていたのか、このことについて
は村上とともに上海の弁護士業務に従事していた彼の弟子が詳細に書き残してい
る。岡本乙一「書院の講師から上海工部局の参事会員へ」（滬友 36・1975）がそ
れである。
　まずは筆者の岡本乙一について紹介しておこう。彼は明治 24（1891）年 3 月
14 日生まれ、岡山県後月郡井原町（現在の岡山県井原市）出身。1910 年第一高等
学校へ入学、次いで大正 2（1913）年東京帝国大学法科大学英法科に入学してい
る。大正 6 年に卒業後直ちに英国の Inns of court の middle temple に留学、大正 8
年にこれを卒業し、翌年には barrister の資格を取得して帰国、大正 10 年 1 月よ
り上海にて村上法律事務所に在籍して弁護士を開業、昭和 3（1928）年から 2 年
間は東亜同文書院講師として国際法を講じ、昭和 5 年度からは上海工部局の参事

会会員として活躍している[61]。

　岡本の留学については終始村上からの強い勧奨と経済的援助があったことが彼自身の述懐として記されている。恩師の待つ上海の事務所へ就職したのは岡本にとっては自然な、むしろ当然な成り行きだったのかも知れない。

　岡本は他にも事務所の成員として安井源吾、高田一、藤田忠徳の名を挙げている。安井源吾については陳祖恩「上海にいた日本人 Vol. 117「初代居留民団長安井源吾」」(http://biz.shwalker.com/sleaze/detail/12/62、2010) が相当詳細にこれを紹介している。冒頭の履歴部分を引用しよう。

　　安井源吾は明治二十七年 (1894 年) 一月一日、岡山県上道群雄神町に生まれた。岡山県立津山中学と第六高等学校に学び、大正七年 (1918 年) 七月、京都帝国大学法学部を卒業する。同年八月に古河商事株式会社に入社し、東京本社と上海支店に勤務。大正十年三月に司法官の資格を取得し、東京・横浜・長崎・福島の地方裁判所に判事として勤務した後、大正十四年五月に判事職を辞め、上海で弁護士として再出発する。大正十五年一月、中華民国司法院が発布する弁護士資格証書を取得。岡山乙一・高田一らと共に四川路 299 号地で村上法律事務所の共同経営に乗り出した。この事務所は1905 年創立で、創始者は村上貞吉と言い、一般法律事務の他、役所や会社・銀行・紡績業・組合など 200 軒以上の組織の法律顧問を務めていた。[62]

　さらに同僚として名前の挙がっている高田一は明治 28 (1895) 年 11 月生まれ、栃木県荒川町の出身。大正 9 (1920) 年に東京帝国大学法科大学を卒業、直ちに弁護士となり、岩田法律事務所に勤務、大正 10 年に上海に渡り村上法律事務所に所属している[63]。

　日頃の弁護士業務が如何なるものであったかについては興味のあるところである[64]。岡本によれば「在滬の日本商社の大部分及び多数くの中国紳商の法律顧問として法律事務に従事した」[65]とのことである。南京路と四川路の交差点付近に事務所があったということであるから、繁華な地域といって良いであろう。今後経済史研究との連携のもとにこうした弁護士事務所の活動の実態を明らかにすることが大変興味深い議論を提供するのではないかと思われる。

　村上が亡くなった昭和 15 (1940) 年から程なくして周知の通り日本は終戦を迎える。現地の顔役ともいうべき立場にあったからか、その後岡本は上海在留日本

第六章　中華民国法制研究会について　　　*241*

人の送還問題に関与することとなる[66]。岡本はこれら送還事業に最後まで携わり、昭和 21 年 7 月、帰国の途についている。恩師村上の死後勃発した太平洋戦争について「〔筆者註：村上〕先生が生きておられたら何といって嘆かれるだろうか」[67]との思いを抱いていた岡本は、帰国時に何を思ったのであろうか。

　さて、村上の中国研究が別の形で影響を与えた先がその養子・入江啓四郎である[68]。実父村上正太郎の四男であった入江は小学生の時に叔父村上貞吉の養子となり、大正 12（1923）年に入江姓を名乗るに至るが、養父村上貞吉の仕事の関係もあって若いころからたびたび中国を訪れ、中国語が非常に堪能であったことが知られている。その膨大な国際法研究の中では、初期には『支那邊彊と英露の角逐』（ナウカ社・1935）、『中國に於ける外國人の地位』（東京堂・1937）、また戦後も『中国古典と国際法』（成文堂・1966）等、中国に関係するものが論文も含めればさらに多く発表されている。もちろん入江啓四郎は中国を専門としたわけではないけれども、その国際性の中のひとつの極として中国が常に意識されていたということは見て取れるのではないかと思われる。その国際性はさらにその令息・入江昭に受け継がれて十全に展開することとなったのは周知の通りである。

註

1）　僅かに滋賀秀三「清朝の法制」（坂野正高・田中正俊・衛藤瀋吉編『近代中国研究入門』（東京大学出版会・1974）所収）が「一九四〇年前後の時期に、東京大学法学部の諸教授を主要メンバーとする中華民国法制研究会から、主要な法典の註解シリーズが出版された。その時点において可能な限りでの比較法的考察が加えられた点において、その学術的意義はながく省みられるべきものであろう。」（273 頁）と言及するのが数少ない紹介のひとつであった。その他仁井田陞「東洋法制史（附 現行中華民國法）」（人文科学委員会『日本の人文科学——回顧と展望』（印刷廳・1949）所収、後に増補改訂の上「東洋法史学の諸問題——その反省と課題」（人文 4-1・1950）としても発表）が中華民国法制研究会の著作群の若干の紹介を行っている。東洋法制史学の当時の回顧については奥村郁三「東洋法制史学の現状と課題」（法律時報 45-5・1973）も参照。

2）　当時中国において活動した日本人弁護士の状況は今後の研究課題足りえよう。大木文庫で知られる大木幹一もそのひとりである。大木文庫に関しては髙見澤磨「東京大学東洋文化研究所所蔵法制関連史料紹介——大木文庫、仁井田文庫を中心に」（法史学研究会会報 7・2002）参照。

3）　参考までに中華民国法制研究会の著作に関係する中華民国立法を掲げれば次の通りである。刑法（1928 年 3 月 10 日）、刑事訴訟法（1928 年 7 月 28 日）、民法総則（1929 年 5 月 23 日）、票拠法（1929 年 10 月 30 日）、民法債編（1929 年 11 月 22 日）、民法物権編（1929 年 11 月 30 日）、公司法（1929 年 12 月 26 日）、海商法・保険法（1929 年 12 月 30 日）、商標法

(1930 年 5 月 6 日)、中華民國約法草案（1930 年 10 月 27 日）、民法親屬・繼承編（1930 年
12 月 26 日）、民事訴訟法（1931 年 2 月 13 日）、法院組織法（1932 年 10 月 28 日）、憲法草
案第一次草案（1934 年 10 月）、新刑法・新刑事訴訟法（1935 年 1 月 1 日）、新民事訴訟法
（1935 年 2 月 1 日）、憲法草案第二次草案（1935 年 10 月）、憲法草案（1936 年 5 月 5 日）。
4) 以下の引用は村上が助成金を申請するに当たり外務省に提出した請願（JACAR（アジア歴
史資料センター）：Ref. B05015878300、B05015878400、B05015878500、中華民國新制法規
邦文訳註研究事業助成 村上貞吉 松本烝治 昭和七年三月 至昭和十一年 分割 1・2・3、研究
助成関係雑件 第三巻（B-H-6-2-0-3）（外務省外交史料館）のうち JACAR：B05015878300
（第 2〜5 画像））による。その他中華民國法制研究會『中華民國民法總則』（中央大学出版
會・1931）の序文にも経緯が紹介されている。
5) 『中華民國民法總則編譯註』（支那國治外法權撤廢問題調査資料第 10 輯）（外務省條約局第
二課・1930）、『中華民國民法債權通則譯註』（支那國治外法權撤廢問題調査資料第 14 輯）
（外務省條約局第二課・1930）が村上貞吉の訳註を基礎として作成されていることから、彼の
訳註作業は早期から外務省と一定の関係を持って行われた可能性もあるが、詳細は不明であ
る。なお中華民国法制研究会刊行の訳註以外に、これらの草稿乃至は抄本と考えられる史料も
存在することを指摘しておく。（東京大学東洋文化研究所図書室所蔵の『中華民國民法總則編
譯註』（請求記号：E70：190：1）、『中華民國民法債權編譯註』（請求記号：E70：190：2）、東京
大学経済学図書館所蔵の『中華民國民法債權編譯註』（請求記号：ミツビシ：2321）等。）
6) Richard Feetham（1874〜1965）のことかと推測される。彼については中国社会科学院近代
史研究所翻译室『近代来华外国人名辞典』（中国社会科学出版社・1981）137 頁参照。
7) JACAR：B05015878400（第 10〜12 画像）に収録。
8) 本表は「中華民國法制研究會ノ組織及ビ事業」（昭和 8 年現在）（JACAR：B05015878300
（第 42 画像））等を元に作成した。法制史部、行政法部、政治学部については「昭和十九年
度事業報告書」等に記載があるが、構成員についての一覧表を欠くため、史料中に登場する
人名からこれを補ったものである。法制史部については『支那地方自治發達史』につき松本
善海・中村治兵衛が、『支那官制發達史』につき櫻井芳朗・濱口重國・中島敏・村上正二・淺
野功忠・百瀬弘ら（当初日野開三郎・前田直典が参加、また百瀬担当分の清代部分は完成す
るも未刊）が執筆分担者として序文に挙げられている。また必要に応じてこの一覧表の他に
も中国人の助手数名が用いられたようである。「中華民國法制研究會ノ組織及ビ事業」によれ
ば、刑事法部の補助員として大学院在学の呉敦禮、林旭屏の両名が参加している。（翌年の一
覧には掲載されていないため、単年度の採用だったのかも知れない。）
9) 福岡博之「松本烝治」（潮見俊隆・利谷信義編『日本の法学者』（日本評論社・1975）所
収）を参照。その他関係資料や文献については鈴木宏宗「松本烝治」（伊藤隆・季武嘉也編
『近現代日本人物史料情報辞典 4』（吉川弘文館・2011）241〜242 頁）を参照されたい。
10) 関係資料や文献については高橋良彰「我妻榮」（伊藤隆・季武嘉也『近現代日本人物史
料情報辞典 3』（吉川弘文館・2007）270〜273 頁）を参照されたい。
11) 川島武宜『ある法学者の軌跡』（有斐閣・1978）、『川島武宜著作集』全 11 巻（岩波書店・
1981〜1986）、「座談会 川島法学の軌跡」（ジュリスト 1013・1992）、「川島法社会学の軌跡
と展開」（法律時報 65-1・1993）、『川島武宜先生を偲ぶ』編集委員会編『川島武宜先生を偲
ぶ』（クレイム研究会・1994）、「小特集『川島武宜先生の学問的遺産』の継承のために」（法
律時報 82-3・2010）、また高橋裕「川島武宜 その初期の活動」（小野博司・出口雄一・松本
尚子編『戦時体制と法学者 1931〜1952』（国際書院・2016）所収）等参照。中国との関係で
いえば川島自身、法社会学に対する興味が満洲で始まったと証言していることが注目される。
以上「ある法学者の軌跡 川島武宜先生に聞く（第 11 回）」（書斎の窓 210・1972、後に川島

武宜『ある法学者の軌跡』（有斐閣・1978）へ収録）13頁以下（書籍版では同書144頁以下）参照。

12）我妻栄「広瀬武文君の想い出」（判例時報601・1970）参照。没年に関しては弁護士登録取消欄（自由と正義21-8・1970、51頁）に昭和45（1970）年6月6日逝去のため登録取消とある。

13）「四宮和夫略歴・主要著作目録」（加藤一郎・水本浩編『民法・信託法理論の展開 四宮和夫先生古稀記念論文集』（弘文堂・1986）所収）、「四宮和夫先生略歴および業績」（成城法学22・1986）等参照。

14）関係資料や文献については貝塚茂樹「田中耕太郎」（伊藤隆・季武嘉也編『近現代日本人物史料情報辞典』（吉川弘文館・2004）262～263頁）を参照されたい。

15）「鈴木竹雄先生追悼特集」（旬刊商事法務1422・1996）、「特集 鈴木竹雄先生と商事法」（ジュリスト1102・1996）、また鈴木竹雄（きく人・竹内昭夫）『商法とともに歩む』（商事法務研究会・1977）、鈴木竹雄『幾山河 商法学者の思い出』（有斐閣・1993）も参照。

16）谷川久「石井照久 多方面に目覚しい活躍をした巨人」（法学セミナー301・1980）、鴻常夫編集代表・伊藤正己他編『商事法の諸問題 石井照久先生追悼論文集』（有斐閣・1974）、東京大学労働法研究会編『労働法の諸問題 石井照久先生追悼論集』（勁草書房・1974）等参照。なお石井照久の父・石井為吉は臨時台湾旧慣調査会補助委員、台湾総督府法務課長等を歴任したことで知られる。石井為吉については日本現今人名辞典発行所編『日本現今人名辞典』（日本現今人名辞典発行所・1901）いノ101頁参照。

17）「（臨時増刊）宮沢俊義先生追悼 宮沢憲法学の全体像」（ジュリスト634・1977）、佐藤功「追悼 宮沢俊義先生の人と学問」（法学セミナー260・1976）、「宮沢俊義先生の追憶 その人と業績について」（自治研究52-12・1976）、清宮四郎「宮沢俊義君を偲ぶ」（世界372・1976）、田中二郎「宮沢俊義先生を偲ぶ」（公法研究39・1977）、芦部信喜「宮沢俊義 徹底したリベラリスト」（法学セミナー301・1980）、高見勝利『宮澤俊義の憲法学史的研究』（有斐閣・2000）、岩井淳「宮澤俊義 戦時体制下の宮澤憲法学」（小野博司・出口雄一・松本尚子編『戦時体制と法学者1931～1952』（国際書院・2016）所収）等参照。

18）「田中二郎先生と行政法」（ジュリスト767・1982）、「追悼座談会 田中二郎先生を偲んで」（ともにジュリスト767・1982）、「座談会 田中二郎先生と行政法学 田中先生を偲ぶ」（法学セミナー327・1982）、また小石川裕介「田中二郎 経済統制法と学説への影響」（小野博司・出口雄一・松本尚子編『戦時体制と法学者1931～1952』（国際書院・2016）所収）等参照。

19）三ヶ月章「菊井維大名誉会員の逝去を悼む」（民事訴訟雑誌38・1992）、小山昇「菊井維大先生の想い出」（ジュリスト995・1992）、「菊井維大教授」（斎藤秀夫・鈴木正裕・林屋礼二・河野正憲『逸話で語る民訴学者の面影』（第一法規・1997）所収）等参照。

20）三ヶ月章「兼子一先生を偲んで」（ジュリスト532・1973）、「〈座談会〉兼子一博士の学問と業績」（ジュリスト558・1974）、染野義信「兼子一 訴訟法学への偉大な足跡」（法学セミナー301・1980）等参照。

21）「小野清一郎教授略歴並びに著作年譜」（愛知学院大学論叢法学研究21-4・1978）、「小野清一郎博士略歴及び仏教関係著作目録」（愛知学院大学宗教法制研究所紀要34・1987）、團藤重光「小野清一郎先生の人と学問 御逝去を悼んで」（ジュリスト861・1986）、「小野清一郎」（野村正男『法窓風雲録』下巻（朝日新聞社・1966）24～41頁）、また出口雄一「小野清一郎「学派の争い」と「日本法理」」（小野博司・出口雄一・松本尚子編『戦時体制と法学者1931～1952』（国際書院・2016）所収）等参照。

22）「追悼 故團藤重光元理事長を偲んで」（学士会会報897・2012）、「特集 團藤刑事法学の軌跡」（刑事法ジャーナル34・2012）、「特集 團藤重光先生の人と学問」（論究ジュリスト4・

2013）等参照。残された資料は團藤文庫として龍谷大学に受け入れられ、研究が開始されている。これについては「特集 團藤文庫を用いた研究の可能性」（龍谷大学矯正・保護研究センター研究年報6・2017）を参照。また出口雄一「團藤重光 刑事訴訟法の「戦時」と「戦後」」（小野博司・出口雄一・松本尚子編『戦時体制と法学者 1931～1952』（国際書院・2016）所収）参照。

23）鈴木竹雄「江川英文博士を悼む」（法学協会雑誌 84-2・1967）、池原季雄「故江川英文教授の国際私法における業績」（法学協会雑誌 84-2・1967）、横田喜三郎「江川教授の逝去を悼む」（国際法外交雑誌 65-4・1967）、尾形典男「故 江川英文先生を偲んで」（立教法学 10・1968）、「〈座談会〉江川先生の学風をしのぶ」（立教法学 10・1968）等参照。

24）関係資料や文献については片桐庸夫「横田喜三郎」（伊藤隆・季武嘉也編『近現代日本人物史料情報辞典4』（吉川弘文館・2011）274～275頁）を参照されたい。

25）榎一雄「和田清先生を偲んで」（東洋学報 46-1・1963）、榎一雄「和田清博士の訃」（史学雑誌 72-10・1963）、「和田清博士追悼録」（東方学 27・1964）、和田博士古稀記念東洋史論叢編纂委員会『和田博士古稀記念東洋史論叢』（講談社・1961）等参照。

26）「武田隆夫教授 略年譜および主要著作目録」（加藤俊彦・武田隆夫教授還暦記念遠藤湘吉教授追悼論文集編集委員会編『現代資本主義と財政・金融』（東京大学出版会・1976）所収）参照。

27）関係資料や文献については平石直昭「丸山眞男」（伊藤隆・季武嘉也編『近現代日本人物史料情報辞典2』（吉川弘文館・2005）209～210頁）及び平石直昭「丸山眞男（追加情報）」（伊藤隆・季武嘉也編『近現代日本人物史料情報辞典4』（吉川弘文館・2011）344頁）を参照されたい。

28）人事興信所編『人事興信録』（人事興信所・1951（第16版））と8頁に「東井金平 農林省農業綜合研究所海外部長 石川縣羽咋郡千里濱村出身 明治三十五年一月二十七日東井金右衞門の長男に生れた昭和六年慶大經濟學部を卒業し「自由論攷」「我等」「鼎軒田口卯吉全集」昭和六年より中大「法學新報」の編集に従事後神戸市産業調査所長滿洲中央銀行調査部長を歴任し同二十二年一月現職に就任した此間支那各地を二回旅行した」とある。

29）以下の各年度の収支報告書に基づき作成。JACAR：B05015878300（第24～25、49～50画像）、JACAR：B05015878400（第13～14画像）、JACAR：B05015878500（第10～11画像）、JACAR：B05015880800、中華民国新制法規ノ邦文訳註研究（松本烝治）自昭和十二年至昭和十三年、研究助成関係雑件 第六巻（B-H-6-2-0-3）（外務省外交史料館）（第57～58、77～78、105～106画像）。現在の貨幣価値への換算は難しいが、参考までに『中華民國民法總則』の売価は1冊2円であることを付記しておく。

30）大谷政勝については周東白（森岡達夫譯注）『中國商業習慣大全』（東京大同印書館・1941）巻末の「中國法制調査會紀事」に付された「中國法制調査會役員」に「幹事（在上海）村上法律事務所 大谷政勝」とその名が見える。

31）汲古書院より影印版が刊行されており（1975年初版）新たに参考文献表が付されているが、巻頭の松本による序を削除している。松本善海『元明時代ニ於ケル地方自治發達史』（1939）はこの一部分の抜刷である。

32）国立国会図書館所蔵『〔中華民国法令解説〕』（請求記号：特 256-680）はこの第1輯の表紙が欠けたものである。

33）汲古書院より影印版が刊行されており（1973年初版）、1982年第3版からは索引も付されている。

34）鈴木竹雄（きく人・竹内昭夫）「商法とともに歩む〔7〕中国とのかかわりあい」（旬刊商事法務 686・1974）30～31頁参照。この記事は後に鈴木竹雄（きく人・竹内昭夫）『商法と

ともに歩む』（商事法務研究会・1977）にまとめられた（同書では 69〜77 頁に収録）が、「汪精衛一家との交わり」の部分は削除されている。またほぼ同内容の回想が鈴木竹雄『幾山河　商法学者の思い出』（有斐閣・1993）102〜106 頁においても語られている。

35）講演会は帝国学士院、東京・明治・中央・法政・早稲田・慶應義塾の各大学において、「春秋刑制考（東方法系の起源）」「清末修訂法律経過」「法官の養成」「監察制度と考試制度の原始」「刑律と礼教」「中央権力と地方権力の権限」等の論題の中から適宜行われたようである。この講演の記録のひとつが「清末民初に於ける法典編纂の概要」（法學新報 44-2・1934）「残本龍朔散頒刑部格と唐律との比較」（法學新報 49-4・1939）である（ともに瀧川政次郎『中国法制史研究』（巖南堂書店・1979）に収録）。招聘に関わる詳細は JACAR：B05015758600、中華民国法律学者　董康外一名、満支人本邦視察旅行関係雑件／補助実施関係　第十三巻、（B-H-6-1-0-4-2）、JACAR：B05015842900、元民国司法総長董康外一名図書館等参観　昭和八年十一月、在本邦留学生本邦見学旅行関係雑件／便宜供与関係／通関、拝観、観覧関係、（B-H-6-1-0-5-2-1）（外務省外史料館）に詳しい。

36）村上自身による寄贈先芳名表には寄贈先として南京立法院委員各位・南京司法院委員各位・中華民国大使館・上海司法部有志・上海商務部・上海総領事館・上海各邦人商社、同文書院等・満洲国有志・外務省・司法省部内・内閣調査局・各大学・日本外交協会・日華実業協会各位・日本郵船株式会社・南満洲鉄道株式会社・弁護士会会長並有志・先輩各有志・近藤財団・内務省・編輯室備付を挙げている（JACAR：B05015880800（第 73 画像）参照）。

37）JACAR：B05015878400（第 15〜18 画像）参照。

38）報告書には『法令周刊』第 273 期が参考資料として添付されている。また中国語訳を巡っては著作権法上問題があるものの、会の本旨からいえば直ちに抗議するのもいかがなものかとして対応に苦慮しているとの説明が報告書においてなされている。会の刊行物の翻訳としては宗孟譯「中華民國民法總則」（法令周刊 242〜255・1935）、宗孟譯「中華民國民法債編總則」（法令周刊 256〜273、275〜281・1935）がある。なお民国期の著作権を巡っては中村元哉「中国の著作権史」（UP392・2005）も参照。

39）報告書では蔡肇璜「讀小野博士中華民國刑法後之感想」（法令周刊 273・1935）が指示されている。

40）このことについては JACAR：B05015878500（第 8 画像）の付箋部分を参照。

41）JACAR：B05015880800（第 68 画像）参照。

42）この経緯に関する植田の書簡や『上海租界論』の執筆計画等が JACAR：B05015880800（第 24〜45 画像）に残されている。

43）興亜院については差し当たり本庄比佐子・内山雅生・久保亨編『興亜院と戦時中国調査』（岩波書店・2002）参照。また「茗荷谷研修所旧蔵記録」については熊本史雄「外交史料館所蔵「茗荷谷研修所旧蔵記録」の構造とその史料的位置――拓務省関係文書を中心に」（外交史料館報 16・2002）参照。同史料中では「H1：昭和十九年助成関係雑件」中の『昭和十九年度大東亜省所管予算経費要求書各目明細書』に研究会宛助成金 14,700 円が計上されており、同 20 年度の明細書にも同額が計上されていることから、一定の助成の継続が推定される。管見の限り同史料においてこれ以外の会に関する記録を見出せなかった。

44）我妻榮・廣瀬武文『中華民國商標法』自序（昭和 16（1941）年 9 月）に「倂るに、村上貞吉氏は病革って昨年三月十八日念願の民國商標法の完成を見ずして長逝されたのである」（6 頁）とある。ちなみに研究会事務所は昭和 12 年 5 月に当初の日本工業倶楽部から麹町区丸之内 2 丁目 6 番地第 9 号館内に移転していた（JACAR：B05015880800（第 16 画像））が、村上の逝去に伴い東京帝国大学法学部内我妻研究室に移されたようである。

45）JACAR：B05015321400、中華民国法制研究会　昭和二十年、協会関係雑件第二巻（B-H-

4-2-0-7)（外務省外交史料館）（第3〜5画像）参照。

46）草稿発見の経緯等については髙見澤磨「東京大学東洋文化研究所「我妻榮氏旧蔵資料」新発見資料紹介」（創文473・2005）、髙見澤磨「我妻栄の中華民国民法典註解と満州国民法への言及——「新発見」資料の紹介を中心に」（名古屋大学法政論集255・2014）参照。

47）JACAR：B05015321400（第10〜12画像）参照。

48）JACAR：B05015870600、東大法学部内中華民国法制研究会、助成費補助申請関係雑件第五巻（B-H-6-2-0-2）（外務省外交史料館）参照。

49）斎藤秀夫・鈴木正裕・林屋礼二・河野正憲『逸話で語る民訴学者の面影』（第一法規・1997）82頁参照。

50）我妻榮の研究活動については我妻洋・唄孝一編『我妻栄先生の人と足跡——年齢別業績経歴一覧表』（信山社出版・1993）を参照。

51）この問題に関しては差し当たり小口彦太「満州国民法典の編纂と我妻栄」（池田温・劉俊文『日中文化交流史叢書 第2巻 法律制度』（大修館書店・1997）所収）参照。

52）例えば中島玉吉「支那の親屬法繼承法草案を讀む」（法學論叢21-4・1929）は「（筆者註：中華民国立法事業の）迅速なることは眞に驚嘆に價するものがある。偶然にも時を同ふして我國にも親族法相續法改正の擧がある。大正八年に着手してより以來既に十星霜ならんとし僅かに要綱を議定し了りたるのみにして未だ法文草案の起稿をだに見るに至らない。彼是相較、宵壤の差あるを見る。」としている。ただ、こうした言明が中華民国民法に対する羨望乃至は焦燥の表れと解釈出来るかどうかはなお慎重な分析が必要である。

53）この問題に関し我妻は、北京大学での講義案を戦後にまとめて出版した『中華民國民法總則』（日本評論社・1946）の序において「この法律が果してどの程度まで社會の實際生活を支配して居るかは甚だ疑問である。中國の社會に於ける所謂「活きた法律」を明にする爲めには社會の法的慣行を調査する必要あることは勿論であり、或ひはこの方が現在の中国にとって民法典の研究よりも一層の緊要時と考へられるかもしれない。然しこのことは決して大學に於ける民法典の論理的研究と講義とを不要ならしむるものではない」（3〜4頁）と述べている。

54）研究会に参加した各人がどれほど積極的であったかという問題は特定が難しいが、小野清一郎が研究会での著作以外にも中国関連の論考を有していることを特記しておく。小野清一郎「滿洲國の法院組織法について」（法學協會雜誌54-3・1936）、小野清一郎「中華民國の新刑法について」（法學協會雜誌54-6・1936）、小野清一郎「滿洲國の刑法」（法學協會雜誌55-3・1937）、小野清一郎「滿洲國の刑事訴訟法について」（法學協會雜誌56-2・1938）参照。

55）中国農村慣行調査刊行会編『中国農村慣行調査』第1巻（岩波書店・1981（第3刷））において、調査に参加した旗田巍自身が「さまざまな評価、とくに本調査が日本の軍事占領下で権力を背景にした調査であったのに、その点の自己認識が乏しかった、という批判に対しては、われわれは耳を傾けなければならない。」とするが如くの、戦争と学術活動との間の問題が中華民国法制研究会の活動に対しても批判として投げかけられる可能性はあろう。これに対しては現在その問題を十分に認識した史料批判のもとに『中国農村慣行調査』を利用するという作法が成り立っているのと同様の作法を以って、各報告書に向き合うということになろう。

56）台湾における現行法の幾つかは、中華民国法制研究会が研究対象とした各法典に直接の淵源を持つが、その後幾多の改正を経ており、研究会の各報告書は台湾における現行法の解釈に直接役に立つものではないが、その立法史を考える際には重要な基本史料のひとつとなるといえる。

57）村上の当時の住所に変更がある以外、解説文は第1版・第2版とも同じ文面である。

第六章　中華民国法制研究会について　　*247*

58）http://www.library.pref.tottori.jp/index.html 参照。

59）「図書館の旧文庫について」（中央大学図書館だより 9・1985）によれば、村上貞吉は昭和
　　5（1930）年 9 月、昭和 13 年と 2 度にわたり中央大学図書館へ蔵書を寄贈している。さらに
　　同記事によれば、同図書館において過去に末松謙澄文庫（2,651 冊）、佐藤正之文庫（55 冊）、
　　菊池武夫文庫（55 冊）、岡野敬次郎文庫（5,295 冊）、穂積陳重文庫（894 冊）、村上貞吉文庫
　　（5,138 冊）、戸田氏共文庫（114 冊）、花井卓蔵文庫（261 冊）、春木一郎文庫（1,776 冊）、桑
　　田熊蔵文庫（5,484 冊）土方寧文庫（1,752 冊）、小寺謙吉文庫（1,518 冊）、泉二新熊文庫
　　（3,150 冊）につき「昭和 39 年再編成（旧目録、分類の切換え）の際、一般図書と混配した。
　　当時の書架目録は保存してある。」（13 頁）とのことである。「一般図書と混配した」とは驚
　　愕すべき事実である。なお村上貞吉文庫については、『旧村上文庫蔵書目録』（請求記号：
　　M029.9/C66（貴重書庫保管））として英文図書のみの目録が残されており、そこでは 267 点
　　を確認出来る。また中央大学図書館 OPAC からは村上文庫として 125 件を確認出来る（中央
　　大学図書館 OPAC から［詳細検索］画面右側の最後の項目のプルダウンメニューで［※請求
　　記号］を［※コレクション］に変えて「村上文庫」で検索）。なお『中央図書館だより』の伝
　　える 5,138 冊という数字の根拠については現在不明とのことである。

60）山室信一「「満州国」の法と政治──序説」（人文學報 68・1991）において「……法制一般
　　に村上貞吉が各審核に委嘱された。」（148 頁注 13）と触れられている。

61）JACAR：B05015352700、東亜同文書院関係雑件／人事関係 第一巻 8. 岡本乙一、松村行
　　義 昭和四年五月（外務省外交史料館）参照。また岡本については『支那在留法人興信錄』
　　（東方拓殖協會・1926）上海・漢口の部 17 頁を参照。他に中西利八編『滿洲紳士錄』（滿蒙
　　資料協會・1940（第 3 版）、後に『満州人名辞典』上中下巻（日本図書センター・1989）と
　　して復刻）1754 頁に「岡本乙一　泰和銀公司(株)監査役、村上法律事務所共同經營者、辯護
　　士【出生】明二四・三【本籍】岡山縣井原町【學歷】大六東大法科ミドルテンプル各卒
　　【經歷】次で倫敦にて辯護士業務實習大正十年上海村上法律事務所に入り村上氏隱退後僚友と
　　共同經營をなす簺に上海工部局市參事會員たり」との記述がある。

62）陳祖恩の解説する安井の履歴は中西利八編『滿洲紳士錄』（滿蒙資料協會・1940（第 3
　　版））所収の安井の記事（1528 頁）に「安井源吾　從七位勳六等、村上法律事務所共同經營
　　者、辯護士【出生】明二七・一岡山縣上道郡雄神村【本籍】同上【續柄】文吉二男【學歷】
　　大七東大英法科卒【經歷】爾來古河商事勤務を經て大正十年三月司法官試補拜命次で東京橫
　　濱長崎福岡各區及地方裁判所判事歷任十四年退職辯護士となり上海に開業す簺に上海居留民
　　團行政委員會長同民團長上海時局委員會總務委員兼後援部長其他多數公職に推され功績顯著
　　なり……」とあるのとも符合する。戦後は郷里岡山に帰り弁護士として活躍、昭和 31
　　（1956）年度には岡山弁護士会会長を務め、昭和 52（1977）年 12 月 14 日逝去した。「岡山
　　の弁護士」編集委員会編『岡山の弁護士』第 1 巻（岡山弁護士会・1976）53 頁、岡山の弁護
　　士 II 編集委員会編『岡山の弁護士』第 2 巻（岡山弁護士会・1992）97 頁参照。

63）中西利八編『滿洲紳士錄』（滿蒙資料協會・1940（第 3 版））1745 頁に「高田一　社團法人
　　江灣カントリー倶楽部オノラリーセクレタリー、村上法律事務所共同經營主、辯護士【出生】
　　明二八・一一【本籍】栃木縣荒川町【續柄】耘平長男【學歷】大九東大法科卒【經歷】直に
　　辯護士となり東京岩田法律事務所に勤務大正十年渡滬村上法律事務所に入り其後岡本乙一安
　　井源吾氏等と共に同事務所を共同經營す……」とある。藤田忠徳については詳細不明。

64）外国人弁護士も含めた上海での弁護士に関する本格的な研究として陳同『近代社会変迁中
　　的上海律师』（上海辞书出版社・2008）が参照に値する。なお加藤雄三「租界社会と取引」
　　（加藤雄三・大西秀之・佐々木史郎編『東アジア内海世界の交流史』（人文書院・2008）をは
　　じめとして精力的な研究が進められており、今後の成果が期待される。

65) 岡本乙一「書院の講師から上海工部局の参事会員へ」（滬友 36・1975）76 頁。

66) 日僑自治会副会長という立場から所謂引揚問題に関与している。当初会長であった土田豊が中国側に拘束されたため、岡本がかなりの部分の事務を行っていたようである。土田自身も国会で「それで副会長に岡本乙一さんという、古い弁護士の方でございますが、上海に長くおられた方が副会長になられたのであります。その岡本さんに私の代理で万般の事務を進めて頂いたと思います。」と証言している。（第 7 回国会（参議院）在外同胞引揚問題に関する特別委員会、第 11 号、1950 年 2 月 13 日（月曜日）、国会会議録検索システム参照（http://kokkai.ndl.go.jp/SENTAKU/sangiin/007/1196/00702131196011a.html）。

67) 岡本乙一「書院の講師から上海工部局の参事会員へ」（滬友 36・1975）75 頁。

68) 宮崎繁樹編『多国籍企業の法的研究 入江啓四郎先生追悼』（成文堂・1980）所収の「入江啓四郎先生略歴」、「入江啓四郎先生主要著作目録」、入江昭「研究者としての父入江啓四郎」を参照。先述の鈴木竹雄も村上貞吉について語った際に「お宅は大塚のほうにありました。支那風のつくりで、大きなうちでした。国際法学者の入江啓四郎さん（早大客員教授）が村上さんのお子さんで、東亜同文書院を出て、北京でフランス語を勉強しているんだというお話でした。ある日、村上さんをおたずねしたら、日本にたまたま帰ってこられたのでしょう、大きな声で入江さんをおよびになって、紹介されたことがありました。」と証言している（鈴木竹雄（きく人・竹内昭夫）「商法とともに歩む〔7〕中国とのかかわりあい」（旬刊商事法務 686・1974）31 頁参照）。また島田征夫「入江啓四郎先生（1903-1978）のこと」（ふみくら 早稲田大学図書館報 55・1996）参照。

第七章　岡田朝太郎

一　岡田朝太郎の生涯・岡田朝太郎に関連する文献

　清国政府の法律顧問として赴任し、清朝における近代的法典編纂事業に携わったことでも知られる岡田朝太郎（1868. 5. 29〜1936. 11. 13）の生涯について最もまとまった記述として、井關九郎編『大日本博士錄』第一巻 法學及薬學博士之部（發展社・1921）48〜49頁を引用しておく。以下の通りである。

　　舊大垣藩士岡田平八長男、明治元年五月廿九日（戸籍簿登録の日附は事實相違）美濃大垣南切石村に出生、明治十二年小學を半途に退き明治十五年迄陶器畫工見習ひ、同年上京東京外國語學校に入り佛語を修む。尋て大學豫備門第一高等中學校を經て同二十一年帝國大學法科大學に入り、同二十四年七月佛法科を卒業法學士と爲る、續いて大學院に入り刑法を研究し、同二十六年九月帝國大學法科大學講師、同二十七年五月三十一日助教授となり法科大學の講座に臨み傍ら各私立法律學校の聘に應じ刑法を講ず、同三十年三月非職となり文部省より刑法研究の爲め佛、獨、二ヶ國へ留學を命ぜられ更に伊太利に轉學す、同三十三年七月歸朝、同二十一年法科大學教授に任ぜられ刑法講座を擔任す、同年九月警察監獄學校教授を兼ぬ、同年十一月法典調査會委員拝命、同三十四年六月法學博士の學位を受く、同三十七年三月兼官廢止、同三十九年九月二十九日在官の儘清國欽命修訂法律館調査員兼法律學堂教員として招聘せられ法典調査の事業に從ひ又法學を教授す、大正四年九月自ら解約し専ら法律館の嘱託事務に從ひ、法科大學教授を辭す。

　ほぼこれに尽きているが、これ以外にも所謂七博士事件に関与し、論陣を張ったことでも知られている。本職の刑法学においても非常に幅広く様々な論点を扱っている。とりわけ豊富な外国刑法の知識とその紹介は、後に述べる清国法律

顧問の経験とともに特徴的なものである。川柳研究家としての岡田については後述するが、その他に大正期に流行した俗謡「鴨緑江節」の作詞者とする説もある。

彼は同時代の法学者とも様々な形で交流を持っている。後に述べるように彼は清国法律顧問在職中に、台湾旧慣調査を担当した岡松参太郎へ協力を要請したことがある。また穂積陳重夫妻とも親交があったようであり、夫妻とともに歌舞伎観賞に出かけている様子が妻・歌子の日記に度々登場する[1]。穂積重遠とも幾許かの交流があったようである[2]。

なお岡田の蔵書については、刑法研究資料約3,000余冊が明治大学図書館へ寄贈されていたが、関東大震災によりボアソナード文庫等とともに焼失したようである[3]。ただ同震災で岡田の蔵書が全て灰燼に帰したわけではないようであり、震災後の明治大学図書館展に岡田の蔵書が出品されたこともある[4]。また筆者自身も昔東京の古書店で岡田の蔵書印を有する書籍を見かけたことを付記しておこう。

岡田に関する総合的な文献としては、以下のようなものがある。

履歴

西濃聯合教育會編『西濃人物誌 修身資料 第1輯』（西濃聯合教育會・1910）31～34頁。

猪間三郎編『大衆人事録』（帝國秘密探偵社／帝國人事通信社・1927（昭和3年版）、後に『大正人名辞典II』（日本図書センター・1989）として復刻）オ（ヲ）167頁。

訃報・追悼文・人物批評

訃報「岡田（朝）法博」（讀賣新聞1936年11月14日朝刊7面）

訃報「岡田朝太郎博士」（［東京］朝日新聞1936年11月14日朝刊13面）

木村龜二「噫岡田朝太郎博士」（法律時報8-12・1936）

牧野英一「岡田朝太郎先生の永逝」（法學協會雜誌54-12・1936）

佐瀬昌三「岡田朝太郎博士の憶ひ出」（法律論叢16-1・1937）

平塚芳雄「恩師の思い出」（濃飛人262・1965）

斬馬劍禪「東西両京の大學（48～56）岡田對勝本」（讀賣新聞1903年4月29日朝刊1面～5月10日朝刊1面、後に斬馬劍禪『東西両京の大学』（講談社学術文庫・1988）に収録）

「岡田朝太郎は職工にあらず」（實業の日本9-22・1906）

「岡田朝太郎骨董屋となる」（實業の世界7-21・1910）

「法學博士 岡田朝太郎氏」（堀川鷺陽『初對面』（明文館・1916））

「岡田朝太郎博士」（『他山百家言』上巻3（中國實業雜誌社・1917）所収）

活殺子「法曹珍話閻魔帳（14）文士から法律家へ」（讀賣新聞1921年11月2日朝刊3面）

「岡田朝太郎先生」（牧野英一『理屈物語』（日本評論社・1940）所収）

その他

「岡田家の三十錢デー」（讀賣新聞 1920 年 4 月 27 日朝刊 4 面、岡田家のエピソードを収録）

「母と子（其の廿九）法學博士岡田朝太郎氏婦人舒子とその愛児」（讀賣新聞 1914 年 7 月 21 日朝刊 5 面、岡田の妻子の肖像写真を収録）

二　岡田朝太郎の留学

　岡田朝太郎は文部省外国留学生として派遣されており[5]、同留学生については文部省が毎年『文部省外國留學生表』を作成して各人の状況をまとめているため、この資料によって岡田の欧州での足取りをたどることが可能である。まずは明治 33（1900）年調査分に掲載された岡田の帰朝記録から見てみよう[6]。

　　岡田朝太郎　東京帝國大學法科大學助教授法學士
　　留學地到着年月日：明治三十年四月二十九日　伯林
　　歸朝年月日：明治三十三年七月二日
　　留學顚末
　　〇明治三十年五月ヨリ同三十一年三月マデ獨國伯林大學ニ於テ、同四月ヨリ同三十二年四月マデハレイ、ア、エス市大學ニ於テ、同月ヨリ同十二月マデ伊國羅馬ニ於テ、同月ヨリ同三十三年四月マデ佛國巴里府警視廳所屬ベルチオン個人識別所ニ於テ研修。
　　〇明治三十一年四月墺國維也納及ビブダペストヘ巡歷研究ス同三十二年九月ブダペスト市ニ開會セル第九列國刑法家協會ニ列席ス。

　成程以上のような内容であったのかと納得したくなるが、実はこれよりも前の年の『文部省外國留學生表』には、以上には触れられていない情報も記録されている。明治 31（1898）年調査分に掲載された岡田の記録を見てみると以下のようになる[7]。

　　〇明治三十年九月十三日ハルレヘ轉學ヲ聽許ス
　　〇同年九月廿九日ハルレ大學ヘ轉學ノ件ハ三十一年夏期迄延期聞置ク
　　〇同三十一年三月廿三日ハルレヘ轉學及其途次ドレスデン外三ヶ處巡歷ヲ聽許ス

○同年七月十六日ブリュクゼルへ轉學ヲ聽許ス

　結局のところ欧州での岡田の具体的な足取りはどのようなものであったのかを見るためには、上記『文部省外國留學生表』を基本としながら、それ以外の史料をも視野に入れてひとつひとつ確認する必要がある。以下、その足取りを追ってみることとしたい。

(1) ベルリン大学

　岡田の欧州留学については、明治 30 (1897) 年 2 月 20 日付で文部省から帝国大学総長宛に留学候補者の問い合わせがあり、これに対して同年 3 月 2 日の評議会において「刑法選修トシテ法科大學助教授岡田朝太郎ヲ獨佛ノ二ヶ國ニ三ヶ年間派遣ノコトニ決ス」とされ、その旨文部省に回答が行われている[8]。これを受けて留学命令が発せられたようで、外務省記録に同年 3 月 13 日付で「刑法研究ノ爲メ滿三年間佛國及獨國留學ヲ命ス」との留学命令の公文と、それを受けて文部大臣から外務大臣に宛てて当該国在留公使の配慮と海外旅券の交付を願う同年 3 月 15 日付の公文が残されている[9]。さらに翌 16 日の官報には「非職ヲ命ス 法科大學助教授　岡田朝太郎　非職法科大學助教授　岡田朝太郎　刑法研究ノ爲メ滿三年間佛國及獨國留學ヲ命ス（以上三月十五日文部省）」[10]とある。官報の日付を取れば明治 30 年 3 月 15 日発令ということになる。中村進午によれば「明治三十年の春岡田博士と福田博士とが同船で佛國郵船に乗って洋行した」[11]とのことで、福田徳三とともに欧州へ旅立ったようである。1 番目の留学先ベルリンへの到着は同年 4 月 29 日、ベルリン大学（Friedrich-Wilhelms-Universität、現在の Humboldt-Universität）に 1897 年夏学期、1897/98 年冬学期と在籍し、居所は Potsdamer Str. 121 B. であった[12]。

　法科大学では仏法科であった岡田が何故真っ先にドイツへ留学したのかについてはこれまでも疑問が提起されていた。小林好信はその理由について「第一、明治一四年の政変以後、伊藤博文・井上毅を主軸とする政府の文教政策が、従来のフランス一辺倒からプロシヤ・ドイツへと傾斜してきたこと。第二に、大学内部からドイツ学の優秀さを認めこれを摂取しようとする積極的な動きが現われ、それが次第に結実してきたこと」という当時の状況を挙げ、加藤弘之や穂積陳重、富井政章の役割を強調しつつ「こうした諸事情が若い刑法学者岡田をしてドイツ刑法学への興味を高め、ドイツへの留学を決意させたとみるのが自然ではなかろ

うか」としている[13]。この問題について考えるために、岡田の経歴を少し遡って見てゆくこととしたい。

岡田は東京帝国大学法科大学卒業後、同大学院へと進学している。明治24（1891）年7月25日付の入学願書には「某儀大學院ヘ入學刑法學理ヲ攻究ノ志願ニ付入學御許可ヲ恭請候也」とある。これに対し大学院は同年9月18日付の発令案において「大學院入學ヲ許可ス」「大學院學生岡田朝太郎　學術攻究ハ法科大學教授穂積陳重ノ指導ヲ受クベシ」とし、穂積陳重を指導教員として進学を許可するに至っている[14]。入学許可者の宣誓式は同年10月6日に行われ、岡田も出席したことが確認出来る[15]。

入学願書では端的に「刑法學理ヲ攻究ノ志願ニ付」と記載されているが、より具体的な研究計画があったのか、「本年大學ヲ出身せし岡田朝太郎氏ハ今度大學院に入學し専ら刑事人類學を研究さるゝよし」[16]とする報道もある。指導教員が穂積陳重であったということと考え合わせると大変興味深い。後に見てゆくように、これまであまり指摘されてこなかったが、岡田の欧州留学では刑事人類学に関連する留学先が多く登場するからである。

さて、岡田がまず籍を置いたベルリン大学は、指導教官である穂積陳重の留学先でもあった[17]。岡田が到着した時点でのベルリン大学の刑法の教授にはAlbert Friedrich Berner[18]がいるが、Bernerは「一八四三年に「帰責論」を著わし、翌年ベルリン大学に奉職して以来一八九九年にその職を退くまでの五五年もの間同大学にあり、その間ヘーゲル哲学を基礎にした彼の「教科書」は、一八五七年の初版以来一八版（一八九八年）を重ね、その与えた影響は大なるものがあった」[19]と紹介される通り大変長くベルリン大学教授の地位にあり、穂積が留学した際にも在籍していた。ただ穂積は滞在時にはBernerの刑法、及びGneistの刑法・刑事訴訟法の講義は聴講していなかったことが明らかにされている[20]。

Bernerと明治日本の縁はこれにとどまらない。彼は日本の明治13（1880）年刑法についての論評も行っている。法務図書館所蔵『ベルネル氏日本刑法ニ関スル意見書』[21]がそれである。かの村田保が明治13年から14年にかけて渡欧した際、Bernerから直接その批評を聞いていることが知られ[22]、Bernerの名は当時の日本の刑法学界では相応に知られていたものと思われる。

当時ドイツでも最大規模の大学であり日本人留学生も集中したベルリン大学[23]、そこは岡田にとっては指導教員が留学した大学で、日本刑法とも繋がりのあるBernerが在職する大学ということになる。具体的な留学先の手配を穂積陳

重が行ったかそれとも文部省なり外務省なりが行ったかまでは不明であるが、留学先としては十分な理由のある大学とすることが出来よう。また岡田は帰国してから Berner と Franz von Liszt の肖像写真を雑誌『明治法學』に寄贈し、「獨逸刑法二大家——ベル子ル博士・リスト博士」（明治法學 25・1901）として紹介記事を執筆しており、相応の交流のあったことが窺える。

(2) ハレ大学

さて、ベルリン大学での夏学期が終わった段階で岡田は早くもハレ大学への転学願を提出し、明治 30（1897）年 9 月 13 日付で許可されるも翌明治 31 年夏までこれを延期、結局明治 31 年 3 月 23 日にハレ大学への転学及びその途上でのドレスデン外 3 か所の巡歴を許可されたことは先に見た通りである。ドレスデン外3 か所というのは冒頭の帰朝記録にあった「明治三十一年四月墺國維也納及ビブダペストへ巡歴研究ス」を指すものと思われる。

この間の経緯については岡田自身が文部大臣へ宛てて説明を行っており、ベルリンでの様子にも触れられているので、以下引用する[24]。

却説別紙修學旅行ノ件當冬ノ學期ニハ Berner、Dambach、Kohler、Heilborn、Kahl ノ五氏[25]ニ就テ一週二十六時間刑法及刑事訴訟法ノ説明ヲ聽講仕居來春ノ學期ニハ Liszt 氏ノ講義傍聽ノ爲メ Halle へ轉學候樣先立テ御許可ヲ受ケ候處如御承知右冬ノ學期ト春ノ學期トノ間ニハ大凡四十日ノ休課有此候間之ヲ利用シテ別記之監獄ヲ巡回シテ實際ノ狀況ヲ視察仕度加之Wien ニハ刑事法幷監獄事項ニ精通ノ名アル Siegel、Zwingel、Lammasch、Stooss、Friedmann ノ諸氏[26]ソレヽ有益ナル講莚ヲ開カレ候得共到底該處ニ轉學スルノ時間ナキト夏期休課ニハ多ク旅行不在ナルトノ故ヲ以テ春期休業ニ乘シ是非共二三重要問題ノ意見ヲ質問仕度斯ク實況ノ視察ト難問ノ質疑トハ何レモ小生ニトリテハ初學者ノ爲ニスル普通ノ講義ヨリモ寧ロ要用ニ候間何卒特別ノ御詮議ヲ以テ願意御聽許相成度奉懇願候也

明治三十年十二月廿八日

上記の資料は岡田自身による「修學旅行御願」に付されたものであり、同願では「來ル明治三十一年ノ春期休業ニ際シ四十日間ノ豫定ヲ以テ監獄ノ實況視察及ヒ專門家歷問之爲メ Dresden、Wien、Budapest、München ヲ經テ轉學地 Halle ニ

第七章　岡田朝太郎　　　255

帰着仕候様致シ度」と述べられている。

　同資料では岡田がベルリン大学で実際に師事した教員名が明示されており、学説継受の問題を考える際に参考価値の高い情報といえる。またベルリンからハレへの転学の際の専門家歴訪についても、全て達成出来たものかどうかは確証がないものの、少なくとも岡田の興味関心の在り処として、また会見が実現していたものとすれば学説継受の一齣として大変興味深いものといえる。ハレへの転学についても Franz von Liszt の講義聴講のためとその目的が明記されており、貴重である。

　さて、岡田は以上を経てハレへと拠点を移し、明治 31（1898）年 4 月 28 日にハレ大学において岡松参太郎とともに学籍登録を行っている[27]。同大学には 1898 年の夏学期及び 1898/99 年の冬学期と在籍し、居所は Friedrichstr. 4. Schullze 方であったことが判明している[28]。岡田は Franz von Liszt の下で相当研究に打ち込んだようで、後に牧野英一が「あとで留学して聞きますと、岡田先生はリスト研究室で大変な勉強家であられたらしい。リストのファミリーの印象が甚だいいのです」[29]と証言している。

　ただ岡田はハレでも滞在から 3 か月も経たないうちに次の留学先への転学願を出している。先に見た通り明治 31（1898）年 7 月 16 日付でブリュクゼル即ちベルギーのブリュッセルへの転学が許可されているのである。

　何故にブリュッセルなのか、これについては岡田の転学願及び同時に提出された巡歴研究願が残されている[30]。それによれば、「本年十月ノ下旬若クハ十一月上旬白耳義國ブリュクゼル Bruxelle 大學ニ於テ伊國人ロンブロゾ儀刑事人類學ノ講義ヲ開カレ候間（年々繼續スルカ否ハ不明）右傍聽ノ爲」とその理由が述べられている。

　併せて提出された巡歴研究願には以下の壮大な旅行計画が述べられている。

　　　一　巡歴地[31]　一　莫斯科（ハレイー莫斯科間經路　ベルリン Berlin、クュストリン Küstrin、ポーゼン Posen、トルン Thorn、ワルシャワ Warschau、ブレストリトウスク Brest-Litowsk、ミンスク Minsk）　二　聖彼得堡　三　ストックホルム　四　コッペンハーゲン　五　クリスチアニア　六　ハンブルヒ（二―三―四―五―六間航海）　七　アムステルダム（ハンブルヒーアムステルダム間經路　ハンブルヒ Hamburg、ブレーメン Bremen、ハン

ノーヴァ Hannover、リッペ Lippe、エッセン Essen、ウトレヒト Utrecht、アムステルダム Amsterdam） 八 ブリュクゼル Bruxelle（七―八間經路 アムステルダム Amsterdam、ハーグ Haag、ロッテルダム Rotterdam、アントウェルペン Antwerpen、ブリュクゼル Bruxelle）

一 日数 八月十六日ヨリ十月十五日ニ至ル夏期休課二個月間
一 目的 一 監獄巡見 特ニ入監外國人取扱振調査
二 既往ノ刑具拷問具取調
三 其他ノ參考トナルベキ事項（例令ヘバ幼年囚徒取扱振、出獄人保護ノ状況、刑事圖書、專門家ノ訪歴ノ類）

以上の転学願及び巡歴研究願にはそれぞれ明治31（1898）年5月8日及び9日の日付が付されているが、この日付から見るならば、岡田はハレに到着し学籍登録を行ってから10日程後にもう次の転学願を出していることになる。

この転学願及び巡歴研究願についてはその後明治31（1898）年6月20日付で文部大臣秘書官より東京帝国大学総長へ問い合わせが行われている。当該文書上部には「法科教授會ニ於テ可決 八束」、下部に「評議會可決」と書き入れがあり、またこの問い合わせへの回答と思われる明治31年7月6日付の文書では「右本人願出候義ハ最必要ト認候間許可相成候様致度」と回答されており、文書の流れからいえば岡田の希望は叶えられたことになる。明治31年調査分の『文部省外國留學生表』が7月16日付でブリュッセルへの転学が認可されたと伝えるものとも符合する。

しかしながらこのブリュッセル転学及び欧州一大巡歴研究は、先に見た岡田の帰朝記録では触れられていない。逆に同記録では「同（筆者註：明治31（1898）年）四月ヨリ同三十二年四月マデハレイ、ア、エス市大學ニ於テ」滞在したことになっている。ブリュッセル転学やこの巡歴研究が実現していたのであれば触れられていて良さそうなものである。一方で岡田がハレを立ち去ったのは明治32年1月11日とされている[32]。実現しなかったか、実現したが特別講義の聴講という一時的なものとして記載されなかったか、実現したけれども帰朝記録に残らなかったか、詳細はこの資料のみでは不明である。

ただ、この段階で岡田が Cesare Lombroso[33] の講義に興味を示していることは大変興味深い。Lombroso の所論は日本においては岡田の弟子に当たる牧野英一

によって本格的に紹介された印象が強く[34]、また法学のみならず様々な分野に影響を与えることになる[35]が、師もまた関心を持っていたことになる。

(3) ローマ

さて、その後岡田がハレからローマへと拠点を移したことは帰朝記録に記されている。この転学に関しては外務省記録に文書が残されている[36]。そこでは「本年（筆者註：明治32（1899）年）四月ヨリ伊國羅馬ヘ轉學相命シ候」として明治32年1月25日付で文部大臣より外務大臣に対し、駐イタリア公使に配慮を願う旨照会が行われたことが記されている。

ただ何故ローマに拠点を移したのか、またローマのどの機関に籍を置いたのかについては、この文書では触れられていない。帰朝記録でも「同月ヨリ同十二月マデ伊國羅馬ニ於テ」研修、と記されるのみである。Lombroso は当時トリノ大学で教鞭を執っており、彼を追って拠点を移したという可能性も零ではないにせよ、そうであればトリノに滞在するものと思われることから、その可能性は低いものと思われる。いずれにせよローマに滞在したことは確かであり、指導教員穂積陳重とともに国際東洋学者会議第12回大会に出席し、またその際にローマ郊外に出掛けている様子が『法窓夜話』等に登場する[37]。

そしてこのローマ滞在中、帰朝記録にある通り「同三十二年九月ブダペスト市ニ開會セル第九列國刑法家協會ニ列席ス」として「列國刑法家協會」即ち Internationalen Kriminalistischen Vereinigung （Union internationale de droit pénal）[38] の第8回総会（於・ブダペスト、1899年9月12～14日）に出席している。

この国際会議参加については関連の文書が残されている[39]。岡田から提出された「國際刑法學會列席願」では「來ル明治三十二年九月ニブダペスト府ニ於テ第八回國際刑法學會開會之筈」として列席の許可を求めている。この願は明治31（1898）年11月の日付を有しており、ローマ転学以前、ハレ滞在中に既に計画していたことが分かる。同願では旅費につきローマ転学の件の指示を待ってからとしており、ローマ転学願と前後して提出されていたことが推測される。この願に対しては明治32年5月9日付で文部大臣官房秘書課より東京帝国大学総長宛に意見聴収が行われ、これを受けて法科大学では同年5月12日付で教授会において異議なく議決された旨回答が行われている。総長は5月17日付で「何レモ本人願之通聽許」して欲しいと文部大臣への回答を行っており、岡田の希望は実現されるに至っている。

そして岡田はこの時点で「列國刑法家協會」に加入したようであり、同会の雑誌 *Mitteilungen der Internationalen Kriminalistischen Vereinigung (Bulletin de l'Union internationale de droit pénal)* の第 8 巻（1900 年）掲載の会員名簿には "Dr. Ashataro Okada, z. Zt. Rom, via Sicilia 42 (nt15)"、第 9 巻（1902 年）には "Dr. Assataro Okada, z. Zt. Rom, via Venti Settembre 56 (int 12)" としてイタリアでの居所と思しき地名表示とともに掲載されている[40]。

第 8 巻には会議での提出論文や議事録も付されており、対審的予審（instruction contradictoire）、単純警察罪（違警罪）（contraventions de simple police）、犯罪に対する高齢の影響（Einfluss des Greisenalters auf die Kriminalität）、婦女売買（Traite de blanches）等の議題が並んでいるのが確認出来る。また第 8 巻には Assataro Okada, *Vorentwurf zu einem Strafgesetzbuch für das kaiserlich japanische Reich*（Sammlung Ausserdeutscher Strafgesetzbücher in deutscher Übersetzung, no. 14), J. Guttentag, 1899 が附録として収録されていることから、或いはこの総会のために岡田が同論文を執筆したものかとも推測される。

(4) パリ、そして帰国

ローマ転学の経緯を記した外務省記録には附件としてフランスへの出発についての文書も残されている。明治 32（1899）年 12 月 28 日付の在伊特命全権公使から外務大臣に宛てた報告文では岡田につき「本年四月獨乙國ヨリ當國羅馬ニ轉學致シ居リ候処今般更ラニ佛國ニ向ケ出發致シ候同人當國在留中ハ孜々勉學致シ居リ當館ニ於テモ種々斡旋ノ勞ヲ取リ□次第ニ有之候」（□は判読不能箇所）とされている。

岡田はフランスへと居を移し、「（筆者註：明治 32（1899）年 12 月）ヨリ同三十三年四月マデ佛國巴里府警視廳所屬ベルチオン個人識別所ニ於テ研修」ということになった。ここでいう「ベルチオン」とは Alphonse Bertillon、所謂ベルチオン式生体測定法（Bertillonnage）[41] の創始者として知られる人物である。岡田は帰国後に論文「「ベルチヨン」氏式個人識別法」を発表してこれを紹介している[42]。ベルチオン式生体測定法とは、岡田自身の説明を借りれば「丁年に達したる者の身體の中に於て成るへく變化せす又測られる者か變更するを得さる個處に就て、或るものは其寸尺を測り或るものは形狀乃至色等を記載して、甲人と乙人との異同を辨する方法」である。

岡田が大学院進学の際に刑事人類学を志向していたということを思い起こすならば、この留学先の選択は大変興味深い。先行研究が「ベルティヨンは一八八三

第七章　岡田朝太郎　　259

年、『再犯者同定と累刑者保安処分法』を世に問い、八五年、ロンブローゾの主
導のもとローマで開催された第一回犯罪人類学国際会議において「人体計測学に
よる描写、身元同定の新しい方法」と題して講演を行う。翌年『犯罪人類学と刑
法学の記録保管』（八六年）を刊行、八九年にはパリ博と平行して第二回犯罪学
国際会議を主宰する」[43] と指摘する通り、Bertillon は Lombroso とも深い関係を
持ちつつフランスの刑事人類学[44] を牽引したひとりであったからである。

　岡田が滞在した時期はちょうどドレフュス（Dreyfus）事件が展開していた時期
に当たる。周知の通り同事件は 1906 年に至り無罪とされたことにより世紀の冤
罪事件として有名になり、逆に同事件の筆跡鑑定を担当した Bertillon の評価は
大きく下がることになるが、それは岡田の帰国後の話である。ともあれ、ベルチ
オン式生体測定法は後に指紋による鑑定法に取って代わられるまで使用された方
法であり、早期に日本にこれを紹介したことは岡田の業績のひとつに数えて良い
であろう。

　先に見たブリュッセルでの Lombroso の講義聴講希望やフランスでのベルチオ
ン式生体測定法の研修等、岡田の留学の過半は刑事人類学に深く関係する要素に
当てられていることが見て取れるが、刑事人類学自体は岡田によってはじめて日
本に紹介されたわけではない。早期からこれを紹介した人物としては坪井正五
郎[45] の名を挙げなければならないだろう。既に明治 25（1892）年（当時岡田は
大学院に在学中）ブリュッセルにおいて開催された第 3 回刑事人類学万国会議に
坪井と寺尾亨が出席しており、その報告が官報に掲載されている[46]。

　坪井はさらに翌明治 26 年には「刑事人類學ノ眞價」と題する講演を国家医学
会において行い、その内容は『國家醫學會雑誌』以外にも『東京人類學會雑誌』
や『法醫學會雑誌』へと転載されている[47]。同時期には加藤幹雄によりガロフハ
ロ（Garfalo）『犯罪論 刑事人類學』（明法誌叢第 1〜18 号、明法堂・1892〜1993）も
翻訳される等、刑事人類学が本格的に紹介される中で岡田はそれを研究課題に設
定して大学院、さらには欧州留学を果たすことになっていたわけである。

　さて、岡田の最終的な帰朝は明治 33（1900）年 7 月 2 日、この帰朝記録の日付
は同月 5 日の官報に「文部省外國留學生……東京帝國大學法科大學助教授岡田朝
太郎……ハ本月二日ニ孰レモ歸朝セリ（文部省）」[48] と記載されているものとも符
合する。同月 24 日の官報には「刑法講座擔任ヲ命ス　東京帝國大學法科大學教
授　岡田朝太郎」[49] とあり、帰国後非職を解かれて 32 歳にして法科大学教授に
着任、その後活躍することとなるのである。

三 刑事法関連の著作

　岡田朝太郎の日本刑法学に占める位置については、小林好信「岡田朝太郎の刑法理論」（法律時報 51-8～9・1979、後に吉川経夫他編『刑法理論史の総合的研究』（日本評論社・1994）に収録）がある。併せて参照されたい。

論文[50]

「罪科學」（明法誌叢 2～3・1892）

「數度の犯罪に付き」（明法誌叢 9・1892）

「ヌーシャテル州新刑法法典に付き」（明法誌叢 10～12、14～15・1892～1893）

「短期自由刑の二大弊害救治策」（明法誌叢 17、20・1893）

「罪因行狀錄（其二)」（明法誌叢 17・1893）

「礦坑内に於て囚徒を使役する可否」（明法志叢 23・1894）

「第六十二號問題」（明法志叢 28・1894）

「刑法第二編第二章第二節に就て」（明法志叢 33・1894、法學協會雜誌 12-12・1894）

「累犯者を減する一策」（法學協會雜誌 12-8、國家學會雜誌 89～90・1894）

「官吏の職務を行ふを妨害する罪に就て」（法學新報 45・1894、日本辯護士協會錄事 45・1900）

「冒認罪論」（法學協會雜誌 13-9、12・1895）

「古今の弑逆者に關する精神醫學的研究」（法學協會雜誌 14-1～4、6、9・1896）

「累犯者の處分」（國家學會雜誌 125・1897）

「變造私文書行使の件に就て」（法學協會雜誌 15-1・1897）

「現今の刑法學理適用の有樣」（丹羽清次郎編『名士と青年』（上田屋・1899）所収）

Vorentwurf zu einem Strafgesetzbuch für das kaiserlich japanische Reich, Sammlung Ausserdeutscher Strafgesetzbücher in deutscher Übersetzung no. 14, Berlin : J. Guttentag, 1899.

「冤罪者に對する國家賠償制度」（法律新聞 3～6、明治法學 13、國家學會雜誌 165・1900）

「緊急狀態及ひ意思自由」（法學志林 2-12～14・1900、法學協會雜誌 19-1、6・1901）

「刑事政策（講演速記)」（明治法學 14・1900）

「刑法改正に就て」（法政新誌 4-42・1900）

「ベルチュン氏個人識別法」（監獄協會雜誌 13-11～12、14-2～4、6、警察協會雜誌 5～10、12・1900～1901)[51]

「刑法上に於ける人の生産及成熟時期に就て」（済生學舎醫事新報 95・1900）

「改正刑法草案の評論に就て」（警察協會雜誌 11・1901）

「獨逸諸國刑の執行猶豫の成蹟」（警察協會雜誌 15・1901）

「巡査の姿勢竝用語と警察の外助」（警察協會雜誌 17・1901）

「刑法改正贊成論」（讀賣新聞 1901 年 1 月 24 日朝刊 3 面）

「刑法非改正論の一節に就て岸本法律學士に質す」（法律新聞 19・1901、後に東京法論社編輯局編『日本法律大家論集』（青木嵩山堂・1901）へ收錄）

「刑法非改正論を評す」（法律新聞 20・1901、後に東京法論社編輯局編『日本法律大家論集』（青木嵩山堂・1901）へ收錄）

「岡松君に」（法律新聞 21・1901、後に東京法論社編輯局編『日本法律大家論集』（青木嵩山堂・1901）へ收錄）

「（解疑）商事會社に對する誹毀罪」（法學志林 3-16・1901）

「（解疑）一罪と數罪とを區別する標準」（法學志林 3-17・1901）

「承諾と犯罪成立との關係」（法學志林 3-18・1901、後に氏家寅治編『法律名家纂論』（清水書店・1902）へ收錄）

「（解疑）受寄の時計を賣却したる者の處分」（法學志林 3-20・1901）

「特別宥恕竝に罪樣の列擧に付て」（法學志林 3-21・1901）

「（解疑）強盜強姦致死の處分」（法學志林 3-22・1901）

「犯罪論」（法政新誌 5-45・1901）

「一罪と數罪との區別に就て」（法政新誌 5-47〜48・1901、後に氏家寅治編『法律名家纂論』（清水書店・1902）へ收錄）

「刑法學理適用の有樣」（長井庄吉編『名士講壇』（上田屋・1901）所收）

「刑の執行猶豫」（内外論叢 1-3〜4・1902）

「「チャーレス」五世の刑法」（法學志林 4-30・1902）

「刑法改正案に就て（講演）」（明治法學 30、31・1902）

「集萃 刑法改正案に就て」（法學針誌 5〜7・1902）

「手段とは何そや」（明治法學 36・1902）

「（資料）刑の執行猶豫の立法例」（明治法學 38〜39・1902）

「隱私漏告罪（國家醫學會講演）」（明治法學 43〜44・1902）

「刑事政策（岐阜講話會講話）」（明治法學 45〜46・1902）

「刑法答案批評」（明治法學 45・1902）

「世界最古の法典（明治法律學校に於ける講演）」（明治法學 47〜48・1902）

「隱私漏告罪を論す」（明義 3-10〜11・1902）

「都市の道路取締」（警察協會雜誌 29・1902）

「刑の執行猶豫に就て」（法學協會雜誌 21-3・1903）

「自殺に就て」（法學協會雜誌 21-9、11・1903）

「「ベルチオン」式箇人識別法に就て」（法學志林 5-43・1903）

「カン及びビジヨニェル氏の日本刑法草案批評を評す」（明治法學 51〜52、57・1903）

「正犯從犯の區別の標準に關する蜷川学士の論駁に答ふ」（明義 4-4・1903）

「再び蜷川学士に答ふ」（明義 4-6・1903）

「國政と刑法」（太陽 9-3・1903）

「受託物費消罪に就て」（法學協會雜誌 22-4～6・1904）

「間接正犯」（法學協會雜誌 22-12・1904）

「催眠術を以て私に治療を施すを業と爲すは刑法私爲醫業の罪か」（内外論叢 3-3・1904）

「賄賂として官吏に贈るべく委託したる金錢の費消」（法學志林 6-56・1904）

「催眠術と刑法との關係殊に刑法上醫業の意義（法理研究會講演）」（明治法學 70・1904）

「誤殺誤傷に就て」（明治學報 76・1904）

「刑事裁判の一大缺點」（法學新報 14-8・1904）

「刑事上の責任年齡に就て」（國家學會雜誌 19-4・1905）

「責任更新」（法學協會雜誌 23-3・1905）

「不作爲の詐欺取財」（法學協會雜誌 23-11・1905）

「（法理研究會講演會）民法と刑法との關係」（法學協會雜誌 23-11・1905）

「因果連絡中斷か責任更新か」（法學志林 7-1・1905）

「委託者以外の者が受託者に對し擅に委託物を自己に賣却せしめたる場合の處分（判檢
　事辯護士試驗問題）」（明治學報 82・1905）

「明治三十八年法律第六十六号に就て」（明治學報 86、國際法雜誌 3-8・1905）

「時事刑法觀」（法學協會雜誌 24-1～3、6～7・1906）

「貨幣僞造に關する罪」（法學協會雜誌 24-4～5・1906）

「韓國新刑法」（明治學報 98・1906）

「醫家と法律家の衝突」（讀賣新聞 1907 年 1 月 8 日別刷（醫事附録）5 面）

「世界の刑法」（法學志林 18-7～8・1916）

「刑法、比照新舊、軽重處斷の規則に就て」（日本法政新誌 1-3・1917）

「委内瑞拉合衆國新刑法法典概評」（法學協會雜誌 35-2、4～5、7、9・1917）

「國津罪と利末記」（法治國 33・1917）

「稍狹き法定刑と酌加酌減の法」（法律新聞 1360・法學志林 20-1・1918）

「賄賂に關する立法例」（法學協會雜誌 36-6、8～9、11・1918）

「豫審の所管」（國家及國家学 6-1・1918）

「一九一七年巴奈馬共和國刑法法典略評」（杉山直次郎編『富井先生還暦祝賀法律論文
　集』（有斐閣書房・1918）所収）

「波利維亞刑法法典」（法學協會雜誌 37-8～12、38-1、3、8～10・1919～1920）

「豫審について」（法律新聞 1950・1922）

「刑法の改正に就て」（法律及政治 1-6～7（未完）・1922）

「天津罪國津罪」（法律及政治 3-3～5、7～8・1924）

「毀棄罪の沿革」（法律及政治 3-10、4-4・1924～1925）

「邏羅王國刑法法典」（早稻田法學 3・1924）

「緊急行爲に關する研究資料」（法律及政治 6-11・1927）

「信用及び業務に對する罪の客體」（法律論叢 7-2・1928）

「刑法改正豫備草案略評（總則）」（早稻田法學 8・1928）

「姦非に關する判決例」（性論 2-1・1928）
「今日から實施される盗犯防止令の解釋 深夜忍び込んだ者は殺しても罪にならぬ」（讀
　賣新聞 1930 年 6 月 10 日朝刊 9 面）
「ポーランド違警罪法（譯）」（法律論叢 13-3・1934）
「西班牙新刑法典に就て」（法律論叢 14-1〜2・1935）
「獨逸刑事法二種」（自警 199・1936）

討論記事
「（討論）甲、乙を殺害するの目的を以て毒薬を服用せしめたるに偶々消毒物之に混和し
　居りたるを以て乙は死を免れたり甲は有罪なりや否」（法學協會雜誌 12-9・1894）
「（討論）官吏を教唆して收賄せしめたる私人は有罪なるや否や」（法學協會雜誌14-
　2〜5・1896）
「（討論）情を知りて僞造貨幣を竊取して之を以て物を買入たる者の處分如何」（法學協
　會雜誌 15-6・1897）
「（討論）狂者刀を振ひ人を追ふ父兄其傍に在り被難者已に恨ある者なるを見て其儘棄て
　置きたる爲め遂に之を殺せり父兄は刑法上罰すべきものなりや」（法學協會雜誌
　18-12、19-1〜9・1900〜1901）

判例評釈
「（判例評釋）文書僞造行使事件」（法學協會雜誌 21-2・1903）
「（判例評釋）僞證事件」（法學協會雜誌 21-2・1903）
「（判例評釋）強盗殺傷事件」（法學協會雜誌 21-2・1903）
「（判例評釋）電流盗用事件の判例を評す」（法學協會雜誌 21-7・1903）

校閲・批評等
（贊評）藤澤茂十郎『刑法評論：改正草案』（東京專門學校出版部・1901）
（校閲）岩井尊文『不作爲犯』（有斐閣・1902）
（校閲）松原一雄『過失論』（刑事論集第 2 号）（有斐閣・1903）
（校閲）吾孫子勝・乾政彦譯『フォン・リスト著 獨逸刑法論』（早稻田大學出版部・1903）
（校閲）小田切省三「監獄改良の鼻祖 ジョン・ハワード氏傳」（日本法政新誌 9-3・1905）

著書
『日本刑法論』（有斐閣書房・1894）
『刑法總則』（日本法律學校本科 28 年度講義録）（日本法律學校・1895）
『日本刑法論』（總則之部）（有斐閣・1895（訂正増補再版・訂正増補第 3 版（信山社復
　刻版あり）））
『日本刑法論』（各則之部）（有斐閣・1895（訂正増補再版（信山社復刻版あり）））

『刑法論』（中外印刷・1920）

『刑法總論』（中外印刷・1924）

『邏羅王國刑法法典』（［刊行者不明］・1924）

『刑法各論』（明治大學出版部・1925）

『刑法論』（中外印刷出版部・1927）

『刑法分論』（自版・1933）

『刑法の知識』（万有知識文庫 14）（非凡閣・1934）

『刑法分論（改訂）』（自版・1934）

（日本語訳）『一九二八年西班牙刑法』（司法資料 194 号）（司法省大臣官房調査課・1935）

（日本語訳）『伊太利刑法典』（司法資料 198 号）（司法省大臣官房調査課・1935）

（日本語訳）『伊太利刑事訴訟法典』（司法資料第 199 号）（司法省大臣官房調査課・1935）

（日本語訳）『伊太利刑法典報告』（司法資料第 207 号）（司法省大臣官房調査課・1936）

（日本語訳）『伊太利刑事訴訟法典報告』（司法資料 208 号）（司法省大臣官房調査課・1936）

講義案・講義録

「民法財産編第一部（第四章占有）」（理財科講義 52、75～76、80～81、85・1892～1893）

「刑法（總則）」（理財科講義 74～79、81～86・1893）

『刑法總則』（日本法律學校本科明治 28 年度講義録）（日本法律學校・1895）

『大審院刑事判決例 參考科目』（東京專門學校行政科第 8 回 1 年級講義録）（東京專門學校・1896）

『刑事訴訟法講義案』（有斐閣・1901）

『刑法總則講義案』（有斐閣・1901）

『刑法講義案』（總則／各論）（有斐閣・1901）

「刑法第七十七條ニ付テノ推問」（『三十六年度高等科ノ一 和佛法律學校講義録』第 24 号（和佛法律學校・1902））

『刑法講義案』（2 冊）（有斐閣・1902～1903（第 6 版））

「刑法改正案比較其他ニ付テノ講演及ヒ推問」（『三十六年度高等科ノ二 和佛法律學校講義録』第 44 号（和佛法律學校・1903））

「謀故殺罪ニ付テノ講演」（『三十六年度高等科ノ三 和佛法律學校講義録』第 56 号（和佛法律學校・1903））

「毆打創傷罪自殺及ヒ墮胎罪ニ付テノ講演」（『三十六年度高等科ノ五 和佛法律學校講義録』第 74 号（和佛法律學校・1903））

「犯罪ノ定義ニ付テノ講演」（『三十六年度高等科ノ六 和佛法律學校講義録』第 83 号（和佛法律學校・1903））

「一罪ト數罪トノ區別ニ關スル推問竝ニ講演」（『三十六年度高等科ノ九 和佛法律學校講義録』第 112 号（和佛法律學校・1903））

『刑法講義』（刑法總論／各論合本）（明治法律學校出版部講法會・1903）

『刑法』（和佛法律學校高等科 36 年度講義録）（和佛法律學校・1903）

『刑法講義案』（有斐閣書房・1904（改正第 8 版））

『法政大學講義録 刑法總論・各論』（法政大學・1905～1906）

『刑法問答録』（早稲田大學 38 年度法律科第 1 學年講義録）（早稲田大學出版部・1905）

『刑法總論』（法政大學 38 年度講義録）（法政大學・1905）

『刑法講義 總論』（明治大學 39 年度法學科第 1 學年講義録）（明治大學出版部・1906）

『刑法講義』（明治大學 39 年度法學科第 2 學年講義録）（明治大學出版部・1906）

『刑法總則講義案：漢文』（有斐閣・1906）

『刑法講義 總論』（明治大學 40 年度法學科第 1 學年講義録）（明治大學出版部・1907）

『刑法講義』（明治大學 40 年度法學科第 2 學年講義録）（明治大學出版部・1907）

『刑法總則講義案』（有斐閣・1915）

『刑法總論』（明治大學大正 5 年度法律科第 1 學年講義録）（明治大學出版部・[刊行年不明]）

『刑法總論』（明治大學大正 6 年度法律科第 1 學年講義録）（明治大學出版部・[刊行年不明]）

『刑法總論』（明治大學大正 7 年度法律科第 1 學年講義録）（明治大學出版部・[刊行年不明]）

『刑法各論』（明治大學大正 8 年度法律科第 2 學年講義録）（明治大學出版部・1919）

「條件付裁判即ち刑の執行猶予の制度に就き」（『日本法律學校正科講義録 参考書目』（日本法律學校・[刊行年不明]））

刊行年不明分

『刑法各論』（法政大學）

『刑法總論』（法政大學）

『刑法』（總則・日本法律學校）

（翻訳）『比律賓刑法』『秘露刑法』『日文西班牙刑法法典』『日文智利刑法法典』『哀爪道爾刑法法典』『Costa Rica 刑法法典』（[全て刊行者不明]）

『比較刑法』（明治大学出版部・『日本立法資料全集』別巻 315、316（信山社）として復刻）

刑事法を除く法学関連の著作

「土地所有權の起源」（法學協會雜誌 10–1～3、5～6・1892）

「一九三三年以降の獨逸ヒットラ内閣立法」（法律論叢 14–12、15–1～4、6・1935～1936）

『法學通論』（富山房／有斐閣共同刊行・1908）

『法學通論』（中外印刷工業・1919（改訂 5 版））

『日常の法律』（『大日本百科全集』第 11 巻・誠文堂・1927）

（校訂）土屋彦太郎・相川茂郷『中等法制經濟教科書』（明治書院・1906（修訂改版）、1907（修訂 2 版）、1908（第 5 版）、1909（再版改版）、1910（再訂 3 版））

（監修）『最新六法全書』（最新六法全書編纂所・1926）

「法制」（日本商業學會編『商業實務講義 第三巻』（誠文堂・1934）所収）

四　清国法典編纂関連の著作

岡田朝太郎の清朝における業績を扱った文献として、以下のようなものがある。

清朝における岡田朝太郎

宮坂宏「清末の法典編纂をめぐって」（法制史研究 14 別冊・1963）

宮坂宏「清末の近代法典編纂と日本人学者」（専修大学社会科学研究所月報 46/47・1967）

宮坂宏「清国の法典化と日本法律家 —— 清末の刑法典編纂の問題について」（『仁井田陞博士追悼論文集 第 3 巻 日本法とアジア』（勁草書房・1970）所収）

島田正郎『清末における近代的法典の編纂』（創文社・1980）

杜鋼建「沈家本岡田朝太郎法律思想比較研究」（张国华主编『博通古今学贯中西的法学家 —— 1990 年沈家本法律思想国际学术研讨会论文集』（陕西人民出版社・1992）所収）

何勤華「日本刑法学家冈田朝太郎」（何勤華主编『二十世纪百位法律家』（法律出版社・2001）所収）

黄源盛「清末民初近代刑法的啓蒙者 —— 岡田朝太郎」（黄宗樂教授祝壽論文集編輯委員會編『黄宗樂教授六秩祝賀 基礎法學篇』（學林文化事業有限公司・2002）所収、後に修改の上で黄源盛「岡田朝太郎與清末民初刑事立法」として黄源盛『法律繼受與近代中國法』（國立政治大學法學叢書 55）（元照出版有限公司總經銷・2007）に収録）

陈新宇「礼法论争中的冈田朝太郎与赫善心」（华东政法大学学报 2016 年第 4 期）

岡田渡清関係報道

「岡田博士招聘」（讀賣新聞 1906 年 9 月 11 日朝刊 2 面）

「岡田博士の送別會」（［東京］朝日新聞 1906 年 9 月 24 日朝刊 2 面）

「岡田博士の赴任期」（［東京］朝日新聞 1906 年 9 月 24 日朝刊 3 面）

「（見送御礼）」（讀賣新聞 1906 年 10 月 4 日朝刊 3 面）

「刑法草案奏上」（［東京］朝日新聞 1907 年 10 月 10 日朝刊 2 面）

「清國法典談 岡田博士の歸朝」（［東京］朝日新聞 1910 年 2 月 4 日朝刊 3 面）

「岡田博士」（［東京］朝日新聞 1910 年 7 月 5 日朝刊 2 面）

「清國の諸法典」（［大阪］毎日新聞 1910 年 7 月 11 日朝刊 2 面）

「清國の法典」（報知新聞 1910 年 7 月 11 日朝刊 2 面）

「岡田博士談」（讀賣新聞 1910 年 7 月 11 日朝刊 2 面）

「清國法典の巧程」（報知新聞 1910 年 7 月 27 日夕刊 1 面）

「清國法典談」（［大阪］毎日新聞 1911 年 1 月 21 日朝刊 2 面）

「岡田博士談」（讀賣新聞 1911 年 1 月 21 日朝刊 2 面）

第七章　岡田朝太郎　　　267

「岡田博士歸朝」（［東京］朝日新聞 1911 年 7 月 6 日朝刊 2 面）
「支那新刑法實施」（［東京］朝日新聞 1913 年 7 月 3 日朝刊 2 面）
「岡田博士歸朝」（［東京］朝日新聞 1914 年 7 月 12 日朝刊 2 面）
「岡田博士支那談」（［東京］朝日新聞 1915 年 7 月 18 日朝刊 4 面）
「岡田博士廢官」（讀賣新聞 1915 年 10 月 3 日朝刊 3 面）

　また清国招聘の際の招聘契約書の写しが外務省記録の中に存在する[52)]ので以下
に紹介する。

　　大清國
　　欽差出使日本國大臣楊樞代
　　欽命修訂法律大臣沈家本伍廷芳聘訂
　　大日本東京帝國大學法科大學教授法學博士岡田朝太郎爲
　　　北京法律學堂教習兼
　　欽命修訂法律館調查員所有合同條款開列於左
　　　第一則　該員到中國後應受法律學堂監督節制遵守奏定學堂章程及本學堂章
　　　　程內教習應照各條並遵修律大臣命令從事法律館所屬託調查改良刑法事宜
　　　　此外民商等法遇有屬託亦應竭力襄助
　　　第二則　該員在學堂教授刑法及刑事訴訟法按照本學堂學期授業預定表及時
　　　　刻與各教習分任課目
　　　第三則　該員應受薪水分列如左
　　　　一由法律學堂每月致送薪水銀圓六百圓
　　　　一由法律館每月致送津貼銀圓貳百圓
　　　　一本學堂法律館未備該員居住相當官房每月另送房租銀圓五十圓但住房未
　　　　　滿一個月須按日扣算
　　　　以上三項俱以到北京之第二日起算按照中國曆於每月月底致送所有食膳車
　　　　馬僱役一切費用及住房內棹椅等件俱由該員自理
　　　第四則　本合同以滿三年爲期限限滿續訂與否由本學堂及法律館臨時酌定
　　　第五則　該員如未經修律大臣及法律學堂監督許可接連一月未能從事第一則
　　　　第二則所揭職務時薪水減半倘再接連曠課二月則本合同作廢
　　　第六則　該員非有疾病及意外事故不得於合同期限內藉端辭職如或自願解職
　　　　須於三個月前預先聲明不得臨時告辭

前項自行辭職不得要求川資

　第七則　本學堂及本館除因該員有違背合同及曠課滿三個月可將該員辭退外不得於合同期限內無端解約

　　　　但本學堂及本館如有意外事故不能履行合同之時可臨時將該員辭退除送川資銀圓四百圓外另送六個月薪水以示格外優待之意

　第八則　該員自照本合同應聘後當於起程來中國時致送川資銀圓四百圓以爲一切旅費

　　　　如合同期滿不再續訂歸國時亦致送川資銀圓四百圓其常年暑暇年暇時旅行歸國等費倶由該員自理

　第九則　該員在合同期限內非經法律大臣及監督許可不得兼他業亦不得在外另收生徒

　第十則　本合同分繕漢文四份署名蓋印一存該員一存使署一存法律學堂一存法律館以昭信守

　第十一則　本合同中如有未盡事宜俟該員到北京後與修律大臣隨時商訂

　附則

　　　　本合同所稱銀圓係爲重庫平七錢二分之中國現行銀圓

大清國

欽差出使日本國大臣楊樞代　　　　　　　　　　　（サイン）

欽命修訂法律大臣沈家本伍廷芳訂

大日本國東京帝國大學法科大學教授法學博士岡田朝太郎　（サイン）

光緒三十二年七月二十六日

明治三十九年九月十四日

　清国では「南寧胡同」に寓居[53]して法典編纂事業に従事する傍ら、幾度かは一時帰国もしていたようで、その際に新聞の取材に応じて進捗状況を述べている[54]。清国滞在中の具体的な活動状況について『汪榮寶日記』では修訂法律館で法案の起草作業等に当たっていた汪榮寶と岡田の交流の様子を垣間見ることが出来る[55]。当時の岡田の仕事ぶりについては皮肉めいた報道もあるものの[56]、彼の功績はこれによって貶められるものではなかろう。事業を進めるに当たって岡田は、同時期に台湾旧慣調査を進めていた岡松参太郎へ協力を要請している[57]等興味深い動向も知られている。

第七章　岡田朝太郎　　　269

　なお彼は民国4（1915）年に或る詐欺事件に巻き込まれて失意の帰国を余儀なく
されたようで、事件の顛末が『政府公報』[58]に、彼の弁明書が外務省記録[59]に残
されている。また清末の法律編纂顧問として何故岡田や松岡義正、志田鉀太郎と
いった人々が選ばれたのかという問題については、当初清朝側としては梅謙次郎
の招聘を考えていたものの断念したことが知られる[60]。当時梅は朝鮮での慣習調
査・立法作業に関わっており[61]、梅本人は法律顧問として中国へ渡ることは無
かった。しかし彼が幾人もの日本人顧問を紹介していることは興味深い。また清
朝側も、招聘の実現性はともかくも、多くの日本人学者を候補に挙げて検討を進
めていたことが、北京大学堂の開設の際の史料に見える[62]。これ以外にも自身の
著作を通じての中国との交流や、中国に関してしばしば自論を展開した記事等が
知られている[63]。

論考
『大清刑律草案　大清違警律』（有正書局（發行）・1908）
『大清刑律草案』（［刊行者不明］・［光緒末］）
「清國憲政施行問題について」（國際法雜誌 8-6・1909）
「清國の教育及法典編纂について」（太陽 15-11・1909）
「清國の刑法草案に付て」（法學志林 12-2・1910）
「清國の將來に就て」（國際法雜誌 9-7・1910）
「清國既成法典及び法案に就て」（法學志林 13-8/9・1911）
「清國改正刑律草案」（法學協會雜誌 29-3・1911）
「（雜報・法理研究會記事）清國法律談」（法學協會雜誌 29-3・1911）
「清國の法制」（刑事法評林 3-9・1911）
「（雜報・法理研究會記事）支那の現行刑事法令の要領」（法學協會雜誌 33-12・1915）

中国語訳された著書・教科書等
『法政速成科講義録　刑法總論』（法政大學・1905）
『漢譯刑法講義案』（法政大學・1905）
『法政速成科講義録　刑法各論』（法政大學・1906〜1907）
『刑法總則講義案：漢文』（有斐閣・1906）
『法學通論』（張孝栘漢譯・富山房・1908）
「（口授）刑事法與檢察制度」（鄭言筆述／蔣士立編『檢察制度』（中國圖書公司・1911）
　所収）
＊（徐謙校定）『檢察制度詳考』（順治門内東太平街徐宅印・1912）
『中華民國暫行新刑律』（國民大學・中華大學・1913）

（序論）法律編査會編輯『中華民國罰則彙纂：附懲戒法規』（法律編査會・1915）

『中華民國新刑律總則講義』（明治大學出版部・1917）

＊（徐謙校定）『検察制度詳考』（1917）

＊『中華民國新刑律總則講義』（朝陽大學・1919）

＊『刑法總則』（朝陽大學・1922）

＊（胡長清訳）『刑法總論』（朝陽大學出版部・1925）

＊（胡長清訳）『日本刑法改正案評論』（上海會文堂新記書局・1931、北京図書館所蔵・上海図書館所蔵）

※うち刊行年不明分

＊（江庸訳）『刑法總論』（法政大學）

＊『刑法總則講義案』

＊（江庸・陳與年訳）『刑法――總論各論』（法政大学）

＊（陳與年訳）『刑法各論』（民国年刊）

＊熊元襄訳『刑事訴訟法』

＊『新刑律（法律別科）』（油印本）

※「＊」印を付した書籍は中国政法大学图书馆编『中国法律图书总目』（中国政法大学出版社・1991）収録の情報によるものである。ただし同目録は所蔵情報を欠いているため、現物及びその所蔵機関については確認不能である。

五　川柳関連の著作

川柳研究家としての岡田朝太郎を扱った文献には以下のようなものがある。

川柳研究家としての岡田朝太郎

「岡田三面子」（宮尾しげを編『昭和川柳百人一句』（自版・1934）所収）

中埜喜雄「明治諧謔断章：岡田三面子の世界」（産大法学 14-1・1980）

尾藤三柳「岡田三面子」（川柳春秋（NHK 学園）29・1993）

脇屋川柳「岡田三面子と古川柳研究」（川柳学 2-1・2006）

「三面子」（尾藤三柳監修／堺利彦・尾藤一泉編『川柳総合大事典 第一巻 人物編』（雄山閣・2007）所収）

岡田は雅号でも幾つかの記事を発表している。最も有名なものは「三面子」であり、その由来は彼の日頃の所論に「刑法を学ぶんにゃ先づ新聞の三面に通じんけりゃならぬのぢゃ」とあることだという説がある[64]。また「虚心」という号も有したことが人名辞典等に説かれる。これに加えて「虚心亭主人」という号も

あったようであり、斬馬剣禪が「然も岡田や多藝多能の人、……是を以て彼れ尾崎紅葉、石橋思案、山田美妙等と共に硯友社を組織し、彼の虚心亭主人なる號を以て盛に小説を書けり、彼の新著百種の中『妾薄命』なる一篇ハ彼が單行本を出したるの嚆矢にして……」[65]としている。岡田が「虚心亭主人」の号を用いていたことは、同名で「(漫録) 三面觀」なる記事を『法律及政治』1 巻 8 号から 5 巻 10 号まで 30 回にわたり連載しており、しかもその 2 巻総目次に「法學博士」との肩書きがあることからも裏づけられよう。

　また彼の雅号として「凡夫子」や「田上四山」を挙げる説もある[66]。凡夫子については雑誌『明治法學』の岡田寄贈の口絵の解説（「(雑俎) ベニスの二大壮觀」(明治法學 39・1902)、「(雑俎) ニュルンベルグ五角塔」(明治法學 44・1902)）の筆名として登場するので、岡田の筆名である可能性が比較的高いといえようか。田上四山については、『太陽』誌掲載の法律時評欄（太陽 7-13・1901）において「當春以來本欄を擔任せられたる、法學博士岡田朝太郎氏は、公私多忙當分執筆し難しとの事に付き、爾来同氏の紹介に係る、某々法学博士及び法學士の意見を掲載することゝなし、本誌には差當り、法學博士三面子の短編を採れり、三面子とは果して何人か、將た三面子何をか論ぜん、讀者乞ふ其内容を熟讀玩味せられよ」と謎めいた解説が付されており、同号では三面子、14 号以降では法学士田上四山の筆名で法律時評欄が続いている。三面子は岡田の雅号であるとしても、田上四山は不明である。四＋山を岡の字の草書体の意味とすれば、田の上に岡、即ち岡田となるかも知れないが、我ながら牽強付会の説のような気もする。また法学博士である岡田が態々法学士を名乗るかについても、諧謔を好む岡田のことであるから分からないにしても、確証はない。

　岡田の川柳好きは相当に有名であったようで、それにまつわる逸話もしばしば繰り返し報じられている[67]。彼の川柳は時には舌鋒鋭く、また時には不評を買うこともあったが[68]、『柳樽』の先駆的な研究者としての地位は不動のものといえそうである。筆者は川柳研究を専門とするものではないため、評価は文学研究の専門家に委ねることとしたい。

論考

「(雑俎) 緒餘偶鈔 (三十) 川柳 (屠蘇・遊戯の中)」(明治學報 82・1905)

「(雑俎) 緒餘偶鈔 (三十三) 黄嘴鬣会詠草――日永・江ノ島にて・畑打・蠶」(明治學報 87・1905)

「盂蘭盆会――川柳」（明治學報 89・1905）

「万句合」（讀賣新聞 1905 年 4 月 8 日朝刊 21 面）

「川柳資料」（早稻田文學 1・1906）

「花屋舊次郎」（高潮 1・1906）

「（文藝）川柳を募集す 川柳十則」（中央公論 21-2・1906）

「（文藝）川柳（岡田三面子撰）」（中央公論 21-3・1906）

「（文藝）川柳（岡田三面子撰）」（中央公論 21-4・1906）

「（文藝）川柳（岡田三面子撰）」（中央公論 21-8・1906）

「川柳十則」（東京日日新聞 1906 年 1 月 15 日）

「塵塚」（燕塵 1-9～11・1908）

「川柳談」（燕塵 3-5～7・1910）

「探してゐるもの 川柳の古本を」（［東京］朝日新聞 1924 年 12 月 5 日朝刊 9 面）

「川柳の趣味」（東洋哲學 32-3・1925）

「誤寫誤字又は變更に基く難解又は異調の例」（やなぎ樽研究 1-1、7～8、2-9、4-1～2、
　5・1925～1928）

「誹風柳樽全集に就て」（やなぎ樽研究 1-2・1925）

「誹風柳樽全集に就ての補遺」（やなぎ樽研究 1-4・1925）

「足袋と古川柳」（やなぎ樽研究 1-4・1925）

「川柳敬錯子」（鯱鉾川柳 14-11・1925）

「百花堂露丸と其撰句」（やなぎ樽研究 2-1・1926）

「寛政改革と柳樽の改版」（早稻田法學 5～6・1926）

「書肆花屋舊次郎（高潮第一號）」（書誌 2-1・1926）

「佛國でも川柳が大はやり」（讀賣新聞 1926 年 6 月 22 日朝刊 9 面）

「天變地異にも生き伸びた川柳」（讀賣新聞 1926 年 6 月 24 日朝刊 10 面）

「寛政改革と柳樽の改版の増損と正誤」（早稻田法學 7・1927）

「川柳評前句附万句合創刊の年月」（やなぎ樽研究 3-1・1927）

「頼政は水澤山な歌を詠み」（讀賣新聞 1928 年 6 月 26 日朝刊 9 面）

「櫻に因む川柳」（讀賣新聞 1929 年 4 月 12 日朝刊 9 面）

「（講演）川柳と法律」（明治聖徳記念學會紀要 31・1929）

「川柳日本武尊」（川柳鯱鉾 18-1・1929）

「川柳養老醴泉」（やなぎ樽研究 5-1・1929）

「下谷上野に關する古川柳狂句」（久保田金僊編『下谷上野』（松坂屋・1929）所収）

「齒に關する柳句集」（『よはひ草』第 4 輯（小林商店・1929）所収）

「馬に關する古川柳」（讀賣新聞 1930 年 1 月 14 日朝刊 5 面）

「川柳と時代思潮」（文明協會ニュース 5・1930）

「頼政（謠曲）と川柳」（やなぎ樽研究 6-4・1930）

「奉行の川柳狂句」（法律時報 2-10・1930）

第七章　岡田朝太郎　　　*273*

「罪刑古川柳」（犯罪科學 1-1、3、7・1930）

「難解川柳狂句」（やなぎ樽研究 7-1〜4・1931）

「頼朝に對する川柳狂句」（頼朝會雜誌 2〜4・1931）

「廻文」（［東京］朝日新聞 1931 年 8 月 11 日朝刊 9 面、趣味講座案内の短文）

「和歌に關する難解柳句」（やなぎ樽研究 8-1〜6・1932）

「難解川柳狂句解」（やなぎ樽研究 8-8〜12、9-1〜6、9〜10・1932〜1933）

「天保以後の川柳狂句」（月刊日本文學 2-6・1932）

「万暦十辰年万句合抄」（やなぎ樽研究 9-8・1933）

「日蓮上人と川柳」（［東京］朝日新聞 1932 年 10 月 12 日朝刊 5 面、趣味講座案内の短文）

「難解川柳狂句」（やなぎ樽研究 9-11、12・1933）

「常盤に關する川柳狂句」（頼朝會雜誌 7・1933）

「川柳と俳句」（『俳句講座　第七巻』（改造社・1933）所収）

「忠臣蔵の川柳と狂句」（讀賣新聞 1934 年 12 月 14 日朝刊 15 面、趣味講座案内の短文）

「川柳史」（『日本文學講座　第八巻』（改造社・1935）所収）

「故岡田三面子稿　川柳から見た「万葉集」と「今昔物語」」（書物展望 8-9・1938）

著書

『三面子狂句集 1』（有斐閣書房・1905）

『評釋川傍柳』（川柳よのころ社・1925（初篇）、1928（2 篇）、［刊行年不明］（3 篇））

『誹風柳樽全集に就て』（柳書刊行會・1925）

『木卯柳句抄』（東京市立日比谷圖書館・1926）

『寛政改革と柳樽の改版』（磯部甲陽堂・1927）

『謠曲と川柳』（春陽堂・1930）

『川柳』（岩波講座日本文學）（岩波書店・1931）

『名川柳集』（大日本雄辯會講談社・1936）

『日本史傳川柳狂句』（日本史傳川柳狂句刊行會・1942〜1944）

『日本史伝川柳狂句』1〜26（古典文庫・1972〜1980）

六　コラム・エッセイ・その他の著作

コラム・エッセイ・その他の著作

「法政新誌の發刊を祝す」（法政新誌 1-1・1897）

「伊太利羅馬府名勝（寫眞）」（少年世界 5-20・1899）

「（法律時評）刑法全部の改正・感化法・刑囚及狂囚の監禁に就て」（太陽 7-1・1901）

「（法律時評）刑法改正非改正」（太陽 7-2・1901）

「（法律時評）改正刑法草案の各本條に就て・公娼取締」（太陽 7-3・1901）

「(法律時評)救恤税・拷問廢止の時期・婚姻に關する父母及び戸主の同意」(太陽 7-4・1901)

「(法律時評)委託金費消に就て」(太陽 7-5・1901)

「(法律時評)惰民の取締及び究民の保護」(太陽 7-7・1901)

「(法律時評)涜職法・小學校令施行規則中・交通警察・改正文部省外國留學生規定第七条」
　　(太陽 7-8・1901)

「(法律時評)刺客に就て」(太陽 7-9・1901)

「(法律時評)裁判官の技倆・私立法律學校卒業者・殺伐の氣風・交番所・人の鑑別」
　　(太陽 7-10・1901)

「(法律時評)裸體畫と裸體と鮮血・消防夫・裁判と裁判官・私立法律學校・支那の陸海
　　軍と日本の經濟界・鐵筆板の法政講義筆記・狭きには疾馳せしむ可らず・辯護士と司
　　法事務の渋滞・耳うらない」(太陽 7-13・1901)

「(口繪)獨逸刑法學二大家(寫眞)——ベル子ル博士・リスト博士」(岡田博士寄贈)
　　(明治法學 25・1901)

「祝辞」(倫理界 1・1901)

「(法律時評)刑法改正案・銀行條例の改正・學制改革業・法律第六十三号・速成法制經
　　濟講義錄・行通警察」(太陽 8-2・1902)

「(法律時評)謀故殺の區別の復活に就て」(太陽 8-3・1902)

「(雜爼)正義の神——表紙の畫に付て」(明治法學 28・1902)

「(口繪)伊國の井戸の牢(寫眞)」(岡田博士寄贈)(明治法學 29・1902)

「(雜爼)伊國の井戸の牢」(明治法學 29・1902)

「(口繪)ゲルマン古代の司法會議(寫眞)」(岡田博士寄贈)(明治法學 34・1902)

「(口繪)ベニスの二大壮觀(寫眞)」(岡田博士寄贈)(明治法學 39・1902)

「(口繪)ニュルンベルグ五角塔(寫眞)」(岡田博士寄贈)(明治法學 44・1902)

「(雜爼)刑法答案批評」(明治法學 45・1902)

「公園の雀」(福田滋次郎編『學窓閑話』(晴光館・1902)、後に福田滋次郎『詩言學言』
　　(晴光館・1905)、菅谷与吉『學生趣味』(日吉堂・1911)へ収録)

「都市に小公園を設くべし」(太陽 8-15・1902)

「教育雜感」(曽根松太郎『教育論集』(金港堂・1902)所収)

「(口繪)羅馬市フォロムの今昔」(岡田博士寄贈)(明治法學 51・1903)

「羅馬市 Forum の今昔(口繪説明)」(明治法學 51・1903)

「(雜爼)選擧取引」(明治法學 53・1903)

「(口繪)伊太利ポンペイ市のフォロム(寫眞)」(岡田博士寄贈)(明治法學 55・1903)

「(雜爼)口繪の説明」(明治法學 55・1903)

「(口繪)ジュリアス・シイザの廟——Templum Divi Julii」(岡田博士寄贈)(明治法學
　　57・1903)

「(雜爼)挿畫の説明——ジュリアス・シイザの廟」(明治法學 57・1903)

「(口繪)阿片煙の毒(寫眞)」(岡田博士寄贈)(明治法學 62・1903)

第七章　岡田朝太郎

「(口繪) 羅馬タルペイア崖 (寫眞) ── TARPEA」(岡田博士寄贈) (明治法學 63・1903)

「(口繪) エルマイラ感化院 (寫眞)」(岡田博士寄贈) (明治法學 64・1903)

「(雜組) タルペイア崖」(明治法學 64・1903)

「(口繪) 磔刑と梟首 (寫眞)」(岡田博士寄贈) (明治法學 67・1904)

「(雜組) 世界最古の刑法序」(明治法學 67・1904)

「(口繪) 佛國革命の際マヨタン組の死刑」(岡田博士寄贈) (明治法學 72・1904)

「(口繪) 一七九七年十月十六日カンポ・フォルミオに於てナポレオンと墺國全權委員との會見の圖── 佛墺外交談判破裂」(岡田博士寄贈) (明治法學 73・1904)

「(口繪) 革命の慘── ルイ十六世將に斷頭臺に上らんとす」(岡田博士寄贈) (明治學報 83・1905)

「(口繪) 奇異なる死刑執行── 阿弗利加コンゴー共和國の死刑」(岡田博士寄贈) (明治學報 86・1905)

「分限令の解釋と教授の言論」(法學志林 7-9、國家學會雜誌 19-10・1905、及び中国語訳に「分限令之解釋與教授之言論」(美濃部達吉他『活學』(奎文館・1906) 所収))

「滿洲の處分に關して」(明治學報 93・1905)

「(海内思潮) 滿洲處分」(中央公論 20-9・1905)

「六博士の上奏文」(國際法雜誌 4-2・1905)

「問題の性質を理會せよ」(太陽 11-14・1905)

「害の予防」(山本利喜雄『戰後經營』(早稲田大學出版部・1905) 所収)

「(無題)」(新佛教徒同志會編『來世之有無』(井冽堂・1905) 所収)

「高等文官判檢事受驗者心得」(新時代 1-2・1906)

「司法制度と實業界」(太陽 12-9・1906)

「唐土や花は咲かねど冬の月」(手紙雜誌 6-1・1908)

「袁氏没後の支那政局 時局收拾の人物」(讀賣新聞 1916 年 6 月 8 日朝刊 3 面)

「文章亡國の事例」(日本及日本人 689・1916)

「女學校卒業後の娘の教育問題」(主婦の友 5-6・1921)

「支那各省獨立」(伊東忠太・杉村廣太郎『阿修羅帳 第三巻』(國粋出版社・1921) 所収)

「大危害事件について」([東京] 朝日新聞 1923 年 12 月 30 日朝刊 2 面)

「嫁ぎ行く娘に與ふる父母の最後の言葉」(婦人倶樂部 4-7・1923)

「余が日常試みつゝある健康法」(實業の日本 27-7・1924)

「醫業の秘密問題」(日本之醫界 16-83・1926)

『虚心觀』(磯部甲陽堂・1927)

「我社の質問に名士の回答」(實業の日本 31-1・1928)

「私の長男は今何をしてゐるか」(實業の日本 32-7・1929)

「隨筆 虚心觀」(早稲田法學 9・1929)

「虚心漫録」(犯罪科學 2-8・1931)

「趣味講座 五七五の廻文」(讀賣新聞 1931 年 8 月 11 日朝刊 10 面)

「ボアソナァド先生の通譯とデスク」（駿台新報 333・1932）

「共匪漫談」（文藝春秋 10-12・1932）

「刑事參考品の蒐集」「劇刑」「火刑」「磔刑」（『刑事博物館図録』（明治大学刑事博物館・1933）所収、後に『明治大学刑事博物館資料』第 16 号（2002）にて復刻)[69]

「硯友社時代を思ひ出す」（文藝春秋 12-8・1934）

「癌」（文藝春秋 13-3・1935）

「社會人より醫師へ　私と醫師」（週刊醫界展望 30・1935）

「私と釣魚」（婦人之友 29-8・1935）

『羅馬遺跡考』（[早稲田大學出版部]・[刊行年不明]）

註

1) 犬丸治「穂積歌子観劇年表──「穂積歌子日記」に依る」（歌舞伎──研究と批評 7・1991、インターネット版はホームページ「歌舞伎のちから　犬丸治・劇評集」(http://homepage3.nifty.com/inumaru/newpage69.htm)) によれば 1896 年 2 月 2 日歌舞伎座、12 月 5 日市村座、1897 年 2 月 11 日宮戸座、同 14 日明治座、1902 年 6 月 1 日歌舞伎座、1903 年 3 月 15 日東京座にて穂積陳重・歌子夫妻その他の人々と歌舞伎観賞をしている。1903 年 3 月 15 日の際には志田鉀太郎も同席している。

2) 「お茶うけ」（讀賣新聞 1922 年 10 月 24 日朝刊 4 面）に川柳を通じての穂積重遠との交流が紹介されている。なおこの他にも「風の便り」（讀賣新聞 1903 年 1 月 30 日朝刊 4 面）、「風の便り」（讀賣新聞 1903 年 8 月 28 日朝刊 3 面）でも長田秋濤子等の人々との逸話が紹介されている。他にも小室龍之助「廣田首相就任祝賀三八會」（學士會會報 580・1936、http://www.gakushikai.or.jp/magazine/archives/archives_580.html）には岡田の即詠として「教へ子の世に出でますを見るにつけたゞうれしさに涙こぼるゝ」が収録されている。

3) 浮塚利夫・吉田千草・梅田順一「明治大学図書館史：1886-1945──年譜編」（図書の譜（明治大学図書館紀要）9・2005、http://hdl.handle.net/10291/421）114 頁参照。

4) 「珍品も出る本学図書館展」（駿台新報 52・1924）に「当日は岡田朝博士の蔵書、珍物尾佐竹猛氏の明治初年以前の新聞等得難き珍品多数の出品ある筈」と紹介されている。

5) 文部省外国留学生については辻直人『近代日本海外留学の目的変容』（東信堂・2010）参照。また当時の留学生一般につき渡辺實『近代日本海外留学生史』上下（講談社・1977～1978）、帝国大学教授の留学の制度化については天野郁夫『教育と近代化　日本の経験』（玉川大学出版部・1997）263～275 頁、また当時の大学助教授の洋行について橋本順光・鈴木禎宏編『欧州航路の文化誌』（青弓社・2017）35～43 頁参照。

6) 文部省専門學務局『文部省外國留學生表（明治三十三年十一月三十日調）』（文部省専門學務局・1901、京都大学大学文書館所蔵 特定歴史公文書 第三高等学校関係資料 公文書（請求記号：三高-1-5514)) 所収の「自明治三十二年十二月至同三十三年十一月歸朝文部省外國留學生表」3 頁参照。なおこの第三高等學校關係資料には次の年の『文部省外國留學生表（明治三十四年三月三十一日調）』（文部省専門學務局・1901、京都大学大学文書館所蔵 特定歴史公文書 第三高等学校関係資料 公文書（請求記号：三高-1-5515)) も含まれている。

7) 文部大臣官房秘書課『文部省外國留學生表（明治三十一年十月末調）』（文部大臣官房秘書課・1898、東京大学文書館所蔵 特定歴史公文書 S0008 外国関係・留学生関係「留学生関係

第七章　岡田朝太郎　　277

書類　自明治二十九年至明治三十一年」（請求記号：S0008/SS2/05）のうち「明治三十一年留学生關係書類」の末尾に綴込み）5頁参照。

8）以上について東京大学文書館所蔵　特定歴史公文書　S0008 外国関係・留学生関係「留学生関係書類　自明治二十九年至明治三十一年」（請求記号：S0008/SS2/05）のうち「明治三十年留学生關係書類」所収の「本年度於テ外國留学生一名派遣セラルヘキ内議ノ件」参照。

9）外務省記録「文部省留学生関係雑件　第一巻」（6-1-7-0-2）「非職法科大學助教授岡田朝太郎獨佛両國ヘ官費留學之件」参照。

10）官報4108・明治30（1897）年3月16日号4頁参照。

11）中村進午『蛙のはらわた』（廣文堂書店・1913）233頁「實體と形式」参照。なお同書にはこの欧州行きの途上上海に寄港した際、中国語が分からなかったために失敗した岡田の逸話「意相通ぜず」（274頁）も収録されている。

12）Rudolf Hartmann, *Japanische Studenten an deutschen Universitäten und Hochschulen 1868–1914*, Berlin：（Vertrieb）Mori-Ogai-Gedenkstätte, 2005, S. 143 参照。同書は明治期にドイツへ留学した日本人学生の留学先、期間、滞在先、その後の簡単な履歴等について悉皆調査を行ったものであり、人物事典として利用出来る大変有用な工具書である。同書の内容はデータベース化もされており、Japans Studierende in Deutschland 1868–1914（http://themen.crossasia.org/japans-studierende/index/）において漢字でも人名検索を行うことが出来る。

13）小林好信「岡田朝太郎の刑法理論（1）」（法律時報51-8・1979、後に吉川経夫他編『刑法理論史の総合的研究』（日本評論社・1994）へ収録）91頁註12（書籍版では183頁註12）参照。

14）以上の入学願書、発令案ともに東京大学文書館所蔵　特定歴史公文書　S0012 大学院生関係「大学院学生関係書類　自明治二十一年至明治二十四年」（請求記号：S0012/03）所収。

15）東京大学文書館所蔵　特定歴史公文書　S0012 大学院生関係「大学院及分科大学入学許可者宣誓関係　自明治二十年至明治三十二年」（請求記号：S0012/02）に「學生入學宣誓式　帝國大學に於ては例に依り去る六日午前九時より昨年九月以降入學々生の入學宣誓式を舉行せり其學生の氏名は左の如し」として「大学院學生　岡田朝太郎」の名が記載されている。宣誓式自体は「宣誓式手續　十月六日午前八時四十分迄ニ大學院學生ハ制服若クハフロックコート分科大學學生ハ制服着用□學樓上ニ參集スベシ　午前九時式場ヲ開ク大學院學生ヨリ始メ各分科大學々生一名ヅツ甲口ヨリ進ミテ學生簿ニ記名シ乙口ヨリ退ク」（□は判読不能箇所）の如く進められたようである。この簿冊は目次・頁数とも記載がなく検索が少々不便ではあるが、さらに前の頁には「明治二十一年九月十八日先生學生姓名」の中、法科大學佛蘭西部第1年に学部時代の岡田朝太郎の名も見ることが出来る。

16）「岡田法學士大學院に入る」（讀賣新聞1891年9月24日朝刊2面）参照。

17）穂積はイギリス留学の後続けてドイツへ留学し、1880年の夏学期から1880/81年の冬学期までベルリン大学に籍を置いている（居所はBrüderstr. 34）。Rudolf Hartmann, *Japanische Studenten an deutschen Universitäten und Hochschulen 1868–1914*, Berlin：（Vertrieb）Mori-Ogai-Gedenkstätte, 2005, S. 51 参照。

18）Albert Friedrich Berner（1818–1907）についてはAlbert Teichmann, Albert Friedrich Berner 1818-1907, in：*Schweizerischen Zeitschrift für Strafrecht*. 20 Jahrgang, 1907、またHubert Alda, *Albert Friedrich Berner：Eine Biographie*, Inaugural-Dissertation, Münster：Max Kramer, 1960 を参照。

19）山口邦夫「刑法学におけるヘーゲル学派——ケストリンとベルナーにみる基本的思惟」（駒沢大学法学論集10・1973）133頁参照。

20）穂積重行『明治一法学者の出発』（岩波書店・1988）225〜259頁、特に238〜244頁参照。

21）これは翻刻されて内田文昭・山火正則・吉井蒼生夫編『日本立法資料全集20 刑法〔明治

40 年〕(1)‐Ⅰ』(信山社出版・1999)に収録されており、山火正則による解題もある。

22) 大日本水産會編『村田水産翁傳』(大日本水産會・1919)25 頁に「翁は……新刑法批評研究の爲め、再度の渡歐を命ぜられ、……新刑法に對しては刑法大博士「ベルネ」氏の批評を乞ひ、十四年七月に至り、任を全うして無事歸朝す」とある。また村田保(講演)「法律の沿革」(私立日本法律學校『廿六年度第三年級講義錄 第十號』(私立日本法律學校・1893)所収、明治大学図書館志田文庫所蔵(請求記号:SD/6012//HZ))に「私か丁度十三年に獨逸に行きましたか、獨逸にて有名なる刑法大博士ベルネルと云ふ人か日本の刑法の草案の時分に、一週間に三回つ、數ヶ月間私と相會して逐條同氏の意見を承り又は質問もありまして、それには随分今日改正しなければならぬ必要も感じて居ります」(7~8 頁)とある。同資料について三田奈穂「旧刑法の成立と村田保」(慶應義塾大学法学政治学論究 79・2008)は「名称や年月日が多少事実と異なるものの大筋においては信用できる内容であるといえよう」(153 頁註 10)としている。

23) 岡田が留学する明治 30(1897)年までのドイツ留学の状況については、明治 26(1893)年までの状況を扱った森川潤『明治期のドイツ留学生』(雄松堂・2008)が詳細である。

24) 東京大学文書館所蔵 特定歴史公文書 S0008 外国関係・留学生関係「留学生関係書類 自明治二十九年至明治三十一年」(請求記号:S0008/SS2/05)のうち「明治三十一年留学生關係書類」所収の「外國留學生岡田朝太郎監獄ノ實況視察及專門家歷問」参照。

25) 前述の Berner の他、それぞれ Otto Dambach(1831‐1899)、Josef Kohler(1849‐1919)、Paul Heilborn(1861‐1932)、Wilhelm Kahl(1849‐1932)を指すものと思われる。Dambach については A. Teichmann, Dambach: Otto. Wilhelm Rudolf, in: *Allgemeine Deutsche Biographie*, Bd. 47, Leipzig: Duncker & Humblot, 1903, S. 615‐616 を参照。また穂積陳重が留学中に Dambach の現代監獄制度や死刑論の講義を聴講していることについては穂積重行『明治一法学者の出発』(岩波書店・1988)243 頁参照。Kohler については改めて説明を要しない程に著名であろう。彼と台湾での旧慣調査の関係について拙著『『臺灣私法』の成立過程』(九州大学出版会・2009)56 頁註 64 を参照。Heilborn については *Das System des Völkerrechts entwickelt aus den völkerrechtlichen Begriffen*, Berlin: Julius Springer, 1896 や *Die kurze freiheitstrafe*, Leipzig: W. Engelmann, 1908 の著者として知られる人物と思われる。後者は司法調査課譯『短期自由刑論』(司法資料第 27 号)(司法調査課・1923)として訳出されている。Kahl については差し当たり Michael Hettinger, Wilhelm Kahl(1849‐1932), in: Stefan Grundmann[et al.], *Festschrift 200 Jahre Juristische Fakultät der Humboldt- Universität zu Berlin*, Berlin: De Gruyter, 2010, S. 405‐438 参照。

26) それぞれ Heinrich Siegel(1830‐1899)、Heinrich Lammasch(1853‐1920)、Carl Stooss(1849‐1934)、Otto Friedmann(1860‐1901)を指すものと推定される。Zwingel については不詳。Siegel については Stephan Dusil, Siegel, Heinrich Joseph, in: *Neue Deutsche Biographie*, Bd. 24, Berlin: Duncker & Humblot, 2010, S. 338‐339 参照。Lammasch については Marga Lammasch und Hans Sperl, *Heinrich Lammasch: seine Aufzeichnungen, sein Wirken und seine Politik*, Wien: Franz Deuticke, 1922 参照。Stooss については Michael Stolleis, *Juristen: ein biographisches Lexikon*, München: C. H. Beck, 1995, S. 589 参照のこと。Friedmann については Friedmann Otto, in: *Österreichisches Biographisches Lexikon 1815‐1950*, 2., univeränderte Aufl., Bd. 1, Wien: Österreichischen Akademie der Wissenschaften, 1993, S. 365 参照。

27) 田口正樹「岡松参太郎のヨーロッパ留学」(北大法学論集 64‐2・2013)70 頁参照。

28) Rudolf Hartmann, *Japanische Studenten an deutschen Universitäten und Hochschulen 1868‐1914*, Berlin:(Vertrieb)Mori-Ogai-Gedenkstätte, 2005, S. 143 参照。

29) 「《座談會》日本法學の回顧と展望」(法律時報 20‐12・1948、後に日本評論社編集局編『日

本の法學 回顧と展望』（日本評論社・1950）へ収録）23頁（書籍版では63頁）参照。

30) 東京大学文書館所蔵 特定歴史公文書 S0008 外国関係・留学生関係「留学生関係書類 自明
治二十九年至明治三十一年」（請求記号：S0008/SS2/05）のうち「明治三十一年留学生關係書
類」所収の「外國留學生岡田朝太郎白耳義國「ブリュクゼル」大學へ轉學及巡歴研究」参照。

31) 地名は原則ドイツ語で表記されている。ポーランド語ではクュストリンはコシュチュシン
（Kostrzyn nad Odrą）、ポーゼンはポズナン（Poznań）であり、トルン、ワルシャワはそれぞ
れ Toruń、Warszawa という表記になる。また聖彼得堡はサンクトペテルブルク、クリスチア
ニアは現在のオスロを指すものと思われる。

32) 田口正樹「岡松参太郎のヨーロッパ留学」（北大法学論集 64-2・2013）70頁参照。なお田
口正樹氏からのご教示によれば、この日付は同氏論考註 51（87頁）に掲げられているハレ
大学の学籍登録簿によるものとのことである。

33) Cesare Lombroso（1835-1909）の履歴・研究業績については差し当たり Adalbert Albrecht,
Cesare Lombroso : A Glance at His Life Work, in : *Journal of the American Institute of Criminal
Law and Criminology*, vol. 1, no. 2, 1910、また Marvin E. Wolfgang, Pioneers in Criminology :
Cesare Lombroso（1825-1909）, in : *Journal of Criminal Law and Criminology*, vol. 52, no. 4, 1961
も参照。日本語では差し当たり柳本正春「チェザーレ・ロンブローゾ」（刑政 85-4〜5・
1974）を挙げておく。Lombroso の業績についてはこれ以外にも膨大な論考が発表されてお
り、枚挙に暇がないが、Paul Knepper and P. J. Ystehede ed., *The Cesare Lombroso Handbook*,
London : Routledge, 2013 所収の諸論考は興味深く、特に同書所収の Bill Hebenton and Susyan
Jou, Lombroso in China : Dong Xue Wei Ti, Xi Xue Wei Yong ? は中華民国における Lombroso
の所論の継受を考える上で示唆を得ることの出来る論考である。

34) 牧野英一は Lombroso の逝去後、「チェザーレ、ロムブローゾ教授逝く」（法學協會雑誌
27-11・1909）を執筆している。またその著『刑事學の新思潮と新刑法』（警眼社・1909）に
おける所論に関連して「ロムブローゾノ糟粕ヲ嘗メル者ニ過キナイ」とまで酷評されたこと
を受けてか牧野は「法學者ヨリ見タル故ロムブローゾ教授」（法學志林 12-6・1910）を発表、
後に『刑事學の新思潮と新刑法』の増補第 2 版に収録し、また Hans Kurella による弔辞を翻
訳させた伊原元治訳「「ロムブローゾ」ニ就テ」（法學志林 17-11・1915）にも序を寄せて
Lombroso について論じている。そればかりか Lombroso 門下の Salvatore Ottolenghi や Mario
Carrara の Necrology までも執筆（ともに牧野英一『パンテオンの人人』（日本評論社・1938）
に収録）している。とはいえ牧野は Lombroso の所説に盲従したわけではない。なお牧野英
一「トリノより」（法學協會雑誌 30-5・1912）、牧野英一「伯林より」（法學協會雑誌 30-6・
1912）では岡田にも関係した諸施設の様子が克明に報告されている。

35) 例えば心理学への影響として寺田精一「ロンブローゾの刑事人類學説」（心理研究 7・
1915）、寺田精一『ロンブローゾ犯罪人論』（巌松堂書店・1917）参照。

36) 外務省記録「文部省留学生関係雑件 第二巻」（6-1-7-0-2）「在獨留學生岡田朝太郎伊國へ
轉學之件 附佛國へ出發之件」参照。

37) 穂積陳重『法窓夜話』（岩波文庫・1980）末尾に付された福島正夫による解説では「明治
民法の施行後、陳重は、一八九九、一九〇四（明治三十二、三十七）年の二度民法を題材と
して国際会議で報告したが、これは日本の法学史上にも特筆の価値があろう。前者はローマ
の第十二回東洋学者会議で「祖先祭祀と日本法律」……」（401頁）と述べられている。会議
については *Actes du douzième Congrès international des orientalistes : Rome, 1899*, Société
typographique Florentine, 1901-1902 があり、会議参加者名簿に岡田、穂積の名前が確認出来
る。この会議の合間にローマ郊外に出掛けた様子については上記『法窓夜話』156頁以下
「エジェリヤの涙泉」を参照。全く同じ逸話が斬馬剣禅「東西両京の大學（五十三）岡田對勝

本（六）」（讀賣新聞 1903 年 5 月 5 日朝刊 1 面）、中村進午『蛙のはらわた』（廣文堂書店・1913）241 頁「聖森」でも紹介されている。中村著ではさらにこのローマでの東洋学者会議の際に岡田が会場の外に掛けておいた帽子と外套が何時の間にか無くなり、岡田がボーイと押し問答をしたという逸話も収録されている（227〜228 頁「保管の義務」参照）。

38）同協会については Leon Radzinowicz, *The Roots of the International Association of Criminal Law and their Significance*, Freiburg : Max-Planck-Institut, 1991 参照。

39）東京大学文書館所蔵 特定歴史公文書 S0008 外国関係・留学生関係「留学生関係書類 自明治三十二年至明治三十七年」（請求記号：S0008/SS2/06）のうち「明治三十二年」所収の「同課長ヨリ岡田朝太郎ノ萬國刑法學會ヘ岡田和一郎ノ倫敦ニ於ル萬國耳科學會ヘ出席願ニ關シ同上」参照。

40）第 10 巻（1902 年）以降の会員名簿には "Dr. Assataro Okada, Assit. Professor des Strafrechts an der Universität Tokio" と帰国後の肩書で掲載されている。第 11 巻（1904 年）には勝本勘三郎、第 12 巻（1905 年）には中川孝太郎、第 13 巻（1906 年）には小河滋次郎、第 14 号（1907 年）には吾孫子勝が新たに会員として名を連ねている。岡田の名前は第 14 巻まで確認出来るが、その後は退会したのか名前が見られなくなる。

41）ベルチオン式生体測定法については渡辺公三「同一性のアルケオロジー——A. ベルティヨンと司法的同一性の誕生（1）〜（3）」（国立音楽大学研究紀要 26〜28・1992〜1994、後に渡辺公三『司法的同一性の誕生』（言叢社・2003）に収録）、菅野賢治「筆相学・ベルティヨン・人間測定法——「ドレフュス事件のなかの科学」のための断章（2）」（仏語仏文学研究 11・1994、後に加筆の上で菅野賢治『ドレフュス事件のなかの科学』（青土社・2002）の序章及び第 1 章として収録）参照。かの Carlo Ginzburg も論考の中で扱っている。Carlo Ginzburg, Morelli, Freud, and Sherlock Holmes : Clues and Scientific Method, in : Umberto Eco and Thomas A. Sebeok ed., *The sign of three : Dupin, Holmes, Peirce*, Bloomington : Indiana University Press, 1983（日本語訳：カルロ・ギンズブルグ「手がかり——モレルリ、フロイト、シャーロック・ホームズ」（ウンベルト・エーコ、トマス・A. シービオク編『三人の記号 デュパン，ホームズ，パース』（東京図書・1990）所収））参照。

42）監獄協會雑誌 13-11〜12、14-2〜4、6・1900〜1901 及び警察協會雑誌 5〜10、12・1900〜1901 に掲載。

43）菅野賢治「筆相学・ベルティヨン・人間測定法——「ドレフュス事件のなかの科学」のための断章（2）」（仏語仏文学研究 11・1994）29 頁参照。

44）フランスにおける犯罪学の展開については波多野敏「一九世紀末フランスの犯罪学における「社会」」（名古屋大学法政論集 186・2001）参照。

45）坪井正五郎については伊藤隆・季武嘉也編『近現代日本人物史料情報辞典 3』（吉川弘文館・2007）180〜181 頁参照。ついでながら坪井正五郎の妻なほの同母兄弟が箕作麟祥、同父兄弟が菊池大麓である。菊池大麓の娘のうち長女・次女・三女がそれぞれ美濃部達吉、鳩山秀夫、末弘厳太郎に嫁いでいる。

46）官報 2818・明治 25 年 11 月 17 日号 8〜9 頁、官報 2819・明治 25 年 11 月 18 日号 22〜23 頁参照。これは法學協會雑誌 10-12・1892 や東京人類學會雑誌 8(81)・1892 へも転載されている。

47）それぞれ坪井正五郎「刑事人類學ノ眞價」（國家醫學會雑誌 79・1893）、坪井正五郎「刑事人類學ノ眞價」（東京人類學會雑誌 9(93)・1893）、坪井正五郎「刑事人類學ノ眞價」（法醫學會雑誌 98・1893）参照。

48）官報 5101・明治 33（1900）年 7 月 5 日号 8 頁参照。

49）官報 5117・明治 33（1900）年 7 月 24 日号 2 頁参照。

50）なお当時の目録のひとつである『法律経済論題輯覧』（巌松堂書店・1908）に『公法及私

第七章　岡田朝太郎　　　　*281*

法精理』なる雑誌に収録される論文として「謀故殺罪を論じて其の區別の當否に及ぶ」
（1-1）、「刑の執行猶豫の立法例」（1-4）、「隱私漏告罪を論す」（1-6）が挙げられているが、
同雑誌の存在を確認出来ない。

51）『警察協會雜誌』では「「ベルチョン」氏式人身測定法」（5号）、「「ベルチョン」氏式個人
測定法」（6号以下）という題名で掲載されている。

52）外国省記録「外国官庁ニ於テ本邦人雇入関係雑件　清国之部」第四巻（一）（3-8-4-0-16-2）
所収。

53）「人の噂　岡田博士」（讀賣新聞 1907 年 2 月 13 日別刷（法曹附録）5 面）の報道による。

54）例えば「清國の諸法典」（［大阪］毎日新聞 1910 年 7 月 11 日朝刊 2 面）、「清國の法典」
（報知新聞 1910 年 7 月 11 日朝刊 2 面）、「岡田博士談」（讀賣新聞 1910 年 7 月 11 日朝刊 2
面）、「清國法典の巧程」（報知新聞 1910 年 7 月 27 日夕刊 1 面）、「清國法典談」（［大阪］毎
日新聞 1911 年 1 月 21 日朝刊 2 面）、「岡田博士談」（讀賣新聞 1911 年 1 月 21 日朝刊 2 面）
といった報道記事中に談話が見られる。

55）北京大学图书馆馆藏稿本丛书编委会编辑『北京大學圖書館館藏棄本叢書　汪榮寶日記』（天
津古籍出版社・1987）において例えば「岡田博士朝太郎言、法院須編制法行、而立憲政體已
得三之一矣」（宣統元年 12 月 28 日条）、「与岡田博士商権法律（訴訟律）名詞酌定數十語、
屬博士列表、用謄写板刷印、分飼同館諸人」（宣統 2 年 5 月 22 日条）、「閲岡田草擬刑事訴訟
律草案」（宣統 2 年 7 月 5 日条）、「訪岡田博士談刑律事」（宣統 2 年 11 月 16 日条）、「岡田博
士對於刑律案總則又有修正之處、余亦將所疑之點詳加質詢後、據以修改字句」（宣統 2 年 11
月 23 日条）、「余往岡田博士家、商権頃間議決問題」（宣統 2 年 12 月 7 日条）等の形で登場
する。現地では他に松岡義正、志田鉀太郎、小河滋次郎等の顧問もいたとはいえ、教師役を
務めるのは並大抵のことではなかったようである。汪榮寶は「訪岡田博士質以關於司法權解
釋之異同、亦頗不了、岡田刑法專門、於其他公法未嘗十分研究也」（宣統 3 年 7 月 16 日
条）と零しているが、岡田には酷な話であろう。

56）活殺子「法曹珍話閻魔帳（14）文士から法律家へ」（讀賣新聞 1921 年 11 月 2 日朝刊 3 面）
では「同じく応聘の松岡義正拆は門外一歩も出でず一生懸命に編纂事業を遣って居るにも拘
らず先生たいした精も出さず、幾ら骨折っても何時實施さるることやら熟れは高閣に束ねら
るるに過ぎないだらうと高をくゝり時の大官名流と往來して盛んに骨董品の掘り出しに熱中
した、元來が文士であるから眼も相應に肥えて居たので、任満ちて歸朝するや法學博士岡
田朝太郎といふよりは、骨董商岡田として斯界に持て囃された」と揶揄されている。面白可
笑しく書くための誇張によるものと思われるが、「熟れは高閣に束ねらるるに過ぎないだら
う」という気持を法典編纂時に持ち合わせていたとすると興味深い。なお活殺子は尾佐竹猛
の筆名と推測される。

57）浅古弘『岡松参太郎の学問と政策提言に関する研究』（課題番号 12420003、平成 12 年度〜
平成 14 年度科学研究費補助金（基盤研究（B）(2)）研究成果報告書）（2003）329 頁所収
「岡田朝太郎発岡松参太郎宛書簡」参照。岡田と岡松は刑法改正に関して意見を戦わせたこと
もあり、岡松参太郎「刑法改正反對論」（法律新聞 20・1901）、岡田朝太郎「岡松君に」（法
律新聞 21・1901）において議論の応酬が見られる。

58）「咨　京師地方檢察廳致政事堂印鑄局檢送同級審判廳判決熊埃等犯行使僞造私文書詐欺取財
等罪案内判決及起訴各文暨追加理由書請刊登公報函」（政府公報 1126・民国 4（1915）年 6
月 27 日号所収）を参照。なお岡田の名誉のために付言すれば、岡田自身が被告人となった
り有罪となったりしたわけでは全くない。

59）外務省記録「外国官庁ニ於テ本邦人雇入関係雑件　清国之部」第四巻（一）（3-8-4-0-16-2）
参照。

60) 清末の法典編纂を担当した修訂法律館は「派令臣館提調大理院推事董康、前赴日本詳細訪察、該員在日本將及半載、深悉梅謙次郎爲該國政府隨時顧問、必不可少之人、斷非能輕易聘用」（内閣政務處檔案 299-2035（法律館文一件（光緒 34 年 10 月 10 日））・中国第一歴史檔案館所蔵）として梅の招聘を断念している。

61) 関連する詳細事項については李英美『韓国司法制度と梅謙次郎』（法政大学出版局・2005）参照。

62) 外務省記録「外国官庁ニ於テ本邦人雇入関係雑件 清国之部」第四巻（一）（3-8-4-0-16-2）「北京大学堂ニ我博士學士延聘ノ件」（なおこの史料は既に羽根高廣『変貌した中国 巷で見た改革開放』（文芸社・2000）において紹介されている）参照。そこでは「先方ノ希望ハ梅、一木、織田萬、岡村司、岡田朝太郎、松崎、中村進午等本邦著名ノ法學博士ヲ列擧シ此等ノ博士ハ泄モ聘ニ應セラルルコト不相叶義トハ奉存候フモ可相成清國ノ爲メ適當ノ教授タル人物ヲ選定セラルル様」と述べられている。

63) 「よみうり抄 世界最古の刑法と清國公使」（讀賣新聞 1904 年 9 月 8 日朝刊 1 面）では自身の著作を寄贈したところ、清国公使楊樞より謝状が寄せられたことが報じられている。

64) 「學園展望 明大の巻【1】」（讀賣新聞 1928 年 4 月 3 日朝刊 2 面）参照。なお尾藤三柳はこれと異なって、「推測の域を出ないが、この「三面子」の号は、二歳年少ではあるが硯友社の先輩である小波の「八面子」と無関係ではあるまい。「八面」から「五面（御免）」を蒙って「三面」といった洒落でもあろうか。」との解釈を加える（尾藤三柳「岡田三面子」（川柳春秋（NHK 学園）29・1993）23 頁）。

65) 斬馬劍禪「東西両京の大學（五十二）岡田對勝本」（讀賣新聞 1903 年 5 月 4 日朝刊 1 面）参照。尾藤三柳「岡田三面子」（川柳春秋（NHK 学園）29・1993）22 頁参照。なお虚心亭主人という筆名では「阿新丸」（鈴木常松編『花の香』（積善館・1893）所収）という作品もあるようだが、岡田の作かどうかは俄かに判断しづらい。ただ虚心亭主人『苦学十年の血涙記 高等試験に合格する迄』（受験新誌社・1928）は岡田の経歴とは全く異なる話であることから岡田が自己の経験を書いたものとは思われず、別人の作かと推定される。なお「竹重虚心」の名で川柳を扱った論考が雑誌『やなぎ樽研究』や『本道楽』に散見されるが、岡田と関係のあるものかは不明である。また雑誌『同仁』には虚心窟主人の名で「支那の思出」なる記事も見られるが、これについてもよく分からない。岡田が硯友社に在籍したことは相当有名であったようで、坂本紅蓮洞「文壇感状記（上）」（讀賣新聞 1918 年 12 月 25 日朝刊 7 面）では「法博岡田朝太郎が虚心亭と號した硯友社の一人であることは、誰も知ってることである」としている。

66) 例えば大高利夫『昭和物故人名録』（日外アソシエーツ・1983）岡田三面子の項目（107 頁）、「岡田朝太郎」（小村大樹編集・監修『歴史が眠る多磨霊園』ホームページ（http://www6.plala.or.jp/guti/cemetery/PERSON/A/okada_a.html））等。

67) 「閑話」（讀賣新聞 1925 年 9 月 1 日朝刊 4 面）では岡田の川柳関連文献蒐集熱を窺わせる逸話が紹介されており興味深い。

68) 「紫鉛筆」（讀賣新聞 1922 年 1 月 28 日朝刊 5 面）では後藤新平の東京市政を皮肉った川柳が掲載されている。他方「金々先生榮華夢」（彗星 1-5・1926）なる記事の末尾に付された無題の文章（11 頁）には「於計良」なる筆名で「七月四日、法博岡田三面子「面白い川柳の話」と題して愛宕山より放送し、最後にのぞんで即興と題し「放送は戀も恨も片便り」と自作の御披露、こんななまぬるい句を詠むから川柳は益々堕落をするのです、川柳はもっと端的でなければなりません、試みに一句「放送は一人よがりにもってこい」」と酷評する記事が掲載されている。

69) 岡田は明治大学刑事博物館とも深い関わりを持つ。詳細は伊能秀明「明治大学刑事博物館の誕生」（明治大学博物館研究報告 2・1997）を参照。

第八章　修訂法律館・各地法政学堂・
民国期の顧問及び法学者

一　修訂法律館の法律顧問たち

　以下では清朝末期に近代的な法典編纂を担った機関である修訂法律館に招聘された日本人顧問のうち、前章で扱った岡田朝太郎以外の人物についての情報整理を試みる。清末の法典編纂に関わった日本人顧問については既に島田正郎『清末における近代的法典の編纂』（創文社・1980）や宮坂宏「清末の近代法典編纂と日本人学者」（専修大学社会科学研究所月報 46/47・1967）等がこれを扱っているが、本章ではそれらを踏まえつつ、その後の研究において明らかとなった情報をとりまとめ、人名辞典風に紹介することとする。

◆松岡義正（1870.10.16～1939.8.25）

　【出生】東京府士族松岡義勝の長男、明治三年十月十六日出生、松岡磯五郎の後を相續す。【學歷及閱歷】明治十九年第一高等中學校入學、同二十二年卒業、帝國大學法科大學入學、同廿五年七月佛法科を卒業して法學士と爲り、直ちに司法官試補に任じ、同二十八年九月判事に被任、爾來東京地方裁判所判事、同部長、東京控訴院判事、東京帝國大學法科大學講師囑託、東京控訴院部長に歷補し、又た判檢事辯護士及文官高等試驗委員を命ぜられし事數回、同三十九年十一月淸國政府に招聘せらる、同四十一年九月大審院判事、同四十五年二月東京控訴院部長、次で再び大審院判事に補せられ、大正五年四月法學博士學位を受領す。大正八年五月二十八日會計檢査院懲戒裁判所豫備裁判官に補せらる、又た曾て法律取調委員會委員に列し、大正八年五月及同九年八月高等試驗臨時委員被仰付、同九年一月判檢事登用第二回試驗臨時委員を被命、同八年九月二十九日法律取調委員の功勞に依り金杯一組を賜ふ、傍ら都下私立大學二三に出講す。同九年八月三十日陞叙高等官一等。

（井關九郎編『大日本博士錄』法學及薬學博士之部（發展社・1921）169～170頁）

　なお帝國法曹大觀編纂會編纂『帝國法曹大觀』（帝國法曹大觀編纂會・1915）52頁、帝國法曹大觀編纂會編纂『帝國法曹大觀 改訂增補』（帝國法曹大觀編纂會・1922）34頁、帝國法曹大觀編纂會編纂『御大禮記念帝國法曹大觀』（帝國法曹大觀編纂會・1929（改訂第3版））35頁、猪野三郎編『大衆人事錄』（帝國秘密探偵社／帝國人事通信社・1927（昭和3年版）、後に『大正人名辞典II』（日本図書センター・1989）として復刻）マ23～24頁にも紹介がある。東京大学法学政治学研究科附属近代日本法政史料センター原資料部には「松岡義正関係文書」が所蔵されており、詳細は『松岡義正関係文書（近代立法過程研究会収集文書 No. 41）』（東京大学法学部近代立法過程研究会・1975）で知ることが出来る。中には彼自身の講義ノート、清国での講義案、各種法律の草案、慣習調査の必要性が説かれた建議案等が含まれる。研究・史料状況については岸本昌也「松岡義正」（伊藤隆・季武嘉也編『近現代日本人物史料情報辞典3』（吉川弘文館・2007）222～223頁）を参照。また熊達雲「清末における中国法律の近代化と日本人法律顧問の寄与について～松岡義正と民事関係法律の編纂事業を中心にして～」（JFE21世紀財団アジア歴史法学研究報告書（2009年度助成）http://www.jfe-21st-cf.or.jp/jpn/hokoku_pdf_2011/a02.pdf）、熊達雲「松岡義正と北京「京師法律学堂」における民事法の教育について」（山梨学院大学法学論集72/73・2014）、熊達雲「「大清民事訴訟律草案」と松岡義正の関係について」（［山梨学院大学］研究年報社会科学研究37・2017）が詳細である。

　松岡は日本人法律顧問の中では海外留学を経験していない。しかしながら、実は松岡については留学が計画されつつも土壇場で変更されていたのである。

　明治36（1903）年度に海外留学へ派遣予定の人物として当時東京帝国大学法科大学長であった穂積八束は明治35年3月14日付の文書で国法学・経済学・民事訴訟法につき必要性を訴え、民事訴訟法での留学予定者として松岡義正の名を挙げて総長へ答申している[1]。その理由については「從來□講座アルモ適當ノ教授ヲ得サルカ爲假リニ講師ヲシテ擔任セシメツ、アレトモ當講師別ニ本職アリ爲ニ力ヲ授業ニ專ラニスル能ハス且ツ他ニ適當ノ代員ヲ得サルヲ以テ之カ養成ノ爲一人ノ留學生ヲ派遣スルノ必要アリ」（□は判読不能箇所）と述べられている。

　ところが民法講座担当の富井政章が病のため明治35（1902）年9月17日に教授職を辞してしまったことから事態は急転する。穂積八束は同年12月9日付の

文書で総長に対し「本年度ニ於テ海外留學セシメラルヘキ人名等去ル三月中上申致置候處過般富井法學博士法科大學教授ヲ辭任候ニ付テハ民法專攻ノ留學生ヲ派遣スルノ必要相生候間曩ニ上申候留學生中民事訴訟法專攻ノ留學生ノ派遣ヲ相止メ別記ノ通本學法科大學助教授川名兼四郎ニ至急留學ヲ命セラレ候樣致度此段上申候也」と答申[2]、松岡の留学は頓挫し、代わりに川名兼四郎[3]が翌明治36年2月に留学を命じられてドイツへと留学することとなった。

　既に判事としての職歴を積み上げていた松岡にとって生活の道を失うことはなかったものの、民法講座空席という一大事とはいえ直前に留学への道が閉ざされたことは残念至極であったことであろう。松岡が予定通り留学して東京帝国大学法科大学教授として迎えられていたとすれば、日本の民事訴訟法学はまた異なる展開を見せていたかも知れない[4]。ちなみに松岡は東京外国語学校の仏語科で岡田朝太郎の1年下の後輩に当たるようである[5]。東京外国語学校から第一高等中学校、そして東京帝国大学法科大学仏法科という同じ道を歩む中で既に互いに知己となっていた可能性は一定程度考えられよう。

　さて、彼はその後清朝へと招聘されるに至るが、その際の招聘契約の写しが公文雑纂に含まれている[6]（明治39（1906）年10月16日締結）。契約内容は岡田朝太郎と概ね同じものであり、これを受けて明治39年11月13日に清朝へ渡っている。明治40年12月には当初の契約には含まれていなかった修訂法律館の法律調査員としての調査を目的とする契約を追加で締結しており[7]、また当初の契約期間満了につきさらに1年半の延長を行っている[8]。他方で松岡は清国赴任中明治41年9月に大審院判事に就任しており、その後明治44年4月15日、満期解約となり帰国した。同年5月に法律館提調董康は松岡が既に起草した民律、民訴、強制執行の3種の草案に加え各種施行法、破産律の起草を要請しており、またその書簡において「……刻下雖契約期滿回國……」とあり、松岡自身もこれを嘱託として受けたい旨の稟請を上げている[9]。

　松岡の人となりを窺うことの出来る興味深い新聞記事があるので以下引用して故人を偲ぶ縁としたい。

　　一日必ず三時間　原稿紙十枚を書かないと寝なかった松岡博士
　　思ひ起しても恐ろしいあの大震火災の劫火の中に、辛くも燒け殘った一册の古いスクラップブックがあった、明治四十二三年頃のものらしいが、其中程のページに貼られた木版の版下こそは前後廿年の日子を費した苦心の大著

で法學博士（當時は法學士）松岡義正著強制執行法論（上中下三巻完結菊版
通計千八百ページ）のタイトルページの原稿でこの大著の成るには極めて面
白い一場の挿話がある。始め松岡學士にこの著の出版を引受けたいと申出た
のは今から十八年前清水書店の主人葉多野氏であった。學士は之を承諾した
が、しかし當方から脱稿の通知を出さない限り必ず書店の方から原稿の催促
をしてはいけないと云ふ條件が附せられた。爾來、博士は中華民國政府の法
制顧問として久しく任地に止まりそこに幾春秋かを經た。しかし博士は決し
て出版の事ををくびにも出さず葉多野氏亦緘默して歸朝後も久しくこの状態
が續けられたのである。それが突然大正十一年初秋博士邸から電話で脱稿の
通知があって起稿十八年後にして始めて世に出ようとしたのである。しかる
に、滿一年やっと全部の組版が終って正に印刷に着手しようとした時、かの
震災は襲ひ來って、十八年の成果を擧げて一握の灰と化し去った。しかし、
博士は何も云はずに、博士邸と一校正部員の家とに殘ったゲラ刷を拾ひ集
め、爾來見當らぬ部分の補綴に、晝夜兼行で筆を取り十三年十月最後の一節
が書き上ったのである。此當時博士は必ず一日に三時間づゝ原稿紙十枚を書
上ねば寝に就かなかったと云ふ。（讀賣新聞 1925 年 4 月 11 日朝刊 4 面）

この他読売新聞ではハーグ国際司法会議への出席に関する記事[10]や、時折体調
不良に陥った様子を報じる記事[11]が散見される。松岡に関する人物評や訃報には
以下のものがある。

「東京控訴院民事部長松岡義正君評判記」（法律日日 177・1912）
福井蓉峯「第一次試驗委員長松岡義正氏を訪れて」（法學界 1-6・1922）
「松岡義正博士」（讀賣新聞 1939 年 8 月 27 日夕刊 2 面）
「松岡義正博士が死去」（［東京］朝日新聞 1939 年 8 月 27 日夕刊 2 面）

また、章末に松岡の著作についての一覧を資料 8-1 として掲げたので参照され
たい。

◆志田鉀太郎（1868. 8. 20～1951. 3. 13）

【出生】千葉縣士族志田知義長男、明治元年八月二十日出生。【學歷及閲

歴】公立本所小學校東京府立尋常中學校、第一高等學校を經て明治二十七年帝國大學法科大學英法科を卒業、法學士となり直に大學院に入學、商法中會社法保險法を專攻、同廿九年一月法典調査會起草委員補助囑託、同六月學習院教授囑託同三十年十月五日任東京高等商業學校教授、同三十一年文部省より商法研究の爲め獨逸に留學を命ぜられ、在留中同卅三年五月、巴里開催萬國保險會議に委員として參列、同三十五年三月歸朝、同年九月十五日學習院教授を兼ぬ、同三十六年一月法學博士の學位を受け、同七月二日兼官を免じ更らに東京帝國大學法科大學教授を兼ぬ、同月米國に派遣紐育市第四回萬國生命保險學會議に委員として參列、同四十年一月東京外國語學校教師囑託、同四十一年九月淸國政府の聘により現職の儘北京に赴き民法商法等の編纂に從事、同四十五年六月二十日招聘解約免官、同年八月十二日任東京高等商業學校教授商法、商事法令等を擔當す。越えて大正五年三月殖民地商工法研究の爲め支那へ出張、同七年五月依願免本官、安田銀行に入る。

（井關九郎編『大日本博士錄』法學及藥學博士之部（發展社・1921）64～65頁）

志田に関する最も詳細な伝記として志田俊郎『日本商法・保険学のパイオニア志田鉀太郎の生涯』（文芸社・2015）がある。令孫でなければ知りえないような豊富な逸話を含み大変興味深い著作である。他に『大正人名辞典』（東洋新報社・1918（第4版）、後に『大正人名辞典』（日本図書センター・1987）として復刻）369頁、猪野三郎編『大衆人事録』（帝國秘密探偵社／帝國人事通信社・1927（昭和3年版）、後に『大正人名辞典II』（日本図書センター・1989）として復刻）シ3頁に紹介がある。研究として坂口光男「志田鉀太郎」（ジュリスト1155・1999）47～50頁がある。志田の蔵書は現在明治大学図書館志田文庫として所蔵・公開されており、『明治大学図書館所蔵志田文庫目録』（明治大学・1998）によって詳細を確認出来る。またごく一部損害保険事業総合研究所図書館に所蔵されていた志田文庫についても2015年に完全に明治大学図書館へ移転が完了した。

志田博士喜壽記念保険論文集刊行會編『志田博士喜壽記念保険論文集』（損害保険事業研究所・1944）に「志田先生略歴」及び「志田先生著述目録」があり、また同書末尾の寺田四郎による跋文でも志田の業績が細かに紹介されている。記念の論文集には三浦義道編『玉木・粟津・志田三氏記念祝賀 保険論文集』（波多野重太郎・1923）もあるが、同書では冒頭8行の略歴紹介があるのみで著作目録等はない。別にごく簡単な紹介として『千葉県の先覚』（千葉県企画部県民課・1973）

や『図説 長生・夷隅の歴史』（郷土出版社・2010）にも2頁ほどの紹介がある。さらに春日井薫・印南博吉「商學部設立の功労者志田鉀太郎先生を偲ぶ」（明治大學商學研究所『創立六十年記念論文集』（明大商學論叢 46-1/2/3〜4/5/6・1962））、嶋田武雄「大教育家・法学博士 志田鉀太郎先生」（千葉教育 331・1985）も参照されたい。また最近の研究には村上一博「志田鉀太郎」（明治大学史資料センター編『明治大学小史 人物編』（学文社・2011）42〜43頁）、朱大明「「志田鉀太郎」と中国商法の発展」（一橋研究 35-3・2010）、朱大明「清末民初における志田鉀太郎の中国商法に対する貢献」（アジア文化研究所研究年報 49・2014）、杨本娟「简论志田鉀太郎与清末法制改革」（淮海工学院学报（人文社会科学版）10-20・2012）がある。

　章末に志田の著作についての一覧を資料 8-2 として掲げたので参照されたい。これは志田博士喜壽記念保險論文集刊行會編『志田博士喜壽記念保險論文集』（損害保險事業研究所・1944）にある著述目録を基礎としながら、筆者において補充したものである。

◆小河滋次郎（1863. 12. 3〜1925. 4. 2）

　【出生】文久三年十二月三日長野縣小縣郡上川町に生る、舊姓金子、【學歷及閱歷】郷校卒業後東京に出で、慶應義塾、東京外國語學校、東京專門學校、帝國大學等に學び、後獨逸に留學し伯林大學及ボン大學に法學を修む、明治十九年十月任内務屬警保局に出仕、同二十三年三月監獄官練習所勤務、同二十四年九月警保局監獄課長となる、同二十六年九月任神奈川縣典獄、同二十八年非職となり二月佛國巴里萬國監獄會議に委員として參列す、同三十年一月歸朝、同五月任警視廳典獄、同六月同廳第四部長兼鍛治橋監獄署長、同八月任監獄事務官、同三十一年二月獄監局獄務課長となり、同三十三年四月白耳義に、同三十八年六月墺匈國に差遣せらる、同四十一年四月淸國政府の聘に應じ、獄務顧問として北京に在ること二年餘、後官を辭して專ら社會問題及刑事殊に監獄問題を研究す、同四十三年斯業視察の目的を以て歐米に渡航、歸朝の後内務省及大阪府囑託となる、國立感化院創設の事務に關與する所あり、現行にては右の外尚ほ救濟事業調査會委員、大阪市囑託として專ら社會政策的の事業の經營に盡瘁す。

　　（井關九郎編『大日本博士録』法學及藥學博士之部（發展社・1921）86〜87頁）

他に東洋新報社編『大正人名辞典』（東洋新報社・1918（第4版）、後に『大正人名辞典』（日本図書センター・1987）として復刻）1468頁、臼井勝美他編『日本近現代人名辞典』（吉川弘文館・2001）226頁にも紹介がある。彼に関する研究・史料状況に関しては小野修三「小河滋次郎」（伊藤隆・季武嘉也編『近現代日本人物史料情報辞典2』（吉川弘文館・2005）53～55頁）に詳しい。その他小野修三『公私協働の発端――大正期社会行政史研究』（時潮社・1994）や小野修三『監獄行政官僚と明治日本 小河滋次郎研究』（慶應義塾大学出版会・2012）があるが、清国滞在期の小河に関する情報は少ない。また中国での研究に杨本娟「刍议小河滋次郎与清末狱制转型」（三峡大学学报（人文社会科学版）35-4・2013）がある。

明治41（1908）年4月1日付の応聘許可願[12]が残されており、それによれば任務は北京法律学堂教習兼法律館編纂監獄章程調査員、期限は満1年6か月とある。なおさらに6か月間の応聘継続届（明治42年9月30日付）が残されている[13]。計2年の清国滞在は上記『大日本博士録』の記述とも符合するが、最終的な帰国日は不明である。

◆中村襄

『職員録』（印刷局・各年）では明治35（1902）年に岐阜県監獄署署長としてその名が見え（前年は別人）、明治37年に岐阜監獄典獄、同じ肩書で明治40年まで掲載されているのが確認出来る（それぞれ『職員録』明治35年乙巻233頁、明治37年甲巻360頁、明治38年甲巻386頁、明治39年甲巻473頁、明治40年甲巻505頁参照）。その著に中村襄編纂『監獄學教科書』正編・外國人拘禁処遇論（警察監獄協會・1899）がある。同書には小河滋次郎が序文を寄せており、早い段階から2人に繋がりがあったことが分かる。明治41年4月1日付の応聘許可願が残されており[14]、それによれば任務は北京法律学堂教習、期限は満1年6か月とある。なおさらに1年間の応聘継続届（明治42年9月30付）が残されている[15]。明治41年4月より恐らくは2年半、清国へ招聘されて北京法律学堂に在職、明治43年8月26日付で清国皇帝より受領の三等第一寶星勲章（宣統2年6月14日（1910年7月20日）奉旨）の受領佩用願が提出されている[16]。その後明治45年6月25日に大阪自彊館の創設に伴い初代館長に就任、大正2（1913）年6月9日同財団法人設立許可に伴い理事長に就任し、同年末に館長を辞任、大正3年1月に同理事長を辞任している[17]。

◆岩井尊文（1877. 3. 19～？）

　　君は奈良縣人岩井尊美の長男にして明治十年三月十九日を以て生る夙に奈
　良縣郡山中學第五高等學校を經て明治三十六年東京帝國大學法學部獨法科を
　卒業し同年七月海軍主計中尉に任命三十七年同大尉に任命せられ三十七八年
　日露戰役に從事し功に依り旭日双光章勳五等金鵄勳章功五級に叙せらる戰後
　現役の儘淸國政府に招聘せられ法律學堂に於て教習三ヶ年なし滿期歸朝す後
　ち辯護士を登錄し大阪に於て開業す明治四十二年獨乙に留學伯林大學に於て
　商法刑法の研究をなし歐米各國を視察歸朝し爾來引繼き辯護士を開業一般法
　律事務に從事し現在に至る……

　　　　　　　　（勝田一編『帝國大學出身名鑑』（校友調査會・1932）イ（キ）151 頁）

S・O 生「訪問記第七十八回　岩井尊文氏」（自由と正義 7-6・1956）があり、
様々な逸話が紹介されている。法律顧問関係の箇所を書き抜いておこう。

　　……そして監獄法、刑法、憲法を改正すること、なり、先生は支那憲法の
　編纂かたがた、司法官の養成所の教官となった。この生徒は司法関係の各方
　面の役人で、ここでは国際法、刑法、憲法を支那人の通訳付で教えた。この
　通訳中には有名な宗子文、沈家本も居った。ところが、この支那人の生徒は
　試験のときには長い袖からカンニング・ペーパーを出してカンニングをする
　ので、先生はびんたを食らわした。なにしろ面子を重んじる支那で、先生の
　この暴力教室は忽ち問題となって、一大排斥運動の炎となって燃えさかっ
　た。そこで、先生も心をいれかえて、点を甘くして八十点以上を誰にもやっ
　たのでこんどは留任運動となって、このアンコールに答えて明治四十年十月
　から四十三年二月まで滞留した。しかし、折角努力した法律改正は結局施行
　されず又革命となった。……

東京帝国大学では岡田朝太郎の下で学んでおり、その著『不作爲犯』（有斐閣・
1902）は岡田の校閲による刑事論集として刊行されている。同期卒業には雉本朗
造、牧野英一、上杉慎吉らがいる。帰国後は大阪弁護士会に所属し弁護士として
長く活躍したようである[18]。

第八章　修訂法律館・各地法政学堂・民国期の顧問及び法学者　　*291*

二　各地法律学堂・法政学堂の顧問たち

　以下では、清朝末期に中国各地に設置され、法学関連の人材育成に当たった法律学堂・法政学堂に招聘された日本人顧問たちについての人物情報を整理する。法律学堂・法政学堂についてはこれまでも盛んに研究が行われてきた[19]。それら先行研究を踏まえつつ、こうした法律学堂・法政学堂において特に法律系科目を担当した人物を中心に取り上げ、人物辞典風に紹介することにする。

●京師法政學堂（北京）[20]

◆巖谷孫藏（1867. 8. 2〜1918. 11. 13）

　【出生】慶應三年八月二日肥前國杵島郡武雄村に生る、佐賀縣士族亡巖谷龍一の二男にして、明治三十三年五月家督を相續す。【學歷及閱歷】明治十七年七月東京外國語學校獨逸語科を卒業し、同十八年法律學修業の爲め獨逸へ渡航、同十九年四月同國エーナ府大學に入り、同二十年九月ハルレ府大學に轉じ、同二十三年五月同大學に於て「ドクトル、イユリス、ウトリユスクエ」の學位を受く、後四ヶ月間ハルレ區裁判所に於て見習勤務、同二十四年一月歸朝す。以後私立明治法律、私立東京專門、私立和佛法律高等商業各校講師となり、同二十五年十一月任第三高等中學校教授、同二十六年三月同法學部主事となる、同二十七年六月同志社講師受囑、同三十二年九月京都帝國大學法科大學教授に轉任す、民法第二講座擔任、同年十月同學評議員、同三十四年六月學位受領、同三十五年十月清國北京大學堂仕學館正教習として招聘せらる、同三十六年教習進士館正教習、同四十年六月京師法政學堂正教習に轉ず、同三十九年十月陞叙高等官二等、同四十五年七月中華民國法典編纂會調査員（後中華民國法律編査會顧問と改稱す）、大正二年六月大總統府法律諮議（同五年六月辭す）となる。其間北京大學其他に應聘。大正六年七月病氣療養の爲め約退職。京都帝國大學法科大學教授廢官。大正七年十一月十三日東京自邸に於て病歿。青山墓地に葬る、享年五十二歲。

　　　（井關九郎編『大日本博士錄』法學及薬學博士之部（發展社・1921）49〜50頁）

　石井良一『武雄史』（非売品、石井義彦発行・1956）に「岩谷竜一と岩谷孫蔵の

父子（昭和八、六、一二稿）」（669～673頁）が収録されており、うち1頁分程度が巖谷孫藏の紹介に充てられている。また京都大学大学文書館ホームページにある「京都大学 歴代総長・教授・助教授履歴検索システム」[21]でも巖谷の履歴が検査出来る。特に職歴及び留学・海外渡航歴については年月日まで記載があり詳細である。その他には「故評議員法學博士巖谷孫藏君」（京都法學會雜誌13-12・1918）に肖像と弔辞が掲載されている。なお彼に言及する先行研究として阿部洋『中国の近代教育と明治日本』（福村出版・1990）176～177頁がある。弟・朴助[22]は実業界で活躍した。

巖谷は明治19（1886）年夏学期から1887年夏学期までイエナ大学法学部（居所はLutherstr., bei Ludwig）、1887/88年冬学期から1889/90冬学期までハレ大学法学部（居所はGütchenstr. 3, Ludwig Wuchererstr. 4）に在籍している[23]。ドイツにおいてかなり早期の段階で法学博士号を取得した人物として再評価されて良いであろう[24]。

巖谷の博士論文はMagoso Iwaya, *Die rechtliche Stellung des Nebeningtervenient-Streitgenossen nach den Bestimmungen der deutschen Civilprocessordnung*, Jena : Frommannsche Buchdruckerei, 1890である。同博士論文巻末の履歴（Lebenslauf）において巖谷は、学位を取得したハレ大学において学恩を受けた相手としてEmil Brunnenmeister、Wilhelm von Brünneck、Hermann Fitting、Gustav Lastig、Franz von Liszt、Edger Loening、Friedrich Schollmeyer、Rudolf Stammlerの各教授の名前を列挙し[25]、中でも特に感謝を述べるべき相手としてBrunnenmeister[26]、Schollmeyer[27]そして当時学部長であったEugen Huber[28]の名前を挙げている。巖谷の博士論文が民事訴訟法を主題とするものであるところから見るならば、分野的に一番近いのはSchollmeyerのように見える。

巖谷の留学中の非常に興味深いエピソードが紹介されているので、その部分を引用しておこう。

　　孫蔵の独逸留学中、大審院検事総長三好退蔵は欧州出張を命ぜられ、独乙に来って曠世の英傑「ビスマルク」公に面会の希望あり、然し公は既に閑地に就き駐独公使の紹介を以ても到底其目的を達することができまいと苦悶せらるるや、孫蔵は直に一書を認め直接公へ発遣し日本の大審院検事総長が拝謁の希望ある旨を通じた。時に孫蔵は「ハルン」大学の学生にして二、三回其風丰に接したことがあるのみであった。三好退蔵は父岩谷竜一と深交が

第八章　修訂法律館・各地法政学堂・民国期の顧問及び法学者　　293

あったため接触したのである。然るに其文が如何に巧みであったのか、其主
意が如何に徹底したのか、意外にも某月某日郊外野墅に於て面会すべしとの
電報に接した。三好総長は雀躍して喜び孫蔵を帯同し指定の時刻、指定の場
所に至り、会見することを得たるのみならず、馬車を同じくして庭内を散策
し家族一同と全席の晩餐を饗応せられ、遂に二泊した。別るゝに臨み公は自
己の写真に署名し両人に与へた。該写真は今尚ほ家宝として、三好、岩谷の
両家に保有せられる。

　　　　　　　（石井良一『武雄史』（非売品、石井義彦発行・1956）672～673頁）

　巌谷は帰国後直ちに『民事訴訟法略論』（明法堂・1891）、『民刑訴訟法索引』
（明法堂・1893）と民事訴訟法関連の著作を発表しているが、今日民事訴訟法学者
として言及されることは少ないように思われる。彼自身明治25（1892）年11月
より第三高等中学校教授、同32年9月より京都帝国大学法科大学教授として設
置間もない京都帝国大学の学内行政に忙殺されたためか日本語での著作が少なく
なったこと、或いは中華民国滞在が思いの外長期化し、日本国内での活躍の期間
が限られたことも、近代日本の民事訴訟法学史においてあまり触れられなくなっ
てしまった一因とすることが出来るかも知れない。

　巌谷の清国への招聘契約については、国立公文書館所蔵の公文雑纂に写しが収
録されている[29]。この写しには明治35（1902）年10月9日の日付がある。清国
への赴任については讀賣新聞が1902年9月16日の出発と報じており[30]、また任
免裁可書中の資料（在職年限調）[31]では「明治三十五年十月十八日清國政府應聘」
とある。9月16日に出発し、翌10月9日に契約調印、18日から正式に開始、
という段取りであったものかと推測される。

　巌谷の清国での活動については井上翠『松濤自述』（大阪外國語大學中國研究
會・1950）に詳しいので関係部分を引用しておく。

　　着任當時は、兩館（筆者註：仕學館・師範館を指す）開學の準備はまだ殆ど
　できておらず、そこで巌谷博士らは早速その準備に協力し、入學試驗施行に
　も自ら當られたわけであります。……従來の仕學館は大學堂より分離し、進
　士館に附屬することになり、巌谷博士らは進士館に轉任しました。……かく
　て光緒三十二年には、この進士館の事業は全部完結を告げ、更に京師法政學
　堂の設立が裁可され、舊進士館跡に京師法政學堂が誕生したのであります。

……その組織については巖谷博士の意見を徴することになったのであります。博士は當初より、日本と清國とは風俗習慣及び思想の共通した點から、日本法制を模範とすることの有利を説かれ、一方では中外法制調査局[32]を作らせ修訂法律館、法律學堂の開設に援助を與え、また一方上に述べましたように、日頃の意見を持して、法政學堂は豫科本科に分け、豫科においては主として日本語を教え、本科においては日本人によって主要學科を教える方針を確定して、當局者の參考に供せられました。かくして、この意見は當局の容れるところとなって、光緒三十三年には京師法政學堂が設立されました。……清朝は治外法權撤廢準備のために、巖谷博士の主張を容れ、中外法制調査局を設け、修訂法律館、法律學堂を開設したのでありますが、いずれも我國からそれぞれ専門家を招聘しました。刑法では岡田朝太郎博士、商法では志田鉀太郎博士、監獄學では小河滋次郎博士の諸氏が聘せられ協力して六法改正に當ったのであります。その間の巖谷博士等の努力は並大抵のものではなかったようです。學堂章程が成り、各種學堂の詳細な規定が設けられたのも、實は服部（筆者註：宇之吉）、巖谷兩博士に負うところ誠に大きく、服部博士が小學校から大學校までのこまかい學科課程まで作られたことなどは、本邦人は勿論、中國人の間でも知っている者は少いだろうと思います。（12〜14丁）

確かに巖谷の招聘はかなり早い段階で行われているが、清朝における法学教育から法典編纂に至るまで、その基本的な設計を行っている様相が伝えられており貴重である。旧来巖谷の活動にはあまり光が当てられてこなかったが、その貢献は十分に再評価されなければならないだろう。

その後顧問としての貢献に対してか、清国皇帝より二等第二寶星が授与（光緒34年3月25日（1908年4月25日）奉旨）されている[33]。なお彼の帰国については、讀賣新聞が1917年7月15日の解約・廃官を報じており[34]、外務省記録において「大正六年病を以て辭職歸國」とある箇所とも符合する。また同じ外務省記録において没後当時の外務大臣が以下のように彼の功績に言及している。

　　……明治三十三年事變後支那政府に於て新教育の必要を感じ其の施設に着手せんとするに際し、教習を我邦に需め外務省に人物の推薦を依頼し來るや、時の小村外務大臣は菊池文部大臣と相謀りて氏を推擧し、氏は在官の儘三十五年秋北京大學堂に赴任し、大正六年病を以て辭職歸國するに至るまで

十六年の久しき北京に在りて日支兩國の爲に盡力せること尠からず。今其の主なるものを擧ぐれば、教育の方面に於ては支那に於ける新式法政教育の基礎を立て、北京大學仕學館、進士館、北京法政學堂、北京大學等の教習に歷任し、卒業生を出すこと數千、現に支那朝野重要の位置に在るものにして、氏の薰陶を受けたる者多し。又法律の方面に於ては當路と謀り支那法典の調査に着手し、遂に支那法典編纂調査會の設立を見るに至らしめ、爾來引續き同會調査委員として力を致し、支那法典編纂の事業をして緒に就かしめたるもの氏の力に依ること甚多し……[35]

民国初期の彼の役職名は幾らか明らかに出来るが、現在のところ彼の中国での活動を知り得る文献が殆ど知られず、詳細は不明である。『支那傭聘本邦人人名表』（大正元、2、4、5年12月現在）による彼の履歴は以下の通りである[36]。

法典編纂會調査員　明治45（1912）年7月～大正2（1913）年7月
法制局法典編纂會調査員、北京大學校教授　大正2年7月～3年7月
大總統府法律諮議官、司法部法典編查會顧問、北京大學校教授　無期限契約
司法部法典編查會顧問、北京大學校教授（大總統府法律諮議官は大正5年5月辞任）

◆杉榮三郎（1873. 1. 2～1965. 6. 7）

君は岡山縣人杉良太郎の二男にして明治六年一月を以て生れ大正十四年戸主幹方より分れて一家を創立す明治三十三年東京帝國大學法科大學政治科を卒業し會計檢查官宮内書記官兼宮内省參事官帝室林野管理局主事等に歷任し現時圖書頭兼諸陵頭なり……

（勝田一編『帝國大學出身名鑑』（校友調査會・1932）ス15頁）

彼は巖谷孫藏の推薦により選任されたことが伝えられていれる[37]。曰く「巖谷氏に於ては純正法律專門家なるを以て政治經濟科教授として氏を補佐せしめんが爲め適任と認めたる次第に有之」とのことである。

彼による中国に関する論考として「清國に於ける二大提案」（國家學會雜誌19-2、4・1905）、「支那に於ける法學問題雜感」（國家學會雜誌27-2・1913）、「「塩

鐵論」の塩鐵論を評す」（京都法學會雑誌 8-1、4・1913）、「支那に於て次に起るべき問題」（統計集誌 394・1913）等がある。

伝記に小山清『杉栄三郎伝 哲西町名誉町民』（[小山清]・2000）、日記の一部翻刻に小山清編『杉栄三郎日記』（[小山清]・2003）があり、史料状況等も含めて小山清「杉栄三郎」（伊藤隆・季武嘉也編『近現代日本人物史料情報辞典 4』（吉川弘文館・2011）所収）がある。

◆高橋健三（1877.10～？）

　君は大阪府人故高橋甚八の長男にして明治十年二月を以て生れ大阪尋常中學校第三高等學校を經て明治三十七年京都帝國大學法學部法律科を卒業し後北京法政學堂に入り次で播磨鐵道株式會社尼崎汽船部々長歴任し後退職し現地に辯護士を登録開業し一航法律事務を取扱ひ以て今日に至る……

（勝田一編『帝國大學出身名鑑』（校友調査會・1932）タ 63 頁）

明治 43（1910）年 5 月 30 日付の応聘許可願が残されており（当時の肩書は高知區裁判所判事）、それに付された契約書要項写によると、契約期間は 2 年、教授科目は「主トシテ商法ヲ受持チ民法ノ一部分ト民事訴訟法」、「一週間ノ受持時間ハ十四時間以内」とある[38]。なお官報局長や内閣書記官長を務め雑誌『國華』の創刊にも参加した高橋健三（1855～1898）とは同姓同名の別人であり注意が必要である。

●直隷法政學堂（保定）[39]

◆矢板寛（1868.5～？）

　君は東京府士族野村朝重の二男にして明治元年五月を以て生れ先代武の養子となり大正十一年家督を相續す明治二十七年帝國大學法科大學政治科を卒業し官省學校に奉職し同三十八年清國政府の招聘に應じて法政學堂の教習となり同四十四年満期歸朝後實業界に入り銀行頭取工業會社長町長等を勤め現時前記銀行會社の重役にして栃木縣多額納税者たり……

（勝田一編『帝國大學出身名鑑』（校友調査會・1932）ヤ 6 頁）

第八章　修訂法律館・各地法政学堂・民国期の顧問及び法学者　　　297

◆甲斐一之（1870.1.10〜？）

　熊本県士族、明治3（1870）年1月10日生まれ。明治30年7月東京帝国大学法科大学（英法科）卒業、同月司法官試補、東京裁判所詰、検事代理、同10月衆議院属、同32年11月司法官試補、同34年5月任判事、下妻区裁判所判事、同38年8月任司法省参事官、清国政府聘用、直隷法政学堂教習（当初2年契約）、この間直隷警務学堂講師も兼担、同41年8月2年間応聘継続、同43年8月1年間応聘継続、同44年8月1年間応聘継続、大正元（1912）年9月聘用満期廃官、同10月任判事、同10年7月札幌区裁判所判事、同11月退職[40]。

　なお、帝國法曹大觀編纂會編纂『帝國法曹大觀』（帝國法曹大觀編纂會・1915）585頁にも紹介がある。

◆中津三省

　熊本県菊池郡北合志村（現在の熊本県菊池市）出身、明治29（1896）年7月に第五高等学校大学予科第一部法科卒業、明治34年7月東京帝国大学法科大学政治学科卒業、同年9月台湾総督府属に任ぜられ県治課勤務、明治37年8月依願免官、明治38年11月より直隷法政学堂教習として赴任。相応の長期滞在だったようであり、宗方小太郎日記明治42年11月22日条に「中津三省より晩餐の招あり。本日出発を以て之を辞す」とある[41]。明治45年2月10日付で清國三等第一雙龍寶星勲章の佩用願が提出されている。後に大正2（1913）年4月から大正6年5月まで北合志村村長を務めた。昭和8年3月末段階での『東京帝國大學卒業生氏名録』（東京帝國大學・1933）では逝去を示す×印が付されており、それまでの間に逝去したものと思われる[42]。

◆太田一平（1877.8〜？）

　　君は兵庫縣士族太田文太郎の長男にして明治十年八月を以て生れ昭和四年家督を相續す明治三十六年京都帝國大學法科大學政治科を卒業し清國政府の招聘を受け在留六年の後三十四銀行常務取締役となり又東京山手急行電鐵會社の創立と共に其副社長に舉げられ大日本化學工業會社長たり……

　　　　　　　　　　（勝田一編『帝國大學出身名鑑』（校友調査會・1932）オ（ヲ）93頁）

彼に言及するものとして「太田一平君」（商工重寶社編輯部編『諸家稜々志』（商工重寶社・1915）243～245頁）がある。そこでは「三十八年支那政府の切なる招聘拒むに術なく同地に渡航して直隸省官吏養成所に入り、其の該博なる學識と、深くして廣き薀蓄とを傾注して其の職に盡瘁す。斯くて四十四年任期滿ち行李匆々歸朝して再び三十四銀行に入り……」とある。

●北洋法政專門學堂（天津）

◆吉野作造（1878. 1. 29～1933. 3. 18）

【出生】明治十一年一月二十九日宮城縣志田郡古川町字大柿九十六番地に生る、吉野年藏長男。【學歷及閲歷】明治二十五年三月宮城縣古川小學校卒業、同三十年三月同縣尋常中學校卒業、同三十三年七月第二高等學校卒業、同三十七年七月東京帝國大學法科大學政治學科を卒業して法學士と爲り、同月政治史研究の目的を以て同學大學院に入學同十二月同學工科大學講師を囑託せらる、同三十九年一月依願解囑、同月清國直隸總督袁世凱の招聘に應じて天津に赴き當初北洋督練處繙譯官として法政科教師を兼ぬ、同四十年九月北洋法政專門學堂教習を兼ぬ、同四十二年清國政府應聘契約滿期となり歸朝す、同二月五日任東京帝國大學法科大學助教授、同四十三年一月文部省より政治史及政治學研究の爲滿三ヶ年間獨、英、佛、米四國に留學を命ぜらる、同三月出發、大正二年七月歸朝す、同月政治史講座擔任を命ぜらる、同年七月七日任法科大學教授、同四年九月法學博士學位受領、同八年四月官制改革、東京帝國大學教授、法學部勤務（政治史講座擔任、政治學講座分擔）、經濟學部（政治學擔任、）兼務となり、同九年六月政治學講座分擔被免。

（井關九郎編『大日本博士錄』法學及薬學博士之部（發展社・1921）164～165頁）

大正デモクラシーの担い手としてあまりに有名であり、今更説明の必要もないかと思われる程であるが、彼が清末の法政学堂の日本人顧問関連事業に深く関与したことは逆に知られていないかも知れない。なお彼の出身地には吉野作造記念館が設けられている[43]。中国滞在期間中の日記が『吉野作造選集』第13巻（岩波書店・1966）に収録されており、同巻所収の飯田泰三「吉野作造の留学時代」に解説がある。また狭間直樹「吉野作造と中国」（『吉野作造選集』第7巻（岩波書店・1955）所収）も参照されたい。

第八章　修訂法律館・各地法政學堂・民国期の顧問及び法学者　　　299

◆今井嘉幸（1878. 5. 25〜1951. 6. 30）

　【出生】明治十一年五月二十五日愛媛縣周桑郡小松町南川に生る。【學歴及
閲歴】十二歳より十五歳まで二里餘を隔つる西條高等小學校に通學、明治三
十年松山中學校卒業、同年第一高等學校入學、同三十三年同校卒業、同年東
京帝國大學法科大學入學、同三十七年七月同大學獨法科卒業法學士と爲り、
更に同學大學院入學、國際法專攻、卒業後判事に任ぜられ東京地方裁判所判
事に補せらる、同四十一年在官の儘支那政府の招聘に應じ天津北洋法政學堂
に於て司法制度を教授し、傍ら支那を研究す、大正三年滿期歸朝、大阪に於
て辯護士開業、同年法學博士學位受領、大正五年春支那第三次革命に際し雲
南軍政府の招聘に應じ中華民國軍務院顧問たりしが、革命戰治まり之を辭し
て歸朝す、爾來大阪及神戸市にて辯護士の業務に從事し、大正六年大阪市よ
り選ばれて衆議員院議員に當選す。

　　（井關九郎編『大日本博士録』法學及薬學博士之部（發展社・1921）162〜163頁）

　自伝として『今井嘉幸自叙伝　五十年の夢』（神戸学術出版・1977）があるが、
丁度渡清前までの記録であり、この自伝からは清国での彼の活動の詳細は知りえ
ない。中国に関連する部分については狭間直樹「今井嘉幸」（孫文研究 42・2007）
が詳細である。狭間直樹「今井嘉幸博士の『建国策』『建国後策』について」（孫
文研究 31〜32・2001〜2002）も参照されたい。その他に今井嘉郎「父・今井嘉幸
の思い出」（孫文研究 33・2003）がある。

　公文雑纂には、彼による応聘許可願（明治 41（1908）年 1 月 27 日付）並びに
契約要項が残されている[44]。それによれば当座 1 年の契約期間となっているが、
別途聘用継続届（明治 44 年 2 月 17 日付）が残されており[45]、さらに 1 年の継続
を申し出ていることから、少なくともその期間は史料上契約の継続が確認出来
る。『大日本博士録』の記載通り大正 3（1914）年まで滞在した可能性が高い。

◆大石定吉（1875. 2. 10〜 ？）

　君は靜岡縣の人明治八年二月十日同縣に生る同卅八年東京帝大法科政治科
を卒業鐡道院に入り鐡道書記官に任じ現時鐡道省囑託たり曩に東京鐡道教習
所教授たり……

（勝田一編『帝國大學出身名鑑』（校友調査會・1932）オ（ヲ）40頁）

光緒32年12月（1907年1月）より満3年の契約で浙江法政学堂教習、後に明治43（1910）年10月より大正元（1912）年9月までの任期で北洋法政専門学堂教習に任じている。

◆名和剛（1876.9.10〜1958.2.7）

岡山県出身、明治37（1904）年7月東京帝国大学法科大学法律学科（独逸法）卒業、明治39年司法官試補、その後判事、明治43年9月清国応聘（応聘時は宇都宮地方裁判所判事）、当初は2年契約。帰国時期は不明である[46]。古代中国思想に言及する「名實」（校友會雑誌77・1898）がある。その後大正3（1914）年より岡山市にて弁護士を開業、昭和4（1929）年には岡山弁護士会会長を務めた。「岡山の弁護士」編集委員会編『岡山の弁護士』第1巻（岡山弁護士会・1976）83頁に紹介記事が掲載されている。

●山東法政學堂（濟南）

◆松野祐裔（1879.4〜？）

君は千葉縣人松野茂三郎の四男にして明治十二年四月を以て生る同三十八年京都帝國大學法科大學を卒業し同四十一年判事に任じ東京地方裁判所判事を經て同四十二年清國政府の聘に應じ大正三年歸朝大阪區兼同地方東京區兼地方各裁判所判事に歷補し同九年司法省參事官に任じ次て同十一年南洋廳法院判事に轉じ同廳高等法院判事を經て同十二年同廳高等法院長兼パラオ地方法院長に補せられ現に其職に在り……

（勝田一編『帝國大學出身名鑑』（校友調査會・1932）マ55頁）

帝國法曹大觀編纂會編纂『帝國法曹大觀』（帝國法曹大觀編纂會・1915）362頁、大日本法曹大觀編纂會編『大日本法曹大觀』（國民社・1936）535頁、大日本司法大觀編纂所編『大日本司法大觀』（大日本司法大觀編纂所・1940）618頁に紹介がある。

明治42（1909）年9月19日、山東法政学堂監督雷光宇との間に宣統3年7月30日（1911年9月23日）までの聘用契約を締結、後に監督孫松齢との間で1年

の期間延期に合意、その後民国 3（1914）年 6 月末日まで契約は随時継続されている。上記記載の通り、民国 3 年段階で契約満了に伴い帰国したものと思われる[47]。また上記履歴に続き昭和 8（1933）年には釧路地方裁判所長として赴任している[48]。

　明治 38（1905）年の京都帝国大学法科大学の同期卒業には後述の關山富、台湾総督府で実務官僚として活躍し後に衆議院議員にもなった片山秀太郎、さらには後藤新平の下で都市計画法の起草に携わった内務官僚の池田宏らがいる。また卒業後織田萬の指示で次に述べる八田光二とともに Pierre Hoang, *Le mariage chinois au point de vue légal*, Changhai : Imprimerie de la Mission catholique, 1898 を翻訳、その成果は『法律上ヨリ觀タル支那ノ婚姻』（臨時臺灣舊慣調査會・1907）として刊行されている。

◆八田光二

　佐賀県出身。明治 37（1904）年 3 月に京都帝国大学法科大学を卒業している。先に述べた松野祐裔の先輩に当たる。織田萬の指示で『法律上ヨリ觀タル支那ノ婚姻』を翻訳したことは既に述べた通りである。その後明治 41 年 3 月 31 日より明治 42 年 4 月 30 日まで臨時臺灣舊慣調査會第一部嘱託。外務省政務局第一課編『清國備聘本邦人名表（明治四十三年六月印刷)』では松野とともに宣統 3（1911）年 6 月までの期限となっており、外務省政務局編『支那備聘本邦人名表（大正二年六月印刷)』では松野のみ名前が残っていることから、期限通り帰国したものと推測される。

　語学、特に仏語に堪能であったようで、大正 7（1918）年 12 月 7 日に外務省翻訳官に任じ、シベリア経済援助事務に従事、また大臣官房人事課を兼勤した。大正 9 年 2 月 25 日付にてベルギーよりレオポール第二世第四等勲章の受領佩用願が提出されている。大正 9 年 4 月 23 日付で免官。その後外務省職員として復帰したのか昭和 13（1938）年の外務省報にも名前が見える。昭和 9 年 5 月 30 日付にてフランスよりオフキシエー・ダカデミー（d'officier d'Académie）記章の受領佩用願が提出されている[49]。

●江蘇法政學堂

◆土井常太郎（1880～1951）

岡山県出身、明治37（1904）年7月京都法政専門学校（同年9月より京都法政大学と改称、現在の立命館大学）第2回卒業生として卒業、明治38年4月より当時保定知府であった朱家寶（1860～1923）の家庭教師として清朝へ渡り、後に明治39年11月、無期限の契約で江蘇法政学堂教習に迎えられ、明治44年まで勤務した。後に大正8（1919）年3月より昭和3（1928）年12月まで華南銀行勤務、昭和4年より昭和24年1月まで立命館大学の理事・幹事・常務理事等の役職を歴任し、昭和26年に逝去。令嬢の手になる八木ふさ子「（遺稿）渡清一年日誌——父の日誌より」（京都エッセー24・1995）が渡清時の状況を詳細に紹介している。

●浙江法政學堂（杭州）

◆大石定吉（前述）

●湖北法政學堂（武昌）

◆作田荘一（1878. 12. 1～1973. 2. 9）

　　君は山口縣人藤本要五郎の三男藤本萬治の兄にして明治十一年十二月を以て生れ同二十九年先代チヨの養子となり家督を相續す同三十八年東京帝國大學法科大學を卒業し文官高等試驗に合格し電氣事務官となり後清國湖北法政學堂教習に招聘せらる同四十五年山口高等商業學校教授に任ぜられ大正八年經濟學研究の爲歐米に遊學し歸朝後京都帝國大學助教授兼山口高等商業學校教授たりしも現時京都帝國大學教授に任じ經濟學部勤務たり曩に經濟學博士の學位を授けらる……

　　　　　　　（勝田一編『帝國大學出身名鑑』（校友調査會・1932）サ72～73頁）

明治41（1908）年5月より明治44年8月までの任期で招聘されたようである。

第八章　修訂法律館・各地法政学堂・民国期の顧問及び法学者　　*303*

◆篠崎正（1878.8～？）

　　君は茨城縣人篠崎周吉の長男にして明治十一年八月を以て生れ大正五年家
　督を相續す明治三十九年東京帝國大學法科大學獨法科を卒業し司法官試補と
　なり同四十一年判事に任じ廣島福山各地方裁判所判事に補せらる大正三年臺
　灣總督府法院判官に轉じ臺北臺南各地方法院判官を經て臺灣總督府事務官同
　府州理事官となる現に州立臺中高等女學校長の職に在り……

　　　　　　　　　　　　　（勝田一編『帝國大學出身名鑑』（校友調査會・1932）シ16頁）

　上記の解説では応聘の事実が述べられていないが、明治42（1909）年6月に清
国応聘との記録が公文雑纂に残されている[50]。

◆玉木薫堂

　島根県出身、明治38（1905）年10月東京帝国大学法科大学政治学科卒業。作
田荘一と同様明治41年5月より明治44年8月までの任期で招聘されたことが
『清國備聘本邦人名表』（明治43年6月印刷）に見える。彼を紹介した文献に茂野
染石『沼津の表裏』（沼津通信社・1930）がある。同書に「京都帝國大學法科大學
卒業」とあるのは誤りであろう。また同書では清国への招聘について特に触れら
れてはおらず、大学卒業後やまと新聞、猪苗代電気から合併により東京電燈へ勤
務、同社沼津支店長に任じたことが紹介されている。

●廣東法政學堂（廣東）

◆松山豊造（1874.10～？）

　明治7（1874）年10月生まれ、和歌山県出身、明治33年7月東京帝国大学法
科大学政治学科卒業（杉榮三郎、中田薫、柳田國男と同期卒業）、明治35年9月
第五高等学校講師、明治37年7月同教授、法学通論、経済通論、土木行政工芸
経済学科担任、明治38年8月病気のため依願免官。明治39年5月満3年の契
約で両広法政学堂教習として赴任。後任期を延長したようであり、明治43年6
月の『清國備聘本邦人名表』では期限満5年、行政法、国際法、経済学、裁判所
構成法教授とある。さらに中華民国になってからも大正元（1912）年9月より満
3年の契約で広東法政学堂教習に着任、憲法、民法、羅馬法教授とある。大正4
年12月末現在の『清國備聘本邦人名表』には名前がないため、それ以上の延長

はなく帰国したものと思われる[51]。

◆藤田積造（1879. 8. 9～1946. 11. 26）

佐賀県出身、旧制六高（岡山）から京都帝国大学法科大学へ進学、明治40（1907）年7月卒業、明治40年10月に満1年の契約で中国へ渡ったようであるが、多少契約を延長したようであり明治43年6月印刷の『清國傭聘本邦人名表』に名前が継続して掲載されている。そこでは財政学、租税学、公債論、銀行論、貨幣論教授とあり、経済系の科目を担当していたようである。明治44年7月より経済政策研究のため渡米、古谷商会に就職、大正3（1914）年台北銀行勤務により台湾へ渡るも病気悪化のため大正9年帰国、大正10年10月には佐賀県の実家に寄宿、昭和5（1930）年には弟家族とともにブラジルへ渡り、昭和16年ブラジルより帰国、昭和21年11月逝去。妻は日本の女子体育教育の開拓者として知られる井口あぐり（1870～1931）である。以上につき進藤孝三『日本女子体育の母 井口あぐり女史伝』（温故館・1986、藤田の経歴は730～732頁にまとめられている）参照。

◆關山富（1879～1911. 5. 17）

　　元司法官試補法學士　東京府南多摩郡八王子町の人にして明治十二年生る卅八年京都帝國大學を卒業八月司法官試補を命ぜられ卅九年四月辭し清國廣東省法政學堂教習に任じ四十二年夏歸朝四十四年五月十七日東京に病死す年卅三

　　　　（大植四郎編『明治過去帳 物故人名辞典』（東京美術・1971（新訂版））1216頁）

招聘は松山豊造と同じく明治39（1906）年5月満3年の契約であった。

◆大脇菊次郎

鹿児島県出身、明治36（1903）年7月東京帝国大学法科大学政治学科卒業。明治36年12月に満3年の契約で広東警察学堂教習、本邦での官職は「警視屬兼警部」とある。後に明治39年12月には広東高等警察学堂教習に就任、国際法、衛生行政、統計学、警察行政を教授していたようである。大正元（1912）年12月末現在の『支那傭聘本邦人名表』には名前が見えないため、それより前には帰国

第八章　修訂法律館・各地法政学堂・民国期の顧問及び法学者　　　*305*

したものかと推定される。

●雲南法政學堂

◆島田俊雄（1877. 6～1947. 12. 21）

　　君は島根縣人島田斗吉の長男にして明治十年六月を以て生れ同三十五年分れて一家を創立す同三十三年東京帝國大學法科大學政治科を大正五年同英法科を卒業し東京市吏員となり教育課長勸業課長臨時市政調査局長心得に補し英國に出張す後退職して辯護士となる傍ら前記會社の重役にして衆議院議員に當選する事五回現に其任にあり又雑誌「明義王道」を經營し法政大學外三大學講師及清民雲南省法政學講師たりし事あり「自治制大意」外各數種の著書あり……　　（勝田一編『帝國大學出身名鑑』（校友調査會・1932）シ 35～36 頁）

◆加古貞太郎

陸軍教授。明治 39（1906）年 1 月に雲南法政学堂講師として応聘、当初 3 年契約、梅謙次郎が紹介人として契約案に名を連ねている。帰国日は不明。応聘契約案及び訳文、その他手続関係の史料が公文雑纂に残されている[52]。

●新疆法政學堂（迪化）

◆林出賢次郎（1882. 8. 22～1970. 11. 16）

　　和歌山縣津村長次郎二男明治十五年八月同縣日高郡湯川村に生れ林出精一の養子となる同三十八年東亞同文書院卒業同四十年外務省通譯官清國在勤上海副領事理事官情報部第一課勤務領事南京駐在在支公使館一等通譯官領事漢口駐在在支公使館二等書記官等歴任滿洲國駐剳特命全權大使隨員兼奉天駐在領事滿洲國大使館一等書記官等を經て現職（中華民國大使館一等書記官）曩に英國に出張第九回國際聯盟總會帝國代表随員を命ぜらる

　　（『大衆人事録外地滿支海外編』（帝國秘密探偵社・1940（第 13 版））支那 30 頁）

招聘に関しては明治 40（1907）年 6 月応聘との記録が公文雑纂にある[53]が、それよりも前に明治 38 年卒業後外務省嘱託として新疆調査に赴いている（同 40 年 5 月復命）。上記の通り一貫して外務関係に携わっており、また昭和 8（1933）

年には満洲国執政府「行走」として勤務し、戦後は世界紅卍字会の日本での活動に関わる等多彩な活動を行っている。林出に関しては国立国会図書館憲政資料室に「林出賢次郎文書」が所蔵され、新疆法政学堂在任時の日記が含まれている。また外交史料館にも文書があり、『林出賢次郎関係文書 外務省外交史料館所蔵文書』（雄松堂出版・1999～2000）にて概要を知ることが出来る。将来の研究が待たれる人物である。

●東三省法政學堂（奉天）

◆末松偕一郎（1875.6～1947.6.26）

　　君は舊福岡藩醫末松立洞氏の三男にして明治八年六月を以て福岡縣築上郡友枝村に生る、夙に東京帝國大學法科大學卒業後文官高等試驗に合格し官界に入り、靜岡、福岡、山梨各縣事務官、内務書記官、山梨縣警察部長、法制局参事官兼行政裁判所評定官を經て德島縣知事、臺灣總督府財務局長、同内務局長、滋賀、茨城、廣島各縣知事に歴任す、又明治大學、拓殖大學各講師たり、先に歐米各國、英、蘭領印度諸島、馬來諸島、比律賓群島を視察す、曩に清國政府に招聘され自治局顧問、奉天法制學堂教授となる、斯くて令名江湖に喧傳せられ、昭和三年二月普選第一戰に際し同縣（筆者補：福岡縣）第四區より立候補し首尾よく當選の榮を得たり、次いで同五年二月普選第二次總選擧の行はるゝや再び立候補し芽出度第二位の高點を以て當選せらる、前途有爲の政治家を以て將來を囑目せらる、「行政法」「自治制大意」「市町村制正義」「地方自治制要義」の著書あり。曩に社會政策審議會委員を仰せ付けらる、又伊國皇帝陛下より「サン、モーリス」三等勳章を贈らる、越へて同六年四月若槻總裁組閣するや抜擢せられて鐵道政務次官に任ぜらる。資性重厚にして謙讓の德に富む。

（民政黨總覽編纂所編『民政黨總覽』（民政黨總覽編纂所・1931）362頁）

　また中西利八編纂『財界人物選集』（財界人物選集刊行會・1939（第5版））884頁にも紹介がある。

三　民国期の法律顧問たち

　以下では中華民国期に招聘された法律顧問について紹介する。清末から継続して民国期も滞在した人物については既に紹介したのでこれを割愛する。

◆板倉松太郎（1868. 4. 23～1940. 6. 15）

　【出生】明治元年四月二十三日東京に生る、故板倉平兵衞長男、【學歴及閱歴】明治二十一年七月帝國大學法科大學佛法科を卒業して法學士と爲り、直ちに判事試補に任ぜられ、同二十三年六月甲府治安裁判所判事と爲り、爾來谷村、甲府の各治安裁判所、甲府、前橋の各地方裁判所、京橋、麹町、芝の各區裁判所、東京、千葉の各地方裁判所、東京、函館、大阪各控訴院判事、同部長に歴補、同三十六年一月檢事に轉任、東京控訴院に在勤、同十二月再び判事に復し大審院判事たりしが、同四十年十月大審院檢事と爲れり、爾後陞叙高等官一等、傍ら都下の私立大學に法律學を講ぜり、又斯間屢々法律取調委員、判檢事登用試驗委員及辯護士試驗委員等に擧げらる。大正八年五月十日支那政府に招聘せらる、大正八年六月二十八日叙勲二等授瑞寶章。

　（井關九郎編『大日本博士錄』法學及薬學博士之部（發展社・1921）178～179頁）

　帝國法曹大觀編纂會編纂『帝國法曹大觀』（帝國法曹大觀編纂會・1915）49頁、帝國法曹大觀編纂會編纂『帝國法曹大觀　改訂增補』（帝國法曹大觀編纂會・1922）51頁、帝國法曹大觀編纂會編纂『御大禮記念帝國法曹大觀』（帝國法曹大觀編纂會・1929（改訂第3版））37頁、東洋新報社編『大正人名辭典』（東洋新報社・1918（第4版）、後に『大正人名辞典』（日本図書センター・1987）として復刻）93頁、猪野三郎編『大衆人事錄』（帝國秘密探偵社／帝國人事通信社・1927（昭和3年版）、後に『大正人名辞典II』（日本図書センター・1989）として復刻）イ（ヰ）100頁にも紹介がある。

　『大日本博士錄』の記述によれば、梅謙次郎の娘梅ケ枝が松太郎の長男操一に嫁いでおり、松太郎の次女梅子が梅謙次郎の養女となっている等、梅謙次郎との関係が強い。多くの日本人顧問の推薦に梅謙次郎の影響が見られるだけに興味深い一要素とすることが出来よう。また、中華民国司法部司法講習所教官及び司法

部法律顧問としての招聘契約書が外務省記録に残されており[54]、国立公文書館の公文雑纂の中にも同じ写しが存在する[55]。それによれば、1919年5月1日締結、2年契約となっている。岩田一郎とともに5月25日に出発し、中華民国に渡った。その後板倉は奉直戦争の勃発直前に命辛々北京を脱出して任期満了目前の1922年4月26日帰国している[56]。その悲惨な状況について以下引用しておこう。

　　支那總統府顧問大審院檢事板倉松太郎博士は去る二十三日の眞夜中頃由財政部次長から「奉直兩軍は愈々明二十四日開戰しさうだから今の内に避難した方が良からう」との急報に接し行李もソコソコに命カラガラ同夜直に夫人と共に北京を引揚げ、天津まで同次長に送られて滿鮮經由二十六日關釜聯絡船で下關に着、直に急行列車にて歸京した……因に支那財政部の窮乏は最近に至って最も甚だしく同博士の如きも未だ四箇月分の給料の支拂を受けず其儘引揚げて來た

彼自身が中華民国の法制について執筆した論考として、板倉松太郎「中國立法事業の近況」（法曹記事 29-9・1919）、「燕京に於ける住家の賃貸借」（法學志林 21-12・1919）、「北京の拍賣」（法學志林 22-3・1920）、「中華民國に於ける刑政の一斑」（法曹記事 30-4・1920）、「支那に於ける法律思想の變化」（法曹記事 30-7〜11・1920）、「中華に於ける動靜刑法の一斑」（法律及政治 1-6、8、2-1・1922〜1923）がある。

◆岩田一郎（1868. 10. 18〜1923. 10. 22）

　【出生】廣島縣士族岩田幸造の長男にして、明治元年十月十八日生る。【學歷及閲歷】明治二十八年七月帝國大學法科大學獨法科を卒業して法學士と爲り、直に司法官試補を拜命し東京地方裁判所詰を命ぜられ、同三十年五月任判事、補橫濱區裁判所判事、同三十一年十一月東京地方裁判所判事、同三十六年十二月東京控訴院判事、同四十年十月宮城控訴院部長、同四十二年五月東京控訴院判事、同四十五年二月同院部長等に歷補し、大正二年五月大審院判事に榮轉す、斯間屢々判事檢事登用試驗委員、辯護士試驗委員、又法律取調委員會委員等に擧げられ、大正八年九月二十九日法律取調委員の功に依り金杯一箇を賜ふ、同九年四月博士會の推薦に依り法學博士の學位を受領す。

　　　　　（井關九郎編『大日本博士錄』法學及藥學博士之部（發展社・1921）231頁）

帝國法曹大觀編纂會編纂『帝國法曹大觀』（帝國法曹大觀編纂會・1915）46頁、帝國法曹大觀編纂會編纂『帝國法曹大觀 改訂増補』（帝國法曹大觀編纂會・1922）40頁、東洋新報社編『大正人名辭典』（東洋新報社・1918（第4版）、後に『大正人名辭典』（日本図書センター・1987）として復刻）1231頁にも紹介がある。上記『大日本博士録』には中華民国への招聘について説明がないが、これを元にした平凡社編『日本人名大事典（新撰大人名辭典）』（平凡社・1979）第1巻392〜393頁の解説には「嘗て中国政府顧問に招聘せられたことがある」と述べられている。中華民国司法部司法講習所教官としての招聘契約書が外務省記録に残されている[57]。

岩田は当初の2年契約が切れる大正10（1921）年5月1日より翌11年4月30日までの契約継続を願い出てこれを許可されている[58]。その労に報いるためか、中華民国より二等大綬嘉禾章が授与（民国10（1921）年12月30日令行、民国11年2月24日頒発）されている[59]。その後任期満了に伴い大正11年3月2日に帰国している[60]。岩田は後に大審院部長に補す旨上奏（大正12年9月15日付）されたが[61]、ほどなく同26日には退職していることが報じられている[62]。10月22日逝去の際には脳溢血による突然の逝去と報じられているが、既に体調がすぐれなかったものかも知れない。

なお岩田は1922年3月に『支那司法制度視察報告書』として75頁にわたる詳細な報告書を外務省へ提出している。折からの領事裁判権撤廃問題の発生に関連して駐支特命全権公使からの嘱託を受け執筆されたものである。板倉と異なって中国法制に関する論考が見られない岩田が残した貴重な資料といえよう。

資料8-1　松岡義正著作目録

◆論文

「（校閲）羅馬法原論（一〜十一）（（白耳義ガン大學教授）ベー・バン・ウエッテル著・田能邨梅士譯）」（明治法學1〜7、10〜13・1899〜1900）

「法律上の現實問題と抽象問題」（法政新誌3-18・1899）

「訴の原因論」（法政新誌3-21・1899）

「協諾契約論」（法政新誌3-22・1899）

「不可分債權と相殺との關係」（法政新誌3-28・1899）

「（質疑）民事訴訟法問題解答――差押債權者と債務者と通謀して競賣期日を再三延期す

るときは他の配當要求債權者は其通謀の事實を證明すること能はさる限は其延期の不
利益を甘受せさる可からさるや將た他に取るへき方法ありや」(明治法學 10・1900)

「(質疑) 家資分散法問題解答――家資分散法第一條第三項の抗告は如何なる場合に爲し
得へき性質のものなるや且其效果如何」(明治法學 10・1900)

「(討論) 代物辨濟は更改なりや否や」(法政新誌 4-32・1900)

「質疑 解答」(法政新誌 4-35・1900)

「強制競賣の性質」(法政新誌 4-36・1900)

「破産宣告の渉外的效力」(法學志林 1-6・1900)

「質疑 民訴 1」(法政新誌 5-45・1901)

「(解疑) 權利共通義務共通の意義」(法學志林 3-17・1901)

「(解疑) 償還請求の通知と其證明の責任」(法學志林 3-19・1901)

「(解疑) 商人の廢業と破産宣告との關係」(法學志林 3-19・1901)

「不可分債權と相殺との關係」(東京法論社編輯局編『日本法律大家論集』(青木嵩山堂・
1901) 所收)

「(質疑) 民事訴訟法質疑――係官か競賣手續を誤りたるときは債務者は損害賠償を訴求
することを得るか」(明治法學 31・1902)

「監査委員の性質を論ず」(明治法學 46・1902)

「(解疑) 民事判決言渡期間」(法學志林 3-23・1902)

「(解疑) 訴訟物の價額五千圓以上六千圓未滿に對する印紙」(法學志林 4-27・1902)

「(解疑) 再審の訴に於ける訴訟物の價格の算定」(法學志林 4-32・1902)

「受訴裁判所の裁判長か人事訴訟法の規定に從ひ無能力者の爲めに選任したる代理人の
性質を論す」(法學志林 4-38・1902)

「訴の原因論」(氏家寅治編『法律名家纂論』(清水書店・1902) 所收)

「破一八號問題」(法典質疑錄 49・1902)

「破一三、一四、一五號問題」(法典質疑錄 50・1902)

「破一八號問題」(法典質疑錄 51・1902)

「(解疑) 取立命令を得たる債權者が第三債務者に對し起訴したる場合に於ける訴訟法上
の地位」(法學志林 5-50・1903)

「破産の原因」(早稻田學報 91・1903)

「上訴に關して終局判決と看做すへき確定の中間判決に對する再審の許否を論す」(法政
新誌 7-8・1903)

「民事訴訟法に於ける判決の實體的確定力の本質及其範圍を論す」(法令審議錄 (法令審
議會會報) 3・1903)

「民事訴訟法に於ける上告の性質を論す」(法政新誌 7-1・1903)

「(解疑) 差押の爲め供託したる保證金に對する債務者の有する權利」(法學志林 6-53・
1904)

「民事訴訟法 (二題)」(法典質疑錄 7-4・1904)

第八章　修訂法律館・各地法政学堂・民国期の顧問及び法学者　　*311*

「（資料）法人の名譽權に就て」（日本法政新誌 9-5・1905）

「訴權の性質を論ず」（日本法政新誌 9-8・1905）

「（法典質疑録）登記抹消請求訴訟に於ける假執行の宣言」（法學志林 8-1・1906）

「（法典質疑録）所在不明の財産の捜索と假差押命令の執行期間」（法學志林 8-1・1906）

「（法典質疑録）不動産の競賣開始決定に對する不服」（法學志林 8-7・1906）

「（法典質疑録）執行命令に對する故障と新闕席判決」（法學志林 8-7・1906）

「（法典質疑録）第二又は其後の闕席判決に對する假執行の宣言」（法學志林 8-7・1906）

「商號權を論ず」（法曹記事 21-11・1911）

「民事法與檢察制度」（鄭言筆述／蔣士立編『檢察制度』（中國圖書公司・1911）所收）

「民事訴訟政策」（法律日日 169・1912）

「民法上の留置權を論す」（法曹記事 22-10・1912）

「（法典質疑録）事務管理人が本人の爲めに法律行爲を爲す場合には自己の名を以てすべ
　きや又は本人の名を以てすべきものなりや」（法學志林 14-4・1912）

「（法典質疑録）支拂命令中に掲げたる期間經過後債權者は假執行の申請を爲さず又債務
　者も異議の申立を爲さざるときは時效は進行せざるや」（法學志林 14-4・1912）

「（法典質疑録）抵當權の設定登記ある物に對して爲したる假處分の效力」（法學志林
　14-5・1912）

「（法典質疑録）證書訴訟手續に於て辯論期日に被告缺席したる場合に爲す缺席判決」
　（法學志林 14-7・1912）

「（法典質疑録）被告に權利行使の留保を掲げたるときの通常訴訟手續の性質」（法學志
　林 14-8・1912）

「（法典質疑録）自己に利益なる判決を受けたる場合にも尚ほ控訴することを得るや」
　（法學志林 14-9・1912）

「（法典質疑録）株式差押の手續」（法學志林 14-10・1912）

「（法典質疑録）訴訟費用額確定決定申請者と訴訟費用未濟の抗辯」（法學志林 14-10・
　1912）

「（法典質疑録）訴訟費用と假執行の宣言」（法學志林 14-11・1912）

「（法典質疑録）民法九百六十六條所謂「相續權侵害の事實を知る」の意義」（法學志林
　15-1・1913）

「（法典質疑録）不動産假差押後に於ける抵當權設定の效力」（法學志林 15-1・1913）

「（法典質疑録）民法施行前の家族の遺産相續」（法學志林 15-3・1913）

「（法典質疑録）民法八一三條九號の事由に因る離婚の訴提起後配偶者の生死分明となり
　たるときの裁判」（法學志林 15-7・1913）

「債權の讓渡と管轄の合意」（法學志林 15-8・1913）

「形式的眞實と實體的眞實」（法律評論 10-8・1921）

「民事訴訟法五百十條第二項に規定せる被告の返還請求權を論す」（『横田博士還暦教授
　二十五年祝賀記念論文集』（清水書店・1921）所收）

「當事者本人の尋問を論す」（法曹會雜誌 1-1・1923）

「逝きて一週年」（葉多野太兵衛編『（葉多野太兵衛）追悼録』（清水書店・1928）所収）

「民事訴訟法の改正の趣旨」（法曹會雜誌 8-12・1930）

◆著書・講義録

『民法債權編講義 第 1 章 1-3 節』（明治法律學校明治 31 年度第 2 學年講義録）（田代律雄講述、明治法律學校・1898）（3 節を松岡が講述）

『物權法』（日本法律學校第 4 期講義録）（中山成太郎講述、日本法律學校・1900）（3 章以下を松岡が講述）

『民事訴訟法』（6〜8 編）（和佛法律學校明治 34 年度乙種講習科用）（和佛法律學校・1901）

『民事訴訟法』（和佛法律學校明治 35 年度講義録）（岩田一郎講述、和佛法律學校・1902）（6〜8 編を松岡が講述）

『人事訴訟手續法』（和佛法律學校明治 36 年度特別法講義録）（和佛法律學校・1903）

『民事訴訟法講義』（明治法律學校明治 36 年度第 3 學年講義録）（明治法律學校講法會・1903）

『破産法』（松岡義正講述、法政大學・1904）

『破産法』（松岡義正講述、早稲田大學出版部・1904、［刊行年不明の版本もあり］）

『破産法講義』（松岡義正講述、明治大學出版部・［1904?]）

『民事訴訟法』（法政大學明治 37 年度講義録）（仁井田益太郎講述、法政大學・1904）（6〜8 編を松岡が講述）

『民事訴訟法講義』（横田五郎講述、明治大學出版部・1904）（3〜5 編を松岡が講述）

『民事訴訟法』（3〜5 編：法政大學明治 38 年度講義録、6〜8 編：法政大學明治 37 年度講義録）（松岡義正講述、法政大學・1905）

『民事訴訟法』（板倉松太郎講述、法政大學・1905）（7〜8 編を松岡が講述）

『破産法』（法政大學明治 39 年度第 3 年級講義録）（法政大學・1906）

『破産法』（早稲田大學明治 39 年度法律科第 2 學年講義録）（早稲田大學出版部・1906）

『民事訴訟法』（横田五郎講述、法政大學・1907）（3〜5 編を松岡が講述）

『民事訴訟法』（日本大學明治 40 年度法科第 2 學年講義録）（日本大學・1907）

『民法論 總則』（清水書店・1907）

『民法論 物權法』（清水書店・1908（上巻）、1931）

『人事訴訟手續法』（法政大學、審法學館・1908、［刊行年不明の版本もあり］）

『特別民事訴訟論』（嚴松堂書店・1916（前編）、1918〜1919（訂補再版）、1925（訂正第 5 版））

『破産法』（轡國太郎・1922）

『民事訴訟法』（石田正七・1923）

『強制執行要論』上中下巻（清水書店・1924〜1925、1925（訂正第 2 版））

第八章　修訂法律館・各地法政学堂・民国期の顧問及び法学者　　　313

『民事證據論』（嚴松堂書店・1925）

『保全訴訟（假差押及假處分）要論』（清水書店・1926、1929（第3版）、1936（第6版））

『民事訴訟法』（文信社・1927）

『新民事訴訟法註釋』第1～6巻（清水書店・1929～1939、1929～1939（第3版））

『破産法論』上下巻（嚴松堂書店・1929）

『民事證據論』（張知本譯）（上海法學編譯社・1937）

※以下、刊行年不明分

『民事訴訟法第六編以下』（松岡義正講述、中央大學）

『民事訴訟法第六編以下』（松岡義正講述、東京法學院）

『民事訴訟法講義』（松岡義正講述、明治法律學校出版部講法會）

『民事訴訟法講義』（松岡義正講述、明治大學出版部）

『民事訴訟法』（松岡義正講義、早稲田大學出版部）

『民事訴訟法』（松岡義正講述、日本大學）

『民事訴訟法』（明治38年度日本大學講義録）（横田五郎講述、日本大學）（6編以下を
　　松岡が講述）

『破産法講義』（松岡義正講述、明治大學出版部講法會）

『破産法　完』（松岡義正講述、日本法律學校）

『破産法』（松岡義正講述、日本大學）

『破産法』（松岡義正講述、和佛法律學校）

資料8-2　志田鉀太郎著作目録

◆論文

「偶感」（青春會文學雜誌5・1889）

「株式會社の定款中に「各株に付き四分の一の拂込を終へたる後は取締役會議の多數決
　　を以て必要と認めたる時に其殘餘の全額又は一部を拂込むべし」と定むることを得る
　　や否」（法學協會雜誌11-11～12、12-1～3・1893～1894、第八席（12-1）を担当）

「保險に就きて」（明法志叢32・1894）

「保險の刑罰法的觀察」（保險雜誌1・1895）

「火災保險の歴史」（保險雜誌1～6・1895）

「英國海上保險判決例」（保險雜誌4・1895）

「英國生命保險會社法」（保險雜誌5～7・1896）

「保險に關する國家の監督」（保險雜誌16・1896）

「（討論）民法修正案第百九條は第三者に對して他人に代理權を與ふるの意思を表示した
　　るときは正當に代理權を生ずるものとしたるか將た代理權は之を生ぜざれども第三者
　　を保護する爲め恰も代理權を生じたるが如く看做すに過ぎざるか」（富井政章、仁井
　　田益太郎、梅謙次郎、志田鉀太郎・法學協會雜誌14-6～11・1896）

「問答」（警察眼 4-7、9・1896）

「開陳責任に就て」（保險雜誌 25・1897）

「幣制改革と新民法」（早稻田學報 1・1897）

「（筆記）占有に關する羅馬法の規則（戸水寬人講述）」（早稻田學報 2～4・1897）

「（討論）財産權の目的は金錢に見積ることを得るものに限るや否や」（志田鉀太郎、山田三良、仁保龜松、仁井田益太郎）（法學協會雜誌 15-8～11・1897）

「法律解釋術」（法政新誌 2-16・1898）

「法律の補充術」（法政新誌 2-17・1898）

「新旧商法の比較」（龍門雜誌 118～119、122・1898）

「保險會社法に就て」（保險雜誌 37・1898）

Etat actuel de la Législation au Japon en matière d'assurances sur la vie, in : *Troisième Congrès International d'Actuaires*, Paris : Librairie des Assurances, 1901, p. 652.

「生命保險契約論」（内外論叢 1-4・1902）

「簡易生命保險」（保險雜誌 79・1902）

「簡易生命保險餘談」（法學新報 12-4・1902）

「生命保險の再保險を論ず」（保險雜誌 82、法學新報 12-8・1902）

「私法の研究と社會法」（法學志林 4-36・1902）

「外國會社」（法學志林 4-38・1902）

「商號權」（法政新誌 6-64・1902）

「私法上所謂責任の意義」（明治法學 47・1902）

「（口繪）獨逸保險界二大家（寫眞）――エーレンベルヒ・エミングハウス」（志田教授寄贈）（明治法學 48・1902）

「商二二五、二二六、二二七」（法典質疑録 50・1902）

「商法の將來」（法政新誌 7-10～11・1903）

「私法制度に於ける内外表裏の觀察」（法學新報 13-6～7・1903）

「會社法論」（法學協會雜誌 21-1～3・1903）

「假拂金の法律上の性質に就て」（保險雜誌 92・1903）

「供託金に關する意見」（中央新聞 1903 年 8 月 28 日～9 月 5 日）

「再保險に就て」（法律新聞 174、176～177・1903）

「遊米雜感」（國家學會雜誌 17(202)・1903）

「（批評）法學士粟津清亮君の新著保險法を評す」（内外論叢 2-3、3-4～5・1903～1904）

「外國保險會社に對する供託命令」（内外論叢 2-4・1903）

「條件及期限」（法政新誌 8-3、5・1904）

「（質疑應答）手形法（償還請求の通知に關するもの）」（法政新誌 8-6・1904）

「（質疑應答）商法（再保險の目的を再々保險に附しうるか）」（法政新誌 8-12・1904）

「クンツエ氏の「ゲザンムトアクト」論に就て」（法學協會雜誌 21-6・1904）

「日清戰争危險率」（保險雜誌 98・1904）

第八章　修訂法律館・各地法政学堂・民国期の顧問及び法学者　*315*

「相互保險會社に於ける基金醵出者の法律上の性質を論ず」（保險雜誌 100・1904）

「第三者の利益の爲にする保險相互保險」（保險銀行時報 200・1904）

「催眠術と民法との關係」（法學協會雜誌 22-8〜9・1904）

「催眠術と民法の關係」（中外醫事新報 594・1904）

「權利の新種類に就ての研究」（法學志林 6-59、61・1904）

The Risk-Rate of the Late Chino-Japanese War, in : *Proceedings of the fourth international congress of actuaries*, New York : Actuarial Society of America, 1904, Vol. I, p. 75.

「復代理の性質及復任權」（日本法政新誌 8-7・1904）

「物權の性質に關する學説」（法學志林 4-63〜64・1904）

「（校閲）〈資料〉獨逸保險契約法草案批評（一）（二・完）（（ゲッチンゲン大學教授）エーレンベルヒ、（法科大學）佐竹三吉譯）」（明治法學 68〜69・1904）

「意思表示の觀察方法を論じて明示及默示の意思表示の區別に及ぶ」（明治法學 69・1904）

「（校閲）〈資料〉生命保險契約の法律的性質に關する學説を批評す（一）〜（六・完）（ルードウ井ヒ・ベンヂックス著、（法科大學生）佐竹三吾譯）」（明治學報 78〜79、82〜86・1904〜1905）

「社會的暗示」（國家學會雜誌 19-2・1905）

「留置權の要件としての聯關を論ず」（法學協會雜誌 23-7、9・1905）

「（討論）所謂盜品と云ふことを得るや」（法學協會雜誌 23-8・1905）

「私法上に於ける統一的概念としての轉換」（日本法政新誌 9-1・1905）

「民法第一九二條及第一九三條の沿革竝法制比較」（法學新報 15-1〜5・1905）

「明治三十八年以後の生命保險界」（保險銀行時報 215・1905）

「日本に於ける私法研究の方針」（慶應義塾學報 90・1905）

「帝國大學教授の地位」（國家學會雜誌 19-10・1905、後に「帝國大學教授之地位」（美濃部達吉他『活學』（奎文館・1906）所収））

「催眠術と民法との關係」（催眠學界 5・1905）

「奬進醫會總會」（中外醫事新報 595〜596・1905）

「醫術と民法との關係」（醫談 98〜99・1905〜1906）

「（校閲）〈資料〉職業上の災害に關する比較法制（一）（二・完）——私法上責任の原則と勞働者保護の程度（（佛國法學博士）アレキサンドロ・ルーロ著、（法科大學生）篠崎昇譯述）」（明治學報 87〜88・1905）

「南滿洲鐵道株式會社法」（法學協會雜誌 24-7、9〜10・1906）

「民事會社の名稱」（國民經濟雜誌 1-4・1906）

「商業と商業以外の營業とを併せて目的とする會社」（國民經濟雜誌 1-4・1906）

「營業保險に於ける保險契約者」（日本法政新誌 10-2・1906）

「他人の爲にする生命保險契約の保險金額を受取るべき者の權利の發生期」（内外論叢 5-6・1906）

「社會的暗示と教育」（東京市教育會雜誌 17・1906）

「法人は疑制に基くものに非ざる所以を論ず」（法學新報 16-4・1906）

「（法典質疑録）永小作權消滅の請求」（法學志林 8-1・1906）

「株主名簿に記載なき株主と株主總會招集の通知」（國民經濟雜誌 2-4・1907）

「法人の署名方法」（國民經濟雜誌 3-2・1907）

「人の通稱雅號を記載せる手形の效力」（國民經濟雜誌 3-2・1907）

「「一時に株金の金額を拂込むへき場合に限り株式の金額を二十圓までに下すことを得」
　との條文の意義」（國民經濟雜誌 3-2・1907）

「合資會社に於ける有限責任社員の責任」（法學志林 9-11・1907）

「請求權の本質」（法學協會雜誌 25-9・1907）

「「カード」式記帳と商業帳簿」（國家學會雜誌 21-1・1907）

「生命保險料の集金慣習」（國家學會雜誌 22-1・1908）

「株式會社か事業に着手したる後其設立の無效を發見したる場合に爲すへき清算を論す」
　（法學協會雜誌 26-4・1908）

「政黨と名づくる團體」（明治學報 124・1908）

「清國へ赴任するに就て」（保險雜誌 149・1908）

「滞清雜話」（保險雜誌 158・1909）

「保險業は清國に於て有望なりや」（保險銀行通信 6・1910）

「保險界の諸問題」（保險銀行時報 491・1910）

「生命保險證券の法律上の性質を論ず」（保險銀行時報 495・1910）

「志田博士の清國談」（[東京] 朝日新聞 1911 年 6 月 22 日朝刊 2 面）

「小口保險に就て」（保險銀行時報第 14 年 499-14～16・1911）

「小口保險官營問題と社會政策」（保險評論 4-3・1911）

「清國法律談」（岡田朝太郎と共著、法學協會雜誌 29-3・1911）

「犧牲の精神」（學生 2-1・1911）

「支那の經濟的地位」（財界 16-2・1911）

「（近世逸話　志田鉀太郎好通辯を得たり）」（實業の日本 14(22)・1911）

「檢察制度與對外關係」（鄭言筆述／蔣士立編『檢察制度』（中國圖書公司・1911）所収）

「志田博士革命談」（[東京] 朝日新聞 1912 年 1 月 21 日朝刊 4 面）

「支那の現狀」（[東京] 朝日新聞 1912 年 6 月 27 日朝刊 4 面）

「憂ふべき保險會社の增設」（保險銀行時報 499-58・1912）

「支那の現在並に將來」（東京經濟雜誌 66・1912）

「保險會社の濫設を戒む」（財界 16-6・1912）

「（近世逸話　志田鉀太郎門錢の弊を除く）」（實業の日本 16-2・1913）

「保險の意義に關する新説」（保險評論 6-10・1913）

「商業の複数主體」（國民經濟雜誌 14-1・1913）

「今日の急務は田舎を着實に改良するに在り」（國家及國家學 1-2・1913）

「商法の世界統一」（國家及國家學 1-8・1913）

第八章　修訂法律館・各地法政学堂・民国期の顧問及び法学者　　*317*

「商法の統一」（法律日日 191・1913）

「支那時局私論」（支那［東亞同文會調査編纂部］4-2・1913）

「支那開發の先登舞臺」（支那と日本 3・1913）

「吾が家の田園生活」（農事新報 7(13)(79)・1913）

「所謂被保險者團體を論ず」（生命保險會社協會會報 3-3・1914）

「海軍疑獄事件と營利事業の道德問題」（實業の世界 11-11・1914）

「商人の意義に就て」（法律評論 2-19・1914）

「商法第一九六條第一項に所謂開業の意義を論す」（法曹記事 24-2・1914）

「社會病理學に就いて」（日本社會學院年報 3-1～2・1915）

「我商法上損害保險契約と生命保險契約とを綜合する保險契約の統一觀念を認むるや」
　　（法律評論 4-17・1915）

「所謂簡易保險に付て」（國家學會雜誌 29-3～5・1915）

「所謂簡易保險に付て」（生命保險會社協會會報 4-4、5-1・1915）

「簡易保險官營理由の批評」（保險銀行時報 701・1915）

「吾國に適當なる疾病保險法は如何」（法律新聞 1016、保險銀行時報 725・1915）

「我邦に最も適當する疾病保險制度は如何なるものなりや」（救濟 5-6・1915）

「我邦に最も適當する疾病保險制度」（刀圭新報 6-12・1915）

「契約の統一觀念を認むるや」（法學評論 4-17・1915）

「航路は正確に測量して置け」（冒險世界 8-6・1915）

「病氣に罹れる現代日本」（世界之日本 6-6・1915）

「宗教に就いての所感」（法華 2-7・1915）

「支那に對する希望」（大陸 22・1915）

「生命保險の敵」（玉木爲三郎編『矢野恒太君保險關係二十五年記念會報告』（玉木爲三
　　郎・1915）所収）

「現代思潮と日蓮聖人」（法華 3-2・1916）

「官營簡易保險の七大奇蹟」（保險銀行時報 750・1916）

「我商法上損害保險契約と生命保險契約とを綜合する保險契約の統一觀念を認むるや」
　　（保險評論 9-1・1916）

「鮮滿及北支那視察談」（『戰時經濟財政調査報告　第 18 回』（東京交換所・1916）所収）

「朝鮮及北支那の現況」（保險銀行時報 770・1916）

「生命保險業者に望む」（保險銀行時報 772・1916）

「山東視察觀」（一橋會雜誌 120・1916）

「歲首進言」（保險銀行時報 804・1917）

「偶感偶語」（保險銀行時報 825・1917）

「創業費を資產としての貸借対照表に計上する慣例を論ず」（法律新聞 1257、會計 1-1・
　　1917）

「暖簾（Goodwill）に就きて」（會計 1-2・1917）

「資本なる語の商法上の意義を論ず」（會計 2-4・1917）

「大人格者としての日蓮上人」（黒潮 2-11・1917）

「海外に輸出せる我國物品の粗製濫造に対する非難並に其の實例と之が救濟策」（太陽 23-4・1917）

「商法第三百九十九條の二及び第四百二十九條の解釋に付ての爭議」（生命保險會社協會 會報 6-3・1917）

「小商人の意義」（法治國 37・1917）

「創業費と資本」（日本經濟新誌 23-3・1918）

「貸借対照表に於ける創業費」（會計 3-2・1918）

「我國民は何を目標として躍進すべきか」（實業の日本 21-8・1918）

「粗製濫造の日本」（財政經濟時報 5-8・1918）

「新種保險の創始を促す」（保險銀行時報 857・1918）

「事業經營學に就て」（保險評論 11-4・1918）

「滿鮮視察談」（保險評論 11-4・1918）

「如何にして會社を取締るべき乎」（日本一 4-3・1918）

「世界の征服」（實業公論第 4 年 10 月号・1918）

「犠牲的精神」（大町桂月『日本研究 美點弱點長所短所』（日本書院・1918）所収）

「國難と日蓮上人」（法華 5-3・1918）

「四恩に就て」（法華 5-10・1918）

「我が日蓮聖人宗」（法華 5-11・1918）

「選擧法と任用令 志田法學博士談」（［東京］朝日新聞 1918 年 12 月 27 日朝刊 4 面）

「法理研究會記事 一月例會社會連帶ニ就テ」（國家學會雜誌 33-4・1919）

「社會連帶に就きて」（法學協會雜誌 37-8、10・1919）

「經濟組織上より見たる生命保險業者の報酬に就て」（保險銀行時報 908・1919）

「武力的帝國主義と經濟的帝國主義」（實業公論 5-1・1919）

「大正九年を迎へて」（保險銀行時報 958・1920）

「新所得税法實行の可否（四）下級中産者に過酷なる新税法に不服」（實業の日本 23-3・1920）

「保險用語としての「危險」」（保險銀行通信 256・1920）

「貧富兩階級の自覺」（財政と經濟 4-6・1920）

「歳晩雜感」（保險銀行時報 1008・1920）

「社會連帶と保險」（保險銀行時報 1009・1921）

「雜感」（保險銀行時報 1011・1921）

「簡易保險最高額引上説根據薄弱」（保險銀行時報 1023・1921）

「簡易保險限度引上反對」（東京經濟雜誌 2086〜2087・1921）

「保險の貯蓄性に就て」（保險銀行時報 1059・1922）

「他人の所有物を保管する者の締結する火災保險契約」（經濟及商業 1-2・1922）

第八章　修訂法律館・各地法政学堂・民国期の顧問及び法学者　　*319*

「勞使協調の急處」（工業界 13-2・1922）

「宗教心の衰微と社會の頽廢」（法華 9-12・1922）

「保險課長時代の回顧」（保險銀行時報 1110・1923）

「投資の本領と調査機關」（保險銀行時報 1130・1923）

「投資調査機關の設置に就て」（保險銀行時報 1133・1923）

「社會連帶の思想」（保險評論 16-4・1923、後に福德生命保險株式會社編『商務局長六
　　博士講演速記錄』（福德生命保險・1923）へ收錄）

「地震に因る火災に關して」（復興叢書第 4 輯・1924）

「震災保險と其實行難」（エコノミスト 2-2・1924）

「將來の保險監督」（保險銀行時報 1153・1924）

「序文」（大住達雄『倉庫證券に關する學說及判例』（巖松堂・1924）所收）

「大正十四年を迎ふるに當って紐育生命保險會社を懷ふ」（保險銀行時報 1203・1925）

「保險の根本精神」（『官民合同全國生命保險業者九州大會報告』（生命保險會社協會・
　　1925）所收）

「保險加入者の疑を解いて保險の本質及精神に及ぶ」（『官民合同全國生命保險業者九州
　　大會報告』（生命保險會社協會・1925）所收）

「大震災に際して我邦會計學者の健在を祝す」（會計 13-6・1925）

「抽籤の不履行か償還の不履行か」（インヴエストメント 2-2・1925）

「保險の基本精神を論ず」（明大商學論叢 1-1・1926）

「保險の基本精神に關する純理的批判（一、二）」（保險評論 19-8〜9・1926）

「保險學の研究方法に就き」（保險銀行時報 1254・1926）

「嗚呼穗積陳重先生」（龍門雜誌 452・1926）

「穗積陳重先生の學恩」（『故穗積男爵追悼錄』（學士會・1926）所收）

「所謂抽籤義務なるものの不履行に就て」（板橋菊松『社債法十講』（清水書店・1926）
　　所收）

「犧牲的精神」（大町桂月『日本國民性の解剖』（日本書院・1926）所收）

「火災保險助成金棒引論」（法律春秋 1-4・1926）

「所謂「アクチュアリー」學に就て」（日本アクチュアリー會編『日本アクチュアリー會
　　創立二十五年記念講演論文集』（日本アクチュアリー會・1926）所收）

「「アクチュアリー學」の意義に就て」（明大商學論叢 2-1・1927）

「我邦に於ける保險教育の既往及び將來」（明大商學論叢 2-4・1927）

「保險の根本精神」（『財政經濟生命保險講演集』（日本生命保險・1927）所收）

「生命保險思想」（『保險パンフレット』（1927）所收）

「傳統の光榮と責任」（植民 6-9・1927）

「我邦に於ける保險學說としての財産入用說の現情」（明大商學論叢 3-5・1928）

「生命保險の改善と諸問題」（保險評論 21-12・1928）

「生命保險業の改善と諸問題」（エコノミスト 6-21・1928）

「生命保険の思想（一、二）」（保険銀行通信 491、493・1928）

「社會問題と保険」（社研 6-9・1928）

「支那留學生教育時代」（『法學博士寺尾亨氏三周年追悼會紀要』（故法學博士寺尾亨氏追悼會残務所・1928）所収）

「序文」（岩瀬茂夫『生命保險代理店讀本 完』（明治大學出版部・1928）所収）

「共濟組合の基本精神を論ず」（明大商學論叢 5-4・1929）

「私の長男は今何をしてゐるか」（實業の日本 32-7・1929）

「日本商法典の編纂と其改正」（『明治大學創立滿五十年記念論文集』（明大商學論叢 10-5～6）・1931）

「今後の生命保險事業經營に就て」（保険經濟 123・1931）

「日本保険法論跋文」（『粟津博士論集 7』（粟津博士論集刊行会・1931）所収）

「歡迎の辭」（日本經營學會『經營學論集第五輯 中小商工業問題』（同文館・1931）所収）

「序文」（水島芳静『日蓮上人の御一生』（日蓮上人六百五十遠忌奉賛會・1931）所収）

「保険の金融的使命」（保険毎日新聞第 5 年 204 号・1932）

「徳川期に於ける民衆的音曲と武士道」（國漢研究 1932 年 4 月号・1932）

「立憲政治と政黨」（公民教育會『公民教育講演集』（宣揚社・1933）所収）

「序文」（水島芳静『新しく説いた日蓮上人の御一生』（富文館書店・1934）所収）

「講評」（『生命保險契約高百億円達成記念懸賞論文集』（生命保險會社協會・1935）所収）

「難路克服の眞劍味」（保険銀行時報 1809・1937）

「序文」（『創立六十周年記念論文集』（明治大學・1940）所収）

「卓上寸談」（米谷隆三編『保険評論三十三年 小山君慰藉會報告』（米谷隆三・1941）所収）

「保険精神と共濟精神」（『蒼梧矢野恒太郎君保險關係五十年記念文集』（矢野恒太君保険關係五十年記念會・1941）所収）

「卓上演説」（東京帝國大學經濟學部保險演習學友會編『東京帝國大學經濟學部保險演習創設三十五周年記念祝賀會記要』（越原久明・1942）所収）

「學界及び業界の回顧」（生命保險協會會報 33-1・1950）

「志田鉀太郎博士現行商法草案審議筆記」（損害保険研究 23-2～24-3・1961～1962）

「外國保険供託に關する意見」（經濟世界 合冊[08]（經濟世界社・[刊行年不明]））

◆著書・講義録

『代理法』（東京専門學校行政科第 8 回 1 年級講義録）（東京専門學校・1897）

『商法總論』（1899）

『志田氏商法要義 巻之壱 商法 第一編 總則』（和佛法律學校・1899）

『株式會社法』（東京専門學校・1899）

『商法要論會社法』（東京専門學校出版部・1899）

『日本商法論 巻之一 總論 第一編商業』（有斐閣・1899、1900（訂正第 3 版）、1901（訂正第 4・5 版）、1902（訂正第 7 版）、1903（訂正第 8 版）、1904（訂正第 9 版））

第八章　修訂法律館・各地法政学堂・民国期の顧問及び法学者　　　*321*

『株式會社法』（東京專門學校法律科第 11 回第三部講義録）（東京專門學校・1900）

『日本商法論 巻之二 會社』（有斐閣・1900、1901（第 3・4 版）、1902（第 6・7 版）、1903（第 8 版）、1906（第 9 版））

『日本商法論 巻之三 商行爲』（有斐閣・1901、1901（第 3 版）、1902（訂正第 6 版）、1903（第 7 版）、1904（第 8 版））

『日本商法論 巻之四 手形』（有斐閣・1902、1903（第 4 版）、1904（第 5 版）、1906（第 6 版））

『商法論』（日本法律學校法學明治 35 年度 2 部講義録）（日本法律學校・1902）

『志田氏商法要義 巻之貳 商法 第二編 會社』（和佛法律學校・1902）

『保險判例集』（粟津清亮と共著）（有斐閣・1903）

『商法商行爲編講義』（明治法律學校明治 36 年度 2 學年講義録）（明治法律學校講法會・1903）

『商法要義』（和佛法律學校・1903）

『商法會社』（和佛法律學校・[1903?]）

『會社法』（早稻田大學出版部・1903）

『商法講義案：緒論總論商業』（有斐閣・1904）

『會社法』（早稻田大學明治 37 年度法律科第 2 學年講義録）（早稻田大學出版部・1904）

『民法債權各論講義案』（有斐閣・1905）

『會社法』（日本大學明治 38 年度第 2 學年講義録）（日本大學・1905）

『民法債權編講義 第一章』（明治大學明治 38 年度法學科第 2 學年講義録）（明治大學出版部・1905）

『保險法』（日本大學・1905）

『保險法講義』（明治大學明治 39 年度法學科第 3 學年講義録）（明治大學出版部・1906）

『民法總則編講義』（明治大學法律科明治 39 年度第 1 學年講義録）（明治大學出版部・1906）

（校閲）渡部万蔵『法律大辞典』（郁文舍・1907、1909（訂正第 4 版））

『民法總則』（東亞編譯社譯・1907）

『民法總則編講義』（明治大學法律科明治 40 年度第 1 學年講義録）（明治大學出版部・1907）

『民法總則編講義』（明治大學法律科明治 41 年度第 1 學年講義録）（明治大學出版部・1908）

『民法總論』（日本大學改明治 41 年度法科第 1 學年講義録）（日本大學・1908）

『民法總論 私權得喪論以下』（日本大學明治 41 年度法科第 1 學年講義録）（日本大學・1908）

『商法總論』（巌松堂書店・1916、1922（第 5 版）、1924（第 6 版）、1925（第 7 版）、1931（訂正第 10 版））

『官營民營生命保險撰擇の栞』（1916）

『保險學 總論』（北光社・1922）

『保險總論』（[刊行者不明]・1925）

『保險學講義案』（明治大學出版部・1927）

『會社法講義案』（明治大學出版部・1928）

『商行爲法』（明治大學出版部・1931）

『保險學講義案』（明治大學出版部・1933）

『日本商法典の編纂と其改正』（明治大學出版部・1933）

『ヴォルネル氏保險總論』（印南博吉と共訳）（明治大學出版部・1933）

『改正商法總論』（嚴松堂書店・1941）

※以下、刊行年不明

『民法債權講義』（明治大學出版部）

『民法總論 完』（［刊行者不明］）

『民法總則』（［刊行者不明］）

『保險總論』（東京高等商業學會）

『商法保險法講義 完』（明治大學出版部）

『商法手形法講義 完』（明治大學出版部）

『民法總則編講義』（明治大學出版部）

『保險法 完』（中央大學）

『債權法 總則』（東京專門學校）

『商法總則』（東京高等商業學會）

『商法總則』（日本大學）

『會社法』（日本大學）

『商行爲法』（日本大學）

『經濟の話』（［刊行者不明］）

『會社法』（東京專門學校）

『商法總則』（東京專門學校）

『商法通論』（明治大學出版部）

『保險法 完』（東京法學院大學）

『海商法 完』（東京法學院大學）

『商法總則』（法政大學）

註

1) 東京大学文書館所蔵 特定歴史公文書 S0008 外国関係・留学生関係「留学生関係書類 自明治三十二年至明治三十七年」（請求記号：S0008/SS2/06）のうち「明治三十五年」所収の「野村淳治外十一人來年度ニ於テ留學命セラレ度旨上申」参照。

2) 東京大学文書館所蔵 特定歴史公文書 S0008 外国関係・留学生関係「留学生関係書類 自明治三十二年至明治三十七年」（請求記号：S0008/SS2/06）のうち「明治三十五年」所収の「留學生推薦人名中松岡義正ヲ省キ川名兼四郎ヲ留學セシメ度ノ上申」参照。

3) 川名兼四郎（1875～1914）については井關九郎編『大日本博士録』法學及薬學博士之部

第八章　修訂法律館・各地法政学堂・民国期の顧問及び法学者　　　*323*

（發展社・1921）104〜105 頁参照。また「今月の法律家 川名兼四郎」（法学セミナー 27-3・1983）参照。同記事は無名の巻頭記事であるが、向井健の手になるものである。「向井健教授略歴・主要業績」（慶應義塾大学法学研究 69-1・1996）参照。

4）この頃仁井田益太郎が民事訴訟法研究のため明治 30（1897）年 8 月 22 日から同 33 年 12 月 1 日までボン大学・ミュンヘン大学・ベルリン大学に留学したが、帰国後京都帝国大学の民事訴訟法教授として赴任することになる。その後破産法を専攻した加藤正治が明治 32 年 10 月に欧州留学を命ぜられ、同 33 年 2 月 9 日より 3 年間ベルリン及びハイデルベルクに留学し、同 36 年 4 月に帰国、5 月に東京帝国大学法科大学教授に昇進して民法第四講座を担当し、同 40 年 4 月より民事訴訟法及び破産法第一講座を担当する。翌 41 年 7 月には仁井田が東京帝国大学法科大学に転じて民法第四講座及び民事訴訟法破産法第二講座を担当するに至り、講座の体制が整うことになる。仁井田、加藤の両名については井關九郎編『大日本博士録』法學及藥學博士之部（發展社・1921）57〜58、74〜75 頁参照。また加藤正隆編『法学博士加藤正治の記録』（中央大学出版部・1998）、七戸克彦「現行民法典を創った人びと（30・最終回）書記・起草委員補助（1）二保亀松（2）仁井田益太郎（3）松波仁一郎 外伝（25）法典調査会のその後」（法学セミナー 56-11・2011）参照。なお仁井田益太郎の甥が中国法制史研究で著名な仁井田陞である。

5）東京外國語學校『東京外國語學校一覧 明治十七、八年』（東京外國語學校・1885）186〜187 頁参照。

6）「東京控訴院部長判事松岡義正清国政府ノ聘用ニ応シ俸給ヲ受ケ並ニ在職者ニ関スル規定適用ノ件」（公文雑纂・明治三十九年・第三十四巻・司法省十四（2A-13 纂 1003））参照。

7）「清国政府応聘中ノ判事松岡義正附加契約締結ノ件」（公文雑纂・明治四十年・第十九巻・司法省・文部省・農商務省一（2A-13 纂 1035））参照。

8）「清国政府応聘中ノ監獄事務官法学博士小河滋次郎外二名応聘継続ノ件」（公文雑纂・明治四十二年・第十七巻・司法省・文部省・（二十九）（2A-13 纂 1121））参照。

9）「判事松岡義正清国政府ノ嘱託ニ応シ報酬ヲ受クルノ件」（公文雑纂・明治四十四年・第十五巻・司法省・（三）（2A-13 纂 1186））参照。

10）「暑休明けの定例閣議 決定事項と人事」（讀賣新聞 1925 年 9 月 3 日朝刊 2 面）に「決定事項　一、來る十月ヘーグル開催の國際司法會議に出席す可き帝國政府委員（松岡義正博士）に對する帝國政府の態度訓令の件」との報道がある。

11）「松岡大審院一部長卒倒」（讀賣新聞 1928 年 3 月 1 日朝刊 7 面）に「大審院民事部第一部長法學博士松岡義正氏はかねて肥滿性腎臓病に悩んでゐたが去月廿九日大審院へ登廳し急性腦溢血を發して卒倒し目下本郷森川町の自宅に於いて静養中であるが同博士は有力なる大審院長候補者である」との報道がある。

12）「監獄事務官法学博士小河滋次郎外一名清国政府ノ聘用ニ応シ俸給其他ノ給与ヲ受ケ並ニ在職者ニ関スル規定適用ノ件」（公文雑纂・明治四十一年・第二十巻・司法省（七）（2A-13 纂 1085））参照。

13）「清国政府応聘中ノ監獄事務官法学博士小河滋次郎外二名応聘継続ノ件」（公文雑纂・明治四十二年・第十七巻・司法省・文部省（二九）（2A-13 纂 1121））参照。

14）「監獄事務官法学博士小河滋次郎外一名清国政府ノ聘用ニ応シ俸給其他ノ給与ヲ受ケ並ニ在職者ニ関スル規定適用ノ件」（公文雑纂・明治四十一年・第二十巻・司法省（七）（2A-13 纂 1085））参照。

15）「清国政府応聘中ノ監獄事務官法学博士小河滋次郎外二名応聘継続ノ件」（公文雑纂・明治四十二年・第十七巻・司法省・文部省（二九）（2A-13 纂 1121））参照。

16）「陸軍歩兵中佐小田切政純外七名外国勲章受領及佩用ノ件」（叙勲裁可書・明治四十三年・

叙勲巻十八・外国勲章記章受領及佩用十三）参照。

17）以上、大阪社会事業史研究会『弓は折れず 中村三徳と大阪の社会事業』（大阪社会事業史研究会・1985）25〜43 頁及び大阪自彊館『大阪自彊館 百年のあゆみ』（大阪自彊館・2013）72 頁年表を参照。

18）『日本弁護士連合会会員名簿』では昭和 37（1962）年度版（昭和 37 年 7 月 10 日現在）まで、また『日本弁護士大観』（法曹公論社・1962）にその名を確認することが出来る。

19）各地の法政学堂において教鞭を執った日本人教師たちについても、古くは吉野作造「清國在勤の日本人教師」（國家學會雜誌 23-5・1909）、實藤惠秀『中國人日本留學史稿』（日華學會・1939）がこれを扱い、汪向榮『日本教習』（三联书店・1988、日本語訳に汪向栄（竹内実監訳）『清国お雇い日本人』（朝日新聞社・1991）がある）が追加調査を行い、さらに武安隆「新見日本教习──対汪向荣先生所列《日本教习分布表》名単的补充」（日本学刊 1992 年第 6 期）がこの補充を行った。中国でも徐保安「清末地方官员学堂教育述论」（近代史研究 2008 年第 1 期）、陈建华「清末民初法政学堂之研究：教育史的视角」（华东政法学院学报 2006 年第 3 期）、尹伟琴・陈琛「清末日本法学教习来华原因探析」（社会科学辑刊 2003 年第 4 期）、姚琦「论清末民初的法政学堂」（华东师范大学学报（教育科学版）24-3・2006）、赵可「清末民初法政学堂的畸型繁荣及影响」（晋阳学刊 1999 年第 4 期）、兰绍江「中国近代法学教育的先导──天津北洋法政学堂」（天津市政法管理干部学院学报 83・2005）等が発表されている。他にも阿部洋『中国の近代教育と明治日本』（福村出版・1990（初版）、龍渓書舎・2002（第 2 版））等があり、山室信一『思想課題としてのアジア』（岩波書店・2001）が法制関係の教習について言及している。なお實藤惠秀『中國人日本留學史稿』は、さねとうけいしゅう『増補 中国人日本留学史』（くろしお出版・1970）とは内容を異にする部分が多く、双方に目を通す必要がある。この経緯につき小川博「さねとうけいしゅうの二つの中国人日本留学史について」（社会科学討究 33-1・1987）参照。『中國人日本留學史稿』の日本人法律顧問についての情報整理は、中島半次郎『日清間の教育関係』（中島半次郎・1910）の調査を基礎として行われたものである。

20）京師法政学堂については古くは育英生「京師法政學堂の概況」（燕塵 3-3、5・1910）、最近では二見剛史『日中の道天命なり──松本亀次郎研究』（学文社・2016）や二見剛史「京師法律学堂と井上翠」（鹿児島女子大学研究紀要 9-1・1988）が詳しく解説している。法学以外の科目を担当した矢野仁一、小林吉人、井上翠、松本亀次郎については同書に譲る。さらに日本語担当として招聘された石橋哲爾については高田宗彦「「支那語捷径」を編纂した本宮桑野会の大先輩 石橋哲爾氏」（高田宗彦『「桑野会報」に見る本宮の先輩たち』（開運酒造・2015）所収）参照。同じく招聘された原岡武は石橋が小樽高等商業学校（明治 44（1911）年 3 月 27 日助教授兼書記、大正 10（1921）年 9 月 9 日教授）から大正 11 年 2 月 3 日名古屋高等商業へ転出するのと前後して小樽高等商業学校に中国語担当教員として着任している（大正 11 年 1 月 11 日講師、大正 13 年 7 月 11 日助教授、昭和 2（1927）年 10 月 20 日教授、昭和 19 年 3 月 31 日退官、非常勤講師、昭和 20 年 2 月 28 日解嘱）。以上につき小樽商科大学百年史編集室編『小樽商科大学百年史（学科史・資料編）』（小樽商科大学出版会・2011）175、178 頁参照。警務学堂については袁广林「中国近代警察教育的滥觞：京师警务学堂」（公安教育・2006 年第 7 期）、肖朗・施峥「日本教习与京师警务学堂」（近代史研究・2004 年第 5 期）がある。初期の北京警務学堂へはかの二葉亭四迷が赴任していたことが知られる。このことについては阿部精一「北京警務學堂に於ける長谷川君」（坪内逍遙・内田魯庵編『二葉亭四迷』（易風社・1909）所収）参照。

21）https://kensaku.kua1.archives.kyoto-u.ac.jp/rireki/ 参照。

22）遠山景澄編『京濱實業家名鑑』（京濱實業新報社・1907）い 45 頁に伝記がある。

第八章　修訂法律館・各地法政学堂・民国期の顧問及び法学者　　　325

23) Rudolf Hartmann, *Japanische Studenten an deutschen Universitäten und Hochschulen 1868–1914*, Berlin : (Vertrieb) Mori-Ogai-Gedenkstätte, 2005, S. 67 参照。

24) ドイツにおける博士号取得者の一覧は Rudolf Hartmann, *Japanische Studenten an deutschen Universitäten und Hochschulen 1868–1914*, Berlin : (Vertrieb) Mori-Ogai-Gedenkstätte, 2005, S. 240–272 にまとめられている。ドイツでの法学博士号取得については高橋直人「明治期におけるドイツ刑法学の継受と現地での学位取得──大場茂馬、岡田庄作、鳥居誠哉、山川幸雄を主な例として」(井田良他編『浅田和茂先生古稀祝賀論文集』下巻 (成文堂・2016) 所収)を参照。またこうした博士号取得者を法学史の中でどう評価するかについては、例えば中華民国期に欧州へと留学した中国人留学生の博士号取得状況と比較することで興味深い視点が得られるかも知れない。これについては王伟『中国近代留洋法学博士考』(上海人民出版社・2011) を参照。

25) これら当時ハレ大学に在籍した教員についてはハレ大学のデータベース Catalogus Professorum Halensis (http://www.catalogus-professorum-halensis.de/) で履歴等を検索することが出来る。

26) Emil Brunnenmeister (1854–1896) については Catalogus Professorum Halensis (http://www.catalogus-professorum-halensis.de/) の他 Karl Binding, Emil Brunnenmeister, † 22. Januar 1896, in : *Gerichtssaal*, Bd. 53, 1897 も参照。Brunnenmeister は 1897 年にチューリヒ大学教授となり、1882 年からハレ大学において刑法及び民事訴訟法の教授として在任、1889 年にはウィーン大学へと転出している。研究は西洋法制史・ローマ法にも及び、著作には *Die Quellen der Bambergensis : ein Beitrag zur Geschichte des deutschen Strafrechts*, Leipzig : Wilhelm Engelmann, 1879 ; *Das Tötungsverbrechen im altrömischen Recht*, Leipzig : Verlag von Duncker & Humblot, 1887 ; *Grundriß zur Vorlesung über österreichisches Strafproceßrecht mit Beilagen*, Wien : A. Holzhausen, 1893 等がある。

27) Friedrich Schollmeyer (1848–1914) については Catalogus Professorum Halensis (http://www.catalogus-professorum-halensis.de/) 参照。彼は 1874 年にハレ大学において博士号、1877 年に大学教授資格を取得、1881 年にハレ大学の助教授、1883 年より正教授に就任している。1895 年にはヴュルツブルグ大学、1900 年にはベルリン大学へ移籍し、1905 年からはマールブルグ大学で理事を務めている。民法、民事訴訟法の著作が多く、代表的な著作には *Der Zwischenstreit unter den Parteien*, Berlin : Guttentag, 1880 ; *Die Compensationseinrede im deutschen Reichs-Civilprocess*, Berlin : Guttentag, 1884 ; *Recht der einzelnen Schuldverhältnisse im Bürgerlichen Gesetzbuche für das Deutsche Reich*, Berlin : Guttentag, 1897 ; *Das Recht der Notwehr nach dem bürgerlichen Gesetzbuch für das deutsche Reich*, Würzburg : Kgl. Universitätsdruckerei von H. Stürtz, 1899 等がある。

28) スイス民法典の起草者としてあまりにも著名な Eugen Huber (1849–1923) については松倉耕作「オイゲン・フーバー (1849〜1923 年)──スイス民法典立法者の横顔」(名城法学 24-2/3・1975) 参照。Huber は 1888 年 4 月にハレ大学教授へ就任、1892 年 6 月にベルン大学教授へと転出するまでハレ大学で教鞭を執り、若くして学部長の任にも就いていた。

29)「京都帝国大学法科大学教授法学博士巖谷孫藏以下五名外国政府応聘中在職者ニ関スル規程適用ノ件」(公文雑纂・明治三十七年・第七十二巻・文部省・農商務省 (一) (2A–13 纂 850)) 参照。

30)「巖谷博士の淸國行」(讀賣新聞 1902 年 9 月 19 日朝刊 1 面) が「京都帝國大學教授法學博士巖谷孫藏氏ハ六千圓の年俸を以て淸國政府の招聘に應じ去る十六日渡淸の途に上りしが博士着淸の上ハ更に本邦より法學者數名を増聘するに至るならんと尚將來諸般の法律ハ日本を經て輸入することに決定し居る趣きなれバ我國の法學者にして淸國政府より招聘せらるゝもの顏多からんとの見込にて其招に應ぜんと今より運動せる法學者も隨分多き模様なりと云

ふ」と報道している。

31)「京都帝国大学法科大学教授法学博士巖谷孫藏外二名官等陞叙ノ件」(任免裁可書・明治三十九年・任免巻二十九)参照。

32) 江兆涛「清末中外法制調査局考略」(兰台世界 2013 年第 28 期)参照。

33)「京都帝国大学教授法学博士巖谷孫藏外四十名外国勲章記章受領及佩用ノ件」(JACAR (アジア歴史資料センター):Ref. A10112665400、叙勲裁可書・明治四十一年・叙勲巻十五・外国勲章受領及佩用八 (国立公文書館)) 参照。

34)「巖谷博士廢官」(讀賣新聞 1917 年 8 月 4 日朝刊 3 面)が「支那共和國政府應聘中の京都帝國大學法科大學教授法學博士巖谷孫藏氏は去月十五日解約につき廢官となりたりと」と報道している。

35) 外務省記録「外国官庁ニ於テ本邦人雇入関係雑件 (清国ノ部) 五」(3-8-4-0-16-2) 所収「大正七年十一月十五日付宮内大臣宛故巖谷孫藏遺族ヘ祭粢料被下賜度件」参照。同記録 (外国官庁ニ於テ本邦人雇入関係雑件 (清国ノ部) 五) には巖谷の招聘の経緯、契約書の写しも収録されている。

36) JACAR:Ref. B02130228000、B02130228200、B02130228800、B02130230400 による。

37) 外務省記録「外国官庁ニ於テ本邦人雇入関係雑件 (清国ノ部) 五」(3-8-4-0-16-2) 所収の「北京大學堂仕學科教授ノ件」と題する文書を参照。

38)「判事高橋健三、久留米市立久留米商業学校教諭大谷顕太郎、農商務技手間宮義風清国及韓国政府ノ聘用ニ応シ俸給其他ノ給与ヲ受クルノ件」(公文雑纂・明治四十三年・第十八巻・司法省・文部省・農商務省 (2A-013-000)) 所収。

39) 直隷法政学堂は他に東京地裁判事高橋其三の招聘を計画していたが、同教習備聘委員高種との間に協議がまとまらず、招聘が断念されたことが伝えられる。以上、外務省記録「外国官庁ニ於テ本邦人雇入関係雑件 (清国ノ部) 五」(3-8-4-0-16-2) の高橋其三関係部分参照。

40) 以上、「甲斐一之以下二名司法官試補ニ採用ノ件」(任免裁可書・明治三十八年・任免巻二十七)、「司法省参事官甲斐一之清国政府ノ招聘ニ応シ俸給ヲ受クルノ件」(公文雑纂・明治三十八年・第九十四巻・司法省十四・(二) (2A-13 纂 953))、「司法省参事官甲斐一之清国政府ノ聘用中在職者ニ関スル規定適用ノ件」(公文雑纂・明治四十年・第十九巻・司法省・(三) (2A-13 纂 1035))、「清国政府応聘中ノ司法省参事官甲斐一之更ニ二年間応聘契約ノ件」(公文雑纂・明治四十一年・第二十巻・司法省・(十三) (2A-13 纂 1085)、契約書の写し添付あり)、「清国政府応聘中ノ司法省参事官甲斐一之直隷警務学堂講師兼担ノ件」(公文雑纂・明治四十一年・第二十巻・司法省・(十四) (2A-13 纂 1085))、「清国政府応聘中ノ司法省参事官甲斐一之応聘継続締約ノ件」(公文雑纂・明治四十三年・第十八巻・司法省・(九) (2A-13 纂 1156)、契約書の写し添付あり)、「清国政府応聘中ノ司法省参事官甲斐一之応聘継続締約ノ件」(公文雑纂・明治四十四年・第十五巻・司法省・(六) (2A-13 纂 1186)、契約書の写し添付あり)、「判事甲斐一之同上ノ件」(公文雑纂・大正十年・第二十六巻・(一六四) (2A-14 纂 1591)) 参照。また外務省記録「外国官庁ニ於テ本邦人雇入関係雑件 (清国ノ部) 五」(3-8-4-0-16-2) にも招聘の手続きに関する史料が残されている。

41) 大里浩秋「宗方小太郎日記 明治 41～42 年」(神奈川大学人文学研究所報 50・2013) 167 頁参照。

42) 以上、「法學士中津三省總督府屬ニ任シ縣治課勤務ヲ命ス」(臺灣總督府檔案・明治三十四年永久保存進退追加第十一巻)、「屬中津三省願ニ依リ本官ヲ免セラル」(臺灣總督府檔案・明治三十七年永久保存進退第十五巻)、「陸軍砲兵中佐土方久楹外一名外国勲章記章受領及佩用ノ件」(叙勲裁可書・大正二年・叙勲巻六・外国勲章記章受領及佩用二止)、旭志村史編纂委員会編『旭志村史』(ぎょうせい・1993) 1486 頁参照。

第八章　修訂法律館・各地法政学堂・民国期の顧問及び法学者　　*327*

43）吉野作造記念館ホームページ（http://www.yoshinosakuzou.jp/）参照。

44）「東京地方裁判所判事今井嘉幸清国政府ノ聘用ニ応シ俸給ヲ受ケ並ニ在職者ニ関スル規定
　　適用ノ件」（公文雑纂・明治四十一年・第二十巻・司法省（三）（2A-13 纂 1085））所収。な
　　お契約要項には、紹介人として梅謙次郎の名前が挙がっている。

45）「清国政府応聘中ノ判事今井嘉幸応聘契約継続ノ件」（公文雑纂・明治四十四年・第十五
　　巻・司法省（二）（2A-13 纂 1186））参照。なおこの間明治 42 年段階でも継続願が出されて
　　いる。「清国政府応聘中ノ判事今井嘉幸応聘継続ノ件」（公文雑纂・明治四十二年・第十七
　　巻・司法省（2A-13 纂 1121））参照。

46）以上「名和剛司法官試補ニ採用ノ件」（任免裁可書・明治三十九年・任免巻十五）、「判事
　　名和剛清国政府ノ聘用ニ応シ俸給其他ノ給与ヲ受ケ並ニ在職者ニ関スル規定適用ノ件」（公文
　　雑纂・明治四十三年・第十八巻・司法省・（十）（2A-13 纂 1156）、仮契約書の写し、及び応
　　聘許可願を含む）参照。

47）以上、「清国政府応聘中ノ判事松野祐裔応聘継続締約ノ件」（公文雑纂・明治四十四年・第
　　十五巻・司法省・（八）（2A-13 纂 1186））、「支那政府応聘中ノ判事松野祐裔応聘継続締約ノ
　　件」（公文雑纂・大正三年・第十五巻・司法省・（一）（2A-14 纂 1300））参照。

48）猪野三郎編『大衆人事録』（帝國秘密探偵社・1934（第 10 版））マ 121 頁参照。他に松野
　　に言及するものとして木村清吉編『房總醫家名鑑 附・房總人物名鑑』（安井融平・1912）39
　　頁参照。

49）以上につき官報 1905・1918 年 12 月 9 日号 3 頁、官報 1906・1918 年 12 月 10 日号 3 頁、
　　官報 1911・1918 年 12 月 16 日号 3 頁、JACAR：Ref. A10112907300、叙勲裁可書・大正九
　　年・叙勲巻七・外国勲章記章受領及佩用一「貴族院議長公爵徳川家達外二十八名外国勲章記
　　章受領及佩用ノ件」（国立公文書館）、JACAR：Ref. A10113138900、叙勲裁可書・昭和九年・
　　叙勲巻七・外国勲章記章受領及佩用一「重徳来助外六名外国勲章記章受領及佩用ノ件」（国立
　　公文書館）、「外務省翻訳官八田光二文官分限令第三条第一項第三号ニ依リ本官ヲ免ス」（任免
　　裁可書・大正九年・任免巻十四）、JACAR：Ref. B13091844400、外務省報第四百二号（昭和
　　十三年九月一日）／雑報参照。

50）「広島地方裁判所判事篠崎正清国ノ聘用ニ応シ俸給其他ノ給与ヲ受ケ並ニ在職者ニ関スル規
　　定適用ノ件」（公文雑纂・明治四十二年・第十七巻・司法省・（十五）（2A-13 纂 1121））参照。

51）以上、第五高等學校開校五十年記念會編『五高五十年史』（第五高等學校・1939）、「松山
　　豊造第五高等學校教授ニ被任」（任免裁可書・明治三十七年・任免巻十八）、「第五高等学校教
　　授松山豊造依願免本官ノ件」（任免裁可書・明治三十八年・任免巻二十三）参照。

52）「陸軍教授加古貞太郎清国政府ノ聘用ニ応シ俸給ヲ受クルノ件」、「陸軍教授加古貞太郎清
　　国政府ノ聘用中明治三十七年勅令第百九十五号第二項適用ノ件」（ともに公文雑纂・明治三十
　　九年・第二十巻・陸軍省・海軍省（2A-13 纂 989））参照。

53）「外務通訳正林出賢次郎清国政府ノ聘用ニ応シ俸給ヲ受ケ並ニ在職者ニ関スル規定適用ノ
　　件」（公文雑纂・明治四十年・第十三巻・外務省二・（八）（2A-13 纂 1029））参照。

54）外務省記録「外国官庁ニ於テ本邦人雇入関係雑件（清国ノ部）七」（3-8-4-0-16-2）所収
　　「十三　司法部司法講習所教官　板倉松太郎　岩田一郎」参照。

55）「検事法学博士板倉松太郎外一名支那政府ノ招聘ニ応シ俸給ヲ受ケ並在職者ニ関スル規定
　　適用ノ件」（公文雑纂・大正八年・第十二巻・司法省～請願陳情（2A-14 纂 1460））参照。

56）「戦機を遷延して北伐を待つ奉天軍」（［大阪］朝日新聞 1922 年 4 月 27 日夕刊 1 面）中
　　「對峙中の奉直軍　板倉博士談」との小見出しで伝えられている。上記引用の省略部分には板
　　倉による奉直戦争の状況分析が述べられている。

57）外務省記録「外国官庁ニ於テ本邦人雇入関係雑件（清国ノ部）七」（3-8-4-0-16-2）所収

「十三 司法部司法講習所教官 板倉松太郎 岩田一郎」参照。

58)「判事岩田一郎支那政府聘用契約継続届通報ノ件」(公文雑纂・大正十年・第十九之一巻・司法省～府県 (2A-14 纂 01581100)) 参照。なお同史料の付箋には「大正八年五月十日招聘ニ應ズ」とあり、先の読売新聞の報道と符合する。

59)「判事岩田一郎外三十三名外国勲章受領及佩用ノ件」(JACAR：Ref. A10112959900、叙勲裁可書・大正十一年・叙勲巻六・外国勲章記章受領及佩用一 (国立公文書館)) 参照。

60)「岩田博士歸る」([東京] 朝日新聞 1922 年 3 月 4 日朝刊 6 面) に「支那政府の法律顧問として北京滞在中であった大審院判事岩田一郎博士は任期滿ち二日夕歸京した、同く大審院檢事板倉松太郎博士は滿期が四月の爲め未だ居殘ってゐる」と報じられている。

61)「大審院判事判事岩田一郎ヲ大審院部長ニ補スルノ件」(任免裁可書・大正十二年・任免巻六十一) 参照。

62)「司法官更迭」(讀賣新聞 1923 年 9 月 27 日朝刊 1 面) では 9 月 26 日付での岩田の退職が報じられている。

第三部

欧米における中華民国法学の展開

第九章　オランダにおける「中国」法学

一　van der Valk に至るまでのオランダ「中国」法学

（1）研究状況と諸前提の整理

　オランダの「中国」法学が第一の対象としたのは植民地であるインドネシアに居住していた多数の華僑・華人[1]であり、その展開過程はインドネシアを抜きにして語ることは出来ない。第一義的にはインドネシア在住の華僑・華人を対象としつつも時にその淵源である「中国」本土をも対象として展開した法学の様相を示すために、本章では「中国」法学と「　」つきで表記することとする。

　また本章では 1848 年をひとつの区切りとし、そこから著述を起こすこととする。勿論 1848 年よりも前からオランダは存在し、そのオランダによるインドネシアへの植民地支配も行われていたわけであるが、フランス革命から Napoléon による支配の時代を経て、ウィーン会議により現在のオランダ王国に繋がるネーデルランド連合王国（Willem I）が成立し、インドネシアを含む海外植民地がイギリスより返還され（1814 年）、さらにベルギーの独立承認（1839 年）を経て現在のオランダに繋がるひとつのかたちが成立し、Thorbecke による自由主義的な憲法改正を経たのが 1848 年であった。

　インドネシア植民地統治においても、華僑・華人を巡って 1848 年は（後述の通り）法制上ひとつの画期となる年に当たる。さらにほぼ時を同じくして雑誌 *Het Regt in Nederlandsch-Indië* が登場する。この雑誌は 1849 年創刊、1883 年 41 巻より *Het Recht in Nederlandsch-Indië*、1915 年 104 巻より *Indisch Tijdschrift van het Recht* と改名しながら 1949 年まで刊行され続けたものである。主として蘭印（オランダ領東インド）法制を巡る諸問題について 100 年の長きにわたり議論の場を提供し続けた雑誌であり、華人問題についての記事も多く含まれている。

　さて、第二次世界大戦以前の日本では周知の通り所謂「南洋」研究の一環とし

てインドネシアが対象のひとつとされ、特に戦前末期の日本によるインドネシア占領以降、1940年代には盛んに調査報告が行われていた[2]。その中には統治のための実務的な要請からその法律制度を扱うものも見られた[3]が、敗戦に伴いそれらは顧みられることもなくなり、研究対象からも外れてゆくこととなった。オランダ本国においても植民地時期には眼前に喫緊のものとして存在した諸問題がインドネシア独立後には後景に退き、研究も下火となっていた。

しかし近年ではオランダ領東インドにおける中国人の法的地位を巡っての研究が数多く発表されるに至っており、中でも Patricia Tjiook-Liem, *De rechtspositie der Chinezen in Nederlands-Indië 1848–1942*〔オランダ領東インドにおける華人の法的地位〕, Leiden：Leiden University Press, 2009 が689頁に及ぶ大著として発表され、オランダにおける中国学の全貌についても Koos Kuiper, *The Early Dutch Sinologists (1854–1900)*, Leiden：Brill, 2017 が2分冊の大著として刊行され、ひとつの画期となっている。日本でも吉田信「オランダ植民地統治と法の支配――統治法109条による「ヨーロッパ人」と「原住民」の創出」（東南アジア研究40-2・2002）や貞好康志「蘭領期インドネシア華人の多重「国籍」と法的地位の実相」（〔神戸大学〕近代96・2006）等が発表され、着実な研究が重ねられている[4]。

また近年では、華僑・華人をも含めて、オランダがその植民地たるインドネシアにどのように向き合ったのかという問題を、日本による植民地台湾の統治との有力な比較対象として考えようとする向きもある[5]。容易ではない作業であるが、その可能性は確かに研究者の興味を引くに十分なものであろう。

以下ではそれらの先行研究に加えてさらに同時代文献である G. von Faber, *Het familie- en erfrecht der Chineezen in Nederlandsch-Indië*〔蘭印における華人の家族・相続法〕, Leiden：Eduard Ijdo, 1895 にもよりながら、1848年以降の華僑・華人を取り巻いた法制の状況について簡単に整理をしておくこととしたい。

嚆矢として言及されるものは1848年の「東印度条例」＝「オランダ領東インドに対する立法の一般規定」[6]である。同法第6条において蘭印における住民はヨーロッパ人（Europeanen）と原住民（Inlanders）に区別され、第8条により華僑・華人は原住民に区分されることとなった。その上で第11条において自己の宗教的な法（godsdienstige wetten）、制度（volksinstellingen）、慣習（gebruiken）について効力が維持されることとなった。また「蘭印における司法機関と司法政策に関する条例」[7]の第3条においても、華僑・華人間の紛争につきヨーロッパ法で

はなく自己の法や習慣、古くからのしきたりによる（volgens de godsdienstige wetten of de zeden en oude herkomsten van die personen）ことが明記されるに至った。

　その後著名な「東印度政府条例」=「1854年統治法」[8]の第109条において住民はヨーロッパ人（Europeanen）と原住民（Inlanders）に区分され、華僑・華人は引き続き原住民に区分された。同法第75条においては同条第2項の場合やヨーロッパ人のために定立された民商法に自ら進んで従う場合を除き、原住民の宗教的な法、制度、慣習が適用されると規定された。その第2項を受けて制定された関連規定[9]では、家族・相続法部分を除いてオランダ民法を適用するとされたが、逆にいえば家族・相続法部分については華僑・華人の法、制度、慣習に委ねられることとなり、華僑・華人は勿論、それに携わる人々も、何が法であるのかを巡って非常に曖昧な状況に置かれることとなったのである。

　この状況はその後「華人の私法状況に関する規定」[10]が1919年5月1日より施行され、ヨーロッパ人向けの私法の殆ど全てが華僑・華人へも適用されることで決着することとなり、これが1925年にボルネオ西部へ拡大されることによって蘭印全域に及ぶこととなった。ちなみに植民地時期台湾において内地延長政策の結果日本の民法が全面的に実施されるに至った1921年の法律第3号が施行されたのは1922年1月1日であったため、最も広い意味でいうところの「中華系」の人々に対し西洋由来の民法が全面的に施行された例としては植民地時期台湾よりも若干早いことになる。

（2）初期の「中国」法学と Schlegel

　以下、1848年以降のオランダ「中国」法学の展開過程を概観することとする。もとよりその全てを詳細に紹介し尽くすことは不可能であることから、特に大清律例を巡る議論に焦点を当てながら瞥見してゆくこととしたい。

　さて1850年には *Het Regt in Nederlandsch-Indië* に早くも P. Haksteen en Reynier de Klerk[11], Chineesch regt〔中国法〕と題する記事が掲載され、そこでは主として家族・相続法に関する内容が条文形式で列挙されている[12]。記事内の解説によれば、条文形式で示されてはいるが、公布施行されて法的効力を有したものではなく、1761年5月22日の決議（Resolutie）という形で Reynier de Klerk の註釈とともに公開されたものとされる。

　これについては既に G. von Faber がその由来を紹介している[13]。それによればこの記事の内容は1756年2月24日に Pieter Haksteen 宛に献呈されたものであ

り、その際に oud-kapitein の Oei Tsi Lauw の援助があったとする。他方で 1750 年 7 月 7 日任命のバタビアの甲必丹（カピタン）には Oeij Tsjilauw 黄鉐老の名を見ることが出来、どのような人物かも俄かには判明しないが、Oei Tsi Lauw に該当する可能性は高いのではないかと思われる[14]。

　近年では Leonard Blussé がこれに言及しつつオランダ東インド会社（VOC）時代の華僑・華人の家族・相続法案件を扱い、遺言のあるものについてはそれに従い、無遺言のものについてはオランダ法による処理が行われていたこと、またジャワにおいて所謂 Chinese officers が果たした役割の大きさについての指摘を行っている[15]。ともあれ VOC 時代に作成された華僑・華人の家族・相続法について恐らくは蘭印史上初の、ある種の条文化（Codification）が行われており、かつそれが復刻という形で *Het Regt in Nederlandsch-Indië* に掲載されているのは示唆的である。

　ここで当時の問題状況を Patricia Tjiook-Liem の研究から拾い上げておこう。植民地支配の当初から、オランダにとってインドネシアにおける華僑・華人は無視出来ない存在であった。彼らが元来有していた商業・交易網に加えて現地インドネシア人との間の仲介者的な役割はオランダ人にとって不可欠のものであったし、さらには土地保有者としての華僑・華人は植民地財政とも一定の関係を有するものであった[16]。こうした華僑・華人を理解するに当たってオランダ当局が頭を悩ませたのが蘭・中双方の言語及び法制に通じた人材をどのように獲得乃至養成するかという問題であり、当初はこうした人材の不足から政策も相当迷走することがあったようである[17]。

　その後 1848 年「東印度条例」さらには 1854 年「東印度政府条例」やその関連規定が整備されるに及び、華僑・華人の法的地位をどのように考えるかという問題が議論され、さらにはオランダ民法が部分的には適用されつつも家族・相続法分野を中心に何が法であるかについての曖昧さが残ったことから、華僑・華人の家族・相続法を巡る議論が大きな関心を集めることとなった。「家」の存在を前提とした同居共財関係をどう解釈するか（特に世代を下っても家産分割が行われない状況をどう捉えるか）、族産の存在またそれらと祭祀の関係をどう解釈するか、さらには遺言や相続の効力（特に無遺言相続の扱い）の問題をどう考えるかといった難題が続出し、中でも特に女子が実家の父の遺産相続に与れるかという問題は（伝統中国法では女子が家産を相続するのは例外的な場合を除き基本的には不可能であるが）最後まで争われることとなった[18]。

第九章　オランダにおける「中国」法学　　　*335*

　さて、初期の *Het Regt in Nederlandsch-Indië* にはかなり実務的に細かな問題、特に相続法の諸問題に叙述対象を絞った短い記事が散見されるが、この流れにひとつの転換をもたらすのが Gustaaf Schlegel（1840-1903）の登場である。オランダ中国学[19]の長い歴史の中でも、彼はひとつの大きな転換点である。日本人によく知られている F. von Siebold（1796-1866）の弟子である J. J. Hoffmann（1805-1878）[20]のさらに弟子に当たる彼は、オランダ植民地省に入り厦門に留学して中国語を学び、翻訳官として蘭印に勤務していた。その後、師の跡を継いでライデン大学（Universiteit Leiden）教授となり中国学に関する多くの著作を発表するとともに、現在でも中国学の権威ある雑誌のひとつである『通報（*T'oung Pao*）』[21]を創刊、また多くの弟子を育てた。その後 J. J. M. de Groot（1854-1921）[22]、J. J. L. Duyvendak（1889-1954）[23]と続くオランダ中国学の黄金期のいわば開祖（中興の祖？）としての彼の存在は、旧来の研究においてもまず最初に言及されるべき重要なものとして扱われてきた。

　Schlegel はその研究の最初期において中国法に関する論考を発表している[24]。発表時期は彼の厦門留学から蘭印での勤務時期に当たっており、彼の留学時の見聞と、植民地省の実務的な需要から執筆されたものと思われる。1862 年 *Het Regt in Nederlandsch-Indië* に発表された 2 本の論考はいずれも華僑・華人の家族・相続法に関するものである。

　一番目は Chineesch regt. Iets over Chinesche testamenten, donatiën en erfopvolging〔中国法：中国における遺言、遺贈、相続について〕[25]と題されている。大変興味深いのはこの論文の冒頭において「そこ（筆者註：中国）には本来の（真の）意味での民法は存在せず（Een burgerlijk wetboek in den eigenlijken zin des woords bestaat daar niet）」、様々な民事関係は「立法者により全て民衆に委ねられている（is door de Chinesche wetgevers geheel en al aan het volk overgelaten）」ことが指摘されていることである。この発言は相当象徴的なものであったのか、後の時代の論文でもしばしば引用されている（後述）。他方で大清律例の存在は認識されているが、同時にそれが基本的に刑法典（strafwetboek）であるということも指摘されており、以上から中国の慣習（gewoonten）を理解することが重要であるとして論が進められる。

　この時代の論文の様式に従ってのことか、情報の出所に関する註釈が付されていないが、論文で紹介される遺言に関する詳細な手続は、恐らくは彼が実際に住んだ厦門での見聞や経験によるものと推測される。論文では遺言の手続き、家産分割（生前の分割にも言及）、無遺言相続についてその状況が紹介されている。

二番目の論文は Wettelijke bepalingen omtrent de huwelijken in China en beschrijving der daartoe gebruikelijke plegtigheden〔中国における婚姻に関する法の規定と婚姻のための通常の儀礼について〕[26]と題されている。ここでは大清律例・戸律婚姻の男女婚姻、典雇妻女、妻妾失序、逐壻嫁女、居喪嫁娶、父母囚禁嫁娶、同姓爲婚、娶逃走婦女、出妻、嫁娶違律主婚媒人罪における律文に対応する内容が紹介されており、さらには律文を補充するような形で様々な情報提供が行われている。特に婚書の具体的な内容や、主婚人についての記述は詳細である。

　具体的に大清律例に対応する紹介が行われていることから、恐らく彼は何らかの形で大清律例の版本（乃至はその翻訳）を手にしていたのではないかと推測されるが、これについても具体的な出典は明示されていないため、詳細は不明とするより他ない。結果として戸律・婚姻に関する内容がこの時点で学界に提供されていることには留意しておく必要があろう。

　Schlegel には中国における「宣誓」を論じたものもある[27]。これに先んじて同じく「宣誓」を取り上げた論考[28]に反応したものかとも思われる。彼はここで『康熙字典』によっての字義の解釈から、『古今奇観』、『花箋記』、果ては『三国志』の桃園の誓いといった文学作品を駆使しつつ、中国における「宣誓」の諸問題に言及している。この時代において既に文学作品に見える「法」の問題が扱われているのは留意すべきものであろう[29]。

　Schlegel は法学者ではなかったが、Hoffmann の跡を継いで中国学の専門家としてライデン大学教授に就任したこともあり、その発言は相当の重みをもって受け取られていたようである。彼自身、政府機関にも出入りし、その政策立案にも影響を与えていたことが指摘されている[30]。厦門での現地滞在経験も持ち、蘭印での実務経験をも経た、押しも押されもせぬ中国学の大家としての地位を確立していたものと推測される。

　このころになると、蘭印における華僑・華人を扱った博士論文も登場するようになる。ライデン大学に提出された Jan Willem Cornelis Cordes, De privaatrechtelijke toestand der vreemde oosterlingen op Java en Madoera〔ジャワ及びマドゥラにおける外来東洋人の私法上の地位〕, Leiden: van Doesburgh, 1887、Eleazar Zorab, De publiekrechtelijke toestand der vreemde oosterlingen in Nederlandsch Oost-Indië〔蘭領東印度における外来東洋人の公法上の地位〕, Leiden: Ijdo, 1890、ユトレヒト大学に提出された G. von Faber, Het familie- en erfrecht der Chineezen in Nederlandsch-Indië〔蘭印における華人の家族・相続法〕, Leiden: Eduard Ijdo, 1895[31]等である。

（3）大清律例の翻訳と Young

　Schlegel と同時期には J. Hageman の手により戸律・卑幼私擅用財条例第一及び立嫡子違法条例第一後段がオランダ語訳[32]されていたが、いずれも部分的な翻訳にとどまっていた。この状況に対し、相続問題に関する律例を本格的に翻訳したのが J. W. Young（1855–1898）[33]であった。彼は 1886 年に戸律戸役の立嫡子違法、卑幼私擅用財の律・条例をオランダ語に翻訳し[34]、そのマレー語訳も作成した[35]。後 1894 年に彼は戸律婚姻（男女婚姻、典雇妻女、妻妾失序、逐壻嫁女、居喪嫁娶、父母囚禁嫁娶、同姓爲婚、尊卑爲婚、娶親屬妻妾、娶部民婦女爲妻妾、娶逃走婦女、強占良家妻女、娶楽人爲妻妾、僧道娶妻、良賤爲婚姻、出妻、嫁娶違律主婚媒人罪）の律及び条例の全て、総註の一部をオランダ語に翻訳し、家族法研究の基礎資料を提供した[36]。

　Young は以上の律例の翻訳以外にも、法学のみならず中国学全般にわたって多くの論考を発表しており、*The Religious System of China* で有名な J. J. M. de Groot と 1 歳違いの同世代である。43 歳の若さで早逝してしまったためにこれまであまり知られることがなかったのかも知れない。特に初期の「中国」法学は、彼を含めた通訳官・行政官たちによって担われており、彼自身は法学者ではなかったが、オランダ「中国」法学に大きな貢献を為したことは間違いない。

　大清律例を巡っては、その後も翻訳が発表された。1900 年には華人 Tjoa Sien Hie[37]により大清律例の戸律戸役の別籍異財、卑幼私擅用財、立嫡子違法の律及び条例、また家礼会同のオランダ語・マレー語への翻訳が行われた[38]。これに関し Schlegel は書評[39]で五品官銜（mandarijn 5^e klasse）を有する華人により正確な翻訳が行われたと評価しているが、その翻訳について非を唱えたのが H. N. Stuart[40]であった。彼は専論[41]において、Young 以来の新たな翻訳であり特に彼が訳さなかった別籍異財条が翻訳されたことについては一定の評価をしつつも、その翻訳の問題点について、Tjoa の訳文、律例原文、そして彼自身の新訳を対照させながら逐一指摘している。

　特に Stuart が拘ったのは、別籍異財律[42]の「或奉遺命不在此律」文言、特に「遺命」について Tjoa がその註釈において testament の語を用いて解説したことであった。Stuart はその註釈の冒頭に「条例または解説（Tiaulie of toelichting）」との表記が採られたことからあたかもこれが条例に登場するかのような誤解を与えること、また testament の語が用いられているが、「遺命」については「人生の最期の

時間、また臨終の床において遺族により受け取られた命令（een in den laatsten tijd des levens of op het sterfbed gegeven en door de achterblijvenden ontvangen last）」のことであり、しかも父母の喪中における分割にのみ関するものであり、testament ではないとしている。また Tjoa が律文の翻訳それ自体に直接 testament の語を充ててはいないことは賢明としながらも、「行われてその場にある命令（beschikkingen genomen en aanwezig）」となっており、「何か物質的なもの（iets stoffelijks）」を思わせるので不適切であるとしている。

Stuart は testament について論文中において厳密な定義を行わないので、その意図を推し量るより他ないが、どうも彼は故人があくまで生存中に発した意思そのものと、死後に向けて存在させる遺言を区別する、またはただ単なる純粋な故人の意思そのものと、遺言書のように何か形式を踏んでそれが法律上の正式な効力を持つものとして現れたものを区別したいという意向を強く持っており、その違いを last will と testament の語の違いに当てはめ、後者をかなり限定的な意味で用いているものと推定される。両者に一線を引くという考え方は理解し得るが、問題は当時のオランダ法学においてもこの区別を、しかもこの用語を巡って行うという様式が定着していたのかという点である。まして翻訳者 Tjoa がそのような様式に親しんでいたかどうか、彼自身が華人の富商であったという点からは、難しいように思われる。

Stuart は、Tjoa 訳につき、律例の条文に含まれていない表現が付加されていることについても批判を行っている。確かに Tjoa の翻訳では「Konsie（公司）」の語が引き合いに出されながら翻訳が行われている。これは Stuart の指摘通り律文には全く登場しないが、恐らくは当時蘭印に展開した華商を念頭に置けば、「本家財物」が「公司」の財物と重なるということも考えられないではない。とすれば、Tjoa は当時の状況を踏まえながら一定程度の意訳を行っていることになる。それはそれで理由のないことではないにせよ、Stuart には行き過ぎた意訳と映ったのであろう。他にも彼は総註部分（彼は officieele commentaar としている）が訳出されていないこと、処々に頻出する誤訳についてこれを逐一指摘する。

ただ彼の論は、特に一般的な言葉遣いの上では last will と testament の両者を厳密に区別することがないこともあってか、あまり支持を得られなかったようである。相当の物議を醸すことになったからか、W. Halkema によりこの論争についての小冊子が刊行されるに至っている[43]。Halkema は Stuart の立場を厳しく批判し、Stuart の Tjoa に対する論難自体殆ど意味をなさないと酷評している。

（4）「中国」法学の興隆と Fromberg

さて、以上のような律例を巡る解釈論は、その後も続いて行くこととなる。大清律例の翻訳をいち早く手がけた Young は、後に P. H. Fromberg の論文に対する応答という形での応酬を行っている[44]。Young は冒頭に Schlegel の「中国に民法なし」の主題を引用しつつ、家産分割の問題から稿を起こしているが、Fromberg につき、所謂中国学者ではなく法学者の手によって中国法の問題が扱われることの意義を強調し、Fromberg が大清律例を素材とした分析を行ったことを高く評価している。勿論それまで法学者の参入が皆無だったわけではないが、改めて法学者が本格的に参入したことを喜んでいるようである。

Young が言及した Pieter Hendrik Fromberg（1857–1924）は 1857 年 Amsterdam 生まれ、Young より 2 つ年下である。1882 年に論文 *De lasthebber verzekeraar : (art. 262 Wetb. v. Kooph.)*〔保険代理業者〕により学位を取得、翌年からインドネシアに渡り 1885 年セマラン地方裁判所を皮切りに各地地方裁判所を歴任した。1894 年には華僑・華人のための民法典編纂のための委員会委員も嘱託された[45]。後 1896 年にバタビア地方裁判所の一員となるとともに、同じくバタビアの Gymnasium Willem III において蘭印の民商法、民事手続法を講じている。1903 年から 1908 年までは高等法院の一員となり、1924 年に没した。終始華僑・華人のために戦った法学者として知られ、没後彼の著作は中華会から著作集 *Mr. P. H. Fromberg's verspreide geschriften*, Leiden : Leidsche Uitgeversmaatschappij, 1926 として出版され（履歴は同書冒頭の著者紹介による）、B5 判、800 頁を超える大著となっている。

さて、Young との応酬の発端となる論考で Fromberg が扱ったのは大清律例のうち卑幼私擅用財、特に条例第二、即ち戸絶に関する条例部分であった。ここでは勿論 Young の訳業への言及も行われつつ、条文自体は Jamieson の翻訳が引用されており、「戸絶財産、果無同宗應繼之人、所有親女承受、無女者、聽地方官詳明上司、酌撥充公」とある条文が "In the event of a family becoming extinct for want of legal successors, the nearest female (relations) shall be entitled to the property, and if there are no female (relations) the property shall be forfeited to Government." とされている。「親女」とあるものが "the nearest female (relations)" と訳されているようであるが、問題となったのはこの語にどのような女性が含まれるか、むすめ（dochters）は含まれるのか、含まれるとしてそれは未婚か既婚かといった問

題であった。

「親女」とあれば「実のむすめ」の意に取るのが通常であろうと思われ、Young 自身も彼の 1886 年の論文で当該箇所を de dochters と訳している。そこで Jamieson の翻訳を確認すべく先述の *The China Review* 誌所収の翻訳を見ると確かに上記の "the nearest female (relations)" が現れる（197 頁）。しかし大変興味深いことに、Jamieson が後日自らの論考を集めて出版した *Chinese Family and Commercial Law*, Shanghai : Kelly and Walsh Ltd., 1921 ではさりげなく同箇所の飜訳が "the daughters" と置き換えられている（17 頁）のである。

Jamieson 自身は *The China Review* 誌における翻訳の解説で "If the male line becomes extinct and no successor has been, nor can be appointed, the daughters, or persons claiming in their right, are next entitled to divide the property. In default of daughters the nearest females of the kindred are entitled,……" と述べており（204 頁）、daughter の語を登場させていることから単純に誤訳とも片づけられず、daughter も含めて "the nearest female (relations)" としたのかも知れないと推測するより他ない。

Jamieson がオランダ語を解したかどうかは不明だが、Fromberg と Young の間の議論が何らかの形で訳語の差し替えに影響を与えていたとすれば興味深い。勿論 Jamieson が全く別のきっかけで自ら訂正した可能性もあるので即断は出来ないが、ともかくある種の「誤訳」が発端となって議論となり、翻訳が改訂されてゆく様は、欧州における東洋法制史学の一齣として貴重な瞬間であるとすることが出来よう。

ここで想起しなければならないのが、オランダ人が相手にしているのが蘭印の華僑・華人であるということである。中国本土と一定の関係を有しつつも、現地で展開している華僑・華人の世界においては、当然中国本土とは異なる取り扱いが行われることも多くあった。その際に、何が「基本」で何が「例外」であるか、律例を基本としてもそれと異なる現状があまりに多く目につくようであれば律例は機能していないと思われる可能性があり、逆に現状を基本とすればそもそも全く守られていないことになってしまう律例とは何か、という律例の性格を巡る論点が浮上し、華僑・華人の問題を考える際に律例を素材として扱うこと自体をどう考えるかという問題が不可避のものとして出てくることになる。そこへきて「中国に民法なし」という主題が絡み、ないなりにそこにある規範は何か、それをどのように位置づけるのか、位置づけるとして律例との関係をどのようなも

のとして措定するか、或いはしないのか、という問題へも繋がっていったものと考えられる。

　さて、Fromberg が 1894 年に華僑・華人のための民法典編纂のための委員会委員を嘱託されたことは前述したが、華僑・華人に関する私法の法典化としては先の P. Haksteen の企画以来ということになるのかも知れない。1897 年にはこれに応じる形で *Nieuwe regeling van den privaatrechtelijken toestand der Chineezen*〔華人の私法状況に関する新たな立法〕, Batavia : Landsdrukkerij が 300 頁に近い分量で発表されるに至る。当然この作業は周囲から多くの反応を引き出すこととなった。スラバヤの商工会議所（De kamer van koophandel en nijverheid te Soerabaija）からの 130 頁にわたる所見、また中国研究のみならず作家・記者としても著名な Henri Borel（1869–1933）[46] や、通訳官として Fromberg 以前から華僑・華人問題に携わっていた W. P. Groeneveldt（1841–1915）[47]、Schlegel の弟子としてオランダ中国学を代表する学者のひとりとなった J. J. M. de Groot がそれぞれ反応を示している[48]。その後さらに彼の手でまとめられた報告書と思われるものが P. H. Fromberg, *Rapport over de Chineezenwetgeving*〔華人立法に関する報告書〕, Batavia : Landsdrukkerij, 1903 である。

　また Fromberg の議論は日本でも取り上げられたことがある。西村朝日太郎「蘭印慣習法の覺書」（法律時報 14-4・1942）では「例へば華僑の慣習法を調査したフロムベルフ Fromberg の如きも、「裁判官が認めぬ以上、如何なる慣習も法律的に有効ではあり得ぬであらう」といってゐる。……従ってネーデルブルフ Nederburgh が「二三人の慣習 gewoonte（習慣 gebruiken といふべきであらう）が住民の慣習となった時、慣習は法となる」と云ってゐるのは必ずしも妥当ではない」（69 頁）[49] と紹介されており、確かに Fromberg 論文の該当箇所には対応して "Want men zal geen gewoonte als rechtgevende kunnen beschouwen, wanneer de rechter haar niet als zoodanig heft willen erkennen." としている箇所がある。

　そもそも Fromberg がここで何を論じているかというと、中国人の既婚女性が sui juris（自主権者、契約能力者）たり得るか、即ち夫からの許諾なしに財産を保有したり処分したり出来るか、という問題である。彼はこれが St. 1855, No. 79 第 2 条からのみでは不明確だが、だからといって不存在でもないとして、その是非につき様々な文献を挙げながら論を進めている。その中で彼は 1766 年当時の Alting Mees による言明を取り上げ、一定の場合に女性が権利を有する場合があるとした慣習は現在も維持されているとしつつ、「裁判官が認めぬ以上……」と

続き、さらには裁判所として認めるべきでないと判断する慣習もあるので、と一定の配慮も示している。ここのみを取り上げて Fromberg の慣習に対する態度は否定的であるとするのはさすがに早計であろう。

西村の論考において Fromberg の好敵手として取り上げられているのが Izak Alexander Nederburgh（1861–1941）[50]である。彼は 1861 年ジャカルタの生まれ、ライデン大学法学部に学び、1882 年論文 *Het staatsdomein op Java*〔ジャワにおける国有地〕によって博士学位を取得、蘭印において法曹官僚として活躍し、後 1925 年[51]ユトレヒト大学において特任教授に就任（就任講演は *Tegenstellingen en samenwerking in Nederlandsch-Indië*〔蘭印における対立と協力〕）、1931 年までその任にあり、1941 年に没している。彼は 1896 年段階で Het Indisch Chineezen-recht der toekomst〔将来の蘭印における中国法〕, in：*Wet en Adat*, jrg. 1–2, 1896–1897 と題する 130 頁を超える論考を発表し、Fromberg が華僑・華人のための民法典編纂のための委員会委員を嘱託されて発表した報告書へも 20 頁の批評[52]を寄せ、さらに専論を発表する等、まさに Fromberg の論争相手として立ち回っていたようである。

民法案を巡る議論にせよ、Nederburgh との論争にせよ、とても本章で扱い切れる分量ではないので詳細な分析は他日を期したいが、華僑・華人法制にこれほどの貢献をした人物に関する研究が殆ど見られないのは大変不思議なことといって良いであろう。

（5）オランダにおける慣習法研究と中国、及びその他

Fromberg と Nederburgh が論争を行っていた 20 世紀初頭は、折しも蘭印における慣習法保存についての論争がひとつの頂点を迎えた時期でもあったようである。ヴァンデンボッシュ（大江專一譯）『東印度』（改造社・1943）は「それは一方、原住民の擁護者と、他方無慈悲な帝國主義者との問題ではなかった。統一首唱者中にもデフェンテルがあった。彼はインドネシヤ人の熱烈なる擁護者であり彼等の爲に活潑なる活動をした人であった。……彼は印度法律改革に關する討論の中でマコーレイが屢々なした主張を是認した。卽ち「それを持てるならば統一もよろしい。何うしてもそれを持たねばならぬなら多様性で行く。然しあらゆる場合に確信が無ければならぬ。」である。分化の原則は東印度に於ける法律體系改革の基礎となるべきではない。其理由は分化の原理は今や急激に發展しつゝある世界の司法的統一と矛盾するからである。」（223 頁）とし、その複雑さの一端を紹介している[53]。

この時期にも様々な論考が発表されるが、ひとり注目される人物がいる。B. A. J. van Wettum[54]である。彼は論考 Aanteekeningen over Japansche adoptie en erfrecht en den Chineeschen invloed daarop〔日本の養子と相続法、及びそれへの中国の影響に関する覚書〕, in : *Het Recht in Nederlandsch-Indië*, dl. 92, 1909 において日本の状況を取り上げている。彼は日本民法、令義解、大清律例を資料としつつ、オランダでの日本法研究の著作[55]に加えて津軽英麿[56]や池田竜一[57]の博士論文、増島六一郎の著作[58]等も参照している。日本学の伝統と接続された瞬間として興味深い。なお van Wettum は 1914 年、『大清民律草案』の親属・繼承編についてのオランダ語訳も発表している[59]。ただその条文が 1317 条から開始されていることから、『大清民律草案』を民国期になって微修正した『中華民国暫行民律草案』を翻訳したものであることが分かる。

1900 年代に入ると蘭印慣習法の科学的研究が隆盛を極めるようになり、1911 年からは王立言語地理民族学会（Koninklijk Instituut voor de Taal-, Land-, en Volkenkunde van Nederlandsch-Indië）により Adatrechtbundel（慣習法集成）シリーズが公刊され、また 1914 年からは植民学会（Koloniaal Instituut）により Pandecten van het Adatrecht シリーズが公刊されるようになる。

この流れの中で登場するのが、というよりもこの流れを作り出した中心人物がかの有名な Cornelis van Vollenhoven（1874–1933）[60]である。その大著 *Het adatrecht van Nederlandsch-Indië*, Leiden : E. J. Brill, 1918–1933 においては蘭印を 19 の法域に分割して叙述が進められているが、華僑・華人についてはこれらとは別に章を立てて記述が行われている。研究対象は蘭印全体であったため、華僑・華人がその中心的な位置を占めることはなかったが、相応の字数を割いてこれまでの研究状況を要約し解説した章が置かれている[61]。

1917 年には前述の通り「華人の私法状況に関する規定」が公布され、1919 年よりオランダ民法が全面施行されることになり、表向きは華僑・華人を巡って何が法であるかが確定することになるが、そのことによって直ちに研究が縮小するということはなかったようである。

この時期になると、博士論文もその素材・授与機構とも多様化しているのが見て取れる。主要なものとしては、ライデン大学に提出された Wouter Brokx, *Het recht tot wonen en tot reizen in Nederlandsch-Indië*〔蘭印における居住及び移動の権利〕, Thesis（doctoral）, Rijksuniversiteit te Leiden, 1925、アムステルダム大学へ提出された William Edward van Mastenbroek, *De historische ontwikkeling van de* staatsrechtelijke indeeling der bevolking van Nederlandsch-Indië〔蘭印住民の公法上の区分の歴史的発展〕, Wageningen : Veenman, 1934、ユトレヒト大学へ提出された Han Swie Tian, Bijdrage tot de kennis van het familie- en erfrecht der Chineezen in Nederlandsch-Indië〔蘭印における華人の家族・相続法の知識への寄与〕, Amsterdam : s. n., 1936 がある。

　さて、蘭印のみならず、中国本土におけるオランダの活動からも「中国」法に関連する著作が生まれている。Jan Willem Helenus Ferguson, De rechtspositie van Nederlanders in China〔中国におけるオランダ人の法的地位〕, 's-Gravenhage : De Nederlandsche Boek- en Steendrukkerij V/H H. L. Smits, 1925 がそれである。これは Nederlandsche Handels-Hoogeschool te Rotterdam（現在の Erasmus University Rotterdam の前身）に提出された博士論文であり、著者 Ferguson については香港出身と記されている。指導教員として謝辞に名前が挙がっている François とは恐らくは Jean Pierre Adrien François のことと思われる[62]。彼は Nederlandsche Handels-Hoogeschool te Rotterdam の教授であり、オランダ外務省の Administrateur も務めた国際法学者であった。

　Ferguson については『近代来華外国人名辞典』（中国社会科学出版社・1981）が「Ferguson, Jan Willem Helenius（1881–1923）费克森　费尔居松，扬・威廉・黑伦尼斯　荷兰人。驻华外交官费果苏之幼子。1898 年进中国海关，在中国各口任帮办、副税务司、税务司等职。著有《荷兰人在华法律地位》（De Rechtspositie van Nederlanders in China）（1925，海牙）一书。编有《邮政文件中出现的主要汉语语汇表》（A Glossary of the Principal Chinese Expressions occurring in Postal Documents）（1906）」と紹介しており（139 頁）、そこでは初代駐華公使 J. H. Ferguson の息子とされている。紹介されている著作の他にも The Straits Times においてしばしば彼に言及した記事が見受けられる[63]。

二　van der Valk とその「中国」法研究

（1）履歴について

　通訳官、中国学者、法学者と様々な担い手たちによって形作られてきたオランダ「中国」法学の伝統は、van der Valk へと受け継がれてゆくことになる。関連文献[64]の伝える彼の履歴は以下の通りである。

van der Valk は 1908 年 6 月 8 日、オランダ南西部の Zeeland 州 Vlissingen に生まれた。Hilversum の Christelijk Lyceum に学び、バタビアにおいて Hogereburgerschool を 1925 年に卒業している。さらにバタビアの Rechtshogeschool で法学を学び、その後ライデン大学において法学及び中国語を修めた。

ライデン大学では Duyvendak から A. F. P. Hulsewé（1910–1993）と一緒に中国語を学んでいる。1932 年には中国へ派遣され 3 年間現地での研修を行っているが、同時期 Hulsewé も北京に滞在しており、2 人は梁啓雄[65]を訪ね、国立北平図書館の彼の部屋でともに『左伝』や『史記』を講読したようである。その際に van der Valk は Hulsewé に中国法制史の研究を勧め、それがもとで Hulsewé は『新唐書』及び『旧唐書』の刑法志の翻訳を手がけたという[66]。

研修の後 1935 年から van der Valk は植民地政府内務省の Kantoor voor Oost-Aziatische Zaken に勤務した。この間 1939 年 7 月 7 日、彼は論文 *An Outline of Modern Chinese Family Law* によりライデン大学より博士号を取得している。なおこの著書の表紙において著者名が Marc van der Valk, Ph. D.（Leyden）と表示されているため、日本の各図書館での書誌情報では Marc と表示するものが多いが、正しくは Marius Hendrikus van der Valk であり、この著書以外の著作においては須らく著者名は M. H. van der Valk と表示されている。なおこの著書には陳垣による揮毫があり、そこには「荷蘭范可法著　中華民國親屬法大綱」とあることから、中国名は「范可法」としていたようであることが分かる。

その後 1942 年旧日本軍の蘭印侵攻とともに van der Valk は捕虜となり、終戦までタイの収容所での生活を余儀なくされた。苛酷な状況下に置かれた彼は健康を害してしまい、生涯にわたってその影響が残ったようである。その後 1947 年 9 月にインドネシア大学の中国学部門の立ち上げとともに教授として招かれ、1948 年より講義を開始している[67]。とはいえ折しもインドネシア独立戦争のただ中であり、健康上の問題もあって彼は帰国を決意したようである。1950 年 9 月 16 日、ライデン大学財団（Leids Universiteits Fond）による中国法及び法制史の特任教授（Bijzonder Hoogleraar）としての招聘決議を受け[68]、1951 年 3 月 16 日、彼は勅令を以てライデン大学法学部に着任する。就任記念講演は 5 月 25 日に *De regel nullum crimen sine lege en het Chinese recht*〔罪刑法定主義規定と中国法〕と題して行われた。

彼が誰の推薦を受け、またどのような理由で着任したのかは関係資料も少なく明らかではない。van Vollenhoven は 1933 年に既に没しているため、その推薦に

よるものではない。この時期にライデン大学に教員として在籍し国際私法の立場から華僑・華人問題を扱った人物には Roeland Duco Kollewijn がいる[69]。Kollewijn は 1892 年 Amsterdam 生まれ、1938 年にライデン大学法学部教授に就任し、蘭印の民法、国際私法、法制史を担当、就任講演は *Interregionaal en internationaal privaatrecht*〔准国際私法及び国際私法〕と題して行われた。1955 年 10 月に依願退職している。van der Valk の就任までに中国法を扱っていたこともあり、一定の関係はあったかも知れない。ただ恐らくは van der Valk の師であった Duyvendak からの後押しの方が、可能性としては大きいのではなかろうかとも推測される。

van der Valk はその後 1965 年 3 月 18 日に正教授（Gewoon Hoogleraar）に進み、中国法及び中国法制史の研究を精力的に続けた。晩年、1978 年 6 月 18 日、来る 9 月 1 日付の退職が認められたが、6 月 27 日、Amstelveen（Amsterdam 南郊）にて 70 歳の生涯を閉じることとなった。

さて、以下では彼の著作を年代順に概観し、その作風及び関心の所在の変遷について初歩的な整理を試みたい。なお彼の著作一覧については本章末尾に資料 9-1 を付したので、詳細な書誌情報についてはそちらを参照されたい。

（2）最初期の研究

M. H. van der Valk の名が現れる最初期の文献としては Nederlandsch intestaaterfrecht buiten Europa〔欧州外におけるオランダの無遺言相続法〕なる論文がある。この論文は蘭印、南アフリカ（旧オランダ領ケープ植民地）、スリナム、キュラソー、シント・ユースタティウス（以上、旧オランダ領アンティル）、西インド会社所有地、旧オランダ領セイロンにおける 18 世紀までの無遺言相続の状況につき分析を加えたものである。ただ発表年が 1929 年であり、van der Valk の作品だとすると 20 歳前後、まだ学生であった時期の作品となり、論文を執筆するには若すぎるため彼の作品ではない可能性もあるが、植民地における無遺言相続という、後に華僑・華人を巡っても大きなテーマとなる素材が扱われている。

van der Valk 自身オランダのインドネシア統治において華僑・華人問題に携わったものであり、1936 年には De rechtspositie der Chinezen in Nederlandsche-Indië〔蘭印における中国人の法的地位〕と題する論考を発表している。これから検討するように、彼は後々、より強く中国本土の法制へと引きつけられてゆくことになるが、その根底にはやはり蘭印における華僑・華人問題があり、本章におい

て見たようなオランダ「中国」法学の展開を前提として受け取っていたことは認めて良いだろう。

さて、van der Valk の初期の作品においては、まずオランダ語で論文が発表された後に、手が加えられ改めて英語で発表されるという形態の論文が見られる。彼の論考は（オランダ語のものが散見されるものの）その多くが英語で執筆されているのが特徴的である。それまでのオランダ「中国」法学の論考がほぼ例外なくオランダ語で書かれていたのとは大きく異なる。恐らくは師であったDuyvendak の影響も大きかったものと思われるが、英語で発表され、かつ著名な雑誌であった *Pacific Affairs*[70] や *Monnumenta Serica*[71] に掲載されたことによって多くの読者を獲得し得たものと思われる。

こうした論文のひとつが De ontwikkeling van het beginsel der vrijheid van huwelijk in China 即ち Freedom of marriage in modern Chinese law である。同論文では近代中国法における婚姻の自由の原則の発展過程が、特に旧来行われてきた祖父母・父母（乃至はその他親族）による主婚権との関係を軸に述べられている。そこでは大理院の判例・解釈例を素材としながら法院による新たな準則の定立過程が順を追って整理され、時々の民法草案との関係にも目配りされた記述が置かれている。また大理院と南京政府期の最高法院の性格の違いについての言及等興味深い視点も多く含まれている。

van der Valk の興味の関心は彼自身 "development of new ideas" なり "evolution of the principle" という言葉で表現する通り、民国における新たな法準則の定立過程であった。一方で彼は立法者や法院によって定立された法準則がどの程度まで実地に適用されたかは措くとしている。彼自身の興味は実態と法との関係という問題よりは、少なくとも立法者や法院は何をしたかったのか、その過程を見ることにあったとすることが出来るかも知れない。この論文自体もひたすら過程を追ったまま 1936 年末の状況に言及し終了する。

さらに論文 Het nieuwe Chineesche strafwetboek 即ち The new Chinese criminal code では、1935 年新刑法の成立過程が整理され、応報刑論と社会防衛論、1929〜1930 年制定の中華民国民法との関係、教唆犯、流刑復活の可否、私権剥奪、保安処分[72] 等を巡る当時の議論が 1928 年刑法との異同も含め手短に紹介される。そのうち保安処分については節を改めて新刑法各条に関する解説が置かれ、少年犯罪と責任能力、酩酊者、心神喪失者、麻薬中毒者による犯罪、強制治療、保護観察等を巡る議論が紹介される。さらには有夫和姦の条文を巡る議論も紹介され

ている。

その後発表された論文 The revolution in Chinese legal thought はこれよりも後の論文に関連する論点を多く提示する。例によって殆ど註釈がないが、参考にした学者の名前が末尾に掲げられており、中国思想の解釈につき Hackmann[73]、伝統的な中国の法典につき Ernest Alabaster、法家につき Duyvendak、その他 Jean Escarra の著作も参考にしたと記されている。うち Duyvendak については特に "my teacher" と書いており、師弟関係がここからも確認出来る。Duyvendak は1928 年に『商君書』の翻訳 The Book of Lord Shang, London : Arthur Probsthain を発表し、法家研究の一翼を担っていたのである。

論文では、中国思想においては全体の調和（universal harmony）及びその平衡の保持が重視され、所謂天人合一的な発想から個人よりも社会に重きが置かれることになるとし、以下の印象的な部分が導かれる。

This philosophy was based on a system of correspondences or mutual relationships : between heaven and earth, between human society and human individuals, and between one individual and another. Phenomena were not connected in a time sequence, following a line of causation, but were joined together in a uniform way along parallel lines. Each part of the system was therefore integral and always dependent on and closely connected with every other integral part. The resultant picture of the universe was kaleidoscopic and had no perspective ; all things were in the same plane and mutually corresponded. The lines on which the universe was organized did not converge, as in modern science, in the focus of the human mind, but ran parallel in the same plane, not separated by time and with each part displaying all the essential elements of every other part.

Such a system of thought was necessarily casuistic, because of the impossibility of deriving general theories from specific cases when any given part of the system had to contain all the characteristics of all other parts. Analogy was the favorite line of argument, the factor of time being easily dispensed with, and the system therefore was inherently static. For lack of the idea of time, the category of causation, regarded as the connection of events separated in order of time in such a way that one is necessarily followed by the other, was also superfluous. This led to curious consequences in the legal system, one of its corollaries being a disregard

第九章　オランダにおける「中国」法学　　　*349*

for the positive written law. A disturbance in a man's life meant a disturbance in the universe, and accordingly his punishment had to satisfy the unwritten laws of the universe, leaving little room for the application of positive law, which came to be regarded as a model of behavior rather than as an absolute standard.（67〜68 頁）

　制度としては必然的に casuistic なものとなる、なんとなれば如何なる部分も他の全ての部分の全ての性質を含み込むべき（前段落の表現を借りれば互いに integral な）状況下では、個別のケースから一般的な理論を引き出すことが出来ないから、としている。ここで彼が casuistic というときに引き合いに出されるのは因果関係と時間概念（causation and time）の不存在である。よって the unwritten laws of the universe が重要なのであって、成文法が適用されるという余地自体殆どない、という論が導かれている。特に引用部分の最後に登場する model という単語を巡っては後に論争が引き起こされることとなるが（後述）、ここで踏まえておくべきは、その単語がどのような文脈の下で出現しているかという問題であろう。

　彼の議論ではさらに "there is no contrast between human law and the law of nature" とか、"There was no sharp distinction between morals and the law"（ともに 69 頁）といった表現が登場し、"Because punishment of the crime was of more importance than identification of the evil-doer, personal responsibility was not a preliminary requirement for the punishment of a human being."（70 頁）との文章が登場する。いずれも、背後にある universal harmony の尊重（この表れとして、またこれを保つために機能するのが「礼」）という要請から現れる特徴的な現象として説明がなされているとすることが出来よう。

　そして彼の関心の中心は、近代的な法典編纂の過程において、いうならば罪刑"礼"定主義から罪刑"法"定主義への転換が図られた際に、旧来の社会における諸前提が残ってしまっているが故に引き起こされた様々な法的問題、例えば個人の責任・帰責というものが二の次にされてきたが故に責任主義の概念を巡って様々な問題が生じている様子、に向けられている。論文において過去は単なる話の枕として登場しているのではなく、民国の法に生き残ってしまっている様々な要素を洗いざらい指摘しようとする、そのような試みのもとにこの論文が執筆されているのではないかと思われるのである。

(3) 博士論文から中華人民共和国成立まで

　以上の流れを受けつつひとつの画期となるのが彼の学位論文であり主著ともいえる *An Outline of Modern Chinese Family Law* である。同書については戦前の日本において既に福島正夫が書評[74]を書き「中國親屬法の生成の沿革とその内容を簡明に説述した好著である。著者に付ては婚姻法その他に付て一二の論文があるやうだが、如何なる人か知らない」（74 頁）とした上でその内容を紹介し、

　　上に見た通り中國親屬法は、その制定の沿革に於ても果た又その實質に於ても、中國四千年の殼を破った偉大な變革期に際する過渡的な産物たる特色を示してゐる。それは末弘博士の所謂新舊交錯する境の不連續線的な様相をもち、支那の現實な家族生活とは遙に隔った天空に虹をかけた如きものである。しかしそれは一つの現實的な運動の理念を示すものであって、少くとも都市においてはその影響が多少とも現はれんとしてゐる。本書を讀んで自分の感じた點の一つは、かうしたことに付て具體的な知識が得られねばならぬといふことである。大理院判例等に取材してその法制定への作用を論じた箇所などは從って興味深いものであったが、それでなほ充たされぬ希望の多々あるのはいふをまたない。しかし本書の取扱方は、概して從來の親屬法解説書には類を見ざる一種清新の風を帶びてゐることを疑はぬものである。（79〜80 頁）

と述べている。

　さらにそれに先んじて清水金二郎による書評[75]も発表されていた。そこにおいて清水は「著者が國家の進歩を助長する立法だと言ふに拘らず、果してかかる親族法が中國國民の實生活を規律する法律としての實效性を有するや否やにつき、それが進歩的法律であればある程、聊か疑惑の念を有せざるを得ない」（324 頁）とし、法律の実態との乖離を問題として述べていた。このような視点は何も日本に限ったことではなく、F. H. Michael の書評[76]にも表れている。彼もまた "Yet it is doubtful whether the statutes and the decisions of the highest court can be called the law "in force" in the sense in which that term would be used in Europe. A technical commentary on the Chinese Code does not cover the social validity and acceptance of the concepts it embodies……"（101 頁）と述べて現実との乖離を問題視し、例えば

van der Valk が中国におけるスイス夫婦財産法の導入を "unfortunate" であると述べながらその理由を語らない点についての不満を述べるのであった。

法典と実態の間に乖離があったとしても勿論それは van der Valk の責任ではないのであるが、その問題に対して何も発言していないことについての不満が評者から発せられたのであろう。しかしながら敢えてその問題を扱わず現行法の紹介にとどまったと見ることも出来、こうした姿勢は François Théry の書評[77] においては同書により転換期の中国における法的思考の進化を窺うことが可能となり、また一部現行法の解釈にも役立つものとして評価されている（704 頁）。

現在あまり引用されることはないかも知れないが、当時の判例・解釈例、また民法草案等を素材とし、その時系列的な変化の中から旧来の法準則乃至新規の法準則の盛衰・消長の関係を追跡するという研究手法自体、van der Valk によって既にここで試みられているのであって、現在の研究者が同様の手法を用いるのであれば勿論、これとは異なる研究手法を用いるに当たっても、同時代研究でありながらも先行研究として引用されるべき内容を含むというべきである。まして全く同じ素材、研究手法に終始するのであれば、彼の研究を一歩も超えていないということになるであろう。他方で法の実効性、現場・実態との関係よりも、まずは法制度の設計者たち（立法者・法院＝裁判官）が何をどうしたかったのか、ということに興味を持ったが故に、逆にいうと現場・実態に興味を持つ人々からはやや退屈に映る形となってしまったのかも知れない。

同書に関しては中村茂夫も別の側面から議論を起こしている[78]。中村が問題視したのは即ち「伝統中国では法は一つの模範・雛形に過ぎず、実効性に乏しかったとするもの（筆者註：学説）であり、今日においてもかなり支配的であるように思われる」ことであった。彼の批判の主対象は Escarra であるが、van der Valk についても「法はそれに従って他の事件が解決され得る雛形（model）と常に看做された。……この観念は更に、成文法は必ずしも常に適用されたのではないということを含んだ。成文法は或状況下で従わるべき雛形に過ぎず、それだけでは何の拘束力も持たなかった。」（110 頁）と説く箇所につきその論述の多くを Escarra や Granet に依拠していることを推定し、Escarra 同様に問題としている。中村はその説が島田正郎や田中耕太郎の著述に引用される形で影響を与えてしまっていることも問題としている。

しかし、Escarra はともかく、van der Valk の作品群を通読して明らかなのは、中村が所謂「雛形論」として攻撃した話題がさほど主要なものとして幾度も取り

上げられているわけでもないということである。中村が言及した *An Outline of Modern Chinese Family Law* の該当箇所は確かに「筆の迂り」といわざるを得ないような過度な強調が見られるものの、他の論考ではそれほど強調される論点ではそもそもなくなっているのである。

"Model" という語が登場する箇所としては例えば先に見た The revolution in Chinese legal thought 論文がある。ただそこでの "positive law, which came to be regarded as a model of behavior rather than as an absolute standard." というくだりは若干文脈を異にするようにも思われ、またこの model という語自体、後で見るような「実現されるべき理想」という文脈において考えると、「雛形」という訳語自体多少文意のずれを含むようにも感じられ、「雛形」という訳語を充てること自体の当否という問題も浮上する。中村の起こした議論は有意義であったが、それ以外の議論が並行して存在する可能性もあったという点は、注意されて良いであろう。

その後日本においては中村が提起した議論のうち法＝雛形説よりも、紛争の民間処理説を巡る問題の方が欧米学者をも含めた大論争へと発展してゆく[79]が、この展開の中からいつしか Escarra や van der Valk の業績全体が（半ば見る価値のないものとして？）後景へ退いてしまったような感がないわけでもない。もしそうであるとすれば未だ検討されていない多くの問題が見過ごされていることになり、大変に勿体ないことである。

さて、*Interpretation of the Supreme Court at Peking, Years 1915 and 1916* では、大理院解釈例（統字第 195〜559 号）の英語訳が行われている。前文冒頭において "The present work was started in 1946, after the war, during which my whole library was lost" との痛切な書き起こしに始まり、郭衛『大理院解釋例全文』（會文堂新記書局・1931（第 4 版））及びライデン大学に残されていた『政府公報』によった翻訳であることが紹介されている。『大理院判例要旨匯覧』については既に Escarra がそのフランス語訳（及び訳註）を刊行していたが、解釈例については網羅的な欧語訳がなかったため、解釈例の中でもひとつの画期となる民国 4 （1915）年から 5 年分を訳出したと書かれている。

Escarra は刊行後しばらくしてから書評を発表し、中国における成文法（書かれた法）の実施の度合いについては不確定としつつ、他方で判決例や解釈例が現実の紛争を体現するものであることを指摘し、旧来こうした判例等が充分には翻訳されてこなかったことを問題としている。Guy Boulais, *Manuel du code chinois,*

Changhai : Imprimerie de la mission catholique, 1923-1924 における『刑案滙覧』の翻訳や Eugène Valette の博士論文[80)]、F. Théry の訳業等の例を挙げた上でEscarra は、これら中国文明の異なる段階に関連する諸資料の比較検討によって中国における法的論理の一般的特徴の幾らかを明らかにし、西洋的な概念による立法が中国では人工的な産物であることを示すことが出来るとしている（66 頁）。

　さらに後になってから E. Kroker も、民国法制を顧みるには必携の文献と指摘しつつ 6 頁にわたる書評を寄せている。民国期において伝統にとらわれた精神が法の新たな概念に徐々に服してゆく様相が明らかになるわけだが、それは中国が、自身のそれよりも優れていると考えられたから西洋法を受け入れたのではなく、第一に政治権力へと進む道において不可欠の手段と考えられたからだという視点が提示されるのは興味深い。

　van der Valk としてはこの解釈例の訳業を続ける気持ちもあったのかも知れないが、同書が刊行された 1949 年、インドネシアは独立し、また中国本土でも中華人民共和国が成立することによって、研究環境・研究対象の双方が大きく変化することとなった。その後彼自身、先に述べたようにオランダ本国へと帰国し、ライデン大学法学部の特任教授に就任することとなる。

（4）中華人民共和国成立後の研究

　続いて発表された Problemen der rechtshervorming in China〔中国における法改革の諸問題〕では、van der Valk は清末の近代的法典編纂運動の発端となった新政開始の詔から説き起こし、中華民国から共産党政権に至るまでの中国の法改革の歴史を通覧している。旧来の中国法の特色として彼自身が幾度も説いてきたところの、自然秩序の調和が第一とされること、個人の人格に注意が払われないこと、制度自体が casuïstisch であること、因果関係や有責性という問題が扱われないこと、また関係性（尊卑長幼、五倫等）が重要視されること等が提示されている。従って刑法は第一に現存の世界の秩序乃至それについての認識の維持を行うものであって、引き起こされた行為につき責任のある個人を罰するということが刑法の基本的な支柱となっているのではない（"Het strafrecht handhaafde in de eerste plaats de bestaande wereldorde of de begrippen daaromtrent ; bestraffing van een verantwoordelijk individu voor een door hem begame daad was niet de grondpijler daarvan."（135 頁））とされている。

　沈家本による改革やその後の礼法論争も順を追って整理紹介されるが、van der Valk

が常時注意しているのは各個人の人的な責任（de persoonlijke verantwoordelijkeheid van het individu）の概念である。それ自体沈家本ら改革派の出発点であったとされ、また因果関係及び責任（causaliteit en schuld）という新しい概念が民国期大理院において徐々に実現され、大理院自体がこうした新しい概念体系に及び腰な下級審を指導してゆく様も紹介される。多くの判例が引かれるのだが、いずれも出典情報を欠くため俄かに情報源を確定し難いのが残念ではある。

　続いて民事法関連も扱われているが、ここでも新たな概念のうち個人の自由（individuele vrijheid）が強調されている。様々な関係から解放された個の成立ということに注意を促しているように思われる。公共の利益（openbaar belang）や「家」を巡る問題への法の介入（rechterlijke tussenkomst in familiezaken（家事審判かと思われる））といった概念の導入過程についても紹介がなされている。流れは北洋政府期の（無夫姦の議論を含む）揺り戻しや南京政府期の立法へと進められ、この時期の社会変動（旧来の農業社会に加えて工業社会の勃興）という要素にも注意を向けつつ、それでも旧来の制度が一定程度残存してゆき、それらが中華人民共和国の諸政策・立法によっても俄かには消滅せず、新たな価値観はそうやすやすと理解されたわけではなかったことが説かれている。

　Conservatism in Modern Chinese Family Law は van der Valk の博士論文に続く第2の単著である。利用可能な資料については相当限られていたようであり、中華人民共和国の状況については潘朗『新社會的戀愛與婚姻』（智源書局・1949）所収の文献及びその他資料[81]によっている。当時の中国の政治的状況や彼の健康状態からいって、中国本土に長期滞在して資料収集を行うこと等不可能であったろうし、止むを得ないことである。勿論それまでに得られた中華民国法制の知見については論文の基礎として十分に生かされている。内容は序論、家族関係と婚姻の禁止、家、重婚、童養媳、婚姻年齢、女性の典売、結論という構成で論が進められている。

　同書に関しては Kroker も書評を書いているが、より強烈な批判が複数投げかけられた。ひとつは Gisela von der Trenck によるものである。同書評は van der Valk が多くの中国語資料を駆使しながらも、新しい中国の「司法（Judikatur）」を把握することには明らかに成功していないとした上で、中国における「活きた法」についての正確な像を描くことが出来ないにせよ、このような状況下での法の意味について問いを投げかけるにせよ、André Bonnichon が van der Valk よりも少し前に描いた、Orwellschen な性格を帯びた像よりはまだしも、な印象であ

第九章　オランダにおける「中国」法学　　355

るとしている。「オーウェル風の」とは組織化され人間性を失ったような、ということであろうか、André Bonnichon が中華人民共和国下において反革命罪の汚名を着せられ逮捕投獄された後に執筆された *Law in Communist China*[82] が念頭に置かれているものと思われる。

　方法論的にさらに手厳しい批判を浴びせたのは H. McAleavy の書評である。同書評は書籍の紹介もそこそこに、日本における中国法学が提起した問題を延々と提示する。即ちかの『中国農村慣行調査』において平野義太郎が「さらに中國における法律を研究する學徒も、漢律から中華民國の六法にいたるまで、それらの法律が縣以下の郷村のなかに、いかに實效性をもつ法規範として遵奉されているか、逆にいいかえれば、農民の生活意識を規律する生きた法律は何んであるかを探求せずに、ただ條文を解釋するにとどまった。エスカラ「中國法」（一九三六年。谷口知平譯（昭和十一年））もその例外ではなかったし、國民政府行政委員會「浙江・江蘇・雲南・陝西農村調査」（民國二十三年）も不十分であった」[83] と述べた箇所に触れ、次いで中国経済史研究で知られる宮下忠雄の論文 The silver tael system in modern China において、実現されるべき理想の制度としての政府の通貨制度と、現実に人々がその中で生きている民間の通貨制度の併存・対立関係が説かれる箇所を引用し、同様に国家の成文法が多かれ少なかれ「理想の表明」にとどまり、現実の制度と切り結ばないということも十分に想定出来ると注意を促す。

　さらには我妻榮が「然し法學教育も未だ普及せず法院の組織もなほ完備しない中國でこの法律が果してどの程度まで社會の實際生活を支配して居るかは甚だ疑問である。中國の社會に於ける所謂「活きた法律」を明にする爲めには社會の法的慣行を調査する必要あることは勿論であり、或ひはこの方が現在の中國にとって民法典の研究よりも一層の緊要事と考へられるかもしれない」[84] とした文章が引用され、その一例として「典」の話が紹介されるのである。

　これに Lone Liang（梁龍）[85] や F. T. Cheng（鄭天錫）といった中国人法学者たちの議論、即ち中華民国法が実際の効力を有しており、さらには大理院が判例法により法の不備を補ってきたことを肯定的に評価する立場が日本のそれとは相容れないものとして対置され、もし西洋人が中国人側の立場に立つならば話は簡単で、完成された法典を扱えば済むものの、日本側の所謂「活きた中国法」を探る立場については、多くの法実務家にとってはさほど魅力的に映らないかも知れないが、民国に暮らした大半の西洋人はこちらの方を是とせざるを得ない、と説く

のである。しかもこの問題が van der Valk の書籍において扱われるべきであった、とするのである。

　McAleavy の書評はその大部分の紙幅を上記の研究姿勢の対立問題に割いており、ともすると van der Valk の書籍内容の紹介は殆ど消し飛んでしまっているような感覚を受けるが、大変に興味深く枢要な指摘である。この書評がどれほど広く読まれたものか俄かには判じ難いが、世界の中国法制史学の潮流の一大転換点をうまく捉えた文献と評価することが出来るであろう。

　この書評が提示する問題は、現在の中華民国法研究へも示唆を与え得る。日本においては戦後、書評にあるような「活きた中国法」への関心が主となり、ともすると中華民国の立法やその立法過程への関心が後景に退いてしまい（さらには敗戦後植民地を喪失し、かつ中国本土を現実的に占領・支配していた状況が消滅したため、現実問題として中華民国法に関わる「実務」上の需要がそもそもなくなったということも大きいのであろうが）、十分な研究がなされてこなかったが、そうした潮流が生まれた原点としてこの書評において展開されたような学術史を踏まえ直すことが必要となるように思われる。

　かたや民国期の中国人学者によって書かれたものを扱うに際しての重要な問題も提示されている。Lone Liang や F. T. Cheng は第一線で活躍した外交官であるということもあり、不平等条約の撤廃という重い課題を背負う中で、仮に目についていたとしても、当時の立法の不備や不完全さを殊更に自ら強調し、その印象を貶めることは出来なかったであろう。いわば自国の法制を弁護する立場に立たされたのが中国人法学者であったのであり、現在の学者はその背景を十分に踏まえて彼らの手による文献を利用する必要があり、かつまた逆にいえば、当時の中国人法学者たちが当時の中華民国法を完璧なものとして必死に宣伝したその活動を再構成する資料としてこれら論文を利用することも可能になるわけである。

（5）後期の諸研究

　この後 van der Valk は本格的に中華人民共和国法制の研究に着手することとなる。基本的に中心となったのは家族・相続法の分野であった。The registration of marriage in communist china は中華人民共和国法制における婚姻登記についての論考であり、『中央人民政府法令彙編』に収録された諸法令を基本資料としながら同制度が紹介される。また Documents concerning the law of succession of foreigners in communist China では、中國人民大學民法教研室編輯『中華人民共和國民法資

料彙編』（中國人民大學・1954）から関連する法令の英訳が試みられている。

　Chinaと題される論文は東欧と中国の相続法という特集の一記事として書かれたもので、1950年代の中華人民共和国における相続法について、中國人民大學民法教研室編輯『中華人民共和國民法資料彙編』（中國人民大學・1954）、中国人民代表大会常務委員会办公厅研究室『有关継承问题的参考资料』（[刊行者不明]・1956）、史怀壁『略论我国继承制度的几个基本问题』（法律出版社・1957）、中央政法干部学校民法教研室编『中华人民共和国民法基本问题』（法律出版社・1958）等の中国語文献、及びその他旧来からの欧文文献によりながら解説が行われている。

　これと対をなす形で執筆されたのがThe law of succession in Chinese lawであり、主として中華人民共和国成立以前の中国の相続法についての考察が行われる。内容の大半は無遺言相続（Intestacy）に充てられており、中華民国期の習慣調査結果を集約した司法行政部編『民商事習慣調査報告録』（司法行政部・1930、以下『民商事習慣調査報告録』と略）内の情報を大量に用いながら分析を行っている。『民商事習慣調査報告録』はvan der Valkの戦後の研究において本格的に用いられるようになるが、何故かその版本は原典ではなく日本が旧満洲国において刊行した中華法令編印館編譯『中華民國習慣調査録』（中華法令編印館・1943）である。勿論旧来通り解釈例も論拠として用いられている。

　それ以外には外国人から見た中国、という主題に関連する論考が散見される。La statut des étranger en Chineは彼の論文中では珍しいフランス語のものであり、中国における外国人の地位につき全時代を通観する。中には桑原隲蔵の蒲寿庚に関する研究、仁井田陞『中國法制史』（岩波書店・1952）やそれに引用される中田薫「唐代法に於ける外國人の地位」（中田薫『法制史論集』第三巻下、岩波書店・1943）等日本の業績も、Hulsewéからの紹介という形で言及されているのが印象的である。

　またAssimilation and Chinese Lawでは、漢民族とそれ以外の民族の間に生じた「同化」が中国法に与えた影響について考察が行われており、van der Valkの作品の中では異色の論文である。具体的には清や元といった異民族王朝が取り上げられ、通婚と身分の問題、土地取引の問題等を素材としながら影響関係が論じられている。対象は中国内の苗族、揮（シャン、傣）族、また民国期のチベットへも及び、それら民族地域の中国からの分離脱退（secession）の権利の変遷についても記述が置かれている。惜しまれるのは註釈が一切付されていないために情報の出典がたどりづらくなっていることである。

その後には財産法に関する主題が手掛けられる。Movables and immovable and connected subjects in Chinese law では動産と不動産の別につき、仁井田陞『中国法制史研究』（東京大学東洋文化研究所・1960）所収の「中国売買法の沿革」において唐律疏議を元に動産・不動産の別があったとする説が引かれつつも、同説は一般化出来るものではないとして否定的な見解が示される（van der Valk はこれを Hulsewé から紹介されたとしている）。これらを端緒としながら、清末以降の立法の中でこの区別がどのように扱われてきたのかが整理され、関連して譲渡・引渡、占有、抵当と質が扱われる。その後彼は北洋政府期の立法に説き及び、取得時効や典の問題が扱われた後で中華民国民法、最後には中華人民共和国における取り扱いに言及する。ここでも明示的に『民商事習慣調査報告録』からの引用がある。論文中で重要な論点として取り上げられた担保の問題は、次の Security rights in communist China において扱われる。そこでは抵当、典、質、典当業等の中華人民共和国期の状況が主として『中華人民共和國民法資料彙編』に収録される諸資料から分析されている。

法制史にも関連する論考として Voluntary surrender in Chinese law では、懲治反革命条例等における自首の問題を議論の端緒としながら、清代、中華民国期、中華人民共和国期における状況が順を追って検討されている。うち清代については『讀例存疑』や『大清律例通考』による律文の検討に加えて『刑案滙覽』所収の案件が紹介される。

Previous Chinese legal language and communist legal language では、近代以降の中国法の術語について考察が行われる。基本的には日本法からの多大な影響を受けながらも日本語が使われなかった例も存在し、そこで用いられた旧来の中国語が時には旧来と異なる意味や新たな意味を賦与されて新たな法律用語となってゆく様が扱われる。中華人民共和国においては人民に馴染みやすい用語を追求した結果、難解な法律用語に替えて旧来の用語が用いられることによって、逆に旧来の意味合いが残存してしまう側面もあったこと等が紹介されている。

Custom in modern Chinese private law では清末以降の民事法典編纂における慣習の問題が扱われる。著名な中華民国民法第一条における「法がなければ慣習に、慣習がなければ条理による」の法理が紹介され、法に反する慣習が法院によって認められなかったことが示される。勿論これは司法機関における法運用の平面では法に反する慣習というものが認められていなかったということであって、彼自身が民国期の法曹が一体何をどのようにしてきたのかということに第一

の関心を持っているとするならば、逆にそこにとどまっていることは大変理解し
やすい。

　次いでこれに関連して民国初期から強制条文と任意条文の別が生まれてきたこ
とが紹介され、また公序良俗との関係についても述べられる。公序の名の下に新
たな秩序観が導入されたことについても紹介が行われている。また慣習と「慣
例」「習俗」との差異についても言及が行われる等、「慣習」と関連を有する要素
についての叙述から、翻って「慣習」の語の定義が行われてゆくことになる様が
紹介される。

　行論で大変興味深いのは、『民商事習慣調査報告録』についての言及が行われ
ている箇所である。彼は、南京政府期のある判例が商会等の半ば公的な機関に
よって提示された慣習の証拠を採用するとした[86]のとは対照的に、個々の調査
の集積である『民商事習慣調査報告録』は公的な権威を持つに至らなかったとし
ている。あくまで法を前面に出しそれに反する慣習を認めない当局の姿勢が、
『民商事習慣調査報告録』を後景へと追いやったということなのかも知れない。
当局がその近代的改変を強く意識した家族・相続法分野において慣習が認められ
た余地が（総則・債権・物権に比べ）少ないことが van der Valk によって指摘さ
れていることも、これに関連するということが出来る。

　最末期の論文となった Suretyship in China は伝統中国から民国期にかけての保
証契約の問題を扱ったものであるが、そこではまず所謂「同居共財」の下で家の
構成員が家産に対して負う「連帯責任」による保証、さらには個人が契約によっ
て負う責任が扱われ、続けて伝統中国における保証の問題、特に父子間の債務の
保証につき、『民商事習慣調査報告録』を多く引用して叙述が進められている。

(6) van der Valk 以外の同時代「中国」法研究

　van der Valk と同時期の「中国」法研究者として Marinus Johan Meijer（1912–
1991）と Robert van Gulik（1910–1967）には触れておかなければならないであろう。
Meijer[87]は 1912 年 9 月 28 日、オランダ中西部の Zuid-Holland 州 Alphen aan
den Rijn（Leiden 東郊の街）に生まれ、ライデン大学において法学、中国文学・
哲学を学んだ。1938 年には Kantoor voor Oost-Aziatische Zaken に勤務、1947 年
にはインドネシア大学中国学部門の管理委員（conservator）として赴任、1952 年
には自らも中国語の講師となっている。1955 年からはオランダ外務省に勤務、
北京に派遣され、次いで 1958 年には東京へ派遣されている。東京滞在は 1961

年までで、翌 1962 年には客員教授としてワシントン大学へ行っている。中国法のみならず中国文化一般を扱った論考も残しており、1991 年 2 月 18 日、79 歳にて没した。彼はその著 *Murder and Adultery in Late Imperial China*[88] の謝辞において滋賀秀三の名前を挙げており、また本人も 1958～1961 年を中心にその後も来日した経験もあることから、同世代の研究者との間に直接の交流があったことが推測される。彼の著作群については本章末尾資料 9-2 を参照されたい。van der Valk とはほぼ同世代、勤務先も重なっていたことから、相応の親交があったのであろう。Meijer の学位論文の主査を務めたのも van der Valk であり、その追悼文を Meijer が執筆しているのは偶然ではない。

van Gulik については法学者の範疇に含めるかどうか議論があるかも知れないが、Gelderland 州 Zutphen 生まれの彼は、その伝記[89] の副題にもある通り外交官・作家・学者の 3 足の草鞋を履き、3 度の日本滞在経験も有する等多彩な活動で知られる。一般には唐宋期の公案に取材した小説「ディー判事（狄仁傑）シリーズ」で知られ、日本では早くも 1951 年には魚返善雄の手により作品『迷路の殺人』（大日本雄弁会講談社）が翻訳され、後に大室幹雄・松平いを子の手によりディー判事シリーズが三省堂から、また和邇桃子の手により数多くの作品がハヤカワ・ミステリ・シリーズとして出版される等、広く知られた存在となっている[90]。彼の蔵書は後にライデン大学の East Asian Library に寄贈されている[91]。

van der Valk の逝去後、ライデン大学法学部には彼の後任は置かれなかったようである。そもそもがライデン大学財団の発議による特任教授という地位であったこともあり、継続的に人事を行うことが難しかったのかも知れない。文学部では van der Valk の師であった Duyvendak の跡を継ぐ形で、van der Valk ともつながりのあった Hulsewé が 1956 年に中国語・中国文学の教授に就任し、彼が 1975 年に退任した後は Wilt L. Idema（1944–）が継いだ。現在でもライデン大学には中国学の錚々たる大家が集結し、世界の中国研究の拠点のひとつとなっている。

現在のライデン大学法学部では Van Vollenhoven Institute の Jan Michiel Otto 教授が現代中国法に関する幾つかの論考を発表し、その後彼の下で博士号を取得した Benjamin van Rooij 教授がアムステルダム大学法学部において現代中国法を講じ、NCLC（The Netherlands China Law Centre）を中心に研究活動を行っている。中国法・中国法制史研究の一拠点として、今後もオランダ「中国」法学を担う存在となることが期待される。

資料 9-1　M. H. van der Valk 著作目録

Nederlandsch intestaaterfrecht buiten Europa〔欧州外におけるオランダの無遺言相続法〕
in : *Tijdschrift voor Rechtsgeschiedenis*, vol. 10, no. 2, 1929, pp. 412–464.

Het nieuwe Chineesche strafwetboek〔新たな中国の刑法〕
in : *Indisch Tijdschrift van het Recht*, dl. 141, 1934, pp. 745–758.

（Review）**Outlines of Modern Chinese Law, by William S. H. Hung**（洪士豪）
in : *Pacific Affairs*, vol. 8, no. 3, 1935, pp. 361–363.

The new Chinese criminal code
in : *Pacific Affairs*, vol. 9, no. 1, 1936, pp. 69–77.

De rechtspositie der Chinezen in Nederlandsche-Indië〔蘭印における中国人の法的地位〕
in : *Koloniale Studiën*, 20e Jaarg. Inhoud no. 5 en 6, 1936, pp. 13–30.

（Review）**Chung Kuo Fa Chih Shih（History of Chinese Law）by Ch'en Ku-yuan**（陳顧遠）
in : *Pacific Affairs*, vol. 9, no. 3, 1936, pp. 466–468.

De ontwikkeling van het beginsel der vrijheid van huwelijk in China〔中国における婚姻の
自由の原則の発展〕
in : *Indisch Tijdschrift van het Recht*, dl. 146, afl. 3 en 4, 1937, afl. 9 en 10, 1937, pp. 311–328,
415–436.

The revolution in Chinese legal thought
in : *Pacific Affairs*, vol. 11, no. 1, 1938, pp. 66–80.

Freedom of marriage in modern Chinese law
in : *Monumenta Serica*, vol. 3, fasc. 1, 1938, pp. 1–34.

An Outline of Modern Chinese Family Law（Monumenta serica monographs series 2），
Peking : sumptibus Henrici Vetch ; Pekini : Universitas Catholica, 1939, 220 p.
Review by François Théry, in : *Monumenta Serica*, vol. 4, no. 2, pp. 703–706.
Review by F. H. Michael, in : *Pacific Affairs*, vol. 13, no. 1, 1940, pp. 100–102.
（書評）清水金次郎（東亞人文學報 1-1・1941）
（書評）福島正夫（東亜研究所第六調査委員会学術部委員会編『支那慣行調査彙報』
（東亜研究所・1942）所収）

（Review）**Éléments du droit civil chinois. by François Théry**
in : *Monumenta Serica*, vol. 5, no. 1/2, 1940, pp. 492–493.

(Review) Quellen zur Rechtsgeschichte der T'ang-Zeit by Karl Bünger
in : *T'oung Pao*, Second Series, vol. 38, livr. 2/5, 1948, pp. 339–343.

Interpretations of the Supreme Court at Peking, years 1915 and 1916 (Sinica Indonesiana 1),
Batavia : Sinological Institute, Faculty of Arts, University of Indonesia, 1949, 382 p.

Review by Jean Escarra, in : *Sinologica*, vol. 3, 1953, pp. 65–66.

Review by E. Kroker, in : *Monumenta Serica*, vol. 15, no. 1, 1956, pp. 216–222.

De Studie der Sinologie in Indonesia
in : *Hari-ulang ke-50 Tiong hoa hwee koan* (椰城中華會館五十週年紀念刊), Djakarta,
Tiong hua hwee koan, 1950, pp. 21–22.

**De regel nullum crimen sine lege en het Chinese recht : rede uitgesproken bij de aanvaarding
van het ambt van bijzonder hoogleraar aan de rijksuniversiteit te Leiden op 25 Mei 1951** 〔罪刑
法定主義規定と中国法：1951 年 5 月 25 日ライデン大学の特任教授職受諾時の講演〕,
Leiden : E. J. Brill, 1951, 39 p.

Aantekeningen omtrent intergentiel huwelijksrecht in China 〔中国における国際的な婚姻に
関する法についての覚書〕, Uitgaven vanwege de Stichting voor Niet-westers Recht no. 5,
Leiden : Brill, 1952, 61 p.

Indonesie en China 〔インドネシアと中国〕
in : *Schakels, Koninkrijk der Nederlanden Ministerie van Overzeesche Gebiedsdelen*, no. 60,
1952, pp. 1–30.

Problemen der rechtshervorming in China 〔中国における法改革の諸問題〕
in : *Indonesië*, 1953–1954, afl. 1, 2, 1954, pp. 132–156, 199–208.

Conservatism in Modern Chinese Family Law
(Studia et documenta ad iura orientis antiqui pertinentia vol. 4), Leiden : E. J. Brill, 1956, 90 p.

Review by E. Kroker, in : *Monumenta Serica*, vol. 16, no. 1/2, 1957, pp. 492–494.

Review by Lionello Lanciotti, in : *East and West*, vol. 7, no. 4, 1957, pp. 373–374.

Review by H. McAleavy, in : *The International and Comparative Law Quarterly*, vol. 7,
no. 3, 1958, pp. 625–630.

Review by Gisela von der Trenck, in : *Zeitschrift für Ausländisches und Internationales
Privatrecht*, 23. Jahrg., H. 1, 1958, pp. 181–182.

Review by H. Mca, in : *Bulletin of the School of Oriental and African Studies*, University
of London, vol. 22, no. 1/3, 1959, pp. 194–195.

第九章　オランダにおける「中国」法学　　　*363*

（Necrology）　Jean Escarra（1885-1955）
in : *T'oung Pao*, Second Series, vol. 44, livr. 1/3, 1956, pp. 304-310.

The registration of marriage in communist China
in : *Monumenta Serica*, vol. 16, fasc. 1-2, 1957, pp. 347-359.

Le statut des étrangers en Chine
in : *L'étranger : Recueil de la société Jean Bodin 9*, premiere partie, Libraire Encyclopédieque, Bruxelles, 1958, pp. 267-303.

Documents concerning the law of succession of foreigners in Communist China
in : *Nederlands Tijdschrift voor Internationaal Recht*, vol. 7, no. 2, 1960, pp. 191-206.

China
in : *The Law of Inheritance in Eastern Europe and in the People's Republic of China : Law in Eastern Europe no. 5*, Leyden : Sijthoff, 1961, pp. 297-364.
　　　　Review by Whitmore Gray, in : *Michigan Law Review*, vol. 60, no. 2, 1961, pp. 251-258.

Assimilation and Chinese Law
in : *University of Toronto Quarterly*, vol. 30, no. 3, 1961, pp. 286-298.

（Review）**Legal Institutions in Manchu China : A Sociological Analysis by S. van der Sprenkel**
in : *T'oung Pao*, Second Series, vol. 49, livr. 3, 1961, pp. 224-227.

Movables and immovables and connected subjects in Chinese law
in : *Miscellanea (Law in Eastern Europe. No. 7)*, Leiden : Sythoff, 1963, pp. 167-206.

Security rights in communist China
in : *Ost Europa Recht*, vol. 9, no. 3, 1963, pp. 210-236.

（Review）**Local Government in China under the Ch'ing by T'ung-tsu C'hü**
in : *T'oung Pao*, Second Series, vol. 50, livr. 1/3, 1963, pp. 288-290.

（Review）**Erziehung und Politik im konfuzianischen China der Ming-Zeit by Tilemann Grimm, Otto Harrassowitz**
in : *Monumenta Serica*, vol. 22, no. 1, 1963, pp. 339-340.

（Review）**Das Dienstleistungs-System der Ming-Zeit by Heinz Friese**
in : *Monumenta Serica*, vol. 22, no. 1, 1963, pp. 340-341.

〔Review〕 Law and Society in Traditional China. Le monde d'outre-mer, 1re série, vol. IV by T'ung-tsu Ch'ü

in : *Monumenta Serica*, vol. 22, no. 2, 1963, pp. 533–536.

〔Review〕 Ch'ing Administrative Terms. A Translation of The Terminology of the Six Boards with Explanatory Notes〔Harvard East Asian Studies, 7〕 by E-tu Zen Sun

in : *Monumenta Serica*, vol. 22, no. 2, 1963, pp. 536–537.

Voluntary surrender in Chinese law

in : *Miscellanea II (Law in Eastern Europe. No. 14)*, Leiden : Sythoff, 1967, pp. 359–394.

〔Review〕 Chinesisches traditionelles Erbrecht unter besonderer Berücksichtigung südostchinesischen Gewohnheitsrechts by Klaus Mäding

in : *T'oung Pao*, Second Series, vol. 53, livr. 1/3, 1967, pp. 208–211.

The law of succession in Chinese law

in : J. Brugman et al. eds., *Essays on Oriental Laws of Succession (Studia et Documenta, ad iura orientis antique pertinentia, volume IX)*, Leiden : E. J. Brill, 1969, pp. 92–127.

 Review by Aaron Skaist, in : *Journal of the American Oriental Society*, vol. 95, no. 2, 1975, pp. 242–247.

〔Review〕 Law in Imperial China by Derk Bodde, Clarence Morris

in : *T'oung Pao*, Second Series, vol. 55, livr. 1/3, 1969, pp. 194–198.

〔Review〕 Law in Imperial China. Harvard Studies in East Asian Law 1 by Derk Bodde, Clarence Morris

in : *Monumenta Serica*, vol. 28, 1969, pp. 471–474.

〔Review〕 The Criminal Process in the People's Republic of China, 1949–1963 : An Introduction by Jerome Alan Cohen

in : *T'oung Pao*, Second Series, vol. 55, livr. 1/3, 1969, pp. 198–199.

〔Review〕 The Criminal Process in the People's Republic of China, 1949–1963 : An Introduction by Jerome Alan Cohen

in : *Monumenta Serica*, vol. 28, 1969, pp. 474–475.

〔Review〕 Strafrecht im alten China nach den Strafrechtskapiteln in den Ming-Annalen by Frank Münzel

in : *Bulletin of the School of Oriental and African Studies*, University of London, vol. 33, no. 1, 1970, pp. 223–224.

第九章　オランダにおける「中国」法学　　*365*

Previous Chinese legal language and communist legal language

in : *Monumenta Serica*, vol. 29, 1970-1971, pp. 589-630.

（Review）L'année judiciaire chinoise 1965 : Textes traduits du Ssu-fa-yüan kung-pao, vol. VII

in : *Monumenta Serica*, vol. 29, 1970, pp. 767-768.

（Review）Contemporary Chinese Law : Research Problems and Perspectives by Jerome A. Cohen

in : *T'oung Pao*, Second Series, vol. 57, livr. 5, 1971, pp. 337-339.

（Review）Kaufverträge im traditionellen China by Harro von Senger

in : *Bulletin of the School of Oriental and African Studies*, University of London, vol. 34, no. 3, 1971, p. 640.

Custom in modern Chinese private law

in : *Monumenta Serica*, vol. 30, 1973, pp. 220-258.

Suretyship in China

in : *Recueils de la Société Jean Bodin pour l'Histoire comparative des Institutions*, vol. 28, Les sûretés personelles : première partie, 1974, pp. 423-471.

Modern Chinese Documents

A privately printed book （?）, ［no date of publication］, 12 + 45 p.

資料 9-2　M. J. Meijer 著作目録

The Introduction of Modern Criminal Law in China

Proefschrift Universiteit van Indonesië （Djakarta）, promotor prof. M. H. van der Valk

Sinica Indonesiana vol. 2, Batavia : De Unie, 1950, 214 p. （2nd ed. : Hongkong : Lung Men, 1967）

Het nut van de Chinese beschaving voor de maatschappij

in : *Hari-ulang ke-50 Tiong hoa hwee koan* （椰城中華會館五十週年紀念刊）, Djakarta, Tiong hua hwee koan, 1950, pp. 23-25.

The Chinese in Indonesia

Working draft, 1954, 60 p.

A map of the Great Wall of China
in : *Imago Mundi*, vol. 13, 1956, pp. 110–115.

Early communist marriage legislation in China
in : *Contemporary China* (Hong-Kong Univ. Press), no. 6 (1962–1964), 1968, pp. 84–102.

Problems of translating the marriage law
in : Jerome Alan Cohen ed., *Contemporary Chinese Law : Research Problems and Perspective*, Cambridge, Massachusetts : Harvard University Press, 1970, pp. 210–229.

Marriage law and policy in the Chinese People's Republic （中华人民共和国婚姻法及婚姻政策）, Hongkong : Hong Kong University Press ; distributed by Oxford University Press, New York, 1971, viii + 369 p.

Marriage law and policy in the People's Republic of China
in : David C. Buxbaum ed., *Chinese Family Law and Social Change : in historical and comparative perspective*, Seattle and London : University of Washington Press, 1978, pp. 436–483.

Slavery at the end of the Ch'ing Dynasty
in : Jerome Alan Cohen, R. Randle Edwards and Fu-mei Chang Chen ed., *Essays on China's Legal Tradition*, Princeton, New Jersey : Princeton University Press, 1980, pp. 327–358.

An aspect of retribution in traditional Chinese law
in : *T'oung Pao*, vol. 66, no. 4, 1980, pp. 199–216.

Abuse of power and coercion
in : Dieter Eikemeier and Herbert Franke ed., *State and Law in East Asia*, Otto Harrassowitz Wiesbaden, 1981, pp. 184–203.

The price of a P'ai-lou
in : *T'oung Pao*, vol. 67, no. 3, 1981, pp. 288–304.

The autumn assizes in Ch'ing law
in : *T'oung Pao*, vol. 70, no. 1/3, 1984, pp. 1–17.

Homosexual offences in Ch'ing law
in : *T'oung Pao*, vol. 71, no. 1/3, 1985, pp. 109–133.

Self-defense
in : W. L. Idema and E. Zürcher ed., *Thought and Law in Qin and Han China*, Leiden : E. J.

第九章　オランダにおける「中国」法学　　　*367*

Brill, 1990, pp. 225–244.

Murder and Adultery in Late Imperial China : a study of law and morality, Sinica Leidensia vol. 25, Leiden : Brill, 1991, X + 137 p.

註

1) インドネシアに在住する華僑・華人もまた一様ではないということがある。古い文献では「蘭印に於ては、華僑自身は、支那本土に生れて移住したもの、即ち遷民を「新客」（Singkeh）と呼び、蘭印生れのもの、即ち僑生を「峇々」又は「哇々」（Baba）と呼んでゐる。土民は、華僑自身の稱呼を使ふこともあるが、大抵は「峇々」を「チナ・プラナカン」（Tijna Pranakan）「新客」を「チナ・トトク」（Tijna Totok）と呼んでゐる。ヨーロッパ人は、華僑自身の稱呼及び土民による稱呼を用ゐる外、「峇々」を「プラナカン・ヒネーゼン」（Pranakan Chineezen）又は「インド・ヒネーゼン」（Indo Chineezen）「新客」を「トトク・ヒネーゼン」（Totok Chineezen）とも呼んでゐる。」（滿鐵東亞經濟調査局編『蘭領印度に於ける華僑』（滿鐵東亞經濟調査局・1940）2頁）としているものがある。

2) 中でも評価の高いものは滿鐵東亞經濟調査局編『蘭領印度に於ける華僑』（滿鐵東亞經濟調査局・1940）であった。海外の文献ではヴァンデンボッシュ（大江專一譯）『東印度』（改造社・1943）が信頼を置かれていたようであり、そのはしがきには「本書は Amry Vandenbosch 著 The Dutch East Indies 第二版の邦譯である」とある。同原著初版書誌は Grand Rapids, Mich. : W. B. Eerdmans, 1933、第2版は Berkeley : California University Press, 1941 である。華僑・華人に焦点を絞ったものとしてはイェー・イェー・メイエル（二木靖譯）『十九世紀末に於ける蘭領印度對華僑行政（飜譯）』（東亞研究所・1940、論文 La Condition Politique des Chinois aux Indes Néelandaises, par J. J. Meijer, (T'oung Pao Archives, vol. IV, 1893) の翻訳）、南西方面海軍民政府『舊蘭印ニ於ケル外來東洋人ノ法律的地位』（東亞研究所・1944）がある。司法制度に関する調査は早期のものに臺灣總督官房調査課『和蘭東印度會社の司法』（臺灣總督官房調査課・1923）があり、その例言には「本書の原本は、和蘭東印度會社の行政、司法、財政上の沿革（Geschichtlicher Ueberblick der Administrativen, Rechtlichen und Finanziellen Entwicklung der Niederländisch- Ostindischen Compagnie）と謂ひ、……著者を G. C. Klerk de Reus といふ」とある。原著書誌は Batavia,'s Hage : Albrecht & Rusche, M. Nijhoff, 1894 である。また村松俊夫『蘭領印度に於ける司法制度の研究』（司法研究所・1943）、石田富平『舊蘭領印度の司法』（司法研究所・1943）がある。村松著では華僑・華人について項目を立てて解説してある。立法機関については森文三郎「蘭領東印度に於ける立法機關の發達」（大分高等商業學校商業論集 5-2・1931）参照。慣習一般については高桑昇三『東印度慣習法と其の研究法』（南洋經濟研究所・1943）、高桑昇三譯『東印度慣習法に就て』（南洋經濟研究所・1943）があり、後者のはしがきには「蘭領東印度百科辭典 Encyclopaedie van Nederlandsch Oost-Indie から飜譯したもの」とある。他には南西方面海軍民政府『東印度慣習法序説』（東亞研究所・1944）が刊行されている。文献調査として Adatrechtbundel の目次訳と思しき蘭印民族學會編纂（堀野雅昭譯）『「蘭印慣習法」總目次』（東亞研究所第四部・[刊行年不明]）があり、また『蘭領印度華僑關係文獻目錄』（未定稿）（東亞研究所・1940）がある。法令については横濱正金銀行調査課（平林好平稿）『蘭領東印度法規ノ拔萃 附慣習』（横濱正金銀行調査課・1921）があり凡例では「本書ハ蘭領東印度商

法ノ内銀行ニ必要ナル分ノ拔萃」であるとされている。また南洋局第一課『和蘭ノ東印度統治ニ關スル諸種ノ法規類集』（南洋局第一課・1942）があり主として蘭領印度総督の統治権限に関わる規定が和訳されている。

3）例えば1940年代に入ると『法律時報』には蘭印法制関係の記事が頻繁に掲載されるようになる。庄田秀麿「蘭領印度土地制度の特色」（法律時報13-3・1941）、竹中均一「蘭領印度の統治機構」（法律時報13-8・1941）、平野義太郎「蘭印の統治とその地方行政」（法律時報13-8・1941）、平野義太郎「蘭領東印度の統治・行政の基本政策」（法律時報14-2・1942）、西村朝日太郎「蘭印慣習法の覺書」（法律時報14-4・1942）といった記事がそれである。加えて、かの我妻榮も蘭印法制研究を手がけたことがある。彼は東亜研究所からの委託を受けて7か月足らずで『蘭印の土地制度』（東亞研究所・1943）を完成しているが、その際の関連史料と見られるものが東京大学東洋文化研究所図書室所蔵の我妻榮関係文書中に残されており、相応の蘭印関係の資料が含まれる。その中には例えば『蘭領印度法政関係主要訳語一覧』（東京大学東洋文化研究所図書室所蔵）の元原稿と思われるもの、恐らくは参考資料として用意された N. Cassutto, *Handleidung tot de etudie van het adatrecht van Nederlandsch-Indië* や R. Soepomo, *The judicature in djawa* の原稿、また多田芳雄による『蘭領印度政治組織』の原稿（183頁分＋参考文献表2枚）等が残されている。

4）国籍問題についてはさらに蔡仁龍（唐松章訳）「インドネシア華僑国籍問題の発生とその変遷」（蔡仁龍（唐松章訳）『インドネシアの華僑・華人』（鳳書房・1993）所収）、エディ・ヘルマワン「西部ジャワ華僑、僑生の国籍選択問題について」（エディ・ヘルマワン『インドネシア華人の歩み』（創栄出版・1995）所収）もある。

5）呉豪人「フォルモサにおける日・独・蘭法学者の邂逅」（植民地文化研究3・2004）参照。

6）原語は "Algemeene bepalingen van wetgeving voor Nederlandsch-Indië" である。*Staatsblad van Nederlandsch-Indië*（以下 St. と略）1847, No. 23 において公布、St. 1847, No. 57 により 1848年5月1日より施行。同法の条文については Henri Marcella, *Algemeene bepalingen van wetgeving voor Nederlandsch-Indië*, 's-Gravenhage：[G. J. Thieme?], 1913（なお同書はライデン大学へ提出された博士論文）参照。

7）原語は "Reglement op de Rechterlijke Organisatie en het beleid der Justitie in Nederlandsch-Indië" である。St. 1847, No. 23 において公布、St. 1847, No. 57 により 1848年5月1日より施行。同法の条文につき W. J. M. Plate, *Reglement op de rechterlijke organisatie en het beleid der justitie in Nederlandsch-Indië*, Weltevreden：Boekhandel Visser, 1922 参照、ただし改正を経た部分の原条文については G. von Faber, *Het familie- en erfrecht der Chineezen in Nederlandsch-Indië*, Leiden：Eduard Ijdo, 1895 によった。

8）Reglement op het beleid der Regering van Nederlandsch-Indië, *Staatsblad van het Koninkrijk der Nederlanden*, 1854, No. 129、及び St. 1855, No. 2 所収。同法につき吉田信「オランダ植民地統治と法の支配──統治法109条による「ヨーロッパ人」と「原住民」の創出」（東南アジア研究40-2・2002）はその立法過程を詳細に分析している。

9）Bepalingen, houdende toepasselijk verklaring van de europesche wetgeving op de met de inlandsche gelijkgestelde bevolking (Vreemde oosterlingen), St. 1855, No. 79 所収。

10）Regeling van den privaatrechtelijken toestand der Chineezen, St. 1917, No. 129 所収。

11）Reynier de Klerk（1710–1780）については P. C. Molhuysen, P. J. Blok, and F. Kossmann, *Nieuw Nederlandsch biografisch woordenboek*, dl. VII, Amsterdam：Israel, 1974, p. 714 参照。

12）P. Haksteen en Reynier de Klerk, Chineesch regt, in：*Het Regt in Nederlandsch-Indië*, dl. 2, 1850 参照。同記事の原本乃至は写本かとも思われる手稿本が現在ライデン大学図書館 KITLV collection に所蔵されている *Chinaas recht*（D/H/411）である。また記事内の解説

第九章　オランダにおける「中国」法学　　369

ではさらに 2 種類の別個の原本の存在が指摘されており、それぞれ KITLV collection の *Compendium der Chinese wetten*（D/H/458）、*Compendium der civile Chinese wetten*（D/H/120、表紙に 1761 と判読出来る記入あり）かとも推定される。なお旧来 KITLV 図書館に所蔵されていた書籍は 2014 年 7 月よりライデン大学図書館へと移管された。

13）G. von Faber, *Het familie- en erfrecht der Chineezen in Nederlandsch-Indië*, Leiden : Eduard Ijdo, 1895, p. 7 参照。

14）B. Hoetink, *Chineesche officieren te Batavia onder de Compagnie*,〔Nijhoff〕, 1912 所収の kapitein 一覧による。ただ同書所収のライテナント一覧においては 1748 年 12 月 10 日就任の Oeij Tsilauw 黄市闇なる人名も確認することが出来、別人であるとするといずれであるか俄かには判然としない。

15）Leonard Blussé, Wills, widows and witnesses : executing financial dealings with the Nanyang, in : Wang Gungwu and Ng Chin-keong ed., *Maritime China in Transition 1750–1850*, Wiesbaden : Harrassowitz Verlag, 2004 を参照。

16）以上の状況については Patricia Tjiook-Liem, *De rechtspositie der Chinezen in Nederlands-Indië 1848–1942*, Leiden : Leiden University Press, 2009, pp. 40–56 の議論を参照。

17）Patricia Tjiook-Liem, *De rechtspositie der Chinezen in Nederlands-Indië 1848–1942*, Leiden : Leiden University Press, 2009, pp. 164–165 参照。

18）Patricia Tjiook-Liem, *De rechtspositie der Chinezen in Nederlands-Indië 1848–1942*, Leiden : Leiden University Press, 2009, pp. 157–164, 167–172 を参照。

19）ライデンにおける中国学の伝統については W. J. ボート「ライデンにおける東アジア研究の由来と発展、1830-1945」（東アジア文化交渉研究 別冊第 4 号・2009）、さらに Leonard Blussé, Of hewers of wood and drawers of water : Leiden university's early sinologists (1853–1911), in : Willem Otterspeer ed., *Leiden Oriental Connections 1850–1940*, Leiden : E. J. Brill, 1989 ; W. L. Idema, Chinese studies in the Netherlands, in : *European Association of Chinese Studies Survey*, no. 6, 1997（Wilt L. Idema, Dutch sinology : past, present and future, in : *Europe Studies China : Papers from an International Conference on the History of European Sinology*, London : Han-Shan Tang Books, 1995 を加筆したもの）；Frank N. Idema, Contemporary China Studies in the Netherlands, Article for volume on China Studies in the Netherlands, edited by Wilt Idema（Brill Academic Publishers）, 2012 があり、Blussé、Idema、Idema の論考は後にいずれも W. L. Idema ed., *Chinese Studies in the Netherlands : past, present and future*, Leiden : E. J. Brill, 2014 に収録されるに至った。中国語文献としては熊文華『荷兰汉学史』（学苑出版社・2012）があり、またさらに古い時代のオランダ中国学については J. J. L. Duyvendak, *Holland's Contribution to Chinese Studies*, London : the China Society, 1950 がある。オランダと中国の関係史については Leonard Blussé, *Tribuut aan China*, Amsterdam : Cramwinckel, 1989（後に Leonard Blussé and Floris-Jan van Luyn, *China en de Nederlanders*, Zutphen : Walburg Pers, 2008 として再刊）、蔡鴻生・包乐史等『航向珠江　荷兰人在华南（1600〜2000 年)』（广州出版社・2004）も参照されたい。

20）J. J. Hoffmann については W. J. ボート「ライデンにおける東アジア研究の由来と発展、1830-1945」（東アジア文化交渉研究 別冊第 4 号・2009）参照。彼は Schlegel 以外にも多くの中国語通訳官を養成しており、その中からは華僑・華人の法制について論考を発表する人物も登場する。例えばそのうちのひとりである P. Meeter は De regtstoestand der Chinesche vrouw, in : *Het Regt in Nederlandsch-Indië*, dl. 32, 1879 や Mr. J. W. T. Cohen Stuart over den regtstoestand der Chinesche vrouw, in : *Het Regt in Nederlandsch-Indië*, dl. 39, 1882 等を発表している。Meeter の履歴については Koos Kuiper, *The Early Dutch Sinologists (1854–1900)*,

Leiden : Brill, 2017, volume II, pp. 1036–1041 参照。

21）同誌につき石田幹之助「歐米に於ける支那學關係の諸雑誌」（石田幹之助『歐米に於ける支那研究』（創元社・1942）所収）参照。

22）J. J. M. de Groot については W. J. ボート「ライデンにおける東アジア研究の由来と発展、1830–1945」（東アジア文化交渉研究 別冊第 4 号・2009）及び R. J. Zwi Werblowsky, *The Beaten Track of Science : the life and work of J. J. M. de Groot*, ed. by Hartmut Walravens, Wiesbaden : Harrassowitz Verlag, 2002 参照。

23）J. J. L Duyvendak については W. J. ボート「ライデンにおける東アジア研究の由来と発展、1830–1945」（東アジア文化交渉研究 別冊第 4 号・2009）及び P. Demiéville, Nécrologie : J. J. L. Duyvendak, in : *T'oung Pao*, Sér. 2, no. 43, 1955 参照。

24）Schlegel の著作一覧に *Liste chronologique des ouvrages et opuscules publiés par le Dr. G. Schlegel : 1862–1901*, Leiden : E. J. Brill, 1902 がある。

25）G. Schlegel, Chineesch regt. Iets over Chinesche testamenten, donatiën en erfopvolging, in : *Het Regt in Nederlandsch-Indië*, dl. 20, 1862.

26）G. Schlegel, Wettelijke bepalingen omtrent de huwelijken in China en beschrijving der daartoe gebruikelijke plegtigheden, in : *Het Regt in Nederlandsch-Indië*, dl. 20, 1862.

27）G. Schlegel, De Chineesche eed, in : *Het Regt in Nederlandsch-Indië*, dl. 21, 1865.

28）T. H. der Kinderen, Wijzen van eedsaflegging, in gebruik bij de Chinezen, in : *Het Regt in Nederlandsch-Indië*, dl. 15, 1858. ここでは鶏の頭を落として得られる鶏血を用いた宣誓のあり方が取り上げられている。

29）中田薫『徳川時代ノ文學ニ見エタル私法』（明治堂・1925）に影響されてか仁井田陞が「支那近世の戯曲小説に見えたる私法」（石井良助編『中田先生還暦祝賀法制史論集』（岩波書店・1937）所収）を執筆しているが、これに遥かに先んじてこの研究手法が用いられていることには充分に注意する必要があろう。

30）Patricia Tjiook-Liem, *De rechtspositie der Chinezen in Nederlands-Indië 1848–1942*, Leiden : Leiden University Press, 2009, pp. 194–199 参照。

31）この論文は後にその一部が John Fenton により英訳され、Chinese Family and Property Law in Netherlands-Indies として *Hongkong University Law Review*, no. 1, 1926–1927 に掲載されるに至っている。

32）J. Hageman, Successieregt bij de Chinezen – Regeling omtrent de erfenissen en besterfenissen volgens het boek Taij Tjing Loet, in : *Het Regt in Nederlandsch-Indië*, dl. 17, 1859.

33）彼については Nécrologie : J. W. Young. (16 Octobre 1855 – 7 Septembre 1898.), in : *T'oung Pao*, vol. 10, no. 1, 1899、また Koos Kuiper, *The Early Dutch Sinologists (1854–1900)*, Leiden : Brill, 2017, volume II, pp. 1093–1098 を参照。なお 1855 年は宮崎道三郎や穂積陳重が生まれた年でもある。

34）J. W. Young, Versterfrecht, adoptie en pleegkinderen bij de Chineezen. Behandeling der betrekkelijke artikelen van het wetboek Tai Tshing Loet Lé., in : *Tijdschrift voor Indische Taal-, Land- en Volkenkunde*, dl. 31, 1886.

35）J. W. Young, *Atoeran hak poesaka orang Tjina dan hal mengangkat anak tersalin dari pada kitab hoekoem Tai Tshing Loet Lé.*, Batavia : Albrecht, 1887, 26 p. マレー語訳についてはその後版を重ねて流通したようであり、後に Batavia : Albrecht & Rusche, 1894, 26 p.として同書名で刊行されている。

36）J. W. Young, Het huwelijk en de wetgeving dienaangaande in China, in : *Tijdschrift voor Indische Taal- Land- en Volkenkunde*, dl. 38, afl. 1 en 2, 1894.

第九章　オランダにおける「中国」法学　　　*371*

37）蔡新禧（1836-1904）。履歴については『华侨华人百科全书 人物卷』（中国华侨出版社・2001）18 頁に「印度尼西亚华人富商、官员（雷珍兰）。蔡贵錫（音译，Tjoa Kwie Soe, 1739-1793）之曾孙，蔡克容（音译，Tjoa Khik Yong, 1791-1863）之孙，蔡仁和（Tjoa Djien Hoo, 1814-1890）长子。幼时在家受蒙师教育，10 多岁就开始协助父亲管理制糖厂。后来经营私领地（tanah partikulir），在诗都阿佐（Sidoarjo）的塔旺沙里（Tawang Sari）和惹班（Mojokerto）的波赫泽泽尔（Pohdjedjer）开办制糖厂。1856 年结婚。1859 年移居翁加兰（Bongkaran）。1869-1884 年被荷兰殖民当局委任为雷珍兰（Luitenant）。1892 年初被清廷授与五品官衔。善于社交，与荷兰人、瓜哇人、华人社会各界关系融洽，威望颇高。与泗水知县拉登・杜孟公・克罗莫・佐约迪罗诺（Raden Toemenggoeng Kromo Djojodirono）及后来阿迪帕蒂・佐克罗尼哥罗四世（Adipati Tjokronegoro IV）过从甚密。1900 年曾将《大清律例》译成马来文。」とある。

38）オランダ語訳は *Regeling der erfopvolging bij versterf onder Chineezen en der adoptie vertaald in het Maleisch en Nederlandsch uit het chineesche wetboek Taij Tjhing Loet Lie door Tjoa Sien Hie*, Soerabaia : Gimberg, 1900, 14 p. マレー語訳は *Atoeran hak poesaka orang Tjina dan hal mengangkat anak tersalin dari kitab hoekoem Taij Tjhing Loet Lie*, Soerabaia : Gimberg, 1900, 10 p. である。

39）G. Schlegel,（review）*Atoeran hak poesaka orang Tjina dan hal mengangkat anak tersalin dari kitab hoekoem TAIJ TJHING LOET LIE oleh TJOA SIEN HIE, Luitenant titulair en Mandarijn 5 klas., Regeling der erfopvolging bij versterf onder Chineezen en der adoptie vertaald in het Maleisch en Nederlandsch uit het chineesche wetboek TAIJ TJHING LOET LIE door TJOA SIEN HIE*, Luitenant titulair, Chineesche Mandarijn 5e klasse. Soerabaia, Gebr. Grimberg & Co. 1900, in : *T'oung Pao*, Sér. 2, vol. 1, no. 5, 1900 参照。

40）履歴については Koos Kuiper, *The Early Dutch Sinologists (1854-1900)*, Leiden : Brill, 2017, volume II, pp. 1079-1082 参照。

41）H. N. Stuart, Over verdeeling van het familiegoed en stamvoortzetting bij de Chineezen, in : *Het Recht in Nederlandsch-Indië*, dl. 75, 1900.

42）「凡祖父母父母在、子孫別立戸籍、分異財産者、杖一百。（須祖父母父母親告乃坐）。若居父母喪、而兄弟別立戸籍、分異財産者、杖八十。（須期親以上尊長親告乃坐。或奉遺命不在此律）。」（　）内は小註。

43）W. Halkema, *De ambtenaar voor Chineesche zaken Stuart en Tjoa Sien Hie's vertalingen uit den Taij Tjhing Loet Lie*, Soerabaija : Gimberg, 1901, 9 p.

44）P. H. Fromberg, Mag een Chinees bij uitersten wil over zijn vermogen onbeperkt beschikken?, in : *Het Recht in Nederlandsch-Indië*, dl. 66, 1896 に対し、J. W. Young, Aanteekeningen naar aanleiding van de verhandelingen van Mr. P. H. Fromberg ten aanzien van de vraag, in : *Het Recht in Nederlandsch-Indië*, dl. 67, 1896 として発表されたものである。

45）Patricia Tjiook-Liem, *De rechtspositie der Chinezen in Nederlands-Indië 1848-1942*, Leiden : Leiden University Press, 2009, p. 208 以下参照。

46）履歴については Koos Kuiper, *The Early Dutch Sinologists (1854-1900)*, Leiden : Brill, 2017, volume II, pp. 948-958 参照。

47）履歴については Koos Kuiper, *The Early Dutch Sinologists (1854-1900)*, Leiden : Brill, 2017, volume II, pp. 993-1000 参照。

48）それぞれ De kamer van koophandel en nijverheid te Soerabaija, *Eenige opmerkingen over het ontwerp eener nieuwe regeling van den privaatrechtelijken toestand der Chinnezen in Nederlandsch-Indië*, Soerabaia : E. Fuhri & Co., 1897, 130 p. ; Henri Borel, Opmerkingen over de ontworpen „Nieuwe Regeling van den privaatrechtelijken toestand der Chineezen", *De Indische Gids*, jrg. 20,

1898, II ; W. P. Groeneveldt, Advies over de ontworpen „Nieuwe Regeling van den privaatrechtelijken toestand der Chineezen", *De Indische Gids*, jrg. 20, 1898, I ; J. J. M. de Groot, De nieuwe Regeling van het Privaatrecht der Chineezen in onze koloniën, *De Indische Gids*, jrg. 20, 1898, I を参照。Groeneveldt の関わりについては Patricia Tjiook-Liem, *De rechtspositie der Chinezen in Nederlands-Indië 1848-1942*, Leiden : Leiden University Press, 2009, p. 46 以下を参照。

49) 両者の出典として西村はそれぞれ "Fromberg, Nieuwe Regeling enz. 1897, bl. 220" 及び "Nederburgh, Wet en Adat, 1896-98, 1 stuk 1, bl. 61-2" と脚註に示している。Fromberg の該当箇所 *Nieuwe regeling van den privaatrechtelijken toestand der Chineezen, ontwerpen op last der Regeering van Nederlandsch-Indië*, Batavia : Landsdrukkerij, 1897 の 220 頁は *Mr. P. H. Fromberg's verspreide geschriften* では 266 頁 9〜33 行目に相当する。

50) Nederburgh の履歴については *Wie is dat?*, 's-Gravenhage : Martinus Nijhoff, 1938, p. 300 参照。

51) ヴァンデンボッシュ（大江専一譯）『東印度』（改造社・1943）200 頁に「千九百廿五年迄ライデン大學は東印度行政官養成の獨占權を有してゐたが、其年に民間の寄附になる印度學部がウトレヒト大學に設立された」とあり、さらに註釈（212 頁註 10）に「ウトレヒトの印度學部はライデン式教育を受けた官吏の勢力を恐れてゐた個人によってその基金が寄附された。ライデン學校は「企業家會議」に接近してゐる人々から超道義的なりと攻撃を受け、若いライデンの官吏は原住民運動に餘りにも同情的であると非難された」とある。Nederburgh が着任したのはまさにこの時期であった。

52) I. A. Nederburgh, Het rapport over de Chineezenwetgeving van Mr. P. H. Fromberg, in : *Het Recht in Nederlandsch-Indië*, dl. 81, 1903.

53) ここにおいて Macaulay への言及があるのは興味深い。日本の台湾への植民地統治での政策立案過程においても言及された例がある。拙著『『臺灣私法』の成立過程』（九州大学出版会・2009）28 頁、及び 50 頁註 38 参照。

54) 履歴については Koos Kuiper, *The Early Dutch Sinologists (1854-1900)*, Leiden : Brill, 2017, volume II, pp. 1087-1092 参照。

55) J. J. I. Harte van Tecklenburg, *Het Burgerlijk Wetboek van het keizerrijk Japan*, 's-Gravenhage : Nederl. Boek- en Steendrukkerij, 1903 及び H. Weipert, *Japanisches Familien- und Erbrecht*, Yokohama : Meiklejohn & Co., 1890 が参照されている。

56) 履歴は羽賀与七郎『津軽英麿伝』（陸奥史談会・1965）参照。博士論文は *Die Lehre von der Japanischen Adoption*, Berlin : Mayer & Müller, 1903.

57) 履歴は古林亀次郎『實業家人名辭典』（東京實業通信社・1911）イ 12 頁、濱達夫『現代實業家大觀』（御大禮記念出版刊行會・1928）16 頁参照。博士論文は *Die Hauserbfolge in Japan*, Weimar : R. Wagner Sohn, 1903.

58) "The Japanese Civil Code regarding the Law of the Family, by Dr. Rokuichiro Masujima, 1903." とある。New York Public Library に所蔵を確認出来るが詳細は不明。

59) B. A. J. van Wettum, Het familie- en erfrecht in het nieuw ontworpen Chineesche Burgerlijk Wetboek, in : *Het Recht in Nederlandsch-Indië*, dl. 102, 1914.

60) van Vollenhoven に至るオランダのインドネシア慣習法研究については、福田省三「蘭印統治と慣習法」（法律時報 14-5・1942）、島田弦「インドネシア・アダット法研究における 19 世紀オランダ法学の影響——ファン・フォレンホーフェンのアダット法研究に関する考察」（国際開発研究フォーラム 38・2009）、C. Fasseur, Colonial dilemma : Van Vollenhoven and the struggle between adat law and western law in Indonesia, in : W. J. Mommsen and J. A. de Moor ed., *European Expansion and Law : the encounter of European and indigenous law in 19th- and 20th-Century Africa and Asia*, New York : Berg Publishers, Inc., 1991 を参照。

第九章　オランダにおける「中国」法学　　　*373*

61）主著 *Het Adatrecht van Nederlandsch-Indië* では、第2巻第2章に外来東洋人の慣習法（Het adatrecht der uitheemsche oosterlingen）と題する部分が置かれ、華僑・華人について 100 頁程の解説が置かれている。大変残念なことに、大著の主要部分を英訳した *Van Vollenhoven on Indonesian Adat Law : selections from Het adatrecht van Nederlandsch-Indië*, The Hague : M. Nijhoff, 1981 にはこの部分は訳出されていない。

62）履歴につき *Persoonlijkheden in het Koninkrijk der Nederlanden in woord en beeld Nederlanders en hun werk*, Amsterdam : van Holkema & Warendorf N. V., 1938, p. 490 参照。

63）例えば Opium Smuggling in China, in : *The Straits Times*, 15 July 1922, p. 10 では "In his report prefacing the Chinese Maritime Customs abstract of statistics dealing with the foreign trade of China during 1921, Mr. J. W. H. Ferguson states..." として彼の報告書に言及する記事が見られる。また Foreign Trade of China, *The Straits Times,* 16 June 1923, p. 3 でも "In his report on the foreign trade of China for the year 1922, Mr. J. W. H. Ferguson, Statistical Secretary of the Chinese Maritime Customs says ..." として彼の報告書に言及する。具体的に如何なる報告書かは未詳。

64）M. J. Meijer, Marius Hendrikus van der Valk, in : *Jaarboek der Leidse Universiteit 1975–1980*, 1980, pp. 127–128 ; F. F., In Memoriam Professor M. H. van der Valk, in : *Review of Socialist Law*, vol. 4, no. 1, 1978, p. 304 ; *Album scholasticum : Academiae Lugduno-Batavae MCMLXXV – MCMLXXXIX*, Leiden : Leiden Universiteits-Fonds, 1991, p. 171 ; Dr. Stephen S. Taylor and Marinus Spruytenburg ed., *Who's Who in the Netherlands 1962/1963*, New York : Intercontinental Book and Publishing co., Ltd., Amsterdam : De Mutator, 1962, p. 719 を参照。

65）陈玉堂编著『中国近现代人物名号大辞典』（浙江古籍出版社・1993）849 頁に「梁启雄（1900–1965）广东新会人（生于澳门）。字季雄，号述任（一作字）。曽先后肄业于南开中学、大学。1925 年从兄启超在清华大学作助教，并刻苦自学。之后，历任东北大学、北平交大教师，北平图书馆馆员，燕京大学、辅仁大学、北京大学讲师、教授。去世前为中国科学院社科部哲学所研究员。著有《荀子柬释》、《荀子简释》、《韩非子浅释》、《廿四史传目引得》，又有《哲匠录》，连载《营造汇刊》。」とある。

66）PH. De Heer, A. F. P. Hulsewé, A Bibliography, in : W. L. Idema and E. Zürcher ed., *Thought and Law in Qin and Han China*, Leiden : E. J. Brill, 1990 を参照。

67）Wilma Fairbank, News of the Profession, in : *Far Eastern Quarterly*, vol. 8, no. 4, 1949 参照。

68）ライデン市文書館（Regionaal Archief Leiden）にはライデン大学財団関連の文書資料が所蔵されており、その中には特任教授（Bijzondere leerstoelen）に関する資料も残されているが、残念ながらその中には van der Valk に関する人事資料は含まれていなかった。なおライデン大学財団については Willem Otterspeer, *Een welbestierd budget : honderd jaar Leids Universiteits-Fonds 1890–1990*, Leiden : Leids Universiteits-Fonds, 1990 を参照。

69）履歴につき J. H. A. Logemann, Biography of Roeland Duco Kollewijn, in : *Nederlands Tijdschrift voor Internationaal Recht*, vol. 9, 1962 ; C. W. Dubbink, Roeland Duco Kollewijn（7 December 1892 – 1 September 1972）, in : *Jaarboek 1972 : Koninklijke Nederlandse Akademie van Wetenschappen*, 1972 ; In memoriam Roeland D. Kollewijn, in : *Nederlands Tijdschrift voor Internationaal Recht*, vol. 19, 1972 参照。

70）太平洋問題調査会（The Institute of Pacific Relations）の機関紙として刊行されたもので、van der Valk が論文を公表していた当時の編集長はかの Owen Lattimore であった。

71）当時北京の輔仁大学で刊行されていた。詳細は古勝隆一「華裔学志研究所訪問記」（ブログ「簡齋 古勝隆一讀書室」（http://kogachi.wordpress.com/）所収、2013 年 3 月 10 日投稿記事）参照。

72）保安処分を巡る議論の詳細については久保茉莉子「中華民国刑法改正過程における保安処

分論議」（東洋学報 93-3・2011）を参照。

73）論文末尾には Professor Hackmann とのみ記されているが、恐らくは宗教学者として知られる Heinrich Friedrich Hackmann（1864-1935）のことと思われる。アムステルダム大学で宗教史を講じていたので Professor と呼んだのであろう。中国関係では *Chinesische Philosophie*, München : E. Reinhardt, 1927 等の著作がある。

74）福島正夫「書評 M. van der Valk Modern Chinese Family Law」（東亞研究所第六調査委員會學術部委員會編『支那慣行調査彙報』（東亞研究所・1942）所収）。

75）清水金二郎「（書評）"An outline of modern Chinese family law," by Marc van der Valk.」（東亞人文學報 1-1・1941）を参照。なお清水については九州大学産業労働研究所編『清水金二郎教授追悼論文集』（産業労働研究所報 28/29・1963）を参照。中国法関連の著作として『契の研究』（大雅堂・1945）、『満洲地券制度の研究』（人文書林・1946）、中国関連の翻訳に O. Franke 原著『支那土地制度論』（教育圖書・1941）、民國司法行政部編『支那滿洲民事慣習調査報告』上・中（張源祥と共訳、大雅堂・1944）、J. J. M. de Groot『中国宗教制度（第一巻）』（荻野目博道と共訳、大雅堂・1946）が知られる。

76）F. H. Michael, (review) An Outline of Modern Chinese Family Law, in : *Pacific Affairs*, vol. 13, no. 1, 1940 参照。Michael は当時 Johns Hopkins University の教員であった。

77）François Théry, (review) An Outline of Modern Chinese Family Law, in : *Monumenta Serica*, vol. 4, no. 2, 1940 参照。

78）中村茂夫「伝統中国法＝雛形説に対する一試論」（新潟大学法政理論 12-1・1979）参照。

79）髙見澤磨「調停から見る中国近世・近代法史」（川口由彦編『調停の近代』（勁草書房・2011）所収）254 頁註 2 を参照。

80）Eugène Valette, *Essai sur l'influence des notions de famille et de class dans le code et la jurisprudence criminelle des Ts'ing*, [s. l.] : L'auteur, 1950 を指すものと思われる。

81）晉察冀邊區婚姻條例、「新民主主義的婚姻制度」のうち「條例的重要解釋」、「北平人民政府民政局婚姻問題答問」、「訂定婚約和廢除婚約（天津市人民法院）」、有關婚姻法施行的若干問題、有關婚姻問題的若干回答（中央人民政府法制委員会）。末尾に Appendix として英訳のみが収録されている。ただ晉察冀邊區婚姻條例については収録頁数に 176～181 とあるが 153～157 の誤り、有關婚姻法施行的若干問題については『新華月報』1951 年 8 月号とあるが 1950 年 8 月の誤りである。有關婚姻問題的若干回答は人民出版社編輯『中華人民共和國婚姻法』（人民出版社・1953（重排 12 版））から引用されているが、同版から先の有關婚姻法施行的若干問題が削除され、代わりに追加されたもののようである。

82）André Bonnichon, *Law in Communist China*, The Hague : International Commission of Jurists, [1956?] 参照。Bonnichon は震旦大学（Université Aurore）の法学部長であった。同書後半に収録される逮捕投獄時の彼の証言は（これでも控えめな叙述なのであろうが）中華人民共和国成立当初の"司法"の実態の一面を垣間見ることが出来る。International Commission of Jurists による出版物であることにも留意されたい。

83）中國農村慣行調査刊行會編『中國農村慣行調査』第 1 巻（岩波書店・1952）6 頁。

84）我妻榮『中華民國民法總則』（日本評論社・1946）3～4 頁。

85）梁龍（1894～1967）のこと。徐友春主编『民国人物大辞典（增订版）』（河北人民出版社・2007）下 1716 頁に「梁龍（1894-1967）字雲從，一字雪松，廣東梅縣人，1894 年（清光緒二十年）生。畢業於英國劍橋大學。曾任北京政府外交部條約委員會委員，上海臨時法院庭長，大理院庭長，公立北京法政大學校長。1924 年 2 月，任國立廣州中山大學法學院院長。1925 年，任國憲起草委員會委員。1928 年 10 月，派署駐德國使館一等秘書。1930 年 5 月，加參事銜。1933 年 9 月，調代理駐捷克使館代辦。1939 年 7 月，任駐羅馬尼亞特命全權公使。1942

年4月，任國民政府外交部歐洲司司長。1943年8月，派本年高等考試外交官、領事官臨時考試初試典試委員。1945年3月，任駐瑞士国特命全權大使。1946年8月，任駐捷克特命全權大使。1967年逝世。終年73歳。」とある。他に陈玉堂编著『中国近现代人物名号大辞典』（浙江古籍出版社・1993）847頁にも紹介がある。

86）François Théry éd., *L'Année judiciaire chinois : 2ᵉ 3ᵉ et 4ᵉ Années (1929–1931)*, Tientsin : Haute Études, 1934, pp. 48–49 参照。

87）Dr. Stephen S. Taylor and Marinus Spruytenburg ed., *Who's Who in the Netherlands 1962/1963*, New York : Intercontinental Book and Publishing co., Ltd., Amsterdam : De Mutator, 1962, p. 493 参照。

88）M. J. Meijer, *Murder and Adultery in Late Imperial China*, Leiden : E. J. Brill, 1991. なお同書への書評（*T'oung Pao*, vol. 77, no. 4–5, 1991 所収）の脚註において、Meijer が 1991 年 2 月 18 日に 79 歳で逝去したことが伝えられている。中国語名は「梅雅」であった。

89）伝記に C. D. Barkman en H. De Vries-van der Hoeven, *Een man van drie Levens : biografie van diplomaat- schrijver- geleerde Robert van Gulik*, Amsterdam : Forum, 1993 がある。

90）自身も多く中国の公案に取材したミステリー小説を発表している有坂正三のホームページ「有坂正三の壺中天」（http://asyouzou.seesaa.net/）にも van Gulik に関する記事が掲載されている（ホームページ右下「ヒューリック」をクリック）。

91）East Asian Library には van Gulik Collection の他 Hulsewé の蔵書も寄贈されている。詳細は East Asian Library Blog（http://eastajianlibrary.wordpress.com/）を参照。なお East Asian Library は 2017 年 3 月に Asian Library として統合・移転した。詳細は https://www.library.universiteitleiden.nl/about-us/library-locations/asian-library を参照。

結びに代えて

　以下では本書各章の叙述を振り返り、様々な問題点について述べておくこととしたい。

　第一章では北洋政府期に法典編纂事業を担った法典編纂会・法律編査会・修訂法律館の各機関を巡る基本状況を整理した。結局のところ治外法権撤廃は北洋政府期には実現せず、修訂法律館に至る法典編纂作業は望む結果を出せなかったのかも知れないが、成果が皆無であったわけではない。作成された各種草案はこれまでも研究対象となってきたが、それらを生み出した法典編纂機関そのものに対する研究の不足は史料批判の上で大きな問題であった。

　かねて史料不足が指摘された北洋政府期であるが、公報類や新聞報道をたどるだけでも相当詳細に往時の状況を知ることが出来た。特に新聞報道は、法典編纂に関わる議事録等の史料が非常に限られる中で、時に起草や審議の状況を臨場感溢れる筆致で伝えている。勿論誤報の可能性は常につきまとうにせよ、ひとまずこれらの情報によって補助線を引いておくことは、やはり必要な作業であったと思われる。

　法典編纂会・法律編査会・修訂法律館を通覧して指摘出来るのは、やはりその中核人員の少なさであろう。修訂法律館については本章では 35 名程度を紹介したが、これら人員が一時に在籍したわけではなく、また在籍期間もまちまちである。兼任人員の多さは当時から問題視されていたことは既に紹介した通りである。人員の大部分は海外留学を経験した俊英ではあったが、そのうちで影響力を持ち得たのが誰であったか、継続してこれに当たれたのは誰か、起草の現場を担当し得たのは誰か、等々詳細に検討してゆく必要があると思われる。

　また往時の政変の多さ、特に程克による修訂法律館の破壊は法典編纂作業に深刻な打撃をもたらしたものと思われる。しかしこの変転を越えて作業を次の時期へと引き継いでいった人材も見られた。ただ、こうした人材のうち例えば章宗祥や董康等は後に漢奸扱いされたことで本来評価されて良い彼らの業績ごと全否定されてしまい、編纂機関の経緯をたどりづらくしてきた面は否めないであろう。

法典編纂機関を巡る研究は未だ緒に就いたに過ぎない。根本的には何より中国第二歴史檔案館での法典編纂会・法律編査会・修訂法律館檔案の全面公開が待たれるが、本章の作業によってそれに向けての最低限の準備は整えられたものと思われる。差し当たりは他の新聞報道や関係人物による文献の発掘等を通じて本章を掘り下げてゆくことが当面の作業とならざるを得ないが、こうした基礎が整えば近代アジア各国における法典編纂機関の比較も可能となるものと思われる。

第二章では東洋法制史学で長らく基本史料として用いられてきた『民商事習慣調査報告録』を生むに至った習慣調査について、清末から北洋政府期の動向を整理した。清末においては憲政編査館（調査局）と修訂法律館の2系統による調査が行われ、報告書が順次北京へと送られたものの、末期に調査局は撤収され、程なく清朝自体の倒壊とともに一旦は終了となった。しかしながら中華民国期に入り、近代的な法典の編纂が依然草案段階にとどまり、適用すべき法律が存在しないという状況の下で、習慣を調査すべしという声が特に実務側から多く要請として上げられ、沈家本の提言に沿う形で再び南方各省を除く中国全土での習慣調査が開始され、概ね民国7（1918）年から10年頃にかけて各省から報告書が集められた。これが最終的に『民商事習慣調査報告録』へと結実する調査となったわけである。現存する清末・民国期の調査報告書については可能な限りこれを捜索し一覧にまとめておいた。

『民商事習慣調査報告録』の刊行以前に既に『民事商事習慣彙編』、『中國商業習慣大全』や『中國民事習慣大全』等が刊行されていたが、これらは何れも民国期の調査結果に淵源するものであり、裁判所書記官等の実務畑の人々によって編纂が行われていた。また調査結果自体、随時『司法公報』や『法律評論』誌上に公表されていたことも明らかにした。『民商事習慣調査報告録』本体の編集に携わった湯鐡樵、李炘の2名についても履歴を調査し、特に後者については明治大学留学後多くの著作を発表していることも指摘しておいた。さらにはこの調査結果が満鉄等日本側の諸機関において利用され、和訳も多く発表されていたことについても情報を整理しておいた。

また『民商事習慣調査報告録』の利用に当たって問題となるその史料批判については、調査方針や書式等関連情報を掬い上げるとともに、テクストの校勘を行い、旧来看過されてきた誤字や欠字、錯簡等について、史料上の根拠を有する形でその訂正を行うことが可能となった。これらは何れも『民商事習慣調査報告録』を今後も研究の基本史料として使用してゆく上で必要不可欠な作業であり、

本章の作業によってさらに安全に使用することが可能となったものと思われる。

第三章では中華民国において作成された諸法典がどのような形で欧米語へと翻訳されたかについて、その前提となる大清律例の翻訳に遡って整理を試みた。1810年のStauntonの英訳以来、大清律例については清朝末期には複数の欧米語に翻訳され、実務上重要な部分については条例にまで踏み込んだ翻訳が行われる等相応の情報がもたらされていたことが確認出来た。清朝末期に展開した近代的な法典編纂活動は中華民国へと引き継がれるが、その成果の翻訳は欧米人や欧米留学を経験した中国人によって行われていた。日本留学経験者が大半を占めた当時の司法界にあってそれは主要な運動といえるまでに大きな動きにはならなかったにせよ、1917年には繙譯法律会が組織され、北洋政府期における主要な法典が英・仏訳されるに至っている。特に鄭天錫の働きは特筆すべきものであった。後1918年の修訂法律館の設置、Padouxの法律顧問への就任、日本人顧問の着任に加えてさらにEscarraが招聘されるが、1920年代の軍閥割拠による政治的混乱の余波を受けて司法界は大混乱に陥ることになる。その最中にあってもEscarraや法権討論委員会を中心に法典の翻訳は継続され、その成果は治外法権撤廃のための各国調査団へも提供され、一定の役割を果たしていたことが窺える。

南京政府期に入ると六法が整備されてその翻訳も順次出現するが、Escarraはそうした近代的法典と中国の伝統や慣習、さらには社会の現状との関係に心を砕き、自己の著作において再三その立場を強調した。その主張がどれほど中華民国の立法者・法学者たちに届いたかは定かではないが、主著 *Le droit chinois* においてもその立場は踏襲されている。他方で現行法として存在する中華民国の諸法典につき、それはそれとして紹介することも必要な作業であった。時折それは「生きた法」を重視する立場からは論難の対象ともなったが、その論難自体、Escarraの主張全体を十分に吟味した上でのものであったか、問題は残されているとしなければならないだろう。

本章の作業により、中国から西洋へという法情報伝達過程に関する基本情報は概ね整理出来たものと思われる。これをもとに中華民国期における法概念の再・翻訳の問題や、治外法権撤廃運動過程における法情報の利用のされ方等、今後の研究に繋げてゆくことが可能となったが、考えてみれば翻訳によるこうした自らの法情報の欧米への発信は、現在においても非欧米諸国が共有する問題であるともいえる。日本においても近代、如何なる形で自己の法制を欧米へと発信してきたのか、また現代においてはどのような形でなされてきているのか、法制"宣

伝"史の一齣としても、依然解明されるべき問題は多いように思われる。

　第四章では中華民国期の法律草案について、民法を素材としながらその史料状況を整理し、比較的具体的な議論状況をたどることの出来る夫婦財産制を例に検討を行った。Escarra がそこで行った詳細な分析における方法と結果は、今後親属・継承法を含めた中国近代家族法研究についてのひとつの足がかりを我々に提供するものと思われる。またこうした彼の視点を国民政府のそれと比較することで、翻って国民政府の選択の意味もさらに明確に位置づけることが可能となったものといえよう。各草案を批判するに当たっての対抗要素を手に入れることが出来たわけである。特に親属・継承法における個別の問題に対する彼の意見は、それらを考える上で好個の素材となる。

　また彼が提示した諸問題は、ひとり中華民国民法を離れて様々な分野へとその議論の素材を提供する。中でも彼がしばしば日本に言及することは大変興味深い。日中の相互影響のあり方についての比較を視野に入れる史料上の端緒が開かれたのみならず、所謂「伝統的」な家族制度の保持（勿論それが真に「伝統的」なものであったか、新たな「伝統」の創出であったかの議論を含みつつ）と近代的文明導入の成功及び経済的繁栄との関係という日本法制史にとって永遠の課題、またそのことに Escarra が特に言及していること、これらの情報を織田萬から得たと記している点等、多くの検討要素が日本法制史へと投げかけられているとすることが出来るように思われる。

　また、特に「親等」に関し言及される 1928 年刑法との関連も今後の検討課題であろう。同刑法は全体として「宗」に基づいた親等を採用しており、またこの親等が犯罪の構成要件にも関連することから、この起草過程においてどのような議論が交わされたのかも、親属・継承法を考える際に示唆を与え得るものとなる。伝統的に民事・刑事の別を持たないとされる伝統中国法の性質を探る上でも糸口のひとつとなるのではないかと期待させるものといえよう。

　第五章では複雑かつ多岐にわたる大正期日本の中華民国法制研究の概要を瞥見してきた。その特徴としてまずは直接・間接的な台湾旧慣調査の影響が挙げられる。台湾旧慣調査それ自体は中華民国の諸立法を中心に扱ったものではないが、広く中華民国の法制を考える上で、台湾及び清朝の研究を通じてその基盤を提供したものといえよう。その人材・手法を直接に継承した満鉄調査部は引き続き広く中華民国の旧慣に関する研究を行いつつも、より満洲の現状に密着した調査へと進み、他方でその実効性はともかくも現行法として存在した中華民国諸法の研

究も行われるに至っていた。

　その後の研究については、加えて東亜同文書院、山口高等商業学校がそれぞれ研究の中心のひとつとして活躍するに至る。両機関とも主として経済・実務方面に主力を置いており、独立の法学部を有したわけではないが、中華民国に携わる段階で必要となる知識として法制が扱われ、主として実務的な観点・必要から法制研究が行われていたものとすることが出来る。

　研究の情報源としては政府関連機関の公報、民間や司法機関による判例集、日中の関連著作等、入手困難な中でも可能な限り正確な情報を求め、時には川村宗嗣の著作に見るように中華民国側をも凌ぐまでの情報整理を行った例も出現する程であった。そしてこうした研究成果は書籍や論文といった形で世に問われることとなったが、ここでも東亜同文書院や山口高等商業学校の刊行した雑誌がその格好の場として機能していたことが窺える。本章では紹介の都合上機関ごとに代表的な人物を挙げて説明を行ったが、これらの人物がその所属機関を越えて互いに論文を投稿し、講演に招かれたり招いたりと活発な情報交換を行っていたことも見て取れた。

　以上の例は法学部ではない場所で行われていたわけであるが、大学の法学部において中華民国法制が継続的に扱われるに至った例として慶應義塾大学と早稲田大学の例を取り上げた。ただその研究対象であるところの中華民国法制が一定の落ち着きを見せるのが1930年代、憲法を除く六法がひとまず公布されてからであったこともあり、大正期においては未だ十全な展開を見るには至っていない。

　第六章においては中華民国法制研究会の活動を取り上げた。1930年代を迎えると六法を始め諸法規も充実するに至り、研究対象が安定するとともに、旧満洲国の成立をも迎えて、日本における中華民国法制研究は論文・著作ともに急激にその数を伸ばすこととなる。その中で、第五章において扱ったような先行研究を前提としつつ、東京帝国大学の教授・助教授を中核成員として活動を展開したのが中華民国法制研究会であった。

　同会は上海において長らく弁護士を務めた村上貞吉が、陸続と制定される中華民国諸法典に対して抱いたある種の危機感、即ちこれを研究しないでは日中関係はどうにも立ちゆかないという実務畑からの使命感に端を発し、村上と同期生の関係にあった松本烝治がこれに呼応する形で立ち上げられていた。東京帝国大学の各法分野の教授・助教授陣によって執筆された、準備段階も含めれば40冊を超える研究成果は、本章での作業によりその史料批判に必要となる基礎情報が概

ね提供され、漸く「使える」環境に置かれたものとして良いであろう。

　今後の研究において特に期待されるのは、会に携わった各研究者自身の研究に
どのような影響を与えたか、特に戦後の日本法学にどのような影響を与えたのか
（或いは与えなかったのか）という問題である。勿論研究対象は中華民国法であ
り日本法そのものではなかったことから両者はひとまず無関係であるとすること
が出来るかも知れないが、中華民国法の研究乃至はその研究過程で得られた知見
が日本法の研究に全く影響を与え得なかったということも逆に想定しづらいので
はなかろうか。日本の戦前戦後の法制史を考えてゆく上で、やはり考慮に入れて
おくべきひとつの重要な要素足り得るのではないかと思われるが、その実証的な
研究は実定法学者も交えたさらなる研究を俟たなければならない。

　なお付言しておくならば、中華民国法制研究会が研究対象とした中華民国諸法
は現在の台湾の現行法の淵源をなすものではあるが、現在の台湾の現行法は、こ
の当時の中華民国諸法に対し改正に次ぐ改正を加え、法によっては最早原型をと
どめない程までにその姿を変えた上で運用されているものであり、中華民国法制
研究会の研究成果はそのまま台湾の現行法の解釈に役立つものではない。とはい
え、台湾の現行法の淵源をたどり法制史的な研究を行う際には依然有用な史料と
して活用可能なものであり、日本法からも大きな影響を受けて成立した中華民国
法制について考える上では未だその価値を失ってはいない。

　第七章では岡田朝太郎の生涯とその著作群についての整理を試みた。岡田朝太
郎については、清朝法律顧問の筆頭格として先行研究において最も重点的に研究
が進められてきたといっても良いであろう。本章ではこうした先行研究をも踏ま
えて岡田朝太郎を再検証するに当たり、彼が残したテクストを網羅的に収集して
分野別に整理し、可能な限り完璧に近い著作目録を作成することを重要な基盤作
業としてまず遂行した。

　さらには台湾・中国から非常に問い合わせの多かった、岡田朝太郎の知的背景
の形成に大きな影響を与えたと見られる彼の留学について、最近活発な研究が行
われている大学史研究において発見・整理された史料をも用いつつその具体的な
様相を整理し、ベルリン大学やハレ大学、ローマ、パリにおいて師事した教員や
そこでの研究内容について新たな情報を整理した。中でも岡田が刑事人類学を志
向して Lombroso や Bertillon の研究に多大な興味を抱いていたことを明らかにし
た。これは東洋法制史のみならず日本の刑法史研究に対しても相応の素材を提供
するものと思われる。

関係文献を捜索して感じられるのは岡田の旺盛な執筆意欲である。専門の刑法は勿論のこと、趣味の川柳や随筆まで、その多作ぶりには脱帽する以外にない。恐らくは捜索し得なかった著作が未だ多く存在するものと思われる。これについては継続的な調査を行って随時補充を行ってゆくより他ない。また整理の段階では岡田の川柳に関する文献も取りまとめておいたが、筆者は川柳の専門家ではないため、その研究は挙げて国文学者に一任するより他ない。逆に国文学者から見れば不十分な文献目録になっているかも知れないが、それについては専門外として各位の寛恕を請うこととしたい。

　第八章では第七章で扱った岡田朝太郎以外の法律顧問、また各地に設けられた法政学堂の日本人教員たち、さらには民国期に招聘された法律顧問について、その人物情報を整理した。松岡義正や志田鉀太郎、小河滋次郎についてはこれまでにも注目を集め、現在でも継続的に研究が発表されているが、本章ではそれらの成果をまとめつつ新情報を加え、また同じく修訂法律館に招聘されながら殆ど研究が行われなかった中村襄や岩井尊文についても情報を紹介することが出来た。

　各地の法政学堂で招聘された日本人教員たちについては、人物名についてはこれまで明らかにされてきたものの、彼らが具体的に如何なる履歴を有し、如何なる科目を教授し、また帰国後如何なる道を歩んだのかについては殆ど明らかにされてこなかった。本章での作業により、法学関連科目を教授したと思われる人物についてはほぼ全ての人物について履歴を明らかにすることが出来た。通覧するに多く法学士の学位を有する人材が招聘に応じて清朝へと渡っており、中には辛亥革命を経て民国期まで滞在した人物も見られた。

　またこれらの人物が帰国後清朝・民国での生活について何らかの文章を記した例はそう多くはないが、可能な限りでこれを発掘し、当時の様相を知る上で貴重な文献を幾つも紹介することが出来た。最近では当時学堂で使用された教科書等の史料が中国において復刊されているが、こうした動きと合わせて、当時の状況をより一層明確な形で明らかにすることが出来るものと思われる。

　本章ではひとまず法律関係科目を教授したと思われる人物に絞って調査を行ったが、当時の日本人教員には、日本語・経済学・歴史学等々、様々な科目を教授した人物が他に沢山存在している。こうした人物についても調査が行われれば、近代日中教育史に対しさらに多くの知見をもたらすものと思われるが、その調査は容易ではない。継続した調査が求められるところである。

　第九章ではこれまであまり扱われることのなかったオランダにおける「中国」

法学の展開過程を整理した。蘭印を中心としたオランダ「中国」法学は、その担い手に多種多様な人材を抱え込んで展開していた。VOC 時代の遺産も引き継ぎつつ、雑誌 *Het Regt in Nederlandsch-Indië*（後の *Het Recht in Nederlandsch-Indië* 及び *Indisch Tijdschrift van het Recht*）、時にはさらに *De Indische Gids* や *Indische Weekbald van het Recht* を含め、それらを議論の場の中心としながら、初期には通訳官・行政官が活躍し、オランダ中国学の権威である Schlegel がひとつの画期をなし、続く Young が大清律例のオランダ語訳を提供し研究基盤の整備拡充が図られることとなった。大清律例を巡ってはその後も Stuart 等から様々な議論が提起されつつ、研究の基本資料のひとつとして長く用いられてゆくことになる。

その後法学者であった Fromberg が登場し、それまで中国「法学」を牽引してきた Young との議論の応酬、また Nederburgh との議論を通じた当時の慣習法を巡る議論との接続、adat 法の大家である van Vollenhoven による中国法への言及を呼び起こす等、法学者による議論が本格化してゆくことになる。勿論通訳官・行政官も引き続き活躍し、Schlegel から de Groot、Duyvendak と続くオランダ中国学本体との連携も保ちつつ、van der Valk にとっての諸前提が形作られることになった。

こうした担い手たちの関心は、やはり圧倒的に華僑・華人の法的地位、さらにはその家族・相続法を巡る諸問題に集中していたといって良いであろう。1848年、1854 年、1917 年の法整備によって、華僑・華人へと適用される法制が変化し、特に 1917 年法の施行を以て 1919 年に完全にオランダ法が適用されるに至るまでの間、家族・相続法の分野において何が法であるかについて曖昧さが残ったことは、こうした議論の関心の所在に大きく影響したものとすることが出来る。

以上の諸前提を引き継いだ van der Valk は、蘭印における華僑・華人問題から出発しつつも、中国本土の状況にも大きな関心を寄せ、清朝や中華民国期の法制の紹介に多くの労力を割くこととなる。中国における近代的な法典編纂において当事者たちが目指した方向性、その実践課程、さらにはその中で旧来の法制がどのようになってゆくのか、その過程を克明に追うことが彼の仕事であった。素材としてはやはり蘭印における華僑・華人との関連もあってか家族・相続法がその中心を占めるとともに、その対象は刑事法や法思想へも広がってゆくこととなった。

インドネシア独立と中華人民共和国の成立という研究対象・研究環境の激変を超えて、van der Valk は中華人民共和国法制の研究を続行し、オランダ中国学の一翼を担うこととなる。その死後には講座が途絶えてしまうが、彼の同僚・友人

たちによってそれらは引き継がれ、現在もオランダに息づいているということが出来よう。

　以上、本書においては中国・日本・西洋の3方向から、近代において展開した中国法制ないし中国法学を見てゆく上での基礎情報の整理を試みた。勿論さらなる史料の発掘と整理を必要とする箇所も多いものと思われ、それらについては継続的に補充を期してゆかねばならないが、最低限度整った土台の上に今後如何なる研究を展開してゆくか、またしてゆくべきか、について地に足を着けて考えることが、ようやく多少は可能となったのではないかと推量される次第である。

　本書は近代中国法制史研究という広大な未開拓地にようやく何本かの補助線を引いたに過ぎない。他の研究者や読者とともにさらなる研究を進めてゆくべき途上であることに鑑み、敢えて「結びに代えて」と題した。大方の諒解を請いつつ、以上にて一旦擱筆することとしたい。

あとがき

　著書のあとがきとしてはやや異例のことながら、未だに忘れることの出来ない個人的な思い出から語り始めることをお許し頂きたい。もう 20 年近く前のことになろうか、本書第 2 章で扱った『民商事習慣調査報告録』の成立過程について滋賀秀三先生が「狐につままれたようである」とされた François Théry の論文をたまたま入手し得たことから、「狐を退治して参りました」と報告に上がったところ、先生は「ウン、狐はここにいた、か。ウン、ウン。ハハハ…」と笑みを浮かべて頭を掻いておられたが、差し出した筆者の草稿に目を通されるや否や、鋭い眼光でこちらを御覧になった。射すくめられた筆者は、初めて先生のお宅にお伺いして修士論文の草稿を差し出した際にも同様に、それまで柔和に談笑されていた先生が草稿を手にされた瞬間、あたかも別人のように鋭い視線をこちらに向けられたのを思い出していた。先生が学問へと転轍機を切り換えられる際の信号のようなものであったのであろうが、その視線の鋭さは 20 年近く経った今でも鮮烈な印象とともに筆者の脳裏に焼きついて離れない。

　その滋賀先生の蘊奥の一端を垣間見たのは、先生が指摘された『民商事習慣調査報告録』の錯簡について調査していた時であった。後に先生の推定が正しいことを裏づける史料を発見したときは、恐ろしさに震えが止まらなかった。パソコンもデータベースもない時代、あの膨大なテクストの山の中からピタリと錯簡箇所をいい当てた先生の読みの厳密さに対して、である。翻って自分は常日頃これほどの厳密さで史料に向き合っているであろうか、と深く反省させられた。先生からはお会いするたび孫ほども年の離れた筆者に対して本当に気さくにお声をかけて頂いたが、毎回先生が強調されたのが基本史料を隈なく捜索しそれを厳密に読み込むこと、そしてその際に十分な史料批判を行うことの重要性であった。

　その滋賀先生が最後まで本格的には着手されなかったのが中国近代法史研究であった。滋賀秀三編『中国法制史　基本資料の研究』（東京大学出版会・1993）において中国近代法史のみが欠けていたこともあり、大学院進学後指導教官となって頂いた Paul Chen 先生に中国近代法史をやってみたいと申し上げたところ、全力で制止されたことを覚えている。頑として許可されなかった Chen 先生の意図も分からず当時は不承不承研究課題を変更したのであるが、その後助手論文を仕上

げた後に中国近代法史に手をつけてみて、何故あれほど必死に制止されたのかが
ようやく理解できた。流石はあの滋賀先生が最後まで手をつけられなかっただけ
のことはある、とでもいうべきか、中台対立の中で中国・台湾の双方において近
代法史研究自体が禁忌となり、戦前研究が大変に盛んであった日本でも戦後ふっ
つりとその跡が絶え、中華民国法史は最も近い「昔」でありながら全くの五里霧
中、とても駆け出しの院生の手に負える代物ではないことが身に染みて感じられ
たからである。

　しかしながら 1990 年代後半から事態は激変した。それまでの禁忌等なかった
かのように、台湾及び中華人民和国の双方において膨大な数の論考が発表され
るに至った。またそれに合わせて陸続と関連史料集が刊行され、今や個人でその
全てを購入する等到底及びもつかない状況になっている。勿論それはそれで慶事
とすべきことなのかもしれないが、そうした研究に目を通す中で筆者はある種の
違和感を禁じ得なかった。史料の発掘が中途半端なものや、史料批判も全く行わ
れないままただ目の前にあるから使う、といった類いの、非常に粗雑な扱いに何
の疑問も持たないかのような、そのような文章が氾濫する中で、長嘆息を余儀な
くされたのは筆者だけではないであろう。

　やはり基本に立ち返り、ひとつひとつ基本情報を確認し、確固たる基盤を構築
した上で研究を始めるのでなければ何の意味もないのではないか。日本の東洋法
制史学の長所はまさに滋賀先生が身を以て示されたように、史料の一片たりとも
疎かにしない厳密な史料批判にあったのではなかったか。それを行わずに論考を
発表しても、基礎も固めずに軟弱な地盤に直接家を建てるようなものである。こ
んな筆者でも職人の端くれ、とてもそれは出来ない相談であった。

　他方で、そこまで神経質に基盤ばかりに拘らなくても良いのではないかという
声はこれまでにも多く聞かされてきた。確かに筆者が石橋を叩いて叩いて最後に
は石橋ごと叩き割ってしまう性分であることは否定できず、また石橋を叩き割っ
てしまっては元も子もないことは承知してはいるのだが、さりとて筆者が少しく
叩いたぐらいで割れてしまうような石橋はそのままには出来ない。架け替えてお
かなければ後から渡る人にとっても迷惑なことこの上ない。渡ることを優先する
向きもあろうが、筆者は曲芸を競いたいわけではない。むしろそんな危ない橋を
渡って何かを成し遂げた気になっている方が余程危ういのではないか。滋賀先生
が繰り返し筆者に語ってくださった戒めに照らせば、取るべき道は明らかであっ
た。その先生が逝去されてから早いもので 10 年が経とうとしている。本書がそ

の時機に刊行の運びとなったことにも何か奇しき縁を感じざるを得ない。

　とはいえ、その道を再度たどる作業、即ち一書を編むに当たり旧稿に改めて手を入れるという作業は想像以上に難儀なものであった。読み返すたびに見つかる間違いや調べ残しには10年前の自分を呼びつけて叱り飛ばしたい思いに駆られることしばしばであったが、裏返していえば多少は成長したということなのだろうと思い做し、それを慰め草とするより他なかった。10年後の自分がまた現在の自分を呼びつけて叱り飛ばせるぐらいにはなっていることを願うばかりである。

　従って本書は、何か高等な理論を組み立てたものでもなければ、中国近代法史の諸問題について何かを論定したものでもない。壮大な「研究ノート」とでもいうべきか、どちらかといえば辞書や工具書（reference）の如くに利用されることを望むものである。即ち、何かを論じるに当たっての前提・基礎について整理したものであり、旧稿において「基礎情報の整理と紹介」という副題を数次にわたり用いたことはその何よりの証左である。旧稿の段階で既に、期待するような分析がなされていないと苦言を呈する向きもあったが、他方でそのような意見に対しては、苦笑しながら「そんなに急かさないでくださいよ」と申し上げるより他にない。

　本書の元となる旧稿群に繋がる研究を遂行したのは主に30歳代、まさに多忙を極めた時期であった。働き盛りの年代に差し掛かるということはやはりこういうことなのであろうか、増加する一途の教育・学内行政負担の中、まとまった研究時間等望むべくもない状況にあって、たとえ1mmであっても先に進めればと作業を行ってきた。たびたび体調を崩し、様々なことに時間を取られて思うように研究を進められない中で、今にして思えば、それでも少なくとも完全に失われた10年ではなかった、そのことを証明したいがための出版でもあったのかも知れない。

　さて、本書が成るに当たってもう一方、是非とも謝辞を申し上げなければならないのは現在台湾の輔仁大学におられる黄源盛教授である。明治大学での研究会で初めてお会いして以来、かなり年の離れた筆者の如き若者に対し、まるで同世代の友人にでも接するかのように話しかけてくださり、2001年から2002年の台湾留学時は勿論、その後も交流を続けて現在に至っているが、時折先生から投げかけられる「宿題」とそれに対する「回答」が本書の原材料のひとつになっている。大変有難いことに（困ったことに？）先生からの「宿題」は徐々に高度化しているのだが、それもまた大変得難いものであり、改めて黄源盛先生には感謝申

し上げるとともに、今後とも末長くご厚誼を賜れればと思う次第である。

　また、大学を巡る環境が厳しさを増す中で、本務校の同僚の先生方には一方ならずお世話になっている。全ての同僚の先生方にお礼を申し上げなければならないが、中でも政治史の視点から近代中国に関しても常日頃より鋭い問題提起をされている熊野直樹先生、民法学者にして最近では日本法制史学者と申し上げても全く問題ない七戸克彦先生の数多の御論考には大いに刺激を受けた。日本法制史の和仁かや先生には学問上の諸問題から日々の瑣事まで、相談相手としていつも助けて頂いている。上田竹志先生や小島立先生との何気ない立ち話からは常に新たな霊感を与えて頂いており、思考を刷新するにつき最良の環境を得ることが出来ているのは無上の喜びとするところである。

　そのような中、2013 年には本務校から半年の在外研究の機会を頂き、Leidenの IIAS にて充実した時間を過ごすことが出来た。Leiden では W. J. Boot 先生、Koos Kuiper 先生、E. D. Herber 先生、IIAS の職員各位、また大久保健晴先生、菊池好行先生にも大変お世話になった。留学生活の一日一日が今となっては懐かしい。インドネシア料理屋の rijsttafel、appeltaart を食べながらの koffie verkeerd、日本とは比較にならない程安くて美味しい gerookte zalm、Amsterdam CentraalStation から 5 番の Tram で通い詰めた Concertgebouw、Katwijk aan Zee からScheveningen に至る美しい Fietsroute 等々、帰国後も二度三度と訪問するまでに病みつきになってしまったのは自分でも不思議であるが、「第二の故郷」が増えることは人生を送る上で是非とも必要なものであることを再訪のたびに確認している。

　学外でも畠山亮先生、河野恵一先生、山本弘先生、山口亮介先生をはじめとする多くの友人に支えられていることを改めて実感する。またゼミや講義に出てくれている学生の皆さんにも感謝しなければならない。中でも博士課程に在籍している松本卓朗君には日々大変な面倒を掛けてしまっている。申し訳なく、かつ有難い限りである。

　また史料について岸本美緒先生、髙見澤磨先生、川村康先生、加藤雄三先生、田口正樹先生、各大学図書館、東京大学文書館、京都大学大学文書館、東洋文庫、国立公文書館、外交史料館、佐賀県武雄市立図書館・歴史資料館、立命館大学史資料センター・久保田謙次氏、出羽三山歴史博物館・渡部幸氏の皆様にご教示を賜ることが出来た。明記して感謝申し上げたい。

　また本書の元になる旧稿を執筆した段階では科学研究費・若手研究(B)「近現代中国民刑事法の立法過程に関する文献学的研究」(課題番号：19730008、2007〜

2008 年度)、若手研究(B)「アジアにおける近代日本法の展開とその現行台湾法への影響に関する研究」(課題番号：22730007、2010〜2011 年度)、基盤研究(C)「治外法権回復運動と近代中国法学の展開過程に関する研究」(課題番号：26380010、2014〜2016 年度) の研究助成を受けることが出来た。

　本書は九州大学大学院法学研究院国際学術交流振興基金からの出版助成により刊行される。本書もまた九州大学出版会、尾石理恵氏のお手を煩わせた。彼女の迅速かつ精確な仕事がなければ、本書が世に出ることはなかったであろう。

　さて、本書を終えて次は何を手掛けようか、暫くは飄々踉々たる旅の空に彷徨うより他ないのかも知れない。然はあれ、やはり史料には真摯に向き合い続けたい、というよりも、史料の導く先にしか行くところはない。反面、次はどこへ連れて行かれるのか分からないということ自体、学問を生業とする者の至楽とするところでもあるといえよう。

　最後に今回もまた、相変わらずの道楽息子を変わらず温かく見守ってくれている両親と妹に、本書を捧げたい。

2017 年 7 月、梅雨明けの新宿御苑にて

西　英昭

索　引

あ行

青柳篤恒　213, 221

愛久澤直哉　214

淺井虎夫　200, 216

天海謙三郎　197–198, 201, 215

板倉松太郎　27–28, 43, 184, 307–309, 312, 327–328

伊吹山徳司　205, 218

今井嘉幸　299, 327

岩井尊文　263, 290, 383

岩田一郎　27–28, 44, 184, 206, 218, 308–309, 312, 327–328

巌谷孫蔵　18, 291–295, 325–326

梅謙次郎　55, 92–93, 167, 191–192, 213, 269, 282, 305, 307, 313, 327

Escarra　3, 5–6, 8, 28, 30, 43–44, 65, 71, 99, 106, 109–119, 125–135, 139–143, 152, 165, 169, 171–178, 181, 186–187, 193–194, 348, 351–353, 355, 362–363, 379–380

及川恒忠　210–213, 220

汪榮寶　12, 34, 146, 181, 268, 281

應時　31, 48, 149

王寵惠　20, 26–29, 31–32, 41–42, 49, 58, 112, 149, 165–168, 171, 183, 190–192

王鳳瀛　27–30, 46

汪有齢　15, 19, 38, 61, 181

大石定吉　299, 302

太田一平　297–298

大脇菊次郎　304

岡田朝太郎　4, 7, 34, 39, 60, 184, 221, 249–283, 285, 290, 294, 316, 382–383

岡松参太郎　53, 197, 200, 214, 216, 238, 250, 255, 261, 268, 278–279, 281

岡本乙一　231, 239–241, 247–248

小河滋次郎　280–281, 288–289, 294, 323, 383

小野清一郎　224, 226, 228–229, 235, 239, 243, 246

か行

甲斐一之　297, 326

解釈例　113, 148, 151, 174, 178, 193–194, 203–204, 347, 351–353, 357

加古貞太郎　305, 327

柏田忠一　205, 218

亀淵龍長　197–198, 201, 215

河合篤　117, 126, 130, 143–144

川村宗嗣　182, 198–199, 201, 203–205, 217–218, 381

木村増太郎　208–209, 213, 219

繼承法草案（1928 年）　145, 149, 153, 172, 184

現行律民事有効部分　74, 149–151, 161, 164, 183–184, 187–188

憲政編査館　11, 33, 36, 46, 51–54, 56, 84–85, 87, 90–95, 101–102, 146, 180–181, 378

公司法（公司條例を含む）　16–18, 39–40, 107–108, 120–121, 204, 241

高种　13, 30, 36, 39, 48, 146, 149

江庸　17, 19, 27, 29–31, 40, 45, 69, 71, 75, 107, 184, 211, 270

呉學義　165–168, 190–191

国務会議　13, 20, 31

呉興讓　54–55, 92

呉昆吾　30, 47, 109, 127

伍廷芳　15, 58, 93, 147–148, 182, 267–268

小林里平　206–207, 219

戸律　140, 150–151, 336–337

さ行

作田荘一　209, 302-303

暫行新刑律　12, 17, 34, 107, 120-122, 147, 269

施愚　13, 15, 36

志田鉀太郎　4, 184, 205, 218, 269, 276, 281, 286-288, 294, 313-322, 383

篠崎正　303, 327

施沛生　68, 97-98

司法部　13-16, 20, 27, 29, 33, 37, 39-44, 46-47, 56, 62-65, 69, 71, 75, 95-96, 99, 107-111, 120-121, 140-141, 143, 147-149, 173, 182-183, 295, 307, 309, 327-328

島田俊雄　305

習慣調査　5-6, 15-16, 22, 30, 51-103, 113, 152, 155, 158, 165, 173, 175, 178, 209, 213, 357, 378

修正刑法草案　17-18, 20, 39

修訂法律館（清末期）　11-13, 24-25, 33, 36, 52, 56-59, 91, 94, 146, 148, 155, 158, 179-181, 184, 187, 249, 267-268, 282-283, 285, 294, 378, 383

修訂法律館（民国期）　3-4, 14, 20-33, 38, 40-49, 62, 64, 68-69, 71, 75, 96-97, 99, 109, 142, 145, 162-163, 179, 377-379

朱學曾　27-28, 30, 43

朱汝珍　58, 76, 94

Schlegel　333, 335-337, 339, 341, 369-371, 384

章宗祥　11-13, 15, 19, 33, 61, 180, 377

沈家彝　62, 71, 95-96, 378

沈家本　11, 58-59, 90, 94-95, 213, 266-268, 290, 353-354

『清國行政法』　197, 199, 202, 215, 231

親屬法草案（1915年）　17-18, 145, 153-154, 159, 179

親屬法草案（1928年）　145, 149, 153, 165, 172, 184, 188, 194

末松偕一郎　306

眇田熊右衛門　197, 214-215

杉榮三郎　295-296, 303

杉本吉五郎　198-199, 203, 215

Stuart　337-338, 371, 384

Staunton　105-106, 139, 379

石志泉　26-31, 42

關山富　301, 304

た行

戴修駿　31, 48

大清民律草案　12, 18, 90, 95, 145-149, 153-154, 156-157, 159-161, 164, 179-182, 187-188, 201, 204, 207, 217, 219, 285, 343

大清律例（大清律を含む）　5, 105-106, 139, 161, 178, 182, 201, 333, 335-337, 339, 343, 358, 371, 379, 384

大理院　13, 15, 19, 27, 29, 33, 35-36, 38, 40-44, 46-47, 60-61, 63, 90, 95, 99, 107, 109-110, 113, 115, 122-123, 127, 141-142, 148-149, 153-154, 160-161, 164, 174, 178-179, 182-183, 187-188, 193, 203-204, 209, 282, 347, 350, 352, 354-355, 374

『臺灣私法』　53, 197, 215, 238, 278, 372

高橋健三　296, 326

田中耕太郎　112, 142, 224, 226, 228-229, 243, 351

田中忠夫　209-210, 220

玉木薫堂　303

中華民国法制研究会　4, 7, 204, 223-248, 381-382

中華民国民法　3-4, 6, 72, 95, 110, 112-113, 117, 125-126, 143, 145, 147, 149, 152-154, 159, 165, 168, 170-171, 181-185, 193, 203-204, 218, 227-229, 232, 234-236, 238, 241-242, 244-246, 347, 358, 374, 380

『中國商業習慣大全』　68, 76, 97-98, 244, 378

中國法制調查會　73, 244

『中國民事習慣大全』　68-69, 98, 172, 193, 378

索　引　395

調査局（清末期）　3, 51–56, 59–60, 73–74, 77–87, 90–95, 101–102, 155, 187, 378

陳和銑　31, 48–49, 109, 127

程光銘　27, 30–31, 43, 46, 48

程克　29–31, 45–46, 69, 109, 377

程樹徳　14, 37

鄭天錫　26–27, 29–30, 42, 46, 108, 110, 122, 141, 355, 379

Théry　98–99, 118–119, 126, 134–138, 144, 172–174, 193, 351, 353, 361, 374–375, 387

土井常太郎　302

東亜同文書院　197, 199, 201–202, 205, 211, 217, 237–239, 245, 247–248, 305, 381

董康　16, 19, 26–29, 38–39, 61, 97, 213, 230, 245, 282, 285, 377

東省特別区域法院　28–30, 43, 46, 206

湯鐵樵　71, 99–100, 378

な行

中津三省　297, 326

長野朗　214, 221

中村襄　289, 383

名和剛　300, 327

西山榮久　192, 210, 220

Nederburgh　341–342, 372, 384

は行

破産法（清末・民国期。破産律を含む）　13, 16–18, 39–40, 107, 137, 168, 285

八田光二　301, 327

Padoux　14, 27–28, 33, 37, 44, 107–108, 140, 149, 181, 194, 379

馬徳潤　30–31, 46–48, 69

馬場鍬太郎　95, 201–202, 205, 217

林出賢次郎　305–306, 327

東川徳治　200, 216

票據法　14, 16, 29–30, 32, 44, 99, 109, 124, 133, 135, 143

平野義太郎　116–117, 130, 144, 355, 368

廣池千九郎　57–58, 93, 213, 221

van der Valk　4, 8, 119, 130, 186, 331, 344–365, 373–374, 384

van Vollenhoven　343, 345, 360, 372–373, 384

van Gulik　359–360, 375

Ferguson　344, 373

藤田積造　304

傅秉常　125–126, 152, 171–172, 181, 184–185

Fromberg　339–342, 371–372, 384

Bertillon　251, 258–259, 261, 280, 382

法制院　11–12, 33–34, 46

法典編纂会　3–4, 11–15, 22, 24–25, 34–37, 44, 107, 291, 295, 377–378

『法律草案彙編』　14, 18, 26, 30, 32, 44, 145, 147, 149, 153, 156, 164, 179, 188

法律編査会　3–4, 14–20, 22, 24–26, 38–40, 61–63, 95, 107–108, 120, 141, 157, 179, 270, 291, 377–378

穂積陳重　39, 56–58, 61, 93, 99, 247, 250, 252–254, 257, 276–279, 319, 370

繙譯法律会　107, 120–121, 140–141, 379

ま行

松岡義正　4, 18, 56–57, 93, 146, 152–153, 156, 179, 181, 269, 281, 283–286, 309–313, 321, 323, 383

松野祐裔　300–301, 327

松本烝治　142, 224, 226, 238, 242, 244, 381

松山豊造　303–304, 327

『滿洲舊慣調査報告書』　197

『滿蒙全書』　198–200

宮内季子　197–198, 214

『民商事習慣調査報告録』　3, 5–6, 30, 62, 65–76, 88, 90, 95–101, 113, 152, 172–178, 193, 209, 357–359, 378, 387

民律第二次草案　32, 145, 149, 153, 162–165, 179, 184, 192

村上貞吉　4, 7, 204–205, 218, 223–224,

226–232, 237–242, 244–248, 381

Meijer 130, 359–360, 365–367, 373, 375

や行

矢板寛 296

安井源吾 240, 247

山口高等商業学校 208–211, 219–220, 302, 381

余棨昌 18, 33, 39–40, 149

吉野作造 298, 324, 327

Young 337, 339–340, 370–371, 384

ら行

羅鼎 30–31, 47, 149

羅文幹 17, 26, 28–30, 40, 42, 44–45, 69, 109, 147, 186

李炘 30–31, 46, 48, 71, 99, 378

陸鴻儀 26–27, 30, 42

劉崇佑 30, 46, 48

劉鎮中 30, 47, 109, 127

梁啓超 15–16, 127

梁仁傑 30–31, 46–47, 109, 127

礼学館 146–147, 180–181

Lombroso 256–257, 259, 279, 382

わ行

我妻栄 224, 226, 228–229, 232, 234–236, 242–243, 245–246, 355, 368, 374

ワシントン会議 28–29, 206

著者紹介

西　英昭（にし・ひであき）

1997 年 3 月　東京大学法学部卒業。
2000 年 3 月　東京大学大学院法学政治学研究科修士課程修了。
2000 年 4 月　東京大学助手（大学院法学政治学研究科）。
2005 年 4 月　京都大学大学院法学研究科 COE 研究員・東京大学東洋
　　　　　　　文化研究所非常勤講師。
2006 年 10 月　九州大学法学研究院助教授。
2007 年 4 月　九州大学法学研究院准教授（職名変更）、現在に至る。
2010 年 3 月　博士（法学）（東京大学大学院法学政治学研究科）。

主な著書：
『『臺灣私法』の成立過程』（九州大学出版会・2009）（単著）
『近代中国研究入門』（東京大学出版会・2012）（共著）

近代中華民国法制の構築
―― 習慣調査・法典編纂と中国法学 ――

2018 年 2 月 25 日　初版発行

著　者　西　　英　昭

発行者　五十川　直　行

発行所　一般財団法人 九州大学出版会

〒814-0001 福岡市早良区百道浜 3-8-34
九州大学産学官連携イノベーションプラザ 305
電話　092-833-9150
URL　http://kup.or.jp/
印刷・製本／大同印刷㈱

Ⓒ Hideaki NISHI 2018　　　　ISBN978-4-7985-0219-9